犬からみた人類史

大石高典・近藤祉秋・池田光穂［編］

勉誠社

犬からみた人類史

目次

序章……犬革命宣言
犬から人類史をみる

大石高典・近藤祉秋・池田光穂

1……はじめに

「人類による、人類のための、人類自身によって書かれた人類史」[1]の試みは数多いが、人以外の観点から人類史を語ることはできないだろうか。[2]われわれは、この実験的思考の旅の伴侶として、人類にとって最も身近な他者である犬[3]に白羽の矢を立てることにした。犬について私たちはどれだけのことを知っているか、不安は尽きない。また「犬の視点」と言っても、当然ながら人は犬になることはできない。しかし、犬になろうと想像力を働かせることはできる。[4]これは異なる世界への探求をおこなうフィールドワーカーであれば、誰もが身につけることができる技法なのである。

本書は、犬に関わるさまざまな分野・立場から浮き彫りにされる「犬のまなざし」を提示することによって、これまでの「犬抜き」の人類史を再考し、人と犬こそが手と「手」をともに携え、この地球を形作ってきた可能性を考察する。[5]このような問題意識から人と犬の関わりに関する論考をまとめたものである。

人類史にとって、他の動物にくらべて、犬はいくつかの点で特異な動物でありつづけてきた。まず、最初に家畜化した動物として。人の捕食者であるオオカミとイヌの共通祖先からイヌの祖先は分かれ、人の近傍で生活し、人と深い関係を結ぶようになった。それはまだ農耕や牧畜が開始されるずっと以前で、人は狩猟採集で生計を立てていた。人と犬は出会い、生存可能性を高め、「共生関係」を築くことで大きく互いの暮らしを変えた。ネアンデルタールが絶滅しヒトが生き残った要因として、ヒトと犬との協力関係を挙げる仮説が出されているほどである（シップマン、二〇一五）。つまり、ヒトとイヌの連合は、人類と環境の関係を変える大きな出来事だった可能性がある。

また、イヌの進化を考えることは、ヒトとの共存がイヌを、そしてイヌとの共存はヒトをどのように変えてきたのかを問うことでもある（ミクロシ、二〇一四）。イヌは人の生活に深く入り込むだけではなく、認知的にも影響を及ぼし合うまでの仲となっている。ヒトとイヌは、形態上はそれほど似ていないが、視線の共有などを通して、深いコミュニケーションができると言われている（Hare et al., 2002）。イヌをヒトと系統的に近縁な位置にある霊長類と比較すれば、ヒトとの身体の類似性ははるかに少ない。かつてハラウェイは、霊長類は人に似ているので人と動物の関係を考える上で「特権的な位置」にあると言ったが（Haraway, 1989）、イヌは認知的にヒトとつながりを持つことで特別な位置を占めている。すなわち、イヌは他のどの動物よりもヒトの感情を読み取るのに長けており、ヒトの情動を揺さぶる力を持っているのだ。イヌの誕生は、ヒトの認知能力と思考言語の発達においても大きな意味を持っただろう。現代では、特定の人よりも特定の犬の方が重要な他者である、と言いたいという人もいるかもしれない。それは、その彼／彼女が、犬は人を「裏切らない」と信じているからであろう。

さらに現生人類は、犬とともに世界中のありとあらゆる地域に移住を繰り返し、生活と文化を築いてきた。人は、熱帯から極北、都市にまでおよぶ拡散と適応を果たし、今やそれは宇宙空間に及びつつある。これに同伴した犬は、人とともに新たな地へ進出するたびに、人と同じく新たな環境から容赦ない選択圧を受けただろう。(6) 犬は人の傍らでともに働き、ときには人と食物を共有したり、ときには人の食卓にのぼったりしてきた（山田、二〇一七：二章）。そのありさまは、極北の犬ぞりから、東アジアの犬肉食、アフリカの狩猟採集民と狩猟犬の親密だが同時に緊張をはらんだダブルスタンダードな関係、現代日本のペット葬まで、人類学者や民俗学者によって詳細な記録に残されている。フィールドワークに基づく人と犬の関係についての共時的な分析からは、決して一筋縄では捉えられない両者の揺れ動く関係性をみて取ることができる。

そう、人と犬は「仲良く」してきただけではない。時に競合し、殺し合ってもきた。一万年以上もの時を共に暮らしてきても、なお犬は人に咬みつくことがある。しかし、人はそれとは比べものにならないほど多くの犬を殺傷してきた。(7) 人と犬の間で空間や食物の範囲が大きく重複すると、潜在的な競合関係が生まれ両者の間に緊張や葛藤がもたらされる。犬が食物を盗んだり、家畜を襲ったりした場合などが、その例である。人と犬の関係は、あるひとつのコミュニティを取ってみても相互作用の起こる文脈や空間によって一様ではない振れ幅のなかにあることが分かる。

本書には、こういった多様で複雑な人と犬の関係をめぐって、人類学、民俗学、動物行動学、生態学、遺伝学、動物考古学、動物心理学、科学史、環境学、狩猟、アートの各分野からの論考が集められている。執筆者の大半は研究者であるが、現役の猟師である大道良太氏にも執筆陣に加わっていただいた。各論文であつかわれている時代は先史時代から近未来まで、地理的にも日本列島を中心に、東アジア、ヒマラヤ、アメリカ、オセアニア、アフリカ、西ヨーロッパと地球上の幅広い範囲をあつかっている。読者は、研究手法や対象の多様性にもかかわらず、いくつもの章で繰り返し言及され、論じられる論点の共通性に驚かされるに違いない。

私たちはいかに犬と生きてきたか、そして、これからどう生きていくのか。この問いは、種内／種間の個体どうしのコミュニケーションを直接とりあつかう動物行動学の難問であるだけでなく、他者論の射程を広げつつある現代の哲学にとっても喫緊の課題である。イヌは人類が最初に家畜化した伴侶であり、それゆえに、あまりにも身近すぎる存在であるために逆に謎が多いのだ。本書において、犬との共存の開始、あるいは犬の誕生を、二足歩行の開始、農牧革命、産業革命などとならぶ人類史を画するできごととして位置づけて、「犬革命」と命名することにする。その革命の歩みは静かだが一万年以上にわたり現在まで続いている。そして、「犬の視点」から人類社会をみるという思考実験をしてみたい。

以下を読者により楽しんでもらうために、はじめに編者の想定する読み方のポイントをいくつか記しておく。

一、本書は各部ごとにテーマ・内容にまとまりを持たせてあるが、「犬も歩けば棒に当たる」ように気の向くままにどこから読んでも良い。

二、本書は多様な分野からの貢献を含んでいるため、各分野の専門性を尊重して記述のスタイル等は統一していない。例えば、「犬」（一般的総称）、「イヌ」（生物的意味が強調される）、「狗」（文化的概念が強調される）などの特性をもたせながらも、各章における使い分けは、それぞれの著者の方針によることに注意されたい。

三、なじみのない用語、難解な用語については、本書のグロッサリーをまず活用いただきたい。また本書の巻末には簡単な索引があるので、それらも活用してほしい。各論文のあつかうテーマやアプローチの相違を越えて、間テキスト的なつながりを発見しやすいように索引を整備した。

2……本書の構成と内容

本書は、犬の視点から人類史を捉え直すことを意図して、**「犬革命」**、**「犬と人の社会史」**、**「犬と人の未来学」**の三部構成になっている。それぞれ、犬の誕生前夜から先史時代、前近代から近代までの人と犬の共存の時代、そして現代から未来の時代の三つの時代区分に大まかに対応している（図1）。最初に犬の祖先と人の「出会い」とその生物学的・生態学的・認知科学的な帰結をあつかい、次に人と犬の共生関係が前近代から近代へとどのように引き継がれ、ヨーロッパを中心におこなわれた千差万別の犬種群への分化をみる。最後に、現在からさらに先の未来へと常に揺れ動く犬と人の関係を、人類史をまたいで展望する。各章には、論文とともに各部の内容に深く関連する内容のコラムを配してある。以下、それぞれについて内容を概観しつつ、おもな論点を紹介する。

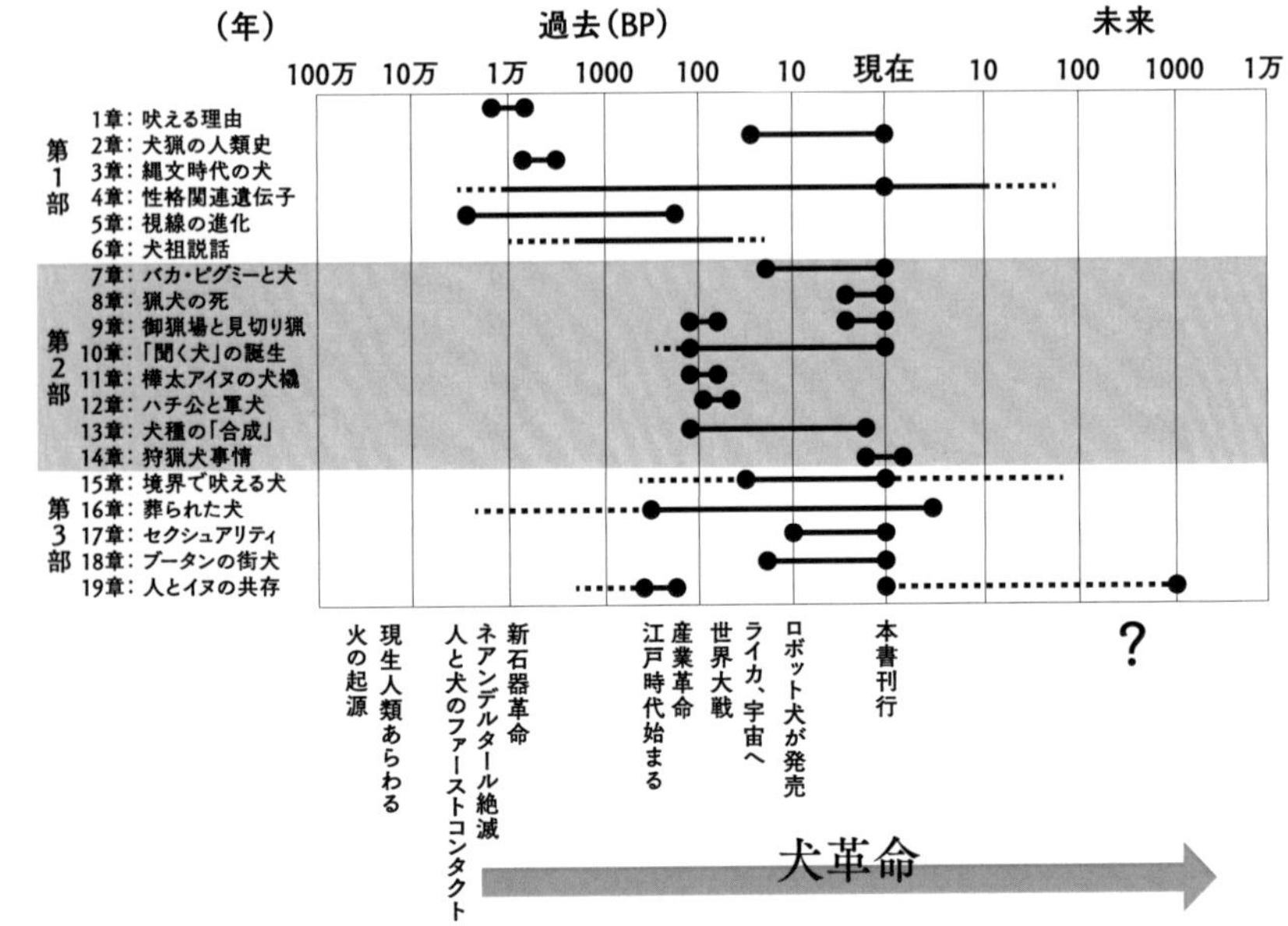

図1　イヌ革命の時間枠組みのなかでの本書各論文の配置

横軸は現在から過去・未来それぞれへの時間的な距離を対数年で表している。実線（論文中で年代が明示されている場合）と破線（論文中では明示されていない場合で、編者による推定を含む）で、本書に所収の各章の論文がおもにあつかっているおおよその時代を示した（筆者作成）。

第1部　犬革命

第1部の「犬革命」では、人と犬が出会う前の時代にまで遡って、オオカミとイヌの共通祖先からイヌが分かれて人との共存が始まるプロセスや、犬革命が両者にもたらしたインパクトと帰結を様々なアプローチから考えていく。

藪田論文（第1章）は、犬の家畜化をめぐる研究史を概観しつつ、オオカミとイヌの相違点として「吠え」方に着目する。警戒のためにのみ吠えるオオカミに比べると、イヌは多様な文脈で、異なる音響特性で吠え、特定の状況で吠えることを人から学習する。イヌが最初に家畜化されたのは人が狩猟採集生活を送っていた時代である。しかし、野生オオカミが狩猟時に吠えないことやモンゴルでのフィールドワークから、新石器革命、特に牧畜の開始が人にガーディングドッグ（番犬）としてよく吠える犬を選択させたという興味深い仮説が提示される。従来、犬の家畜化の時期には農耕も牧畜も存在しなかったことから、イヌ革命は人の狩猟採集生活と結びつけて考えられることが多かったが、藪田は犬と牧畜の結びつきへの注目を促す。

次の**池谷論文**（第2章）は、人と犬の関わりの原点を狩猟に求め、自身によるサン・ブッシュマンの犬をもちいた猟（犬猟）への参与観察をベースに、犬の特性（個性）、狩猟法の多様性、犬猟と他の狩猟法の関係の三点から狩猟における犬使用の把握を試みる。犬はいかなる条件の時に狩猟にもちいられるのか。池谷の観察によればサンの犬は個体毎に個性が強く、とても狩猟に特化しているとは言い難い。世界中の民族誌から比較すると、犬の維持にコストがかかることや犬が大型動物の捕獲には役に立たないことから、遊動型の狩猟採集社会では犬猟は副次的になりがちであり、むしろ定住型の農耕社会において犬猟が効率の良いタンパク源確保手段として主流になる。狩猟採集民の狩猟ではなく、農耕民の狩猟においてこそ、犬は真価を発揮するという指摘は、逆説的にも思えるが新石器革命が犬と人の関係に新たな展開をもたらしたとする藪田論文と呼応する内容になっている。

そして舞台は日本列島に移る。近年、動物考古学は、世界各地の考古遺物から先史における犬と人の関わりに光を当てる成果を生み出している。**小宮論文**（第3章）は、縄文人の犬の用途について考察する。縄文犬の祖先は大陸渡来の外来犬で、原始的な特徴を残す小形犬中心の集団である。遺跡からは埋葬状態で出土することが多い。埋葬縄文犬の多くが歯の前部に損傷をもつことから、歯牙に負担のかかる生活を強いられたと推定される。可能性としてイノシシ猟への使用がある。縄文人はイヌ渡来以前もイノシシ猟をしている。猟期を定め、犬を猟に使うことで労力の軽減と肉獲得の効率化に成功したと考えられるが、縄文人は犬の用途を猟犬だけに特定していない。家畜飼育と狩猟を並立させる新石器時代の中国では、畜産の盛行とともに犬や子豚などの家畜を祭祀の供犠や殉葬にもちいるようになる。縄文犬も幼猪とともに埋葬されたものが少なくない。小宮は縄文時代の犬の飼養文化は中国の新石器文化の影響を受けていると推測する。

人と同様に、動物の性格にも個体差がある。犬の家畜化に際して好ましい性格が選択されたと思われる。**村山論文**（第4章）は、イヌの性格関連遺伝子に着目してオオカミとイヌを比較している。オオカミの遺伝子の種類構成は、「攻撃性」が高く、「社交性」が低い。飼い主の協力を得て、イヌの犬種ごとに性格遺伝子を調べると、アジアで育成された犬種はよりオオカミに近く、ヨーロッパで育成された犬種は逆の傾向がみられた。人による選択によってイヌの遺伝子に変化がある。アジア犬が、猟犬や番犬にもちいられることが多いことと遺伝子のタイプの関連が示唆される。生業に応じたイヌの選択は、遺伝レベルでイヌの性格にまで影響を及ぼしているかもしれない。

今野論文（第5章）は、イヌとヒトの個体間協働の基盤を、眼と視線のやりとりに着目して考察する。ヒト化（ホミニゼーション）の過程でヒトは視線強調型の眼を進化させ、目立ちやすい眼で種内コミュニケーションをするようになった。オオカミもまた視線協調型の眼を持っており、両者は出会った際に視線接触を通じて交流をおこなったに違いない。イヌは、ある段階でヒトの赤ちゃんに似た黒目強調型の眼を獲得し、ヒトの養育行動を引き出すことに成功する。つまりヒトとイヌのあいだの視線接触の意味の転換が、両者のあいだの同盟・友好関係を作ったのではないかという推論が導かれる。イヌがヒトに視線を送ると、両者で繁殖や養育に関わる内分泌物質（オキシトシン）が上昇するという。両者のアイコンタクトは、神経内分泌系にまで根を下ろしているのだ。

第1部「犬革命」最後の**山田論文**（第6章）は、視点を大きく変えて比較神話学の立場から世界各地の犬やオオカミを祖先とする民族の犬祖神話を比較分析し、生業によって異なる犬への動物観がみられることについて考察する。毛皮を着脱することによって自由に人と犬の間を往還できるという犬祖神話は、狩猟採集民的な世界観を背景にしている。牧畜社会では犬よりも狼祖神話が登場する一方で、農耕社会では犬が豚とセットで神話に登場するようになる。犬祖神話では、食と性の相手にならない犬を結婚や性の相手にするので、食と性のカテゴリ―侵犯を意味している。それが、ときに他集団に対する強い忌避や嫌悪を表す表現にもなっているという。

6章と同じく犬の表象をあつかう**コラム1**の「文明と野生の境界を行き来するイヌのイメージ」（石倉敏明）は、犬が占める自然と文化の境界的な位置づけに着目しながら、日本列島のアートや民俗のなかに犬のイメージをさぐる。陸上動物である犬の居住史を考えるときに、オセアニアは例外的な位置を占める。**コラム2**の「人と関わりをもたない犬？——オーストラリア先住民アボリジニとディンゴ」（平野智佳子）は、かつて犬のいなかったオーストラリア大陸に交易船によってもちこまれ、野生化した犬であるディンゴと先住民アボリジニの関係史を紹介しながら、その現在を自身のフィールドワークをふまえて描きだす。

第2部　犬と人の社会史

第1部では、犬革命前後で犬と人の間にどのような生物文化的相互作用が起こり、現在に至っているかをあつかった。そこでは、イヌの形態、行動、性格とヒトの生業様式が、様々なメカニズムを通じて繋がりあっていることが示された。次の第二部では、先史時代に始まった犬革命によって基盤が作られた犬と人の「共生系」が、現代へと続く前近代、近代にどのように展開していくのかをみていくことになる。

自然環境のみならず、社会経済状況がめまぐるしく変動する現代の狩猟採集社会では、犬と人の関係は狩猟場面を越えてどのような広がりを持っているのだろうか。**大石論文**（**第7章**）は、カメルーン東南部の狩猟採集民バカ・ピグミーの犬との関わりを、近隣農耕民と比較しつつ描き出す。両者の犬との関わりは、名付け、所有、子犬の入手方法、トレーニングなどの点で異なる。バカ社会では犬と人の関係は親密だが、同時に二重基準《ダブルスタンダード》がみられる。犬は狩猟採集キャンプでは狩猟の伴侶として、一方で定住集落では食事泥棒としてあつかわれる。ハンターは五〇種以上の野生植物を「犬の薬《マボロ》」として犬に処方して狩猟に臨むと同時に、幼犬には食物を盗まないようトレーニングをおこなう。近年におけるバカ社会の定住・農耕化傾向は、犬の食事内容や飼育頭数に反映されるのみならず、犬の位置づけをめぐる個人間／民族集団間の葛藤を生むなど社会関係にも影響がみられるのである。

合原論文（第8章）は、人の「犬の死」への態度を手がかりに宮崎県椎葉村における猟師と猟犬の関係を記述する。この事例では「山」と「里」で、猟師と犬の関係は大きく異なっている。バカ・ピグミーの犬に対する二重基準にも似て、里では雑にあつかわれ見向きもされない犬が、猟場である山では狩猟活動のパートナーとして細心の注意が払われる。特に狩猟中に犬の怪我や死といった状況が生ずると、猟師は何より犬の安全や救護を最優先する。努力にも関わらず死んだ犬は、コウザキとよばれる神として祭り上げられ、信仰の対象となる。合原は、ダナ・ハラウェイが「人と犬が相互に主体性を構築し合う」と論じた犬と人の接触領域《コンタクトゾーン》モデルの一元性／静態性を批判し、理論化にあたっては山と里のような複層的な状況による両者の関わりの揺らぎを考慮に入れるべきだと主張する。合原が描き出す猟師の家の裏に並ぶコウザキ神の祠の群れは、前近代から続く狩猟犬文化の歴史的連続性を体現しているようだ。

さて同じ日本の狩猟文化でも、**大道論文a**（第9章）は、犬と狩猟の歴史的変化の側面に着目する。つまり権力と強い結びつきを持ち皇室や来賓の御猟場であった京都・北山の雲ヶ畑地区における狩猟活動の変遷を追い、その中での犬の役割の変化が考察される。明治・大正時代の御猟場時代には、賓客に獲物を撃たせるために広い範囲の林野を大勢の勢子と犬が参加して取り囲む大規模な巻狩りがおこなわれ、一日あたり平均で二〇頭ものイノシシが捕獲されていた。しかしながら現在では、少数の猟師が犬とともにイノシシの隠れている山や谷に見当を付けてから犬を放す見切り猟が主流となってきた。池谷（第2章）が指摘したように、猟法の変化に応じて人と犬の役割分担が変わるさまが地域史の中で示される。

近代世界システムが全球的に広がる中で、犬が担う労役のなかで運搬の重要性が増えた。それが顕著に表れたのが極北をはじめとする寒冷地であった。**近藤論文**（第10章）は、内陸アラスカにおける犬と人の歴史をなぞりながら「犬に話しかけてはいけない」という古老のことばを謎解く。犬ぞり（橇）が伝統的にもちいられていたアラスカの沿岸部と異なり、内陸アラスカでは、犬ぞりはおよそ一〇〇年前のゴールド・ラッシュの時期に白人によって導入された。犬ぞりの維持は負担が大きいが、毛皮と商品を交換する交易商人が媒介する商品経済への接続による生活変容が犬ぞりを必要とした。石油をエネルギー源とするモータリゼーションが訪れるまで、犬ぞりは運搬を担うことになる。話す犬への禁忌は、犬ぞりが導入された時期の疫病の流行といった災厄とも符牒する。近藤は、大きな過渡期にあった内陸アラスカ先住民社会における人―犬関係の模索を「話す犬」への禁忌に読み取っている。

北原論文（第11章）は、近世末期から戦前にかけての樺太（サハリン）におけるアイヌの犬ぞり利用を、梅棹忠夫、和田文治郎、加藤九祚らによる文献資料に基づきながら復元する。樺太では犬とトナカイがそりに使われていた。そりの形や部分名称に北方に隣接するニヴフやウィルタと共通点・類似点がみられる。犬ぞりに使う犬のなかでも先頭犬は大事にされ、頭飾りを施された。犬ぞりはもともとアイヌによって移動・運搬にもちいられていたが、ロシアや日本からの植民者が進出し漁業などの生業活動が制限されていくなかで、犬ぞりの技術は郵便物、乗客、物資などの輸送業に活かされ貴重な収入源となった。馬ぞりが導入されると、犬ぞりによる輸送は下火になるが、戦時中には馬が供出されていなくなったので再びもちいられるようになり、また日本軍は樺太の犬を使った犬ぞりの軍事利用を試みるが失敗に終わる。

国家主義・軍国主義の時代、犬は近代国家の枠組みにより制度的に巻き込まれていくようになる。**溝口論文**（第12章）は、「忠犬ハチ公」の物語の実像や背景を探りながら、自宅での犬の飼養を可能にした畜犬規則、天然記念物制度と日本犬保存運動、戦争への軍犬の動員など、近代日本で犬をめぐる制度がいかに作られていったのかが示される。「亡くなった主人への恩を忘れない忠犬」ハチは、国家主義的な「忠君愛国」を教える題材として修身（道徳）の教科書に採用され、生前の段階で銅像まで作られる。その頃の日本には既に一万匹以上の軍犬がいたという。軍犬という制度は、動物愛護と愛国を結びつける役割を果たしていたと捉えられる。

ハチは秋田犬だったが、ほぼ同じ時代に各地の在来犬から様々な日本犬の犬種が作られた。**志村論文**（第13章）では、近代から現代までの日本で犬種がいかに作られ、衰退していったかが紀州犬を例に示される。犬種が本格的に固定・管理されるのは近代以降である。日本には大陸由来の在来犬がいたが（第3章）、新しい種類の犬が入るたびに交雑を繰り返してきた。明治維新後に洋犬が多量に流入すると日本の犬の減少に危機感を持った人びとができたばかりの天然記念物制度を利用して各地の在来犬を保護すべき犬種として指定していった。「日本犬標準」という外見に関わる評価基準によって選択が規格化されると、在来犬の多様性は失われていった。しかし、猟犬としての価値が見直されるようになった紀州犬は、一面的な選択への批判が高まり解体に向かう。

犬種が「合成」される材料となったのは、各地の狩猟者が育てていた猟犬だった。**大道論文b**（第14章）は、猟師の視点から現代日本で犬をもちいた狩猟をおこなう意味について考える。シカとイノシシの個体数増加による獣害が日本中で問題になるなか、狩猟圧を高める必要性が叫ばれ、そのために駆除と狩猟が混同されがちだ。ただ捕獲数を増やすだけならば犬をもちいて狩猟する必要は必ずしもない。大道は、捕獲数が重要な駆除と違って、狩猟では狩猟者が納得した猟ができるどうかが問題だと明言する。犬を使って動物を探し出す犬猟では、狩猟技術を維持するためには犬の管理と訓練が重要である。猟師の間での犬の入手方法、猟法と猟芸から盗難事故まで、飼育に関わる諸問題と今後に向けた展望が述べられる。

コラム3「南方熊楠と犬――「犬に関する民俗と伝説」を中心に」（志村真幸）では、博物学者・南方熊楠の研究者である著者によって、私生活では犬よりも猫派であったという南方が大正時代に欧文学術誌上でおこなった犬の比較民俗学が解説される。

以上、第2部では、熱帯、温帯、寒帯における人の生業が複合化・複雑化し、近代システムに取り込まれていくなかで、犬がどのように社会化され、さらに国家権力や市場経済といったマクロなシステムとの緊張のなかで犬と人をめぐる政治が生まれ、展開してきたのかをみる。

第3部　犬と人の未来学

第3部では、われわれの犬をめぐる経験と想像力を試す論考が集められている。眼前の犬と想像の犬から探る犬という実存について、また現代社会においてみられる「人間化する犬」と「犬化する人間」の混交状況が語られる。そして、哲学におけるポストヒューマン論争を射程に入れながら、犬の視点から地球社会の未来について思考実験を試みる。

自伝的アプローチをとる**菅原論文**（第15章）は、犬が登場する小説と自身の日常生活や人類学者として通ったグイのフィールドにおける経験を交互に参照しながら、読者を「環境と虚環境のモザイク状境界」を歩く思考実験に誘い出す。虚環境とは、現実においてわれわれが触知できる環境ではなく、想像によって探索される環境（フィクションの世界）のことである。菅原少年は、犬の出てくる小説を読みながら犬を飼うことに憧れる。長じて人類学者になった菅原は、カラハリ砂漠の狩猟採集民グイのもとであばらが浮き出た犬たちに出会う。カラハリの猟犬にとって飼い主の命令は絶対だ。裏切った犬に対する人の仕打ちは残酷である。人と犬には圧倒的な優劣がある。人は犬の純粋さを信じるが、犬を裏切りもする。犬は飼い主に殺されることになっても最後まで人を信じようとする。菅原によればその純真さこそが犬という実存の可能性の中心である。「犬死に」について考察する中から独自の「犬の定義」――犬とは最愛の人が亡くなるよりも先に逝く存在である――が導かれる。

現代におけるペット葬やペットロスを民俗学の立場から問題にする**加藤論文**（第16章）は、特に前近代の日本における犬と人の関わりを、犬の死と埋葬に着目してレビューすることで現代日本における犬の死のあり方を位置づけようと試みる。近代以前には柳田国男が「村の犬」と表現したような特定の飼い主のいない犬が村落社会にいた。特定の人と犬の間の飼育が一般的になっていった契機になったのは、近世初頭に鷹狩用の鷹の餌として犬の供出が百姓に義務づけられたことである。東日本では、犬供養という死んだ犬を弔う民俗が存在するが、犬だけが特別に葬られたわけではなく馬や牛と同様にして遺体が捨てられ、供養されたものとみられる。現代における「家族の一員」としての犬のペット葬は、近代以後の最近の出来事だと言える。

犬と人の性は、学術的にはほとんど前人未踏の領域である。パイオニア・ワークに挑む**濱野論文**（第17章）は、ドイツの動物性愛者と犬の関係を取り上げる。獣姦は動物との性行為そのものを指すのに対して、動物性愛は動物への心理的愛着が重視される点で異なる。濱野がフィールドワークをおこなったのは、ゼータ（ZETA）という名称の動物性愛者の任意団体に属する人びとで、動物性愛というセクシュアリティの解放運動と動物愛護運動の側面をともに持っている。動物性愛は、セックスに還元されない生きざまとして認識される。犬とのセックスにおいて、言語的な同意をおこなうことは難しいが、犬との相互行為上の手がかりをもとに互いの欲求を読み取る。そこにはむしろ、遊びとしての身体的営みがある。動物性愛は、人が他の動物に対して勝手に仮構する、種やジェンダーという枠組みを批判的に照射する力を持っている。

地球上に、犬にとっての「天国」があるとしたらどのような場所なのだろうか。**小林・湯本論文**（第18章）は、国民総生産（GDP）に代わる国民総幸福（GNH）を指標にした独自の国作りがおこなわれる一方で、市場経済化による急速な社会変化が進む仏教国ブータンにおけるイヌの位置について考察する。現代ブータンの都市や村で群れをなすイヌたちの多くには飼い主がいない。人びとは、仏教における慈悲の思想も手伝って、余った食事を「村の犬」ならぬ「街の犬」に与える。ブータンのイヌは、菅原論文に出てくるカラハリの犬と対照的に、肥え、健康的な犬が多い。しかし聞き取り調査からは、このような状況は鎖国が解除された後に急速に起こった生活や食料消費の近代化によることが示唆される。街の犬と人は、近接しながら互いにほとんど干渉しない不思議な共存関係を築いている。そこに小林らは、支配／被支配ではない主体どうしの「出会い」の潜在性をみる。

「ニンゲンとイヌ」の共存への新たな道開きを模索する**池田論文**（第19章）は、ダナ・ハラウェイによって提案されたコンパニオン・スピーシーズ（伴侶種）の概念を念頭に置きながら（ハラウェイ、二〇一三）、メキシコに古くから伝わるショロイツクイントゥリという無毛犬の存在について考察する。古代マヤや古代アステカの遺跡からは、ショロイツクイントゥリをかたどった土偶が多量に出土する。ショロイツクイントゥリは愛情の対象であると同時に、食欲の対象でもあった。人肉供犠の代わりにショロイツクイントゥリの肉が大量に供されていたことから、池田は犬食のタブーとカニバリズムの関係へと想像を膨らませつつ、人間の都合で犬に犠牲を強いる状況の際限のなさを確認する。人間中心主義からの逃れられなさを自覚しつつ、最後に池田は擬人法を採用してイヌからのメッセージを思い描く。それは、犬からみれば、人間こそが「愛情の寄生虫」に他ならないのではないか、という強烈な毒で締めくくられる。

第3部の二つのコラムでは、現代の愛玩犬の健康とウェルビーイングの問題がとりあげられる。**コラム4**「イヌのアトピー性皮膚炎」（牛山美穂）は、愛玩犬があたかも人間のようにあつかわれる「動物の人間化」状況について、イヌのアトピー皮膚炎とそのケアのあり方に着目して考察する。**コラム5**「シカ肉ドッグフードからみる人獣共通のウェルビーイング」（立澤史郎・近藤祉秋）では、現代日本におけるジビエ（野生獣肉）消費ブームと関連して、愛玩犬の「健康食品」としてシカ肉を加工したドッグフードが流通している状況が報告される。そこでは、犬は「野生」の消費者になっている。

3……犬革命宣言

最後に、本書を編むなかでわれわれ編者が見出したキーワードであるトレーニング（訓練）、コスト、犬の死についての考察から、人―犬関係のこれからについてどのような推論ができるか例を示してみよう。

犬が人の社会に抜きがたいほどに入りこみ、地球上に遍在するようになったひとつの理由は、多様な用途で犬が人に役立つからであろう（Lupo, 2011）。他の家畜がそうであるように、食用や特定の労役に特化することなく、犬という種はほとんどありとあらゆる役割を果たしている。しかも、小宮（3章）が縄文時代の狩猟採集民について論じるように、ホストである人社会の生業と犬の役割の関係も必ずしも自明ではない。それは、本書で言及されているだけでも、狩猟における獲物の追跡、牧畜における畜群の管理や外敵防御、犬ぞり運搬から最近では介護や麻薬探知などの実用目的から、アジリティ競技のようなドッグ・スポーツまでの広がりをもつ。これらの役割の多くは、人との共同作業を前提とする。これを可能にしているのが**犬の学習とトレーニング**である。とくに、幼犬のあいだの特定の社会化期に人や他の家畜に触れさせて慣らすことで、犬はそれらの存在を仲間とみなすようになる（1章）。現代狩猟採集民がしつけの実践のなかに組み込んでいるように、この特徴を利用して人は犬を社会化させる（7章）。しかし、犬には個体ごとに個性や性格があり、人と仲良くはなれても、特定の役割を果たすには向き不向きがある（2章、14章）。犬に特定の役割を担わせるため、近代以降になると犬の生殖に介入して望ましい特徴をもった犬を選択することによって多種多様な犬種がつくられるようになった（4章、13章）。人類社会の複雑化を反映して、犬は多様化してきたのである。

犬を飼うことの「コスト」は、狩猟採集民研究の文脈で重要な意味を持つだけでなく、現代社会における人と犬の関係を考える上でも示唆的な論点である。池谷（2章）はカラハリ狩猟採集民サンの事例から猟犬の死亡率が高く、犬を使った狩猟法を継続するのが難しいことに言及している。他方、北方先住民の犬ぞり利用に関して論じた近藤（10章）や北原（11章）も、そり犬を飼い続けるための飼料をどう確保するかという問題に触れている。先進国の都市部での状況に触れた章では、生命維持に必要な範囲を超えて愛玩犬の世話を焼く人の姿に言及があった。大石（7章）が描くように、狩猟と農耕の世界が「分離的に共存」する社会では、犬の名付け、所有、子犬の入手方法、トレーニング（訓練法）が、それぞれの生業様式や社会関係と相互作用をもちつつ変化してゆくのである。前述したように、現代的な人―犬関係を評して、池田（19章）は、「人間こそが犬にとっては《愛情の寄生虫》なのである」と喝破する。(8) 犬とは、飼うのに「コスト」がかかる生きものであるというだけではなく、「コスト」がかかるからこそ飼いたくなる生きものだとも言える。人類社会の内部にニッチを見出したイヌの進化史的な戦略の結果として、人間の養育行動を引き出すような形質の獲得がなされたのだとすれば（5章、MacLean & Hare 2015）、われわれ人類はいまだ犬の術中にある。犬と人間の関係は、犬と人がそれぞれの「伴侶種」に、投下するコスト関係において、その未来を占うことができるとも言えよう。

犬への愛着にまつわる「コスト」の問いは、人間が**「犬の死」**とどう向き合ってきたかとも通底している。菅原（15章）の「犬死に」論のみならず、本書では犬の死に立ち会うひとびとのさまざまな実践が描かれている。椎葉村では狩猟の最中に死んだ猟犬を「コウザキ様」として祀ってきた（8章）が、日本の都市部では、ペット供養の新しい動きが登場していることが本書でも取り上げられている（16章）。最近「ペットロス」という言葉が人口に膾炙するようになり、ペット供養にまつわるサービスがビジネスとして展開されるようになった背景には、よく言われているように愛玩犬が「家族の一員」としてみなされるようになったことが挙げられる。もちろん、これは、本書の随所で言及されるダナ・ハラウェイの犬論（ハラウェイ、二〇一三）[9]ともつながる全球規模の動向である。

死せる存在としての犬は、同時にわれわれに犬と人の「ケア」や「ウェルビーイング」の問題を突きつける。人が犬に見出す人格性《パーソンフッド》（犬格性？）の喪失もしくは変容を意味する**「犬の死」**がこれほど注目を浴びている現代では、犬と人をめぐる医療・福祉を論じることも欠かせない。本書では、犬のアトピー性皮膚炎（コラム4）や犬の医療食としてのシカ肉（コラム5）にも言及があるが、濱野（17章）が論じるドイツの動物性愛者のように、愛犬の健康維持を目的として動物性愛をおこなうと語る者もいる。もちろん、人間から犬への「お世話」（ケア）だけでなく、アニマルセラピーのように犬が人間を癒すことも重要である。[10]

以上、本書を読み解くための、犬と人の共生の概略的歴史についてみてきた。イヌとヒトは、相互依存的ではあるものの、多くの場合関係がなくては生存できないと言う意味で生物学的な「絶対的な共生」関係にあるわけではない。それにもかかわらず、犬革命——すなわち強制的な手段によらない、社会的なコミュニケーションに基づいた異なる社会性動物どうしの共生状況——が数万年以上も継続しているのだ。この共生関係は、不連続に時間を切断するような変化を両者にもたらしたというより、両者の生物学と文化、そして環境に、むしろ連続的・浸透的に影響をもたらし続けている。犬の視点から人類史をみることは、したがって、生物学や人文社会科学といった学問分野の垣根を越えて、「人はいかに他者と共存できるのか」を考えることを要請するのである。

さて、これらのことを確認してもなお、犬と人のこれからの関係を考えると両者のあいだにある**境界の問題**が残っていることに気づく。現代において、犬と人の境界がますます分からなくなってきていることは、**山田**（6章）による犬祖説話の分析から導かれる人と動物の「境界侵犯」に関わる先人の思考の積み重ねと照らし合わせて考えると示唆的である。われわれの先人・先犬（？）たちもまた、ずっと、人と動物の境界の問題に魅了され、悩んできたのだ。**小林**と**湯本**（18章）や**牛山**（コラム4）が述べるように、両者が、互いの境界をどのように維持できるかが、今後の共存に向けた鍵となるように思われる。このことについては、これからも読者とともに私たちは考えてゆくつもりである。

【参考文献】

羽田正「新しい世界史とヨーロッパ史」『パブリック・ヒストリー』7（大阪大学西洋史学会、二〇一〇年）一―九頁

Haraway, D. J. (1989) *Primate visions: Gender, race, and nature in the world of modern science*. Routledge.

ハラウェイ、ダナ（永野文香・波戸岡景太訳）『伴侶種宣言——犬と人の「重要な他者性」』（以文社、二〇一三年）

Hare, B., Brown, M., Williamson, C., & Tomasello, M. (2002) The domestication of social cognition in dogs. *Science*, 298(5598), 1634-1636.

MacLean, E. L., & Hare, B. (2015) Dogs hijack the human bonding pathway. *Science*, 348(6232), 280-281.

ミクロシ、アダム（薮田慎司監訳、森貴久・川島美生・中田みどり・薮田慎司訳）『イヌの動物行動学——行動、進化、認知』（東海大学出版部、二〇一四年）

Lupo K. 2011 A Dog is for Hunting. In Ethnozooarchaeology: *The Present and PastofHuman-Animal Relationships*, edited by U. Albarella and A. Trentacoste, pp. 4-12. Oxbow Press,Oxford.

シップマン、パット（河合信和監訳、柴田譲治訳）『ヒトとイヌがネアンデルタール人を絶滅させた』（原書房、二〇一五年）
山田仁史『いかもの喰い』（亜紀書房、二〇一七年）

【注】

（1）本書でいう人類は、現生人類（*Homo sapiens sapiens*）を含む*Homo*属を意味する。また、具体的な現生人類の個体や集団に言及する場合には、「人」あるいは「人間」と表記する。ただし、生物学的な意味あいを強調する場合には「ヒト」をもちいる。

（2）人類史に限らず、歴史を叙述する際には、つねに書き手のよって立つ史観の影響を受けざるをえない。歴史学者の羽田正は、ヨーロッパを中心に、国家や地域、時代別の歴史を組み立てる旧来の歴史学（ヨーロッパ中心史観）とは一線を画した新しい世界史を構想する中で、「自分は地球市民の一員だと人々が確信できるような世界史を、私たちはどうすれば描ける」のかと問う（羽田、二〇一〇）。地球に住む「わたしたちの歴史」には、「世界全体を一つの単位として叙述する」ことが大事だという。本書もまた、このような問題意識を共有しており、グローバルストーリーの試みのひとつである。犬は、（先史時代のオセアニアのような例外を除けば）地球上に遍在する。したがって、犬に着目して歴史をみることは、地球上の様々な地域や時代の犬と人やそれを取り巻く環境に、そして人が犬について、また犬とともに想像する世界へと、当事者としての「われわれ」の目を向かわせてくれる。

（3）本書には、分野によって章ごとに犬、イヌ、狗等の表記が使われている。イヌの学名をめぐっても、イヌをオオカミの亜種とみなして*Canis lupus familiaris*とする立場と、イヌを独立種とみなして*Canis familiaris*とする立場の二つの学名表記がある。本章では、オオカミ（*Canis lupus*）、イヌおよび両者の共通祖先を含む場合に「犬」を、とくに狭義のイエイヌ（*Canis lupus familiaris*あるいは*Canis familiaris*）のみを強調する場合に「イヌ」を当てることとする。

（4）編者のひとりである池田は、あえて「犬になって」語っている（**第19章**）。ただし動物について考える際に擬人化が有効かどうかは、さまざまな立場があり、問題設定や文脈にもよる。本書の執筆者のあいだでもこの点についての考え方は多様である。

（5）このように書くと大げさに感じられるかもしれない。しかし、人類が地球に及ぼしてきた影響の大きさから、近年人新世（Anthropocene）という地質年代区分が提案されるに至っている。人とイヌとの出会いと関係形成は、その後の時代における指数関数的な人為環境の拡大――それは犬の生息域の拡大でもある――過程を考えるうえで、意味をもつ出来事だと言えるだろう。

（6）例えば、マラリアなどの熱帯感染症によって命を落とす犬は多い。また一九五七年には、ソビエト連邦によってライカという名のメスの犬が、衛星スプートニク2号に乗せられて宇宙に打ち上げられた。ライカは、人を含む動物として初めて、地球の軌道を周回した。スプートニクは大気圏に再突入できる設計になってはおらず、ライカが生還することはなかった。

（7）言うまでもなく、現代社会においては日々捨てられた犬が大量に殺処分されている。また、実験動物のひとつとして犬は医学に多大の貢献をしてきている。

（8）「イヌに愛情寄生する動物」というのは、新しいヒトの定義のひとつかもしれない。

（9）科学史家のダナ・ハラウェイは、人間=男性中心主義を批判する数多くの仕事を残してきた。『伴侶種宣言』では、人間例外主義や異性愛優越主義を超えて、「重要な他者性」を核として互いに互いを形成しあう「伴侶種」という見通しが示される。「伴侶種」の議論では飼い犬カイエンヌとの関わりに紙幅が割かれているが、ハラウェイは人間と非人間が「パートナー」として「伴侶種形成」することに主眼を置いており、飼い犬を幼児化してあつかう現代の傾向に批判的である（ハラウェイ二〇一三：一四七―一四八）。

（10）ちなみに、近年再発売された「アイボ（aibo）」は、犬を飼うための「コスト」を最小限に抑えながら、人間の「相棒」としての役目を果たすことが期待されていると言える。犬と人にまつわる「ケア」の関係を範とするペットロボットの開発は、人と犬の関係に影響を及ぼす可能性がある。「コスト」がかかる（からこそ飼いたくなるはずの）犬に対して、「コスト」がかからない（ようにみえる）ペットロボットが出てくることで、犬の位置づけに変化が生じてくるかもしれないからだ。犬は、人類社会のごく近傍にいるからこそ、このようなテクノロジーの変化によってみずからも影響を受ける可能性が高いと考えられる。

第1部

犬革命

モンゴルの犬
（2017年8月、前原郁美撮影）

第1章……イヌはなぜ吠えるか

牧畜とイヌ

藪田 慎司

Keywords＝進化、牧畜、ガーディングドッグ、新石器革命

1……はじめに

モンゴルを少しだけ旅した。当地のイヌの役割はガーディングドッグであり番犬である。夜間に家畜を入れておく囲いやゲルの周りで放し飼いにされたイヌ達は、近づいてくる人や馬や他のイヌに対して激しく吠えかかる。現地の家族のゲルの近くにテントを張ったら、そこのイヌの吠えること吠えること。昼間は比較的静かだが、夜になるといったいなぜそんなに吠える必要があるのかと思うほど吠え続け、テントのすぐ横を吠えながら何度も走り抜けた。翌朝、テントから出てきた娘は、寝られやしなかったとぼやいた。こわかったようだ。とはいえ、慣れてしまったのだろう、二日目からはぐっすり寝られたらしい。

「吠」という字は見てのとおり、「犬」に「口」と書く。この漢字は実によくできている。その通り、「吠え」はイヌのまさにイヌらしい行動なのだ。イヌの最も近縁の野生種はオオカミである。オオカミはあまり吠えない。オオカミからイヌが分岐してから数万年の間に、イヌは今のようなよく吠える「うるさい」動物に進化したらしい。ではいったい、いつ何がどうなってそうなったのだろうか？

2……イヌとオオカミの分岐

イヌにもっとも近縁な野生動物はオオカミである。もはや常識になった感のある知識だが、意外にも科学的に結論付けられたのは比較的最近のことである(Vilà et. al., 1997, Savolainen et. al., 2002)。最終的には分子遺伝学の発展によって、イヌがオオカミから分岐したことが明らかになった。となると、つぎの問題はイヌが分岐した時期と場所ということになる。

オオカミはユーラシア大陸と北アメリカ大陸の北部、つまり北半球のほぼ全域に生息している。一方、私たちホモ・サピエンスはアフリカで誕生し、そこから世界中に広がっていった。つまり進化の初期には、人類とオオカミは出会っていなかった。しかし、二〇万~一〇万年前になると状況が変わる。人類がアフリカを出て分布を広げ始めたからである。この過程で人はオオカミとさまざまな地域で出会ったはずだ。問題は、そのどこでオオカミからイヌへの分岐(最初の家畜化)が起こったのか、である。

イヌの祖先がオオカミだという点で合意している研究者達も、最初の家畜化の場所については意見が分かれている。とはいえ、それがユーラシア大陸であったという点に異論はないようだ。北アメリカ大陸のイヌが北アメリカのオオカミが家畜化されたのではなく、人類がユーラシアから移動してくる時に一緒にやってきたということが明らかになっている(Leonard et. al., 2002)。それゆえイヌの最初の家畜化は北アメリカではなくユーラシアで起こったはずである。では、そのどこなのか。仮説としてあげられている場所は、ほとんどユーラシア全域に広がっている。最初に東アジア説(Savolainen et. al., 2002)、それから中東説(Pollinger et. al., 2010)、南アジア説(Ding et. al., 2012)、ヨーロッパ説(Thalmann et. al., 2103)、さらに中央アジア説(Shannon、et. al., 2015)、最近ではヨーロッパと東アジアの二起源地説(Frantz et al., 2017)も提案されている。まだまだ論争は続くだろう。

起源の地については論争中であるとして、その時期はどうだろう。前段の諸論文の推定値の範囲は、おおよそ一万五〇〇〇年〜四万年前の間となる。これは後期旧石器時代にあたる。旧石器時代といえば、まだ農業も牧畜も始まっておらず、人類は狩猟採集を生業として暮らしていた。だからきっとイヌをある種の「猟犬」として利用していただろうと想像される。

最近、ネアンデルタール人の絶滅が「イヌ」のためだったかも、という説が出て話題になった。この説（シップマン二〇一五）によれば、ヨーロッパのクロマニヨン人はすでに三万五〇〇〇年ほど前にオオカミと異なるイヌのような動物を連れて狩猟をしており、この技術上の優位性が、競争種としてのネアンデルタール人を絶命に追い込んだのだ、と言う。興味深い大胆な仮説である。確かに、彼らはオオカミとは異なる動物を連れていたようだ（Germonpr et. al., 2009）。しかし、それが真の意味でのイヌだったかどうかは疑問がある。遺伝子の解析（Thalmann et. al., 2103）は、この動物が現在のイヌの直接の祖先であるという仮説を支持してはいないのである。また、過去のオオカミ個体群の標本が不十分であるという技術的限界もある（Perri, 2016）。だから、当時のクロマニヨン人が本当にイヌと呼べる動物を連れていたのか、さらにそれを本当に狩猟に使っていたのか、これらに答えをだすのは時期尚早であろう。

イヌを狩猟に使っていたことを示す最も直接的な証拠は「絵」である。現在知られている最古のイヌの絵は、およそ八〇〇〇年前に描かれた西アジア（アラビア半島）の岩絵群である（Guagnin et al., 2017）。この時期のこの地域からは、明らかにイヌと判断できる骨が人骨と共に埋葬された跡が発見されており、イヌが飼育されていたことは間違いない。さてこの岩絵には、弓矢を持った人がたくさんのイヌを連れている様子や、イヌがいろいろな野生動物の喉や腹に咬みついている様子が描かれている。人が連れているイヌの中には首に紐をつけているらしい個体もいて、その紐は人の腰につながっている。どうしてこれらが「イヌ」とわかるかと言えば、巻尾に描かれているからで、オオカミを含めイヌ以外のイヌ科動物で巻尾を持つ種はいない。それぞれのイヌ個体は異なる毛皮の模様を持つように描かれており、その姿は現在のアラビア半島の地域犬と非常によく似ている。

この岩絵群は、当時すでにかなり高度で組織的なイヌの利用が行われていたことを示唆している。たくさんの個体が個々に異なるように描かれていることは人々がイヌを繁殖させて増やし、個体識別していたことをうかがわせる。首の紐は、行動を制御していたことをうかがわせる。論文の著者らは、匂いを追う能力の高いイヌが獲物から攻撃されて怪我をしてしまうことを避けるためか、トレーニング途中なのではないかと想像している。

この八〇〇〇年前の印象的な絵が示すのは、この地域ではこの時期にかくも大規模で組織的な猟犬の利用が行われていたということである。とはいえ、分子遺伝学の研究はイヌの家畜化の時期がもっと前であることを示している。だから実際には、狩猟へのイヌ利用はもっと前からはじまっていたはずだ。ただ、大規模で組織的な猟犬の利用は、この地域のこの時期に始めて出現したということはあるかもしれない。だとすれば、そこには何か特別の理由があるのだろうか？　実は私は、それがこの地域でおよそ一万年前に起こった新石器革命、つまり農業と牧畜の誕生、ではなかったかと想像しているのである。新石器革命は人の生活を大きく変えただけでなく、イヌの行動やイヌと人の関係をもまた劇的に変えたのではないだろうか？　この可能性を、イヌの「吠え」を手掛かりに考えてみたい、というのがこの章の趣向である。

3……イヌの吠えの特徴——文脈、音、学習

まず、主題であるイヌの「吠え」の特徴をまとめておこう。第一の特徴は、それが発せられる文脈が多様だという点である（Pongrácz, et. al. 2005）。すでに述べたように、オオカミはイヌのようには吠えないが、まったく吠えないというわけではない。彼らは主に警戒の文脈で吠える（ツィーメン一九九〇、Harrington et. al., 2003）。そしてイヌも警戒の文脈で吠える。イヌの祖先がオオカミであることから考えれば不思議なことではない。イヌが不思議

なのは、それ以外の文脈でも頻繁に吠えることである。人と狩りをする時、飼い主から離れた時、遊びの時にも吠える。二つ目の特徴は、音響特性の多様さである（Federson-Peterson, 2000）。イヌは、高い声、低い声、澄んだ声、濁った声、さまざまな音声で吠える。また、オオカミの吠えはたいてい単発の発声だが、イヌはしばしば連続して吠える。その発声間隔は短い場合も長い場合もある。

ところで音声の定義にはしばしば音響特性が使われる。しかし、音響特性の多様さが吠えの特徴だとすれば、他の視点からの定義が必要になる。イヌもオオカミも、典型的「吠え」とは明らかに異なる発声レパートリーを持っている。「遠吠え」、「唸り」、「鼻鳴き」などである。これらは、発声の運動において典型的「吠え」と異なっている。この際、例えば遠吠えは、口を開けたまま（全開ではなく少し口をすぼめたような開き方）で切れ目なく長い発声を行う。唸りは、口を閉じた状態で行われるやはり長く続く発声である。鼻鳴きは、同じく口を閉じて発せられるが、短く区切られた発声の連続であることが他と異なっている。このような比較から、発声運動の違いによって鳴き声を分類することができる。この観点からは「吠え」とは「口の素早い開閉で短く区切られて発せられる声」と定義される。このようなタイプの発声には、典型的な吠えから、いわゆる「キャンキャン吠え」のような高い声の発声まで多様な声が含まれる。

イヌの吠えの音響特性は、それが発せられた状況と大まかに相関している。そのため、吠えだけ聞いて、それがどんな状況で発せられたかを、人は偶然以上の確率で判断できる。しかし、この正解率はそれほど高くない。実は「この文脈の吠えはこの音響特性を持つ」といった単純で分かりやすい関係はないのである。特に遊び吠えや飼い主からの分離時の吠えを音だけから判断するのは難しい（Pongrácz et. al., 2005）。このことは、遊びの吠えや分離の吠えといった離散的なカテゴリーがあるのではなく、それらは吠えのバリエーションの連続的な変異の一部であることを示唆している。

最後の特徴は学習である。イヌは人の指示／コマンドに従って吠えることを学習できる。さらに、人が教えなくても日常の特定の状況で吠えることを学習する。吠えが、しばしば人との生活で問題行動となるのはこのためである。例えば、車の中から外を行く人に吠え続けるイヌや飼い主がいなくなると吠えて飼い主を「呼ぶ」イヌは少なくない。これらが度を過ぎれば、問題行動となるだろう。これらの行動は、条件付け学習の枠組みで説明できる。例えば、車の中で吠えたことに続いて、車の外を通る人（イヌに不安とおそれを与える存在かもしれない）がいなくなるという出来事がおこれば、別に吠えたからいなくなったのではなくて単に通りすぎただけであっても、吠えと人が消えることが連続して起これば学習が起こるには十分である。同様に、朝家族が起きてくる前に吠え始めるイヌや飼い主が見えなくなると吠えるイヌも、吠えることで家族が現れたり飼い主が近づいてきたりするということを（誤って）学習してしまったのかもしれない。

4……「吠え」と情動

イヌの吠えの特徴は、多様な文脈で発せられ、多様な音響性を持ち、学習することも可能、ということであった。では、その背後にある発声メカニズムはどのようなものだろうか。哺乳類の発声は気道の途中にある声帯に、空気を送り込んで振動させ、それを口腔内で共鳴させて最終的な声とする。イヌもオオカミも同じである。この発声に関する筋肉運動は以下の四つに分けられる。声帯を緊張させたり緩めたりする筋肉運動、肺から空気を排出させるための筋肉運動、口腔の大きさや形を変えるための舌の筋肉運動、そして口を開閉するための筋肉運動、である。これらの筋肉運動を制御しているのは脳だから、発声の生理メカニズムはつまるところ脳によるこれら四種類の運動の制御として捉えられる。

口以外の部分の筋肉に対する脳からの投射を見ると、人とその他の哺乳類に違いが見られる。人以外では、咽頭、呼吸の神経核への大脳運動野からの投射は、帯状回と脳幹毛様体を経由していて直接投射がない（Hage &

Nieder, 2016)。大脳の帯状回は情動行動に、脳幹は反射反応に深く関係している。このことから人以外の哺乳類の発声には情動や反射の支配程度の大きいことが想定される。呼吸や嚥下といった喉の運動は生命維持にとって重要だから簡単に意図的制御ができないようになっているのかもしれない。しかし、人では脳運動野から帯状回や脳幹を経ずに直接これら咽頭の神経へ投射する経路がある。人が発声を意図的に制御できるのはこのためだと考えられている。

オオカミやイヌで、どのような神経支配があるのかはよくわからないが、多くの哺乳類と同様、大脳からの直接支配は行われていないというのがありそうなことである。だとすると、オオカミやイヌの発声には情動の影響が大きいものと考えられる。では、吠えを引き起こす情動とはどのような情動だろうか。

オオカミの吠えは、巣穴に人が近づいた時のような状況で、警戒声として発せられる。これは攻撃と逃避の両方の動機づけを高めうる刺激状況である。吠えは、そのような攻撃と逃避の動機づけの葛藤状態で起こる行動と考えられている (Harrington et. al., 2003)。攻撃か逃避どちらかの動機づけが十分に大きければ、その大きい方の行動を行うだろう。しかし、両者が同じくらい強く刺激される状況では攻撃も逃避も行われず、転位活動、転嫁活動、両義的活動のような第三の行動が行われると考えられている (Tinbergen 1952, Hinde, 1970)。これらはしばしば激しい呼吸や立毛筋の収縮など自律神経系支配反応を伴うことも多く、動物の信号行動の多くは、これらの葛藤行動が儀式化したものと考えられている。

一方、イヌは警戒だけでなく、遊びや分離の文脈でも吠える。これらの文脈における情動状態は一種の興奮状態であることを除けば、警戒の情動とはかなり異なっていると考えられる。例えば、分離の状況に置かれた動物は、不安や逃避の動機づけを持つと考えられるが、攻撃的動機づけほとんど持たないだろう。遊び時には、不安や恐れの動機づけだけでなく攻撃の動機づけも持たないだろう。快—不快という情動軸で考えても、警戒や分離は不快と関係するが、遊びはそうではないはずである。

ではイヌの吠えは複数の異なる情動と結びついているのだろうか？　それとも、人と同じように、情動と発声の一般的結びつき自体が弱まっているため、多様な情動状態で吠えることが可能になっているのだろうか？　イヌが吠えを学習できることは、後者の考えを支持しているように思われる。例えば、イヌは「吠えろ」という人のコマンドに反応して吠えることができるようになるが、吠えが情動によって強く支配されているのだとすると、「吠えろ」を聞いた瞬間に吠えるための情動が発生しなければならない。しかし、そのように情動が簡単に変化するのかどうかは疑問である。逆に、情動の支配が弱いからこそ、学習して吠えられるのだということの方がありそうに思われる。

まとめれば、オオカミに比べイヌでは「吠え」の制御が情動から相対的に自由になっていると解釈することができそうだ。その結果、様々な状況で吠えること、多様な音響特性の声で吠えること、学習して吠えることなどができるようになったのだろう。もちろんこれは仮説であり、具体的な神経系や内分泌系のどんな変化に対応するのかなど、まだわかっていない。本当にイヌの吠えは情動支配から相対的に自由になっているのだろうか。それを検証するには、解剖学的・生理学的な研究がもちろん必要だが、コマンドで吠えることを学習したイヌを、異なる情動を引き起こす複数の状況下において吠えさせてみる行動学的実験から何か洞察が得られるかもしれない。

5……イヌを生み出した選択圧――「こわくないこと」と「役立つこと」

イヌとオオカミはよく似ている。しかし、オオカミをイヌのように育てても、完全にイヌのようにはならない。イヌと一緒に平和に暮らすのは誰でもできるが、オオカミとそうするのは難しい。つまり、イヌがイヌらしくオオカミがオオカミらしいのは、その遺伝的基盤が異なるからである。そのような遺伝的な違いは、特定の遺伝的形質を持つ個体が選択されることによって起こる。そのため、特定の遺伝的形質を持つ個体が集団内に増えていき、やがて集団全体がその形質を持つようになることもある。イヌとオオカミの「吠え」の違いもこの「選択」の結果だと考えられる。問題はどんな選択であったかだ。

一般的に言って、生物の集団に遺伝的違いをもたらす選択には「自然」が行う自然選択と「人」が行う人為選択がある。人為選択は人によるその動物の繁殖管理を通して行われる。イヌの場合、多様な犬種を生みだしてきたのはこの人為選択である。ただし、注意しなくてはならないのは、犬種の多くはここに二、三〇〇年の間に作出されたという点だ〔5章今野論文〕。これは、今考えようとしているイヌの進化においてはごく最近のことである。

もう一つ考えておくべきは、イヌと人の歴史の初期には、人はイヌの繁殖を管理していなかっただろうということである。イヌの祖先たちは、人の近くで人の生活から出る食料（ゴミや糞便）を利用していたが、まだ繁殖は人の管理下に入っておらず、自分たちで「勝手に」繁殖していただろう。そういう状況であっても、人の近くでよりうまくやれる」個体がより多くの子孫を作れただろう。つまりこの段階でもある種の「選択」がかかっていたはずで、それは人から離れた野生で暮らすオオカミにかかる選択とは異なっていたはずだ。この時、人はイヌの繁殖管理をしていないわけだから、この選択はある種の自然選択である。とはいえ、この選択は、人がいたからこそかかる選択なのであるから、まったくの「自然」選択とも言いにくい。そこで本章では、イヌにかかった進化圧について、それを「人為」か「自然」かに区別することはせず、まとめて「選択」という言葉で表現する。

では、その選択はどんなものだっただろう。もっとも初期の段階について考えてみよう。当時、やがてイヌになるオオカミが私たち人の周囲に近づきうろつき始めた。それは私たちの祖先にとってどういうことだっただろう。まずそれは「おそろしい」ことだっただろう。人はその恐怖からイヌの祖先を排除するために傷つけたり殺したりしただろう。

イヌはこわくないという人もいるだろう。確かに慣れたイヌはこわくない。しかし、山の一本道で、向こうから中型以上のイヌがこっちへ向かってきたらどうだろう。多くの人は身構えるのではないだろうか。身を守るため、足下の木の枝を拾い上げて握りしめるかもしれない。あるサイズ以上のイヌは人を殺傷しうる。イヌは今でも潜在的には「こわい」対象であり得る［15章菅原論文］。

ニューギニアで伝統的生活をしている集落に滞在した生物学者から、その時の体験を聞いたことがある。その集落周辺には複数のイヌがいるのだが、集落の人々がそのイヌを飼っているわけではなく、そればかりか、しばしば棒などで痛めつけて追い払うのだそうだ。彼ら自身の説明によれば「イヌは人の集落を滅ぼすことができる恐ろしい存在であり、実際、自分の親戚の住む集落は一夜にしてイヌによって全滅させられた。だから近づいてきたイヌはこうやって痛めつけなければならない」のだという。ただ、彼らが森にシカを狩るために森に入った時には、どこからかそのイヌたちが集まってきて狩りを手伝い、その時だけは彼らも獲物の内臓をイヌたちに与えたそうだ。

また、イヌと人は食べ物の範囲が重なるので食料を巡って競合が起こりうる。この理由からも人はイヌを攻撃するかもしれない。本書でも大石が、イヌの死因のトップが人からの攻撃であることを示しているが、この攻撃の理由の一つはイヌが人間の食物を盗むからであろう［7章大石論文］。さらに、人はイヌを食料にするために殺すこともある［2章池谷論文］。恐怖と競争と食料。これらが、人がイヌを攻撃する理由である。日本でも、人がイヌを痛めつけたり殺したりすることは珍しいことではなかった。有名な「生類憐みの令」も、裏を返せばいかにイヌが人から痛めつけられていたかを示すものだろうし、最近でも、戦時中には食料不足から軍によってイヌの肉を食べることが奨励され、しばしば集落でイヌ狩りが行われたそうだ。過去から現在にいたるまで、世界中のあちこちで（行政が行う殺処分を除いても）、イヌが人を傷つけて来た以上に、人がイヌを傷つけ殺して来た。

イヌから見れば、このような人による危険を避けることが自分の生存にとって重要であったはずである。それには、まず人に脅威を与えないこと、つまり「こわくない」ことが役に立つ。「こわくない」外見や、服従の信号のように、人にとって脅威でないことを積極的に示す信号が選択されてきたと予想される［5章今野論文］。また、人の行動に注意を払い、そこから情報を読み取る能力があれば、人との軋轢を減らすことに役立っただろう。

「こわくない」からさらにすすんで、人に積極的に「好かれる」イヌが選択されて来たかもしれない。イヌの外見や行動には、この選択圧のために、人から見て美しかったり愛らしかったりするように進化した側面もあるだろう［5章今野論文］。

人に受け入れられる別の方法は、人にとって「役に立つ」ことである。実際、人はイヌには様々な役割や仕事が与えて利用してきており、そのためにイヌを飼育し繁殖させている。例えば、現代社会では、イヌはペットのほか、介助犬、聴導犬、盲導犬、災害救助犬、警察犬、麻薬探知犬などの仕事をこなしている。もっと伝統的なイヌの仕事としては、橇犬、牧畜犬、猟犬、番犬、ガーディングドッグなどがある。イヌが人にとって「役立つ」ことは疑いなく、それゆえイヌは人の社会に受け入れられてきた。問題は、そのうちどれが「よく吠える」行動の進化に関係したかということである。

6……「よく吠える」ことへの選択圧——ガーディングドッグ仮説

イヌの進化に関わった主要な選択圧として、本章では「こわくない」と「役に立つ」の二つを考えてきた。では、それらがよく吠えることへの進化をも促しただろうか？　もし「吠えるイヌ」が「こわくない」なら、「こわくない」ことを好む選択圧がイヌを吠えるように進化させたと言えるだろう。しかし、実際は逆のように思われる。モンゴルのテント泊の最初の夜の娘がそうだったように「吠える」イヌはむしろ「こわい」存在ではないだろうか。「こわくない」ことを好む選択圧がよく吠えるイヌへの進化に与えた影響は小さいように思われる。

ただ、一つ考えておくべきことがある。それは、吠えが明確な方向性を持つことである。遠吠えなどに比べると、吠えはそれがどこに向けられた声なのかがわかりやすい。だから、あるイヌの吠えが自分に向けられたものでないことが明らかな時には、あまり「こわくない」だろう。このことがよく吠えることの選択理由になったとは思えないが、吠えるイヌの排除という逆の選択を弱める理由にはなっただろう。つまり、よく吠えるイヌが選択される理由が他にあったとき、それに反する選択圧は、吠えに方向性があるおかげで強く働かなかったかもしれない。

では「役に立つ」選択圧はどうだろう。「吠え」が人の役に立つような状況があればそのような「選択」が働きうる。イヌがオオカミから分岐した時期、人は狩猟採集生活を送っていた。だから、まず考えなければならないのは猟犬として「吠え」が役に立つ場合である。人が狩猟でイヌに期待するのは、獲物を見つけること、それを追い出したり足止めしたりして人が仕留められるようにすることである。しかし、森の中や丈の高い草の平原などで狩猟を行う時は、イヌの姿を視覚で確認することがしばしば困難になる。このような状況では、イヌが吠えてくれることが役に立つ。それによってイヌの位置、つまり獲物の位置を知ることができるからだ［2章池谷論文、3章小宮論文、9章大道論文、10章近藤論文］。現在の狩猟でイヌに吠えが期待されるのも、獲物を追いかけている時と獲物を止めておく時である［9章大道論文］。前者での吠えを「追い鳴き」、後者での吠えを「止め鳴き」と呼ぶことにする。

狩猟で吠えるイヌが好まれたことで、イヌはよく吠えるように進化したのかもしれない。この仮説（「猟犬仮説」と呼ぼう）の問題は、オオカミが吠えるのはもっぱら警戒の時だということである。狩りの時にオオカミがよく吠えるという話は聞いたことがない。少なくとも、獲物を追いかけている時に「追い鳴き」しているオオカミの映像は見たことがない。オオカミは黙って静かに獲物を追い詰めていっているように見える。「止め鳴き」はどうだろう。オオカミが獲物を囲んで吠えるだろうか。オオカミが警戒の文脈で吠える時、攻撃の動機づけと逃避の動機づけの葛藤状態にあると考えられる。このような攻撃と逃避の葛藤は、大きな獲物に対面したオオカミの内部にも生じるかもしれない。だとすれば、オオカミも「止め鳴き」に類する発声をするかもしれない。しかし、多くの生物学者の観察にも関わらず、そのような明確な観察報告はない（Peterson & Ciucci, 2003）。

一方、野犬の研究では、獲物を追いかける時に激しく吠えるという明確な観察報告がある（Scott & Causey, 1973）。オオカミの狩猟時の発声についてははっきりしないことが多くさらに調査が必要ではあるが、少なくともオオカミの狩りがイヌに比べて静かだということは確かなように思われる。狼が狩猟の時に吠えないのだとすれば，それは狩猟時に吠える個体が選択されたと考える「猟犬仮説」にとって不利な事実である。さらに「猟犬仮説」のもう一つの問題として，狩りの時に吠えることが常に望ましいとは限らないということもある。吠えることで獲物を逃してしまうかもしれないからだ［10章近藤論文］。

オオカミが吠えるのはもっぱら警戒のためであるとすれば，初期の祖先イヌも警戒のために吠えていたはずだ。もし人が警戒のために吠える個体を好んだのであれば，その選択圧によってより頻繁あるいは簡単に吠えるイヌが進化できたに違いない。実際，多くの文化でイヌの警戒吠えが利用されている。そのためのイヌは番犬，護衛犬，ガーディングドッグなどと呼ばれる。これらのイヌの仕事は一つではない。狩猟の文脈においては，仕留めた獲物を守ることが［15章菅原論文］，人の集落やキャンプにおいては他人や大型動物の接近を知らせる役割が［2章池谷論文，10章近藤論文］，遊牧文化であれば家畜をオオカミなどの捕食者から守る働きが期待される。農耕文化でも，農作物を荒らす野生動物などから作物を守る働きを期待されることがあるだろう。現代でもイヌは家族や財産を守るいわゆる番犬として利用されている。

ところで日本語で「番犬」というと，多くの人には玄関や庭で激しく吠えるイヌのように，人やその財産を守るイヌがイメージされるのではないだろうか。しかし，すでに述べたように，イヌが守る対象はそれだけではない。中でも家畜を守るイヌというのは，日本人にはなかなか想像しにくいように思われる。そこで，家畜を含めた様々な対象を守るイヌたちをイメージしてもらうため，本章ではガーディングドッグという言葉を用いている。実は，単にガーディングドッグと言うと主に家畜を守るイヌを指すことが多い。とはいえ，イヌの警戒吠えを利用するという点は同じであるから，本章ではいわゆる番犬も含めたやや広い意味でガーディングドッグという言葉を使うことにする。

祖先イヌにとって，何であれガーディングドッグとして吠えることは自然な無理のない行為であっただろう。

写真1　モンゴルで羊の群れについて行くイヌたち。特に羊を集めたりといった仕事をしているわけではない。私たちは毎晩彼らの吠え声を聴いて過ごした。（筆者撮影）

だからこの文脈においてこそ、より吠える方向への選択が生じやすかったはずである。人は、よりガーディングドッグとして「役に立つ」イヌを好み、そのために警戒時によく吠えるイヌが選択されたのかもしれない。これを「ガーディングドッグ仮説」と呼ぶことにしよう。この仮説は、イヌがより頻繁に警戒吠えをするような選択が最初にかかったと考える。では、この仮説は警戒吠え以外の吠えの出現を説明できるだろうか？

より頻繁に警戒吠えを行うには、吠えを引き起こす内的範囲が広がればよい。そのため、攻撃や逃避の動機づけが小さかったり、逆に非常に大きかったりする時や、それらのバランスがどちらかに偏っている時にも吠えられるようになったかもしれない。これは、吠えに対する特定の動機づけによる情動的支配が弱まることとみなせよう。

いったんそのような変化が起これば、警戒以外の文脈でも、吠えを出しやすくなるだろう。この段階で、それら警戒以外の吠えを好む選択圧が作用すれば、その文脈においてより吠えやすい遺伝的性質を持つイヌが増えていくだろう。こうして、イヌは多様な文脈で吠えるようになっていったのではないだろうか。例えば、よく吠えるようになったイヌは、狩りで獲物を追いかけて走っている時にも吠えが出るようになったかもしれず、いったんそうなれば、獲物を追いかけている時により吠えるイヌが好まれ「追い鳴き」するイヌが固定されていっただろう。

人は音声信号でのコミュニケーションを発達させた動物である。このため、イヌが自分に向かって吠えていると、人はそれを自分への「呼びかけ」や「返事」のように解釈し、イヌとコミュニケーションできている感覚を持つかもしれない。このことは、イヌが吠えによって人の行動に影響を与えることを容易にしただろう。イヌにとって利益のあるように人の行動を変えられるなら、イヌはそのような吠えをより出しやすくなるだろう。これが、飼い主を「呼ぶ」ための吠えや、遊びの吠え、威嚇して人からの攻撃を避けるために吠えを使うようになった理由かもしれない。

これらの状況で吠えるようになる変化は、遺伝によることもあれば、学習によるものもあるだろう。情動支配が弱まり学習が可能になれば、遺伝的形質にかかる選択だけではなく、個体レベルで起こる学習によっても新たな文脈の吠えが獲得されるだろう。すでに問題行動となるような吠えが学習の結果として生じうることを紹介した。そこでも触れたが、飼い主からの分離時の吠えもまた、主に学習の結果かもしれない。

遊びの吠えも学習の結果生じている可能性がある。遊び吠えは興味深い行動である。その理由の一つは遊びで吠えるのは、他のイヌ科に見られないイヌだけの特徴だという点であり（Federson-Peterson, 1991）、もう一つは「遊び」自体が、「吠え」と並ぶイヌのイヌらしい行動だという点である。イヌは、異種である人としばしば夢中になって遊ぶ。この能力は、人との協調的・協力的な相互行為を可能にしている能力と密接に関係する可能性がある（Miklósi, 2014）。また、後者の能力自体が遊びの中でより高度に発達することも考えられる。人の側も、遊ぶことでイヌへの信頼感が高まり、結果として、イヌと人の相互行為に必要な良好な関係性が醸成されるだろう。遊びは人とイヌの関係にとって重要な役割を果たしている。

イヌと人の遊びでは、吠えはしばしば遊びの気分を表すプレイシグナルとして利用されている（Bekoff, 1974）。イ

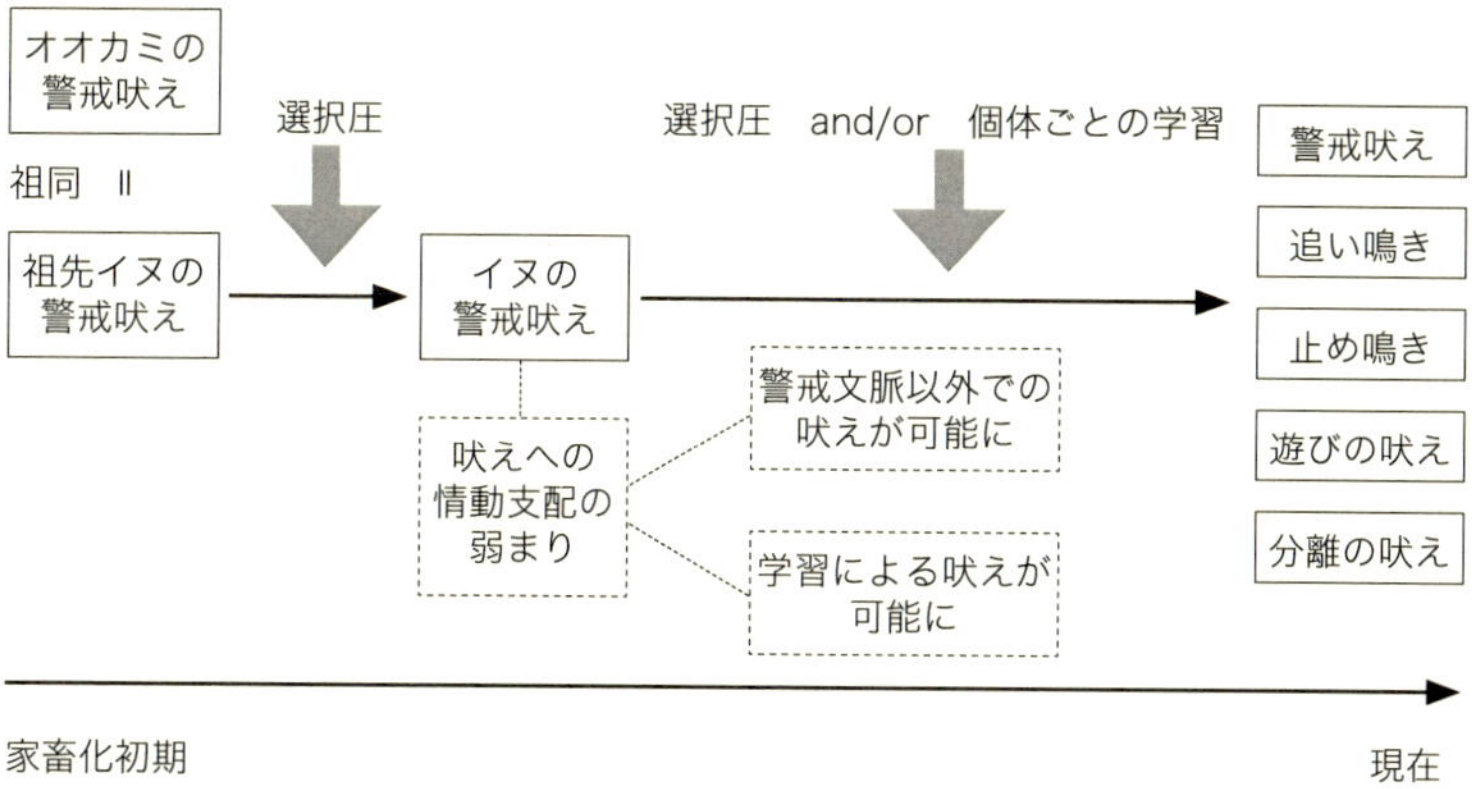

図1 イヌの吠えの仮説的進化プロセスの模式図

イヌの吠えの進化として以下のような仮説プロセスが考えられそうである（詳しくは本文参照）。オオカミの吠えと進化的に相同な祖先イヌの警戒吠えに対し、より吠えやすくなるような選択がかかった。その結果、吠えに対する情動支配の弱まりが起こり、これにより警戒以外の文脈での吠えや、学習しての吠えが可能になった。警戒以外の文脈での吠えに対し、より吠える方向への選択がかかれば、その文脈で吠えやすい遺伝的系統が生じうる。また、各個体レベルで、ある文脈で吠えることを学習することもできる。このようにして、現在みられるような、多様な文脈でよく吠えるイヌたちが生じていると考えられる。

ヌの吠えが情動から相対的に自由になった結果、何かのきっかけで遊んでいる時にも声が出てしまうかもしれない。これを人が、イヌの遊びの気分を表すものと解釈し、遊びを維持したり盛り上げたりすれば、イヌはそれを学習してさらに吠えるようになるかもしれない。社会的な動物では、このような学習による信号の生成がしばしば観察され「個体発生的儀式化」（Tomasello & Call, 1997）と呼ばれている。イヌの遊び吠えが、プレイシグナルとして利用されていること、全ての個体が遊びで吠えるわけではないことなどが、このアイディアを支持する事実である。

上記をまとめると、図1のようになる。人が自分たち自身や家畜を含めたその所有物を守るためにイヌを利用するようになった結果、より警戒吠えを出しやすいイヌが選択された。その結果イヌの吠えに対する情動支配が弱まり、警戒以外の文脈でも吠えが出るようになった。それが人にとって役に立つ場合は選択がかかり、その文脈で吠える遺伝的傾向が強められた。一方、情動からの相対的自由は、イヌが学習して吠えることを可能にした。これにより、イヌはその個体発生において、自分に役に立つ状況で吠えることを学習するようになり、イヌはさらに多様な文脈で吠えるようになった。

7……牧畜文化とイヌ

ここまで、イヌの吠えの進化を説明するためガーディングドッグ仮説を検討してきた。では、この仮説が想定しているような選択、より警戒吠えを行う個体への選択、は「いつ」作用したのだろうか。ここで気をつけておきたいのは、このような進化が一つの出来事で全て決まるような単純なものとは限らないということである。関連する選択圧が異なる時期に何段階かに分かれて作用したことが十分考えられる。なぜなら、イヌがオオカミから分岐してから、人類の生活には何度か大きな変化があったからだ。人がイヌに期待する役割は、人の生業や文化によって異なる。だから、人の生活が変わればイヌに働く選択圧も変化するはずである。

すでに述べてきたように、イヌがオオカミから分岐したのは旧石器時代である。この後の人の生活に起こった最大の変化は（産業革命を除けば）新石器革命だろう。つまり農業と牧畜の誕生である。これは西アジアで行った人類の生活の革命的変化であり、それが、イヌの進化に影響を与えなかったとは考え難い。ではどんな影響を与えたのか。残念ながらそれはまだほとんど研究されてきていない。

本章の主題である「吠え」の進化に関して言えば、牧畜の開始が重要な出来事だった可能性がある。ユーラシアの牧畜文化では、イヌが重要な役割を果たしている。牧畜におけるイヌの利用というと、家畜を追い立ててまとめる仕事を思い浮かべるかもしれない。しかし、このようなイヌはハーダーと呼ばれる牧畜犬の一カテゴリーにすぎない。他にも、牛などの踵を咬んで追い立てるヒーラー、そして家畜の群れを守るガーディングドッグがいる。

ユーラシア大陸の牧畜文化に共通するイヌの役割は、ガーディングドッグのようだ。その仕事は、オオカミのような捕食者から家畜を守ることであり、このため彼らは大変よく吠える。それは、捕食者を威嚇するためであり、人に危険を知らせるためでもあろう。ということは、牧畜文化のガーディングドッグにはよく吠えることが求められているのであり、これはガーディングドッグ仮説が想定している通りである。

牧畜の誕生が、よく吠える方向への選択圧を生み出したことは確かであろう。問題は、その影響がどれくらい強かったかだが、それは牧畜の誕生の前にイヌがどれくらい「よく吠える」ようになっていたかという問題でもある。すでに十分よく吠えるように進化していたなら、牧畜誕生による新たな選択圧の影響は相対的に小さかっただろう。一方、まだそれほどよく吠えるようになっていなかったなら、まさに牧畜の誕生によってイヌは初めてよく吠えるようになった可能性が考えられる。

後者が正しいなら「牧畜が吠えるイヌを生んだ」のようなキャッチコピーが使える。しかし、イヌが最初に家畜化されてから、牧畜が始まるまで少なくとも五〇〇〇年、長ければ数万年たっていることに注意しなければならない。その間、人は狩猟採集生活をしていた。すでに述べたように、狩猟採集文化においてもよく警戒吠えをするイヌが好まれうる。一つは、キャンプ地の警戒のためであり［2章池谷論文］、もう一つは仕留めた獲物を他の野生動物から守るため［15章菅原論文］である。新石器革命以前に、すでにイヌはよく警戒吠えするようになっていたこともありうる。だとすれば、このコピーはそのままでは使えないだろう。ただし、その場合でも、イヌがさらによく吠えるようになったのは牧畜誕生によってだということは言えるかもしれない。牧畜以後は、それ以前と比べ吠えるイヌへの選択圧がより強くなったと考えられるからである。

一箇所に多数の羊が集められているような状況はオオカミなどの捕食者にとって非常に魅力的であり、彼らを強く惹きつけるだろう。一方、人間は羊よりずっと手強いので、人間のキャンプがオオカミにとって羊より魅力的だったということはありそうもない。また、仕留めた獲物を防衛する必要が毎日あるわけではないのに対し、家畜を守る仕事は毎日二四時間必要である。よく警戒吠えをするイヌの必要性は、狩猟採集時よりも、牧畜が始まってからの方が遥かに強かったに違いない。牧畜がイヌをより吠えるように進化させたことは十分ありうる。

ただし一つ問題がある。それは、イヌもまた潜在的には家畜を襲う動物だということだ。牧畜を始めた人類は、イヌが大事な家畜を襲うことを恐れなくてよかったのだろうか？　ここで重要なのは、人がイヌを繁殖させて仔イヌの時期から飼育していたかどうかである。もしそうしていたなら、人類はなんの心配もしなくてよかった。そのような仔イヌは、自然と家畜を襲わない動物に成長したはずだからである。イヌには「社会化期」という学習の感受期があるからだ。

生後三～一二週の間に人に会わせないで育てたイヌは、人間を極度に恐れたり攻撃的になったりする。この時期は「社会化期」と呼ばれ、仔イヌがどんな動物が自分の仲間なのかを学ぶ時期とみなされている（Scot & Fuller, 1965）。イヌが人に慣れ、人の「友」になれるのはこの時期に人と接する経験をするからである。このことは、人以外の他の動物に対しても同じである。だから、人に育てられたイヌはその人が飼っている家畜に対しても社会化される。そうなれば、その家畜はもはやそのイヌにとって「仲間」であり、襲ったりなどしなくなる（Coppinger & Schenider, 1990）。

このように考えていけば、人類が牧畜を始めた時、わざわざガーディングドッグを作ろうと考える必要はなかったことがわかる。人が飼っているイヌは、ほぼ自動的に家畜を仲間とみなし、それを襲わず、近づいてくるオオカミなどを警戒する行動をとっただろう。牧畜さえ発明すれば、新たにガーディングドッグを発明する必要などなかったのである。

牧畜民の多くは狩猟もする。彼らが猟に連れていったイヌは、すでにガーディングドッグとしてよく吠えるよう選択を受けており、そのため狩猟においても吠えやすくなっていたかもしれない。そうなれば、人は狩猟においてもより吠えるイヌを求めるようになっていっただろう。もしかすると、牧畜の誕生は、より吠えやすい猟犬をも生んだかもしれない。

さらに重要なのは、新石器革命において牧畜の誕生が農業の誕生に伴って起こっているということだ。狩猟へイヌを活用することには、より大きな獲物をより多く仕留められる［2章池谷論文］といった「利益」があるのは明らかであろう。しかし、イヌを養って長期間維持するにはそのための食料や手間という「コスト」がかかることにも注意しなければならない［2章池谷論文、10章近藤論文、11章北原論文］。人がイヌを飼育するのは、その「利益」が「コスト」を上回った時だと考えられる。新石器革命において牧畜が行われるようになったことで、イヌによる家畜の防衛という新たな「利益」が生れただろう。同時に農業によって食料生産性が上がることでイヌの飼育へ食料を回す余裕が生じ、イヌを養う「コスト」が相対的に低下したと考えられる。これによって「利益」が「コスト」をはっきりと上回る状況が生じたのではないだろうか。この章の最初で紹介した西アジアの岩絵に見られるような多数のイヌを使った狩猟も、だからこそ出現できたのだろう。

ここまでは主にイヌの進化に与えた新石器革命の影響を考えてきた。しかし、逆の影響も考えることができる。すでに述べたように、もし新石器革命の前に人類がある程度吠えやすいイヌを飼っていたのだとしたら、人類はほとんど大した苦労もなく家畜を守るための素晴らしいパートナーを手に入れられただろう。もしかしたら、それこそが人類に牧畜を可能にさせたのかもしれない。そこまでいかないにしても、イヌがいたことは人が牧畜するのをずっと容易にしてくれたのではないだろうか。それは同時に、より吠えるイヌを求める選択圧をもたらし、今のような「うるさく」吠えるイヌを生んだのかもしれない。西アジアで新石器革命が起こったのは、もしかしたらイヌがいたからかもしれない。そんな風に想像してみることは楽しいことだ。「牧畜がよく吠えるイヌを産んだ」かもしれないし、もしかしたら「イヌが牧畜を生んだ」のかもしれない。

新石器革命からおよそ一万年、どれほど多くのイヌたちが家畜と家族の間を吠えながら走り抜けたことだろう。闇の中に消えていく吠え声をどれだけ多くの人が聴いただろう。そしてどれほど多くの人がその声とともに眠りについてきたことだろう。モンゴルでのテント泊の最初の夜に、娘をこわがらせたイヌたちの声は、遥か昔からユーラシア大陸の平原に響き渡ってきた声であり、私たちとイヌの特別な関係を語りかけているように私には思われたのだ。娘にはそう話そうと思う。

【引用文献】

Bekoff rt. al. 1974. Social play and play-soliciting by infant canids. *American Zoologist,* 14, 323-340.

Botigué et. al. 2017. Ancient European dog genomes reveal continuity since the Early Neolithic. *Nature communications,* 8, 16082.

Coppinger & Schneider 1995. Evolution of working dogs. *The domestic dog: Its evolution,* behaviour and interactions with people, 21-47.

Ding et. al. 2012. Origins of domestic dog in southern East Asia is supported by analysis of Y-chromosome DNA. *Heredity,* 108, 507.

Feddersen-Petersen 1991. The ontogeny of social play and agonistic behaviour in selected canid species. *Bonn. Zool. Beitr,* 42, 97-114.

Frantz, et. al. 2016. Genomic and archaeological evidence suggest a dual origin of domestic dogs. *Science, 352*, 1228-1231.

Freedman & Wayne 2017. Deciphering the Origin of Dogs: From Fossils to Genomes. *Annual review of animal biosciences,* 5, 281-307.

Guagnin et. al. 2017. Pre-Neolithic evidence for dog-assisted hunting strategies in Arabia. *Journal of Anthropological Archaeology.*

Germonpr et. al. 2009. Fossil dogs and wolves from Palaeolithic sites in Belgium, the Ukraine and Russia: osteometry, ancient DNA and stable isotopes. *Journal of Archaeological Science,* 36, 473-490.

Hage & Nieder 2016. Dual neural network model for the evolution of speech and language. *Trends in neurosciences,* 39, 813-829.

Harrington et. al. 2003. Wolf communication. *Wolves: Behavior, ecology, and conservation,* 66-103.

Hinde, 1970. Animal behaviour: A synthesis of ethology and comparative psychology.

Leonard et. al. 200. Ancient DNA evidence for Old World origin of New World dogs. *Science,* 298, 1613-1616.

Miklósi, A. 2014. *Dog behaviour, evolution, and cognition.* OUP Oxford.

Perri, A. 2016. A wolf in dog's clothing: Initial dog domestication and Pleistocene wolf variation. *Journal of Archaeological Science, 68*, 1-4.

Peterson, R. O. 2003. The wolf as a carnivore. *Wolves: Behavior, ecology, andconservation,* 104-130.

Pongrácz et. al. 2005. Human listeners are able to classify dog (Canis familiaris) barks recorded in different situations. *Journal of Comparative Psychology,* 119, 136.

Savolainen et. al. 2002. Genetic evidence for an East Asian origin of domestic dogs. *Science,* 298, 1610-1613.

Scott & Fuller 1965. *Genetics and the Social Behavior of the Dog.* University of Chicago Press.

Shannon et. al. 2015. Genetic structure in village dogs reveals a Central Asian domestication origin. *Proceedings of the National Academy of Sciences,* 112, 13639-13644.

シップマン（二〇一五）『ヒトとイヌがネアンデルタール人を絶滅させた」河合信和監訳、柴田譲治訳、原書房（Shipman 2015 *The Invaders: How Humans and Their Dogs Drove Neanderthals to Extinction.* Harvard University Press.）

Thalmann et. al. 2013. Complete mitochondrial genomes of ancient canids suggest a European origin of domestic dogs. *Science,* 342, 871-874.

Tinbergen, 1952. "Derived" activities; their causation, biological significance, origin, and emancipation during evolution. *The Quarterly review of biology,* 27, 1-32.

Tomasello & Call 1997. *Primate cognition.* Oxford University Press, USA.

Vilà et. al. 1997. Multiple and ancient origins of the domestic dog. *Science,* 276, 1687-1689.

Von Hold 2010. Genome-wide SNP and haplotype analyses reveal a rich history underlying dog domestication. *Nature, 464*, 898-902.

Wang et. al. 2016. Out of southern East Asia: the natural history of domestic dogs across the world. *Cell research,* 26, 21-33.

ツィーメン（一九九〇）『オオカミ』今泉みね子訳、白水社（Zeimen 1990. *Der Wolf.* Knesbeck & Schuler.）

第2章……犬を使用する狩猟法（犬猟）の人類史

池谷和信

Keywords＝ホモ・サピエンス、狩猟採集民、狩猟効率、犬猟

1……はじめに

私たち人類・新人（ホモ・サピエンス）は、およそ三〇万年前にアフリカ大陸に誕生し、約一〇万年前にはアフリカ大陸の外に拡散したといわれる。その後、西アジアやヨーロッパでは旧人（ネアンデルタール人）に出会い、新人が生き残り旧人は消滅した。このような旧人から新人への交代劇は、いったいどのような理由で生まれたのであろうか。

これまで、この交代劇は旧人と新人とのあいだの学習能力や社会結合の違いなどから説明されてきた。そして、近年、犬の家畜化の研究が進展してその年代が数万年前というように古くなったことに対応して、犬を使用する狩猟法（以下、犬猟と呼ぶ）の有無が現生人類の生存を左右した要因として関与してきたという考えが出てきている（Shipman 2015）。つまり、犬を保持していた新人が生き残り、持たない旧人が消滅したという仮説である。現生人類は、当時の狩猟具として先の太い槍を持っていたが、犬の助けを借りることでマンモスのような大型動物を捕獲できたのである（写真1参照）。

その後、現生人類の拡散とともに犬は世界中で飼育されるようになり、狩猟用から愛玩用まで地域によってその社会的な役割は異なるものの、犬は人類の暮らしにとって欠かせないものになっている。本章では、人類と犬とのかかわり方の原点を探究するという問題意識のもとで、古今東西の犬猟の実際から犬猟の社会文化的役割に関する一般的特性を把握する。このことは、犬と人類とのかかわりからみた人類史（ホモ・サピエンス史）を復元することにつながることであろう。

さて、これまで犬猟を対象にした研究は、生態人類学や民族考古学などの分野を中心にしてその事例報告の数が多い。現存する狩猟採集民の研究では、アフリカのサン（ブッシュマン、Lee 1979, Ikeya 1994, 2016）やアカ・ピグミー（Lupo 2011, 2017）、農耕民ではコンゴ盆地の焼畑農耕民ボイエラ（Sato 1983）や台湾原住民（Nobayashi 2006）、そして日本の山村に暮らす人々のイノシシ猟など、世界の各地において槍や銃を使用する犬猟の事例が報告されてきた（Lupo 2017）。しかしながら、狩猟採集民と農耕民における犬猟の違いは何であるのか、犬猟は効率がよいのにどうして世界各地に広まらないのかなど（Lupo 2017）、残された課題も多い。これまで個別の民族誌のなかで犬猟の事例は紹介されてきたが、人類文化全体のなかでの犬猟の役割は何であるのかは、十分に考察されてこなかった。

写真1　新人が犬を伴い狩猟する様子（Shipman 2015より）

筆者は、これまでアフリカ南部に位置するボツワナ共和国に暮らすカラハリ狩猟採集民サン（とくにガナ・サン）の犬猟を中心にして現地調査を行う一方で（池谷一九八九、一九九二）、世界各地の犬猟の実際に関する民族誌的文献を渉猟する機会があった。カラハリ砂漠

写真2　筆者の参与した犬猟（1987年9月23日、筆者撮影）

では、犬猟を盛んに行うハンターに弟子入りをして数多くの実際の猟に参与した（写真2）。カラハリ砂漠は、灌木とイネ科の草からなる見渡しのよいサバンナ植生であるが、場所によっては高さが数メートルの樹木からなる林もみられる（池谷二〇〇二）。このため、猟場にアクセスする小道が固定されているわけではない。筆者は、カラハリサンドと呼ばれる柔らかい砂の上を歩いてハンターの後ろについていく。その途中で、ハンターより犬の方が獲物を見つけるのが早いときが多かった。特に捕獲の場面では、猟のなかでどのような役割を犬が果たしているのかを観察する機会があった。

筆者による現地調査の経験から、以下のような研究枠組みを提示する。世界各地の犬猟は、どの猟をみても、猟の対象とする野生動物、複数の犬、そして人（ハンター）という三要素から構成されている。世界の諸地域によって異なるのは、自然環境の違いによる動物の種類、犬の品種、槍や銃などの狩猟方法などである。例えば、カラハリ砂漠の事例では、サバンナ植生に生息するジャッカルやキツネやゲムズボックなどの動物、犬の品種名が不明瞭な雑種、そして銃の利用は禁止されているので鉄製の槍を利用する狩猟の三要素から構成されている。日本の山村における犬猟では、森林に適応したニホンイノシシやリュウキュウイノシシなどの動物、狩猟用の外来種の犬、かつては散弾銃で現在ではライフル銃が主に利用されている。

本章では、以上のような筆者による現地での犬猟への参与観察をふまえて、①犬の特性と狩猟、②多様な狩猟法と犬、③犬猟の実際と他の猟との組み合わせ方という三つの小テーマに分けて記述・分析をすすめていく。

2……犬の特性と狩猟

狩猟に利用される犬には、人と同様に個性がある。ここでは、カラハリ砂漠におけるサンの狩猟のなかで一九八七～一九九三年に筆者が観察をした個性のある犬の行動を紹介する。カラハリ砂漠の筆者が滞在した集落では、一九八七年には一五四匹の犬を飼育していた（表1参照、池谷一九八九）。実際に猟に出かけていたのは、雄が三匹、雌が七匹である。まず、個々の犬には名前がつけられている。ツェータ、ナラネ、キブアレ、タバネ、レイゼン、ブレス、コンタ、ゴラネなどである。個々の体重は、五・五キロから一八・五キロまであり、変異が大きい。

個々の犬の所有者や入手先をみると、N氏が七匹、D氏が四匹、K氏、KI氏、KU氏、T氏がそれぞれ一匹ずつ所有している（表1参照）。すべての犬がKキャンプの居住者の犬である。つぎに、犬の入手先をみると、ガラネは父と娘の関係で、チョモオは友人関係によって他のキャンプから入手されていた。その他の大部分の犬は、子犬の段階でキャンプ内にて授受されたものである（池谷二〇〇二：一二四）。

その後、七年間（一九八七～一九九三年）の犬の動向を現地においてつぶさに観察してみると、一〇匹の犬の中で七年間にわたり生存していたのはツェータの一匹のみである（表2参照）。八匹が死亡して、一匹は雄ヤギと交換された。ブレスはライオンに殺され、タバネはゲムズボックの角の攻撃にあってわき腹を裂かれて死に、チョゲナはキツネを捜しているときに穴に落ち、キツネに咬み殺されていた。リキンスは猟に行くのを拒んだので、T氏がロバにつけるロープを巻き付けて殺した。その後、レイゼン、コンタ、ゴラネ、レケへは冬に、フォクス、

表1　犬の所有と入手先（池谷1989より）

	犬の名前	性別	所有者	入手先	体重(kg)	その他
1	タバネ	♀	ノアーヤ	？	18.5	10の子
2	ナラネ	♀	ノアーヤ	？	13.5	10の子
3	レイゼン	♂	ダオグア	ノアーヤから	10.0	ノアーヤの犬で死亡したコウティの子
4	コンタ	♀	ダオグア	ノアーヤから	8.5	同上
5	ゴラネ	♀	ダオグア	カマギからカイをへて	6.0	他のキャンプにいるツェタナの子,9の姉
6	ブレス	♂	ダオグア	ノアーヤから	15.0	10の子,12・13の兄
7	チョモオ	♂	キレーホ	カマカオの子供から	13.0	？
8	チョゲナ	♀	カイ	？	？	？
9	ツェータ	♂	ノアーヤ	ダオグアからジョウバをへて	14.0	ツェタナの子
10	ブアレ	♀	ノアーヤ	？	15.0	？
11	パスポート	♀	クエシ	カイから	？	8の子
12	フォクス	♀	ノアーヤ	？	5.5	10の子
13	リキンス	♀	タイカ	ノアーヤから	6.0	10の子
14	レケス	♀	ノアーヤ	？	8.0	1の子
15	タマーハ	♂	ノアーヤ	？	6.5	10の子

犬の体重は、ヘルスメーターを使用して測定。1～11までの犬が猟に参加する。

表2　数年間にわたる犬の生存と死亡（池谷2002より）

犬の名前	性別	所有者	1987年	1988年	1989年	1990年	1991年	1992年	1993年
① ツェータ	♂	N	○	—	—	—	—	—	—
② ナラネ	♀	N	○	—	—	×			
③ キブアレ	♀	N	○	—	—	—	×		
④ タバネ	♀	N	○	—	×				
⑤ ベンドック	♂	N							○
⑥ レイゼン	♂	D	○	×					
⑦ ブレス	♂	D	○	×					
⑧ コンタ	♀	D	○	×					
⑨ ゴラネ	♀	D	○	×					
⑩ ライオン	♂	D				○	—	×	
⑪ タバネ	♀	D						○	—
⑫ シアパングエ	♂	D						○	—
⑬ チョゲナ	♀	I	○	—	×				
⑭ パスポート	♀	J	○	△					

○―生存　×死亡　△交換

タマハは雨季に、それぞれ原因不明のままに死亡した（池谷二〇〇二：一二四）。

その一方で、ハンターは何らかの手法を利用して四匹の犬を入手していることから、犬猟を維持していこうとする志向がうかがわれる。犬が生き物であるために、維持がはかれないことがあり犬猟を長期間にわたり継続することが難しいことがわかる。

猟に使われる犬はそれぞれ個性豊かで、ハンターのそばで忠実に従うもの、雌のあとを追いかけまわすもの、勝手に休みをとるものと、気ままに行動しているように、猟のために鍛えられた有能な狩猟犬ではない。犬のなかには、猟の際に集落に引き返す犬がいる。これは、どうも集落に残された雌犬に交尾を求めているためのようである。このように、サンの人々が飼育をしている犬は狩猟に特化した犬でないことがわかる。

3……多様な狩猟法と犬

世界の狩猟には、槍、弓矢、吹き矢、罠、落とし穴、弩など多様な狩猟法が知られているが、どのような狩猟法に犬が関与しているのであろうか。カラハリ砂漠に暮らすサンの人々や日本の山村に暮らす人々の事例をとおして、以下の①から⑤のように多様な狩猟法と犬とのかかわり方を整理する。

①棍棒と犬：ワイルドキャット、ジャッカルなどの中型動物

ここでは、まず、筆者の参与した事例（一一匹の犬とともに）を紹介する。サンのハンターは、ダイカー（小型のレイヨウ、ウシ科に属する）の幼獣の足跡を見つけて追跡し始める。彼の前方にはブレスが、それの近くにはタバネとナラネ、それにブアレが歩いている。その後もサンは足跡を捜す。彼には六匹の犬がついていき、タバネ、チョゲナ、ツェータなどの五匹の犬は、低木の下で休んでいて、サンの動きにはついていかない。数分後に

は、犬は合流する。犬の群れが拡がる。サンは、相変わらず足跡を追う。ナラネのみがサンの近くを歩く。犬がジャッカルを見つけて、首筋に咬みつくと、残りの犬が体中に咬みつく（写真3参照）。その直後、サンはジャッカルの頭を棒で殴り殺す。

このように犬の群れは、広く離散したり狭く終結したりと弾力性のある動きを繰り返し続ける。ハンターは獲物が近くにいることを感知すると、手を高く上げて指を鳴らし、犬に結集することを命じる。犬の群れは人の合図に敏感に反応している。しかし、個々の犬の行動を見ていると個性が豊かであり、ハンターの思惑どおりに動いてはいない。例えば、チョモオのように狩猟に貢献しようとするよりも雌犬への接近に熱心な犬、ナラネのようにいつもハンターの近くで他の犬が獲物を見つけてもそれを追いかけない犬など、猟犬らしくない犬さえいる。対象が幼獣の場合には、ハンターは犬を獲物に誘導するのみで、直接獲物を仕留める時は犬にまかせ自分は手を出さなくても捕獲できる。

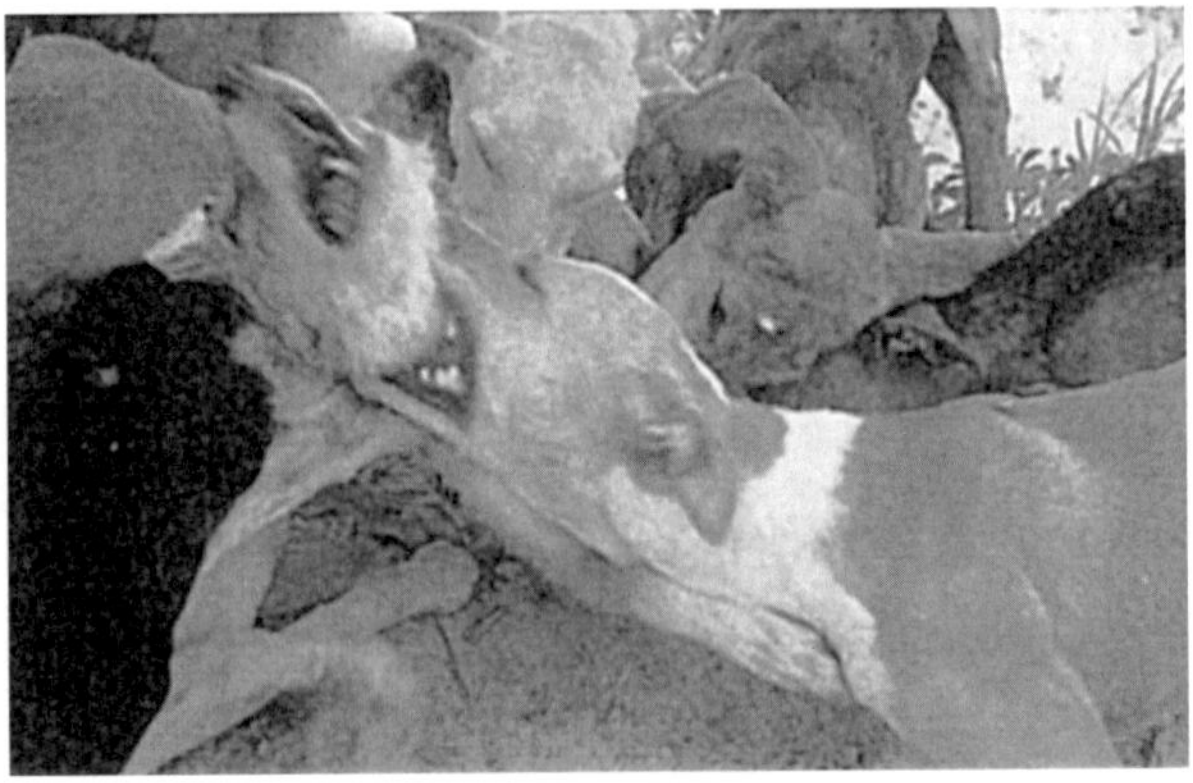

写真3　ジャッカルを捕らえる犬（筆者撮影）

狩猟の道具の基本は、棍棒である。先に場合によっては、犬の助けなしで獲物を捕獲することができることを指摘したが、猟に犬がいるならば狩猟の効率は格段と高まるであろう。まず、獲物の探索の際に、人より犬の方が早く獲物を見つけることができる。犬はハンターの前方を歩くのみならず嗅覚が人よりすぐれている。犬は、潅木のなかに隠れていた動物をそこから追い出すことができる。しかも複数の犬がいるならば、犬がお互いに離れることで広い範囲を探索できる。これは、漁業でいうとトロール漁業のようにもみえる。たとえば、ワイルドキャットやジャッカルのような中小型動物の場合には、犬のみでも捕獲できる光景をみた物の狩猟の際には有用であるようにみえる。

ことがある。この場合には、一匹の犬がジャッカルの首筋を咬みつき仕留めていた。つまり、犬はある特定の獲物の狩猟の際には有用であるようにみえる。

②槍猟と犬：ゲムズボック（およびエランド）などの大型動物

大型動物のなかで大型アンテロープの一種であるゲムズボックは、例外である。ハンターは、犬の助けを借りて槍を利用して捕獲できる。ただし、その際の狩猟活動は容易ではない。獲物を仕留めるには、数回のランニングをすることが不可欠になる。

以下は、筆者が直接参与した猟の様子である。朝、ハンター三名は狩猟キャンプを出発する。その後およそ一時間にわたり、彼らは足跡を追跡する。その後、彼らはかなり遠方にいるゲムズボックを見つける。獲物が走り出すと同時に犬が追いかけて、周囲を取り囲む。A氏が一回目の槍を投げる。獲物が再び走り出し、犬やサンの人々、筆者もその後を追う。犬が追いつくと獲物は立ち止まる。

B氏は、「ゲムズボックは、疲れている。（筆者に対して）近づくな。近づくと逃げ出してしまう。犬は、まだ（獲物に）咬みついていない」と言った。筆者は、一本目の槍がささった獲物のわき腹が血で赤色になっているのを観察する。私はB氏と獲物から三〇メートル余り離れた所で見守る。A氏が、二回目の槍を投げると、獲物は逃げる。皆は走る。前と同様に皆はひざを折って姿勢を低くして、獲物の様子をじっとうかがう。その後、A氏が三回目の槍を投げる。動物は逃げる。四人とも走る。B氏は、「犬が（獲物に）咬みつかない」と低木の陰に腰をおろして言う。確かに、ゲムズボックが長さ一メートルもある細長い角を振り回すので、犬は吠え続けているが近づけない（写真4参照）。

C氏は、「ゲムズボックは疲れている」とつぶやく。「犬は疲れている。どうして、すべての犬が咬みつけないのか。ゲムズボックは力強い。（獲物は）人を見ていないが、人を見たら逃げてしまうであろう」と言う。疲れた

写真4　犬の助けを借りてゲムズボックを槍猟で捕獲する場面（筆者撮影）

ためか犬は吠えなくなる。そして、A氏が四回目の槍を投げる。これが決め手となって、獲物は少し逃げた後にひざまずくが、なかなか息をひきとらない。そこで至近距離から槍を投げる。獲物は息をひきとる。ゴラネとレイゼンの二匹の犬の腹からも血が出ていたことが、格闘のすさまじさを物語っていた。

　このように人のみでは獲物の近くに行くことは難しい。犬が獲物に近づき吠えることで、獲物を静止させることができる。しかし、犬が咬みつくことは難しい。また、ゲムズボックの一メートル以上の長さの二本の角が人の接近を阻止する。しかし、犬は獲物に勇敢に立ち向かうので、時には負傷することがある。ハンターは、獲物に向けて槍を投げるが、一回で仕留めるわけにはいかない。獲物が逃げると、人もまた走って追いかける。これを繰り返して、今回の事例では四回、槍を投げることで仕留めることができた。

　また、これは筆者が一例しか知らないが、ゲムズボックより大きくアンテロープのなかで最大級のエランドを犬を使用して槍で仕留めるハンターに出会ったことがある。この場合、その犬はライオンという名前で呼ばれており、他の多数の犬とは異なりエランドにくらいつくといわれていた。このように、犬の特性によっては猟の対象動物を広げることができる。

③弓矢猟と犬：スプリングボッグ

弓矢猟は、カラハリ狩猟採集民の場合には、甲虫の毒が付けられた矢尻を用いるものであり、必ずしも犬が必要なわけではない。猟の際に動物の体内に毒を付与したハンターは、翌日、足跡を追跡することになる。大型動物は、毒が十分に効かないことがあり、その場合には体が弱っていてもなかなか死亡することはない。その際に、犬の助けを借りて槍で動物を仕留めることになる。写真5は、弓矢猟に出かける二人のハンターのあとについていく一匹の犬を示している。これは、アフリカのクン・サンの猟の光景であり、一九六〇年代の当時から犬が猟に使われていたことを示している。

④騎馬猟と犬：ゲムズボックなどの大型動物

騎馬猟は、犬がなくても行われる。この猟では、馬の脚力の方が獲物の脚力より大きいことを利用して騎馬から槍を投げる場合と、人が馬から降りて行う場合とがある。後者の場合には、獲物がばてて立ち止まると人は獲物に容易に接近できるので、犬なしでも猟は成り立つ。ただ、猟に犬がついていき、馬のあとに獲物を追いかけるところを見たことがある。

写真5　弓矢猟と犬（Lee and De Vore eds. 1968, 名著『マン・ザ・ハンター』の表紙）

⑤罠猟と犬：ダイカー、スティーンボックなどの小型動物

この猟の場合には、犬がいることが弊害になることがある。ハンターは、跳ね罠の設置をして見回りをするが、犬が罠の近くにいることは望ましいことではない。においがその場についたり、罠の仕掛けを壊すことがあるか

写真6　九州山地の山村での狩猟用の犬（熊本県五木村、2016年3月18日、筆者撮影）

らである。ただ、次節でも詳細に述べるが、罠の見回り活動や上述した棍棒を利用する犬猟（①）を組み合わせることがみられる。ハンターからみれば、複数の猟法を一日に同時で行うとその分狩猟効率が高くなるためである。

⑥銃と犬：イノシシやシカなどの中型動物

　銃の使用は、ボツワナのカラハリ砂漠の中央動物保護区では、狩猟のための銃の使用を禁じているのでみられないが、日本の山村におけるイノシシやシカ猟では普通にみられる。たとえば、九州山地や四国山地では、ハンターが一～三頭の犬とともに山中に行き、犬が獲物に吠えて移動を止めるあいだに、ハンターが近づき銃を利用して仕留めることができる［8章合原論文］。この場合には、平素から集落の近くで飼育される猟犬が利用されている（写真6）。この写真の家に二〇一八年八月に訪問した際には、猟犬の一匹が死亡して、その犬のためのお墓がつくられていた［8章合原論文］。

　また、島根県の山村でも、犬を使用する銃猟が行われている。イノシシ猟には、猟場の状況に応じた次のような犬の活躍が必要であったという。逃手を追うスタミナのある犬ばかりではなく、イノシシの足止めをして人に居場所を教えるために吠える犬、また咬んだらなかなか離さないパワーのある犬、なかでもイノシシと絶妙の駆け引きをする「絡み止め」の犬はシシ犬としては最高とされた（福田二〇一三）。こうしたバランスの取れた犬の組み合わせが日本のイノシシ猟の際に必要とされてきた［9章、14章大道論文］。

以上のように、多様な狩猟活動のなかに共通して犬がかかわっていることがわかる。ただ、人の関与がなくても犬のみでも獲物を仕留めることが可能な狩猟、犬は獲物を立ち止まらせるのみの役割のもの、犬がいなくても猟はできるが犬が参加するものなど、犬の関与の程度は狩猟法の違いに応じて異なっている点に留意する必要があろう。同時に、どのような犬が求められているのか、狩猟法を越えてアフリカと日本という地域を越えて共通性が存在するとみられる。

4……犬猟の実際と他の猟との組み合わせ方

①動物の種類と狩猟法

動物の種類と猟法との関係をみてみよう（表3参照）。ゲムズボックの場合には、犬を使う槍猟か馬を使う槍猟かのどちらかである。キリンやクドゥやワイルドビースト（ヌー）などの大型動物は弓矢猟では可能であるが犬猟では捕獲できない。ここから、大型動物の大部分はゲムズボックを除いて犬猟では捕獲できないという点である。

表3　動物と狩猟法（池谷2002より）

動物名	猟　法
ケムスボック	犬を使う槍猟(投げ槍) 馬を　〃　（〃）
エランド	馬を使う槍猟(突き槍)
クドゥ	馬を　〃　（〃）
ワイルドビースト	馬を　〃　(投げ槍)
キリン	馬を　〃　(突き槍)
ハーテビースト	犬を使う槍猟
ジャッカル	〃
キツネ	〃
ワイルドキャット	〃
スティーンボック	親は罠猟で幼獣は犬を使う槍猟
ブッシュダイガー	〃
スプリングボック	幼獣は犬を使う槍猟
スプリングヘアー	長い竿を使う猟
ノガン	罠猟

キリン猟は行われていない。

その一方で、ジャッカル、キツネ、ワイルドキャット、およびスプリングヘアーの幼獣は犬猟で捕獲できる。これには、スプリングヘアーの幼獣は走るスピードが遅いために、そのほかは犬と獲物との大きさが類似しているので追いつくことができる点に関わってくるのであろう。つまり、犬猟はジャッカルやキツネなどのように、犬と大きさが近

	1	2	3	4	5	6	7	8	9	10	11	12	13	14	15	16	17	18	19	20	21	22	23	24	25	26	27	28	29	30	31
8	−						A	A	A	A	A						B+C	C		B+C		B+C			B+C					B+C	
9	B+C		B+C				●	● B	D									●	B	●	●	● B									
10	A	A	A	A	A	A			●							● (9)		D											● (少し)	● (13)	A+C
11	A	A	A	A									● (少し)					B							B					●	
12	B+D		● (7)	● (30)	B+D					B	B		●		B			● (11)	B		● (18)	B		B				B			
1		B	B	● (7)	B			B																							

図1　降雨日と狩猟活動（Ikeya1994より）

A：泊まりの犬猟　B：日帰りの犬猟　C：罠猟　D：スプリングヘアー猟
●降雨日　降水量は（　）内に示し、簡易雨量計を使ってKキャンプで測定する（単位はmm）。

い動物を捕獲する際に有効である。また、犬の数を増やすことでゲムズボックのような犬より大型の動物を立ち止まらせて捕獲の助けをすることができる。

②犬猟と他の猟との組み合わせ

犬猟は、泊まりの猟と日帰りの猟とに分かれる（図1参照）。また、前者は犬猟が単独で行われることが多いが、日帰りの犬猟は、八月の場合には、一七日、二〇日、二二日、二五日、三〇日のように罠猟と組み合わせて行われる。これは、ハンターが定住地から獲物の見回りに行くついでに犬猟を組み合わせることが可能であるためである。一方で、一二月の場合には、犬猟はスプリングヘアー猟と組み合わせることが可能な反面、七回にわたって犬猟が単独で行われている。また、このように一二月に日帰りの犬猟が盛んになる理由は、雨季が始まるこの時期が、ダイカー、スティーンボック、ハーテビースト、スプリングボッグなどの出産期だからである（池谷二〇〇二）。なお、泊りの犬猟には季節との対応関係がなく、猟の少ない月の埋め合わせで行われていると思われるが、その猟場にはキャンプから数十キロメートル離れた所で降雨のあった地域が選ばれている。

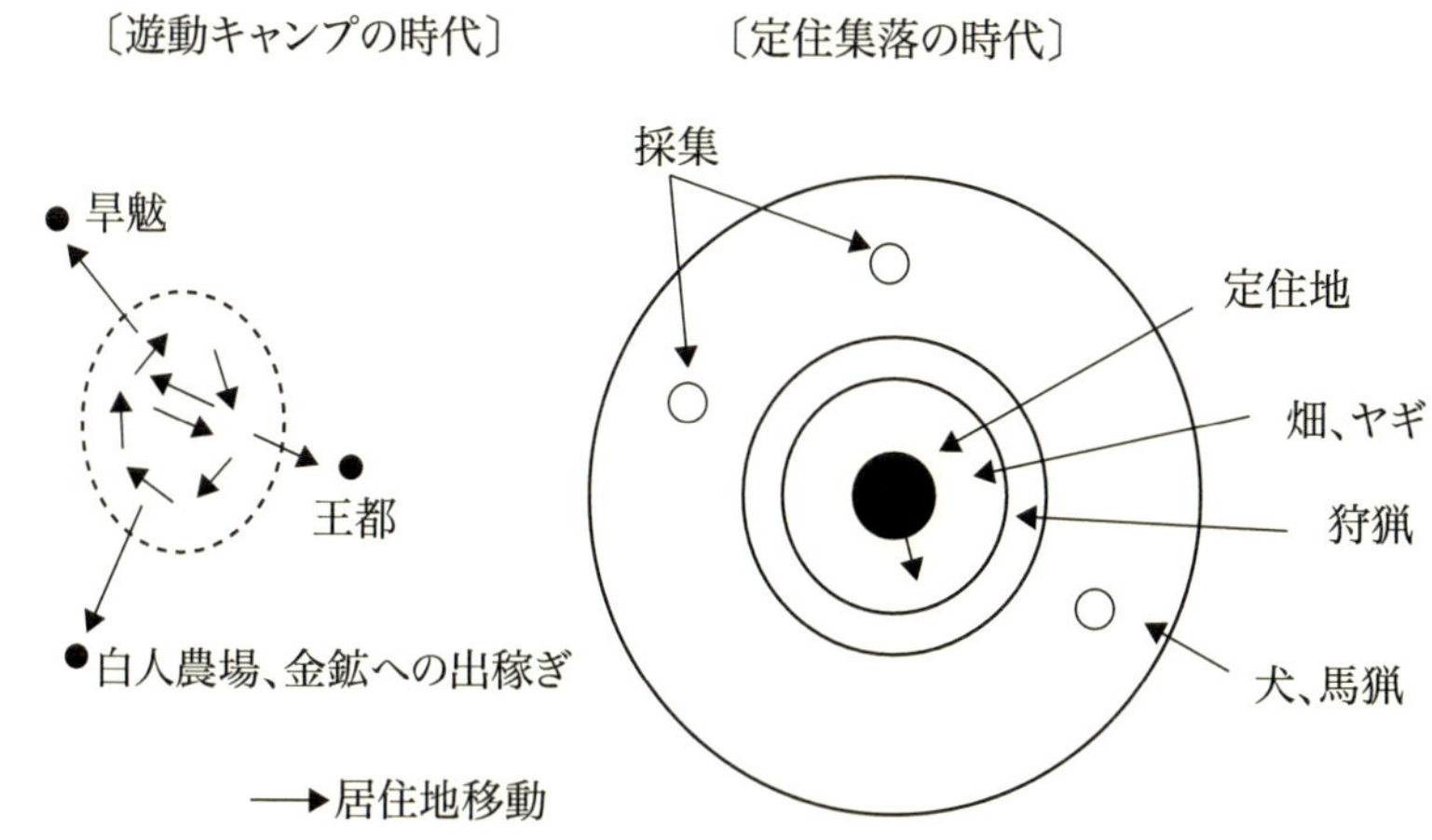

図2　猟場の空間利用と犬猟（池谷2002より）

③猟場の利用と犬猟のかかわり方

まず、集落形態が、定住的か遊動的かで二分できる。遊動するキャンプの場合には、キャンプ周辺において犬猟をすることができる。定住集落の場合には、定住地の周辺では農耕や家畜飼育が営まれている（図2参照）。そして、その周囲では罠猟が行われる。そこでは、スティーンボックやダイカーなどの小型アンテロープ類が対象とされる。さらに、その周囲は泊まりの狩猟場になっている。このなかで、どの地域を犬猟は利用しているのであろうか。犬猟は、罠場に近いところから周辺域まで多様な土地を利用できるのが特徴である。しかしながら、犬が罠にかかることがあることからも、犬猟と罠猟との空間的なすみわけがかかせないであろう。

5……人類にとって犬猟とは何か

本章では、人類と犬とのかかわり方の原点を探究するという問題意識のもとに、カラハリ砂漠で行われていた犬猟の事例を中心として、①犬の特性と狩猟、②多様な狩猟法と犬猟、③犬猟の実際と他の猟との組み合わせ方という三つのテーマに分けて記述・分析をした。ここでは、これらの知見をふま

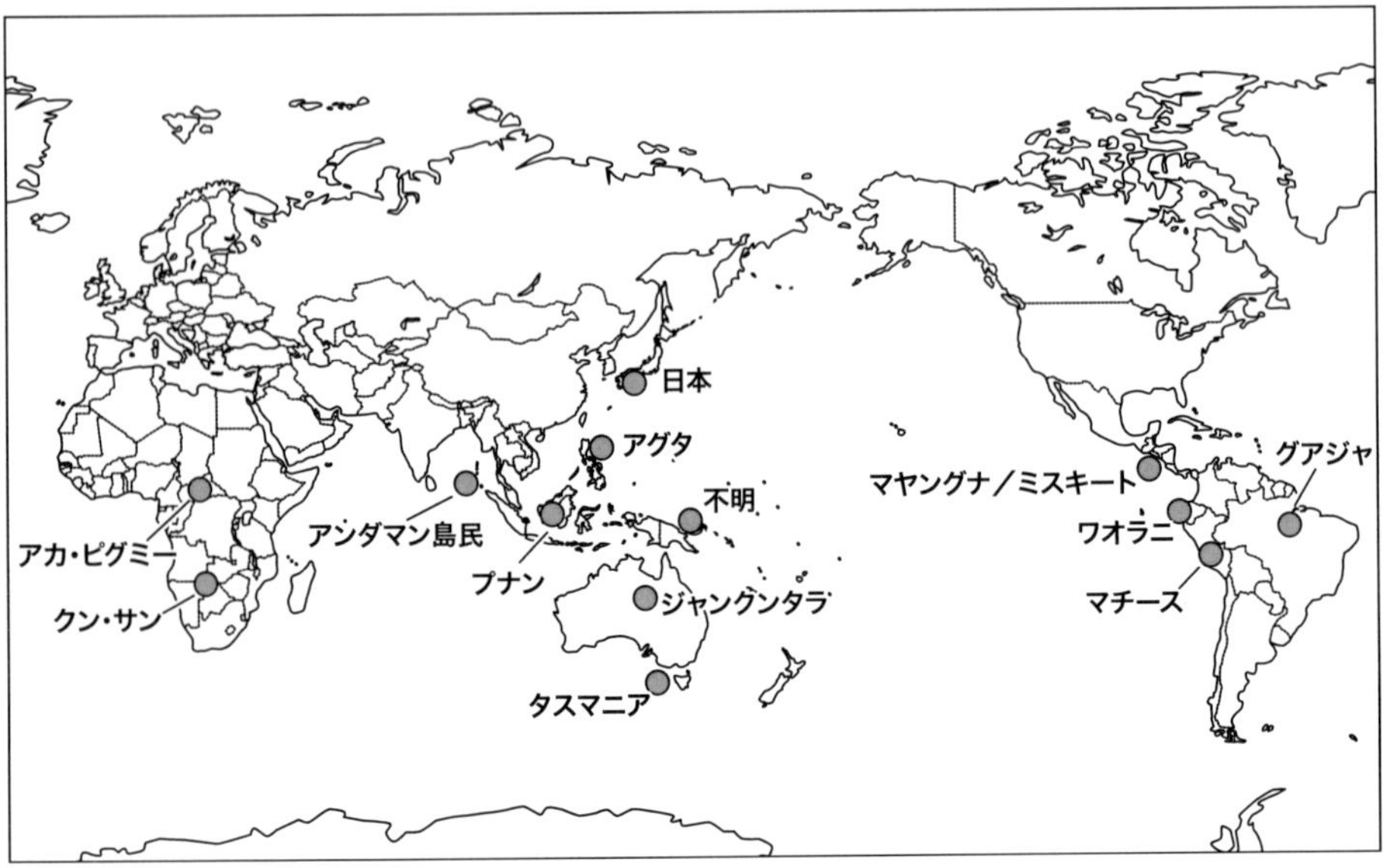

図3　犬猟の事例の位置。熱帯域に集中している。

えてより大きな地域のなかにカラハリ砂漠の事例を位置付けて、人類史的な視点から犬猟について議論を展開する（池谷二〇〇九参照）。

①犬の導入と狩猟効率や狩猟技術

1 狩猟効率

犬猟の導入は、導入以前と比べてどのように狩猟の捕獲効率を変えたのであろうか。世界各地の主として狩猟採集民や農耕民の民族誌の事例からみてみよう（以下の引用は、Lupo 2017による、図3参照）。

・中南米地域

ペルー・アマゾンのマチースでは、犬は狩猟一〇回中の一回だけ使われた。猟はあらゆる獲物を求めて、大型ナイフ、弓矢、ショットガンを用いて行われた。犬を使用する猟では犬なしの猟に比べて、一回あたりの猟でより多くの肉を獲得できた。

ニカラグアのマヤングナ／ミスキートでは、犬によってアグーチ、パカ、アルマジロ（Nine-banded armadillo）との遭遇率が増加していた。銃のみ携帯しているハンターとの比較では、アグーチへの遭遇率はかなり増加している一方で、犬の導入によりバク、クビワペッカリー（collared peccaries）やシカとの遭遇率は上がっていないという。

ブラジルのグアジャでは、犬は狩猟行の四・五％にのみしか同行していないが、犬の補助による狩猟は二番目に高い成績を残している。一番は犬とショットガンを組み合わせた狩猟である。またエクアドル・アマゾンのワオラニでは、犬は狩猟の成功や収穫量に大きな影響を及ぼさなかった。犬はバク（tapirs）、クビワペッカリー、シカの捕獲の際に役立った可能性はある。

・アフリカ地域

ボツワナ北西部のクン・サンでは、四週間に七人のハンターを追跡したが、一八頭の獲物を獲得した。得られた肉の七五％は、数頭の犬を持つ一人のハンターで占められていた。また、中央アフリカ共和国のアカ・ピグミーでは、犬利用によって狩猟の成功率を増加させた。犬の補助によるヤマアラシを対象にした槍猟は、犬なしに比べて短時間で済んだという。

・アジア・オセアニア地域

フィリピンのアグタでは、犬によってイノシシ猟の成功率を増加させている。犬ありの場合の女性は三一％、犬なしの場合の男性は一七％になっている。また、ニューギニアでは、犬はワラビー猟の成功率を一五〜三四％に上げた。さらに、一九五〇年代のオーストラリアのジャンクンタラ（Jankunjara）では、犬はカンガルー猟やワラビー（wallaroo）猟の補助をする。犬ありのハンターは犬なしのハンターよりも多くの獲物を捕獲する。なお、ボルネオの農耕民では、殺されたヒゲイノシシの八六・三％が犬の助けを借りたハンターによるもので、犬なしは一三・七％を示すという。

以上のようにこれらの地域別の事例から、犬の存在は獲物によっては遭遇率が変わらない動物もいるが、遭遇率を増加させることが多く、猟の際の獲物を立ち止まらせるなどの役割が指摘されている。ただ、エクアドル・アマゾンの事例のように、犬の導入によって狩猟効率が上がらない事例があることにも注目してよいであろう。

[2]狩猟技術

犬の導入にともなう狩猟技術の変化についてもみてみよう。ボルネオのプナンでは、犬は狩猟技術の変容と関係している。サルのような熱帯林の高木に住む獲物に対して行う吹き矢猟から、イノシシ猟における槍の浸透といった変容である。複数の犬を持つハンターの成功率は獲物の密集率に応じて九〇%になる。優秀な狩猟犬は高い価値を持ち、親族関係に基づく交換関係に組み込まれている。

タスマニア(一七九八～一八三〇年)では、犬は狩猟技術の変化と関係している。狩猟技術はワラビーやカンガルーを殺すための槍や棍棒から複数の犬の使用へとシフトしていった。犬は極めて価値ある物になり、交換システムにも組み込まれ、婚資(花婿が花嫁の親族に対して贈る財産)としても使用されている。アンダマン諸島(一八五七～一八五八年)では、犬はイノシシ猟における槍の使用の増加と関係している。小アンダマン島(一九〇〇年)では、犬の導入は甲殻類の消費を減らし、イノシシの消費を増やした可能性がある。

以上のようなことから、吹き矢から犬猟へ、槍や棍棒から犬猟への猟法の変化を認めることができる。とりわけ、ボルネオやタスマニアでは、犬が社会の交換関係のなかに組み込まれている点は注目してよいであろう。カラハリ砂漠の事例の場合にも、婚資まではいかないが犬を入手するためにヤギと交換していた。

②犬の社会文化的役割

カラハリ砂漠で泊まりの犬猟に出かけると、キャンプでの犬が番犬であることがわかる。それは、ライオンが夜中に訪れた際に、犬の声で皆がライオンの存在に気が付くからである。ただ、ライオンを追い払うほどの力は犬にはない。ライオンに犬が殺されることもある。筆者の経験によると、夜中にライオンによってキャンプにいたヤギやロバが殺されることはあったが、人々は火を燃やすなどしてライオンから逃れることはできた。これには、犬が吠えることで危険を早く察知したことが関与しているであろう。

本章のなかで中心的に記述してきたカラハリ狩猟採集民の事例に対しては、アメリカの民族考古学者カレン・ルポが詳細にまとめているので以下のように引用する（Lupo2017）。

サンのあいだでは犬が大型動物狩猟の際に補助として使われた（Lee 1979; Ikeya 1994）。Lee（1979）によれば、北ボツワナのほとんどのクン・サンの男性は犬を所有しているか、あるいはそれまでの人生で犬を使って狩猟してきたことがあるが、キャンプで犬は珍しい存在だった。そして、獲物の捕獲を助けるものとして使われた。ダイカーやスティーンボックのような小さな獲物は犬一、二匹で行うが、ゲムズボックのような大きな獲物の場合は少なくとも犬四〜五匹が必要であったという。そのほとんどは、一人のハンターによって行われた。

しかしIkeya（1994）は、サンにおける狩猟での犬の使用は、弓矢の使用に比べると二次的な重要性に留まり、歴史的には中央カラハリ動物保護区では珍しいもので、一九八〇年代のアンテロープ類の皮革の市場価値の高まりに伴い、大型動物の弓矢猟の補助として重要となってきたとしている。

このように、英語圏の犬猟研究では狩猟のなかでの犬の役割についてはリチャード・リーと池谷のあいだで見解が共通する点もあるが異なっている部分もみられる。これには、クンとガナというサンのなかでの言語集団の違いや調査年代の違いが少なからず関与していると考えられる。しかしながら、リチャード・リーは犬の生存の年数を通時的に調べたわけではないので、本章で指摘してきたように、長期間にわたり犬を維持することが難しい点を指摘しておきたい。このため、すべての素材を現地で調達できる弓矢猟の方が伝統的に広く中心的に行われてきたと考えている。

一方で、後述する弥生人の事例のようにタンパク源としての犬肉の供給という社会的役割が各地でみられる。筆者の調査によると、現在でも西アフリカ（ガーナ北部、カメルーン北部山地）、東南アジア（ベトナム）、中国南部、韓国、ポナペ島、グアテマラほか、その広がりは大きい。また、いずれも農耕社会が中心であるという共通性が認められる。現時点では、犬猟に使われた犬が犬肉用に消費されたという事例を聞いたことはないが、犬の成長にともなう役割の変化として存在する可能性はあると推察している。

③人類史のなかでの犬猟の持続性——狩猟民と農耕民の違い？

筆者は、これまで日本のハンターや山菜採りに弟子入りをすることからはじめて、アフリカ、アジア、極北、南米のハンターやギャザラーと行動をともにする機会があった。その結果、「日本の狩猟採集文化（とくにイノシシを対象にした犬猟）は、先進国のなかで現在でも強く生きている」こと、「世界のイノシシ類の狩猟では、犬を利用しない狩猟法も存在する」ことなどの特性を明らかにしてきた。その一方で、日本列島には北から南までさまざまな狩猟採集文化が展開してきた。北海道のアイヌの人びと、東北地方のマタギの人びと、九州地方の狩猟者の人びとなどである。そこでは、クマ、カモシカ、シカ、サル、イノシシなどの哺乳類と人とのかかわり方に地域性がみられ、世界の縮図のようになっている（池谷・長谷川編二〇〇五、池谷編二〇一〇）。

ここでは、人類の狩猟史のなかでの犬猟の位置づけを考えてみる。犬は、数万年前にオオカミから家畜化されて以来、現在まで人とのあいだに密接な関係を維持してきた。例えば、犬が狩猟に随伴する犬猟は、先史時代以来現在まで継続している活動である。日本の縄文時代では、犬は猟犬として利用されていたのみならず、女性のお墓に埋葬されていることから、呪術的な意味もあわせ持っていたといわれる（山田一九九四）、［3章小宮論文］。また、犬は世帯によって複数が飼育され、放し飼いにされていた。その後、弥生時代においても犬猟は行われたといわれるが、犬は肉としてタンパク質の源にもなっている。例えば、弥生時代の犬猟の事例として、香川県出土の銅鐸には五匹の犬に囲まれたイノシシを一人のハンターが射るという場面が表わされており、当時いわゆるイヌヤマの狩があったことを示唆している（千葉一九七五）。この事例は狩猟時には複数の犬が猟犬として用いられたことを意味する。それでは、先史時代における狩猟採集民と農耕民とのあいだで犬猟は同じものであるのか、縄文人と弥生人のように違いが認められるのだろうか。

世界の民族誌をみると、イノシシのような中型獣を対象にして現存する狩猟民も農耕民も犬猟を行ってきた（池谷一九八九、野林二〇〇八ほか多数）。違う点は、狩猟全体のなかでの犬猟の位置づけであると筆者は考えている。狩猟民の場合、弓矢猟や吹き矢猟などが猟の中心を占めて犬猟は副次的になりやすい。それは、長期間にわたる犬の維持が難しい点や犬猟によって捕獲できない大型動物も多いからである。しかしながら、農耕民になると農作業のあいまの狩猟のなかで犬猟は中心的な位置になる。それは、犬猟が多くの時間を費やすことなくタンパク源としての肉を得られる効率のよい猟であるからと考えられる［7章大石論文］。

現在、日本の山村では犬の助けを借りた狩猟が、主として娯楽を目的として西南日本を中心にして各地で行われている。東北日本のマタギのクマ猟では犬を伴うことはないが、西南日本でのイノシシ猟ではすでに述べてきた狩猟法や対象動物の大きさなどから犬が有用である。これは、かつては山地の焼畑農耕を生業としてきた民の生業複合のなかで狩猟の伝統が現在まで維持されてきたとみてよいであろう（池谷二〇一九）。

以上のように本章では、古今東西で行われてきた犬猟に注目して、犬と人類とのかかわり方を描いてきた。ここでは、アフリカの狩猟採集民サンの犬猟の事例が多くの部分を占めてきたが、世界の諸地域で行われてきた犬猟の実際を把握するための枠組みを提示できたものと考えている。

【参考文献】

池谷和信（一九八九）「カラハリ中部・サンの狩猟活動――犬猟を中心にして」『季刊人類学』二〇（四）、二八四―三二九頁

池谷和信（一九九二）「イヌとヒトとの絆――サンの狩猟法の現在と未来」『アニマ』二三七、二三―二七頁

池谷和信（一九九六）「生業狩猟から商業狩猟へ――狩猟採集民ブッシュマンの文化変容」田中二郎・掛谷誠・市川光雄・太田至編『続自然社会の人類学』アカデミア出版会、二一一―四九頁

池谷和信（二〇〇二）『国家のなかでの狩猟採集民――カラハリ・サンにおける生業活動の歴史民族誌』国立民族学博物館研究叢書4

池谷和信（二〇〇九）「世界の狩猟活動をめぐる人類史」池谷和信編『地球環境史からの問い――ヒトと自然の共生とは何か』岩波書店、四三―五三頁

池谷和信（二〇一八）「現代の「狩猟採集民」にとっての肉食とは何か」野林厚志編『肉食行為の研究』平凡社、二一一―二三八頁

池谷和信（二〇一九）「日本の山々は何に使われてきたか――「温帯山地」における多様な環境開発」山本紀夫編『熱帯高地の世界――「高地文明」の発見に向けて』ナカニシヤ出版、一二七―一七二頁

池谷和信編（二〇一〇）『日本列島の野生生物と人』世界思想社

池谷和信・長谷川政美編（二〇〇五）『日本の狩猟採集文化――野生生物とともに生きる』世界思想社

千葉徳爾（一九七五）『狩猟伝承』法政大学出版局

野林厚志（二〇〇八）『イノシシ狩猟の民族考古学――台湾原住民の生業文化』御茶ノ水書房

福田恵（二〇一三）「狩猟者に関する社会学的研究――イノシシ猟を介した社会関係に着目して」『共生社会システム研究』七（一）二二三―二五五頁

山田康弘（一九九四）「縄文時代のイヌ――その役割を中心に」『比較民俗研究』九、一八一―一八八頁

Ikeya K. 1994 Hunting with Dogs among the San in the Central Kalahari. *African Study Monographs* 15 (3) : 119-134.

Ikeya K. 2016 From Subsistence to Commercial Hunting: Changes of Hunting Activities among the San in Botswana, *African Study Monographs Supplementary Issue* No. 52, pp. 41-59.

Lee R. 1979 *The !Kung San : men, women, and work in a foraging society.* Cambridge University Press.

Lee and De Vore eds. 1968 *Man the Hunter.* Aldine Pub. Co.

Lupo K. 2011 A Dog is for Hunting. In *Ethnozooarchaeology: The Present and PastofHuman-Animal Relationships,* edited by U. Albarella and A. Trentacoste, pp. 4-12. Oxbow Press,Oxford.

Lupo K. 2017 When and where do dogs improve hunting productivity? The empirical record and some implications for early Upper Paleolithic prey acquisition. *Journal of Anthropological Archaeology* 47, pp. 139-151.

Nobayashi A. 2006 An Ethnoarchaeological Study of Case Hunting with Gundogs by the Aboriginal Peoples of Taiwan.（Dogs and People in Social, Working, Economic or Symbolic Interaction）. In L.M. Snyder and E.A. Moore（eds.）*Proceedings of the 9th ICAZ Conference*, pp.77-84.

Sato, H.1983 Hunting of the Boyela, slash-and-burn agriculturalists in the　central Zaire Forest. *African Study Monographs* 4（1）: 1-54

Shipman P. 2015 *The Invaders: How Humans and Their Dogs Drove Neanderthals to Extinction.* Belknap Press.

第3章……動物考古学からみた縄文時代のイヌ

小宮　孟

Keywords ＝縄文犬、用途、出土状態、解剖学的特徴、中国新石器時代

1……はじめに

縄文時代の遺跡から出土するイヌを動物考古学では「縄文犬」と呼んでいる。酸性土壌が卓越する日本列島では動物の遺体の腐敗は早く、原則として古代の動物の骨は残らないが、貝塚や石灰岩地帯の洞窟遺跡では炭酸カルシウムの作用で骨が残る。

縄文遺跡に残る動物の骨はほとんどが縄文人の狩りに由来するので、解体され、調理しやすいように叩き割られている。ところが、縄文犬はしばしば全身の骨が解剖学的に正しい位置を保って発見されるため、縄文人はイヌが死ぬと家族同様に埋葬したと考えられるようになった。埋葬された縄文犬の最初の報告（土岐・竹下一九三六）はモースの大森貝塚発掘から約六〇年が経過している。この間、多くの縄文貝塚が発掘されたが、埋葬犬の報告はない。イヌの骨は小さく、とくに頭蓋骨《とうがいこつ》は壊れやすい。予備知識がなく、発掘技術も不十分な当時は埋葬犬が出土しても気づかずに見落としていたと考えられる。

埋葬犬はイヌを埋葬した縄文人の思いを知るだけでなく、一個体分の全身の骨が保存されているので縄文犬の形

態的な特徴を研究するのに欠かせない。これまでの研究によって、縄文犬は①頭蓋最大長が一六〇ミリ前後で、現代の柴犬なみの小型犬が主流。②祖先は大陸からの外来犬である。③前頭骨《ぜんとうこつ》から鼻先までの傾斜はほぼ直線で、現代小型犬のようにくぼまない。④現代犬では眼窩《がんか》の最高点と最低点を結ぶ線は立ち上がるが、縄文犬は後方に傾斜し頬骨《きょうこつ》の位置が高い。⑤下顎骨は厚く咬筋窩《こうきんか》が深い。⑥生前に切歯《せっし》や小臼歯《しょうきゅうし》などを破損する個体が多い。⑦四肢骨は頑強で太いなどの特徴が知られている（斎藤一九六四、直良一九七三、西本一九八三、茂原・小野寺一九八四）（図1）。

今回は、まず筆者が調査する機会のあった埋葬縄文犬骨の中から代表的な個体の出土状態や形態的、解剖学的特徴について述べる。つぎに、これらのデータからわかる縄文人とイヌの生活について考える。なお、年代は断りのないもの以外は周知の放射性炭素の測定値を用いた。

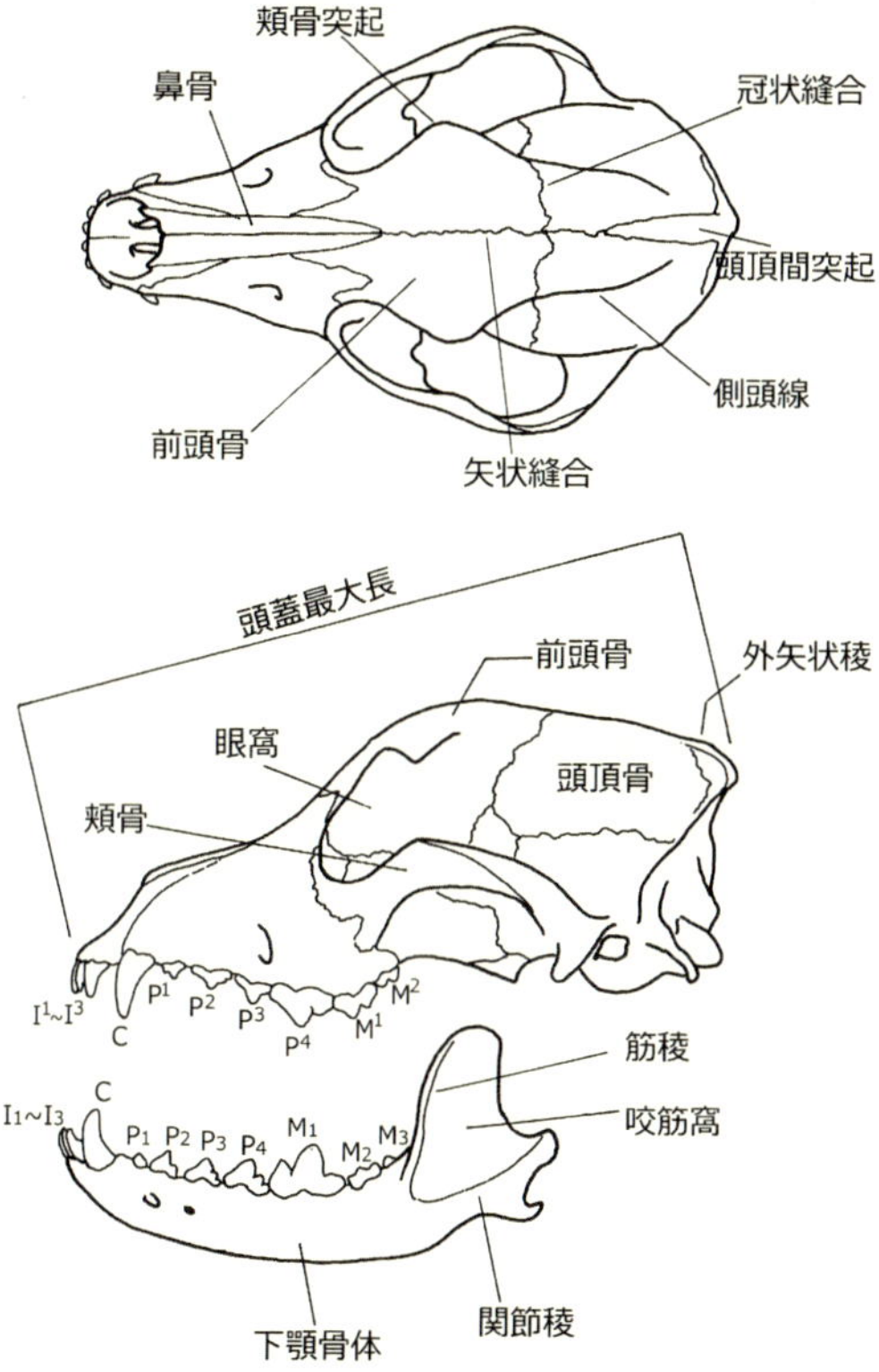

図1 小型犬の頭蓋骨。主な骨の名称、計測部位
上：背面、下：側面（小宮、原図）
I: 切歯　C：犬歯　P: 小臼歯　M: 大臼歯
数字 1、2……は第 1、第 2 を示す

2……埋葬縄文犬骨の解剖学的特徴と出土状態

①福島県三貫地《さんがんじ》貝塚犬骨（縄文後期）（図2）

二体の埋葬犬骨（一号、二号犬骨）で年代は縄文後期（約三五〇〇年前）と推定され、直良（一九七三）と小宮（一九九五）の記載がある。

ここでは一号犬骨について述べる。頭蓋最大長は一五八ミリの小型犬である。前頭骨から鼻先までを側面から

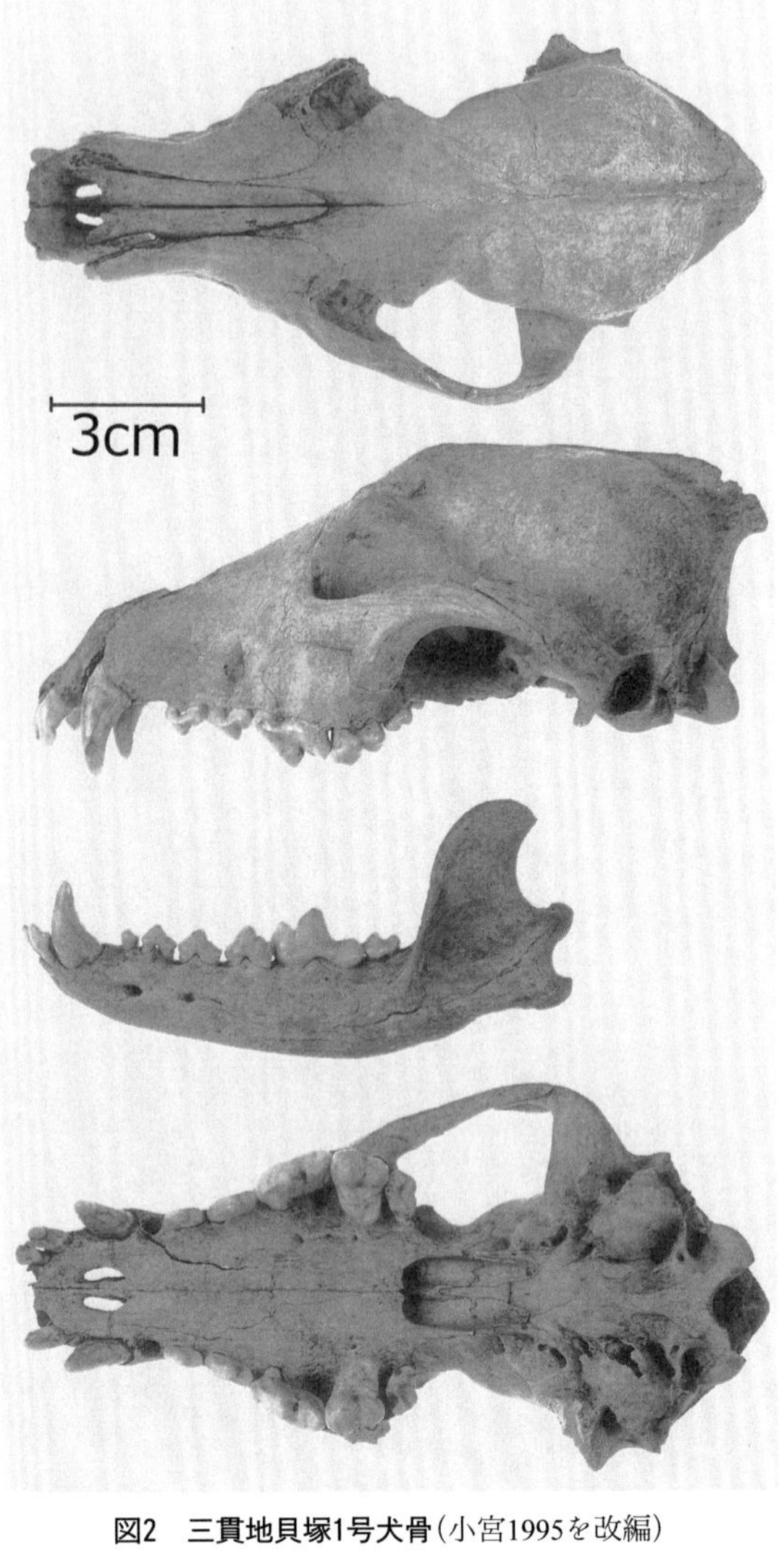

図2　三貫地貝塚1号犬骨（小宮1995を改編）

みると直線的で、眼窩の最高点と最低点を結ぶ線も後方に傾斜する。現代日本小型犬の口蓋《こうがい》を腹側からみると第三小臼歯付近が内側にへこんだ西洋ナシ型が多い。これは吻《ふん》が横幅に比べて前後方向に短くなり、この部分にひずみが集まるためと考えられている。一号犬の口蓋は長い二等辺三角形である。

現代小型犬では外矢状稜《がいしじょうりょう》は発達しない。側頭線《そくとうせん》も側方に膨れて正中《せいちゅう》に達しないものが多い。しかし、一号犬の外矢状稜は頭頂間突起《とうちょうかんとっき》の側方から前に伸び、側頭線は正中に達したのち放物線状に分かれて前頭骨の頬骨突起につづく。外矢状稜と側頭線には側頭筋が起始する。咬筋が終止する下顎骨の咬筋窩は深く、下顎体も厚いなど原始的特徴がある。側頭筋と咬筋は口を閉じるときに下顎骨を引き上げる作用をする。

歯をみると、乳歯はすべて永久歯に交代し、永久歯列が完成している。イヌの加齢と歯の萌出交代《ほうしゅつこうたい》様式は相関し、現代日本犬では生後三一〇日前後で永久歯が完成する（山縣ほか一九九三）。上顎歯は右第一切歯の歯槽《しそう》が閉じている。下顎では歯槽の開いた左第三大臼歯をのぞく全歯が残存する（歯槽の開閉については次ページを参照）。上下顎歯の咬耗《こうもう》は現代犬の二、三歳くらいの状態だが、食べ物の違いを見込むと一号犬はこれより若いと思われる（小宮一九九五）。

直良（一九七三）によると、犬骨の上には人間の頭大の石がのせられ、イヌが再びこの世に迷い戻らぬように願った厚葬と考えられるという。イヌを礫と土で覆って埋葬した例は福島県薄磯《うすいそ》貝塚（縄文晩期：約二五〇〇年前）でも出土している。このイヌは頭蓋最大長一七七ミリの大きなイヌで、右脛骨《けいこつ》は骨折により大きく曲がっている（茂原ほか一九八八）。

②千葉県境《さかい》貝塚犬骨（縄文後期）（図3）

縄文後期前半（約三九〇〇年前）の永久歯列の完成した成犬《せいけん》で、頭蓋最大長は一六三ミリである（小宮・戸村一九九七）。

このイヌは歯牙の損傷が多い点で注目される。上顎歯二〇本のうち一一本がぬけ、左右の第一、第二小臼歯など計五本の歯槽が閉じている。下顎歯は破損した切歯を除く一六本のうち五本が脱落し、左右の第一小臼歯など三本の歯槽が閉鎖する。哺乳類の歯は歯槽骨に植立し、結合組織を介して顎骨と結合する。死後にぬけた歯の歯槽は開いたまま残るが、生前に歯を失うと歯槽は増殖した多孔質の組織で埋められることが多い。このイヌの場合、歯槽が閉じた歯は八本に達する。これとは別に右上顎犬歯を生前に破折《はせつ》している。イヌの犬歯の先端は尖《とが》るが、この犬歯は途中で折れ、先端が直径四ミリほどの平滑な面になっている。度重なる歯牙の損傷後も歯を酷使

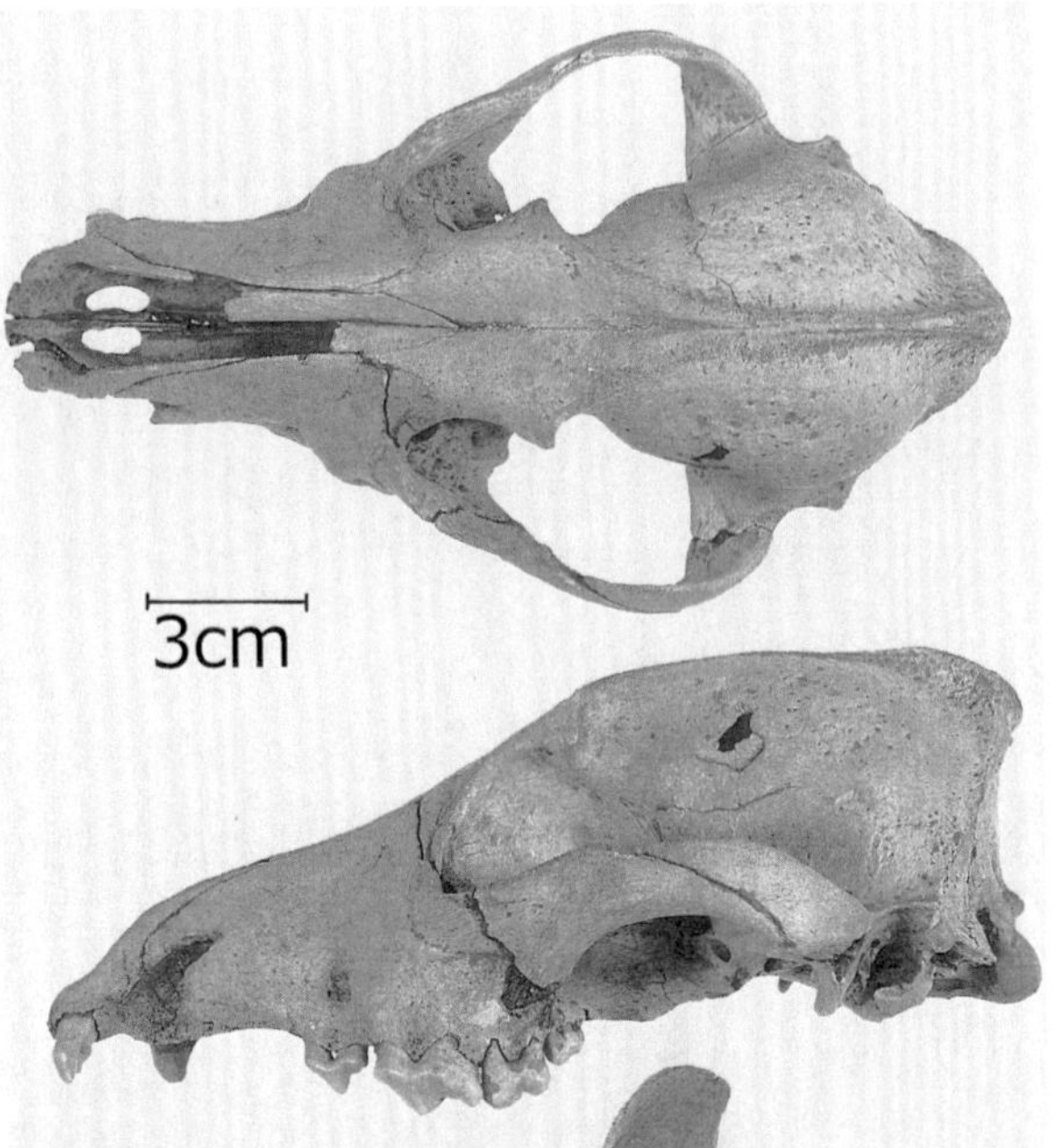

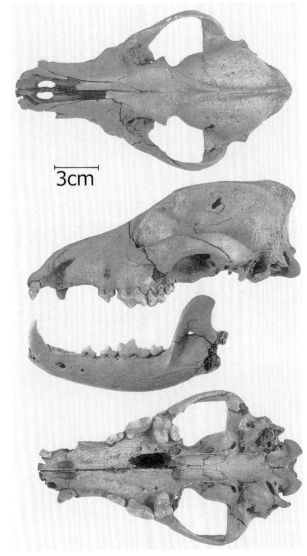

図3　境貝塚犬骨（小宮・戸村1997を改編）

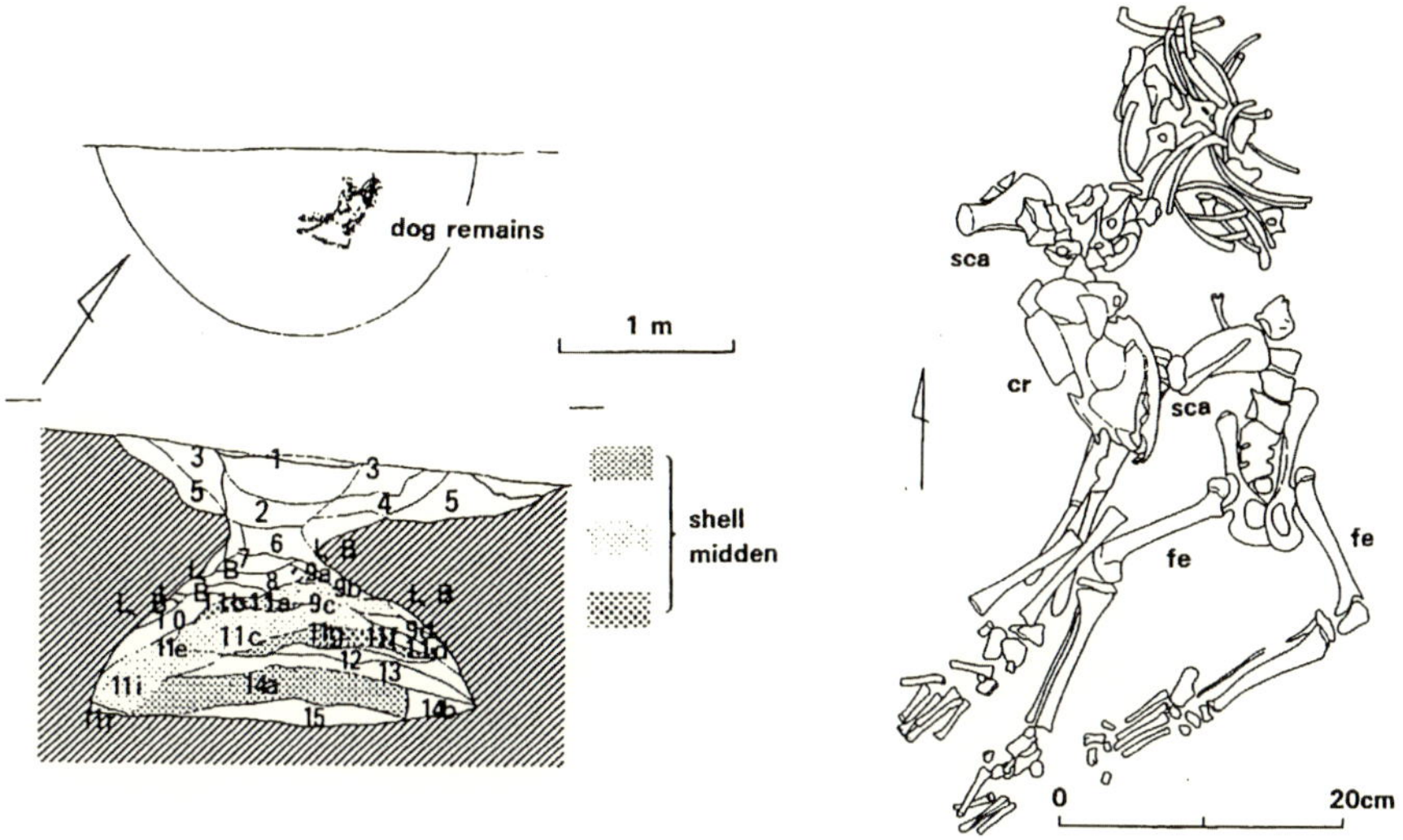

図4　二ツ森貝塚犬骨の出土状況（小宮2001）
cr: 頭蓋骨　fe: 大腿骨　sca: 肩甲骨　dog remains: 犬骨　shell midden: 貝層

しつづけたため、折れた面が磨耗したと考えられ、臼歯は咬耗して咬頭《こうとう》の象牙質が露出する。

上顎犬歯を損傷した成犬の縄文犬骨は宮城県響《ひびき》貝塚（縄文中期〜後期）からも出土している。このイヌも歯牙を酷使しつづけたと考えられ、左犬歯の折れた先端が平滑になっている。右犬歯に損傷はない。外矢状稜は弱いが、側頭線は正中に達しており、噛む力は強かったと思われる。ぬけた上顎歯六本のうち、左第一、第二切歯など三本の歯の歯槽が閉じる。残存する歯の咬頭は咬耗によりほぼ消滅している。

イヌがものを「噛《か》む」、「咥《くわ》える」ときは、切歯、犬歯、小臼歯など前の歯を使う。縄文犬の多くが前部の歯を損傷している。強く噛んだものを力一杯引き寄せる、逆に強く噛んだものから強く引っ張られるなど、歯牙に大きな負荷がかかる行動をつづけていたと考えられる。

③青森県二ツ森《ふたつもり》貝塚犬骨（縄文中期）

天間林村《てんまばやしむら》教育委員会が発掘で半裁《はんさい》したフラスコ状土坑（縄文中期後半：約四三〇〇年前）の床から発見した埋葬

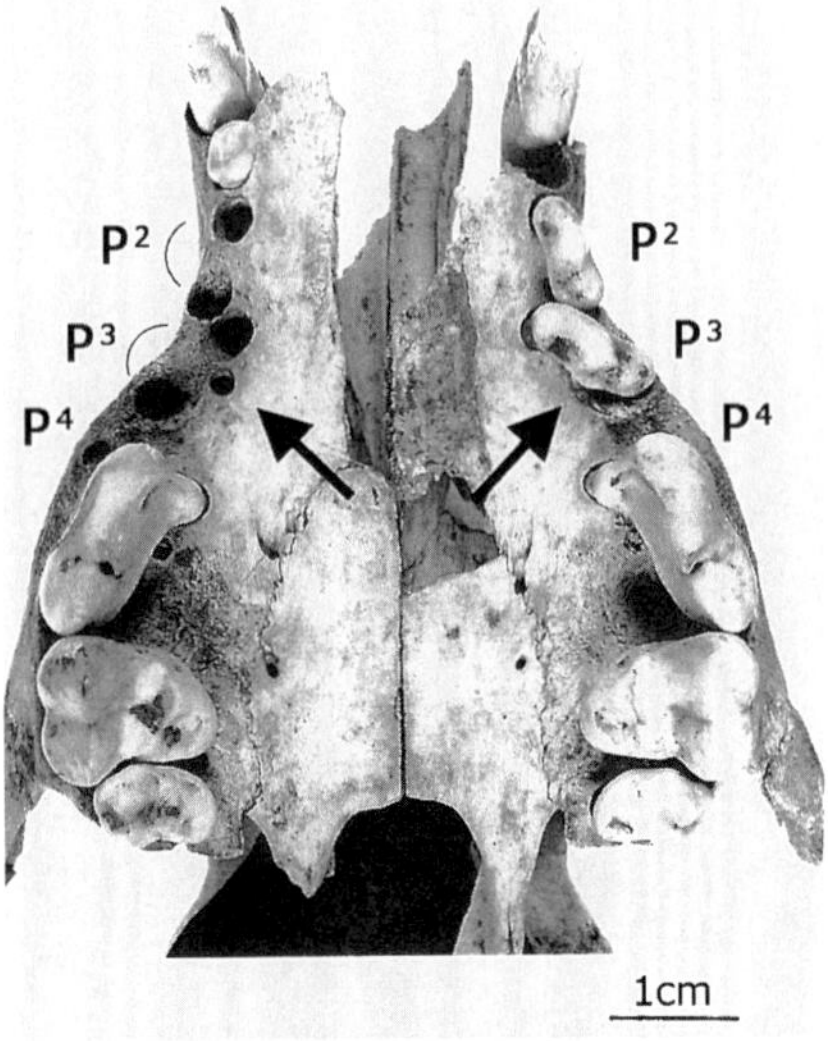

図5　二ツ森貝塚犬骨の上顎歯拡大。矢印は脱落した右P^3の舌側根と舌側根の発生で変形した左P^3を示す（本来のP^3の歯根は2根）。下から見ると左右逆になる点に注意（小宮2002に加筆）

犬骨である。開口部が狭い土坑は外気を遮断するのに適し、貯蔵穴と推定される（図４）。

図４をみるとイヌの頭蓋は下顎骨の上位にある。脊椎骨は湾曲して仰向けの骨盤につづき、後肢は左右に開いて前肢と同じ方向に伸びている。骨からわかる埋葬姿勢は頭を上に尻を床につけた状態で、遺体の腐敗とともに上体が前に崩れたと考えられる。この姿勢を保つには四方からの支えが必要と思われるが、発掘では検出されていない。

頭蓋最大長は一四五ミリと小さく、前頭骨から頭頂骨にかけての側面観は丸い。発掘では微小な指骨まで回収しているが、陰茎骨が含まれないのでメスと推定した。外矢状稜は弱く、側頭線も正中に達しないなど現代の小型犬に似る。このイヌのもう一つの現代犬的な特徴は上顎歯の萌出異常である。上顎の左右第三小臼歯が回転し、舌側根《ぜっそくこん》が生じている（図5）。イヌの鼻面《はなづら》や顎の長さは人為的に変えられるが、歯のサイズは相応して変化しない。鼻面が短縮した小型犬では上顎第三小臼歯は最初に回転する歯である（Evans, H.E. 1993）。さらに鼻面が短縮すると、上顎第三小臼歯を回転させ舌側に倒そうとする力がより強くなるので、これに抗して舌側根が生じると考えられる。

上顎歯は欠損した切歯を除く一四本のうち三本が脱落し、下顎歯は一本が脱落する。いずれも歯槽は開く。左右の下顎第三大臼歯と右第一小臼歯は萌出していない。現代日本犬では最後に萌出する永久歯は上顎犬歯である（山縣ほか一九九三）。縄文犬も萌出順が変わらないとすれば、これらは先天的な欠歯で、このイヌが生前に失った歯はないと考えられる。年齢は一歳前後と推定される（小宮二〇〇二）。

④千葉県有吉南《ありよしみなみ》貝塚犬骨（縄文中期）

縄文中期後半（約四五〇〇年前）の竪穴住居跡《たてあなじゅうきょあと》から出土した埋葬犬骨（一号、二号犬骨）である。図6はこの住居跡平面図でP1–P6は柱穴を示す。一号犬骨は住居跡を埋める覆土から出土し、P1から二号犬骨、P5から幼猪埋葬骨一体が出土した。

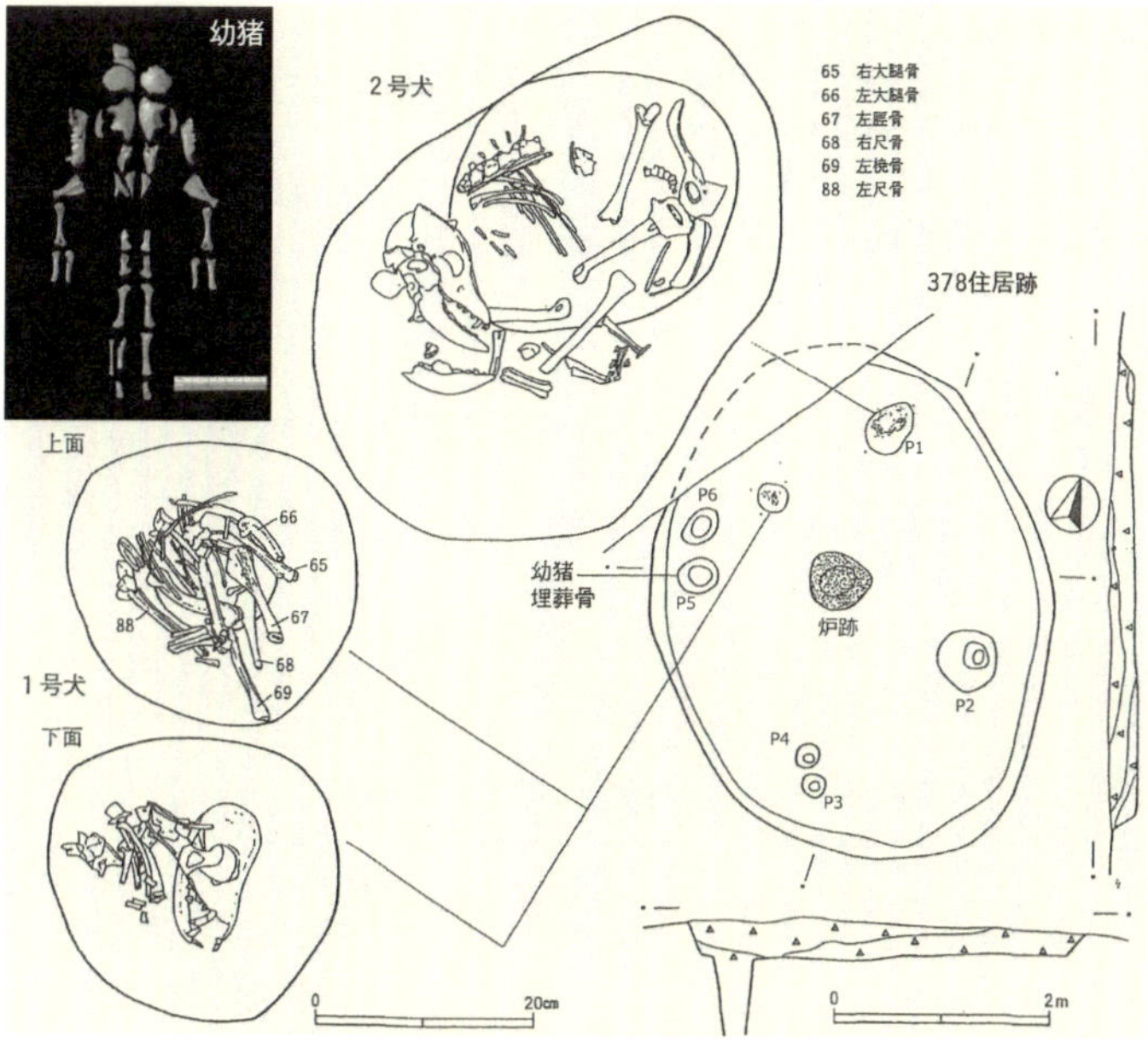

図6　有吉南貝塚犬骨の出土状況（小宮2008に加筆）

一号犬は覆土に掘った直径約二五～三〇センチの穴の中に四肢を縮め、頭部を床につけた倒立姿勢で出土した。上部の肢骨と頭骨の比高差は約二五センチである。永久歯の完成した成犬で歯の咬耗は現代犬の一歳半前後の状態である。左右の下顎骨は第二、第三小臼歯がなく、二歯を支える下顎体も退縮する。二歯は先天的な欠歯の可能性がある。陰茎骨は確認できなかった。メスと考えられる。側頭線は正中に達せず側方に膨らみ、既述の二ツ森貝塚犬骨の形状に似る。

P1は直径約五〇センチ、深さ九〇センチで、二号犬は住居床面から約三〇センチの深さに体を丸めた横位で出土した。頭蓋最大長一五〇ミリの小型犬で、陰茎骨がありオスと判定される。永久歯が完成し歯の咬耗は軽度である。頭蓋の正中縫合、冠状《かんじょう》縫合は明瞭で、脛骨近位端《きんいたん》は融合《ゆうごう》していない。ビーグル犬では前肢の骨端線は生後一四ヶ月までに閉鎖する(Yonamine *et al.*, 1980)。後肢も同じ経過をたどるとすれば、死亡年齢の上限は一四ヶ月である。現代日本犬の永久歯列の完成が生後約三一〇日前後とすると、このイヌの年齢はこの間に入る確率が高い。一号犬の脛骨近位端は融合するので、先述した推定年齢と大きく矛盾しない。二号犬はオスでも外矢状稜は弱く、側頭線は正中に達しない。吻の短縮が進行し、左右の上顎第三小臼歯に舌側根が生じている。上顎左第一小臼歯と下顎左第二小臼歯の二歯がない。前者の歯槽は開き、後者は閉じるが骨増殖の痕跡は不明確である。

二号犬の埋葬は住居の主柱撤去後であることは間違いない。柱を抜いた柱穴(P1)にたまたま死んだイヌを埋葬したという解釈も可能だが、隣接する柱穴(P5)のほぼ同じ深さからも生後約二週(小宮二〇〇八)の乳離れ前の幼猪が出土したことなどを考えると、二号犬と幼猪の埋葬は竪穴住居の廃棄に伴う祭祀的な埋葬と考えるのが自然と思われる。ただし、一号犬の埋葬と住居廃棄との関連は不明である。

⑤愛媛県上黒岩《かみくろいわ》岩陰《いわかげ》遺跡犬骨(縄文早期末—前期初頭)

国内最古の埋葬犬骨二体(一号、二号犬骨)である。長く行方不明となり最近、再発見された。その間の研究の進展で、犬骨から直接に年代測定を試みることなどに国内で初めて成功した。二体の暦年較正年代《れきねんこうせいねんだい》は約七三〇〇年前(縄文早期末〜前期初頭相当)である(Sato *et al.*, 2015; Gakuhari *et al.*, 2015; Masuda & Sato, 2015)。

一号犬は永久歯列の完成した成犬だが、頭蓋最大長は一四九ミリで縄文犬の最小級である。全身のプロポーションは現代の柴犬に似るが、吻から前頭骨の傾斜は直線状で、頬骨が高く、下顎骨は頑丈で咬筋窩が深いなど原始的なイヌの特徴がみられる。ただし、一号犬の外矢状稜は弱く、側頭線も正中に達しない。ぬけ落ちた上顎左第二小臼歯の歯槽は骨増殖の痕跡が不明確で先天的な欠歯の可能性がある。吻の短縮が進み左右の上顎第三小臼歯付近がくびれ、右第三小臼歯に舌側根がある。歯の咬耗は現代犬の基準で一歳半から二歳くらいの年齢に相当する。下顎歯は左右の第二小臼歯が脱落し退縮した二本の歯根が残存する。生前の失歯と考えられる。上腕骨と脛骨は、現代小型日本犬に比べて肩関節や肘関節、股関節や膝関節を屈伸する筋肉が終止もしくは起始する部位が著しく発達している。

二号犬の頭蓋最大長は約一六〇ミリである。外矢状稜が発達し、側頭線は正中に達する。一号犬と同様に眼窩は後方に傾斜し、咬筋窩が深い。上顎歯は確認できる一五本中、九本が脱落し、歯槽が閉塞中と考えられる右第二小臼歯以外の歯槽はすべて開いている。左下顎第一、第二大臼歯に歯槽膿漏《しそうのうろう》にともなうと思われる歯槽骨の吸収がある（Komiya *et al.*, 2015）。

3……縄文人とイヌ

①最古の縄文犬

現在、最古の縄文犬骨と考えられているのは神奈川県夏島《なつしま》貝塚の第二層から貝殻文沈線文《かいがらもんちんせんもん》系土器（縄文早期中葉：約八五〇〇年前）に伴って出土した右下顎骨破片だが、その下位の撚糸文《よりいともん》系土器（約九〇〇〇年前）の貝層では犬骨は確認されていない（直良一九七三）。貝殻文沈線文系土器とほぼ同時期の押型文《おしがたもん》系土器を出土する長崎県鷹《たか》島《しま》海底遺跡や長野県栃原《とちはら》洞窟遺跡などからもイヌの骨片や遊離《ゆうり》した歯牙が出土している。しかし、これら最古級の犬骨の年代は同じ層から出土した土器の相対年代から類推したもので、犬骨を直接測定したものではない。層が複雑に重なる遺跡では出土層の見極めがむずかしく、年代の信憑《しんぴょう》性に問題が残る。上黒岩岩陰遺跡の埋葬犬骨を例にすると、二体の埋葬犬骨は埋葬人骨群に接近した押型文系土器の層から出土したので、年代は縄文早期中葉で、埋葬人骨とも何らかの関係があると考えられた。ところが、犬骨から直接測定した歴年較正年代は約七三〇〇年前（縄文早期末─前期初頭相当）と当初想定された年代よりだいぶ新しく、また埋葬人骨の測定年代との年代差も大きいことが明らかになった。それでも二体は年代の確定した国内最古の埋葬犬骨であることに変わりない（Gakuhari *et al.*, 2015, Komiya *et al.*, 2015）。

②多様な縄文時代前期のイヌの出土状況

国内で二番目に古いと考えられる埋葬犬骨は宮城県宇賀崎《うがさき》貝塚（縄文前期中葉：約五〇〇〇年前）から出土している。頭蓋最大長一八二ミリの大きなイヌで、右大腿骨は骨折して内側に九〇度ねじれて癒合《ゆごう》する（茂原ほか一九八〇）。上黒岩岩陰遺跡の埋葬犬骨とは年代と地理の隔《へだ》たりが大きい。前期初頭（約六〇〇〇年前）とされる埼玉県花《はな》積《づみ》貝塚埋葬犬骨はこれを埋める可能性があるが、空襲で焼失した。

早前期は全国的に犬骨の報告例が少ない。前期初頭の神奈川県菊名貝塚は大量の犬骨を出土した例外的な遺跡で、その多くは壊れた若い小型犬骨で埋葬犬骨はない（直良一九七三）。同県元町貝塚（前期末～中期初頭）からも大量の犬骨が出土したが埋葬犬骨はなく、人為的な傷のついた大腿骨が出土している（茂原二〇〇八）。

前期の犬骨で最も注目すべきことは、神奈川県宮の原貝塚六層（前期末～中期初頭：金子一九七二）、石川県三引《みびき》遺跡（前期初頭：茂原ほか二〇〇四）、福井県鳥浜《とりはま》貝塚（前期初頭～前期前半）、鳥取県目久美《めぐみ》遺跡九層（前期：井上一九八六）、佐賀県東名《ひがしみょう》遺跡（早期末～前期初頭）などで完全なイヌの頭骨が単独で出土したことである。縄文遺跡からイノシシやシカなどの頭骨だけが出土することは珍しくないが、イヌの頭骨だけが出土するのは前期だけである。頭骨が出土した周辺からは接続する胴の骨が確認できないので全身の埋葬とは異質である。

前期後半の埋葬犬骨はこれまでに愛知県と鹿児島県の二例が知られている。前期はイヌを飼育する集落が全国的に少なく、地域ごとに多様なイヌの飼養文化が展開した可能性がある。

③縄文人はイヌを何に利用していたか

縄文人はどのような目的でイヌを飼ったのだろうか。これまでに猟犬、愛玩犬、番犬、食用犬、毛皮犬などが候補にあげられたが、いずれも具体的な証拠に乏しい。今回は猟犬について検討してみる。

縄文貝塚からはイノシシの骨が大量に出土するので縄文人がイノシシを狩っていたことは間違いないが、遺跡からはイノシシ猟に有効な狩猟具が発見されない。鋭い牙を剥《む》いて突進してくる獰猛《どうもう》なイノシシを仕留めるのは大変危険で、銃を使う現在でも猟にはイヌが欠かせない。銃のない縄文人はどのようにしてイノシシを仕留めたのだろうか?

現在のイノシシ猟は乙種（銃猟）と甲種（罠猟《わな》）、自由猟があるが、落とし穴は昭和初年に消滅した（白井一九九二）。旧石器時代や縄文時代の落とし穴が発見されるので、獲物がかかるのを待つタイプの猟は古くからあったと思われる。民族例をみると、落とし穴猟や罠猟は大家族ほど設置や見回りなどに有利だが、労力の割に獲物の捕獲率は必ずしも高くない。獲物を捕り尽くすと更新が必要で、遠くの罠にかかった動物は腐食や他の動物に食われるリスクがあって、長時間放置すると獲物にストレスが蓄積して肉質が落ちるなどの欠点がある。猟師が積極的に攻める猟は新鮮な肉を期待できるが、イヌがまだ少ないと思われる縄文早前期は前者の猟が一般的だったと推定される。

乙種猟は、イヌの群れが山に潜むイノシシを駆立《かりた》て追尾、格闘の末に後肢の腱《けん》を噛み切るなどしてイノシシの動きを止め、イヌのなき声を聞いて駆《か》けつけた猟師が近距離から急所を射撃する短時間の勝負である。経験の少ない若いイヌや向こう見ずのイヌはイノシシの牙で重傷を負うか死亡する。イノシシの反撃を運よくかわしながら攻撃する技を覚えた機敏なイヌが生き残り、優秀な猪犬に育つ。しかし、イノシシ猟の大衆化によって猟師の間で優れた猪犬を育てる気概は失われ、一九六〇年代には四肢をイヌに噛み砕かれたイノシシは見なくなったという（白井一九九二）。一九八七年にＮＨＫが放映した宮崎県椎葉村のイノシシ猟では一一頭のイヌが一頭のイノシシを追うが、一時間ほどで七頭のイヌが死傷しイノシシを取り逃がしている。

東北、関東の中後期貝塚からは石鏃《せきぞく》が射込まれたイノシシの肋骨や眉間近くを固く重量のあるもので強打され陥没した頭骨や治癒《ちゆ》した傷痕も出土する（金子一九八四、小宮二〇一五）。軽量な縄文の石鏃は、遠くからの射撃でイノシシの厚い毛と皮膚を射抜く力はない。骨に残るこれらの傷痕は当時のイノシシ猟が石斧《せきふ》や棍棒《こんぼう》、弓矢などをもつ縄文人が至近距離からイノシシを攻撃する接近戦で、中には重傷を負いながら縄文人の囲みを突破するイノシシもいたことを示唆している。このような猟を可能にしたのが縄文の猪犬だったとすれば、多くの埋葬縄文犬が歯牙を損傷し、しばしば四肢を骨折すること、縄文時代の狩猟具がイノシシ猟に適応していないことなどの理由を説明できる。

そうだとすると、早前期以降イヌを使う猟が普及するまでに、縄文のイノシシ猟はどのような経緯をたどったと考えられるだろうか？　イヌを使う猟が普及するには、イノシシが多く生息すること、イヌとイヌの食餌が入手しやすいこと、イヌを使う猟の利点が理解されることが必要と思われる。

現在の日本列島におけるイノシシの分布は西日本に偏り、北陸、東北、関東にはほとんど分布しないが（環境庁一九七九）、イノシシを出土する縄文遺跡は西日本から岩手県南部まで連続的に分布し、青森県北部と北海道に飛び分布する。野崎（一九八〇）によると、イノシシの分布は食料の豊富な照葉樹林帯《しょうようじゅりんたい》とよく重なるという。照葉樹林は約二万年前の氷期には沖縄、南九州沿岸に分布したが、後氷期（約一万年前）には西九州沿岸から山陰をへて約六〇〇〇年前までに若狭湾に達する（松岡・三好一九九八）。太平洋岸では黒潮の影響のある紀伊半島や房総半島で一万年前から照葉樹林の要素がみられ（松下一九九二）、約六〇〇〇年前にはカシ類の花粉化石は仙台湾周辺に及ぶ（三好・藤木一九九三）。関東では早期の撚糸文系土器の貝塚からイノシシが出土する。中後期貝塚のイノシシやシカの肢骨の関節などにイヌの噛み跡が残るのは、縄文人がイヌに食べ残しの骨を与え、獲物の味を覚えさせたためと考えられるが、筆者が調査した房総の撚糸文系土器終末期の貝塚のイノシシとシカの骨には噛み跡が見つからない（小宮投稿中）。このことは当時、房総では猟犬が飼われていない傍証になる。

イヌを使うイノシシ猟の最大の強みは猟師が計画的に狩りを主動することで労力と肉の獲得を効率化できることにある。その経済性がわからないとイヌを使う猟は成立しにくい。受動的な落とし穴猟や罠猟からの推移を知る手がかりが、縄文各時期の貝塚が広く分布し骨が残りやすい房総半島にある。房総では縄文時代草創期から早期を中心に前期前半まで落とし穴が多くつくられた。房総最古の犬骨は早期末（約八〇〇〇年前）の城《しろ》ノ《の》台《だい》南《みなみ》貝塚の下顎骨（茂原一九九四）だが、貝塚の多い房総でも早前期の犬骨はほとんど報告がなく、埋葬犬骨は中期前半（約四六〇〇年前）まで出土しない。房総の早前期のイノシシ猟は落とし穴猟や罠猟が主体で、猟犬を使う集団がいたとしても小数派だったと思われる。現代の奄美のイノシシ猟はイヌを使う銃猟と罠猟があるが、罠にかかって死ぬ猟犬が多く、銃猟者と罠猟者間の争いが絶えない（林一九七六）。縄文時代でもイノシシが生息する地域では猟法の異なる集団の争いがあったと思われる。房総はイヌを使う猟の定着が全国で最も遅れた地域の一つだったと思われるが、中期以降は半島全域で犬骨と埋葬犬の出土が急増する。中期前半の比較的短期間に伝統的な待ちうけ猟からイヌを使う猟に転換したと思われる。

④縄文犬を使ったイノシシ猟

イヌを使った縄文時代のイノシシ猟の実態はどうだったのだろうか？

約三九〇〇年前の千葉県武士《たけし》遺跡からは埋葬犬骨は出土しなかったが、イノシシとイヌの骨が出土する。イノシシの頭骨には強烈な打撃痕があり、肢骨には高い頻度でイヌの噛み跡がみつかるのでイヌを使った猟がおこなわれたと考えられる。イノシシの性別が判定できる骨のオス・メス比はほぼ一対一で、歯牙《しが》萌出《ほうしゅつ》咬耗《こうもう》程度（新美一九九一）から推定した死亡季節は現代の狩猟期間中に捕殺した現生イノシシ群と一致する。このことから、武士遺跡の縄文人のイノシシ猟は現代と同様にイノシシ肉が一年で最も美味な一一月中旬から二月初めに集中しておこなわれたと推定できる。また、歯牙萌出咬耗程度から推定した遺跡イノシシの年齢は〇・五歳に一歳ずつ加えた四・五歳までと五・五歳以上に識別される。年齢別で最も多いのは、一・五歳獣（全体の約三〇％）で三・五歳（約二〇％）がそれに次ぐ。この季節に最も生存数が多い〇・五歳獣は約七％にとどまり、五・五歳以上は約一〇％だった（小宮ほか二〇〇三）。五・五歳以上が少ないのは自然界のイノシシは初期死亡が高く寿命が短いので（三浦一九九二）、当時も相対的な捕獲数が減少したと考えられる。捕獲率が最も高い一・五歳獣は母親から独立した直後で警戒心が薄く、現在でも猟師の恰好の標的になる。肉は二歳程度の肥えたものが最上だが、二歳獣は敏捷《びんしょう》でしばしば猟犬の追撃を振り切り、体重が増して動きの鈍い三歳以上より捕獲しにくい（白井一九九二）。この遺跡でも二・五歳獣の割合は三・五歳獣より低い傾向にある。この遺跡のイノシシ猟は相対的には現在の銃猟者とほぼ同様の成果をあげていたと考えられるが、ほかに比較可能な類例がなく、どの程度一般的な傾向を代表しているか明らかでない。房総では中期後半（約四四〇〇年前）以降、飼育の可能性がある幼猪が出土する。五月をピークとするイノシシの出産期を考えると、イノシシの飼育は冬の猟期でしか得られないイノシシの生肉や貯蔵肉の端境期に対応している可能性がある。このような幼猪骨を多く出土する地域はいまのところ房総以外に知られていないが、房総はイノシシ飼育の起源地ではないだろう。房総は貝塚が多く、また発掘で遺跡の土を水洗する調査例が多いので、幼猪骨の発見につながっていると思われる。

ところで、イノシシ肉の稼ぎ手である猟犬には良質なタンパク質の食事が欠かせない。多くのイヌを飼う採算はとれたのだろうか？　遺跡出土の骨に残るタンパク質の炭素《たんそ》・窒素安定同位体比《ちっそあんていどういたいひ》から骨の主の生前の食情報が読み取れる。本州以南の貝塚出土の縄文人骨の同位体比から彼らの主要なタンパク源は植物質食料と海産魚だったと推定されている（赤澤ほか一九九三）。有吉南貝塚と千葉県白井大宮台《しろいおおみやだい》貝塚出土の埋葬犬と埋葬幼猪の同位体比を比較すると、縄文人と埋葬犬はほぼ同じ値だが、幼猪はそれらと異なり野生のシカやイノシシと同じ値を示す。米田（二〇〇八）は、埋葬された幼猪がイヌと同じような食餌を与えられていれば、その影響が同位体比に現れるはずだという。関東沿岸の中後期貝塚の縄文人は沿岸でとれるアジ・イワシ類などの小魚や貝類を周年にわたって漁獲している。内陸部の遺跡からもアジ・イワシ類は大量に出土するので、海産物は重要な食材として取引されたと考えられる（小宮二〇〇五）。幼猪に海産物を与えていないのは、同じ家畜でも直接の稼ぎ手であるイヌと区別していたためだろう。

⑤祭祀色のある埋葬縄文犬

縄文人はイヌを食用や犠牲《いけにえ》などにはせず、飼い犬が死ぬと人並みに埋葬したという考えが定着している。しかし、埋葬縄文犬の中にはこのような解釈では説明できない出土状態のものや、中国新石器時代の埋葬犬に似た状態で出土するものがある。

中国の先史・古代遺跡からは、しばしば祭祀に伴う人や家畜の供犠《くぎ》、殉葬《じゅんそう》が報告される。岡村（二〇〇五）は、黄河・長江流域の前三千年紀と前二千年紀の遺跡出土の動物構成をシカなどの野生動物が過半数を占める野獣優位型と家畜が過半数を占める家畜優位型に大別している。家畜優位型はブタ、ヒツジ、ウシ優位型に分かれるが、両年紀をつうじて最も多いのはブタ優位型で黄河中流域では前六千年紀に、長江下流域では前五千年紀に出現する。農耕の開始とともに畜産が盛行したこの地域では余剰のブタを供犠として神に供え埋葬する祭祀が広まった。貯蔵穴を利用する形態は黄河中流域で多く、専用坑に埋める形態は長江流域に多い。イヌの犠牲は河北省磁《ツー》山《シャン》遺跡（前六千年紀）が最古の例で、穀物の貯蔵穴を転用したいくつもの円形袋状土坑から大量の雑穀と坑の底からイヌと一、二歳のブタの埋葬骨が出土した。仰韶《ヤンシャオ》後期（前四千―三千年紀）には一つの土坑にイヌやブタを何層にも分けて埋葬する例があらわれる（岡村二〇〇五）。白井大宮台貝塚（縄文中期後半）では貯蔵穴を転用した円形土坑の底に一人の青年とイヌ一体、柱穴に幼猪一体、上層に生後六ヶ月前後の若イノシシ一体が埋葬されていた（千葉県文化財センター編一九九二、図7）。イヌと幼猪は貯蔵穴の祭祀に伴う可能性もあるが、青年に伴う殉葬と解釈するのが妥当か不明で、上層の若イノシシも同じ意図の埋葬か不明である。イヌは歯牙の咬耗が進んでいるが、幼猪は生後六、七週で下顎が短縮し、左右の第二乳臼歯は近心端が舌側に約五五度回転している（小宮投稿準備中）。青森県二ツ森貝塚の埋葬犬骨も貯蔵穴転用の円形袋状土坑底から出土した。当時の青森県にイノシシが

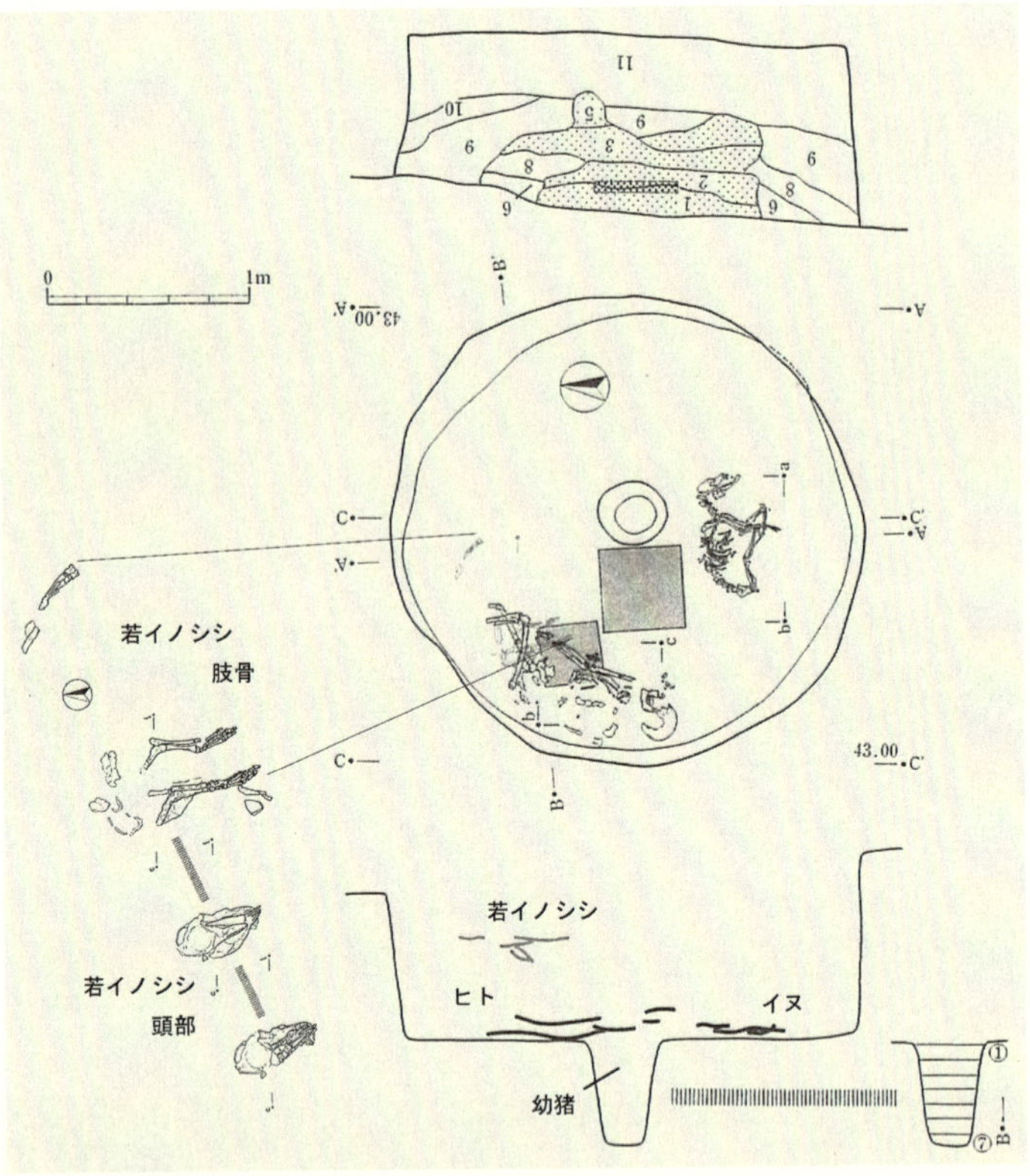

図7　白井大宮台貝塚SK01の埋葬骨の出土状況
（千葉県文化財センター編1992に加筆）

下層の幼猪と上層の若イノシシの死亡推定年齢にもとづくと、両者の埋葬には少なくとも約6ヵ月以上の時間差があると考えられる。図7上部の土層断面をみると、青年とイヌ、幼猪の遺体が置かれた下層は土壌の性質が均質だが、上層は性質の異なる層が何層も重なって堆積する。この土坑を埋めるときに使った土壌の性質と埋め方の違いを反映していると考えられる。若イノシシは前後肢を下に伸ばし、頭を肩の上にひねっている。頭部の位置が不自然なので、頭は切断されていたかもしれない。青年と若イノシシの埋葬地点を平面でみると、両者の埋葬には時間差があるにもかかわらず、いずれも土坑の壁ぎわ西—北西隅に重なっている。埋葬地点が重なったのは偶然かもしれないが、青年の埋葬地点に墓標のようなものがあれば、意図的な可能性が考えられる。なお、若イノシシの背骨や肋骨が見当たらないが、胴部の埋葬場所が貝層から外れたため、溶けて保存されなかったと考えられる。

自然分布していたとは考えにくいので、このイヌが猪犬だった可能性は低い。謎だったイヌの埋葬姿勢は周りに食料などが積まれていたとすれば理解できる（図4）。

江蘇省龍虬荘《ロンチュウジュアン》遺跡（前四千年紀）や河南省瓦店《ワーディエン》遺跡（前二千年紀）の平地住居の下から出土したイヌの埋葬坑は中国の考古学者が指摘するように奠基《てんき》（建物の基壇に犠牲を埋めて土地を祓《はら》い清める【筆者註】）の証拠と考えられ

る（岡村二〇〇五）。有吉南貝塚の二号犬と幼猪の埋葬は住居建築に先立つものではないが、住居廃棄に伴う供犠と解釈することは可能と思われる（図6）。いずれにしても、祭祀に関わったと思われる埋葬縄文犬は年齢が若く、現代小型犬に似た解剖学的特徴が多い傾向にあることが注目される。

4……おわりに

縄文犬はどこから来たのだろうか？　東アジアの古代犬や現代犬の中から縄文犬に似た小型犬を探し、渡来経路を論議するのがかつてこの分野の主流だった。しかし、外見に現れる形質はイヌの用途などに応じて人が作り出せるので、生物学的な系統を論議するのに適していない。

Okumuraほか（一九九九）は、縄文犬骨と日本周辺地域の古代犬骨に残るミトコンドリアDNAの塩《えん》基《き》配《はい》列《れつ》を決定して一九のハプロタイプ（DNAのある領域における塩基配列の変異の組合わせ。ハプロは単一の、という意味。ミトコンドリアDNAは母方だけが遺伝する）に分類し、現代犬と比較した。それによると、縄文犬には出現頻度の高い二つのハプロタイプがある。その地理分布をみると縄文犬の渡来ルートは単一でなく、少なくとも列島の南と北から別々に入ってきた可能性が読みとれる。縄文犬の祖先を連れて日本にきた人たちはイヌの飼養と利用法、信仰なども同時に伝えたと考えるのが自然だろう。そうだとすれば、イヌが渡来した早期に大陸のさまざまな地域に由来するイヌの飼養文化が列島各地で展開した可能性があり、埋葬を含む早前期の縄文犬骨の多様な出土状態はその反映かもしれない。

筆者が調べる機会のあった埋葬縄文犬の半数以上が生前に歯牙を損傷するので、埋葬犬はイノシシ猟の猟犬と何らかの関係があると思われる。イノシシは後氷期の温暖化とともに西日本から生息域を広げたと推定されること（Komiya *et al.,* 2015）、最古の埋葬犬が愛媛県で出土したことにもとづくと、イヌを使うイノシシ猟のノウハウは南北という選択肢では南から伝わった可能性が高い。黄海や東シナ海沿岸には狩猟とブタの飼育と祭祀をおこなう新石器時代初期の遺跡が存在する。酸性土壌が卓越する国内で検証するのは容易でないが、猟犬を使う人々がイノシシの飼育や祭祀も同時に伝えた可能性を今後検討する必要があるかと思われる。

縄文人のもう一つの主要な狩猟対象にシカがある。シカは北海道から九州に分布し、骨は各地の縄文遺跡から高い頻度で出土する。福井県鳥浜貝塚（縄文時代前期前半：約六〇〇〇—五五〇〇年前）出土のシカの死亡季節は一〇月から三月までの確率が最も高く、夏死亡の個体もみられる（大泰司一九八〇）。筆者がイノシシを調査した遺跡とは地理や年代に違いがあるので単純に比較できないが、縄文時代のシカの猟期はイノシシより長い可能性がある。シカ肉は夏が旨く、かつては夏も猟がおこなわれた。手負いになっても攻撃的にならないシカの猟は巻狩り、採食場での待ち撃ちなどがあり、イヌを使う場合は長追いできるイヌが選ばれる（白井一九七九）。縄文時代でも巻狩りや罠、落とし穴、弓矢の待ち射《う》ちなどが推定され、上方から石鏃の刺さった肩甲骨《けんこうこつ》が出土するが、縄文犬とシカ猟の関係は不明な点が多い。

【文献】

赤澤威・米田穣・吉田邦夫（一九九三）「北村縄文人骨の同位体食性分析」長野県埋蔵文化財センター編『北村遺跡』日本道路公団名古屋建設局・長野県教育委員会

井上貴央（一九八八）「目久美遺跡より検出された動物遺存体について」加茂川改良工事関係埋蔵文化財発掘調査団編『目久美遺跡』米子市教育委員会・鳥取県河川課

大泰司紀之（一九八〇）「遺跡出土ニホンジカ下顎骨による性別・年齢・死亡季節査定法」『考古学と自然科学』一三

金子浩昌（一九七二）「宮の原貝塚出土の動物遺骸の概要」『宮の原貝塚』武蔵野美術大学考古学研究会

金子浩昌（一九八四）『貝塚の獣骨の知識』東京美術

環境庁（一九七九）『動物分布調査報告書（哺乳類）全国版』

小宮孟（一九九五）「福島県三貫地貝塚出土の縄文犬骨の再記載」『千葉県立中央博物館研究報告四（一）』

小宮孟（二〇〇二）「青森県二ツ森貝塚のフラスコ状土坑底から出土した縄文犬骨の考古学的意味」『千葉県立中央博物館研究

報告七（二）』
小宮孟（二〇〇五）「貝塚産魚類組成から復元する縄文時代中後期の東関東内湾漁撈」『*Anthropol. Sci.*（*J. Ser.*）』一一三
小宮孟（二〇〇八）「三七八住居跡出土犬骨及び幼猪骨」千葉県教育振興財団文化財センター編『千葉市有吉南貝塚』独立行政法人都市再生機構・（財）千葉県教育振興財団
小宮孟（二〇一五）『考古学研究調査ハンドブック五　貝塚調査と動物考古学』同成社
小宮孟・戸村正己（一九九七）「千葉県境遺跡出土の縄文犬骨」『千葉県立中央博物館研究報告五（一）』
小宮孟・小林理恵・安部みき子（二〇〇三）「千葉県武士遺跡出土イノシシの齢構成にもとづく屠殺季節と家畜イノシシの検討」『*Anthropol. Sci.*（*J. Ser.*）』一一一
斎藤弘吉（一九六四）『日本の犬と狼』雪華社
茂原信生（一九九五）「城ノ台南貝塚出土の縄紋時代早期犬骨」岡本東三編『城ノ台南貝塚発掘調査報告書』千葉大学文学部考古学研究室
茂原信生（二〇〇八）「横浜市中区No.2遺跡（元町貝塚）出土の縄文時代犬骨」横浜市ふるさと歴史財団埋蔵文化財センター編『中区no.2遺跡（元町貝塚）本発掘調査報告』横浜市環境創造局
茂原信生・江藤盛治・馬場悠男（一九八〇）「宇賀崎貝塚出土の人骨および犬骨について」『金剛寺貝塚　宇賀崎貝塚　宇賀崎1号墳他』宮城県教育委員会
茂原信生・小野寺覚（一九八四）「田柄貝塚出土の犬骨について」『人類学雑誌』九二
茂原信生・馬場悠男・芹沢雅夫（一九八八）「薄磯貝塚出土の家犬およびオオカミ」いわき市教育文化事業団編『薄磯貝塚　本文編』
茂原信生・平口哲夫・櫻井秀雄（二〇〇四）「三引遺跡出土のイヌならびに他の中小型哺乳類」『田鶴浜町三引遺跡（下層編）』石川県教育委員会・石川県埋蔵文化財センター
白井邦彦（一九七九）「シカとシカ猟」『*Shooter's Japan* '79-80』
白井邦彦（一九九二）「イノシシとその狩猟」『*Shooter's Japan* '92-93』
千葉県文化財センター編（一九九二）『小見川町白井大宮台貝塚確認調査報告書』千葉県教育委員会
土岐仲雄・竹下次作（一九三六）「埋葬されたる犬の全身骨格発掘に就いて」『史前学雑誌』八

直良信夫（一九七三）『古代遺跡発掘の家畜遺体』日本中央競馬会弘済会
新美倫子（一九九一）「愛知県伊川津遺跡出土ニホンイノシシの年齢及び死亡時期査定について」『国立歴史民俗博物館研究報告』二九
西本豊弘（一九八三）「イヌ」加藤晋平・小林達雄・藤本強編『縄文文化の研究』三、雄山閣出版
野崎英吉（一九八〇）「現在、そしてこれから」朝日稔編『日本の野生を追って』東海大学出版会
林良博（一九七六）「猟犬」『アニマ』四五、平凡社
松下まり子（一九七九）「日本列島太平洋岸における完新世の照葉樹林発達史」『第四紀研究』三一
松岡數充・三好教夫（一九九八）「最終氷期最盛期以降の照葉樹林の変遷――東シナ海東部から日本海沿岸を中心として」安田喜憲・三好教夫編『図説日本列島植生史』朝倉書店
三浦慎悟（一九九一）「日本産偶蹄類の生活史戦略とその保護管理」朝日稔編『現代の哺乳類学』朝倉書店
米田穣（二〇〇八）「縄文人骨及び動物骨の同位体分析」千葉県教育振興財団文化財センター編『千葉市有吉南貝塚』独立行政法人都市再生機構・（財）千葉県教育振興財団

Evans, H.E. 1993. The digestive apparatus and abdomen, in “*Miller's Anatomy of the Dog*, 3rd edition”, W. B. Saunders Company, Philadelphia.

Gakuhari, T. *et al.* 2015. Radiocarbon dating of one human and two dog burials. *Anthropol. Sci.* 123 (2) : 87-94.

Komiya, H. *et al.* 2015. Morphological characteristics of buried dog remains excavated from the Kamikuroiwa Rock Shelter site, Ehime Prefecture, Japan. *Anthropol. Sci.* 123 (2): 73-85.

Masuda, R. and Sato, T. 2015. Mitochondrial DNA analysis of Jomon dogs from the Kamikuroiwa Rock Shelter site in Shikoku and the Higashimyo site in Kyushu, *Japan. Anthropol.* Sci. 123 (2) : 95-98.

Okumura, N. *et al.* 1999. Variations in mitochondrial DNA of dogs isolated from archaeological sites in Japan and neighbouring islands. *Anthropol. Sci.* 107 (3) : 213-228.

Sato, T, *et al.* 2015. Rediscovery of the oldest dog burial remains in Japan. Anthropol. Sci. 123 (2) : 99-105.

Yonamine, Hisao *et al.* 1980. Radiographic studies on skeletal growth of the pectoral limb of the beagle. *Jpn. J. Vet. Sci.* 42: 417-425.

第4章……犬の性格を遺伝子からみる

Keywords＝性格、遺伝子、オオカミ、社交性、作業犬

村山美穂

1……イヌの行動の背景を知るには？——遺伝子からのアプローチ

ドリトル先生シリーズは、私が子供の頃の愛読書だった。動物と話せたら、動物の気持ちがわかったら、どんなに楽しいだろうとずっと思っていた。バウリンガルやミャウリンガル（タカラトミー）といったイヌ語、ネコ語翻訳機の大ヒットも頷ける。十数年前、発売されて間もないバウリンガルを手に入れた私は、早速それを持って、獣医学科で飼育されている数頭の雑種犬のところへ行った。イヌたちはいつものように私のほうへ寄ってきて一斉にワンワンと鳴く。するとその声が、「遊ぼう」「噛むぞ」「こんにちは」と、それぞれ違う言葉に翻訳されたのだ。複数の声が混じる状況では、正確に翻訳できていたかどうかはわからないが、イヌたちの「個性」を実感できた瞬間だった。今度は私が翻訳機に向かってワンと言ってみた。このトーンだと「遊ぼう」でこの言い方だと「噛むぞ」と訳される。これが再現できたらイヌ語が話せるようになるかも、と思うとわくわくした。残念ながら練習不足のためか、イヌに通じる「遊ぼう」を言えるようにはなれなかったのだが。

話すことはできなくても、身近な飼い主なら、身振りや動作から、かなり正確に犬の気持ちがわかるだろう。

それをさらに進めて、身近でない人にも共通してわかる指標はないものだろうか。私が動物の性格に関連する遺伝子に興味を持つようになったのは、そうした動機からである。

私たちにもっとも身近な動物であるイヌ。イヌは一番古く家畜化された動物で、祖先のオオカミがヒトと生活を共にするようになったのは、一万五〇〇〇年以上も前と推測されている。ウシやブタなどの食用を目的とする家畜とは違い、イヌやウマのような、ヒトと共に作業をするための家畜では、その選択過程において、性格に重点が置かれたに違いない。現在のイヌの犬種（または品種）は、過去の用途による選択の結果、多様化したもので、同じイヌという種とはまるで思えないくらいに、犬種ごとに異なる体格や毛の色をもっている。外見と同様に、行動も犬種ごとに大きく異なっている。たとえば、獲物の回収役として選択されたレトリーバーはフリスビーやボールをとってくるのが得意だし、牧羊犬のシェットランドシープドッグは普段の散歩でもヒトを誘導しようとする、ときく。これらの行動は、野生のオオカミがしている行動、狩りに行く、獲物を追いかけ誘導する、攻撃する、獲物を巣に持ち帰る、巣の近くを防衛する、のいくつかが、それぞれの犬種に分割して受け継がれているとの説もある。すなわち攻撃はせずに回収する、なわばり防衛を得意とする、といったように。また、一般に大型犬は穏やかで小型犬は攻撃的な性格をもつことが多いといわれるが、大型で攻撃的なイヌは危険なので、とくに攻撃性を抑えるように選択されたためと考えられる。このように、犬種による性格の違いはよく認識されていて、ハートらをはじめとする研究者によって多くの本に記述されており、伴侶犬を選ぶときの参考にもされている(1)。後で述べるように、性格には遺伝が影響する生まれつきの部分と環境によって影響される面があるが、犬種ごとに持っている特徴的な性格は、性格に遺伝が影響することの証左ともいえる。また、同じ犬種でも、個体ごとに性格は違っている。イヌと身近に生活している飼い主にとっては、それがよりはっきりと感じられることだろう。

2……性格と遺伝子——ヒトでは何がわかっているのか

ヒトの性格はどうやって形づくられるのだろう？　「氏か育ちか」という言い方がある。ヒトでは、双生児の比較の膨大なデータにより、氏（血統すなわち遺伝要因）と育ち（環境要因）の両方の要因が、約半分づつ性格に影響しているといわれる。

すなわち、一卵性双生児は遺伝子が完全に一致、二卵性双生児は半分程度一致している。双子は一緒に胎内で過ごし、生まれてからも一緒に育つので、環境の違いによる影響が少ない。双生児同士が似ている程度を一卵性と二卵性で比較すると、遺伝子の関与の割合がわかるのだ。身体的特徴では、身長の一致率は一卵性では平均九〇％程度なので、大まかに言って残る一〇％程度が食べ物、運動、病気などの生育環境の影響をうける。これに対して二卵性の一致率は六〇％程度で、この違いは遺伝子の影響だとわかる。体重の一致率はもう少し低いので、環境の影響が身長よりも大きいことがわかる。こうした一卵性と二卵性の一致率の違いは、性格テストのスコアにも見られる。性格を形作るのは「氏か育ちか」のどちらかではなく、「氏も育ちも」がより適切だろう。

性格を司る遺伝要因とは、どのようなものだろうか。近年、ヒトやマウスの研究から、多くのことがわかってきた。脳内の神経細胞同士の連絡部位は、シナプスと呼ばれ、一方の細胞からドーパミンやセロトニンなどの神経伝達物質が分泌され、もう一方の細胞で受け取られることでシグナルを伝達する。伝達物質の受容体や合成・分解酵素の遺伝子に個体差があると、シグナル伝達効率の差違に影響する。大まかに言ってドーパミンは興奮性、セロトニンは抑制性の神経伝達に関与しており、これらの差違は、外からの刺激に対する反応、すなわち行動の差違となる。これが積み重なって、性格の差違として表れる。また男性ホルモンのテストステロンや、育児や社会行動に影響するオキシトシンなど、ホルモンの受容体の遺伝子についても、個体ごとの遺伝子型が攻撃性や社会性などに影響するとの報告がある。

ヒトの性格に関与する遺伝子の実例がはじめて解明されたのは、二〇年以上前にさかのぼる。ドーパミン受容体の一種、D４受容体には、アミノ酸一六個を単位とする反復配列がある。この反復数を調べた。ヒトの性格を客観的に表すには、様々な方法がある。例えば自動車免許の教習所や、就職試験でも用いられる適性試験もその一種だ。さまざまな質問に「はい」か「いいえ」で答えるものや、五段階で得点をつけるものなどがある。ここで用いられたＴＣＩというテストでは、「見知らぬ人と会うのは全く恥ずかしくない」「友人の希望にいやと言えないことが多い」「他人より金を貯めるのが上手だ」といった二〇〇以上の質問に「はい」か「いいえ」で答える。それぞれの質問は新奇性追求、損害回避、報酬依存といった三つの軸（持続を加えて四つの場合もある）に所属しており、質問によって「はい」に加点するか「いいえ」に加点するかが決まっている。スコアの総和で性格を表現する。解析の結果、反復数が多く長いタイプの遺伝子をもつヒトは、質問紙（アンケート）に基づく性格評定で、新奇性追求のスコアが強い傾向にあると報告された。[2] 長いと好奇心が強い、という結果だ。一九九六年のことである。これが健常人の性格と遺伝子の関連を示した最初の報告であり、これ以降、次々と性格と遺伝子の関連が報告されるようになった。さらにマウスでこの遺伝子を操作して働かなくすると、好奇心を示さなくなるといった行動変化がみられた。ドーパミン受容体の長さの違いが、シグナル伝達に影響するため、性格に影響すると考えられている。ただし、遺伝子の影響はそれほど大きくはないようで、ドーパミン受容体に関する後続の論文では、関連があるとするもの、ないとするものが拮抗しており、対象集団によって、わずかな環境の差が遺伝子の影響を消してしまうこともあるようだ。

いうまでもなく、ひとつの性格傾向には多様な遺伝子が関わっており、さらには環境要因も影響することから、ひとつの遺伝子の型を見れば性格がわかる、という単純なものではない。さらに言えば、性格には多様な面がある。好奇心の強い性格は言い換えれば飽きっぽい、恐がりな性格は言い換えれば慎重、というように、絶対的によい性格、悪い性格というものも存在しない。私たちひとりひとりの遺伝子はすべて異なっている。多様な背景を持つ人々の共同体としての社会は、互いに寛容で個性を生かすものであるべきだと思う。性格への遺伝子の関与についての情報は、とくに人に関するものは、間違った解釈で使われないよう、慎重に扱う必要がある。

それでも、言葉を持たずヒトよりも情報の少ない動物では、遺伝子は大きな情報になるのではないかと、私たちは考えている。それに、ヒトで性格に関係のある遺伝子が、イヌでも同じ傾向を示すのか、全く違うのか、といった種間比較にも興味がある。ヒトとイヌという、系統的にはかなり違うけれども心が通じ合う生き物同士、比較するには、生物で共通する遺伝子という物差しが役立つかもしれない。

ヒトに近い霊長類でも、性格に関連する遺伝子の個体差はあるのだろうか。ドーパミン受容体遺伝子の報告を知って、私たちは同じ領域を霊長類の各種で調べてみた。霊長類では、ヒトよりも長い、あるいは短い、多様な遺伝子型が見つかった。食虫類に分類されるツパイは霊長類以外で最も霊長類に近い種である。ツパイでは反復単位の原型が見つかり、霊長類のうちでヒトから最も遠い原猿類では二回反復があった。さらに霊長類の種ごとにタイプが異なっており、原猿類では短く、ヒトに近縁の類人猿では長い、すなわちヒトでの「強い好奇心」に関与するタイプの遺伝子を高頻度に持つことがわかった。また、ヒトで短いと不安を感じやすいとされるセロトニントランスポーター遺伝子の発現調節領域は、ヒトに近縁の種のほうが短くなっていた。好奇心が強い一方で用心深い性格が、人類進化の原動力となったのかもしれない。

3……動物の性格をどう表すか

動物の「性格」とは何だろう。性格は、英語でパーソナリティとかキャラクターと訳される。人を示すパーソンという語を、動物に用いてよいのか、安易な擬人化ではないか、との意見も聞かれる。科学的な形容には

「行動特性」のほうがふさわしいという考え方もあり、私も場合によって「性格」「行動特性」の両方を使ったり、「行動特性すなわち性格」と説明をつけて使ったりする。しかしテキサス大のアニマルパーソナリティ研究所が二〇〇四年に設立されるなど、最近では動物でもパーソナリティ（性格）という言い方が浸透しつつあるようだ。

行動生物学辞典（東京化学同人）では、気質を、「行動、感情、動機づけ、生理反応などにおける個体の性質や傾向のこと。一般に、遺伝的に制御され、生涯を通じて変化しにくいような個体の特性をさす」と定義する。一方性格については、「気質にもとづいて後天的に獲得され、その個体を特徴付けるような行動、感情、態度、思考の一貫したパターンのことをいう」と説明している。「気質」は先天的な意味合いが強く、それに生後のさまざまな経験が加わって形成されるのが「性格」といえるだろう。さらに、行動生態学や動物行動学では、行動シンドロームという概念もある。これは複数の状況下で観察される行動特性が、ある程度一貫した傾向と個体差があることをいう。イヌにもヒトと同様に、行動特性に個体差がみられるが、動物の性格をヒトと同じ基準で表現するのは、意外と難しい。その難しさもあってか、動物の振る舞いに「個体差」は存在しても、ともすれば「誤差範囲」として片付けられてしまい、研究対象としては取り上げられない傾向にあったようだ[3]。性格をはじめとする「個体差」に着目した研究は、近年になってようやく確立しつつある新しい分野ということができる。

動物の性格の評定には、確立された方法がない。性格を客観的に表現するには、どうすればよいだろうか。これらの調査方法はアンケートに自分で答えるもので、質問紙法とよばれる。しかしもちろんのこと動物に質問することはできない。そこで、その個体を一番よく知る人、飼い主や飼育員に答えてもらう。ヒトに近い霊長類の評定には、共同研究者のエジンバラ大学、ワイスらが、ヒトのビッグファイブ（「外向性」「共感性」「開放性」「勤勉性」「協調性」といった五要素で性格を表す方法）などの評定方法にもとづいて、質問紙を作製した。この方法では、質問項目は五四の形容詞と、それがあてはまるような場面について説明する文章からからなっている。たとえば、「怖がり：現実または想像上の恐怖に対し、叫ぶ、泣き面をする、走って逃げる、その他の不安や悩みなどの兆候を示すといった、過剰な反応をする。」「けち／欲張り：食物や、気に入った場所や、飼育場所の他の資源を極度に欲しがり、仲間と分け合おうとしない。」などである。もともと英語で作成され、日本語版やフランス語版がつくられている。判定者一人では公平な判断ができないかもしれない。動物との関係の近さ、飼育を始めてからの期間、飼育員の性別や年齢、などが判断に影響するかもしれないし、判断の材料になる動物のふるまい自体も、飼育員によって異なる場合もある。そこで一個体あたり三名の担当者に依頼し、三人の評定の一致度の高い項目を採用する。七段階で評定し、三名の平均値を得点とする。スコアにもとづいて似通った傾向の項目をグループ化すると、チンパンジーでは、「支配性」「外向性」「誠実性」「協調性」「神経質」「知的欲求性」の六因子が抽出された。欧米や日本の飼育施設や野生の観察地で、チンパンジー、ボノボ、オランウータン、ゴリラ、フサオマキザル、リスザル、ニホンザルなどでの評定を進めている。

イヌやネコなどヒトと身近に暮らす動物も、性格の特徴を細かく観察することができるので、霊長類と同様に質問紙を用いる方法での評定をすることができる。例えば、本書の5章を執筆した今野らによって三〇項目の質問紙が作られている。ただしこれら伴侶動物では、多頭飼育は少ないため、霊長類では同種の個体同士の関わりについての質問があるのに対し、対象個体とヒトとの関わり方に重点を置いた質問が多くなっている。イヌやネコなどの伴侶動物は、飼い主にとっては家族同然である。どうしても「うちの子が一番」という思いが強い。また一人の飼い主にとって、よく知っている動物は、以前に飼育していた個体を合わせても少数に限られるので、相対的な評定が難しいと思われる。また質問紙の場合は、この観察の経験に基づいて、性格を定量的ではなく定性的に示しているので、激しい攻撃や、寛容な行動など、印象に残るような場面があると、その印象が評定に大きく影響する恐れもある。

それに対して、行動テストならば、公平に評定することができるかもしれない。マウスやラットなどの実験動物では、行動テストの方法は多数開発されており、目的に応じてそれらを組み合わせたテストバッテリーというものがある。たとえばオープンフィールドテストでは、初めての場所に入れて、移動距離を測定して活動性や不安性の指標とする。明暗箱テストでは、マウスが好む暗い場所と嫌悪する明るい場所に、どのくらい滞在するかで、探索性を測定する。しかし実験動物以外については、行動テストの方法は定まっていない。多数個体のデータを集めるためには、行動テストは事前のトレーニングが不要な、簡単で短時間に行えるようなものがよい。個体によっては初めて見る人やいつもとちがう環境に萎縮してしまって本来の行動ができない場合もあるので、配慮が必要だ。テストではなく、動物の自由な行動を観察する方法もある。たとえば長期間観察によって得られた、ニホンザルの毛づくろいの相手の数や、毛づくろいにかけた時間は、社交性の指標になるだろう。こうした指標の測定には長い時間がかかるので、評定される個体数や評定することができる人材は少なくなる。

4……犬種の性格と遺伝子——オオカミからイヌへ

まずは犬種に特徴的な性格から見てみよう。一二三犬種の行動特性を、獣医師や訓練士などイヌの専門家多数に、一三項目の質問項目に基づいて評定してもらい、主成分分析で大きく四項目に分類した。(4) すなわち、「新しい飼い主へのなつきやすさ」「家族と一緒にいたがる程度」などの質問を含む『社交性』、「テリトリー防衛」「他犬への攻撃性」などの『攻撃性』、「服従性」「トイレのしつけ」などの『訓練性能』、および『恐怖症』である。

遺伝子解析のためには、採血よりも口内細胞を綿棒で擦って集めるほうが、イヌにストレスがかかりにくい。柄が一五センチほどの長めの綿棒で口内を擦り、生理食塩水入りの容器中で綿棒に絡んだ細胞を洗い、エタノールを加えて保存する。動物病院、イヌの動物園、品評会など、なるべく多くの犬が集まる場所で採取した。また犬種の保存会にも協力を依頼した。飼い主さんに抱かれたイヌの口の中をやさしく擦る、あるいは飼い主さんご自身に採取をお願いすると、ほとんどのイヌが協力的に応じてくれた。細胞からＤＮＡを抽出し、目的の遺伝子領域の塩基配列を解析する。先述のドーパミン受容体には、イヌではヒトとは異なる反復が存在し、長さや配

表1　犬種の性格とドーパミン受容体D4遺伝子

<table>
<tr><th>評定項目</th><th>説明</th><th>因子</th><th>短い遺伝子を持つ犬種[1]のスコア</th><th>長い遺伝子を持つ犬種[2]のスコア</th><th>P値</th></tr>
<tr><td>内向性</td><td>要求に答えない時、犬の退屈する程度</td><td rowspan="5">社交性</td><td rowspan="5">3.33</td><td rowspan="5">2.90</td><td rowspan="5">0.008</td></tr>
<tr><td>社会性</td><td>家族と一緒にいたがる程度</td></tr>
<tr><td>外向性</td><td>要求に答えた時、犬の喜ぶ程度</td></tr>
<tr><td>社交性</td><td>家族以外の人へのなつきやすさ</td></tr>
<tr><td>なつきやすさ</td><td>新しい飼い主へのなつきやすさ</td></tr>
<tr><td>テリトリー防衛性</td><td></td><td rowspan="4">攻撃性</td><td rowspan="4">2.83</td><td rowspan="4">3.38</td><td rowspan="4">0.003</td></tr>
<tr><td>他犬への攻撃性</td><td></td></tr>
<tr><td>反抗性</td><td>飼い主や家族への攻撃性</td></tr>
<tr><td>支配性</td><td>要求に答えた時、優位になったと考える性質</td></tr>
<tr><td>トイレのしつけやすさ</td><td></td><td rowspan="2">訓練性能</td><td rowspan="2">3.23</td><td rowspan="2">3.17</td><td rowspan="2">0.675</td></tr>
<tr><td>服従性</td><td></td></tr>
<tr><td>恐怖症</td><td></td><td>恐怖症</td><td>3.01</td><td>2.77</td><td>0.271</td></tr>
</table>

1：パグ、トイプードル、ミニチュアシュナウザー、ラブラドールレトリーバー、キャバリアキングチャールズスパニエル、ヨークシャーテリア、ビーグル、ゴールデンレトリーバー、ポメラニアン、ジャーマンシェパード、グレートピレニーズ、シェットランドシープドッグ、マルチーズ、チワワ、パピヨン

2：北海道、シベリアンハスキー、ウエストハイランドホワイトテリア、四国、秋田、柴、シーズー、ウェルシュコーギーペンブローク

列が異なる八種類の対立遺伝子がみられた二三種一五三五個体を解析したところ、遺伝子の種類は犬種ごとに大きく異なっていた。これを大きく長いタイプと短いタイプに分けて、性格スコアの平均値を比較すると、長い群は『攻撃性』が高く、『社交性』が低い傾向がみられた。『訓練性能』と『恐怖症』では、有意差はみられなかった（表1）[5]。

この遺伝子を祖先のオオカミと比べてみると、オオカミでは長いタイプの頻度が高かった。またアジアの在来犬、すなわちタイやベトナムなどの地元で飼われていて犬種としての登録がされていないイヌでは、オオカミと比べて長いタイプが減り、短いタイプが増えていた。興味深いことに、日本犬などのアジアで作られた犬種とヨーロッパで作られた犬種で長さが違う傾向がみられ、ヨーロッパで作られた犬種のほうが短いことがわかっ

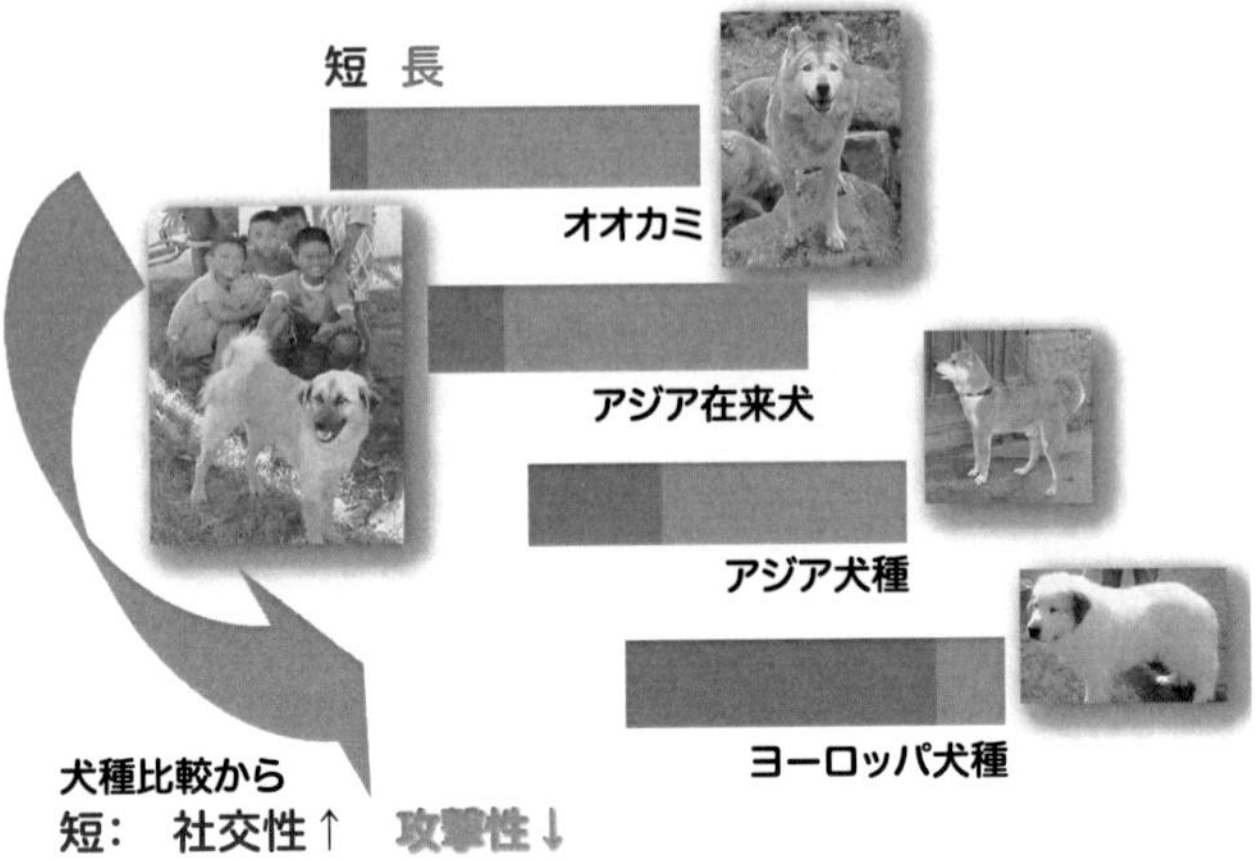

図1　オオカミからイヌへ（村山美穂2007を改変）

た。短い群には愛玩犬、牧羊犬など攻撃性を必要としない犬種、長い群には猟犬、警護犬などの攻撃的な犬種が、多く含まれていた（図1）(6)。オオカミからイヌへの家畜化で攻撃性を抑制する選択がおこなわれ、さらに多様な用途に合わせた選択の結果、犬種ごとのタイプの差異に反映されているのかもしれない。

5……個体の性格と遺伝子——家庭犬や作業犬

同一犬種内でも、性格の差違は顕著にみられる。家族の一員である家庭犬ほど、性格に関心を持たれている動物はいないだろう。そこで家庭犬の性格評定と口内細胞の提供を飼い主さんにお願いし、多くの試料を集めた。さらに、ヒトで報告されている他の性格関連遺伝子についても調べ、犬種や個体の性格と比較した（表2）。神経伝達に関わる遺伝子には、動機づけや意欲に関係するドーパミンに対して、セロトニン系はストレス反応や不安の感じやすさなどに関連している。またホルモン伝達関連では、アンドロゲンという男性ホルモンが、オスのさまざまな機能、性格では攻撃性に関連している。

セロトニンを受け取る受容体の遺伝子に、塩基置換によるAとCの二つのタイプがあり、Cタイプを持つと社交的である。オオカミにはCタイプが少なく、アジア系、ヨーロッパ系の犬の順で多くなる。セロトニンの回収に関わるトランスポーターは、短いタイプを持つほうが社交的である。オオカミでは長いタイプ、イヌでは短いタイプが多い。アンドロゲン受容体は、長いほうが活動的でしつけがしやすい。オオカミは短いタイプ、イヌは長いタイプが多い。

このようにオオカミとイヌでは、性格に関係する遺伝子に違いがみられ、犬種や個体の性格評定との関連でも、オオカミよりイヌのほうが社交的で活動的、といった特徴がみられた。このように、イヌの選択に伴って遺伝子に変化があり、またアジア原産の犬種は遺伝子も性格もオオカミに近い特徴を持っているということがわかってきた。アジア犬は猟犬や番犬として、攻撃性を必要とする用途にも使われることが多い。そのことが、遺伝子のタイプに影響しているのかもしれない。

表2　オオカミとイヌの遺伝子の違い

遺伝子	オオカミ	伴侶犬の性格
ドーパミン受容体D4	長	短：活動的、社交的
セロトニン受容体1A	C少	C：社交的
セロトニントランスポーター	長	短：社交的
アンドロゲン受容体	短	長：活動的、しつけ
メラノコルチン1受容体	アルギニン	停止：攻撃的
チロシンヒドロキシラーゼ	長	短：活動的、集中力欠如

家庭犬を対象とした研究の問題点は、評定者である飼い主がそれぞれ違っていることだ。飼い主にしてみれば、我が子同然だから、どうしても評定が甘くなってしまう。飼い主自体の性格やものの見方も反映されるかもしれない。その点、麻薬探知犬や盲導犬などの作業犬は、同一犬種を同一環境で訓練するので、評定は公平だと言える。これらの作業犬は、同じ条件で訓練しても、適性検査ですべての個体が合格できるわけではない。「育ち」としての訓練法は、ほぼ限界まで洗練されているので、合格率を上げるには「氏」の部分の遺伝子の情報に一層の期待がかかる。

東京税関の麻薬探知犬訓練センターに協力していただき、麻薬探知犬の適性遺伝子の検査を行っている。麻薬探知犬は一歳くらいで訓練センターに入り、まずは約一カ月の間、人や空港に似せた訓練センターの環境などに慣れる訓練をした上で、麻薬のにおいを「ダミー」と呼ばれる巻いたタオルを使って遊びながら覚えさせる。イヌがタオルを見つけてくるとほめ、タオルに麻薬のにおいをつけておくと、次第ににおいを頼りにタオルを探すようになることから、「麻薬を見つけると遊んでもらえる」という条件付けをして訓練する。麻薬探知犬ならにおいの感知能力が合否に大きく影響する、と思われるかもしれない。しかしイヌの嗅覚は基本的に非常に優れているので、嗅覚をうまく生かすための訓練に集中できるか、人の命令を聞いて共同作業できるか、といった「作業意欲」と名付けられる性格が合否の鍵になると考えられている。

そこで、訓練の初期の段階で、活動性、服従性、集中力、人なつこさ、他のイヌへの攻撃性、臆病、ダミーへの意欲といった性格について五段階の評定を依頼した。これらの性格の評定と合否を、遺伝子型と比較する。麻薬探知犬には主にラブラドール・レトリーバー、ジャーマン・シェパード、ゴールデン・レトリーバーが用いられるが、中でも頭数が一番多いラブラドールについて、性格評定の項目を分析したところ、大きく二つに分かれることがわかった。ひとつはダミー意欲、集中力、活発性、反抗性など「意欲」に関するもの、もうひとつは他のイヌへの寛容さ、人なつこさ、不安の感じやすさなど「やさしさ」に関連する項目で、この二つの因子と合否の関連では、合格したイヌでは「意欲」のスコアが有意に高く、「やさしさ」のスコアはあまり関連がなかった。

毛色は脳の働きとは関係ないように思われるが、意外にも毛色と性格に関連があることが、ラブラドール・レトリーバーやコッカースパニエルなどの犬種で、報告されている。同じ犬種の中でも、薄い毛色のほうが攻撃的とのことである。毛色が性格に影響する理由としては、ドーパミンとの関連が考えられる。ドーパミンもメラニンもチロシンというアミノ酸から合成される。異なる酵素が働いてドーパミンができたり、メラニンができたりする。片方を多く合成すると他方が減る、あるいは原料が多く酵素が活発だと両方多くなる、など、性格と毛色が互いに影響を受ける可能性が推測される。

麻薬探知犬に多いラブラドール・レトリーバーには、濃い色（黒色または茶色）と薄い色（黄色）の両方がある。合格率との関連を調べてみた。(7) イヌの毛色を決めている遺伝子には、メラノコルチン1受容体をはじめ、さまざまな原因遺伝子がある。ラブラドール・レトリーバーの毛色の濃淡は、メラノコルチン1受容体のタイプで決まる。メラニン刺激ホルモンを受け取り、細胞内でメラニン色素を多くつくるタイプ（アルギニンのコドン、CGA）は濃い色になり、受容体に塩基置換があるタイプ（停止コドン、TGA）はホルモンを受け取ることができないので色素が作られずに薄い色になる。黒色か茶色かは、別の遺伝子で決まるので、この遺伝子は濃いか薄いかだけを決めている。父母からひとつずつ受け継ぐ遺伝子のうち、メラニン色素を多くつくるタイプの遺伝子がひとつでもあれば濃い色になり、ふたつとも働かなければが薄い色になる。すなわち、濃い毛色のイヌには二種類あり、メラニン色素を多くつくるタイプの遺伝子を一個持つものと二個持つものが存在する。同じ濃い色でも、種類によって合格率が違い、機能するタイプの遺伝子を二個持つと合格率四〇％、一個持つと合格率一八％であった（図2）。

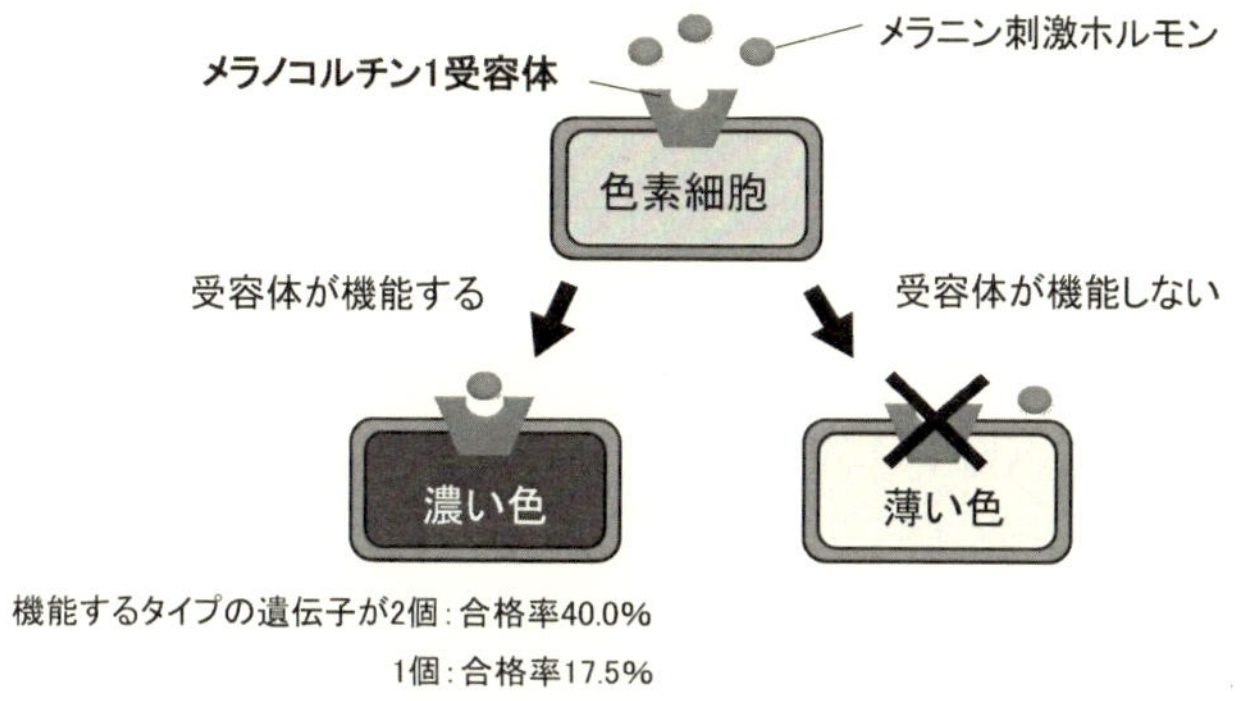

図2　メラノコルチン受容体と麻薬探知犬の合否（岸尚代他2012より）

麻薬探知犬のような作業犬でも家庭犬でも、ハンドラーや飼い主との相性が予測できれば、一層よい関係を築くことができるだろう。そこで、ヒトで社会性に関与するとされるオキシトシンの関連遺伝子の解析を進めたところ、CとTのタイプのうち、Cタイプを持つと訓練への「意欲」が高く、合格率も高いことがわかった。ただし、これら遺伝子型の影響は大きくはないので、最初から遺伝子型にもとづいて選択するのは現実的ではない。しかし、最終判断に迷うときに、遺伝子の情報が参考になるかもしれない[8]。犬の性格に関与する遺伝子の報告について表3にまとめた。

作業犬にも様々な用途があり、用途に応じて人との関わり方の種類や程度が異なる。最も古い関わりとしての猟犬では、狩猟と非狩猟

表3　イヌの性格に関与する遺伝子の文献

遺伝子	機能	品種	行動特性	指標	文献
Dopamine receptor D4	ドーパミン受容	ジャーマンシェパード	活発性	1	(14)
		シベリアンハスキー	活発性	2	(15)
Serotonin transporter	セロトニン回収	ラブラドールレトリバー：麻薬探知犬	訓練性(しつけ)	2	(16)
Solute carrier family 1 member2	神経細胞関連	ラブラドールレトリバー：盲導犬	活発性	2	(17)
		柴	攻撃性	2	(18)
Catechol-O-methyltransferas	ドーパミン合成	ラブラドールレトリバー：盲導犬	活発性	2	(17)
Serotonin receptor 1A, 1B, 2A, transporter	セロトニン受容、回収	ゴールデンレトリバー	攻撃性	2	(19)
Dopamine receptor D1, Serotonin receptor 1D, 2C, Solute carrier family 6 member 1	ドーパミン、セロトニン受容、神経細胞関連	イングリッシュコッカースパニエル	攻撃性	2	(20)
Androgen receptor	雄性ホルモン受容	秋田	攻撃性	2	(21)
Oxytocin receptor	ホルモン受容	ジャーマンシェパード	社会性	1	(22)
Tyrosine hydroxylase	ドーパミン合成	ジャーマンシェパード	活発性	1, 2	(23)
		シベリアンハスキー	活発性	2	(15)
11/173662 SNPs		ラブラドールレトリバー	攻撃性、不安性など	2	(24)

指標：1 行動テスト、2 質問紙

という異なる場面で、犬と人の関わりが大きく異なると述べられている［8章合原論文］。またアジリティー競技に見られるような犬と人の一体感を目指すことや、コンパニオンアニマルとして人と同等の存在とみなすことは、一方で道具（狩猟、湯たんぽ、食料）とみなすことと、必ずしも矛盾しないのかもしれない［19章池田論文］。

6……遺伝子からイヌを理解する
——最近の話題と今後の展望

イヌの家畜化については、最近、性格とは別の遺伝子が話題になった。デンプンを消化するアミラーゼである。アミラーゼは唾液や膵液に含まれる消化酵素で、その遺伝子はゲノム中に複数存在している。遺伝子のコピー数が多いと多くのアミラーゼが作られる。コピー数には民族差がみられ、米を食べる日本人のようにデンプン質を多く摂取する民族はコピー数が多いことが知られている(9)。その傾向は、人と暮らすにつれてデンプン質の残飯を食べる機会が多くなったイヌにもあてはまり、オオカミに比べてコピー数が多いことが報告されている。日本犬では米を食べる機会がさらに多いかもしれない。私たちが調べてみたところ、秋田、および柴の古い系統である縄文柴では、コピー数がオオカミと他の犬種の中間であった。柴では他犬種と差が無かった。このことは、日本での米作の導入が、イヌの遺伝子にも影響したことを反映しているのかもしれない。(10)

最近ではゲノム情報の充実によって、特定の遺伝子のみではなくゲノム全体の解析によって、家畜化に影響した遺伝子を探索する試みが、多くの動物種で実施されている。例えば、家畜化で変化した性質のひとつが、ヒトへのなつきやすさと考えられる。それを実証するために、ロシアの飼育施設で、約四〇世代にわたってキツネを選択した結果、人なつこい系統が作られた。攻撃性の高い系統と低い系統を交配させて、なつきやすさに影響する遺伝領域が特定されつつある。(11) またマウスのなつきやすさを、ケージに入れた手に接近するかどうかを指標に評定し、関連する遺伝領域を調べた研究もある。(12)

また遺伝子は絶対に不変なものではない。DNAがメチル化（DNAを構成するシトシンにメチル基がつくこと）によって後天的に修飾を受けると、遺伝子発現に影響を受ける。同じ遺伝子型を持っていても、環境や年齢やストレスなどの影響で、後天的にDNAが修飾されると、DNAの塩基配列の変化はなくとも遺伝子発現が変化し、その結果、表現型が変化する可能性もある。シジュウカラでは、先に述べたドーパミン受容体遺伝子の配列と新奇性追求の関連が報告されているが、同じ遺伝子で、メチル化の程度と新奇性追求の関係も報告されている。(13) 配列の差違にメチル化の差違が加わることで、遺伝的背景はますます多様化する。ただし、ある遺伝子型をもつと特定の環境を好み、その環境が遺伝子に影響を与えるために相乗効果となることもあるので、遺伝子と環境の関係はさらに複雑だ。

これまで、イヌの性格の存在を、行動観察、質問紙、遺伝子などから客観的にあらわす試みについて述べた。研究が進むにつれて、行動観察、質問紙、遺伝子等、異なる指標間の相互の関連もわかりつつある。これらの手法には、それぞれ一長一短がある。行動の観察は客観的で、回数や時間などを正確に表現できる。質問紙は対象の個体を知るヒトによる評定なので、過去の断片的な行動観察の一部を取り入れているが、客観性に欠ける。それを補うために複数評定者の一致度も調べられる。遺伝子は、直接性格を決めているわけではないので、評定指標としては前者とは大きく異なる。どの遺伝子がどの程度影響するのか、前者の指標と遺伝子型を比較して基準を作っている段階にすぎない。性格に関わる遺伝子の解明は、行動観察と質問紙の評定指標の充実と一体で進めなければならない。

性格がわかれば、その情報はどのように応用ができるだろうか。イヌやネコのように、ヒトと生活を共にする伴侶動物では、飼い主との相性はとくに重要である。そこには性格の個体差が大きく関わってくる伴侶となる個体の性格を知ることで、選択に、飼い主の性格や生活スタイルにあった伴侶を選ぶことができる。麻薬探知犬や盲導犬といった作業犬には、温厚で従順な性質や体格から、ラブラドール・レトリーバーが用いられることが多い。ただし同じ犬種でも、訓練の結果、合格できる個体は半分に満たない。どのような作業にしても、訓練への集中力が高いことは必要で、その集中力には個体差が大きいようだ。一方で、麻薬探知犬、盲導犬などの用途によって、求められる適性は異なる。たとえば麻薬探知犬には活発で探索好きな個体が向いており、盲導犬にはむしろ逆の、周囲の音やにおいなどの刺激に気をとられ過ぎない個体が向いているかもしれない。遺伝子や行動指標によって適性を早期に見分けられれば、訓練に費やす予算や時間を節約でき、作業犬を効率よく育成できることが期待される。

イヌ以外の種でも性格の研究は進みつつある。遺伝子はどの動物も持っており、塩基配列が異なるだけなので、種間で比較できるツールとしては大きな利点がある。ヒトの性格に関連することが報告されているドーパミン、セロトニン、オキシトシンなどの受容や回収に関わる遺伝子が、系統的に近い霊長類や、ヒトとの社会的な関係を築いてきたイヌ、ネコ、ウマでも性格に関与していることがわかってきた。ヒトと似ているが少し異なる機能も解明されると、ヒトという種の社会の成り立ちや心の働きについても、理解が進むと期待される。

イヌ以外の多くの種で性格を研究すると、どんなことがわかるのだろうか。まずひとつには、対象の動物をより深く理解すること、をあげたい。長年にわたって大型の飼育動物と接している方のお話をうかがうと、わずかな気配から動物の気分が予測でき、普段と違う様子を感じて事故を未然に防ぐのに役立つという。こうした微妙な感覚を言葉にして伝えるのは難しいが、経験的にわかることを客観的な指標に置き換えて表現することで情報が共有でき、経験が少なくても長年の経験の蓄積が活用できるようになることが期待される。また、飼育動物の性格を知ることによって、ストレスを受けやすい個体を見分けて、それにあわせた飼育環境を整備するといったことができる。ゴリラ、パンダ、ゾウなど、飼育下での繁殖が難しい動物は多い。これらの種は野生下の個体数が減少していて新たな導入は見込めないため、飼育下の繁殖が進まず個体数が維持できなければ、将来的には動物園から姿を消してしまう可能性もある。飼育下で繁殖の進まない原因としては、野生下と異なる環境など多くの要因が考えられるが、個体同士の相性も大きく影響するようだ。性格を見極めることで、気心の合う組み合わせでペアがつくられるようになるかもしれない。翻って、ヒトと共に歩むことを選択したイヌと、そうでない野生動物との違いがわかれば、ヒトとイヌの関係をさらに深める機会になるかもしれない。

【文献】

（1）ベンジャミン・ハート、リネット・A・ハート『生涯の友を得る愛犬選び——一目でわかるイヌの性格と行動』日経サイエンス社、一九九二年。

（2）Benjamin J, Li L, Patterson C, Greenberg BD, Murphy DL, Hamer DH: Population and familial association between the D4 dopamine receptor gene and measures of Novelty Seeking. *Nature Genetics*, 12: 81-84. 1996.

（3）Carere C, Maestripieri D: *Animal Personalities: Behavior, Physiology, and Evolution*. University of Chicago Press, 2013.

（4）田名部雄一、山﨑薫「評定依頼調査に基づく犬種による行動特性の違い——家庭犬への適性を中心に」『獣医畜産新報』五四、九―一四頁、二〇〇一年。

（5）Ito H, Nara H, Inoue-Murayama M, Shimada MK, Koshimura A, Ueda Y, Kitagawa H, Takeuchi Y, Mori Y, Murayama Y, Morita M, Iwasaki T, Ota K, Tanabe Y, Ito S: Allele frequency distribution of the canine dopamine receptor D4 gene exon III and I in 23 breeds.

Journal of Veterinary Medical Science, 66: 815-820. 2004.

（6）村山美穂「オオカミからイヌへ——行動に関与する遺伝子の変化」『遺伝』六一、六六—六九頁、二〇〇七年。

（7）岸尚代、伊藤慎一、外崎肇一、井上-村山美穂「麻薬探知犬の合否に影響する毛色遺伝子」『ヒトと動物の関係学会誌』三二、五七—六〇頁、二〇一二年。

（8）Konno A, Yabuta S, Inoue-Murayama M, Tonoike A, Nagasawa M, Mogi K, Kikusui T: Effect of the oxytocin receptor gene polymorphism on successful training for drug detection dogs. *Journal of Heredity* 109(5): 566-572. 2018.

（9）Perry GH, Dominy NJ, Claw KG, Lee AS, Fiegler H, Redon R, Werner J, Villanea FA, Mountain JL, Misra R, Carter NP, Lee C, Stone AC: Diet and the evolution of human amylase gene copy number variation. *Nature Genetics*, 39 (10) : 1256-1260. 2007.

（10）Tonoike A, Hori Y, Inoue-Murayama M, Konno A, Fujita K, Nagasawa M, Mogi K, Kikusui T: Copy number variations in the amylase gene (AMY2B)in Japanese native dog breeds. *Animal Genetics*, 46: 580-583. 2015.

（11）Nelson RM, Temnykh SV, Johnson JL, Kharlamova AV, Vladimirova AV, Gulevich RG, Shepeleva DV, Oskina IN, Acland GM, Rönnegård L, Trut LN, Carlborg Ö, Kukekova AV: Genetics of Interactive Behavior in Silver Foxes (*Vulpes vulpes*). *Behavior Genetics*, 47(1) :88-101. 2017.

（12）Matsumoto Y, Goto T, Nishino J, Nakaoka H, Tanave A, Takano-Shimizu T, Mott RF, Koide T: Selective breeding and selection mapping using a novel wild-derived heterogeneous stock of mice revealed two closely-linked loci for tameness. *Scientific Reports*, 7 (1) : 4607. 2017.

（13）Verhulst EC, Mateman AC, Zwier MV, Caro SP, Verhoeven KJ, van Oers K: Evidence from pyrosequencing indicates that natural variation in animal personality is associated with DRD4 DNA methylation. *Molecular Ecology*, 25: 1801-1811. 2016.

（14）Hejjas K, Vas J, Topal J, Szantai E, Ronai Z, Szekely A, Kubinyi E, Horvath Z, Sasvari-Szekely M, Miklosi A: Association of polymorphisms in the dopamine D4 receptor gene and the activity-impulsivity endophenotype in dogs. *Animal Genetics*, 38: 629-633. 2007.

（15）Wan M, Hejjas K, Ronai Z, Elek Z, Sasvari-Szekely M, Champagne FA, Miklósi A, Kubinyi E: DRD4 and TH gene polymorphisms are associated with activity, impulsivity and inattention in Siberian Husky dogs. *Animal Genetics*, 44(6): 717-727. 2013.

（16）Maejima M, Inoue-Murayama M, Tonosaki K, Matsuura N, Kato S, Saito Y, Weiss A, Murayama Y, Ito S: Traits and genotypes may predict the successful training of drug detection dogs. *Applied Animal Behavior Science*, 107: 287-298. 2007.

（17）Takeuchi Y, Hashizume C, Arata S, Masuda K, Ogata N, Maki T, Inoue-Murayama M, Hart BL, Mori Y: An approach to canine behavioural genetics employing guide dogs for the blind. *Animal Genetics*, 40: 616-622. 2009.

（18） Takeuchi Y, Kaneko F, Hashizume C, Masuda K, Ogata N, Maki T, Inoue-Murayama M, Hart BL, Mori Y: Association analysis between canine behavioural traits in the Shiba Inu breed and genetic polymorphisms. *Animal Genetics*, 40: 616-622. 2009.

（19） van den Berg L, Vos-Loohuis M, Schilder MB: Evaluation of the serotonergic genes htr1A, htr1B, htr2A, and slc6A4 in aggressive behavior of golden retriever dogs. *Behavior Genetics*, 38: 55-66. 2008.

（20） Våge J, Wade C, Biagi T, Fatjó J, Amat M, Lindblad-Toh K, Lingaas, F: Association of dopamine- and serotonin-related genes with canine aggression. *Genes Brain and Behavior*, 9: 372-378. 2010.

（21） Konno A, Inoue-Murayama M, Hasegawa T: Androgen receptor gene polymorphisms are associated with aggression in Japanese Akita Inu. *Biology Letters*, 7: 658-660. 2011.

（22） Kis A, Bence M, Lakatos G, Pergel E, Turcsán B, Pluijmakers J, Vas J, Elek Z, Brúder I, Földi L, Sasvári-Székely M, Miklósi A, Rónai Z, Kubinyi E: Oxytocin receptor gene polymorphisms are associated with human directed social behavior in dogs (Canis familiaris). *PLoS One*, 9 (1): e83993. 2014.

（23） Kubinyi E, Vas J, Hejjas K, Ronai Z, Brúder I, Turcsán B, Sasvari-Szekely M, Miklósi A: Polymorphism in the tyrosine hydroxylase (TH) gene is associated with activity-impulsivity in German Shepherd Dogs. *PLoS One*, 7 (1): e30271. 2012.

（24） Ilska J, Haskell MJ, Blott SC, Sánchez-Molano E, Polgar Z, Lofgren SE, Clements DN, Wiener P: Genetic Characterization of Dog Personality Traits. *Genetics*, 206 (2):1101-1111. 2017.

第5章……イヌとヒトをつなぐ眼

Keywords＝眼、視線交流、ベビースキーマ

今野晃嗣

1……犬猿の仲から最良の友へ

イヌとヒトはもとより「犬猿の仲」だった。そもそも、食肉目のイヌ（*Canis familiaris*）と霊長目のヒト（*Homo sapiens*）は系統的に離れた別種であり、両者はニッチを共有するという点で競合関係にある。しかも厄介なことに、イヌもヒトも相手を傷つけたり殺したりする潜在的な能力をもっている。それゆえ、両者の出会いは少なからぬ緊張をともなうし、もしそれが攻撃や争いに発展すれば、双方もしくは一方の適応度は著しく下がってしまう。こうみると、イヌとヒトは基本的に衝突を避けるべき相手といえる。さらに、イヌとヒトは体の構造も情報伝達手段も大きく異なる。イヌはヒトのように指先が器用ではないし、洗練された言語ももたない。一方、ヒトはイヌのように四つ足で速く走れないし、並外れた嗅覚をもつわけでもない。これでは、イヌとヒトが互いを直感的に理解しあうのは至難の業だ。やはり、イヌとヒトは暮らしを共にする相手として相性がよいとは思えない。

しかし、イヌとヒトはいまや「最良の友」といわれるまでになった。その理由は、両者の共生関係が次の二つの点において他の種間にはみられない特別なものだからだ。一つは、イヌとヒトが感情を介した共依存的な親和

関係を築く点にある。イヌは特定の「飼い主」に「愛着」と呼べる感情的結びつきをもつことがあるし、かたやヒトの方も自分の「愛犬」を「家族」とみなして心理的な拠り所にする場合がある。こうしたイヌとヒトの個体間の親密な関係は、同じ種の親子やつがいの関係に匹敵する。もう一つは、イヌとヒトが双方向的な交流を通じて協力しあう点だ。現代のイヌは、狩猟犬、家畜護衛犬、番犬、牧羊犬、運搬犬といった古くから続く役割に加えて、警察犬、臭気探知犬、盲導犬、聴導犬、介助犬など多種多様な役割を担っている。それぞれの仕事に熟練したイヌとヒトのペアは、互いに意思疎通を図りながら複雑な作業を成立させる。個体間の協働は同種どうしでも難しいのに、イヌとヒトはそれを見事にやってのける。まさしく真の友だ。

では、イヌとヒトはいかに「犬猿の仲」から「最良の友」へとなりえたのか。私は、イヌとヒトの距離を近づけた要因の一つは互いの「眼」を介した視覚情報のやりとりであり、それがひいてはイヌとヒトの稀有な共生関係を形作ったりつなぎとめたりする役割を果たしてきたと考えている。本章では、イヌとヒトの眼という身体器官の特徴と両者の「視線接触」がもつ情報伝達機能について論じ、イヌの進化史を振り返ってみたい［1章藪田論文］。

2……脱オオカミ化から犬種の多様化へ

さて、イヌとヒトの眼と視線をめぐる進化の歩みを考える前に、分子遺伝学的にみたイヌの進化について捉えておこう（Lindblad-Toh et al., 2005）。イヌ科動物の比較ゲノム解析の結果から、現代のイヌの祖先はオオカミ（*Canis lupus*）であることが明らかになっている。そして、世界各地の在来犬および純粋犬種の網羅的ゲノム解析の結果から、現代のイヌは大きく分けて二段階の主要な遺伝的変化を経ていることもわかってきた。

イヌの進化の第一段階は、およそ一万五〇〇〇年前から三万年前に生じたオオカミからイヌへの分岐に伴うものだ。この時期はイヌの祖先集団のオオカミがヒトの集落の近くで暮らすように形質を変容させたときに相当し、ここでの進化の大部分はゆるやかな自然選択によりもたらされた。第一段階では、オオカミのヒト集落への進出、いわば脱オオカミ化を推し進めるような形質の変化が重要だったはずだ。イヌの起源の場所については議論がまだ収束していないが、脱オオカミ化は少なくともユーラシア大陸の北半球のどこかで生じ、その後、イヌの祖先が南極を除く世界各地に分散したことは確かである。

一方、第二段階はごく最近のことで、およそ数百年前から現在まで続く犬種の作出に伴うものだ［13章志村論文］。この時期はイヌの繁殖がヒトの管理下に置かれたときに相当し、ここでの進化は集中的かつ急速な人為選択により方向づけられた。今では世界各地を原産とする三〇〇を超える純粋犬種が認定されているが、犬種作出の主な舞台はヨーロッパだ。その証拠に、代表的な純粋犬種のゲノム配列を調べると、見た目がずいぶん異なるのにもかかわらず、欧州原産とされる犬種はすべて同じ「欧州犬種」集団に属することになり、その一方、欧州以外の地域を起源にもつ少数の犬種は別の集団を形成する（vonHoldt et al., 2010）。つまり、現代の純粋犬種は欧州犬種と非欧州犬種に大きく二分できる。ここで興味深いのは、祖先種のオオカミは欧州犬種よりも非欧州犬種の方に近い遺伝的特徴をもつことだ。ラブラドールリトリーバー、ジャーマンシェパード、プードルなどの欧州犬種は、人為選抜による改変が大きい犬種であり、オオカミから遠く離れた遺伝的構成をもつ。一方、非欧州犬種はオオカミの遺伝的名残を色濃く受け継ぐ犬種であり、「祖先型犬種」と呼ばれる。祖先型犬種には、秋田犬や柴犬やチャウチャウやシャーペイなど東アジア原産の犬種、シベリアンハスキーやサモエドなど北方アジア原産の犬種、アフガンハウンドやサルーキやバセンジーなど中東およびアフリカ原産の犬種が含まれる［4章村山論文］。

以上をまとめると、現代のイヌがもつ形質には、脱オオカミ化を推し進めた選択圧と犬種の多様化を推し進めた選択圧の双方が関与している。それゆえ、イヌの進化を解き明かすためには、イヌとオオカミを比較することに加えて、多様な犬種を比較することも重要だ。本章では、イヌの眼ならびに対人視線行動がイヌの進化に果たした役割について、オオカミとイヌの比較、そして祖先型犬種と欧州犬種の比較を通して明らかにする。

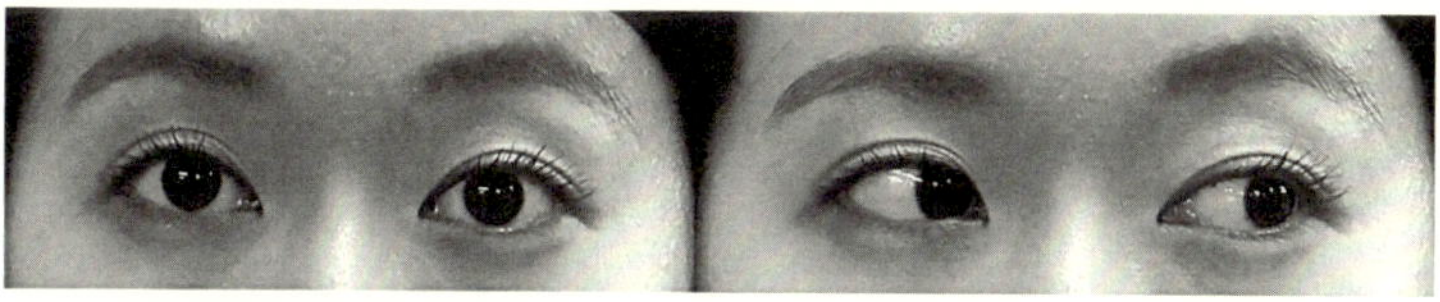

図1　ヒトの眼と視線

ヒトの眼の視覚刺激。自分に向けられた視線（左）はそれを見た人の注意を捕捉し、回避的な視線（右）はそれを見た人の注意をその視線の先に誘導する。

3……見る眼から見られる眼へ

さて、本章の主題である「眼」の役割とは何だろう。当たり前だが、眼は世界を「見る」ための感覚器官であり、外界から光刺激を取り込んで周囲の外部環境の情報を得る機能をもつ。眼の進化は捕食動物の登場を端緒とする。眼を備えた捕食者は獲物の姿を捉えて能動的に捕食することができたし、反対に被食者も眼をもつ方が捕食者に気づいて逃げることができた。このように、生物の眼と視覚能力は、食う側と食われる側の駆け引きの文脈で進化した（パーカー、二〇〇六）。眼を獲得した生物は、自分の関心のある対象を「見る」ことで適応的にふるまう。ここで重要なのは、眼をもつ個体が何かを「見る」ことは、それを他者に「見られる」可能性をも含んでいることだ。つまり、自分が何かを「見る」ことにより、視線を通じて自分の関心や注意を向ける対象が相手に伝わるかもしれない。こう考えると、眼という身体器官は、外部の情報を取り込む入力装置であると同時に、相手に対して情報を送信する出力器官でもある。

眼と視線の重要性を感じてもらうために、図1を見てほしい。あなたの視線は、はじめ左側の人物の眼に向けられたのではないだろうか。このように、眼を思わせる視覚刺激は、それを見る個体の視覚的注意をすばやく捕捉する。とくに、私たちは相手がこちらを見ているかどうかをすばやく検出できる。というのも、多くの動物にとって、相手と「目があう」こと、すなわち視線接触は、個体と個体の交流の出発点だからだ。個体間の視線接触は、「回避」か「接近」かの葛藤状況を生じさせ、その個体に強い情動を喚起させる（ティンバーゲン・ティンバーゲン、一九八七）。通常、相手からまっすぐ自分に向けられた視線は「敵意」や「怒り」として解釈され、回避行動を引き起こす。一方、親和関係または協力関係にある個体間で交わされる視線については、「好意」や「愛着」を示すと解釈され、接近行動を引き起こすこともある。ただし、動物の行動全体から考えると、視線が親和的信号として作用するのは一般的でない。

このように、眼と視線は個体間交流における相手の内的状態を知るための社会信号として機能するが、それだけではない。先ほどの図1を見たとき、はじめは左側の人物の眼に向けられたあなたの視線が、その後、右側の人物の横向きの眼の方に移動しただろう。そして、どちらかといえば、その人物が視線を向けている方向、つまり、あなたから見て右側の方向に注意が向けられたのではないだろうか。私たちは、他者の視線の方向に敏感に反応し、さらにその視線の先にある対象を気にする。動物は相手の眼と視線から周囲の外部環境についてのさまざまな情報も得ているのだ。

では、イヌとヒトの眼と視線に基づく交流がどのような情報伝達機能をもち、いかにしてイヌの進化を支えてきたのか。前半は、他者に「見られる眼」という観点から、ヒト、オオカミ、イヌの眼の見た目の特徴について考えてみよう。

4……目立たないサルの眼から目立つヒトの眼へ

ヒトの眼はどんな見た目の特徴をもつのだろう。現生八八種の霊長目の眼の形態を比較した研究から、ヒトの眼はほかの霊長目とは大きく異なることが示されている（Kobayashi & Kohshima, 1997; Kobayashi & Kohshima, 2001）。ヒト以外のサルの眼は、強膜露出度が低く、虹彩および瞳孔と強膜の対比が小さい。言い換えれば、ヒトの眼でいう白目部分がほとんど隠れており、黒目と白目が区別しづらい。一方、ヒトは眼の輪郭の形がもっとも横に長く、強膜すなわち白目部分が広く露出している。さらに、眼の周囲を含めた眼全体の色彩と強膜色に着目すると、ヒトの眼は顔における位置がわかりやすいだけでなく、白目（強膜）と黒目（虹彩と瞳孔）の対比が際立っている。そもそも、強膜に着色がない文字どおりの「白目」をもつのは、ヒトだけである。図2に示したように、簡単にいうと、サルの眼は目立たないが、ヒトの眼は目立ちやすいし、視線の方向もわかりやすいのだ。

図2　チンパンジーとヒトの眼
視線隠蔽型のチンパンジーの眼(左)と視線強調型のヒトの眼(右)

このことは、ヒト以外のサルが眼や視線を隠蔽するように進化してきたのに対して、ヒトは眼の位置や視線方向を顕在化させ、どこを見ているかを他者に明示するように進化してきた可能性を示唆する（小林・橋彌、二〇〇五）。たしかに、個体間競争の文脈では、眼を目立たせることにより他者に眼と視線を読み取られることは損失につながる。たとえば、動物を狩るヒトの捕食戦略からみれば、目立つ眼でみずからの存在や狩猟の意図を獲物に知らせるのは得策でない。また、同種内の資源をめぐる競争の文脈でも、目立つ眼をもてば、意図せぬ威嚇の信号を他者に伝えてしまうことで無用な攻撃を受けたり、おいしい果実の在り処を他者に伝えてしまうことで先に食べられてしまったり、繁殖相手への関心を相手に察知されてしまうことで繁殖機会を逃してしまったりするかもしれない。

一方、利害が一致する協力関係にある個体間では、互いに役に立つ情報交換をすればするほど個体の利益が増大するだろう。

たとえば、視線信号の顕在化により個体間の意思伝達を容易にすることができれば、狩猟のような共同作業が効率化されたかもしれない。また、親子間の養育行動、配偶相手との交渉、仲間への食物分配、遊びの交渉など、非攻撃的な交渉において明示的な視線が用いられることは、個体間の親和的な連帯を強めて双方向的な交渉をしやすくしたかもしれない。このように、ヒトの目立つ眼は、同種他個体と「うまくやる」ための交流能力を促進する器官として進化してきたのかもしれない。

この考えを支持する証拠として、霊長目では強膜の露出度および眼の横長度と集団サイズおよび大脳新皮質比率の間に正の相関があることが見いだされている（Kobayashi & Kohshima, 2001）。つまり、目立ちやすい眼をもつ種ほど集団が大きく大脳新皮質が発達しているのだ。ところで、ヒトは集団サイズと大脳新皮質の比率が最大の種である。この謎を指摘した「社会的知性仮説」は、ヒトの大脳新皮質が増大した理由として、大規模な集団生活を維持するために個体間での複雑な社会的情報を処理する必要が生じたことを挙げる（Humphrey, 1976; Dunbar, 1992）。ヒト以外のサルの多くは、集団内での無用な争いを避けたり安定した個体関係を構築したりするためにグルーミングと呼ばれる毛づくろいに時間を費やす。しかし、集団が大きくなればなるほど直接的な身体接触を伴うグルーミングを多数の個体に行うことが難しくなる。そこでヒトは、大規模集団を維持するための効率的な方法として「目立つ眼」を介した視線信号に基づく交流能力を発達させ、その適応として顕著性の高い眼が進化してきたのではないかという仮説が提案された（小林・橋彌、二〇〇五）。この仮説はゲイズグルーミング（gaze grooming）仮説と呼ばれ、ヒトの眼が視覚による意思伝達に最適化していることを指摘し、その眼による視線信号が協力的な個体間または互いの距離が遠い個体間の交渉において有効に機能することから、ヒト集団における複雑な社会関係を調整する役割を担ってきたと考える。

サルからヒトの眼への進化は、視線隠蔽型から視線強調型の眼への進化といえる。大きな群れの維持や仲間との共同作業による個体の利益が捕食や種内競争による個体の損失を上回ったために、ヒトにおいて目立つ眼が進化してきたのかもしれない。ヒトの場合、眼の形態と視線を介した交流能力が、競合的な文脈ではなく協力的あるいは親和的な文脈で進化してきた可能性がある。このことは、イヌとヒトの異種間にみられる共生の進化を考える上でも重要と思われる。

図3　オオカミとイヌの眼
視線強調型のオオカミの眼(左)と黒目強調型のイヌの眼(中央：柴犬、右：ラブラドールリトリーバー)

5……目立つオオカミの眼

次に、オオカミとイヌの眼をみていこう。彼らの眼は強膜がほぼ隠れているため、ヒトの眼と完全に同じ見た目をしているわけではない。しかし、イヌの祖先種であるオオカミの眼は、ヒトの眼に匹敵するほど目立つのだ。図3を見てほしい。オオカミの虹彩は明るく金色に輝いており、その中心に黒い瞳孔がぽつりと沈んでいる。それから、まるで歌舞伎の隈取のように、眼の周囲の黒い皮膚が金色の虹彩を取り囲んでいる。このように、オオカミの眼は明るい色の虹彩と暗い色の瞳孔の対比がはっきりしているため、顔の中の眼の位置も瞳孔の位置もどちらもわかりやすい。ヒトの眼と同じく、オオカミの眼も相手と目が合っているかどうかが明らかな視線強調型の眼といえそうだ。

ところで、眼、とくに虹彩の色は、野生種では基本的に種内変異がほとんどない種固定的な形質とされる(ただし、野生種でも発達的変化はあるし、例外的にヒトおよび家畜種では種内変異も少なくない)。

ある研究者が五六二〇種にものぼる動物の眼（虹彩）の色のリストを出版しているが、そこでもオオカミの眼の色は「yellow」と表現され、もっとも明るい色の評定値が与えられている（Worthy, 1997）。とはいえ、オオカミは分布域が広く遺伝的多様性も高いため、生息地域や個体によっては異なる虹彩色をもつものがいるかもしれない。そこで私たちは、野生動植物の写真や映像資料の収集に取り組むArkiveに公開されている写真に基づいて、オオカミの眼の色を調べてみた。合計九一枚のオオカミの写真のうち、少なくとも一個体以上の成体オオカミの虹彩の色が確認できた六一枚の写真を対象にした。そのうち、五二枚（約八五％）の写真のオオカミの虹彩はやはり明るい黄色だった。これらの写真の中にはオオカミの生息地域がわかっている写真が四一枚あり、その情報をまとめると、ユーラシア大陸（一五枚）、イベリア半島（四枚）、インド（五枚）、北米（一一枚）、南米（六枚）と多岐にわたっていた。したがって、オオカミは生息地域にかかわらず一般的に黄色の虹彩をもつといえそうだ。ただし、残りの九枚（約一五％）のオオカミの虹彩は暗い茶色のように見えた。実は、このオオカミはすべて北極に暮らす白い毛をもつオオカミだった。例外はあるかもしれないが、原則、オオカミの虹彩色は明るいと表現してよいだろう。

さて、オオカミだけではなく、イヌ科動物の眼を広く調べた研究がある（Ueda et al., 2014）。イヌ科の系統は、オオカミ的系統、アカギツネ的系統、ハイイロギツネ的系統、南米イヌ科系統に大きく分けることができる（Lindblad-Toh et al., 2005）。現生のイヌ科二五種の眼の色彩を比較すると、顔のなかの眼の位置と瞳孔の位置がともに目立つような視線強調型の眼は、オオカミ的系統の一〇種中八種とアカギツネ的系統の一〇種中三種でみられることがわかった。どうやら、オオカミの近縁種は目立つ眼をもつらしい。それだけではない。イヌ科の眼の色彩の特徴と社会構造の関連を調べてみると、視線強調型の眼は三個体以上の集団生活を営む種に多く、さらに、集団で生活する種のなかでも、仲間と協力して獲物を狩る種は単独で獲物を狩る種よりも虹彩の色が明るいという傾向が示された。なお、視線強調型の眼をもつオオカミ、眼の位置はわかりやすいが視線は明瞭でないフェネックギツネ（*Vulpes zerda*）、眼の位置も視線もわかりにくい視線隠蔽型の眼をもつヤブイヌ（*Speothos venaticus*）の他個体への注視行動を調べたところ、もっとも長く他個体を注視したのはオオカミだったという。視線強調型の眼をもつ種ほど、視線信号を発信したり受信したりする行動が発達しているのかもしれない。

以上の知見から、この研究者たちは、イヌ科における視線強調型の眼が集団での狩猟など同種個体間での視線を使った情報伝達装置として機能する可能性を指摘している（Ueda et al., 2014）。さらに彼らは、オオカミがとくに目立ちやすい眼をもち、相手に視線を向ける行動も多いことから、現代のイヌがヒトと共生関係を築くときにも、オオカミから受け継いだ他個体の視線を読み取ったり他個体に視線信号を送ったりする行動が重要な役割を果たしたのかもしれないとも述べている。「眼光するどい」オオカミの視線強調型の眼も、ヒトの目立つ眼と同じように同種他個体との交流能力を促進する器官として進化してきたのだろう。

6……黒目がちなイヌの眼

では、イヌの眼はどうだろう。オオカミの眼の形質をそのまま継承しているのか、それともイヌらしい眼の形質を新たに獲得したのか。結論からいうと、イヌの眼はオオカミの眼とは異なる進化を経ているようだ。図3は、オオカミの眼と、祖先型犬種の柴犬および欧州犬種のラブラドールリトリーバーの眼を比較したものだ。もっとも明らかなちがいは、イヌの眼は虹彩の色が黒っぽく暗いため、虹彩と瞳孔の色の対比が小さいことである。金色と黒にはっきり分かれるオオカミの眼とは対照的だ。それゆえ、イヌの眼は顔のなかのどこに位置しているかはわかりやすいが、眼のなかの虹彩と瞳孔の境界があいまいであり、両者がまとまって一つの大きな「黒目」に見える。オオカミの「眼光するどい」眼と比べると、イヌはだいぶ「黒目がち」の眼をもつようだ。このことから、イヌの眼はたしかにオオカミから進化的な変貌を遂げており、視線強調型というよりも黒目強調型の眼に進化してきたとはいえないだろうか。この特徴がどんなイヌにも当てはまるのか、もう少し詳しく調べてみよう。

私たちは、代表的な純粋犬種の眼の特徴を確認するため、すでに犬種間の遺伝的関係がわかっている七六犬種を対象に、彼らの眼の虹彩の色について調べてみた。今回は、世界的に著名な犬籍管理団体の一つであるアメリカンケネルクラブ（American Kennel Club：ＡＫＣ）が公開する情報を用いた。調査項目の一つは、ＡＫＣのウェブサイトに掲載されている各犬種を紹介する正面顔のイヌの画像だ。その画像はいわば当該犬種を象徴する一枚と解釈できるが、調査の結果、その画像にはすべての犬種で濃い茶色もしくは黒色と表現できるような暗い虹彩をもつ個体が選ばれており、オオカミと同じくらい明るい虹彩をもつ個体は一匹も採用されていなかった。その犬種の典型的なイヌは、暗い色の眼をしているということだろう。

もう一つの調査項目として、ＡＫＣの犬種標準（Breed standard）にある「眼（Eyes）」の規定を抜き出した。犬種標準とは、それぞれの犬種の容姿や気質の理想を定めた文書であり、そこには眼の基準も含まれている。とくに眼の色の記述をみると、次のような要点が浮かび上がってきた。第一に、ほとんどの犬種（七三犬種九六％）において、眼の色が暗いこと（dark, the darker the better）もしくは茶色（brown）や黒色（black）が好ましいという記載がみられることだ。第二に、犬種（二三犬種三〇％）によっては、眼の色が明るいこと（light, very light, lighter）もしくは青や黄色の眼をもつことが、失格あるいは違反になると明言されていることだ。第三に、青や黄色を含む明るい色の眼が許容される犬種（八犬種一〇％）もあるが、その場合でも暗い色の眼の方が推奨されたり、ブルーとよばれる「希釈 dilution」された淡色の毛色をもつ個体に限定されたりすることだ。これらの事実から、少なくとも主要な純粋犬種は、一般的に暗い色の眼をもつといえるだろう。

一方、少数の純粋犬種がもつ薄い寒色系の虹彩、とくに「青い眼」については、第二段階の犬種作出の後期で特定の個体だけに生じた稀な形質だと思われる。何よりも、イヌの青い眼は毛色に付随するもので、白やブルーやまだら模様などの淡い色の毛色をもつ個体に多くみられる。つまり、イヌの薄い色の虹彩は、毛色の選抜育種に伴う珍しい形質として一部の犬種の一部の個体で残されたものであり、一般的なイヌの形質ではない。

私たちの予備的な調査では、厳密な血統管理がされていない雑種犬や、特定の飼い主をもたない野良犬や野犬や放浪犬や集落犬などが含まれていない。この点はさらに検証すべきではあるものの、私はそれでも結果は変わらず、多くのイヌは黒っぽい眼をもつと考える。実際、インターネットでそれらのイヌの画像を検索すれば、オオカミのように虹彩が明るい個体を見つける方が難しい。やはり、イヌは一般的に黒目強調型の形質をもつように進化を遂げたようだ。しかも、もっと重要な点は、オオカミと遺伝的に近い犬種集団である祖先型犬種でさえも、そのほとんどの犬種が黒目強調型の眼をもっていることだ（ただし、祖先型犬種のなかでシベリアンハスキーだけは例外で、青い眼をもつ個体が多いようだ）。祖先型犬種を含む現代の大多数のイヌの虹彩色が暗いことは、黒目強調型の眼が欧州で進められた犬種の作出過程で磨かれた形質ではなく、それより以前の祖先のイヌ集団において広まっていた形質であることを物語っている。つまり、オオカミの明るい虹彩に代わってイヌの暗い虹彩が獲得されたのは、イヌの進化の第一段階の脱オオカミ化から第二段階の犬種作出期に至るまでのいつの時点かであり、犬種選抜以降に獲得された形質ではないだろう。イヌにおける黒目強調型の眼の獲得は、初期のイヌとヒトとの共生関係の成立と深く関わっていると考えられる。

7……ヒトの視線を読み取るオオカミ

ここまで、ヒトとオオカミはともに視線強調型の眼をもつ一方、イヌは黒目強調型の眼をもつことを示した。もしかすると、サルからヒトへの眼の進化と同じく、オオカミからイヌへの眼の進化も、両者の視線信号を介した交流能力を促進するために適応進化してきたのかもしれない。重要なことは、オオカミからイヌへの進化は、異種であるヒトとの交流の文脈で生じてきた点だ。では、彼らのヒトに対する視線行動はどのような特徴をもつのか。後半は、他者を「見る眼」という観点から、オオカミとイヌの対人視線行動についての研究成果を紹介しながら、イヌとヒトの眼および視線接触が両者の共生を支えてきたという考えを深めていきたい。

さて、イヌの行動を支える認知能力の進化を探る目的で、動物行動学、認知科学、発達心理学などの新しい視点による研究が盛んに進められるようになったのは、九〇年代以降のことだ（ミクロシ、二〇一二）。なかでも、イヌとオオカミの種間比較研究は、イヌが家畜化の過程でオオカミにはない対人交流能力を獲得した可能性を明らかにした。とくに大きな影響を与えたのは、オオカミよりもイヌの方がヒトの指さしや視線の向きを適切に利用できるという発見だ（Hare et al., 2002; Miklosi et al., 2003）。実験では、二つの不透明な容器の片方に食べ物を隠し、イヌやオオカミにそのどちらかを選ばせる。この物体選択（object choice）課題の要点は、彼らに容器を選ばせる前に、実験者のヒトが食べ物の入っている方の容器を指さしたり視線を向けたりすることだ。こうして「正解」の手がかりを与えると、イヌはヒトの指さしや視線の方向に追従して偶然より高い確率で正解の容器を選ぶことができる。一方、オオカミは生後すぐにヒトに育てられた個体でも、ヒトの手がかりを適切に利用できないため、うまく正解できない。物体選択課題は、ヒトの与える社会信号を動物がどれだけ敏感に受け取ることができるか、いわば異種間の情報受信能力を知るための指標になる。この結果から、ヒトの社会信号を受け取る能力の高さは、オオカミからイヌへの進化により獲得された形質であるという考えが強調された。

しかし、真実はそれほど単純ではなかった。その後の研究で、適切な実験環境が与えられたり十分な個体経験を積ませたりすれば、オオカミでもイヌと同等またはそれ以上にヒトの指さしや視線の向きを利用できるという報告がなされた（Udell et al., 2008）。また、ヒトの視線への感受性を調べる実験はほかにもある。視線追従（gaze following）課題と呼ばれる実験では、実験者のヒトがイヌまたはオオカミと目を合わせ、両者の目が合った瞬間に左右いずれかの方向にすばやく顔を向ける。そこでイヌやオオカミがヒトの顔や視線の向きと同じ方向を向くかどうかを調べるのだ。実験の結果、オオカミとイヌはほとんど変わらない、もしくはオオカミの方が多少よい成績を収めることがわかっている（Range et al., 2011; Werhahn et al., 2017）。それから、もしオオカミがもつヒトの社会信号を読み取る能力が低いとするならば、オオカミの遺伝的名残を受け継ぐ祖先型犬種の方が、それ以外の欧州犬種よりもこの能力が低いという予想が成り立つ。しかし、物体選択と視線追従のどちらの課題でも、両者の犬種集団に差があるという証拠は今のところない。

以上のことから、オオカミがイヌよりもヒトの視線信号の受信能力に劣ると結論づけるのはまだ早い。考えてみると、そもそも相手の動作や視線の方向を感知する能力は、同種他個体に対してだけでなく、利害関係のある異種にも適用された方が有利だろう。たとえば、捕食者や競争相手の体や視線の方向から自分が標的になっているかどうかを知ることができれば、相手の注意が自分に向いたときだけに逃避したり警戒したりすればよいので、それ以外は採食など別の行動に費やすことができる。実際、多くの野生動物はヒトが自分を見ていることを察知し、それを自分の行動選択の手がかりに利用できる。ヒトが近づいただけではゴミ置き場からなかなか逃げないハシブトガラス（*Corvus macrorhynchos*）や、自分の方をじっと見ているヒトに対してだけ威嚇の誇示をするニホンザル（*Macaca fuscata*）を思い浮かべればわかりやすいだろう。オオカミはイヌに分岐する前から現代に至るまでヒトと競合関係にあるとみなせるため、ヒトの視線を含む社会信号を読み取る能力をもつ方が適応的だ。そういう見方に立てば、オオカミは、同種か異種か、協力関係か競合関係かのちがいにかかわらず、他個体の社会信号に対する感受性が高いのかもしれない。その一般的な感受性の高さゆえ、オオカミとその子孫のイヌはどちらも異種であるヒトの指さしや視線の方向にも従うことができるのかもしれない。私は、現時点での実証的証拠に照らすかぎり、イヌの対人視線信号の受信能力はもともとオオカミがもっていた他個体の社会信号に対する感受性を受け継いだものであり、イヌが家畜化により新たに獲得したものではないと考えている。

8……ヒトに視線を向けるイヌ

では、オオカミとイヌの対人視線行動の差はどこにあるのだろうか。答えの一つは、オオカミよりもイヌの方が自分の顔や視線をヒトに向ける傾向が強いことだ。「オオカミはヒトの方を振り向かないがイヌは振り向くwolves do not look back at humans but dogs do」という副題が添えられた研究により、オオカミとイヌの視線行動に大きな種差があることが鮮やかに示された（Miklosi et al., 2003）。この実験では、フタを開ければ容器のなかの食べ物を取り出せることをイヌやオオカミに学習させたあと、その容器のフタをしっかり固定して開かないようにしてしまう。このようにヒトの助けなしでは解決不可能（unsolvable）な課題に直面したとき、彼らはどのようにふるまうだろう。多くのイヌは、はじめのうちはフタを開けようとして容器を咬んだりひっかいたりするが、しばらくすると実験者のヒトがいる方を振り向き、みずから目を合わせようとする。さらに、ヒトの顔をじっと長く見つめたり、ヒトの顔とフタの開かない容器を交互に見たりするイヌも多い。一方、オオカミはどうかというと、ヒトとの視線接触をほとんど行わず、代わりに容器のフタをひたすらこじ開けようとするだけである。つまり、オオカミは積極的にヒトと関わろうとせずに自分で何とかしようとするが、イヌは問題解決の糸口を得るために、ヒトに眼で訴えることで交流を開始しようとする。この結果から、オオカミとイヌの差は、みずからが発信元となって視覚的な社会信号をヒトに伝えること、つまり、異種間の情報送信能力にあるのではないかという考えが浮かんでくる。

オオカミよりもイヌの方が視線をヒトに向ける傾向が強いことは、別の研究者が同様の解決不可能課題を用いて行った研究でも確かめられている（Udell et al., 2015）。さらに、イヌがヒトに視線を送る能力には、犬種差もある。私たちは、その能力の遺伝的基盤を探るため、さまざまな犬種集団に解決不可能課題を試してみた（Konno et al., 2016)。その結果、欧州犬種に含まれる複数の犬種集団と比べて、祖先型犬種に属する犬種はヒトを見つめる時間がもっとも短いことを突き止めた。この研究では、祖先型犬種と欧州犬種の比較のほか、欧州犬種に含まれる犬種のなかでも、猟犬、牧羊犬、作業犬、回収犬という遺伝的に異なる集団を分けて比較した。しかし、イヌの視線行動は欧州犬種の集団間では似たようなものであり、どのイヌもヒトの方を長く見る傾向にあった。やはり、オオカミの遺伝的名残を受け継ぐ犬種とそこから離れた欧州犬種の間の差が大きいらしい。みずからヒトに視線を送る傾向は、オオカミとの遺伝的類似度と関連するようだ。

まとめると、ヒトに対して視線信号を自発的に送信する能力はオオカミよりイヌの方が高いこと、その種差が現時点では異なる研究間で一致していること、祖先型犬種の方がヒトを見ないこと、その犬種差からイヌの視線送信能力には遺伝的基盤があること、といった複数の証拠が得られている。それゆえ、イヌが異種のヒトに向けて視線信号を送る能力は、オオカミからイヌへの進化過程で強められた形質であると考えられる。私は、視線信号の送信能力こそがイヌらしい特徴ではないかと考えている。

この考えを補強する神経内分泌的証拠もある。最近、イヌからヒトに向けられる視線行動がオキシトシンという物質的基盤によって支えられているという重要な発見がなされた（Nagasawa et al., 2015)。この研究の一つ目の実験では、イヌおよびオオカミとその飼い主を交流させ、その交流前後で両者の尿中のオキシトシン濃度がどう変化するかが調べられた。オキシトシンは哺乳類では分娩時の子宮収縮や授乳時の乳汁分泌を促す神経ペプチドホルモンであり、繁殖や養育の社会的文脈で重要な役割を果たす。実験の結果、イヌはオオカミよりも飼い主の方を長く見つめることとともに、交流後のオキシトシン濃度がイヌと飼い主の双方でどちらも上昇することが示された。一方、オオカミは飼い主とほとんど目を合わせず、オキシトシン濃度も両者ともに変化しなかった。次の実験では、イヌへのオキシトシン投与の影響が調べられた。その結果、オキシトシンを投与されたイヌは飼い主を見つめる行動が増え、さらにそのイヌに見つめられた飼い主の尿中オキシトシン濃度も上昇することが示された（ただし、この効果が認められたのはメスのイヌだけだった）。この研究の著者たちは、ヒトとイヌの個体間には視線とオキシトシン神経系を介した正の循環があり、それにより両者の親和的関係が形成されると解釈している。イヌとヒトの視線信号の送受信には、母子間の養育行動に似た神経内分泌的機序が関与するといえよう。

9……人イヌに目があう

ここまでの論点は次のようにまとめられる。オオカミの眼はヒトの眼と同じように視線強調型だが、イヌの眼は黒目強調型だ。イヌがヒトの視線信号を受信する能力はオオカミから受け継いだ形質だが、イヌがヒトに視線信号を送信する能力はイヌへの進化で強められた形質だ。イヌとヒトの視線信号の送受信には、養育行動を支える神経内分泌的機序の関与が重要だ。

以上の論点をもとに、本章の結びとして、イヌの初期の進化史を眼と視線という切り口からあらためて想像してみよう。以下では、オオカミとイヌの眼の見た目および視線行動の差が、異種間交流における社会信号、とくにヒトが受け取る社会信号の意味内容を大きく転換させたことについて論じる。

オオカミからイヌへの分岐が生じたとされる年代は、今から時を遡ること一万五〇〇〇年から三万年。当時のオオカミは、現存のオオカミと同じく森林や荒原といった環境に適応した種であり、ヒト社会との距離は必ずしも近いわけではなかった。しかし、一部のオオカミ、つまりイヌの祖先は、新たなニッチとしてヒトの集落に目をつけた。当時のヒトは定住的な社会をつくる暮らしをしていた。ヒト集落の余剰な食料、すなわち残飯や廃棄物は、飢えたオオカミにとって魅力的だった。本来、オオカミは大型の獲物を集団で狩ったり動物の死体をあさったりするが、そういう暮らしの問題は、いつ食料を得られるかわからないという不確実性だ。一方、ヒト集落を決まった餌場とすれば、その問題は解決できる。しかし、ヒト集落に進出することで食料を効率よく得ようとしたオオカミは、新たな問題に直面した。先住者であるヒトとの利害の衝突だ。ヒトにとってのオオカミはいわば略奪者であり、招かれざる客だった。もしかすると、余った食料や廃棄物を盗まれてもヒトに直接的な損失はなかったかもしれない。しかし、少なくとも、ヒトは自分の社会に大型捕食動物の侵入をやすやすと許すほど寛容ではなかったはずだ。というのも、冒頭に述べたように、イヌもヒトも相手を傷つけたり殺したりできるからだ。もし両者が出会えば、ヒトはオオカミを追い払うために威嚇や攻撃をしただろうし、その交渉が致命的な闘争に発展したこともあっただろう。このように、初期のオオカミとヒトは、利害が競合する関係において「目があう」ことになった。当時の両者の視線接触がもたらす情報は、脅威や攻撃や恐怖といった敵対的信号の送受信だった。

ここでオオカミはどうしただろうか。原則、ニッチが重複した場合の種間関係は回避的になる。オオカミも同様に、ヒト側からもたらされる危険を避けつつ、お目当ての食糧を手に入れることができればよかった。つまり、ヒトの行動に注意を払い、ヒトが与える社会的信号を適切に読み取り、ヒトの行動を予測した。そうしてヒトの目をうまく盗むことができれば、オオカミは無用な危険を冒すことなく食料を得られただろう。重要なことは、オオカミの形質はこの段階でほとんど変化しなくてよいことだ。視線信号の受信についてのオオカミとイヌの研究結果が示唆するように、もともとオオカミは他個体の社会信号に対する感受性を備えており、それをヒトに対して利用するだけでよかった。オオカミとヒトはたしかに目を合わせて交流するが、そこでやりとりされる社会信号は敵対的意味のままだった。

ただし、オオカミとヒトの眼の見た目が似ていることは、当時の両者の交流を支える重要な基盤となった。オオカミとヒトの眼はともに視線強調型であり、その「目立つ」眼を介して両者の視線接触が成立した。このことは、両者の視線接触それ自体を促進させただろうし、両者の視線接触がもつ社会的信号の意味内容を互いに伝えたり受け取ったりすることを容易にしただろう。オオカミにとっては、ヒトの視線信号を適切に理解する能力を磨くきっかけになったかもしれない。ヒトにとっては、オオカミに対する生物学的関心や畏敬の念を深めるきっかけとなったかもしれない。「犬猿の仲」といえる当時のオオカミとヒトの関係において、眼と視線を介した交流は両者をつなぐ数少ない連結点だった。

10……人イヌに目をかける

オオカミからイヌへの進化の筋書きは、ここから大きく展開する。イヌの祖先のオオカミは、さらに効率よくヒトの社会に進出しようとした。そのためには、ヒトからの危険を避けることに加えて、ヒトに攻撃されたり排除されたりしづらいような関係を作ってしまうことが望ましい。その一つの戦略として、みずからがヒトに脅威を与える存在ではないことを示すという手がある。また、ヒトにかわいがられたり守られたりする存在になることができればなおよい。いずれにせよ、イヌの祖先のオオカミは、ヒトが社会的に受け入れやすいような形質を形態と行動の両面で進化させる必要があった［1章藪田論文］。

実際、イヌの祖先はさまざまな形質を変化させてヒトに近づいた。攻撃や威嚇をあらわす行動を減少させたり、服従や劣位をあらわす行動を増加させたりすることで、ヒトに対する敵対的信号をできるかぎり抑制した。そうした社会行動の変化と並んで、形態的にも敵対的信号をなるべく表出しないような特徴を備えた。オオカミやイヌは、威嚇や攻撃の表出として耳や尾を立てたり毛を逆立てたりする。その代わりに、たれ下がった耳やくるりと巻いた尾や長い毛をもつようになれば、相手に敵意を伝えにくくなるだろう。同じように、イヌの祖先は眼の見た目も変えた。視線強調型から黒目強調型の眼に変貌を遂げたことにより、イヌの祖先はみずからが「怖くない」存在であることをヒトに訴えた。このことは、イヌがヒトに「愛される」存在になるための土台作りにもなった。

では、なぜイヌの祖先がもつ黒目強調型の眼がヒトへの敵対的信号を弱めるとともに、イヌとヒトの共生関係を深めるきっかけになったのだろうか。それは、黒目強調型の眼を含むイヌの祖先の形態と行動の変化が、ヒトの養育行動を引き出す認知的枠組みにうまく適合したからだ。動物行動学の祖であるコンラート・ローレンツは、幼い動物がもつ大きい頭、丸い顔、高く突き出た額、大きく丸い眼、小さい鼻や口といった子どもらしい特徴をベビースキーマ（baby schema; Kindchenschema）と呼んだ。眼の形態の変化は顔全体のベビースキーマを特徴づけるので、ことさら重要だった。オオカミとイヌの眼を比較した図3を再び見てほしい。オオカミの眼は虹彩と瞳孔がそれぞれヒトの白目と黒目のように見えるため、顔のなかの相対的な眼のサイズが小さく感じる。一方、イヌの眼は虹彩と瞳孔が黒く一つにまとまっているように見えるため、黒目がちな大きな眼のように錯覚する。イヌの祖先は黒目強調型の眼に進化することで、ヒトの認知的枠組みを幼少個体に対して適用される認知的枠組み、すなわち子どもを守り育てるモードに変化させ、ヒトから養育行動を引き出した。私たちは、見知らぬ大人と目が合うと緊張を感じるが、赤ちゃんは知らない子でも「かわいい」だろう。比喩的にいえば、それと同じことがオオカミからイヌへの進化で生じた。

ここで、視線接触の社会信号の意味内容の変化、つまり、敵対的信号から親和的信号への変化がもたらされた。イヌとヒトの交流の入り口である眼の見た目が変化し、その眼と視線により親和的信号に変換されたことは、神経内分泌的機序からみても重要だった。というのも、ヒトは視線とオキシトシンを介して親子間の結びつきを強め、それをきっかけにして養育行動を発現させるからだ。同じような作用機序のもと、イヌとヒトの視線接触が両者の特定の個体間の感情的結びつき、つまり「愛着」の構築に決定的な役割を果たした。イヌはさらに特定の個人のヒトの懐に入っていくために攻勢を強める。ヒトに対して自発的に視線を送る形質を進化させたのだ。イヌはみずからヒトに視線を向け、それにより「幼い」存在であることを積極的に発信した。一方、まるで子どものような眼をしたイヌから見つめられたヒトは、イヌを保護の対象として認知する傾向をますます強めた。その結果、イヌはヒトにかわいがられたり守られたりしやすくなった。

こうした過程を経ることは、イヌの祖先が特定のヒトと排他的で独占的な関係をつくることを推し進めた。イヌが特定の個人との間に親子関係に類似した関係を築くことができれば、ほかのイヌよりも効率的にその相手から食料をもらえたかもしれない。また、特定の個人が特定のイヌの「所有者」になれば、その所有者が他のヒトや他のイヌから「愛犬」を保護するようになったかもしれない。この段階にたどりつけば、祖先のイヌとヒトは親和的な関係において「目があう」ようになっただけでなく、ヒト側が個々のイヌにすすんで「目をかける」ようになったといえるだろう。

こうしてイヌは、形態と行動をヒトの養育行動を引き出す文脈に合わせることにより、ヒト社会に入り込んでいった。この時点での祖先のイヌとヒトの視線接触がもたらす情報は、ふつうは同種他個体の親子間にしかないような、養育や保護や愛着といった親和的信号だ。イヌとヒトの親和関係が特定の個体間でつくられることは、ヒトが個々のイヌのもつ個性的な形質に関心を払ったり、特定のイヌを「役に立つ」存在として利用したり選択したりすることにもつながっただろう。このことは、イヌの進化の第二段階、つまり犬種作出における選抜育種を行うときのヒト側の動機づけを高めた。ここでも、イヌとヒトの眼と視線を介した交流が、両者が「最良の友」になるための出発点になった。

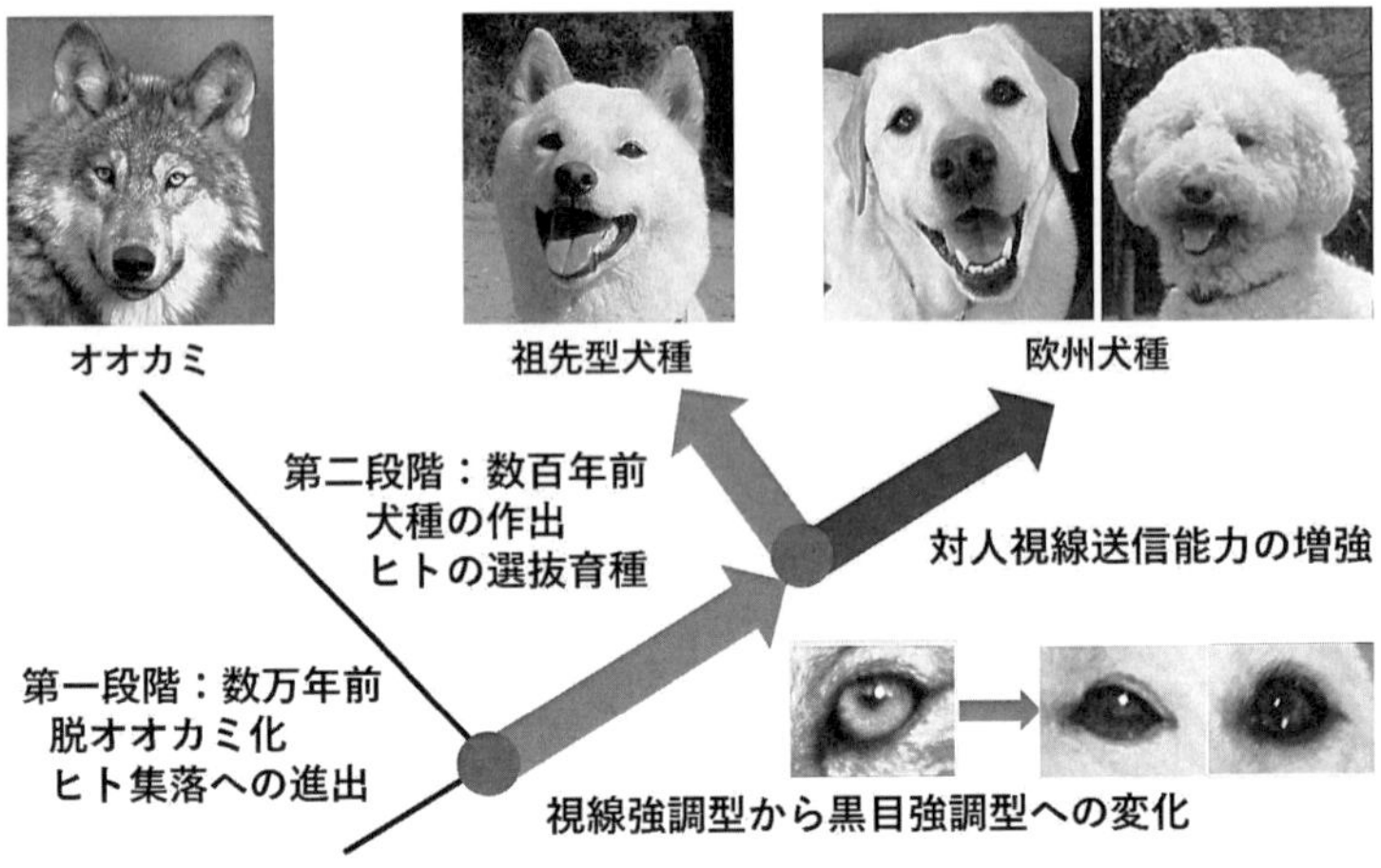

図4　眼の形態と視線行動をめぐるイヌの進化史

オオカミからの分岐以降、イヌは視線強調型の眼から黒目強調型の眼へと進化するとともに、ヒトに対して自発的に視線を送る能力を強めたのだろう。

図4は、本章の論旨を模式的に示したものだ。オオカミとヒトの出会いもイヌとヒトの出会いも、そのきっかけは両者の「目があう」ことだった。しかし、オオカミからイヌへの進化の歩みとともに、イヌとヒトの視線接触は敵対的信号から親和的信号へと変化した。この異種個体間における視線接触の意味の進化的転換こそ、イヌとヒトの共生関係を「犬猿の仲」から「最良の友」へと推し進めた原動力だったのではないだろうか。イヌとヒトをつなぐ役割を果たしたのは、互いの特徴的な眼を介した視線のやりとりだったのかもしれない。

【文献】

Ueda, S., Kumagai, G., Otaki, Y., Yamaguchi, S., & Kohshima, S. (2014). A comparison of facial color pattern and gazing behavior in canid species suggests gaze communication in gray wolves (Canis lupus). *PloS ONE*, *9* (6), e98217.

Dunbar, R. I. (1992). Neocortex size as a constraint on group size in primates. *Journal of Human Evolution*, 22 (6), 469-493.

Hare, B., Brown, M., Williamson, C., & Tomasello, M. (2002). The domestication of social cognition in dogs. *Science*, 298 (5598), 1634-1636.

Humphrey, N. K. (1976). *The social function of intellect. In Growing points in ethology* (pp. 303-317). Cambridge University Press.

小林洋美、橋彌和秀（二〇〇五）「コミュニケーション装置としての眼　グルーミングする視線」遠藤利彦編『読む目・読まれる目　視線理解の進化と発達の心理学』東京大学出版会、六九―九一頁

Kobayashi, H., & Kohshima, S. (1997). Unique morphology of the human eye. *Nature*, 387 (6635), 767.

Kobayashi, H., & Kohshima, S. (2001). Unique morphology of the human eye and its adaptive meaning: comparative studies on external morphology of the primate eye. *Journal of Human Evolution*, 40 (5), 419-435.

Konno, A., Romero, T., Inoue-Murayama, M., Saito, A., & Hasegawa, T. (2016). Dog breed differences in visual communication with humans. *PloS ONE*, 11 (10), e0164760.

Lindblad-Toh, K., Wade, C. M., Mikkelsen, T. S., Karlsson, E. K., Jaffe, D. B., Kamal, M., ... & Mauceli, E. (2005). Genome sequence, comparative analysis and haplotype structure of the domestic dog. *Nature*, 438 (7069), 803.

Miklósi, Á., Kubinyi, E., Topál, J., Gácsi, M., Virányi, Z., & Csányi, V. (2003). A simple reason for a big difference: wolves do not look back at humans, but dogs do. *Current Biology*, 13 (9), 763-766.

アダム・ミクロシ（二〇一一）『イヌの動物行動学』藪田慎司監訳、東海大学出版会

Nagasawa, M., Mitsui, S., En, S., Ohtani, N., Ohta, M., Sakuma, Y., ... & Kikusui, T. (2015). Oxytocin-gaze positive loop and the coevolution of human-dog bonds. *Science*, 348 (6232), 333-336.

アンドリュー・パーカー（二〇〇六）『眼の誕生　カンブリア紀大進化の謎を解く』渡辺政隆・今西康子訳、草思社

Range, F., & Virányi, Z. (2011). Development of gaze following abilities in wolves *(Canis lupus)*. *PLoS ONE*, 6 (2), e16888.

ニコ・ティンバーゲン、エリザベス・A・ティンバーゲン（一九八七）『改訂　自閉症・治癒への道　文明社会への動物行動学的アプローチ』田口恒夫訳、新書館

Udell, M. A., Dorey, N. R., & Wynne, C. D. (2008). Wolves outperform dogs in following human social cues. *Animal Behaviour*, 76(6), 1767-1773.

Udell, M. A. (2015). When dogs look back: inhibition of independent problem-solving behaviour in domestic dogs (Canis lupus familiaris) compared with wolves (Canis lupus). *Biology Letters*, 11 (9), 20150489.

vonHoldt, B. M., Pollinger, J. P., Lohmueller, K. E., Han, E., Parker, H. G., Quignon, P., Degenhardt, J. D., ... & Bryc, K. (2010). Genome-wide SNP and haplotype analyses reveal a rich history underlying dog domestication. *Nature*, 464 (7290), 898.

Werhahn, G., Virányi, Z., Barrera, G., Sommese, A., & Range, F. (2016). Wolves *(Canis lupus)* and dogs *(Canis familiaris)* differ in following human gaze into distant space but respond similar to their packmates'gaze. *Journal of Comparative Psychology*, 130 (3), 288.

Worthy, M. (1997). *Animal eye colors: yellow-eyed stalkers, red-eyed skulkers & black-eyed speedsters*. iUniverse.

謝辞　本稿の執筆にあたり、文部科学省科学研究費補助金若手研究（18K13375：代表・今野晃嗣）および新学術研究（領域提案型）（No. 25118005：代表・村山美穂）の支援を受けた。また、イヌの画像データを整理してくれた青木瞳さんに感謝申し上げたい。

第6章……犬祖神話と動物観

山田仁史

Keywords ＝犬祖神話、動物観、食と性、生業形態

1……犬へのまなざし

あらためて言うまでもなく、人と犬とのつきあいは長い。そもそも、ネアンデルタール人に対して現生人類の側が優位にたつことができたのは、後者が犬を家畜化し、協力して前者を追いつめるのに成功したからだ、という仮説が出ているほどだ（シップマン二〇一五）。

その当否はしばらくおくとしても、人間はこのパートナーに対し、さまざまな思いを抱いてきたに違いない。そうした犬観念がどんな内容を含んでいるかを知るために、一つの手がかりを提供してくれるのは、フォークロアすなわち言い伝えの中における犬の描かれ方である。

犬を主題とする伝承集成は、従来いくつか刊行されている。ここでは、民間伝承研究者マリア・リーチによる『神は犬をつれていた』（Leach 1961）、動物文化史研究家・大木卓の『犬のフォークロア』（一九八七）、日本民話の会と外国民話研究会のメンバーが編訳した『世界の犬の民話』（二〇一七）にくわえて、目下世界最大の伝承文学事典である『メルヒェン大事典』から「犬」の項目も取りだし（Schenda 1990）、見出しを並べてみた（表）。

表　犬の伝承集成の内容比較

リーチ『神は犬をつれていた』(Leach 1961)	大木『犬のフォークロア』(1987)	日本民話の会／外国民話研究会『世界の犬の民話』(2017)	シェンダ「犬」『メルヒェン大事典』(Schenda 1990)
第1部　神話	第1章　犬の由来譚	1　火を盗んだコヨーテ：神話の世界	1. 範囲
1　神は犬をつれていた	最古の家畜 他	火を盗んだコヨーテ	2. 基本的な評価
2　神々の犬たち	第2章　犬祖伝説	中国の犬の話	2.1. ネガティヴな諸属性：
3　起源神話、文化英雄、犬祖	犬と人との結婚譚 他	ベトナム少数民族の犬祖説話 他	攻撃的で不安を抱かせる、「犬は己が吐きたる物に帰り来る」、大食で怠惰、貪欲、醜くて野卑、嫉妬深い、破廉恥、みっともなく恥ずべき生活、不潔、仔犬連れのメス犬は非社交的　他
4　天界の犬たち	第3章　信仰と神話の犬	2　人間と縁を結んだ犬：由来の話	
第2部　この世と異界	女神たちの愛犬 他	犬がワンワンと鳴くわけ	
5　この世の犬たち	第4章　犬と星の伝承	アイヌの犬の話 他	
6　異界の犬たち	犬の星座 他	3　夜の狩人：魔的な犬	2.2. ポジティヴな諸属性：
7　宗教における犬	第5章　伝説の猟人	イルシングスの黒い犬	使者として派遣可能、治癒力・協力的・救助犬、猟犬・闘犬、賢い、とくに仔犬は可愛らしい、人間のために自己犠牲までする、嗅覚・追跡力・予知能力、役者、忠実さ、番犬　他
第3部　物語	狩場明神 他	ヨーロッパの魔的な犬 他	
8　なぜなに物語	第6章　霊犬伝説	4　狼の歌：こわい犬と狼	
9　犬を呼ぶ	超能力者としての犬 他	犬の復讐	
10　伝説	第7章　忠犬伝説	ヨーロッパの犬と狼 他	3. 犬と他界と死
11　犬たちと聖人たち	たたえられる忠犬 他	5　月をかむ犬：人を助ける犬と狼	3.1. 悪魔的な犬
12　寓話	第8章　花咲爺の犬	黄色い小犬シャオバール 他	3.2. 霊的な犬
第4部　民俗	犬の財宝発見 他	6　犬と友だちになったコヨーテ：動物たちのつきあい	4. 呪的な犬と犬呪術
13　番犬、予兆、象徴	第9章　竹篦太郎伝説		4.1. 犬の変身
14　犬と法	駿犬竹篦太郎 他	ライオンと狼と人間	4.2. 犬人、人犬
第5部　言い慣わし	第10章　犬の習性と特徴を説明する昔話	中南米のコヨーテ 他	5. 説明的神話
15　諺	犬はなぜ片足をあげるか 他		6. まとめ
16　なぞなぞ			
17　伝統的な名前			
18　関連語句			
モチーフ一覧			

すると面白いことに、犬は非常に両価性《アンビヴァレンス》をもつことが分かる。一方では人間にとって好ましいものなのに、他方では忌み嫌う対象ともなってきた。シェンダが挙げているように、犬はヒトに協力し、猟犬や闘犬または番犬として活躍するし、仔犬はとくに可愛らしいのみならず、人間のために自己犠牲もいとわない。その嗅覚や追跡力から、予知能力があると見なされることもあったし、忠犬として祀られることさえある。ところがネガティヴな側面をみれば、攻撃的で不安を抱かせ、大食・貪欲で怠惰、醜くて野卑、嫉妬深く破廉恥で、みっともなく恥ずべき生活を送っていて、不潔であると、さんざんな言われようだ。

ともあれ、この両面が多くの伝承に現れる。本章であつかう犬祖神話も例外ではない。ある集団が犬（またはその野生版たる狼やコョーテ）を祖先として敬愛してきた一方、よその民族からは「あいつらは犬の子孫だ」と、同じ神話がある種の軽蔑をこめて語られることも、しばしばなのである。いったい犬祖神話には、いかなる動物観および他者観がこめられているのだろうか。

2……犬祖神話の研究史

犬祖神話がどう研究されてきたかを繙くと、同じ対象をとりあげながらも、関心や目的のあり方によって、まったく論じ方が変わってくるのに気づく。まるで犬祖神話を利用しながら、いろいろな人が自分の見解を正当化しようとしているかの観さえある。

まず先陣を切ったのはウィーンのヴィルヘルム・コッパースだろう。彼は環太平洋諸民族の神話における犬の形象を追跡し、新旧両大陸間の文化史的つながりを具体的に主張した（Koppers 1930）。つづいて、当時オックスフォード大学に留学しており後に中国民族学会にもかかわった劉咸《かん》が、中国さらにはアジアにおける類話を集め、そこに含まれる歴史的事実が皆無ではないことを、英文で論じた（Liu 1932, 1941）。相前後して、フロベニウスの弟子フ

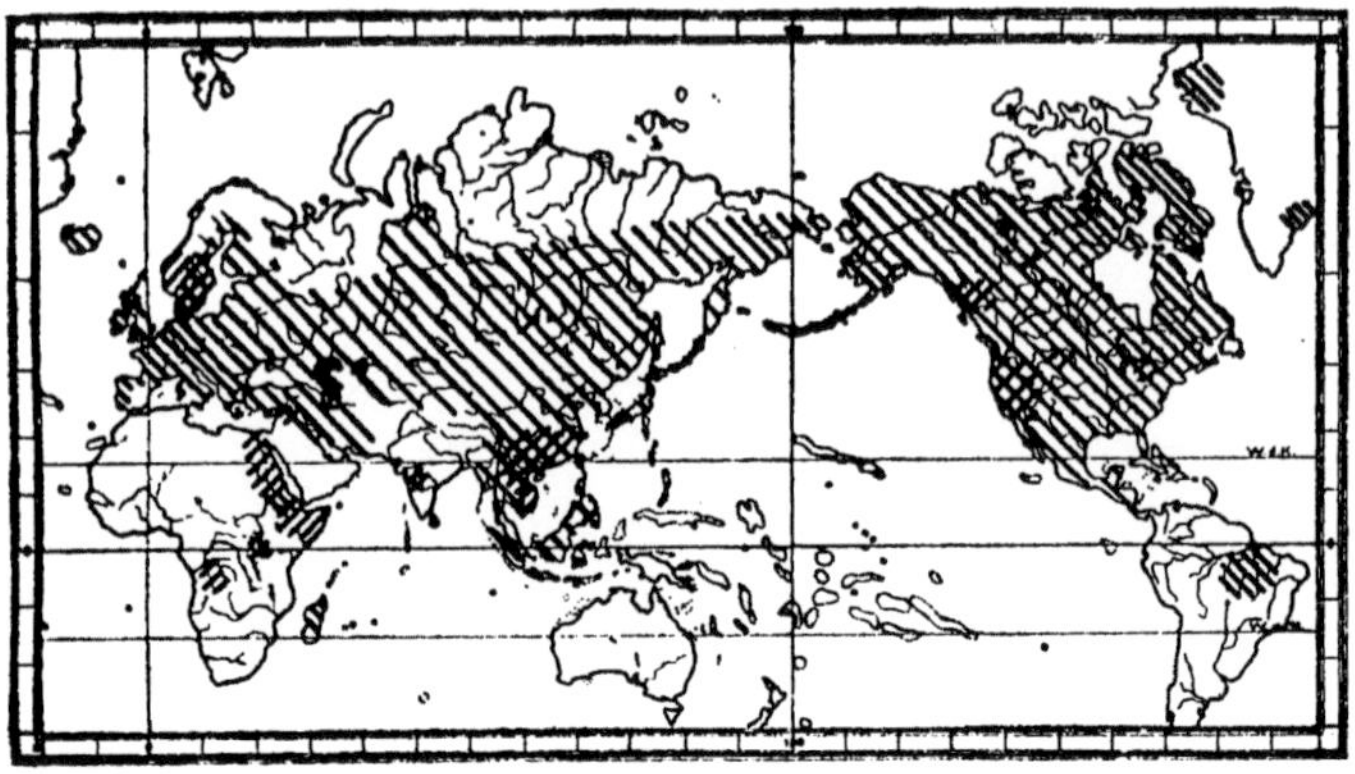

図1　犬に出自を求める信仰の分布（Kretschmar 1938: 212より）
犬の夫・妻と始祖
犬の王と創世神

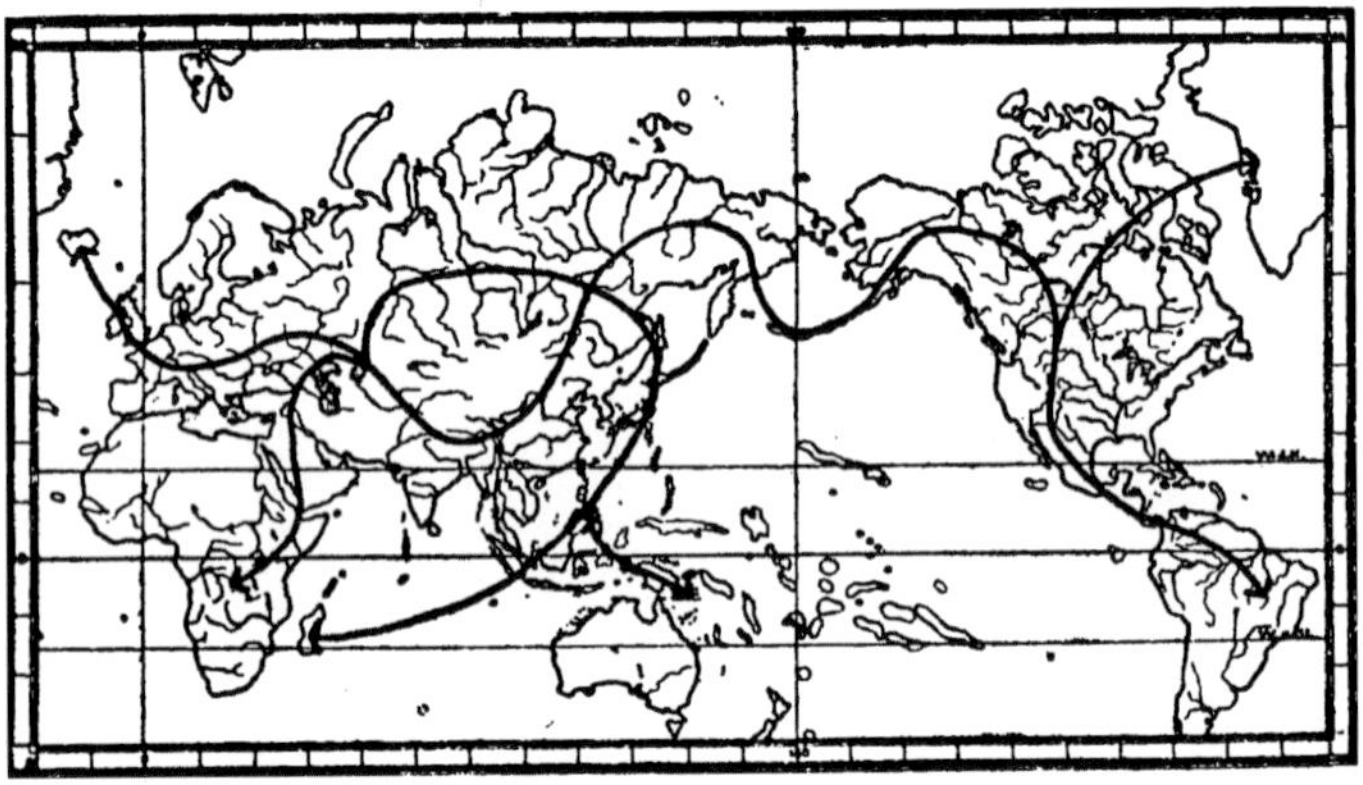

図2　狼祖・犬祖神話の移動経路（Kretschmar 1938: 212より）

レーダ・クレッチュマーは大著『犬祖とケルベロス』全二巻を発表、犬のもつ明暗両面を全世界の神話において辿りなおした（Kretschmar 1938）。彼女のこの本とくに第一巻が、当テーマに関しては今なお最大のモノグラフである。

また中国についてはエーバーハルトのタイプ一覧に（Eberhard 1937: 71-76, 編訳書、一：一一六―一一八、三二一―三二二）、東南アジアについてはポレ＝マスペロ女史によるカンボジア農耕儀礼の研究に（Porée-Maspero 1962-69 II: 458-

464, III: 845-848）、追加資料が含まれている。

同じころ、東アジアの学者たちも犬祖伝承・犬人伝説に着目していた。鍾敬文（一九三六）、松本信広（一九四二）、松村武雄（一九四八）らがこれを採り上げ、三品彰英も獣祖神話という枠組みで論じている（一九七一：四〇九―四八八）。一九七〇・八〇年代の日本では、まず福田晃が日本昔話における「犬聟入《いぬむこいり》」譚の型式分類を試み（一九七五、一九七六）、それに触発された大林太良が比較の範囲を東南アジア・オセアニアまで拡大した（一九八九、一九九三）。九〇年代にはユニークな研究も出た。宗教学者デイヴィッド・ホワイトは学位論文にもとづく『犬人怪物の神話』において、ヨーロッパとインドと中国にはさまれた中央アジアが恐怖と好奇心の的であり続けたこと、それゆえこの地に犬頭人や女人国といったイメージがふくらまされた、と指摘する（White 1991）。それを承けてペンシルヴェニア大学の人類学者ヴィクター・メアは、中国文化の多様性を解くひとつの鍵として、犬祖神話をあつかっている（Mair 1998）。

なお、もっと地域を限定した資料集成も多く出ており、たとえば台湾原住民族の類話を比較した研究者についてみても、その数は決して少なくない（Ho 1971: 74-81, 256-267, Egli 1989: 290-297, 黄 二〇〇〇、李福清 二〇〇一：三五一―三六三、三七二―三七三、Yamada 2002: 340）。

犬祖神話の分布については、クレッチュマーにもとづけば、ユーラシア大陸から北アメリカに広く伝わり、南米にはあまりなく、オーストラリアを含むオセアニアやアフリカにも希薄である（図1）。そして後述するように、彼女はこの伝説が究極的には中央アジアに起源し、そこから各地へ伝播したと考えたのだった（図2）。

3……犬皮の下には人間が――南アメリカ

ではまず、類話が少ないとされてきた南アメリカから見ていこう。実はここにこそ、犬祖神話の原初的な姿を知る手がかりがあるように、私には思われるからである。

ハルトヴィヒ・ラトハ『南米インディアンにおける犬の役割』によれば、ガイアナからスリナムにかけてのアラワク族には「白鳥処女型」とも呼ぶべき犬祖神話が知られており、報告も多い（Latocha 1982: 341-345）。これはメス犬が皮を脱ぎ、人間の女性の姿になってこっそりと独身男性の家事を世話するが、秘密がばれてしまい、皮を焼かれてからは犬へと変身できなくなる、という筋書きである。宣教師のW・H・ブレットが記録した次の神話は、ブレットにより韻文調に改変されたが、何とかもとの面影はとどめている。

M1　呪医の娘（英領ガイアナ、アラワク族）

我らが呪医たちの長は水辺に立った。彼以上に強力な術者はいなかった。そして彼は思いやり深く、乙女ながらの恋煩いに悲しむ自分の美しい娘を見た。

「お父さん、あの若い狩人は、あんなにも勇敢で自由なのに、その心を喜ばせる者は誰もいません。彼の犬のように、近くに行けたらいいのに。恋情で死にそうなのに、彼は私を見てくれない」と彼女は叫んだ。

父は悲しげに言った、「この皮を持ち、お前の肩ごしに巻きつけなさい。お前の愛しい人には、犬に見えるように。この素晴らしい呪術は、見る者すべてを欺く。狂おしい気持ちがなくなったら、戻っておいで」。

それからというもの、呪医の娘に慕われた若者は、四匹の犬を連れて森を駆けめぐるようになった。しかし帰りに連れているのは三匹だった。というのも一匹だけは、格闘や屠殺に加わらず、いつも駆け戻るからだった。

夕暮れ時に小屋へ帰ると、そこはきれいに掃除されている。キャッサバのパンが焼け、火は明るく燃えていた。「誰か親切な隣人が、やってくれたのだろう」と彼は言った。

みんな否定したので、彼いわく「これは何かの精霊が、僕が独りぼっちなのを見て、親切にしてくれているんだろう」。そして犬を見れば、手柄を認められもせず、彼のことを凝視している。その眼差しはあまりに不思議だった。

あくる日、すばやい獲物を追いかけながら、犬たちを数えてみれば、三匹しかいない。「お前たちの仲間が何をしているのか見つけるまで、お前たちは木の幹に縛りつけておくからな」と彼は言った。

それから足早にこっそりと小屋へ戻った彼は、草壁にあいた隙間から、中を覗いてみたところ、明るく燃える火の上でパンを焼いていた者は、かわいらしい乙女だった。その手ですべてをこなしていたのだ。

身体を動かしたので紅潮し、顔をほてらせつつ、しなやかな姿態を端整にかがめ、彼女は遠くに吠え声を聞いたが、愛する人が自らの一挙手一投足を見ているとは、知るよしもない。

すると、そこに魔法の皮がかかっていて、秘密をすっかり暴露していた。彼は跳び込み、軽く自由な心でそれをつかんだ。「もう決して、この美しい乙女を隠すような、お前の呪力を働かせないように！」

そして自らの美しさを隠すため、乙女がそれを取ろうとするので、彼はその皮を火中へ突っこんだ。彼女は泣いたが若者は言った、「さあ君のお父さんのところへ戻ろう。僕もついて行って、君を花嫁としてもらい受けよう」。

(Brett 1880: 176-178)

今の話では狩人が主人公となっているが、キャッサバのパンも登場していた。次の例は、よりいっそう農耕的な色彩が強い。ヴァン・コル神父の採録である。

M2　隠棲のインディアンと飼い犬（スリナム、アラワク族）

今から何世紀も前のこと、人里離れた遠い所に、一人の男が頑強な犬をつれて、さびしく暮らしていた。ある日彼は、犬に家の番を命じてから狩にでかけた。森の中で彼はふいに、すばらしいキャッサバ畑を見つけた。そこでまず思ったのは「誰がこんなものを、僕のために作ってくれたのだろう」ということだった。

一帯に住む人間は彼だけなのだから、そう考えるのも無理はなかった。彼のためでなければ、誰のためというのだろう。親指小僧よろしく、彼は茂みの木陰に隠れた。そして思った、「見知らぬ人がここへ来て僕のために働いてくれるのだとしたら、そんな素晴らしい恩人と知り合えるのは幸せなことだ」。隠れるやいなや、彼の忠実な飼い犬がやって来て、驚いたことに皮をぬぐと人間に変じた。人となった犬は仕事にとりかかり、労働を終えると再び皮をとって、また犬に変身した。それから犬は小屋へ帰った。

インディアンもまた犬について行ったが、インディアン風に、何が起きたか見ていた素振りは示さなかった。用心のためである。別の日、彼は同じ畑へ出かけると近くに洞窟を見つけ、そこに寝泊まりすることにした。そしてキャッサバを調理するのに必要な火を起こした。いつものように、飼い犬には家の番を命じておいた。ところが犬はこっそり彼について来た。インディアンは寝たふりをして、近くには、女たちが耕作物を小屋へ運ぶのに使うクルクルという籠を置いていた。やって来た犬はすぐさま皮を脱いで人間になると、仕事に取りかかった。インディアンは音もたてずに皮を取るとクルクル籠の中に隠し、森へ運ぶと火で焼いてしまった。それからというもの、その犬いやメス犬は人間の女となり、もはや変身できなくなった。もちろんのことだが、この働き者の女はかつての独り者の妻となり、大家族の母となって、インディアンの間で有名になった。そして、かくも見事に夫の心をつかんだ女性が、その後バッカス風祭儀の対象となったのは、言うまでもない。

(van Coll 1907-08 III: 484-485)

ここまで見てきたM1とM2には、実は「犬祖」神話という性格は強くない。しかし次のM3とM4は、それぞれ特定氏族の起源神話とされている。いずれも比較的新しく記録されたものだ。

M3　エベソア氏族の起源（ガイアナ、アラワク族）

ある男が犬とともに住んでいた。昼の間は狩に行き、夕方に帰ってくると全てととのっていた。ある日彼が早めに帰ると、若い女がせっせと家事にいそしんでおり、犬の皮が荷物置き棚から垂れ下がっている。男は皮をとり、火中へ投げて女を妻とした。エベソア氏族はこの夫婦に由来する。

(de Goeje 1943: 129)

今みた氏族名のエベソアとは「変身する」を意味するらしいが、次のM4に出てくるペロ・クル・クヤハとは、調査したドラモンドによると「犬霊人」の意味である。

M4　ペロ・クル・クヤハ氏族の起源（ガイアナ、アラワク族）

大昔、アラワクの人たちは少なかった。あるアラワクの男が白いメス犬を飼っており、毎日この犬をつれて畑へ出かけた。しかし男が仕事にとりかかると犬は藪の中に姿を消し、彼が労働を終えて小屋へ帰ると、犬は先に戻っているのだった。ある日珍しい出来事が起きて、この日課は破られた。つまり男が一人で小屋に帰ってみると、そこはきれいに掃除されていて、温かい食事が待っていたのだ。白犬はいつものように早めに戻り、彼の帰宅時にはそこにいた。その後も何日か同じことが繰りかえされたので、男は事の説明を求むべく、犬が消えることを不思議な出来事と結びつけて考えるようになった。ある日も彼はいつものように、犬をともなって畑へ行った。仕事を始めてからも、犬の様子をうかがっており、犬が藪へ姿を消すと、彼もこっそり後を追った。小屋の外の茂みに隠れていると、驚くべき光景が見える。犬が小屋に入って皮を脱ぐと、そこには犬ではなく、色白の人間女性が立っていた。女はだらりとした皮を火のそばの柱に掛けて、アラワク女性がする通常の家事にとりかかった。そこで男は隠れ場所を離れ、狭い空き地を駆けぬけて小屋に入り、掛けてあった犬皮をつかむと、「人間になりたいんなら、なっていろ」と女に言って、皮を火中へ投げこんだ。男自身も呪医だったのだ。でなければ精霊とそんな間近に出くわして、生きのびられたはずがない。色白の女は、自分のいつもの姿が燃えるのを見て悲しみ、「どうして私の服を燃やすの」と叫んだ。しかし皮が破壊されては、白い精霊ももとの姿に戻ることはできず、女のままでいるしかなかった。彼女は男と夫婦として暮らし、その子孫がペロ・クル・クヤハ氏族の者たちだ。(Drummond 1977: 847-848)

以上のように、南アメリカの「白鳥処女型」犬祖神話には、一つの共通点がみてとれる。それはすなわち、犬も皮の下は人間と同じ姿をしており、その皮を着脱することで、犬とヒトとの間を自在に変身できる、という観念だ。これはつまり、私も前に白鳥処女(羽衣)伝承について論じたように(山田 二〇一六)、動物との関係が非常に深かった狩猟採集民によくみられるものであって、犬祖神話もまたこうした動物観に、おおもとでは根ざしていたのではなかろうか。

4……農耕・狩猟とインセスト——中米・北米の犬祖たち

この推論を補強してくれそうなのは、同じモチーフがさらに中米・北米へ伸びている事実である。たとえば次は、ノルウェー出身のすぐれた民族誌家カール・ルムホルツが記し、注目を集めてきたメキシコ・ウィチョル族の洪水伝説だ。月の女神タコチ・ナーカウェが登場する。

M5 大洪水と方舟の伝説(メキシコ、ウィチョル族)

あるウィチョルの男が、畑にものを植えるため、木を倒して働いていた。しかし前の日に伐り倒した木々は、毎日また育っているのだった。彼は困り、働くのに疲れたが、それでも何が起きているのか知りたいと、五日目もまたやって来た。まもなく畑の真中の地面から、手に杖をもつ一人の老女が現れた。女は杖で南、北、西、東、上、そして最後に下を指した。すると若者が伐り倒していた木々は、ただちに立ち上がった。どうして畑がいつも木々に覆われていたのか、こうして彼は理解した。

怒った男は「俺の仕事をいつも台なしにしているのはあんたか」と叫んだ。「そうさ、お前さんに話したいことがあるのでね」と女は答えた。その女はタコチ・ナーカウェで、お前の仕事は無駄だと言う。「大洪水が来るからね。もう五日しかない。トウガラシのようにきつい風が吹いてきて、お前さんは咳をするだろう。イチジクの木から自分の大きさほどの箱を造り、よく覆いをするのじゃ。色のちがうトウモロコシの粒を五個、色のちがう豆を五個、それから火と、火にくべるヒョウタンの茎を五本、あとは黒いメス犬を連れてゆけ」。

若者はナーカウェの言うとおりにした。五日目に箱ができあがると、言われたものを中に入れた。それからメス犬とともに自分も入ると、老女がふたをしてくれた。彼女は男に隙間のある所を尋ね、クウェツァカという植物の根から作った接着剤で、割れ目をすべてふさいだ。それから一羽のコンゴウインコを肩にのせて、自分も箱の上に座った。箱は水にのって一年間は南へ、つづいて北へ、三年目は西へ、四年目は東へ向かった後、五年目には浮きあがったが、全世界は水でおおわれていた。次の年に水が退きはじめると、箱はトアプリ（サンタ・カタリナ）近くの山上に停止した。男がふたを外してみると、全地上はまだ水浸しだったが、コンゴウインコとオウムたちがくちばしで谷をつくったので、水は流れはじめた。鳥たちはその水を五つの海に分けた。そして水は乾きはじめ、地母（ターテ・ユリアナカ）の力をえて草木が萌え出た。

ナーカウェは風になったが、男は畑の開墾作業をつづけた。彼はメス犬とともに洞穴に住んでおり、彼が畑にいる昼の間は、メス犬が留守番していた。毎夕彼が戻ってくると、トウモロコシパンが用意されていた。誰が作っているのか知りたく思った彼は、五日後になって洞穴近くの藪にひそみ、様子をうかがった。するとメス犬が皮を脱いでそれを掛けている。見れば人間の女になって膝をかがめ、挽き臼の上でトウモロコシを粉にしている。彼はこっそり忍び寄って後ろから近づくと、すばやく皮をつかんで火中へ投げた。「私の服を燃やすなんて」と彼女は泣いて、犬のように哀れっぽい声を出した。挽かれたトウモロコシ粉をまぜた水で、彼がその身体を洗ってやると、女はさっぱりとした様子で、以後は人間の女のままとなった。その家は大家族となり、息子や娘たちが結婚して世界中の洞穴に住んだ。（Lumholtz 1900: 169-170）

この話も明らかに農耕民的である。おまけに、焼畑の作業を邪魔されて洪水の予言を聞かされる、というのは中国南部、貴州省の苗族などにも知られるモチーフだ。南米アラワクの神話とあわせて、これらは農耕技術の一環として、アジア側からポリネシア・ルートを通り、新大陸へもたらされた可能性を、私は考えている（山田二〇一二：一三一一五）。

さて、北アメリカの犬祖神話についてはL・R・ジャクソンの修士論文があるらしいが（Jackson 1929）、私はまだ目にしていない。ラトハの紹介にもとづくなら、彼女は次の八点を特徴として抽出したらしい。すなわち（一）ある女性が犬と結婚し、（二）仔犬を産むが、（三）部族の者たちに置き去りにされた後、（四）子どもたちの後を追い、（五）皮を脱いでいる子どもたちを不意打ちし、（六）その皮を取り上げてしまうと、（七）彼らは人間の姿にとどまり、（八）ある部族の祖先となる、というものである（Latocha 1982: 326）。

けれども、北米の犬祖伝承を通覧してみると、その内容は実は多岐にわたっており、いくつかの型に分けることができそうだ。しかもそれらの型は、別個の伝承と複雑に絡みあっているらしいことも、見えてくるのである。ことに目立つのは、ここで〈セドナ型〉および〈日月インセスト型〉と名づけるものである。まず前者から見ていこう。エスキモー（イヌイット）において、結婚したがらない娘セドナが、その指を実父により切断され、その一つ一つが海獣に変じて、彼女は海獣たちの母になった、というのが典型的なパターンであって、次のM６はその犬祖バージョンとでも言うべき一例である。

M6　アドレト族とカドルナイト族の起源（バフィンランド・エスキモー）

サヴィルコンという老爺が、娘と二人で暮らしていた。娘の名はニヴィアルシャン（「少女」）だったが、夫をもらおうとしなかったので、ウイニグミスイトゥン（「結婚したがらない娘」）とも呼ばれていた。彼女は求婚者たちをみな断ったが、しまいにイジルカンという名の白と赤のぶち犬が、その愛情をかちとって夫になった。十子が産まれ、うち五人はアドレト族であとの五匹は犬だった。アドレトたちは下半身は犬で、足裏以外は毛におおわれていたが、上半身は人間だった。成長した子どもたちは大食漢になったが、犬のイジルカンはさっぱり狩に行こうとせず、義父に家族を扶養させようとした。けれどサヴィルコンにとってそれは至難の業だった。おまけに子どもたちはひどく騒々しかったので、とうとう祖父は嫌気がさし、家族全員を舟にのせると小さい島へ連れて行った。そして犬のイジルカンには、毎日肉をとりに来い、と命じた。

ニヴィアルシャンは夫の頸回りにブーツを一足下げてやった。彼は狭い海峡を泳いで来る。ところがサヴィルコンは肉をやるどころか、そのブーツに重い石を詰めたものだから、イジルカンは島へ戻ろうとして溺れ死んだ。

娘は夫の死に復讐しようと思い、仔犬たちを父の小屋へ送り出して、その手足を囓らせた。そのお返しにサヴィルコンは、ニヴィアルシャンと舟に乗った時、彼女を水のなかへ投げ込んで、舟べりにつかまるその指を切り落とした。海に落ちた指はアザラシやクジラに姿を変えた。しまいに彼は娘が舟によじ上るのを許してやった。

父が子どもらを殺したり傷つけたりするのでは、と心配した彼女は、アドレトたちを内陸へ行かせたが、そこで彼らは一大民族の祖先となった。仔犬たちには舟を造ろうと、ブーツの底に二本の棒を立ててマストにし、大洋へと送り出した。その際、「アングナイジャジャ、海の向こうについたなら、楽しいことを沢山するのよ、アングナイジャ」と歌った。仔犬たちは海の彼方の土地に着き、ヨーロッパ人の祖先になった。

（Boas 1888: 637）

結末にヨーロッパ人も登場しているのは面白い。このように犬祖神話には、さまざまな民族・部族が出てくることがある。つまり、こうした物語においては、それを伝えてきた人々自身の自民族観・異民族観が示されている。そして、今みた白人の例のように、当事者たちはその都度、新たに出会うよそ者たちを、自分たちの神話の中に組み入れてもきたのである。いずれにせよ、海獣猟という生業形態が、今の話の根底にある。

つづく二話は、〈日月インセスト型〉だ。これもエスキモーに広く伝わる。ある少女が闇にまぎれて強姦される。相手が誰か知るために、彼女は男の身体に手形を残しておき、明るい所で犯人を突きとめる。ところがそれは実の兄だった。怒った彼女は兄を追い、そのまま二人とも天に昇った。そして、いまだに太陽と月の姿で逃走と追跡を続けている、というのが典型的なストーリーである。

M7　少女と犬（いわゆるトンプソン・インディアン）

ある少女のもとを毎夜、一人の若者が訪ねて来て、とうとうその要求に身をゆだねてしまった。しかし共寝はしたものの、この男の正体がわからない。ある晩彼女は手のひらに赤色をこすりつけておき、自分の腕に抱かれている男の背に、しっかりと手を押しあてた。翌朝早く、彼女は若者たちの遊戯場へでかけた。しるしをつけた男を見つけ、誰だか突きとめようと思ったのである。ところがそれは徒労に終わり、ついには父の犬がその背に手の痕をつけているのに気づいた。恥ずかしさのあまり、彼女は家へ帰ると、物を食べようとも話そうともしない。やがて間もなく彼女は二匹の仔犬を産んだ。雌雄一匹ずつである。友だちや人々はみな羞恥にかられ、宿営地を遠くへ移して彼女を餓死するにまかせることとした。

彼女は何とかしのぎ、子どもたちはたちまち成長した。やがて彼女はあることに気づいた。自分が食物を調達しに出かけると、子どもらは人間の姿をとり、自分の帰宅に気づくやいなや、犬の姿に戻るのである。そこで彼女は変身薬を調製し、ある晩こっそり小屋に近づいた。覗き込んでみると、子らは人の姿となり、火のまわりで遊んでいる。外の皮は脱ぎすてた後だった。そこで彼女は薬を投げつけたが、男の子にしか当たらず、女の子の方は急いで皮を着ると犬に戻った。

この後間もなく、少年は小動物を射て狩るようになった。母は、犬をつれて行くように、そして犬をぶたないように命じた。ところが彼は、犬が自分の妹だとは知らなかった。狩に行けば必ずついて来て、何かを射れば必ず駆けて行き、自分で食べてしまう。ある日、彼が頭赤《ずあか》キツツキを射たところ、彼が駆けつける前に犬が食べてしまった。少年は怒り、犬を棒で打った。すると犬はムナグロ鳥に変じ、「クワ、クワ、私はあなたの妹よ、捕ってごらんなさい」と鳴きつつ逃げた。少年はすまなく思って妹を追い、戻って来てくれと言ったが、鳥は飛び去り、姿を消した。

(Teit 1912: 354-355)

今の例では明らかに、兄が妹を追うモチーフが残存しているとともに、犬との性交というエピソードも組み合わされている。ただし、皮を焼いてしまうかわりに、薬によって変身を阻止するというモチーフが現れている点は特異だ。次も〈日月インセスト型〉に含めることができるだろう。ヒル=タウトの原文は長いので抄訳しよう。

M8　首長の娘の話（ブリティッシュ・コロンビア、セイリッシュ）

ある村の首長は、かつて大きな犬を飼っていた。ふつうの犬ではなく、実は邪悪な企みをとげるため、この姿をとった妖術師であった。ある夜、この犬は首長の娘の寝床へしのび寄り、寝ているところを強姦した。まもなく少女は妊娠したが、誰がこんな恥辱を与えたのかは知る由もなかった。犯人がまた来るのではと考えた彼女は、赤の顔料を手のひらに塗っておき、翌晩現れた訪問者の肩に自分の手形を押しつけた。翌朝、部族の若者たち全員をしらべてみたが、誰も手形をつけていない。ところが夜になり、火のそばに寝そべっている犬を見ると、あの手形があるではないか。父に事情を話すと、「あの犬が子どもの父親だと言うなら、もう一緒に住むことはできない」と言い、村から少し離れたところに家を建ててくれた。やがて少女が一二匹の仔犬を産むと、父親は恥辱にまみれ、村人たちとともに居住地を移すことにして去った。

取り残された娘は、できる限りのことをして仔犬たちを大きく育てた。一〇匹のオス犬と二匹のメス犬である。ところが彼女が食料集めから帰ってくると、なぜか人間の歌声が聞こえてくる。これに疑いを抱いた彼女は、ある日こっそり帰ってみると、子どもたちは人間の姿に変じている。素速く彼女は、子らが脱ぎすてていた犬皮をつかみ、火中で燃やしてしまった。以来子どもたちは人間の姿で、それぞれに仕事をこなすようになった。やがて祖父や村人たちも戻ってきて、総意により一〇人の息子たちは首長の地位についたのだった。

(Hill-Tout 1900: 536-539)

今の例では首長の娘がヒロインとされ、同様の伝承は少なくない。アジア側とくに槃瓠《ばんこ》の物語（槃瓠という犬が王女と結婚する諸伝説）において、王女が主人公となることと関連するだろう。

いずれにしても、新大陸においては犬が毛皮を脱ぐことで人間に変じ、またそれを着けることで犬の姿に戻ることができる、と考えられてきた。北米ネイティヴ・アメリカンの神話を集成したスティス・トンプソンもまた、動物の皮を破壊することで呪力を解くモチーフは、犬祖神話と白鳥処女説話の両方に共通する、と述べているのである（Thompson 1929: 347）。

5……狼と乳、豚と犬——アジアの犬祖

ところが、皮の着脱モチーフは、アジアの犬祖伝承においては希薄のようだ。ただ次の事例には、それが見えている。間島《かんとう》に居住する朝鮮系住民の間に伝わっていた、満州人の始祖出生譚で、竜井村普通学校の校長、川口

卵橘という人物が採訪し、『間島時報』二五二号（大正二年七月頃）に掲載されたのを、朝鮮史家の今西龍が抄出したものである。

M9　満洲人の始祖出生譚（間島の朝鮮系住民）

昔し黄帝軒轅氏に最愛の一女あり其婿を択むが為に縄を以て作りたる太鼓を門前に懸けて「若し此太鼓を打ち其声が家内まで達せし者あらば之を婿にせん」と公告せり。或日鼓音あり。出で見れば狗之を打ちしなり。更に之を打たしめしに狗は両足を挙げて打ちしに皮太鼓同様の音を出せしを以て約の如く其女を狗に与へたり。狗は女を伴ひ去り昼は狗となり夜は美少年に化身し言語応対人と異ることなし。或日狗妻に語て曰く明夜は人形を完成するために房内に在りて固く戸閉づべし房内に苦痛の声あるも決して窺ふこと勿れと。翌夜果して房内に苦痛の声高かりしかば妻約を忘れて窺ひしに狗が皮毛を脱ぎて人形を殆ど完成し僅に頭上にのみ毛皮を残せる際なりしが妻窺ひ見しよりモハヤ之を脱すること能はざるに至れり。今の満洲人は此者の後裔なるが故に頭上に長髪を残して標とす。（今西 一九三七：五〇六）

つまり犬が毛皮を脱いで人身を得ようとしたが、あと一歩のところで中止を余儀なくされたため、頭頂にだけ犬毛が残った、それが満州人の辮髪の起源である、というわけだ。この話は二つの意味で面白い。第一にこのエピソードは、鐘の下に隠れて人身を得ようとした犬という、中国の福建・浙江などに伝わるモチーフと共通している。そして第二に、犬祖神話は朝鮮半島から見出されていないために、いっそう注意をひくのである。

どうして「獣祖神話」が朝鮮半島に発達しなかったのか。その理由を三品彰英は、「文化境域」という概念で説明しようとした。つまり、満州・蒙古には獣祖型神話が多く、朝鮮半島の卵生型神話（卵から始祖が誕生する神話）と際だった対立を示す。これは獣祖要素の本質にかかわる問題であり、満蒙と朝鮮の環境的相違にもとづくのであろう。「すなわちそれぞれの風土的規定のもとに、蒙古諸族は遊牧生活を営み、半島内の濊族韓族は古来農耕をただ一つの生業とし、満州諸族はその文化の度と住地の条件に応じて狩猟・牧畜・農耕のうち一ないし二、三を兼ね営むものであったが、古代満州族は総じていえば、狩猟を主とし牧畜を兼ね営んできたものといってよかろう。このように朝鮮は農耕的であり、満蒙は遊牧的狩猟的である点で、両者は接壌しつつしかも際立った対立を示している」（三品 一九七一：四三八―四四〇）。

そもそも狼は、人間や家畜に与える危害ゆえに畏怖され、神獣として扱われることも多かった。とりわけ狼に最大の関心を抱くのは牧畜民であり、「牧養者にとってこの怖るべき強敵は、あたかも農耕者にとっての旱天のそれにも比すべきで、かくて狼は彼らの神としての地位につく」。よって、狼祖神話を伝承する民族が、烏孫・羌・突厥・高車・アルタイ・蒙古・ブリヤートなどのテュルク系およびモンゴル系であって、いずれも代表的な遊牧生活を営む諸族に限られていることは、こうした狼神の本質から来る「文化境域性」を如実に語っている（三品 一九七一：四四三―四四五）。

ところが三品によれば、「動物学的にいえば犬と狼とは最も近縁な動物であるが、人類生活との関係においては両者は全く対蹠的な立場にある」。犬は人間に最も親しまれ、人間とともに暮らす代表的な動物であり、例外こそあれ、世界中で普遍的な家畜である。もちろん食用にする所もあるが、猟犬や牧羊犬として有効に活用されてきた。つまり犬はまず狩猟生活に、次に牧畜生活に緊密な関係をもつので、「純然たる農耕生活にあっては、犬が族祖的信仰の対象となる可能性ははなはだ乏しい」。これが、犬祖神話が狼祖に準じて満蒙から韓族へ受容されなかった主な理由である（三品 一九七一：四四五―四四七）。こう三品は論じている。

似たことを、やや異なる観点から述べたのがクレッチュマーだ。彼女によると、狼はとりわけ中央アジアで畏怖の対象となってきた。野性的で迅速に攻撃する肉食獣たる狼は、軍事的な遊牧民にとって、まさしく模範とすべき存在である。それで突厥は軍旗に黄金の狼頭を掲げただけでなく、将卒の親衛隊員を「狼」と呼びもしたのである。狼が戦士の動物とされたなら、狼に出自をたどるのは光栄なことだった。それでアルタイ諸族は狼に族祖を求めたのだ。そもそも犬は、偉大な神話を形成するだけの刺激を与えることはできない。犬は自然界ではなく、人間界に属するからである。狼が荒野の支配者なのに対し、犬は人間の守護者だ。狼は人間より前から存在したが、犬は人間が造り上げたものである。よって人間は犬に対して距離を置かない。狼は、男性的で戦士的な動物であるのみならず、破滅と死をもたらす存在でもあるから、その姿は戦慄と賛嘆とを同時に引きおこす。したがって、犬祖神話よりも前に狼神話が先行したはずであり、その起源地は中央アジアに違いない。ここにこそ、真の狼神話が伝わっているからだ（Kretschmar 1938: 209-213）。

三品説もクレッチュマー説も、たいへん示唆に富んでおり、おおむね正しい方向を指しているのではなかろうか。ともかく両者に共通するのは、狼は牧畜民の間で神聖視され、狼祖神話が中央アジアに広く根づくに至った、という点である。そしてこのイメージが想像のつばさを広げると、メス狼によって授乳されるロムルスやレムスのごとき、英雄神話につながっていったのである（Tylor 1871 I: 254-255, 松田二〇〇七：一六四）。

再び三品に戻るなら、犬祖神話の基礎をなす観念は、満蒙にも華南にも古くから存在し、おそらく原古においては歴史的関係をもっていたが、その後それらのうち槃瓠伝説の影響をうけた所伝が、もっとも広く南方の諸民族間に繁栄して、そこに特殊な一群ができたのであり、「いわば一つの枝が特に著しく繁茂したものと考えて大過なかろう」という（三品一九七一：四五四）。

そうして生まれたであろう、華南・東南アジアの犬祖説話については、大林が槃瓠型、カラング型、癩病型、漂着型、洪水型、親孝行型、東北アッサム型、出現型、の八型式に分類した（大林一九九三）。その中でとくに注意をひくのは、カラング型である。これはジャワ島の賤民で、ネグリート系とされることもあるカラング族の起源神話として、西部インドネシアやカンボジアなどで語られてきたものだ。次に一例を紹介しよう。ジャワ島のペマラン県副知事をつとめたクネーベルが採録したものの抄訳である。

M10　カラング伝説（ジャワ島）

昔ガルー国の王が狩に出てココ椰子を見つけ、その中に放尿した。それを飲んだメス猪は人間の女児を生む。女の子は長じて父王のもとへ赴き、実の娘と認められるが、占い師が不吉だと進言したため、森の中に追放された。その際、森まで供をした大臣は、淡褐色の輝く毛皮をもつ飼い犬を王女のそばに残して立ち去った。

あるとき王女は機織りをしていると誤って巻枠を落とし、「これを拾ってくれる人がいれば、それが男性なら妻になるし、女性ならば義理の姉妹になる」と言う。すると飼い犬はそれをくわえて来て、夜に交わった。やがて王女は妊娠し男子を生んだ。

少年は八歳になると毎日、犬を連れて狩に出かけたため、動物たちは困って相談した。そしてあの犬をどうにかできた者を動物の王にする、と言うとワラジムシが自分がやると名乗り出る。ワラジムシは王女の家の柱穴から顔を出し、犬が狩に行くのを引き留めたが、それと知らない少年は怒って犬を殺してしまう。そして母に、事実をかくして犬の心臓を料理し食べさせた。母は本当のことを知ると「それはお前の父だ」と明かす。

少年は家出し、母も放浪を重ねた後、やがて互いを母子と認めることなく結婚し三人の男子をもうけるが、あるとき額の傷痕から真相を知り、母はふたたび去ってゆく。男子三人の子孫はカラング族となったが、彼らはみな尾骨が親指分ほども突きだしていて、尾っぽのように見える上、近親婚をするというので有名になった。なお例のワラジムシは犬を謀殺した功績により、動物の王になったそうな。

(Knebel 1894)

ここで興味深いことの一つに、猪（ないし豚）と犬が、ペアで現れていることがある。つまり、まず人間と猪（豚）が交わって子どもが生まれ、その子が今度は犬と結婚し、さらには近親婚がなされるという、複雑な構造をとっている。もちろんM10には王や大臣が登場し、ヒンズーないしはイスラームの影響も見てとれるが、もっと単純な形のものは北スマトラのアチェー（ニアス人の起源について）やジャワ島西部のバンテン（オランダ人に関し

て）、カル・ニコバル島、ニューギニアのセピック地域などにも見られる。次の例は台湾原住民族のもので、や
はり同じ筋書きをもっている。

M11　セデック族タウダー群の口碑

古昔何所より来りけん、一人の婦人あり、徒然なるまゝに豚と戯れぬれば、間もなく妊みて男児を産みたり。其後其子成長して早や青年ともなりしが、互に思ひ慕はるゝ相手もなく、其日其日を淋しく過してけるが、何時しか母も耐へ兼ねて、我子ながらも欺きて「みとのまくはひ」せばやと思へども、流石親子の間柄なれば、義理も人情も無き世ながらも、真顔にては子の顔見るも恥かしく、一策を案じ或日遠く山に入り、木の液をとりて顔を染め、素知らぬ顔して家に帰る。子は未だ嘗て見たることなき一女子の訪ひ来るに驚き、そなたは誰なるやと問へば、妾は遠き山奥より来りしものなり、今まで独身の侘しさに耐へ兼ねて、何所に人やあると尋ね尋ねて今此所に来れり、いで御身は妾の夫たれや、妾は妻となりて終身楽しく世を送らんと、言葉巧みに欺けば、子は母とは知らで縁を結び、胸も破れんばかりに抱きつけば、間もなく一人の女児産れたり。其後日数経るにつれ、染めたる色もあせ元の母の顔となりしかば、子の驚きは如何ばかりぞ、我は母と不義せしか、あな怖しや神罰も立所に到らんと悔めども詮方なし。母は其儘何所ともなく掻き消えたりしが、其後犬と交りて数多の児を産み、今は其子孫繁殖して到る所に社を建て、我等も其仲間なりとかや。又男は己が娘と交りて同じく其子孫繁殖したり。斯くて霧社蕃、タウダー蕃、トロック蕃は犬と豚との子孫より成りしものなり。

（佐山一九一七、前：五―六）

こうした豚（または猪）と犬との二段階で始祖神話を説くというのは、どういうことだろうか。大林は若き日、東南アジアにおける豚飼養の文化史的地位を論ずる中で、これらの神話において「犬が豚と極めて密接な関係をもつ

ていること、また台湾の如き、牛類が飼育されずに豚、犬の如き小家畜のみが飼育されている地方にこの異伝が見られ、また同じく大家畜を欠くニアス人に関してこの種の伝承の文化史的地位について示唆を与えるものと言つて差支えない」と述べ、また「東南アジア大陸における犬と豚の親近性」を強調した（大林一九五五：一〇六—一一四）。

私の見るところ、大林の指摘は正しい方向を示している。東南アジアからオセアニアにかけての初期農耕において、豚と犬と鶏は家畜のトライアッドを構成していた。その中でも豚と犬とは残飯や糞尿を処理してくれる、村の掃除屋であるばかりか、食用としても重要な役割を果たしていた。この両者の共通性に、これらの神話は基盤を置いているのであろう。

ところで先のM10には、メス猪が王の尿（異伝では精液）を飲むモチーフが出てきていた。奄美から東北地方にかけての日本の犬聟入昔話にも、犬が女児の糞を舐めるモチーフが多く現れ、しかも、いずれも物語の発端に置かれている（大林一九九三：一二八）。一例を挙げてみよう。昭和六〇年代初めの調査において、明治三三年（一九〇〇）生まれの宮城県の女性が語ったものだ［16章加藤論文］。

M12　犬卒塔婆（宮城県刈田郡七ヶ宿町）

むかし、おおむかし。おれみでえな婆でもあったべ、孫生まれでおおよろこびだったんだと。そこに飼っていた男犬いたから、「ぬっしゃ《(汝)》。こんど孫でぎだがら、孫の小便も糞も、その始末いっさいすっと、大ぎぐなってから、おめぇのお嫁さんにけっからな」と、こう言ったんだと。そうしたれば、犬ぁその気になって、それこそ、孫のたれるものなんでもなめて始末したんだと。大きい犬で、いっつも孫のそばにいて、犬が子守りして育てたくれえに育てたんだと。

そうしてるうちに、孫ぁ年頃になったから、「嫁さやっぺは」って、御祝儀《(祝言)》したわけなんだ。御祝儀おわって、娘がたちあがったどきさ、犬ぁ娘さらって連《しえ》でいったんだと。どこさ行ったか尋《た》ねらんねえでいたんだとは。そうしたれば、三里もある奥山さ連でっつまって、岩小屋さ入れでだんだどや。家では、それわかんねえから、おおさわぎして尋ねだっけや、いねんだと。犬もいねんだと。「どこさ行ったんだか、あの畜《ちき》生《しょう》！」って言っでだと。

　冬になって、狩人が奥山あるいてたっけ、谷川流れったんだと。そこに、へらさ糊のついたのが流さってきたんだどや。狩人ぁ、そこの家《え》さきて、「おれが川でやすんで煙草のんでだれば、糊のついたへらが流ってだ。あそごらに娘いたんであんめか」って言うんで、そこさ尋ねだんだと。そうしたれば、岩小屋ん中から、犬ぁ首つん出して、「ウォーン、ウォーン」って、うなったんだと。「ああ、ここに相違ない、これ」っていうんで、みんなしてそばさ行ってみだと。そうしたれば、犬ぁごろんと横になってたんだと。そして、うなってっから、狩人が鉄砲で撃《ぶ》ったんだと。撃ったれば、犬ぁ、「ケーン、ケーン」っつて死んじまったんだと。

　娘はぶじに連でかえっだんだげんと、すっかり馬鹿みでえになっていたんだと。そこを、「犬卒塔婆」とつけたんだと。おおむかしの話ね。

（小野編 一九八八：九二―九三）


　もはやこれは、犬を始祖とする物語ではない。しかし東南アジアまでつらなる犬祖神話のなごりが、かすかながら窺えるのである。

6……食と性をめぐる動物観

　本章でとりあつかってきた犬祖神話を、もう少し抽象的なレベルで、動物観という視点から見るとどうなるだろうか。ここで私は、かつてエドマンド・リーチが出したアイディアからヒントを得て、この問題を考えてみたい。リーチが指摘したのは、結婚可能な人間と、食用にできる動物とのカテゴリーは重複する、ということであった（リーチ 一九七六）。

これとやや異なるが、私の関心にもとづきながら描いたのが、図3である。まず基本として、人間が動物（A）に対してとる態度は、食べられるか否かだ。少なくとも現代日本では、犬や狼は一般に食用にはならないから、その属性は（食－・性－）である。他方、家畜や獲物は（食＋・性－）だ。次に、人間が人間（H）に対してとる関係性もまた、性交（あるいは結婚）の対象になるか否かで二つのカテゴリーに分かれる。つまり近親は（食－・性－）、結婚相手や性交のパートナーは（食－・性＋）である。以上の四ブロックを、それぞれA－、A＋、H－、H＋としておこう。

	否 （－）	可 （＋）
食 （対・動物［A］）	A－ 犬： 食－・性－	A+ 家畜・獲物： 食＋・性－
性 （対・人間［H］）	H－ 近親： 食－・性－	H+ 結婚相手： 食－・性＋

図3　食と性の可否関係

犬祖神話というのは、本来は食・性の相手にならない犬を、結婚や性交の相手とする話であるから、（A－→H＋）と表現できる。すなわち、

犬祖神話：　A－→H＋

次に近親婚は、本来結婚すべきでない相手と交わることであり、M10やM11に見えていた。これは、

近親婚：　H－→H＋

である。反対に、エスキモーのセドナ型の話（M6）では、ヒロインは結婚したがらない娘である。これはつまり、本来はふさわしい結婚相手（H＋）を、それに適さない近親（H－）のように扱っているわけだから、

セドナ型：　H＋→H－

ちなみに、対・動物においてこのセドナ型に対応するのは、菜食主義かもしれない。可食の肉を、不可食とするわけである。その逆は犬肉食だ。

菜食主義：　A＋→A－

犬肉食：　A－→A＋

さらに考えるなら、カニバリズムや獣姦はこう表せよう。

カニバリズム：H↓A＋

獣姦：　A↓H＋

いずれも、人間と動物という境界を逸脱した行為だからこそ、おぞましいものと受け取られることが多いのだろう（なお食犬・食人については、山田二〇一七参照）。犬祖神話はさらに進んで、二重の境界侵犯をしてはいるのだが、神話の上でのことでもあるし、実際の行為はぼかして語られることが多いので、さほど気にならないのかもしれない。ともかく、始祖神話においては犬祖婚や兄妹婚など、通常のカテゴリーからずれたペアが組まれることで、その特殊性、つまり原古には現在と異なる秩序が存在したことを、強調する結果になっているものと思われる。

最後に、本章で論じてきたことをまとめよう。犬祖神話の根底には、毛皮の着脱によって人間と動物の間が自由に行き来できるという、狩猟採集民的な世界観があった。牧畜民のもとでは狼の戦闘力が高く評価され、狼祖神話が生まれた。そして初期農耕社会では豚と犬の重要性が増した一方、両者が相補的にとらえられた結果として、カラング型の犬祖神話を生み出した。また、さらに普遍的なレベルにおいては、犬祖神話は食と性、可と否という二重のカテゴリーに対する侵犯を語ることで、現今の秩序とは異なる次元を示しており、それがゆえに時には他者への強力なレッテルとしても作用してきたものと、考えられるのである。

【引用文献】

Boas, Franz. The Central Eskimo. (*Annual Report of the Bureau of Ethnology*, 6, 1888, pp. 400-669)

Brett, William Henry. *Legends and Myths of the Aboriginal Indians of British Guiana*. (London: William Wells Gardner, 1880)

van Coll, C. Contes et légendes des indiens de Surinam. (*Anthropos*, 2, 1907, pp. 682-689, 3, 1908, pp. 482-488)

Drummond, Lee. Structure and Process in the Interpretation of South American Myth: The Arawak Dog Spirit People. (*American Anthropologist*, 79 (4), 1977, pp. 842-868)

Eberhard, Wolfram. *Typen chinesischer Volksmärchen.* (FF Communications; No. 120 = Vol. 50, 1). (Helsinki: Suomalainen Tiedeakatemia / Academia Scientiarum Fennica, 1937)（馬場英子、瀬田充子、千野明日香編訳『中国昔話集』全二巻、東洋文庫七六一・七六二、平凡社、二〇〇七年）
Egli, Hans. *Mirimiringan. Die Mythen und Märchen der Paiwan. Das frühe Weltbild des fernen Ostens.* (Zürich: Verlag Die Waage, 1989)
福田晃「犬聟入の伝承」（『昔話研究と資料』四、一九七五年）三六―六九頁
福田晃「「犬聟入」の位相と伝播」（『昔話の伝播』弘文堂、一九七六年）一〇―八四頁
de Goeje, Claudius Henricus. Philosophy, Initiation and Myth of the Indians of Guiana and Adjacent Countries. (*Internationales Archiv für Ethnographie,* 44, 1943, pp. 1-136)
Hill-Tout, Charles. Notes on the Skqomic of British Columbia, a Branch of the great Salish Stock of North America. (*Report of the British Association for the Advancement of Science,* 70, 1900, pp. 472-549)
Ho, Ting-jui（何廷瑞）*A Comparative Study of Myths and Legends of Formosan Aborigines.* (Asian Folklore and Social Life Monographs; Vol. 18). (Taipei: The Orient Cultural Service, 1971)
黃智慧「南北源流交匯處――沖繩與那國島人群起源神話傳說的比較研究」（『民族學研究所集刊』八九（二）、二〇〇〇年）二〇七―二三五頁、（「南北文化の邂逅地――与那国島における人類起源神話」森田健嗣、石村明子訳『台湾原住民研究』一五、二〇一一年）四八―七八頁
今西龍『朝鮮古史の研究』（京城：近沢書店、一九三七年）
Jackson, Lillian Reeves. *The Tale of the Dog Husband: A Comparative Study of a North American Indian Folk Tale.* (Unpublished MA Thesis, Indiana University, 1929)
Knebel, J. De Kalang-legende. (*Tijdschrift voor Indische Taal-, Land- en Volkenkunde,* 37, 1894, blz. 489-505)
Koppers, Wilhelm. Der Hund in der Mythologie der zirkumpazifischen Völker. (*Wiener Beiträge zur Kulturgeschichte und Linguistik,* 1, 1930, S. 359-399)
Kretschmar, Freda. *Hundestammvater und Kerberos,* 2 Bde. (Studien zur Kulturkunde; Bd. 4). (Stuttgart: Strecker und Schröder, 1938)
Latocha, Hartwig. *Die Rolle des Hundes bei südamerikanischen Indianern.* (Münchner Beiträge zur Amerikanistik; 8). (Hohenschäftlarn:

Renner, 1982)

リーチ、エドマンド「言語の人類学的側面――動物のカテゴリと侮蔑語について」（諏訪部仁訳『現代思想』四（三）、一九七六年［初出一九六四年］）六八―九〇頁

Leach, Maria. *God Had a Dog: Folklore of the Dog.* (New Brunswick: Rutgers University Press, 1961)

Liu, Chungshee Hsien（劉咸）The Dog-Ancestor Story of the Aboriginal Tribes of Southern China. (*The Journal of the Royal Anthropological Institute of Great Britain and Ireland,* 62, 1932, pp. 361-368)

Liu, Chungshee Hsien. On the Dog-Ancestor Myth in Asia. (*Studia Serica,* 1, 1941, pp. 85-111)

Lumholtz, Carl Sofus. *Symbolism of the Huichol Indians.* (Memoirs of the American Museum of Natural History; Vol. 3). (New York: The Knickerbocker Press, 1900)

Mair, Victor H. *Canine Conundrums: Eurasian Dog Ancestor Myths in Historical and Ethnic Perspective.* (Sino-Platonic Papers; No. 87). (Philadelphia: University of Pennsylvania, Department of Asian and Middle Eastern Studies, 1998)

松田治『ローマ建国伝説――ロムルスとレムルスの物語』（講談社学術文庫一八一八、講談社、二〇〇七年［初出一九八〇年］）

松本信広「槃瓠伝説の一資料」（松本信広『東亜民族文化論攷』誠文堂新光社、一九六八年［初出一九四一年］）

松村武雄「狗人国伝説の研究」（松村武雄『儀礼及び神話の研究』培風館、一九四八年）二七一―三二四頁

三品彰英『神話と文化史』（三品彰英論文集三、平凡社、一九七一年）

日本民話の会、外国民話研究会編訳『世界の犬の民話』（ちくま文庫、筑摩書房、二〇一七年［初出二〇〇九年］）

大林太良「東南アジアに於ける豚飼養の文化史的地位」（『東洋文化研究所紀要』七、一九五五年）三七―一四六頁

大林太良「犬母と孝行娘――東南アジア昔話の文化史の試み」（『文化人類学研究報告』五、人文科学紀要第九〇輯、東京大学教養学部人文科学科文化人類学研究室、一九八九年）一―一八頁

大林太良「東南アジア・オセアニアの犬祖説話」（埴原和郎編『日本人と日本文化の形成』朝倉書店、一九九三年）一二五―一三四頁

大木卓『犬のフォークロア――神話・伝説・昔話の犬』（誠文堂新光社、一九八七年）

小野和子編『宮城県の民話――民話伝承調査報告書』（宮城県文化財調査報告書第一三〇集、宮城県教育委員会、一九八八年）

Porée-Maspero, Eveline. *Étude sur les rites agraires des Cambodgiens,* 3 tomes. (Paris: Mouton, 1962-69)

李福清（Riftin, Boris）『神話与鬼話——台湾原住民神話故事比較研究』増訂本（文学人類学論叢、北京：社会科学文献出版社、二〇〇一年）
佐山融吉『紗績族』（臨時台湾旧慣調査会第一部　蕃族調査報告書、台北：臨時台湾旧慣調査会、一九一七年）
Schenda, Rodolf. Hund. (*Enzyklopädie des Märchens*, Bd. 6, Berlin: de Gruyter, 1990, Sp. 1317-1340)
シップマン、パット『ヒトとイヌがネアンデルタール人を絶滅させた』（河合信和監訳、柴田譲治訳、原書房、二〇一五年）
Teit, James. *Mythology of the Thompson Indians.* (Memoirs of the American Museum of Natural History; Vol. 12 = Publications of the Jesup North Pacific Expedition; Vol. 8, Pt. 2). (Leiden: E. J. Brill, 1912)
Thompson, Stith. *Tales of the North American Indians.* (Bloomington: Indiana University Press, 1929)
Tylor, Edward Burnett. *Primitive Culture: Researches into the Development of Mythology, Philosophy, Religion, Art, and Custom*, 2 Vols. (London: John Murray, 1871)（抄訳『原始文化』比屋根安定訳、誠信書房、一九六二年）
White, David Gordon. *Myths of the Dog-Man.* (Chicago: The University of Chicago Press, 1991)（『犬人怪物の神話——西欧、インド、中国文化圏におけるドッグマン伝承』金利光訳、工作舎、二〇〇一年）
Yamada, Hitoshi. *Religiös-mythologische Vorstellungen bei den austronesischen Völkern Taiwans. Ein Beitrag zur Ethnologie Ost- und Südostasiens.* (Dissertation München, 2002)
山田仁史「環太平洋の日本神話——一三〇年の研究史」（丸山顕徳編『古事記——環太平洋の日本神話』アジア遊学一五八、勉誠出版、二〇一二年）六—二四頁
山田仁史「羽衣伝承にみるミンゾク学と文学の接点」（野田研一・奥野克巳編『鳥と人間をめぐる思考——環境文学と人類学の対話』勉誠出版、二〇一六年）二七一—二九二頁
山田仁史『いかもの喰い——犬・土・人の食と信仰』（亜紀書房、二〇一七年）
鍾敬文「槃瓠神話的考察」（『鍾敬文文集 民間文芸学巻』合肥：安徽教育出版社、二〇〇二年［初出一九三六年］）四一二—四四〇頁

COLUMN1

文明と野生の境界を行き来するイヌのイメージ

石倉　敏明

社会の内なる野生

イヌは歴史を通じて、人間の知覚や身体能力を拡張してくれる「生きた道具」として、様々な社会に貢献してきた。そのせいもあって、現代社会のイヌといえば、狩猟や牧畜といった活動の頼もしい仲間、有能な守衛や介助者、家庭での同伴者といったイメージが一般的だ。もちろん、イヌを食料とみなしてその肉を食べる社会もあるが、こうした文化的なコードはイヌを「生きた道具」とみなす文化的な態度と必ずしも矛盾するものではない。例えば昭和初期までの東北や北海道では、イヌはしばしば人間にとって有能な伴侶であり、なおかつ栄養豊富な食料にもなりうる汎用性の高い動物だと考えられてきた。この場合、イヌは生きている時も（仲間や同伴者として）、また死んだ状態でも（特別な食材として）、人間にとって有用な動物となる。

もっとも、二一世紀のグローバル化した社会において、イヌが「食べられる同伴者」とみなされることは稀である。ダナ・ハラウェイが述べるように、イヌは現代人にとって身近な動物種の一つであり、主体性を持った「重要な他者性」の持ち主として評価される。(1) イヌは現代社会にあって、人間の生活に豊かな意味を与えてくれるパートナーや象徴的な「家族の一員」であり、社会的に管理・保護されるべき対象であり、人間の生活に不可欠な「伴侶動物」という名誉ある称号を与えられてもいる。その一方で、現代では人間の飼い主の愛を失い、飼育を放棄された膨大なイヌたちが、安全性や衛生観念の基準から外れた半野生犬という汚名を着せられて、各都市で大量に捕獲され「殺処分」され続けている。

このように、人間にとって愛憎入り混じった対象としてのイヌというイメージは、日本列島における人とイヌの関係を架空の物語として再解釈したウェス・アンダーソン監督による近未来的なアニメーション作品《犬ヶ島》(2)(二〇一八)に、見事に描き出されている。この作品はイヌが社会や文明にとって両義的な存在であり、作中の「犬インフルエンザ(Dog Flu)」のように恐ろしい病気の媒介者となった際には、組織的な追放や殺戮に晒される脆弱な存在であることを思い出させてくれる。イヌたちは人間たちの親愛と警戒、友情と軽蔑、関心と無関心の対象として、いつ愛され、また脅かされるかもしれない危うい地位に置かれているのである。

人間とイヌとの複雑な関係は、もちろん一朝一夕に出来上がったものではない。祖先である野生のタイリクオオカミから分岐し、人との社会的共生を選んだと言われるイヌの発生期は、他のあらゆる家畜の発生よりも古く、新石器時代以前に遡るとも言われている。パット・シップマンが明らかにしているように、「生きた道具」としてのイヌは、とりわけ人間と協力して他の野生動物を狩猟し、家畜化された動物を管理し、恐ろしい野獣の来襲から家や共同体を守るという特別な役割を担ってきた(3)。人間は、そのようなイヌの貢献によって、現在のような社会性や文化の特徴を構築してきた、とも言える。複数種が織りなす複雑な関係性の中で、イヌという動物が人間のために果たしてきた歴史的な役割はあまりに大きく、その内容は地域によって極めて多様である。

以上のようなイヌの役割は、伴侶である人間の手でデザインされ、誇張され、増幅されてきた様々な能力を前提としている。一八世紀以後の世界の歴史において、ヨーロッパの社会で生まれた啓蒙主義の思想が自然を人間にとっての手段や資源とみなす中で、人間にとって扱い難い野獣を自然保護区や動物園に囲い込み、完全に飼い慣らして食物資源化し、あるいはペット化していくという傾向が生み出されてきた。イヌは、その中で猟犬、牧羊犬、番犬、軍用犬、愛玩犬、盲導犬、競技犬といった数々の役割を担うものとなったが、イヌの肉を有用な食料とみなすヨーロッパ以外の国々の風習は、この過程で野蛮なものとみなされ、しばしば禁忌の対象とされた。歴史学者のアーロン・スキャブランドによれば、こうしたイヌと人間との関係の変更は、特に植民地政策の重要な課題となってきたという(4)。

このように、イヌと人間の関係を見てみると、その地域の生権力的な社会構造の管理のあり方が浮かび上がってくる。イヌは自然と文化の境界において管理されるものでありながら、自らも管理者の側で行為主体性を発揮するという、ある種の矛盾をはらんだ特異な地位を獲得してきたことが、各地域の文化史から見えてくるのだ。イヌたちは、様々な管理体制の中に組み込まれ、忠実でありつつも時に粗暴であり、完全に飼いならすことのできない謎を孕み、飼い主にとってある種の他者性を持つ。つまり、イヌは人間にとってもっとも身近な存在であり続けながら、生物としての不確かな余地を持って、飼い主たちとの多義的な関係を構築してきた。こうした多義性は、とりわけヨーロッパ諸国の植民地となった地域において、イヌたちが「人間とともに他の生物を食べるもの」へと変容してゆくポスト植民地時代の大きな流れの中でも、決して解消されることのないイメージとなって表出されることになった。

境界をめぐる想像力

　社会の中にあって、むしろその原理によって飼い慣らされることなく、社会的秩序を撹乱する他者性のイメージを、イヌたちは保持し続けている。こうした他者性の起源は、もちろんイヌたちが元はオオカミという野生動物を祖先としていて、そこから「生社会的生成（Biosocial Becomings）」を遂げてきたことに起因するのだろう[5]。ある日、互いに敵対するオオカミと人間が出会い、長い観察と交渉の末に歩み寄ったという歴史的な出来事は、両者が互いの生態学的な地位を改訂し、異なる行動様式を持った、それまでとは別の何かに変容していったことを意味している。両者の生存戦略の転換と、もはや敵対するものであることを止める「共生への飛躍」がなかったとしたら、今日のイヌと人間との関係は成立することはなかったはずだ。

　人間とイヌ科動物の絡まりあった歴史を踏まえながら、両者の関係を振り返って見ると、世代を超えた交渉の中で現実のものとなった、自然と文化の揺れ動く境界面が現れてくる。この問題は、本書15章菅原論文が扱う「環境と虚環境のモザイク状境界」とも深く関係している。オオカミからイヌへのイメージの連続性と両者の行動様式の非連続性は、たとえ遺伝学や動物行動学の正確な知識が得られなかったとしても、観察によって十分に確かめることができる。こうした境界面は、芸術的な想像力の繁茂する肥沃な土壌と地続きである。ヨーロッパやインド、中国で強調された両者の差異に対して、日本社会のような自然と文化のなだらかな連接関係を社会秩序の基本原理としてきた社会では、イヌとオオカミの連続性を強調することが多かったことが、民間説話や民俗画を検討することで明らかになる。例えば菱川晶子の研究によれば、中国や朝鮮半島においてユーラシア大陸の「山の神」信仰を背景として伝えられた虎に関するフォークロアやそのイメージは、日本列島の庶民の生活圏ではしばしば狼やヤマイヌといったイヌ科の動物のフォークロアに置き換えられていったという[6]。

　かつて日本列島では、オオカミとイヌの区別は截然と分けられておらず、実際にヤマイヌとオオカミの交配が生じることも珍しくなかった[7]。そのイメージは、明らかに自然界の他者性を、人間的な世界と地続きの場所に設置しようとする日本列島の民俗と深い関係を持って展開されている。例えばこうした想像力からイヌと人間の結婚という異類婚姻譚の代表的な話型である「犬婿入り」の民話が生まれているが、そこではイヌと言う生き物に対して外婚や性交の想像的対象でもあるという神話的な思考が表出している。また、江戸時代には、飼い主の名を記した木札や、初穂料や道中の食費の入った袋を首に掛けたイヌが、飼い主の代参者として伊勢神宮や金毘羅宮の参詣を目指し、街道の人々がこれを援助して見事に目的を果たすと言う「犬の伊勢参り」「金比羅参り」のフォークロアが生まれ、忠犬の美談として語り継がれた[8]。こうしたイヌは神域への侵入を禁止する神社のコードをすり抜けて参拝を果たしたとみなされることで、さらなる聖性を獲得している。

他方、関東近郊を中心とする畑作地帯では、鹿や猪の被害から農作物を守ると信じられた「大口真神」が信仰を集め、庶民の間では「オイヌサマ」として尊重されてきた。オオカミ、ヤマイヌ、イヌといった動物は、奥山、里山、人間界（里・町）という大きく三つに分割された地理的な文化コードを行き来することによって、人間の生活圏の境界を超えた穢れや聖性といった性格を獲得している。現代の日本のアーティストが作り出す豊かなイヌのイメージも、こうした異種間の想像力と無縁ではありえない[9]。イヌは神話的な動物素として、多種多様な方法でイメージ化されてきたのだ。

【注】

（1）ダナ・ハラウェイ『伴侶種宣言　犬と人の「重要な他者性」』（永野文香訳、以文社、二〇一三年）。

（2）ウェス・アンダーソン監督・脚本作品《犬ヶ島》（原題 Isle of Dogs）。配給20世紀フォックス、二〇一八年。［公式WEB：http://www.foxmovies-jp.com/inugashima/sp/（最終アクセス：二〇一九年四月一七日）］

（3）パット・シップマン『アニマル・コネクション 人間を進化させたもの』（河合信和訳、同成社、二〇一一年）。

（4）アーロン・スキャブランド『犬の帝国――幕末ニッポンから現代まで』（本橋哲也訳、岩波書店、二〇〇九年）。

（5）石倉敏明「社会の内なる野生――宇宙論の境界を更新するイヌとオオカミ」（『現代思想』四五（四）、青土社、二〇一七年）二〇九―二一七頁。

（6）菱川晶子『狼の民俗学 人獣交渉史の研究』（東京大学出版会、二〇〇九年）。

（7）柳田國男『孤猿随筆』（岩波書店（岩波文庫）、二〇一一年）。

（8）仁科邦夫『犬の伊勢参り』（平凡社（平凡社新書）、二〇一三年）。

(9) 現代日本のアーティストは、しばしばイヌ科動物をめぐる想像力を用いて、同時代の文化的コードの臨界点に生成する他者性のイメージを鋭く描いている。例えば会田誠の「犬」シリーズにおける性暴力論コード、奈良美智の「あおもり犬」における種間共生論コード、藤浩志の「ヤセ犬」シリーズにおける価値生成論コード等。鴻池朋子は、これらに対して多足の狼のイメージによって飼いならされない無意識を描き出し、イヌとオオカミの連続性を浮き彫りにする。

写真１　猪狩神社の神犬像

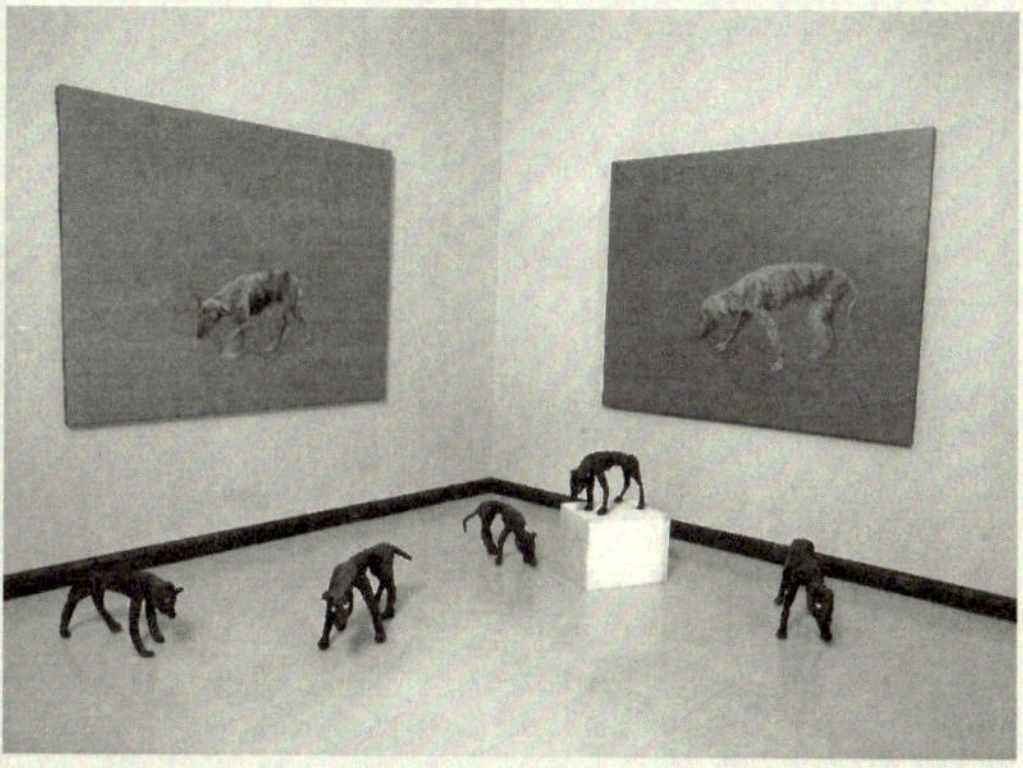

写真２　藤浩志《ヤセ犬》（1989年、都城市美術館蔵）

COLUMN2

人と関わりをもたない犬？

オーストラリア先住民アボリジニとディンゴ

平野 智佳子

ディンゴとアボリジニ

オーストラリア大陸には、人と関わりをもたないといわれる犬がいる。ディンゴ（dingo）である。ディンゴは広義でいうところの野犬の一種で、「ワイルド・ドッグ（wild dog）」とも呼ばれる。荒野にたたずむディンゴを捉えた写真をみると、その姿はまるでオオカミのようでもある。

オーストラリアでは、ディンゴによる被害が度々報告されており、ディンゴは牧場主たちの頭を悩ませてきた。南東部では、ディンゴが羊など家畜を襲う被害が相次ぎ、一八八五年に五三二〇㎞に及ぶ「ディンゴ・フェンス（Dingo Fence）」が設置された。茂みの中から突如現れるディンゴに、人間が襲われることもある。獰猛で神出鬼没のディンゴは、今日、人に飼いならされない、野生の犬として一般的に知られている。

そんなディンゴは「人と関わりをもたない犬」なのだろうか。オーストラリア先住民アボリジニの語りの中にはディンゴは頻繁に登場する。今も昔もディンゴは、アボリジニにとって象徴的な意味合いをもつ特別な動物であり続けている。ここでは、アボリジニ社会におけるディンゴの扱いの変遷から、ディンゴと人の関わりについて考えてみよう。

ディンゴの起源については諸説あるが、約四〇〇〇年前にオーストラリアと交易のあった東アジアの船乗りたちによってオーストラリア大陸に連れてこられたと考えられている。ディンゴは、砂漠や草原、温帯林、林縁部、熱帯雨林などオーストラリア各地に広く生息する。ディンゴがアボリジニの社会と交わりはじめたのは、ディンゴがオーストラリア大陸に入って間もなくの頃である。

ディンゴは自律性が高く、人間が飼育するのは難しい動物といわれる。ブッシュで育った野生のディンゴを飼いならすことは容易でないため、アボリジニたちはディンゴの巣から子犬をとってきて幼い頃からしつけていた。それでもディンゴの自律性は保たれ、アボリジニの生活に完全に依存することはなかったようだ。ディンゴはアボリジニと行動をともにすることがあっても、自身たちで食糧を調達し、アボリジニのキャンプから離れたところで眠りについた。また、ディンゴは人間のそばでは、ほとんど子犬を産むことがなかった。そのため、アボリジニたちはディンゴの巣からその都度、子犬を奪い取ってくる必要があったという。

アボリジニは子犬のディンゴを、それこそ自分の子供のようにかわいがった。砂漠地域では、子犬を赤ん坊のように抱いて移動したり、時に母乳を吸わせるほどであった。アボリジニのキャンプに暮らすディンゴは様々な役割を担った。アボリジニの旅の同行者であったディンゴは、ある時は忍び寄る精霊や危険からアボリジニを守るための見張り役となり、ある時は寒さに凍えるアボリジニを温めるブランケットの代わりになった。ディンゴに深い愛情を注いだアボリジニの中には、亡くなったディンゴの骨や尻尾を装飾品にして身に着ける者もいたという。

ディンゴとアボリジニの密接な関係は、アボリジニの神話の中にも読みとれる。オーストラリア北部をはじめ中央や南東部では、ディンゴをモチーフにした壁画が数多く描かれており、中央砂漠では「ディンゴが人間をつくった」という神話が人々のあいだで語り継がれている。ディンゴがアボリジニの神話や儀礼の中で重要なポジションに置かれている事例は、オーストラリアの広い範囲で確認されている。

一方、中央砂漠の一部地域では、ディンゴはアボリジニの人々の食糧であったともいわれる。しかし、ディンゴの肉は、他の食糧が枯渇してしまった場合の緊急用の食糧にすぎない、という見解もある。オーストラリア北部のアーネムランド、アンバラでは、ディンゴを食べてはならないというタブーがあったと報告されている。

ディンゴは猟犬として扱われていたという記録も数多くみられる。狩猟採集生活を送るアボリジニたちは、狩りに出かける際、ディンゴを連れていっていたといわれる。ただし、ディンゴが猟犬としての役割をどれほど果たしてきたかは意見のわかれるところで、ほとんど役立っていなかったという説もある。例えば、人類学者マービン・メジットは、少なくとも中央砂漠ではディンゴはほとんど狩りに貢献していなかったと報告している。メジットがアボリジニのキャンプに滞在した一二カ月の間で、ディンゴが

写真１　オーストラリア北部準州のアボリジニコミュニティ・イマンパ。ディンゴではなく、犬が飼われていた。（2015 年 2 月、筆者撮影）

捕まえたのはカンガルー三匹とオオトカゲ六匹だけだったという。ディンゴはカンガルーなど大型動物よりは、ヘビやトカゲといった小動物を捕えるのに長けており、多くの時間を植物や小動物を採集するアボリジニの女性たちとともに過ごしていたようである。

消えたディンゴ

以上のように、アボリジニとディンゴの関わりについては様々な見解がみられるが、いずれの記録からもアボリジニにとってディンゴが身近な動物であったことがうかがえる。

ところが、ディンゴは、次第にアボリジニの生活の場から姿を消していく。白人との接触以降、アボリジニ社会において従順で扱いやすい西洋犬が広まり、ディンゴが飼われる機会は減少していった。一九七〇年代、アボリジニキャンプに暮らす犬は、西洋犬か、ディンゴと西洋犬のハイブリッドが大半を占めるようになった。

同じ頃、アボリジニ社会に近代化の波が押し寄せ貨幣経済が流入していく中で、狩猟採集の機会も減り、猟犬として飼われていた犬たちもその役割を果たすことはなくなった。筆者の調査地である中央砂漠のアボリジニコミュニティでも、あらゆるところで犬たちの姿をみかけるが、その特徴はディンゴとは異なる。犬たちには特定の飼い主がおり、どの家族がどの犬を飼育するか、ある程度決まっている。これらの犬の総称は「ドッグ」であり、「ディンゴ」と呼ばれることはない。犬たちはそれぞれニックネームをつけられ、定期的にエサも与えられている。犬小屋こそないが、庭に無造作に放置されているブランケットの上や、車の下でうたた寝する犬たちの姿は、どこでも見られる。アボリジニの犬たちへの関わりは、なでたり、抱きしめたりというものではなく、どちらかといえば毅然とした厳しい態度である場合が多い（子犬だけは例外でとても可愛がっているが）。慢性的に腹をすかせている犬たちは、主人の目を盗んで家屋に入り込み、あちこちで食糧を探し回っているが、叱りつける主人の声には驚くほど従順で、主人が一声あげると即座に立ち去る。主人たちは頻繁にコミュニティの外に出かけ、長く不在にすることもあるが、犬たちはそれに同行することもなく、コミュニティで主人の帰りを待つ。その間、犬たちがコミュニティを立ち去ってしまうことはない。帰宅した主人の車の音を聞きつけると、犬たちはどこからともなく集まってきて、再び主人が暮らす家の周りで過ごしはじめる。

ディンゴの現在

このように西洋犬やハイブリッド犬が飼われていく一方で、アボリジニの生活の場から姿を消していったディンゴたち。彼らは今、どこにいるのだろうか。

筆者の調査地では、ディンゴはブッシュの中に現れる。中央砂漠のブッシュロードを車で走っていると、同行のアボリジニたちが茂みの中を指差し、「見ろ！　ディンゴだ！」と知らせてくれる。アボリジニたちは荒涼とした茂みの中でも動物をいとも簡単にみつけることができる。その姿を一目見ようと懸命に探すのだが、残念ながら私はその姿をまともに捉えられたことがない。見かけるのは、大抵の場合、駆け去るディンゴの一瞬の後ろ姿だったり、わずかな茂みの揺れだったり…だ。

ディンゴのことを尋ねると、「ディンゴの皮を白人たちに売っていたこともある。高値で売れたよ。」と懐かしそうに話す者もいる。当時、ディンゴが家畜を襲う事件が頻発し、困った白人の牧場主がディンゴ狩りを頼んできたのだという。現金を稼げるディンゴ狩りは、おおいに盛り上がったようだが、その後、環境保護団体からの非難が高まり、現在では行われていない。しかし、ディンゴ狩りが途絶えた今も、ディンゴを追ってブッシュを巡った旅は、同じ土地に生きた先祖たちの物語と交じり合いながら、まるで音楽が奏でられるように生き生きと語られる。

オーストラリア北部のある地域では、ディンゴは人間の創造主として神話の中に現れる。人類学者デボラ・バード・ローズの調査地ヤラリン（Yarralin）では、アボリジニの人々に飼われているのは西洋犬か、ハイブリッド犬で、ディンゴは生活の中から完全に姿を消してしまったようだ(Rose, 2000)。だが、ローズによると、人々はディンゴの物語を折々に語り、創造主としてのディンゴの存在は今も色褪せていないという。ヤラリンの神話の中のディンゴたちは、人間の暮らす場所からブッシュに戻ろうとする。そんなディンゴにむけて、ヤラリンの人々は「飼い主のもとに戻っておいで」と歌で呼びかけるのである（Rose, 2000）。

今日「ディンゴ」が立ち現れるのは、ブッシュや神話の中で、人々が暮らす生活圏ではない。だが、このことはディンゴがアボリジニの日常から消え去ったことを意味しない。たとえディンゴが人々の生活の場に現れることがなくても、ブッシュや神話はアボリジニの精神世界と切り離すことのできない空間である。神話を歌いながら先祖の道をたどるアボリジニたちの世界では、ディンゴとの関わりは絶えることなく続いている。

ディンゴのように自律性の高い生活を送りながら、超然とした存在感を人間に放ち続けるイヌの姿は、オーストラリアに限らず、他地域においても確認されている。本書では、ブータンの街角にたむろするイヌたちの有様を描いた18章小林・湯本論文にその姿を捉えることができるだろう。

【参考文献】
Rose, D. B. (2000). *Dingo makes us human: life and land in an Australian Aboriginal culture*. Cambridge University Press.

第2部

犬と人の社会史

犬ゾリの様子
（2015年2月、近藤祉秋撮影）

第7章……カメルーンのバカ・ピグミーにおける犬をめぐる社会関係とトレーニング

大石 高典

Keywords ＝犬の社会化、ゆるいドメスティケーション、ケアとコントロール

1……現代狩猟採集民はなぜ犬を飼うのか

人にとって犬は最初の家畜であり、他のどんな家畜に比べても幅広く人の役に立つ（Lupo, 2011）。その働きは、生業（狩猟や運搬）への貢献、潜在的な捕食者や悪霊などの危険から人を保護する番犬としての貢献、そして社会的存在として人に同伴し、寒い夜に人の身体を温め、人を見守ることによる貢献を含む。犬の家畜化は全人類が狩猟採集をおこなっていた時代に遡ることから、狩猟採集社会における犬は関心を集めてきた。多くの研究は、狩猟活動への貢献に注目して描かれてきており、犬の社会経済的な位置づけ（池谷、二〇〇二：四章）や、狩猟場面以外での人と犬の関係（Meehan et al. 1999; Kohn, 2007; Musharbash, 2017）については、あまり注目されてこなかった。

世界中の狩猟採集社会のほとんどで犬が飼われていることから、犬は狩猟活動において狩猟成功を左右する重要な役割を果たしていると考えられてきた。ところが小規模社会において犬が狩猟に果たす役割について、世

界各地の犬をもちいた狩猟について比較検討した最近の研究によれば、犬の使用は必ずしも狩猟効率を高めるとは限らない（Lupo, 2017）。ルポは、中央アフリカ共和国のアカ・ピグミーのネットハンティングや槍猟において、犬の参与の有無によって実際に猟果がどう変わるかを検討し、犬の狩猟成功への貢献を定量的に検討したが、その結果は獲物のサイズや狩猟のタイプによって様々であった（Lupo, 2011）。コスターは、最適採餌戦略理論をもちいて中米・ニカラグアの狩猟民の犬猟について同じく犬のもたらす狩猟への効果について検討をおこなったが、犬の使用は猟の効率を下げる場合さえあったと言う（Koster, 2009）。これらの研究は、犬が狩猟に貢献することを無前提に想定することはできないことを示している（Lupo, 2017）。

経済的な視点から見ると、犬を飼うことにはコストがかかる［1章藪田論文、2章池谷論文］。池谷和信は、カラハリ砂漠のサン・ブッシュマンの生業の歴史についての民族誌の中で、犬をもちいた狩猟は以前から盛んだったわけではなく、近年になって政府からサンの社会に食料配給が行なわれるようになり、その余剰分を与えられて殖えた犬が狩猟に使われていることや犬は弓矢猟の補助的な役割を果たしていることを明らかにしている（池谷、一九八九）。同じくサンを研究対象とする菅原が、ブッシュマンの人々の犬への扱いの苛烈さについてたびたび述べていることからも［15章菅原論文］、サンによる犬の扱いが生易しいものではないことが伺える。池谷によれば、実際狩猟でサンに使われる犬の寿命は数年以内とかなり短い（池谷、二〇〇二）。

アフリカ熱帯林地域の狩猟採集社会ではどうだろうか。寺嶋によるムブティ・ピグミーの犬をもちいた弓矢猟の研究（Terashima, 1983）やアカ・ピグミーの犬をもちいる狩猟についてのルポの研究（Lupo, 2011）、そして焼畑農耕民ボイエラの犬をもちいた弓矢猟の研究（Sato, 1983）を除けば、民族誌の中に断片的な記載が見られるのみである。しかし、中部アフリカにおける狩猟採集民研究の古典的民族誌であるターンブルの『森の民』で、ムブティ・ピグミーが犬を「生まれた日から死ぬ日まで休むことなく使役する」（ターンブル、一九七六：八六）と記述されているように、犬は労役に使い倒される対象として描かれる傾向が強い。

図1　バカ・ピグミーのハンターと犬
（筆者撮影）

筆者は、カメルーン東南部熱帯林での参与観察において、狩猟採集民バカ・ピグミーと犬の関わりを近隣の農耕民や商業民と比べたとき、際立って「親密」であるという印象を持った（図1）。加えて、肥えて栄養状態の良い犬が少なくないことにも興味をひかれた。これは、犬たちのホストであるバカ・ピグミーの生業や社会のあり方の変化とどのように関わっているのだろうか。

本章では、バカ・ピグミーと犬の関係について社会的な側面に着目して明らかにする。人と犬が、狩猟の共同実践を通じて培ってきた生態学的な相互依存関係がいかに社会・文化の領域に拡張されているのか、現在まで日常的に狩猟活動を続けている中部アフリカ・カメルーンの熱帯林に居住するバカ・ピグミーの社会を事例に記述をおこない、近隣に棲む農耕民や都市民と比較しつつ考察する。

アフリカでは、犬がしばしば苛烈な扱いを受けるという報告は狩猟採集民社会だけに限らない（例えば、藤本、一九九八）。本章では、バカ・ピグミーと同じ生態環境に暮らすバクウェレなどの農耕民や都市居住者と犬との関係についても言及しつつ、比較を試みてみたい。

なお、アフリカの在来犬の由来については、はっきりしたことは分かっていない。しかし、ミトコンドリアDNAをもちいた遺伝分析から、現在から遡って一万二〇〇〇～一万四〇〇〇年前に北欧地域由来の犬が北アフリカおよび西アフリカ地域に拡散したと推察されており、マラリアへの耐性など熱帯湿潤環境への遺伝子レベルでの適応が伺える（Adeola et al., 2017; Liu et al., 2017）。ルポは、中部アフリカの熱帯林地域の遺跡からは、古い時代の犬が見つかっていないことから、バンツー語話者の大拡散に伴って現在から五〇〇〇年前以降に犬が持ち込まれたという仮定をしている（Lupo, 2017: 143）。もちろんアフリカには、もっと最近の植民地期になって持ち込まれた犬もいる。現在、都市部では近代的犬種が飼われているのを見ることができる。しかし、熱帯林の広がる農村部で主に見られるのは、コンゴ盆地の在来犬に由来する犬種として有名な「バセンジー（basenji）」によく似た中型犬の雑種がほとんどである。

2……調査対象・調査地と方法

①バカ・ピグミーの生業活動と社会

ピグミーとは、現在、中部アフリカに九〇万人の規模の人口を持つと推定されている狩猟採集民の通称である。すでにその多くが農耕／定住化しているから、正確に言えば元狩猟採集民と表現すべき状況にある。バカ・ピグミーは、人口が三万五〇〇〇～四万人と推定されるコンゴ盆地のピグミー系集団のなかでも規模の大きな狩猟採集民である。言語は、ウバンギアン系のバカ語を話す。バカ・ピグミーは、地域ごとに異なる一八を越える数の農耕民集団と関係を築いてきた。ピグミーと農耕民の関係には、対立的な側面と宥和的な側面が入り混じり、互いに対するアンビバレントな感情が見られる（竹内、二〇〇一）。

カメルーン東南部のバカ・ピグミーの社会では、一九五〇年代に遊動生活から農耕・定住化へと居住形態の大きな変化が起こり、生業面でも狩猟採集から自給農耕の受容、さらに賃労働、換金作物栽培を行うようになるなど、生業活動の多様化が見られる(1)（大石、二〇一六：第五章）。狩猟活動の中心も集団槍猟から個人猟である跳ね罠猟へと変化してきた（安岡、二〇一〇）。

定住化の進んだ近年では、定住的な集落をベースとした日帰りでの跳ね罠猟と銃猟が狩猟活動の大半を占める（Hayashi, 2008）。バカ・ピグミーは、モロンゴ（*molongo*）と呼ばれる数か月にもわたる長期狩猟採集キャンプを数年に一回行なうことがあるが、その頻度や規模は地域的な変異が大きい。バカ・ピグミーは、女性や子供などコミュニティのほとんどのメンバーが参加するモロンゴをことのほか楽しみにしている。その大きな理由は、野生ヤムイモや獣肉類、淡水魚などの森の食べ物を腹いっぱいに食べられるからだ。バカ・ピグミーの狩猟行には、モロンゴのほかに男性が少人数で行うセンド（*sendo*）や男性が大人数で遠方まで遠征するマカ（*maka*）と呼ばれる形態のものがあるが、いずれの狩猟採集行でもキャンプに犬を同伴させる。調査地周辺では、犬は紐で繋がれたり檻に入れられることはなく、放し飼いにされる。しかし、人との関係を完全に断って暮らす野犬（野生化した犬）は全く見られない。犬が数個体以上の大きな群れを形成することはなく、集団で吠えたりすることも見られない。

②調査地と方法

本章のもととなった現地調査は、中部アフリカのカメルーン共和国東部州ブンバ・ンゴコ県モルンドゥ郡ドンゴ村を中心に、二〇一五年三月、二〇一六年九月、二〇一七年九月、二〇一八年八月に実施した（図2）。また比較のため近傍の地方都市であるベルトア、ヨカドゥマ、ムルンドゥのそれぞれにおいても短期調査をおこなった。調査地周辺は、年間降水量が一五〇〇ミリ程度の湿潤な環境で、半落葉性樹種を主な林冠構成種とする熱帯林に囲まれている。

ドンゴ村の人口は六〇〇名程度で、そのおよそ半数を占めるバカ・ピグミー（六〇世帯）と、バンツー系のバクウェレ（二五世帯、二五〇名程度）、ハウサなど商人（五〇名程度）が隣接して居住している。ドンゴ村では、一九九四年から日本人研究者によるバカ・ピグミーを対象とした生態人類学的研究がおこなわれてきた。筆者は、二〇〇二年から調査に加わり、隣接して暮らす農耕民や、交易の担い手である商人の視点を取り入れた農耕民＝狩猟採集民関係について考察をおこなってきた（大石、二〇一六）。

犬に関する調査は、バカ・ピグミーによる犬認知と管理実態の把握を目的とした段階（二〇一五～二〇一六年）

と、そこで明らかになった「犬の薬」をもちいた犬の治療とトレーニングに関する知識・実践の把握を目的とした段階（二〇一七～二〇一八年）に分けておこなった。

第一段階の調査では、ドンゴ村の定住集落とキャンプ、および各都市でアドリブ・サンプリングにより可能な限り犬を個体識別し、個別の犬の観察と所有者への聞き取りをおこなった。農村部では、犬は飼い主らと行動を共にして森のキャンプと定住集落の間を往き来しているため、全ての犬を把握することは困難だが、複数回の調査を繰り返したことで調査地に生息する犬のほとんどを記録できたと考えている。聞き取りは、犬の所有者を対象に行なった。四三人のバカ・ピグミー成人（男性四一名、女性二名）と一四名の農耕民および都市住民（男性一〇名、女性四名）を対象に行い、一一二個体（オス六三個体、メス四七個体、性別不明二個体）について、犬の名付け、入手方法、用途、性格、給餌の有無や内容について尋ねた。既に死亡している四五個体については、死因を尋ねた。

第二段階の調査では、二一名のバカ・ピグミーの現役ハンターに協力を依頼し、犬の治療やトレーニングにもちいる薬（「犬の薬」）について調べた。この調査のインフォーマントは、全員がバカ・ピグミーの青年期から壮年期の男性であり、それぞれ頻度の違いはあるが生業の一環として狩猟活動をおこなっていた。インフォーマントと二人で森に入り、使用している犬の薬の材料になる植物を採集した後、集落で使用法の聞き取りをおこなった。可能な場合には、犬への薬の処方に参加させてもらった。得られた植物標本は、さくよう標本にして首都ヤウンデに持ち帰り専門家に同定を依頼した。

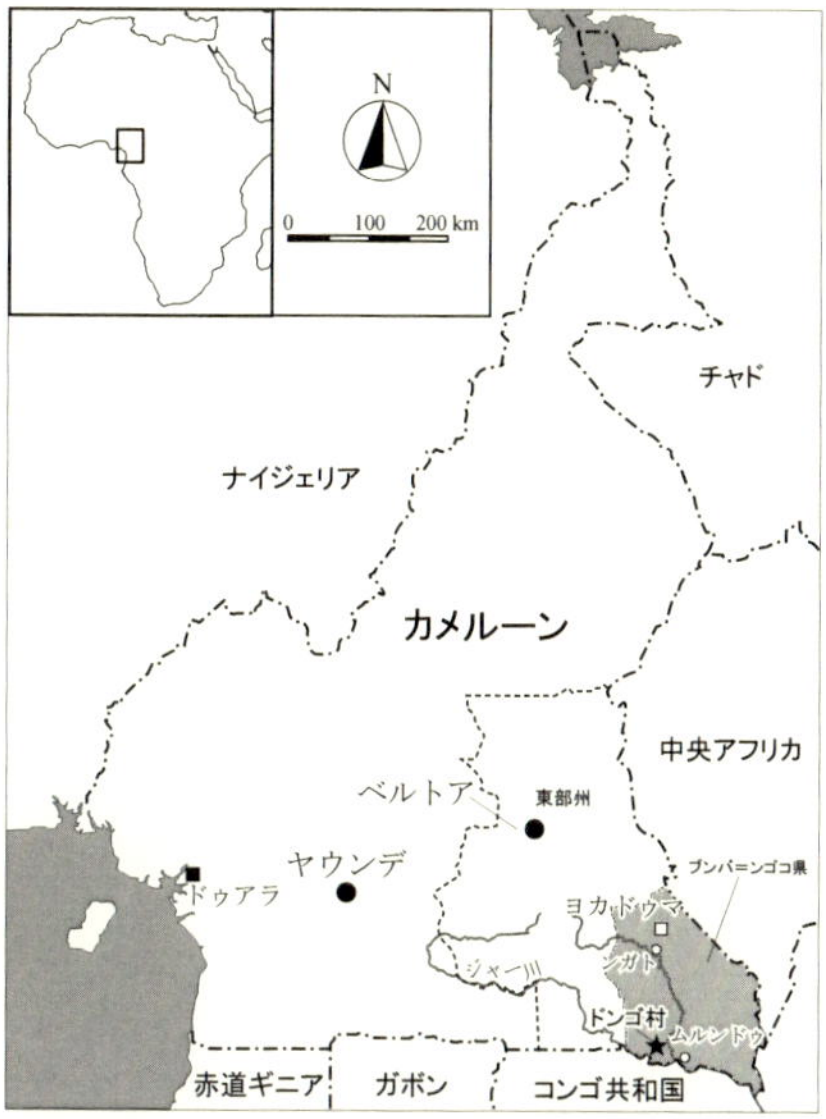

図2　調査地の位置

3……バカ・ピグミー社会における犬の民族誌

①犬の命名

バカ語で、犬はボロ(*mbolo*)と呼ばれる。バカ・ピグミー社会では六〇種を越える森林性野生哺乳類がソ(*so*：肉＝動物)と呼ばれて利用されているが、犬はそれらの野生動物とは明確に区別されており、食べることが想定される対象ではない。したがって、野生動物のように食物規制のタブーが措定されることもない。このように、民族分類上の犬の位置付けは、人とも、他の動物とも異なる独特の位置にある。

犬は、個体識別され、個別に名前が付けられる。バカ・ピグミーは家畜としては犬の他に鶏を、また狩猟で得られた野生動物の幼獣を気まぐれに(一時的に)飼育することがあるが、それらに個体名を付けることはない。一個体の犬に付けられる名前はひとつで、付けられた名前は、飼い主(所有者)だけではなく、少なくともキャンプ内で共有される。

バカ・ピグミーによって名付けられた、七八個体の犬の名前の一部を表1−1に示す。犬の名前に使用されていた言語の内訳は、バカ語(二八)、フランス語(二八)、近隣農耕民の話すバクウェレ語(五)、そしてコンゴ盆地北西部の地域共通語リンガラ語(二)、擬音・擬態語(二)、その他・不明(一三)であった。

命名は多岐にわたるが、食癖や狩猟時など森での犬の行動・態度などといった犬の属性や特徴を記述した名前、犬に向けた命令がそのまま名前になっているもの、犬の特徴に関係のない逸話的独白型の名前、そして文化接触の結果異文化から借用された名前などのパターンが見られる。名前が親犬や前に飼われていた犬から継承されている犬はなく、逸話的な命名が目立つ。これらのパターンの中から、いくつかの名前を取り上げてみよう。

■食べ物や食癖にちなむ名前。キモ(*kimot*)やブルブル(boule boule)は、それぞれ犬の好物(プランテンバナナを

表1-1　バカ・ピグミーによる犬への名付けの例(名前、言語、意味)

(1)犬の属性・特徴を記述した名前		
【食物や食癖】		
kimot	バカ語	プランテンバナナを蒸して作る料理
bubul	フランス語*	ボール・ボール(boule boule)。キャッサバの練り粥の丸い塊がたくさん
njumuye	バカ語	それは料理されている
akwelbil	バクウェレ語	彼は腐った食べ物が嫌い
【森での行動】		
meshan	フランス語	攻撃的な(méchant)
wose nyanga	バカ語	(ファッショナブルに着飾った)おしゃれな女
bokɛnga	バカ語	いくつもの丘
ottondo	バカ語	攻撃的な
kaiman	フランス語	大型のワニ(caïman)
bombulu	バカ語	臆病者
【健康・衛生状態】		
mokoumgendja	バカ語	ヘルニア持ち
mosunge	バカ語	ノミ
【社会関係・役割】		
nabimo	バカ語	あなたの友達
kado	フランス語	プレゼント(cadeau)
gaadiɛn	フランス語	ガーディアン(gardien)
nanga	リンガラ語	俺の(もの)
(2)(犬に向けた)命令形の名前		
kelelunde	バカ語	さあ行け
ession	フランス語	挑戦しよう(Essayons!)
siaye	バカ語	上の方を向け
yaye	バクウェレ語	具合はどうだ?
(3)逸話的独白型の名前		
nde wole	バカ語	俺には妻がいない
andemaniyo	バカ語	もしそれを知っていたのなら
abeya	バカ語	自分の失敗をみるな
qui me dit	フランス語	私にしゃべる人
yato	バクウェレ語	私は行く
malungu	バカ語	自分はものを知っている
delaanyo	バクウェレ語	村は良くない
jealoux	フランス語	嫉妬による喧嘩
(4)文化接触		
medoh	バクウェレ語	バクウェレの人名
CEFFIC	フランス語	伐採会社の企業名
Blek	フランス語	マンガのキャラクター名
mapuka	不明	コートジボワールの音楽ジャンル
Dakar	地名	セネガルの首都
Lulu	不明	小袋入りウィスキーの商標名

*フランス語に由来する語彙については、「意味」の欄の括弧内に原語を記した。

蒸して搗いたもの）や食欲（平らげたキャッサバの練り粥の数）などが名前になっている。ンジュムエ（*njumye*）は、その犬が狩猟時に殺した獲物を食べてしまわずに、飼い主が来るまで待っていることに由来する。

■狩猟場面の犬の様子にちなむ名前。いくつもの丘を意味するボケンガ（*bokenga*）は、犬の脚力の強さを、カイマン（*kaiman*）は猛然と獲物に噛みつく様を表している一方で、ボンブル（*bombulu*）は臆病な様子、ウォセニャンガ（*wose nyanga*）は「おしゃればかりしている女」のように全く働かない役立たずな犬の態度を表している。

■飼い主と犬の関係や犬の役割にちなむ名前。ナビモ（*nabimo*）はメスの名前で、バカ語で「あなたの友達」という意味だが、いろいろなオスと見境なく交尾していることから名付けられた。バカ・ピグミーは、犬の性的活動や繁殖に直接関与したり、管理しようとすることはない。ちなみに名付け親の飼い主の男性によれば、この名前には「自分の妻が自分だけを相手にするとは考えない方が良い」という助言が込められている。これら犬の属性や特徴に基づく多様な命名は、ハンターたちが到底「猟犬」という特定の用途に特化した存在としては括りきれない多様な犬の個性（2章池谷論文、奥野、二〇一八：一四章）をどのように把握しているかを反映している。

■逸話的独白型の名前。ジャルー（*jealoux*）は、男女間の嫉妬による喧嘩沙汰（*likombe*）が起こった時に、デラーニョ（*delaanyo*）は、村人との関係が悪くなった時に付けられた。このパターンは、名前そのものが、社会の中で起こった出来事や事件の記録になっているという点で、木村（一九九六）が「記録としての名前」と呼んだ命名の類型によく似ている(3)。

■異文化から借用された名前。人名との重複は一例のみだったが、それは「メドー」という農耕民女性の名前であった。他には木材伐採会社の企業名、嗜好品の商標名、遠く離れた西アフリカの異国の首都の地名なども犬の名前になっている。

これらの命名は、どれだけバカ・ピグミーらしいと言えるのだろうか。近隣農耕民や都市民による犬の命名と比較してみよう。都市居住者を含む農耕民の犬の飼い主から得られた三〇の名前のうち一部を表1-2に示す。

表1-2　農耕民・都市住民による犬への名付けの例(名前、言語、意味)

(1)犬の属性・特徴を記述した名前		
【体色・容姿】		
Black	英語	黒
Guiness	英語	ギネスビール
Shaffer	固有名詞	サッカーのカメルーン・ナショナルチームの元監督(Winfried Schäfer)のファースト・ネーム。
【森での行動】		
ottondo	リンガラ語	攻撃者
【社会関係・役割】		
essenyelam	バクウェレ語	自分の身体の一部
zediassam	バクウェレ語	私に悪さをしない者
gaadien	フランス語*	ガーディアン(gardien)
mɔnil	バクウェレ語	孤児
(2)逸話的独白型の名前		
abeya	バクウェレ語	自分の失敗を見るな
moyaanyo	ビモ語	人間は悪い
kuɛl-djaako	バクウェレ語	ジャーコ(地域集団)への愛
berger	フランス語	家を建てる人
(3)文化接触		
Dakar	フランス語	ダカール(セネガルの首都)
Jerico	英語	映画のキャラクター
Angola	固有名詞	アンゴラ(国名)
Nounousou	フランス語	人形の名前
mapuka	?	コートジボワールのポップミュージックのジャンル名。セクシーな振り付けで踊る。
(4)犬に付ける名前		
Roki	固有名詞	
Dragon	固有名詞	
Lex	固有名詞	
Blek	固有名詞	
Flek	固有名詞	

*表1-1に同じ。

犬の特徴、逸話的独白型、異文化からの借用語などバカ・ピグミーと同様の命名パターンの他に、「犬の名前」だから付けたという命名や前に買っていた犬からの名前の繰り返しが見られる。また犬の特徴に関連した名前でも、ブラック、ギネス（それぞれ黒い体色についての形容と直喩）やシェーファー（毛並みの直喩）のように体色や容姿にちなんだ名前がよく見られる一方で、犬の食生活や健康状態、森での行動に関連したものはほとんど見られなかった。「ジャーコ（バクウェレの地域集団）への愛」など、犬に全く関係のない飼い主の願望や感情にまつわる逸話的独白型の名前が見られる点は、バカ・ピグミーと農耕民の間で共通している。一方で、犬の生活・生態に関わる名前が多く見られる点がバカ・ピグミーの犬の名前の特徴である。

②犬の所有と贈与にみる社会関係

次に、犬の所有について見てみよう。犬は個人の所有とみなされているが、狩猟などで使用される際には必ずしも所有者に占用されることはなく、利用は親族や友人、隣人に開かれている。調査地における犬の所有率は、成人男性が四三％に比べて成人女性は五％と、男女差が大きい（二―二節）。所有者の平均飼育個体数は、一・五八（一～六、標準偏差一・一）であった。

バカ・ピグミーが所有する犬のうち、入手方法がわかった七四個体中五七個体が姻族と外部からの訪問者からの贈与であった。次いで自家繁殖（ほかの飼い犬から生まれたもの）が一〇個体、購入六個体、相続が一匹であった（表2a）。バカ・ピグミー社会における犬の入手は、ほとんどが贈与によるものだと言える。バカ・ピグミーの間で犬の贈与・交換が盛んなのは、前提として十分な数の犬を自家繁殖できているからだと考えられる。

一方、同じ調査地に居住する農耕民バクウェレのハンターの場合は、所有している犬二九個体のうちほぼ半分に近い一二匹を近くの都市で購入していた（表2b）。犬の価格は、調査地の集落で一匹二〇〇〇セーファーフラン（約四〇〇円）であり、首都ヤウンデでは一万セーファーフラン（約二〇〇〇円）以上である。このように、犬の売買が見られないか、少ないバカ・ピグミーに対して、農耕民や都市住民はむしろ積極的に犬を購入する傾向がみられる。

では、バカ・ピグミーの間で犬は誰から誰へと贈与されているのだろうか。五七事例のうち、犬の贈り手ともらい手の関係が確認できた三〇事例について関係性を見てみると、半数以上の一七例が所有者の配偶関係にある女性の家族（妻のオジ、義父、義理の兄の妻、義理の息子などの姻族）から、六例が所有者自身の兄弟など親族から、それぞれ三例が友人と農耕民の知人から、そして一例が新たに集落近傍に設定された「コミュニティ・フォレスト」の伐採事業の作業請負のためにキャンプを訪れていた一時滞在者から男性への贈与であった（表3）。

バカ・ピグミーの社会では犬は婚資とは見なされておらず、犬の授受に儀礼的な意味があるわけではない。しかし、犬は婚姻関係にある家族の間で授受される傾向が強いと言える。このように犬の入手方法についての聞き取りから、バカ・ピグミー社会では、犬は婚姻・訪問などの人間どうしの社会関係を通じて、集団・定住集落の間を移動していることが示唆される。

ただし、犬の贈与といったときに、どんな犬でも良いから贈ったり贈られたりするというわけではない。ハンターによって、犬に対する好み、求めるものが異なる［14章大道論文］。例えばオスとメスでは、オスを好む者とメスを好む者がいる。オスを好む者は、メスは妊娠すると猟に出られなくなるから良くないと言う。犬を探している者は、日頃から所有者の犬の行動を観察して交渉することもある。したがって、犬は贈与されると言っても、ギフトやシェアリングというよりも、デマンド・シェアリング

表2　バカ・ピグミーと農耕民・都市住民による犬の入手方法の比較

(a)バカ・ピグミー	
	事例数(%)
贈与	57(77.0)
自家繁殖	10(13.5)
購入	6(8.1)
相続	1(1.3)
計	74(100)

(b)農耕民・都市住民	
	事例数(%)
購入	12(41.3)
贈与	10(34.5)
自家繁殖	5(17.2)
拾得	2(7.0)
計	29 (100)

表3　バカ・ピグミーの犬の贈与における送り手ともらい手の関係

もらい手から見た贈与者との関係	事例数(%)
姻族	17(56.7)
自分の親族	6(20.0)
友人	3(10.0)
農耕民(バクウェレ)	3(10.0)
都市からの訪問者	1(3.3)
計	30(100)

（ねだり）の結果としての贈与だと言ったほうが適切かもしれない。

犬の贈与と所有には、社会的な含意が込められていることがある。例えば、アンデマニヨ（「もし、知っていたのなら」）という名のオス犬は、マイケルが義理の兄弟の元妻であるリンダから、離婚後に贈られた。アンデマニヨとはバカ語で「もし知っていたのなら」という意味だが、もともとアンデマニヨはリンダの元夫であるコリンの犬だったものを、コリンよりもリンダになつき、二人が別れた際にはリンダの方についてきたと言う。マイケルは、アンデマニヨが死ぬまで五年間一緒に過ごした。マイケルは、いかにこの犬が自身に誠実な犬であったかを述懐していた。なぜリンダがマイケルにこの犬を贈り、マイケルがアンデマニヨという名をつけたのか、その理由についてマイケルは自らとリンダの間に特別な関係があったのだと筆者にほのめかした。このように、贈与の背景となる人どうしの関係がきっかけとなって、人が犬に強い愛着を形成することがある。マイケルにとって、アンデマニヨは、それが死んでも忘れられない「意味ある他者」である（ハラウェイ、二〇一三）。

③狩猟活動における人と犬の協働

この節では、狩猟活動の中でのバカ・ピグミーと犬の関係を把握する。中部アフリカの熱帯林社会では、集団槍猟、集団網猟、集団弓矢猟などの集団猟が行われてきた。時代・地域によってピグミー系狩猟採集民における狩猟法には変異・変化が見られるが、弓矢猟、網猟などある範囲の森を囲い込んでそこから獲物を追いだして獲る集団猟の実践には犬が参加することが多く、犬は勢子役として重要な役割を果たす（Terashima, 1983）。バカ・ピグミーもまた、かつてはアカカワイノシシを対象とする集団槍猟を行っていたが、定住化とともに農耕民の委託を受けて行なう銃猟の重要性が増加した（佐藤、一九九一）。あるバカ・ピグミーの壮年ハンターが言うには、「かつて、犬はバカにとって最高の銃だった」。

狩猟活動の中で、犬が果たす役割は様々である。バカ・ピグミーが現在最も頻繁に行なっている猟法は、銃猟と跳ね罠猟である。犬がもちいられる猟では、犬を獲物に向かって放ち、追跡させる。ジャンガリ（*jangali*）と呼ばれる木鈴を犬の首に付けて森の中で犬の位置や移動速度を把握する。犬が捕捉した動物に吠えたり、闘っているところを後ろから追尾するハンターが槍や銃で仕留める。ここでは、獲物となる動物を止めるのに犬がもちいられる。接近戦に臨む犬を勇敢にするために、尻尾を半分に切るハンターもいる(4)。一方、ハンターが単独で気配を消しながら森を歩きながら獲物を探し、銃で撃つタイプのいわゆる忍び猟では犬は使われない。樹上のサル類を狙う銃猟でも獲物が逃げてしまうためにやはり犬は使われない。このように、銃をもちいる場合には犬が関与しない狩猟が存在する。

跳ね罠猟には、仕掛けた罠の見回りに犬が連れて行かれることが多い。跳ね罠猟にはフサオヤマアラシやキノボリセンザンコウのような徘徊性の小型動物からブルーダイカーやピーターズダイカーをはじめとするレイヨウ類、そしてアカカワイノシシのような大型動物もかかる。それで、罠にかかった動物が、見回りの前に金属製のケーブルから外れて逃げることがしばしばある。そのようなときに、犬に追跡させて居場所を突き止めてあわよくば仕留める。ハンターにとって最大の獲物であるアフリカマルミミゾウを狙う際には、犬は使われない。ゾウに対して犬はあまりに小さいので、引き裂かれて簡単に殺されてしまって役に立たない、と言う。

狩猟が成功した後には、犬に肉が与えられる。バカ・ピグミーの居住地域に隣接するピグミー系住民であるベンジェレ・ピグミーを調査したルイスは、狩猟成功時に獲物の肺を犬に「分配」する慣習について記述している（Lewis, 2008）。ベンジェレが犬に肉を分ける理由はこうだ。

「狩猟をする犬には、人と同じくエキラがあるんだ。彼らがイノシシのような獲物を攻撃するとき、股関節を脱臼するくらいに後肢を激しく振って、動物を動かなくさせる。そして、犬は吠えて人を呼ぶ。犬は動物を殺す。獲物の肺（ムレマ）を食べることで奴らはエキラを保つのさ。」

（Lewis, 2008: Note 7）

エキラとは、バカ・ピグミーやベンジェレ・ピグミーなどコンゴ盆地北西部のピグミー系の狩猟採集社会に共通して保持されている、食物禁忌をはじめ病気や不幸、そして狩猟の成否に関わる行動規範の核ともいえる概念である。人だけではなく、犬もエキラを持っており、だから特定部位（肺）の肉を与えてエキラを維持させるというのだ。バカ・ピグミーにおいても、狩猟の前後に、ハンターは犬に肉を与える。ただし、調査地では特定部位の肉ではなく太もも、腕肉、尻の脇、下腹部、内臓（腸）とハンターによって、多様な部位が与えられていた。また、生肉ではなくプランテンバナナなどと一緒に調理した肉が与えられることもある。その場合には調理の際に、マボロ（*ma bolo*）と呼ばれる「犬の薬」を混ぜて与えるハンターが少なくない。人に薬を与えるように、犬に薬（*ma*）を与えると、犬の行動・性格が変わって「攻撃的」な状態になる。具体的には、野生動物を積極的に追うようになり、狩猟が成功しやすくなる。そのような犬の状態を表現するのに、バカ語でンジェレ（*njele*）、フランス語でメシャン（mechant）という表現が使われる。アカカワイノシシやゴリラなど大型動物の狩猟時にはとくに攻撃的な犬が好まれる。このように、ハンターと犬は、森では協同して狩猟活動を行なう。

なお、銃のように重要だが高価な狩猟具について、バカ・ピグミーのハンターは近隣の農耕民から狩猟具を委ねられて狩猟に出かけることがある（Hayashi, 2008）。その場合は狩猟の獲物は狩猟した者のものになるのではなく、狩猟具の所有者が獲物の分配においてもっとも大きな権利を持つ。しかしながら、バカ・ピグミーのハンターで農耕民から犬を借りる例は確認できなかった。そもそも農耕民で犬を持っている者が限られていることから、調査地では狩猟のための犬の維持はバカ・ピグミー自身によって担われてきたと考えられる。ハンターは、自分や家族、あるいは狩猟キャンプを共にする者が飼っている犬を狩猟にもちいる。

④定住集落における人と犬の関係

ここまで、狩猟活動を中心とした人と犬の協同的で相互依存的な関係について見てきたが、人と犬にとってのもうひとつの主要な生活空間である定住集落では両者はどのような関係を築いているのだろうか。ここでは、暴力による人と犬の差異化や、その逆に人による犬へのケアといった、森で見られる狩猟を中心とした関係とは異なる側面に焦点を当ててみたい。

人から犬への暴力は、日常的に、かつ突然発生する。ふだんの食事の場面では、犬は人が動物の解体・分配・調理・食事をする場に居合わせるが、犬にはおこぼれしか与えられないことが多い。食事や肉を勝手に食べると、泥棒扱いされて、人から暴力的な制裁を受けることになる。具体的には、犬に対して、殴る・蹴る、火のついた薪を投げつける、山刀の腹（平たい部分）で叩くなどの行為が行なわれる。その結果、定住集落では、犬はより周縁化された立場に置かれることが多くなる。

「ガーディアン」という名前の犬がいることからも分かるように、バカ・ピグミーの犬は番犬としての機能を期待される場合がある。そのため、勘違いした犬が、ごく稀に人に噛みつくことがある。人を誤って噛んだ場合、その犬は直ちに殺されてしまうことがある。噛まれた場合の人々の対応は様々で、主に二種類の処置がなされる。傷口には、トウモロコシを搗いた粉やソンボロ（*sombolo*）という樹木の樹皮の削り滓を当てて治療する。自分の飼い犬に誤って噛まれた場合には、犬に傷口をなめさせて治すと言う者もいた。

人との共存の中で犬が置かれている厳しい立場は、犬の死因によく表れている。犬の死因（三五事例）を見ると、多い順に誤射、斬殺、毒殺、被食などの人による殺害（一〇例）、病気（八例）、狩猟中のアカカワイノシシやフサオヤマアラシなど野生動物からの反撃による被傷（七例）、ヘビによる咬傷（六例）、跳ね罠にかかることによる事故（三例）、河川渡渉時のワニによる被食（一例）であった（表4）。

死因の第一位が人による殺害であるのは犬の置かれた周縁的な立場を物語っている。狩猟中に獲物と間違えて銃を誤射されたり、山刀で切られてしまった未必の事故のほかに、獲物の獣肉を夜間に一頭分全て平らげてしまった犬が飼い主に山刀で一刀両断に斬り殺される事例や、近隣農耕民による意図的な殺害事件がしばしば起こ

表4　調査地のバカ・ピグミーに飼養されている犬の死因

原因	事例数(%)
人による殺害	10(28.6)
病気	8(22.9)
狩猟中の野生動物による殺害	7(20.0)
ヘビによる咬傷	6(17.1)
跳ね罠	3(8.5)
野生動物(ワニ)による捕食	1(2.9)
計	35(100)

る。飼い主や他のハンターの跳ね罠にかかって絶命するケースも、間接的な形での人による殺害と言えるだろう。

前述したように、バカ・ピグミーには犬を食する者はいないが、バンツー系農耕民の中には、好んで犬を食する習慣を持っている者がおり、しばしばバカ・ピグミーの犬が盗まれる。また、特定の農耕民とバカ・ピグミーの間で社会関係が悪化した際に、バカ・ピグミーが飼っている犬が殺されることがある。犬がもとになったトラブルでよくあるのが、バカ・ピグミーの犬が農耕民の家に行って食べ物を盗んだ場合で、犬が殺されなくても農耕民が怒鳴り込んで来ることになり、文字通り飼い主に「災いが降ってくる」。通常、バカ・ピグミーは犬の死体を埋葬することはなく近くの植生に遺棄するが、他民族によって斬殺された事例では、飼い主は亡くなった犬のために人を埋葬するのと同じように穴を掘り、土を少しずつ被せていくやり方で埋葬をおこなうことがあった。しばしばハンターたちは、生きている犬についてと同じかそれ以上に、死んだ飼い犬について記憶を語る。特に狩猟の最中に亡くなった犬についてはなおのことその傾向が見受けられた。

苛烈な扱いを受ける犬がいる一方で、定住集落ではまるでペットのように大事にされる犬も見ることができる。私にとって印象深かった犬に、バカ・ピグミーの女性バビーによって飼われていたザーゾーというオスがいる。ザーゾーは、森だけではなく畑や近くのキャンプへの訪問などバビーがどこに行くのにも連れ添い、食事が良かったためかよく肥えており、毛並みもよく管理されていた。バビーは子供ができないこともあって、数回結婚と離婚を繰り返した。バビーは数年にわたって一人で暮らすこともあったが、ザーゾーは常にバビーと一緒に過ごして死んでいった。

人が歳を取った犬のケアをすることもある。調査地から一〇〇キロメートル程離れた場所をフィールドにしている服部志帆は、エッセイの中で年老いた犬を自身の小屋の中でケアするバカ・ピグミーの老女について記している（服部、二〇一一）。

「アベニョンという老女の家に行った時のことである。家に入ろうとすると、焚火の奥からウーというううなり声が聞こえた。見ると、大きな黒い老犬が横たわっていた。アベニョンに聞くと、この犬は年をとりすぎて働けなくなったので食べ物や水を与えているという。さらに、彼女は尊敬に満ちたまなざしでやさしく語った。「この犬は若いころすごくいい猟犬で、リャンコム（アベニョンの夫）を何度も狩りの成功へ導いたんだ。自分でカモシカ（ダイカー）やカワイノシシをとってきたこともあるし、ゴリラを追い込んだことだってあるんだよ」。アベニョンの様子から私は、バカ・ピグミーもまた犬に感謝や尊敬の念を持つことを知った」（服部、二〇一一）。

これらの事例は、バカ・ピグミーと犬の間には、ただ人による暴力によって維持される秩序があるだけではなく、ハラウェイの言うところの「重要」かつ「意味ある他者」としての関係が存在する余地があることを示している（ハラウェイ、二〇一三）。

4……トレーニングによる犬の社会化——犬の薬をめぐる知識と実践

バカ・ピグミーのハンターは、犬を放し、獲物を追わせて槍で仕留める犬猟のほか、銃猟、跳ね罠猟などに犬を連れて行き、犬に獲物の一部を分配する。内臓のほか、特定部位の肉を与えるハンターもいる。肉を与える際には、調理し、犬の薬（*ma mbolo*）と混ぜて食べさせる（三―三節）。犬の薬は、犬を狩猟の際に攻撃的にしたり、特定の動物を追わせるなど狩猟目的に特化したものが多いが、これ以外にも食べ物を盗まないようにさせるなど

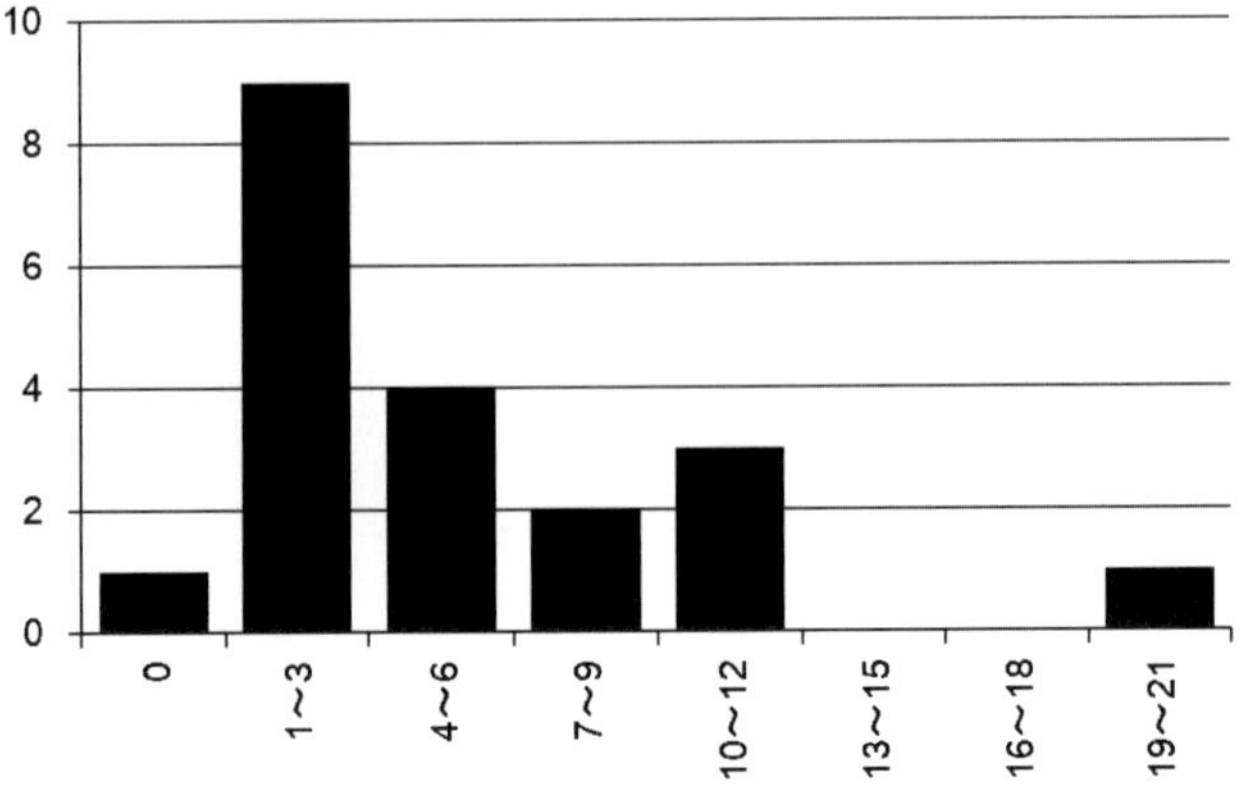

図3　バカ・ピグミーのハンターがもちいるひとりあたりの「犬の薬」の数のヒストグラム

犬の行動をコントロールするためにももちいられる。

二一名のバカ・ピグミーのハンターに、使っている犬の薬を挙げてもらったところ、犬の薬に関する知識の所有には、ハンター一人あたり、平均五・五種（〇～二一、標準偏差五・一九）と大きな個人差が見られた（図3）。一～三種の犬の薬をもちいる者が一番多く、最も多い二一種類の犬の薬をもちいていたのは、壮年の熟練ハンターであった。

どのような材料が犬の薬としてもちいられているか。同定の結果は、三二科に属する五七方名種（木本四〇種、木本ツル九種、草本五種、シダ二種、コケ一種）の植物（表5）と動物一種（アフリカオオヤスデ）に上った。

分類群別に見ると、トウダイグサ科のみが六種使われている。有毒物質を含む植物が多いと言われているタクサであり、興味深い。各植物の利用人数を見ると、ハンターの間で利用に関する知識に重複が少ないことが分かる。複数のハンターが使用している植物性の犬の薬は、一九種のみで、残りの三八種はいずれか一人のハンターのみが使っている（表5）。個人間で共有されている知識が、ごく一部の植物・部位に限定されるという傾向性は、バカ社会における薬用植物の知識の個人差に関する服部の指摘と合致する（服部、二〇〇七）。

利用が多い犬の薬について、具体的に何を目的として、犬の身体にどのように処方するのかを見てみよう。

バンボケ（*bamboke*）と呼ばれるオラクス科の木（表5・No.1）は、根の樹皮を剥いで犬に嗅がせるか、フサオヤマアラシの身体の一部（肛門の周辺の肉）と一緒に調理したものを犬に与える。すると、フサオヤマアラシ（*boke*）をよく見つけるようになる。フサオヤマアラシには特有の体臭があるが、バンボケの木は樹皮を削るとこれによく似た匂いがする。

ルポによれば、アカ・ピグミーによる犬をもちいた狩猟で、犬をもちいないときに比べて最も時間効率に差が出るのはフサオヤマアラシを対象にした猟である（Lupo, 2017: 144）。フサオヤマアラシ猟に関わる犬の薬についてのみ、八名ものハンターが知識を共有していたのは注目して良いだろう。

ボロガ（*bologa*）と呼ばれるコミカンソウ科の木（表5・№2）は、樹皮を剝いで、漏斗状に加工したクズウコン科植物の葉に入れる。これに少量の水を加えて、犬の鼻に注ぎいれると、犬は動物を敏感に嗅ぎつけるようになり、また野生動物に対して「攻撃的」になる。この点鼻のやり方をムフォンゴ（*mufongo*）と言う（図4）。

トンギア（*tongia*）の木（表5・№4）は、若い枝を焼いたものを押し潰してから、犬に処方する。剃刀で犬の舌に切り傷を作って、蜂蜜とともに灰を擦りこむ（これを、バカ・ピグミーは「注射する」と表現する）と、犬は野生動物に対して攻撃的になる。

ファンボ（*fambo*）の木（表5・№52）は、幹の中が空洞になっていてアリの群れが棲みついている。植物に攻撃する者がいればそのアリが噛みつくことで撃退するアリ植物である。不用意に触るとアリに噛みつかれる。この木の樹皮を削って、肉と一緒に包み焼きにして犬に食べさせると、犬はまるでファンボの木を防衛するアリのように獲物に噛みつくようになる。

このように犬の薬の処方には、食事とともに与えるほかに、点鼻したり、剃刀で作った傷口に灰をすり込むなど複数の方法で行なわれる。犬は、人に適用される民族薬学で考えられているのと同様に、薬のもつ特徴を同化することで、人が望む方向に行動・性格が変化すると考えられている。処方によって植物の持っている特徴が身体に転移すると考える思考は、バカ・ピグミーの民族医学になじみ深いものだ（佐藤、二〇〇一）。トンギアのよ

表5　バカ・ピグミーのハンター21名が「犬の薬」にもちいる植物のリスト

No	方名(バカ語)	学名	科	生活型	使用部位	処方	利用人数
1	*banbɔkɛ*	*Olax subscorpiodea*	オラクス科	木本	樹皮	点鼻／食事	8
2	*bologa(na lo)*	*Drypetes capillipes*	コミカンソウ科	木本	樹皮／根	点鼻	6
3	*bologa na kpo*	*Drypetes* sp.	コミカンソウ科	木本ツル	樹皮／根	点鼻／経口投与	6
4	*tongia(na lo)*	未同定		木本	樹皮	点鼻／食事／舌に接種	4
5	*pɛkɛ*	*Irvingia gabonensis*	イルビンギア科	高木	樹皮	点鼻／食事	4
6	*ngɔkɛlɛ*	*Lophira alata*	オクナ科	木本	樹皮	点鼻／食事／経口投与	4
7	*manba*	?		コケ	全体	鼻投与／食事	4
8	*fuwa*	*Combretum* sp.	シクンシ科	木本ツル	樹皮／根／樹液	点鼻	4
9	*fulu*	*Coccinia* sp.	ウリ科	木本ツル	樹液	点鼻	4
10	*monyok*	*Milletia* cf. *barteri*	マメ亜科	木本ツル	葉／根	点鼻	3
11	*molondo*	*Canarium schweinfurthii*	カンラン科	木本	樹皮	点鼻／食事	3
12	*tongia(na tolo)*	*Culcasia* sp.	サトイモ科	草本	葉	食事	2
13	*sɛnɛ*	*Canarium schweinfurthii*	カンラン科	木本	樹皮	食事	2
14	*sasangulu*	*Urera cordifolia*	イラクサ科	草本ツル	葉	食事	2
15	*sango-libira*	*Elaeophorbia drupifera*	トウダイグサ科	木本	根	舌に接種	2
16	*rondɔ*	*Measopsis eminiii*	クロウメモドキ科	高木	樹皮	食事／点鼻	2
17	*njɛnɛ*	*Tetrochidium didymostemon*	トウダイグサ科	木本	樹皮	点鼻	2
18	*mabi*	*Baillonella toxisperma*	アカテツ科	木本	樹皮	点鼻	2
19	*gimba*	*Afrostyrax lepidophyllus*	エゴノキ科	高木	樹皮	点鼻	2
20	*yunga*	*Angylocalyx vermeulenii*	マメ亜科	木本	樹皮	点鼻	1
21	*yembe*	*Adiantum vogelii*	イノモトソウ科	シダ	根	鼻に塗る	1
22	*yandɔ*	*Alchornea floribunda*	トウダイグサ科	小木	根	点鼻	1
23	*tukusa*	*Cnestis ferruginea*	マメモドキ科	木本ツル	葉、根	経口投与	1
24	*tongia na kpo*	未同定		木本ツル	葉	食事	1
25	*sanjambongɔ*	*Rinorea elliotii*	スミレ科	木本	樹皮	点鼻	1
26	*ngongo*	未同定		中木	樹皮	食事	1
27	*ngoka*	*Thomandersia laurifolia*	キツネノマゴ科	木本	樹皮	点鼻	1
28	*ngangulu*	*Octolobus spectabilis*	アオギリ科	木本	樹皮	点鼻／経口投与	1
29	*ndako*	*Nicotiana tabacum*	ナス科	草本(栽培植物)	葉	鼻にこすりつける	1
30	*mbili*	*Marantochloa* sp.	クズウコン科	草本	根	食事	1
31	*mbi*	*Dicranolepis* sp.	ジンチョウゲ科	小木	根	食事	1
32	*mukokodi*	?	マメ亜科	木本ツル	樹皮	点鼻	1
33	*mpong*	未同定		木本	樹皮	点鼻	1
34	*mondumbedumbe*	*Strychnos* sp.	マチン科	低木	根	直接鼻に入れる	1
35	*mondongolongo*	*Scaphopetalum thonneri*	アオギリ科	矮木	根	点鼻	1
36	*molombi*	*Agelaea* sp.	マメモドキ科	木本	葉	鼻に当てる	1
37	*mɔka*	*Corynanthe pachyceras*	アカネ科	木本	樹皮	点鼻	1
38	*manjumbu*	*Cyclosorus dentatus*	ヒメシダ科	シダ	葉	鼻にこすりつける	1
39	*mambelenge*	*Meiocarpidium lepidotum*	バンレイシ科	高木	樹皮	点鼻	1
40	*londi*	未同定	不明	高木	樹皮	食事	1
41	*lombɔ*	未同定	不明	高木	根	食事	1
42	*lingowe*	*Alchornea* cf. *floribunda*	トウダイグサ科	低木	根	点鼻	1
43	*libaba*	*Santiria trimera*	カンラン科	小〜中木	幹	食事	1

44	*kuolo*	未同定	不明	高木	樹皮	経口投与	1
45	*kpokonbolo*	*Piper guineense*	コショウ科	木本ツル	樹皮	食事	1
46	*kokondo*	*Marantochloa* sp.	クズウコン科	草本	葉､根	経口投与	1
47	*kakala*	*Celtis tessmannii*	ニレ科	高木	樹皮	食事	1
48	*jɛngu*	*Monodora tenuifolia*	バンレイシ科	矮木	葉	嗅がせる	1
49	*injem*	*Cyclosorus* sp.	ヒメシダ科	シダ	葉	鼻に当てる	1
50	*fongo*	*Tragia* sp.	トウダイグサ科	木本ツル	葉	食事	1
51	*fifi*	*Microdesmis puberula*	パンダ科	小木	葉	口／肛門に吹き付ける	1
52	*fambɔ*	*Barteria nigritiana*	トケイソウ科	低木	樹皮	食事	1
53	*djila*	*Discoglypremna caloneura*	トウダイグサ科	木本	樹皮	点鼻	1
54	*boyo*	*Entandrophragma* sp.	センダン科	高木	葉､根	経口投与	1
55	*botunga*	*Greenwayodendron suaveolens*	バンレイシ科	高木	根	食事	1
56	*bonbɔngɔ*	未同定	不明	木本	樹皮	点鼻／食事	1
57	*bolowa*	*Diospyros canaliculata*	カキノキ科	低木	樹皮	食事	1
58	?	未同定	不明	木本	樹皮	点鼻	1

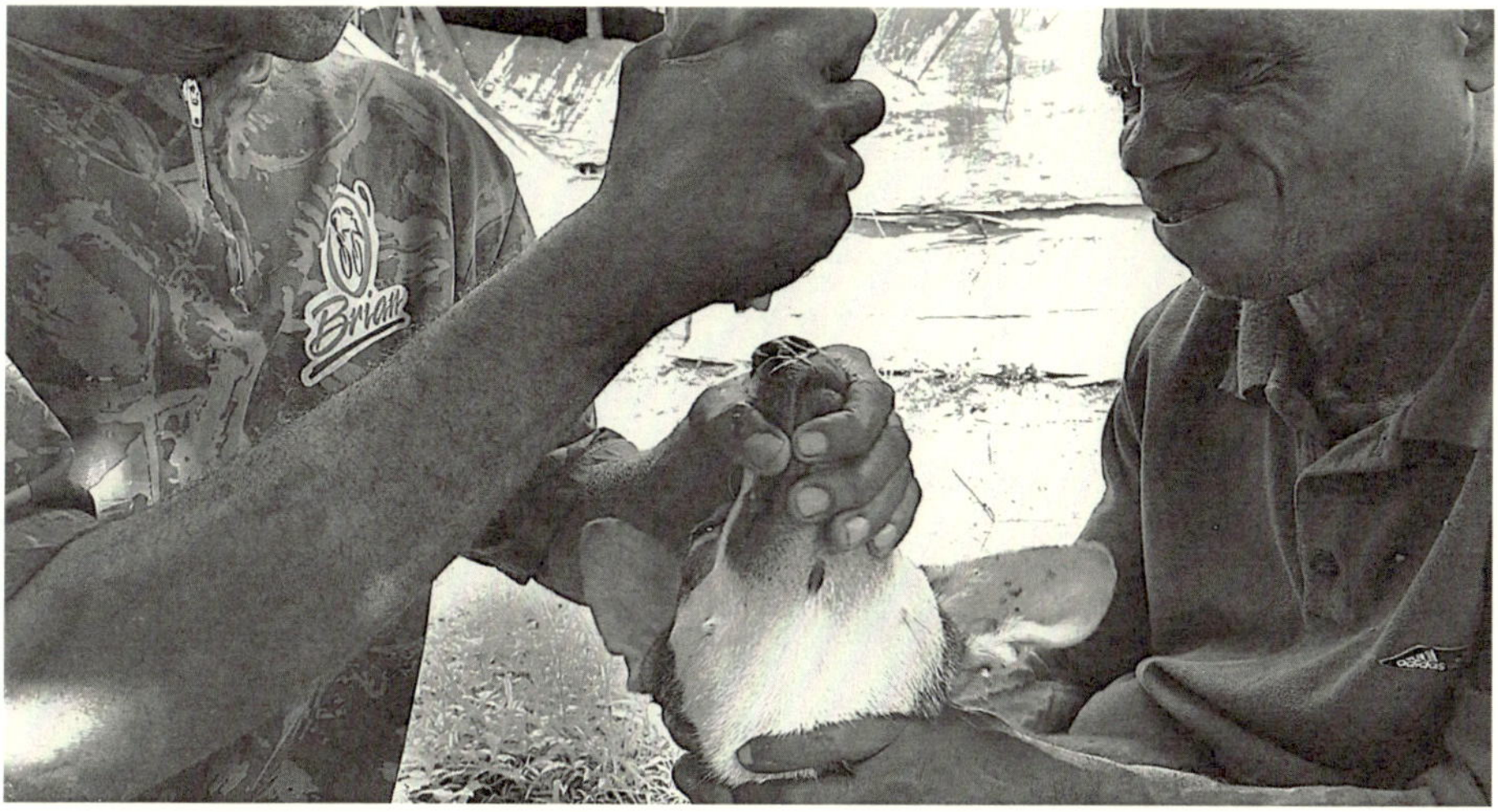

図4　クズウコン科植物の葉で作った漏斗で犬の薬を点鼻(*mufongo*)する

表6　犬の身体部位別にみた犬の薬の処方数

犬の身体部位	処方数
鼻	39
経口	29
舌	2
肛門	1
計	71

うに、剃刀で身体（皮膚）に浅い切り傷を作ってそこに薬を入れる方法は、病気治療において、もっともよく使われる治療法のひとつである。犬を「治療」して狩猟の成功可能性を高める。その際にもちいられる論理は人が人に対してもちいる病原対症療法と相同であることから、犬もまた人と同じ理屈で薬に反応する身体を持っていると考えられていることがわかる。

なお、犬の薬をもちいたハンターから犬への働きかけを、薬が施される犬の身体部位別に見てみると、七一の処方のうち点鼻や鼻へのこすりつけなど犬の鼻を対象にしたものが三九例と最も多く、経口二九例、舌二例、肛門一例と続く（表6）。これは、ハンターが犬を狩猟にもちいる上で、いかにその嗅覚に関心を集中させているかを示していよう。

三例と数は少ないが、狩猟とは直接関係のない犬の日常生活に関連した薬がある。これらは、特に犬がまだ小さいうちにしつけに使う薬の処方である。例えばササングル（*sasangulu*）という、触るとかゆみが出るイラクサ科のつる性草本を刻んで幼犬に与えると、他世帯に行って食事を盗まなくなるという。同じ目的で、アフリカオオヤスデ（ゴンゴロ）をもちいる処方もある。肉の一部をオオヤスデと一緒に包み焼き（クズウコン科植物の葉に材料を包んで焚き火で蒸し焼きにする料理法）にして、幼犬に与える。幼犬が、肉と一緒にオオヤスデを食べれば食べ物を盗まなくなると言う。

犬のしつけには、植物や動物をもちいない処方もみられる。アペパノモ（*apepanomo*）は、飼い主が自らの身体に触れさせた食物を自らの足の甲を皿がわりにして与えることを言い、幼犬を所有者に早くなつかせる効果があるという。これらの処方は、人との共同生活に必要なマナーについてしつけるトレーニングとしての意味が大きい。なお、狩猟の文脈以外で犬が病気になったときに、それを治すための治療は行われていない。

5……バカ・ピグミーにおける犬へのケアとコントロール

「犬はおれの銃のようなものだ」と言明するハンターがいるように、犬は狩猟に必要な生業技術の一要素だが、単なる狩猟具というよりも狩猟の共同実践者である。個体識別され、それぞれの個体には人の名前とは区別された固有名が与えられる。狩猟の文脈では、野林（二〇〇八）や奥野（二〇一八：一四章）がそれぞれ台湾原住民のツォウやボルネオの狩猟民プナンについて指摘するように、ハンターは狩猟ができる犬を大事にする。しかし、バカ・ピグミーは、狩猟成功時に肉の一部を分配する以外には、特別な餌を与えたり係留したりといった特別扱いをすることはない。犬どうしの配偶や繁殖についてからかうことはあっても、ちょっかいを出すことはない。中央オーストラリアのアボリジニ（Musharbah, 2017）やプナン（奥野、二〇一八）同様に、調査地の犬たちはゆるいドメスティケーション状況にあると言える。しかし、犬のほとんどはバカ・ピグミーの社会内部で、贈与・交換を通じてやりとりされており、社会的ネットワークに埋め込まれている。タスマニアの狩猟民の間で報告されている婚資システムへの組み込みのような制度化（Meehan et al., 1999）は起こっていないものの、この過程で「良い犬」が選択されている可能性は否定できない。

狩猟実践にあたって、ハンターと犬は、森や動物への共通の身構えを調える。そこで役割を果たしているのが犬の薬である。ハンターは、犬の身体に強い関心を寄せて自文化の民族医学を適用する。個々のハンターは、経験（運を含む試行錯誤）に基づき、犬に薬を処方する。犬の薬の知識の共有度が少ないことは、定住化に伴って、狩猟活動が集団槍猟から跳ね罠と銃猟へと変わる中で（佐藤、一九九一；Hayashi, 2008）、犬が狩猟に果たす役割が変わってきたことを踏まえれば首肯できる。跳ね罠猟も銃猟も基本的に個人や配偶者とのペアで行なわれ、知識の共有の機会は少ないであろうからである。またフサオヤマアラシを標的にした狩猟のための薬のような一部の薬ついてのみ、比較的知識が共有されていることは、定住集落をベースとした日帰り中心の狩猟形態では遭遇機会の減少する大型動物や中型動物よりも、フサオヤマアラシやブルーダイカー、アフリカオオネズミのような比較的小型動物を追跡するタイプの狩猟が重要になってきていることと呼応する（cf. Lupo, 2017）。狩猟実践を通じて、ときに人と犬は精神的な繋がりを持ち、愛着を形成し、「意味ある他者」になる（ハラウェイ、二〇一三）。ハンターの中には、狩猟中に起こった犬の不幸な死がトラウマになってなかなか立ち直れなくなる者さえいる［8章合原論文］。

その一方で、バカ・ピグミーは圧倒的な劣位に犬を押しこめることで、その生殺与奪に大きく関与しているのも事実である［15章菅原論文］。熱帯林環境を犬が自力で生き延びることは難しいので、[5] 犬の生存は人に依存せざるを得ない。犬の死因の三分の一以上に人が直接・間接的に関与していることは、いかに人が犬の生殺与奪を握っているかを物語る。とくに定住集落では犬は食事泥棒として暴力的制裁を加えられることが多い。聞き分けのない犬には容赦のない制裁が下される。このように、バカ・ピグミー社会における犬の位置には二重基準が存在する。森では狩猟の伴侶として人並みに扱われるが、集落では暴力的な秩序形成が日常であるというように。このアンビバレンスの生態学的背景として、犬は狩猟という生業に貢献しうるが、一方で家畜としての維持にはコストがかかることが考えられる。ただし、実用主義的な観点のみでは、長時間を共に過ごした犬と特定個人の間に築かれる伴侶と呼べるような関係や、そうした犬に対しておこなわれるケアの事例は理解できない。

犬は、森では狩猟に参与することで肉にありつく機会が増えるが、集落では農作物を料理したものが与えられることが多い。このことを調査地における犬の一般的な健康状態が良好であることを合わせて考えると、少なくとも調査地であるドンゴ村における犬の位置づけは、定住地での農耕や賃労働の割合が多くなっているバカ・ピグミーの生業変化との関連の中で考える必要がある。狩猟採集民による犬の飼養個体数や健康状態は、ホストである人社会との関係においていったい何を表しているのだろうか。この点については異なる社会経済状態にある集落やキャンプの犬について調べていくことで検討ができるはずだ。

最後に、今後の課題について述べる。本事例研究には、聞き取りや観察を行なったインフォーマントのほとんどが男性であること、調査対象村落が一カ所に限定されていて他地域・他集団との比較が貧弱であることなど、バカ・ピグミーと犬の関係の全貌を把握する上での限界がある。様々な自然環境・社会経済条件にあるコミュニティを対象とした広域比較調査を行なうことで、人の生態学と犬の生態学（個体数の動態、栄養・衛生など）の関係性や相互作用が明らかになるに違いない。

いま一つの課題は、人と犬の関係についての記述と言いながら、本章では人から犬への働きかけしか調べることができていない点である。前述したように人と犬の優劣関係は明らかで、人と犬の間の共存関係は文化空間において重層的、かつ両義的である。同時にバカ・ピグミーは、犬と共存しているようにバクウェレをはじめとする近隣農耕民とも共存してきた。このいずれの関係もアンビバレンスをはらんでいる（竹内、二〇〇一；大石、二〇一六）。犬から人への働きかけを含めて関係を記述・分析することで、犬というレンズを通してバカ・ピグミーと農耕民や外部社会の関係を描き出す（cf. エスノカノドロジー：Musharbar, 2017 after Griffin, 2015）ことがさしあたりの目標である。「犬の目から見える社会」を描く展望は、犬の具体的な行動や人との相互行為について地道に調べることから開けるはずである。

【注】

（1）定住集落でのバカ・ピグミー成人の個体追跡調査をおこなった林耕次によれば、日中生活時間利用のうち二九・七％（成人男性）、二五％（成人女性）が農耕とカカオ農園での賃労働に割かれていた（Hayashi, 2010）。

（2）本章では、民族語彙のアルファベット表記はイタリック体で表し、欧語（英語とフランス語）についてはブロック体で表すこととする。

（3）ただし木村は、コンゴ民主共和国で焼畑農耕をおもな生業とするボンガンド社会における人の命名について論じている。

（4）佐藤は旧ザイールの焼畑農耕民ボイエラの狩猟についての民族誌の中で、ボイエラが犬猟にもちいる犬の尻尾を短く切ることに言及している（Sato, 1983）。バカ・ピグミーでは、犬の尻尾を切るハンターはごく少数である。

（5） 野犬の不在から傍証される（二―一節）。

【参考文献】

Adeola, A. C., et al. (2017) A cryptic mitochondrial DNA link between North European and West African dogs. *Journal of genetics and genomics,* 44 (3), 163-170.

服部志帆「狩猟採集民バカの植物名と利用法に関する知識の個人差」（『アフリカ研究』七一、二〇〇七年）二一―四〇頁

服部志帆「犬とにんげん――カメルーンの森の人と犬から考えたこと――（カメルーン）」『アフリカ便り』（NPOアフリック・アフリカ、オンラインエッセイ）URL: http://afric-africa.org/essay/country/cameroon-essay/keep01/（二〇一九年三月五日最終アクセス）

Griffin, B. (2015) Dogs in Agta Hunting and Raiding. Paper presented at *CHAGS11*, Vienna, September 7-11th, 2015.

ハラウェイ、ダナ（高橋さきの訳）『犬と人が出会うとき　異種協働のポリティクス』（青土社、二〇一三年）

Hayashi, K. (2008) Hunting Activities in Forest Camps among the Baka Hunter–gatherers of Southeastern Cameroon. *African Study Monographs* 29 (2):73-92.

Hayashi, K. (2010) Daily activities among the Baka hunter-gatherers of Cameroon: From individual observations at the forest camp and the settlement. Paper read at the *International Conference on Congo Basin hunter-gatherers,* Campus CNRS, Montpellier, September 22-24th, 2010.

藤本武「エチオピアの犬は今日もさまよう」（『エコソフィア』二、一九九八年）四八―四九頁

池谷和信『国家のなかでの狩猟採集民――カラハリ・サンにおける生業活動の歴史民族誌』（国立民族学博物館、二〇〇二年）

木村大治「ボンガンドにおける個人名」（『アジア・アフリカ言語文化研究』五二、一九九六年）五七―七九頁

Kohn, E. (2007) How dogs dream: Amazonian natures and the politics of transspecies engagement. *American Ethnologist* 34 (1), 3-24.

Koster, J. (2009) Hunting dogs in the lowland Neotropics. *Journal of Anthropological Research,* 65 (4), 575-610.

Lewis, J. (2008) Ekila: blood, bodies, and egalitarian societies. *Journal of the Royal Anthropological Institute,* 14 (2), 297-315.

Liu, Y. H.,et al. (2017) Whole-genome sequencing of African dogs provides insights into adaptations against tropical parasites. *Molecular biology and evolution,* 35 (2), 287-298.

Lupo, K.D. (2011) A dog is for hunting, In: U. Albarella, A. Trentacoste (Eds.), *Ethnozooarchaeology: The Present and Past of Human-Animal Relationships,* Oxbow Books, Oxford, pp. 4-12.

Lupo, K. D. (2017) When and where do dogs improve hunting productivity? The empirical record and some implications for early Upper Paleolithic prey acquisition. *Journal of Anthropological Archaeology,* 47, 139-151.

Meehan, B., Jones, R., & Vincent, A. (1999) Gulu-kula: dogs in Anbarra society, Arnhem Land. *Aboriginal History,* 23, 83-106.

Musharbash, Y. (2017) Telling Warpiri Dog Stories, *Anthropological Forum*, (27) 2: 95-113, DOI: 10.1080/00664677.2017.1303603

大石高典『民族境界の歴史生態学――カメルーンに生きる農耕民と狩猟採集民』（京都大学学術出版会、二〇一六年）

奥野克巳『ありがとうもごめんなさいもいらない森の民と暮らして人類学者が考えたこと』（亜紀書房、二〇一八年）

Sato, H (1983) Hunting of the Boyela, Slash-and-Burn Agriculturalists, in the Central Zaire Forest. *African Study Monographs* (4):1-54.

佐藤弘明「定住化した狩猟採集民バカ・ピグミー」（田中二郎・掛谷誠編『ヒトの自然誌』平凡社、一九九一年）五四四―五六六頁

佐藤弘明「森と病い――バカ・ピグミーの民俗医学」（市川光雄・佐藤弘明編『講座生態人類学２――森と人の共存世界』京都大学学術出版会、二〇〇一年）一八七―二二二頁

竹内潔「〈彼はゴリラになった〉――狩猟採集民アカと近隣農耕民のアンビバレントな共生関係」（市川光雄・佐藤弘明編『講座生態人類学２――森と人の共存世界』京都大学学術出版会、二〇〇一年）二二三―二五三頁

Terashima, H. (1983). Mota and other hunting activities of the Mbuti archers: A socio-ecological study of subsistence technology. *African Study Monographs,* (3): 71-85.

ターンブル、C（藤川玄人訳）『森の民』（筑摩書房、一九七六年）

安岡宏和「バカ・ピグミーの狩猟実践――罠猟の普及とブッシュミート交易の拡大のなかで」（木村大治・北西功一編『森棲みの生態誌――アフリカ熱帯林の人・自然・歴史』京都大学学術出版会、二〇一〇年）三〇三―三三一頁

謝辞　本稿のもととなった現地調査は、日本学術振興会科学研究費補助金若手研究（Ｂ）「カメルーン東南部狩猟採集社会における遅延報酬の許容と萌芽的な社会階層化」（代表：大石高典）、および基盤研究（Ｂ）「ホモルーデンスの誕生――コドモ社会の比較研究」（代表：島田将喜）の支援により可能となった。

第8章……猟犬の死をめぐる考察

宮崎県椎葉村における猟師と猟犬の接触領域に着目して

合原織部

Keywords＝猟犬、日本の農山村、狩猟と非狩猟

1……はじめに——今日の日本の農山村、そして猟犬の役割

現代日本の自然や野生動物と人間の関係性を考えるとき、私たちは、避けては通れない問題として獣害問題に直面する。その一方で、今日の日本社会において大多数を占める都市の住人にとって、おそらくそれは年間の被害額といった数値の問題としてのみ意味をもち、日常からは「遠いもの」として存在していることは否定できない。しかし、はたしてそれは、田畑を耕し、その土壌から食糧を生産することを生業とする農山村の人々にとってのみ重要な問題なのだろうか？

ここ二〇年ほどで獣害が深刻化している日本の状況は、たんに野生動物の生息数の増加や、それらの山から里への越境が原因となってひき起こされているのではないことが指摘されてきた（Knight 2003）。より根本的な原因として、日本の農山村が経験してきた複雑な社会変容に付随して、自然環境に変化が生じていることがあげられている。戦後、経済発展に力を注いだ国家の政策の影響が、最も顕著にあらわれているのが今日の農山村であり、植林政策の結果、異常な数のスギやヒノキが照葉樹林にとって代わり、山林の生態系は大きく変容することとなった（cf. 菅

原二〇一七、第五章)。また、産業構造の変化によって若者が都市へと移るために中山間地域の過疎化が進んだ。このような状況は、山の住処やエサを奪われたイノシシやシカを里へと追いやり、また里では、過疎化によって林業や農業従事者が減り、人間活動が縮小することとなった。耕作放棄地となった田畑の跡は、野生動物にとって絶好の住処となる。今日の農山村は、野生が集落へと侵犯した状況にあり、野生動物と人間が同じ食糧をめぐって競合している状態にあるといえる。それは、農山村の人々の生活そのものに影響をもたらす問題であることがわかる。

今日の獣害をこのように捉えるとき、それは決して農山村のみが抱える局所的な問題ではないことがわかるだろう。それらをとりまく自然環境の状況は、現場の人々の実践のみならず、諸々の政策を決定する行政機関における人々の行為を含む、今日までの人間の自然環境への働きかけが映し出されたものなのだといえる。そして、そこに顕在化しているのは、食糧生産の場である農村部と、それらの手段をほとんどもたない都市部とが乖離した状況でもあることがわかる。自らが口にする米や野菜を土を耕して作ること、都市の住人は日常のなかでそうした感覚をほとんど感じることがないために、獣害がどのようなものなのかを身体で理解することが難しい。

獣害問題が深刻化している今日の日本において、自然環境や動物と人間の関係性は新たな局面を迎えている。その現場である山村集落で、人々はどのように野生動物と向き合い日常生活を営んでいるのだろうか？　そのことを明らかにするため、筆者は、宮崎県椎葉村を対象にこれまで約一一ヶ月間の調査を行ってきた。椎葉村は、標高一〇〇〇メートルを超える六二の山々に囲まれた嶮しい地形から成る(椎葉村編一九九四)。村の総面積五三六平方キロメートルの九六パーセントを山林が占めるため、平地が限られており、ほとんどの世帯で米や野菜は自給用に育てられているものの、シイタケは販売を目的として栽培されている。[1] イノシシ、シカ、サルによる農作物への被害は深刻であり、収穫がほぼない年もあるという。とくに換金作物であるシイタケへの害に住人は悩んでおり、イノシシやシカによる食害のみならず、サルが原木からシイタケをちぎって遊ぶことに怒りをあらわにする。

このような状況のなか、住人が対策法として最も頼りにしているのが、猟師による駆除である。今日の椎葉村では、主にイノシシとシカを対象にした駆除狩りが一年を通じて行われており、猟師の活動の九割がこの駆除にあてられている。また、駆除狩りの際の猟法に関しては、当地域では一八世紀以降継承されてきた狩猟伝承にもとづいて猟が行われており、駆除の際にもその方法が用いられている。(2) 猟師たちは、そのような猟では猟犬が最も重要な役割を担い、猟犬がいなければ駆除狩りも成功しないことを強調する。すなわち、椎葉村では、古くより独自の猟師と猟犬の関わりがみられ、獣害が深刻化する今日でも猟犬が重要な役割を担っていることがわかる。

本章では、人間とイヌの関わりを、椎葉村における猟師と猟犬の関係性に着目して考察していきたい。その際に、とくに注目したいのが、山における狩猟と里における猟師による猟犬の飼育という異なる文脈における両者の関係性である。というのも、調査を進めるうちに、狩猟と非狩猟という異なる位相において、両者の交渉のあり方や、猟犬の死、もしくは猟犬の存在がまったく異なって立ち現れることが明らかになったためである。本章では、従って、おなじ猟師と猟犬の関わりであっても、異なる領域における両者の交渉を通じて、猟犬の死や存在そのものがいかに異なったものとなる可能性をもちうるのかという点を、里での猟犬の飼育、猟中の猟犬の怪我や死、狩猟の実際、コウザキ信仰といった事例から考察していきたい。

2……イヌと人間の関係性を捉えるまなざし

先のような猟師と猟犬の関わりを考察するにあたり、はじめに、先行研究がそれらをどのように捉えてきたのかを確認したい。

これまで、九州山間部の狩猟や猟犬にまつわる研究は、主に民俗学を中心に蓄積されてきた。それらは、当地で継承される伝承に着目し、狩猟に適する犬種やその特徴について（山口二〇〇一）、猟犬を仕込む方法や、狩猟の際のイヌの役割（柳田一九八九、山口二〇〇一、永田二〇一六）猟犬にまつわる信仰（千葉一九九〇、山口二〇〇一、野本二〇〇四）について事例を収集してきた。これらの研究は、九州地方の狩猟における猟犬の重要性を指摘した点において日本民俗学に新たな貢献をなしたといえる。しかし、これらは、猟犬にまつわる伝承の聞き取りのみに関心が集中しており、実際の狩猟時の猟犬の働きや、日常における猟師と猟犬の関わりが明らかにされてこなかった。本章の目的のひとつは、それらの詳細を民族誌として提供することにある。

また、より理論的な視点として本章が着目したいのが、人間と人間ではない生物による種＝横断的交渉のあり方を、とくに人間とイヌのそれに着目し、「コンタクト・ゾーン」という概念を用いて理論化したハラウェイの研究である（Haraway 2007; ハラウェイ二〇一三）。ハラウェイは、多数の種が出会い、共にある場として「コンタクト・ゾーン」を捉えており、そこでは人間は例外的存在としてあるのではなく、人間もまた交換的複雑性の層構造にあり、互いに相手を形成しあう多くの「種」（地形、動物、植物、微生物など）の結び目に位置しているという。そして、異なる状況や歴史におかれたそれらの種が、そうした結び目に位置し、互いに関心を向けあうことで、「一緒になる（becoming with）」という世界に足を踏み入れることが可能になるという。そのような場で共にあるパートナーとしての存在は、それが関連づけられる対象に先んじて存在しているのではなく、あらゆる種は、一緒になり「主体と対象をかたちづくる出会いのダンス」の結果生じているにすぎず、互いの関係性のなかで形づくられていくものであると主張する。

写真１　獲物を探す猟犬（筆者撮影、2015 年）

人間とイヌの関わりに関しては、ハラウェイは、彼女のペットであるカイエンヌとともに行うアジリティートレーニングの事例をあげ、そのトレーニング自体を人間とイヌという種間の交渉が生じるコンタクト・ゾーンとして概念化する。(3) 彼女は、その概念の特徴を、①両者が遭遇し関係性をもつなかで新たな主体が相互作用的に生成される。②しかし、そのような場で異なる種が共にあるためには階層性や権力関係が伴うと説明する。例えば、障害物を通過するには、イヌは人間の指示に従うのみではなく、イヌの行動や合図を人間が読みとることが重要であるという。従って、トレーニングによって人間はイヌの考えや思いに近づき、意思疎通を通じて、相互に主体性を構築しあうと論じる。しかし、先に述べたように、トレーニングはまた権力性を孕むものでもあり、ここでとくに顕著なのは、訓練によって人間がイヌの身体に人間界のルールを内面化させるという身体規律にまつわる問題であることが指摘されている。ハラウェイは、以上のようにコンタクト・ゾーンを概念化する。

本章でも同様のまなざしを照射し、以上の特徴は、椎葉村の猟師と猟犬の交渉の場においても確認できることを示したい。しかし、後に詳細をみていくように、椎葉村においては、そのコンタクト・ゾーンの特徴が、両者の交渉が里（飼育の場）であるのか、または山（狩猟の場）であるのかによって大きく異なることが明らかになる。そのような事例の検討を通じて、ハラウェイの概念が人間とイヌの交渉のあり方を一元的に捉える一方で、それを複層的に検討し直すことで重層化する視点を切り開き、より動的な種間関係を明らかにすることを目指す。そのことによって同じ両者の関係性やそれらを通じたイヌの主体性の構築のあり方が、それらが生じる文脈によって異なるものとして立ち現れることが明らかになる。

3……里における猟犬の飼育

現在椎葉村では、猟犬の飼育は勢子の世帯を中心に行われている。勢子を担当する猟師は四〇人ほどおり、一人がおよそ五～一〇匹の猟犬を飼っている。猟師が猟犬を飼育する際に重視するのは、どのような性質のイヌを求めているのかによって種類や個体を選別することである。例えば、イヌの種類に関しては、シカ狩りに向くのは、長時間シカを追うことができるといわれるビーグル犬が好まれる。また、仔犬ができた場合には、それらの鳴き方や走り具合を確認し、性能がよいイヌだけを選別し残りは処分する。今日では、どの猟師もイヌの品種改良に専心し、よい猟犬をつくるために工夫をしている。[4]

　次に、日常において猟師はいかに猟犬を飼育するのかを見ていきたい。夜狩内地区に住む勢子ＳＩさん（四〇代）は、豆腐屋を営み、テリアとブルドッグの雑種の親子四匹を自宅前の犬小屋で飼育している。猟犬の世話に関しては、米やドッグフードを餌として一日に一度与えることと、小屋の掃除がメインであり、その他にとくに世話を行うということはなかった。猟以外のほとんどはイヌを小屋につないだままであり、日常において猟師は餌やりの際にイヌの健康状態は確認するものの、イヌに特別に関心をもつこともなく、呼びかけたり、遊んだりするなど、ともに時間を過ごすような場面も確認できなかった。また、狩猟のための訓練も行われず、イヌの親子を山につれていき、イノシシの血や肉を与えることで、自然と猟をするようになるという。ＳＩさんも含め狩猟歴の長い猟師は、これまで一〇〇匹を超えるイヌを飼育してきた場合が多く、病気などで猟ができなくなったイヌは保健所で処分するという。

写真２　小屋で飼育される猟犬たち（筆者撮影、2015年）

　以上のような里における猟師と猟犬の関係に着目すると、里は日常生活が営まれる場であるにも関わらず、世話が行われないことから両者の交渉自体が起こりにくく、猟師はイヌを個々の性格や個性をもつ個として捉えていないことが明らかになった。その点において、前述したハラウェイの論じるコンタクト・ゾーンの特徴である、イヌが能動的な主体となって人間と相互に主体を作りあう側面は、ここでは確認できないことがわかる。

また、コンタクト・ゾーンが孕む階層性の側面としての身体規律のあり方をみると、猟犬に対する訓練は見られない一方で、猟師が飼育するイヌの種や個体を選択している様子が明らかになった。品種改良を通じて、猟師の求める性能をもつイヌを作り出すという点において、イヌの身体は完全な人間の管理下にあることがわかる。そして、里におけるイヌの死がどのようなものであるかに着目すると、怪我や病気で猟ができなくなったイヌは保健所で処分されることからは、猟犬を狩猟の道具的存在としてのみ捉えられている点も否定できず、里における両者の関係性は権力を伴う階層性が顕著に反映されているといえる。

4……猟中における猟犬の怪我、死

①パートナーの喪失

第三章では、里で猟犬が怪我などを負って猟ができなくなった場合、猟師はそれらを保健所で処分することがわかり、猟犬の死をめぐる両者の関係には権力性が内包されていることが明らかになった。それでは、猟中に猟犬が怪我をしたり命を落としたりした場合、猟師はそれらをどのように捉えるのだろうか？　ここでは、間柏原地区に居住するKさん（八〇代）の猟犬にまつわる語りを事例として、その点を考察していきたい。Kさんは、定年まではトラック運転手や林業の仕事を行い、二年前に足を怪我して猟をやめるまで、五〇年以上勢子を務めてきた。今日までに、五〇匹以上の猟犬を飼育している。以下は、Kさんがこれまで猟を行うなかで自身のイヌが怪我や逃走した経験を語ったものである。

【事例1】逃走したタロウの探索

Kさんは、長年猟を続けるなかで猟犬が猟中に逃走したことが何十回とあったという。以下の語りは、七年前にタロウというイヌが逃走したときのことである。

Kさん：どうしてもイヌは探しても分からん時があるとよ。とうとう帰ってこん。一つはイヌが獲物を追うて行くでしょ。そうして猟師が分からん所まで追うていくんじゃわ。そうして、そこに行ったときに合戦するとよ。闘うなかに、シカじゃったら必ず水の中さに入っていくんよ。水の中に入っていったら、もうイヌよりかシカのほうが強いわ。ほいじゃから、シカは角をもってるから角で闘うわ。そのまま角で突かれて。それでイヌがつけてるマーカーは(5)、水に入ったら駄目になってしまう。イヌは大きな傷を受けたら、そのまま水の中で駄目になるとよ。

一度Tさんと狩りに行ったとき、タロウがそういうことがあった。何度も逃走する癖はあったけど、とうとう帰ってこんと。一ヶ月ぐらい毎日探したけど分からん。イヌが行った方向は分かっとるわけよ。そんじゃから、イヌを探して五ヶ瀬のスキー場まで行った。その途中も、山の上を登って道が続いていないシライワまで入ってみた。そんでも最終的には、イヌのマーカーの電池は一週間しかもたん。日にちが経ちよると通じんようになる。獲物を追って行って、人が行かんような所まで行った谷で闘うたんよね。そこでやられた。それが最終的にどうして分かったかというと、あくる年に川にエノハを釣りに行った人が、イヌのマーカーだけ見つけてくれた。

（二〇一五年四月二〇日）

【事例2】猟犬六匹の怪我

Kさんは、これまで猟中に猟犬が怪我をすることは数多くあったが、とくに記憶に残っている経験として、一〇年程前に小崎地区で行った猟のときの出来事を語ってくれた。

Kさん：一度は小崎に行ったところが、俺のイヌが六匹、七匹持っとって、もう六匹が切られて。駆けつけたのも俺じゃったけど、行ったところがシシと闘いよって。そしたら結構切られて、そうしとってもやっぱり闘うとよね。あん時のは、どれもよう噛んだイヌよ。かなり離れたとこから、もうはよ（イノシシを）殺さんと、こらもうイヌを失うなと思うたから。イヌはどうかしたら必ず離れるんよ。イヌの方がぽっと離れるから、シシの方がひざったり（下がる、退く）。その時、狙っとってから、撃って。そうしてシシが倒れる。そのイヌもそこへ倒れたとよ。あれと思うて。獲物がえらいなものが獲れた言うけど、そんなもの必要ねえわっちゅって。そこへ行ってみたらね、そのイヌの肝臓がそこにあばらのあいだに吹き出とった。

とにかく狩りに行く時は、五万は持っていっとった。必ずそれくらい持っておらんと、山からいきなり走らないかんことが多かったから。いやぁ、そん時はね、つれて出てこにゃあ、倒れたまましとるわけじゃから。そりゃあ雪もだいぶん深かったわね。どうにもならんから、猟師は首にゴミが入らんようにタオルをまいとるんよ。それで腹を、肝臓が噴き出とるから、それを押し込んで、もう泥とかゴミがついとるからそれに、そのままタオルで巻いてね。それから、もう道路にでとる獲物はもう見もせんとよ。イヌだけは、皆が駆け寄ったから、車に乗せてもろうて、そのまま病院に走った。（二〇一四年三月一日）

以上のKさんの語りからは、以下の点が明らかになる。一つ目には、Kさんは五〇年の間に遭遇した猟犬にまつわる事故の詳細を個々のイヌの記憶とともに覚えており、鮮明に語っていることがわかる。二つ目に、前述のとおり、里では病気などで猟ができなくなった猟犬は飼育されず処分される一方で、猟中に怪我をした猟犬に対しては猟師はまったく異なった態度をとる。事例1では、Kさんは、タロウが逃走するたびに連れ戻し、最終的に戻らなかったときにも一ヶ月間毎日遠方まで探索を行ったことがわかる。また、事例2では、自身の六匹のイヌがイノシシとの闘争中に牙で切られた場面が鮮明に語られている。猟中のイヌの怪我に備えて常にお金を準備し、イヌが傷を負った際には獲物にも気を留めずにイヌを救うことに集中している。このような事例からは、猟師にとって猟中の猟犬の怪我や死は避けるべきものとして捉えられていることがわかる。同じ猟犬の怪我であっても、なぜ猟師は里ではそれらを処分する一方で、狩猟中は全力で救い出そうとするのだろうか？　ここでは、狩猟時における両者の関わりの事例を取り上げながら、この点を考察してみたい。

前節では、里における猟師による猟犬の飼育の様子を確認した。そこでは、特別に世話が行われることもなく、猟師はイヌを個性をもつ個としては認識していないことが明らかになった。その一方で、先の勢子Kさんの猟中のイヌの逃走や怪我に関する語りをみてみると、個々の猟犬は、これまでKさんとともに猟を行ってきたパートナーとして歴史を共有するものとして語られていることがわかる。その様子からは、イヌが各々のライフヒストリーをもつものとして立ち現れていることが明らかになる。なぜ、狩猟時にイヌが猟師と同等のパートナーとなるのか、その具体的な事例は後に確認したいが、結論を先に述べると、狩猟の際には、獲物の発見、追跡、捕獲のすべての重要な役割をイヌが担わなくては猟ができない点がまずはあげられる。また、猟の成功には、人間がイヌを管理するのみではなく、イヌが猟師に情報を発信するなど、主体となって猟師と意思疎通を図ることが必要不可欠でもある。両者が、相互に互いの考えや思いに近づきコミュニケーションが図られていることがわかる。従って、猟犬は、狩猟という文脈において猟師のパートナーとなり共同で獲物の捕獲を試みるといえる。それは、山での猟において生起する特有の相互交渉のあり方であることがわかる。従って、本節でみてきたように、猟中にイヌが怪我や逃走することは、その相互に意味のあるコミュニケーションが途中で途切れてしまうことを意味し、勢子にとってはパートナーを喪失する経験として捉えられると解釈することができる。猟中に負傷したイヌをなぜ猟師は全力で救おうとするのか、その理由はそのような点にあるといえる。

②猟師のパートナーとしての猟犬

先の考察からは、猟師にとって猟中のイヌの怪我や死は避けるべきものであり、パートナーの喪失につながる経験として捉えられることがわかった。それでは、「猟の成功にはイヌが主体となり猟師のパートナーとなることが必要不可欠」というのは具体的にはどのようなことを指すのだろうか？ ここではその点を、尾前地区在住の勢子Mさん（三〇代）が、二〇一五年二月に行った駆除狩りの際に、獲物を発見した様子を事例として考察したい。[6]

その日、Mさんは、自身の四匹のイヌ（ロン、マロン、モス、ベン）とともに山に入った。Mさんは猟を始めて二年と日が浅く、イヌにも発信機を取り付けていない状況にあった。[7] 獲物の探索中、ロンが獲物を発見した様子で突然走り去ったことがあった。しかし、Mさんが現場へと駆けつける途中で、ロンがふたたび彼の元へと戻ってきた。筆者が、なぜロンは獲物をその場で捕まえなかったのかと質問すると、Mさんはその理由を、「ロンは、自分の首には発信器が付いていないことを知っていて、私に獲物の場所を知らせるために戻ってきた」と説明した。発信器を使用していないMさんは、これまでにもイヌが獲物を発見した場所を把握できないことがあったという。そのような状況をロンが理解し、Mさんが道に迷わないように獲物の場所を知らせに戻るようになったことで獲物の発見が可能になったという。

このような事例からは、狩猟の成功には、猟師による猟犬の管理のみならず、猟犬が主体性を発揮することが鍵をにぎることがわかる。Mさんの元にロンが獲物の居場所を伝えに戻ったことからは、イヌが、Mさんが発信器を使用していない状況を自ら判断して行動しており、イヌが猟師の考えや思いを把握することによって、相互の意思疎通が可能となっていることがわかる。また、ロンは、鋭い嗅覚などの人間にはない身体能力を用いて、イヌのみがもたらすことができる獲物の情報を猟師に伝えていることも明らかになる。猟師は、猟犬の状況判断やそれがもたらす情報を頼りに行動しており、それらをなくしては獲物を仕留めることはできないことがわかる。

また、ここで着目したいのが、Mさんが自身の猟犬が猟中にどのような働きをなすかを説明するあり方である。

彼は、猟の合間に、自身の四匹のイヌの特徴を筆者に説明してくれることがあった。彼によると、ロンはハナイヌと呼ばれ、四匹のなかでも猟の経験が最も長くリーダー的な存在であるという。多くの場合、ロンが最初に獲物を発見し、他のイヌを現場まで誘導するという。一方で、他の三匹はまだ若く経験が浅いこともありすぐに体力を使い切るが、モスは長距離を走るのが得意なためにシカ狩りに最も向いていると説明する。このようなMさんの語りからは、猟師は、猟を行っているときには自身の四匹のイヌの特性や個性を把握していることが明らかになる。

以上のMさんの駆除狩りの事例からは、狩猟のときには猟犬が最も重要な役割を担い、獲物を発見の際にも、イヌの状況判断やイヌが能動的に人間と意思疎通を図ることを抜きにしては成功しないことがわかる。また、獲物の格闘の事例からは、猟師はそれぞれのイヌの性格や特性、鳴き声を把握していることがわかる。従って、狩猟という行為を通じた両者の交渉によって、はじめて猟犬は個性をもつ個となり、主体性を帯びた猟師のパートナーとなることがわかる。先の項では、間柏原地区の勢子Kさんが、猟中のイヌの怪我や死を全力で避けようとしている点を指摘したが、その理由として、本事例を通じて、狩猟という文脈における特有の猟師と猟犬の関わりが存在し、猟犬が猟師のパートナーとなるためであることが明らかになった。

5……神へと昇華する猟犬

ここまで、里での猟犬の飼育と、山での狩猟という異なる位相における猟師と猟犬の関わりを考察してきた。それぞれの文脈において、両者の交渉を通じた猟犬の死というものがまったく異なって立ち現れることが明らかとなった。最後に取り上げたいのは、猟中に猟犬が命を落とした場合における両者の関係性である。

椎葉村では、狩猟中にイヌがイノシシの牙の犠牲になるなどの理由で死んだ場合、コウザキ様という神として祀られる風習がある。コウザキ信仰は、九州の日向山地一帯にみられ、民俗学を中心に事例が蓄積されてきた

写真3　裏山に祀られているコウザキ様（筆者撮影、2014年）

（千葉一九九〇、山口二〇〇一、野本二〇〇四）。

向山地区の猟師ＫＡさん（牛の飼育、六〇代）の場合は、自宅の裏山にコウザキ様と山の神を個人で祀っている。ＫＡさんは、コウザキ様とは、猟中に怪我で死んだ猟犬を神として祀ったものであり、イヌが死んだ場合には山中の現場で木の枝を集めて棚をつくり、そこにイヌをあげて風葬すると説明する。棚の高さは一メートルほどで、その上にイヌを寝かせるときには、谷に下りて形のよい枕石を選びイヌの頭にのせる。そうすることでイヌの魂を枕石に移す。その石を自宅に持ち帰り、自家のコウザキ様に祀るという。自家のコウザキ様には、御幣を祀り、イノシシが獲れるたびに肉や心臓の七キレを串にさして供え、猟の無事や成功を感謝するという。

ＫＡさん宅の裏山には、石が数個コウザキ様として祀られており、彼はそれらを指さしながら説明を加えた（写真）。そのうちの二つは彼が猟中に葬ったイヌであり、一つはＫＡさんの祖父にあたる勢子Ｉさんがイノシシとの格闘中に誤って自分のイヌを撃ったときのものであるという。そのイヌはヤマといい、好奇心が旺盛でイノシシにでも平気で向かっていくイヌであったため、Ｉさんも成長を楽しみにしていたという。それを機に、Ｉさんは猟をやめたと話す。その他の石に関しては、どのイヌがどのように死んだのかは定かではなく、子供の頃から裏山に祀られていたために現在でもコウザキ様として祀っていると話す。

以上の事例からは、狩猟の犠牲になって猟犬が命を落とした場合には、棚上げ風葬の儀礼を通じて猟犬の霊が石へと集約され、個々のイヌは自宅の裏山に石となって一つずつ集められていくことがわかる。先の三節では、狩猟時には猟犬は主体性を発揮し、猟師のパートナーとして個性や性格をもった個となることを確認した。しかし、ＫＡさんのコウザキ儀礼の事例をみると、彼が裏山に祀られているコウザキ様の石をみて、具体的な個としてのイヌの記憶を思い起こすことができるのは、ＫＡさんが実際に置いた石と、祖父Ｉさんが置いた石に限られることがわかる。すなわち、石として祀られるコウザキ様の元の姿を具体的なイヌとして把握できるのは、石を置いた本人か、一～二世代前に限られ、世代を遡るごとにイヌの具体的なあり様を辿ることができなくなる。このことからは、狩猟中は主体となり猟師のパートナーであった個としての猟犬が、コウザキ儀礼を通じて神へと神格化されることがわかる。そして、名をもつイヌは徐々に忘れられて神として猟師の記憶に留まっていく。特定の人と結びついた個としてのイヌは、その個性を儀礼を通じて喪失することで、猟の際には猟師を守る超越的な存在としての位置を獲得する。

6……おわりに

本章の目的は、椎葉村における猟師と猟犬の交渉や、そこから立ち現れる猟犬の死の諸相を里と山という領域の違いに着眼して検討することにあった。その際には、人間とイヌの関わりをコンタクト・ゾーンという概念を用いて理論化を試みたハラウェイの視座に照らし合わせて考察を行った。ハラウェイは、その概念を一元的に捉える一方で、本章の事例からは、同じ猟師と猟犬の交渉であっても、異なる位相においてはそれらがまったく違ったものとして立ち現れる点を示すことで、ハラウェイの概念を重層化する可能性を指摘した。

里においては、猟師は特別にイヌの世話を行うことはなく、猟犬はほとんどの時間を小屋につながれて過ごすことが明らかになった。また、猟師はイヌの品種改良に専心し、よい性能をもつ猟犬を作り出すことを重視する。猟ができなくなったイヌは保健所で処分されることからも、猟犬の身体は人間の管理下にあることがわかる。ここでは、ハラウェイのいう両者の交渉や主体性の相互構築はみられず、権力性や階層性が最も顕著に現れることが明らかになった。

一方で狩猟の文脈においては両者の関わりは全く異なった様相を見せる。その理由には、獲物の発見、追跡、捕獲という重要な役割を猟犬が担うこと、また、猟犬が能動的に猟師と意思疎通を図り獲物に関する情報を伝えることによって猟が初めて成り立つという点が深く関わっている。猟中は、イヌと人間が相互に互いの思いや考えに歩みより、意思疎通を通じて協働で獲物を捕獲することから、猟犬は猟師のパートナーとなり、個性をもった個として認識されることが明らかになった。それゆえに、猟中のイヌの怪我や死は猟師にとってはパートナーの喪失として経験される。従って、ハラウェイのいう異種間による主体性の相互構築という側面は、椎葉村においては狩猟という文脈においてはじめて生起する相互行為であることがわかる。そして、コウザキ儀礼の事例からは、猟中に猟犬が怪我などで命を落とした場合には、コウザキ様として神格化され、狩猟時には特定の猟師と結びついていた個としての猟犬の存在は、儀礼を経て神へと昇華することがわかった。ハラウェイは、人間とイヌの交渉を理論化することを試み、人間と他の生物種の関係性を考えるうえで重要な視座を提供したといえる。しかし、それらを捉える視点は固定的であったといえるだろう。椎葉村においては、猟師と猟犬が里と山という異なる領域を移動し往還することによって、猟犬の存在や死というものがまったく異なったものとして立ち現れるという世界が広がっているのである。このような事例考察からは、人間とイヌの関係性は一元的に捉えられるものではなく、同じ両者の交渉であってもその性質は文脈によって全く異なったものになることが分かる。

【注】

（1）椎葉村には一〇地区九一集落があり、平成三〇年の人口は二七三九人である。

（2）駆除狩りは、集団猟（五～一五人）で行われ、勢子（イヌとともに山に入り、獲物を探して追う役割）とマブシ（イヌが追う獲物を待って撃つ）の役割に分担される。詳細は、柳田國男（一九八九）を参照。

（3）　アジリティーとは、競技スポーツであり、二〇個ほどの障害物が設置されたコースを、イヌとその飼い主が共同で走り、人々は、イヌが障害物を通過する際に、的確に指示しなくてはならない。

（4）　獲物を見つけたときに鳴く、獲物を追って走る、獲物に噛みつくなどの性質をもったイヌがよいとされる。

（5）　「マーカー」とは、現在椎葉村で狩りの際に猟師が猟犬にとりつけて使用する機械のことをいう。それによって、猟犬が走る位置を確認することが可能となる。

（6）　前述のとおり、猟犬は、獲物の発見、格闘、捕獲といった重要な役割をすべて担うため、それらの全過程を事例とともに考察することが重要だが、ここでは紙幅が限られているため、勢子Mさんの事例に絞ることとする。それらを考察した論文は、合原（二〇一七）を参照。

（7）　多くの猟師は、猟犬に発信機をつけ、山のなかでイヌが走っている位置などを確認しながら猟を行う。

【参考文献】

合原織部（二〇一七）「猟犬の変身――宮崎県椎葉村における猟師と猟犬の接触領域に着目して」『Contact zone（コンタクトゾーン）』九、七二―九七頁

椎葉村編（一九九四）『椎葉村史』椎葉村

菅原和孝（二〇一七）『動物の境界　現象学から展成の自然誌へ』弘文堂

ダナ・ハラウェイ（二〇一三）『犬と人が出会うとき　異種協働のポリティクス』高橋さきの訳、青土社

千葉徳爾（一九九〇）『狩猟伝承研究　補遺篇』風間書房

永田りさ（二〇一六）「猟犬の役割――命がけで闘う猟犬」シンジルト編『狩猟の民族誌　南九州における生業・社会・文化』熊本大学、四二―五三頁

野本寛一（二〇〇四）『山地母源論1――日向山峡のムラから』岩田書院

柳田國男（一九八九）『柳田國男全集5』筑摩書房

山口保明（二〇〇一）『宮崎の狩猟　その伝承と生活を中心に』鉱脈社

Haraway,Donna (2007) *When Species Meet*. Minnesota: University of Minnesota Press.

Knight , John (2003) *Waiting for wolves in Japan: An anthropological study of people-wildlife relations*. Oxford: Oxford university Press.

第9章……御猟場と見切り猟

猟法と犬利用の歴史的変遷

大道良太

Keywords＝巻狩り、狩猟技術、猟犬の役割、京都北山

1……はじめに

京都北山の入り口に位置する雲ケ畑の集落は御所から近いこともあり、御猟場が設置されていた。御猟場という特殊な条件下において北山での狩猟における本筋とも言える「見切り猟」が衰退し、来賓に射獲させることを第一とするスポーツハンティングの一面を持つようになった。

筆者は当地の猟隊の長を父に持ち、共に現役の狩猟者として、長く猟を行う中で集落と深くかかわってきた。本章では、御猟場時代の狩猟を考察すると共に北山での「見切り猟」について詳しく述べ、その他の猟法との猟犬の役割の違いについても確認してみたい。また猟犬についての詳細は第14章「狩猟者から見た日本の狩猟犬事情」にて解説する。

2……調査地について

調査地は京都市内を縦断するように流れる賀茂川の源流域、京都市北区雲ケ畑である。六五世帯一三九人の谷あいの集落で、大正時代までの主要産物は薪や炭で山に入ると炭焼きの窯跡が今も多く残る。昭和時代より杉や檜の造林が進み「雲ケ畑林業センター」ができるなど林業が盛んになり、川端康成の小説『古都』にも出てくる北山杉の主要産地である、中川、小野郷とともに「北山三村」と呼ばれている。

この地の山並みの特徴としては京都北山の入り口であることがあげられる。京都北山とは『山と高原地図47 二〇一七年版』によると〈京都市街地から八瀬、鞍馬、雲ケ畑、鷹ヶ峰がある北方の山に目をやると、山々が累々と連なっているのが見える。このように京都盆地の北から若狭へと続く山並みを、昔の京都の人々は「北山」と呼んでいた…京都北山は、標高四〇〇~九〇〇メートルのノッペリとゆるやかな山々が連なっており、山岳というより高原状の地形が続くので、丹波高原とも呼ばれている。…里山または里山と奥山の中間のような低山が連なっている〉とある。この文中に丹波高原とでてくるように京都北山は丹波地域とも近く、猟法においてもよく似た手法が用いられている。丹波地域はイノシシ猟のメッカと言われるほど古くからイノシシ猟が盛んに行われ、特に猟師の技術が高く評価されている。

3……御猟場、猟区

調査地の狩猟における大きな特徴は、明治時代から昭和時代にかけて御猟場、猟区が設置されていたことである。『雲ケ畑、御猟場、猟区設置由来』によると雲ケ畑御猟場は一八八八（明治二一）年に御猟場として創設され、翌年には都合により中止されるも一九〇五（明治三八）年九月には愛宕御猟場として設定、一九〇八（明治四一）年には猟場を拡張され京都御猟場となった。その際の区画としては雲ケ畑全域、貴船国有林全域、鞍馬寺半域、小野郷、大宮、上賀茂、静市の一部、総面積五一二四町歩（五〇八一ヘクタール）が記録されており、監守長、監守、見回り人、保護嘱託人係を合わせて計二一名が配属された。この区域を四名の監守が保護監督し調査表を監守長に報告し、監守長は総合監察し主猟寮に報告する厳格な仕組みであった。

明治39年国賓として来村された方々及び担当官

・英国コンノート殿下、陪臣ダビットソン大佐、マグドナード大佐

・樺山、黒木、東郷、上村各大将、伊集院中将、財部、宇都宮大佐、佐々木中佐、戸田主猟局長、小原、伊達、松平、福島各主猟官、沢木、子林、福山三属官、府県名猟師

延52名　勢子32名　猟犬37匹

（『雲ケ畑、御猟場、猟区設置由来』より抜粋）

国賓をみてみると日本を挙げての行事であったことが窺える。コンノート殿下は明治天皇にガーター勲章を奉呈するため初めての英国王室としての日本公式訪問である。勲章は騎士団の一員になることを意味することからも、この年の御猟行事はハンティング文化の根深い英国人紳士へ、日本の紳士の嗜みとしての狩猟を披露し、また味わってもらうことが狙いであったと思われる。

御猟場時代のその他の記録、逸話として、スペインの公使の名前やロシアのウイルソーフ公爵が一月一六日に七貫匁の牝猪を射止められた記録もある。他にも朝香宮、北白川宮が雲ケ畑で御宿泊された記録や伏見宮に良い待場を提供申し上げたため僅かな日数で沢山射止められたという記録がある（写真1）。宿のない雲ケ畑の村で来賓の方々が宿泊する際には村民の住居を使われたが、村民の普段使用する風呂や便所では失礼に当たるとして来

賓の方々専用の「上の風呂」、「上の便所」を作ったという。一年のうちこの御猟の期間だけ使われる特別なものであり、今も古くからある雲ケ畑の住居で確認することができる。

他には、東郷元帥もよく射止められるので上村大将は「東郷御前はバルチック艦隊のように雲ケ畑の猪を全滅さすのか」と冗談をとばされていたが樺山大将に対しては皆閣下といって礼を尽くされていたという話などが記録に残されている。こういった来賓の名は、現在でも東郷さん場、乃木さん場、宮さん場などタツマ（犬に追われた獲物の予想逃走ルートにて待ち、銃で仕留める役割の者）の配置場名称として伝わっている。

写真１（左）北白川宮、（右）朝香宮（雲ケ畑の集落に配布された写真より）

一九二三（大正一二）年に弁当を運ぶ人員に誤射があって御猟場としては閉鎖されたが、[1]その後は雲ケ畑猟区として村営猟場が経営された。その際も全国より有名な方々が来村されており、「鉄道王　根津嘉一郎」、「電通　光永星郎」、「雅叙園　細川力蔵」、「東電　若尾」、等の名前が記録され、その他北海道、東京、名古屋、大阪などからも名有者が競猟に来所されて相当な利益を上げ、昭和六年学校火災の復興費はすべて猟区の利益で賄い、雲ケ畑のイノシシやシカで建てて貰ったような遺物であると言われた。

猟区当時を知る、雲ケ畑の鴨井重雄氏によると「小学生の頃、数少ない男子生徒として東京、大阪の有名な方々の鉄砲持ちに再三雇われて山に行った。大人の一日の日当より多額のチップを戴いて学用品を買った。」と言い、猟区時代においても雲ケ畑で狩猟を行うことは紳士のステータスであったと推測できる。

その後の雲ケ畑猟区は京都御猟場として鳥獣審議会で保護する案もあったが、林業被害が大きく補償が出来ないため廃止に至った。

4……北山における猟法と猟犬の役割

①御猟場、猟区時代の猟

御猟場、猟区時代と現在の雲ケ畑における猟法、猟犬の役割について考えてみたい。御猟場、猟区時代については資料を中心に考察し、現在については現地での実猟を共にした経験、及び現地での聞き取りから考察する。

御猟場、猟区時代の猟法及び猟犬の役割を当時の資料、聞き取りから考察すると大規模な巻狩りであったことがわかる。巻狩りには様々な形式があるが、ここではイノシシやシカなどを対象とした猟の中でも追い出し役の勢子と撃ち止める役のタツマに分かれて行う猟を総称してもちいることとする［8章合原論文］。先述の明治三九年以外の記録を見てみると次のようになる。

大正4年1月16日より29日まで
捕獲頭数　イノシシ　70頭　八百余貫（3000kg、一頭平均43kg）
シカ　81頭　千三百貫（4875kg、一頭平均60kg）
累計　151頭（犬による捕獲22頭）

大正7年1月17日より26日まで
捕獲頭数　イノシシ　124頭（総重量記録なし）
シカ　71頭（総重量記録なし）
累計　191頭（犬による捕獲記録不明）

（『雲ケ畑、御猟場、猟区設置由来』より抜粋）

捕獲頭数は毎年全国の新聞に掲載され話題の的となったという。一九一八（大正七）年には一日平均二〇頭も獲ったので或る大将は「この猟場は世界一だ」と称賛したという。

捕獲頭数もさることながら、注目したいのは①勢子とタツマの比率、②勢子と猟犬の比率、③犬による捕獲である。

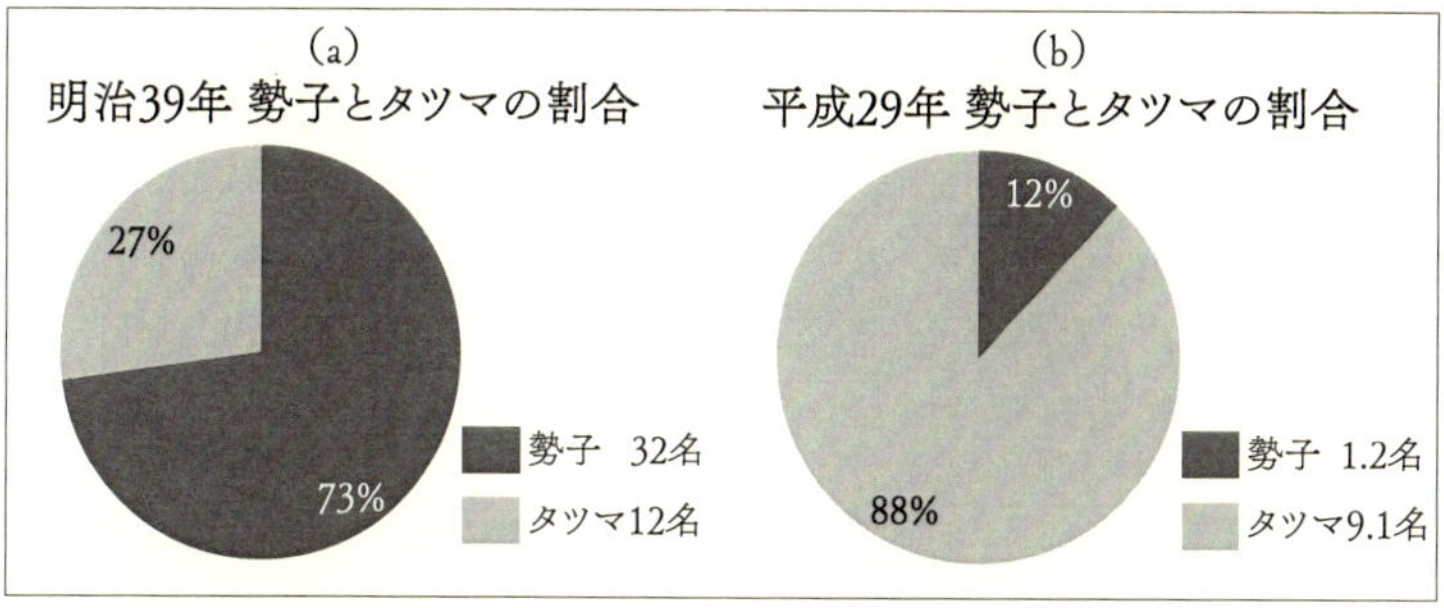

図1　(a)は1906(明治39)年、御猟場における数値。(b)は2017(平成29)年、雲ケ畑猟場における出猟18回の平均値

①まず、巻狩りにおける役割の比率（勢子とタツマ）は一九〇六（明治三九）年を例にとって考えると、延人数五二名のうち担当官八名並びに勢子三二名を除いた一二名がタツマと考えられる（図1(a)）。現在行われる猟犬を使用した巻狩りでは勢子一名から二名、タツマ五名から一〇名程度の比率が一般的である(2)（図1(b)）。このため御猟場、猟区時代における三二対一二という比率は特殊な数字であるといえる。北晴夫は、『狩猟――基本と実猟』のなかで、巻狩りを勢子猟とグループ猟に分けている（北、一九七〇）。現在行われる巻狩りは、少数の勢子が山の上から多数のタツマの待つ山裾などの獣道に猟犬と共に獲物を追い出し、タツマのうちの誰かが撃ち止める勢子猟である。一方、御猟場や猟区時代の巻狩りは、多くの勢子と猟犬が特定のタツマ（来賓）に向けて四方から取り囲み、まるで漁業における追い込み漁のように囲いを縮めながら獲物を追い詰めて撃ち止めるグループ猟である。それは、狩競の一種の「中世の巻狩り」に近かったと考えられる。その理由はもちろん御猟場や猟区として来賓に射獲していただくことが最も重要であったからである。

②次に勢子と猟犬の比率をみた場合、一九〇六年には、勢子の数三二名に対し、犬の数三七四とほぼ同数に近く、一人につき一匹を扱っていたよ

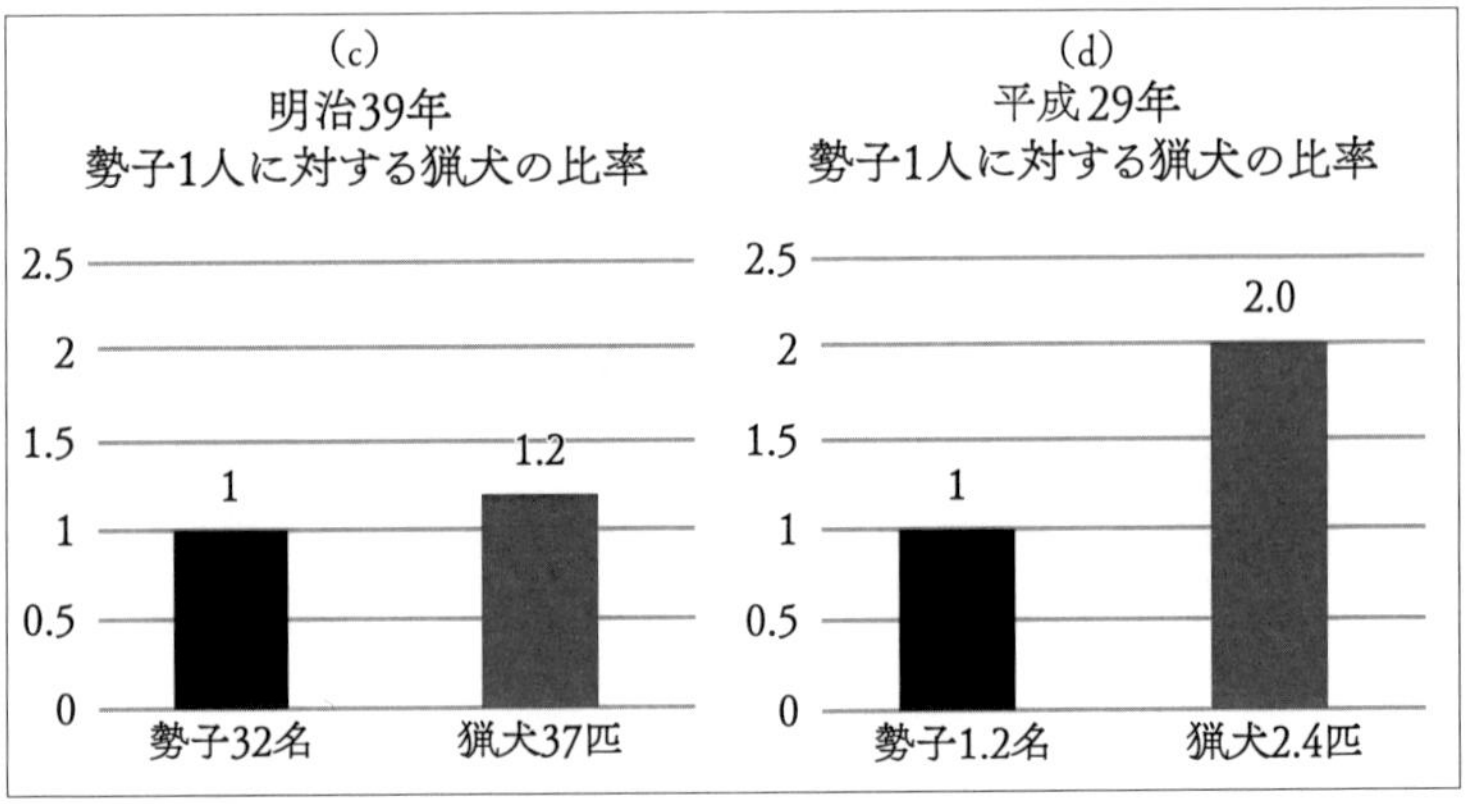

図2　(C)は1906(明治39)年、御猟場における数値。(d)は2017(平成29)年、雲ケ畑猟場における出猟18回の平均値

うである（図2ⓒ）。現在の巻狩りは一人あたり二、三匹、場合によっては五匹以上も扱うことがある猟法である（図2ⓓ）［8章合原論文］。よってこの使用猟犬の数にも御猟場、猟区時代の特色があると言える。考えられる理由として、猟犬は勢子（主人）と協力しあって猟を行うが、猟犬の数が増えると勢いがつき勢子（主人）を頼らずに自分達だけで捕獲しようとする。こうなると猟犬は獲物を咬み止めてしまい、タツマに向けて追い込むことが出来なくなる。その他の理由として、自動車に猟犬を積んで放犬地点の近くまで行くことが出来る現代に対して、御猟場、猟区時代には山裾から猟犬を引いて上手くタツマに獲物を追い立てることができる位置まで移動せねばならず、多頭引きが難しかったことも考えられる。また他県から参加している勢子の場合は雲ケ畑まで猟犬を連れてくる苦労も考えなければならない。この時代の犬の飼い方から考えても村の犬、谷の犬などと呼ばれ放し飼いが一般的であったなか、きっちりと管理下に置いた多頭飼育をする勢子が多数いたとも考えにくい。

③次に犬による捕獲に注目したい。理想として特定のタツマ（来賓）に向けて獲物を追い出したいが、どうしても犬のみによる捕獲が起こってしまう。一九一五（大正四）年の記録で考えてみると捕獲頭数一五一頭のうち二二頭が犬による捕獲であり、およそ一五％にあたる（図3）。猟犬が山中においてシカを捕獲することはほとんどない(3)ため、すべてイノシシと考えてよいだろう。鉄砲を

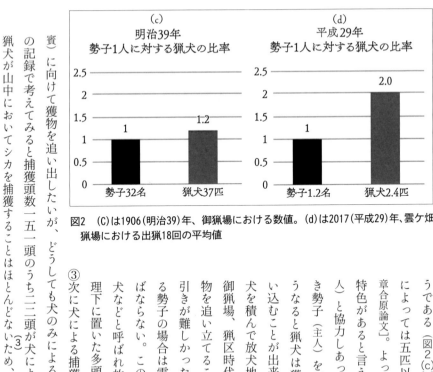

使用せずに犬のみでイノシシを捕獲する場合、幼獣を猟犬が咬み殺すか成獣の場合は猟犬が咬み止めているところを猟師が刃物で止め刺すことがほとんどである。しかし、当時の雲ケ畑では咬み止めることを「よし」とはしなかったようだ。『雲ケ畑、御猟場、猟区設置由来』をまとめた鴨井重雄氏の息子に当たる鴨井佐一氏の話によれば、「ドンコ（イノシシの幼獣）を生きたまま捕まえたらよ、大人の日当の半額になったんや、伊豆の方で御猟をしはるのに山に放すから生きてんとあかん、運び易いようにどんこがよかったんや、大きいイノシシやったら運べへんやろ。だから猟犬も咬みに行くやつはあかん、弱って運んでる間に死んでしまう。どんこ相手でも吠えて威嚇して逃がさへんような犬が「よし」とされたんや。」という。

来賓による射獲を第一としながらも、ボーナスとなるイノシシの幼獣を猟犬により生体捕獲（生け捕り）することが当時の雲ケ畑の猟の考え方であったと推測できる。

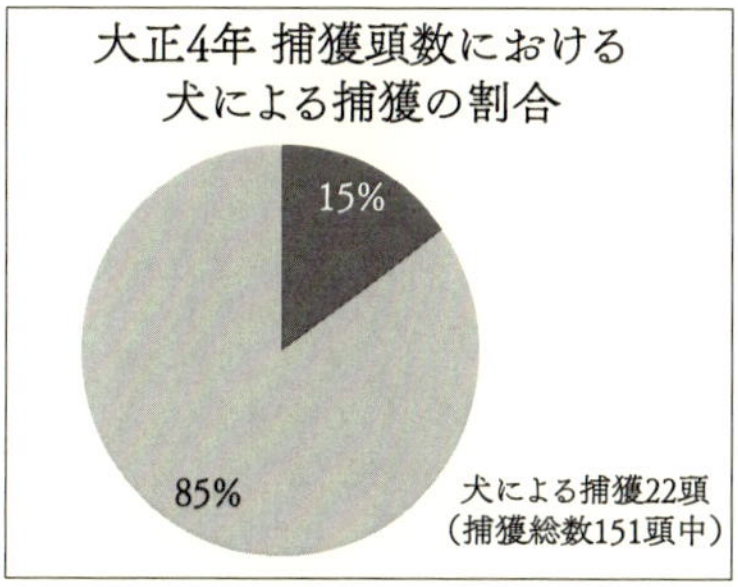

図3　1915（大正4）年、御猟場における数値

②現在の雲ケ畑、北山での猟法

第2節でも触れたように雲ケ畑は京都北山の入り口に位置し本来、丹波地域と同じような猟法を行ってきたはずである。しかし御猟場、猟区という特殊な時代を経たことや、昭和時代には林業が盛んになったために山地において狩猟が制限されたこともあり、近隣の集落に比べて猟師の技術、知識の継承が難しかったようだ。

イノシシ猟の盛んな丹波地域で行われ、高い確率で猟果を期待できる見切り猟が、近隣の集落である貴船、鞍馬、静原などでは行われるが、雲ケ畑ではその技術を持った猟師がほとんどいないのが一つの根拠である。本章では見切り猟の伝承を手助けすることも意図するところであるので、次項で詳しく説明する。
雲ケ畑で見切り猟が盛んに行われなくなった背景として、山、尾根の形状が複雑で小仕切りしにくいものであることがあげられる。加えて御猟場、猟区時代に猟に携わった家系が大きな影響力を持ったため他の家から猟師になる者があらわれず、猟隊の人数が少なかったことが原因であると考えられる。

雲ケ畑では山師（林業従事者）など山に携わる人間からの前日の目撃を頼りに跡見[4]も行わず、あてずっぽうで狩る山を決めるような猟を行っていた。

イノシシやシカが多くなった現在ではそれでも猟果は得られているが、鴨井氏によると「昭和の中頃から終わりにかけてはよ、獲物が少なくてよ、ひと月に二頭ほどしか獲れへんかったこともあった。」という。

近隣集落で行われている見切り猟については狩猟の中でも特に高度な技術と経験を要するため、京都北山では見切りが出来ることが一人前の猟師とみなされるような風潮がある。

狩猟の格言として「一犬《いちいぬ》、二足《にあし》、三鉄砲《さんてっぽう》」[5]という狩りにおいて重要な要素を表した言葉がある、全国的によく聞く言葉であるが丹波地域でのみ「一足《いちあし》、二犬《にいぬ》、三鉄砲《さんてっぽう》」と聞いたことがある。ここでいう「一足」とは猟師の足腰ではなく、足跡を読む技術ということらしい。見切りで足跡を読み切ればイノシシのいる尾根が特定できる、そうすれば猟犬が名犬でなくともかまわない、猟犬を一度に沢山放すことで猟犬に勢いが出れば大きなイノシシであってもひるむことなく一声「ワン！」程度は吠えられるものである。[6]その吠えでイノシシが逃げ出せばタツマの射獲となり、逃げずに猟犬相手にどっしり構えているようであればその間に勢子が猟犬の吠えを頼りに現場に寄り付き射獲すればよい。

狩りにおいて最も重要なこととは足跡を読むことで、猟犬は二の次であるというのが見切りをする地域の考え方であるようだ。[7]

③見切り猟について

見切りとは厳密には猟ではなく、捕獲行為に入る前の下準備である。もう少し具体的に見切りを説明すると、あるひとつの尾根にイノシシがいるかどうかを判断するために谷筋などを利用し尾根を包むように周囲を一周歩き、包んだ尾根に入る足跡（入り跡）と包んだ尾根から出ていく足跡（出跡）を読む。これが見切りと言われる行為である（写真2）。

京都北山は独立した山が少なく、低い山々がひしめき合って日本海まで延々と続くような深い山並みである。尾根の数も多く複雑である。このため見切りは集団で行う。それぞれの猟師が一人一本、谷筋を歩いて登り主尾根に出ると、尾根で一旦集まりイノシシの足跡の報告をして進行方向を予想し、それぞれが下る谷筋を決める。隣り合ったいくつもの枝尾根を一本一本包むように谷筋を歩くことで、高確率で現在イノシシのいる尾根を特定する。その後の捕獲行為は巻狩りと同様である。

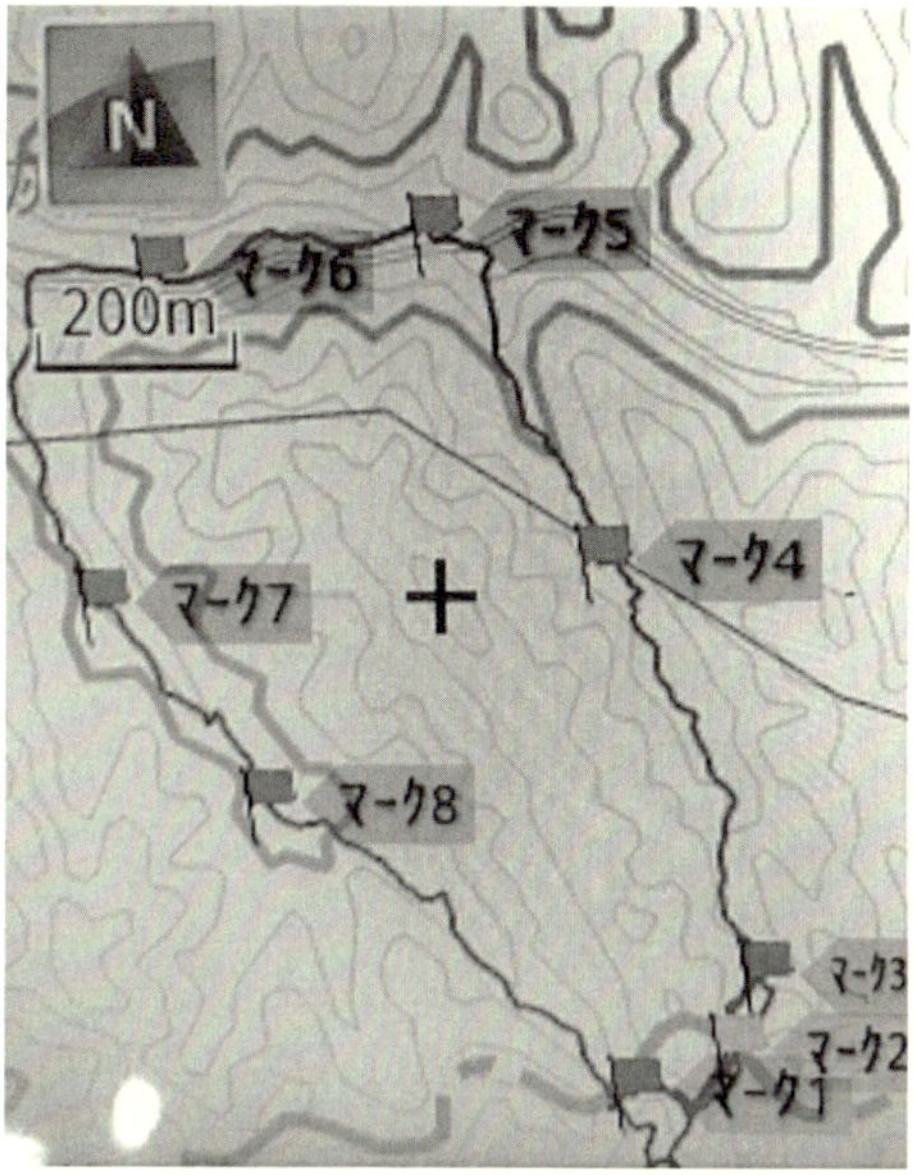

写真2　ドッグナビ（狩猟用GPS端末）の画像データ

- ◉ マーク1、4、5、6はイノシシの入り跡
- ◉ マーク3、7、8はイノシシの出跡
- ◉ マーク2は見切りルート上をうろつくイノシシの跡でこの地点では出入りの判断保留としていたもの（この後マーク3で出跡に認定した）

巻狩りと猟犬の役割について簡単に説明すると、勢子猟とも言われる巻狩りとは追い出す係の勢子と銃で仕留める係のタツマ（タツ、マチ）に分かれて行う猟法で、早朝に足跡や餌食みの跡から獲物の寝ていそうな山の尾根を予想する「跡見」をし、獲物を追い出した際に通りそうな要所、獣道、入り跡などにタツマを配置する。タツマの準

備が整えば勢子が犬を連れて尾根の上に移動し放犬、追い出しを開始する。

犬とともに勢子が大声を出しながら追い出すが、イノシシに雑木林の藪に潜まれると人間の能力では見つけることも、そこから追い出すこともできない。そこで猟犬が臭いをたどって発見し、吠えて藪から追い出す「起こし」という仕事をする。

イノシシは日中寝ていることが多いため、突然の人間の大きな声や猟犬が臭いをたどって近づき吠えたててくると慌てて逃げる。その際、普段通り慣れた獣道を通り逃げようとするので先に配置しているタツマが銃で仕留めるといった猟法である。

この猟法で求められる犬の資質は、獲物を寝屋から追い出すしっかりした鳴き声と獲物を探し出す捜索能力である。獲物を追っている間も鳴き続ける「追い鳴き」はタツマに獲物の接近を知らせるのに役立つし、付近に獲物がいなかったときに勢子のもとに戻ってくる「連絡」もあるとよい。

見切り猟の特色としてイノシシを見切ったときはイノシシのみを猟の対象とし、シカ等他の獲物を捕獲しないということが挙げられる。巻狩りが始まって尾根が騒がしくなると先に逃げるのがシカであるため、シカの射獲があると猟犬がその場所に集まり、尾根にイノシシを残してしまう。

巻狩りを何度も経験し学習した猟犬になると鉄砲の射撃音を聞くだけでその場所で獲物の射獲があったと予想し寄ってくる。その場合再度リードに繋ぎなおして離れた場所で放犬し尾根の狩り残している箇所に猟犬を導こうとしても、先ほどの射獲のあった場所に戻ってしまう。こういった理由から捕獲対象を限定している。

経験を要する見切り猟の難しさとは何かについても考えていきたい。京都北山は杉の産地であり山の中腹より裾にかけては杉林という山並みが続く。杉葉というのは立体的で弾力があり、枝打ちなどで落ち葉となってもその形状を失うことはない。そのためイノシシが歩いたとしても足跡が残らず人間の目では確認できない。このため杉林で見切り猟を行うには雪を待つ必要がある。雪面に残る足跡から①獣の種類、②移動方向、③個体サイズ、

④個体数、⑤鮮度を判断する。個別に要点を確認すると、

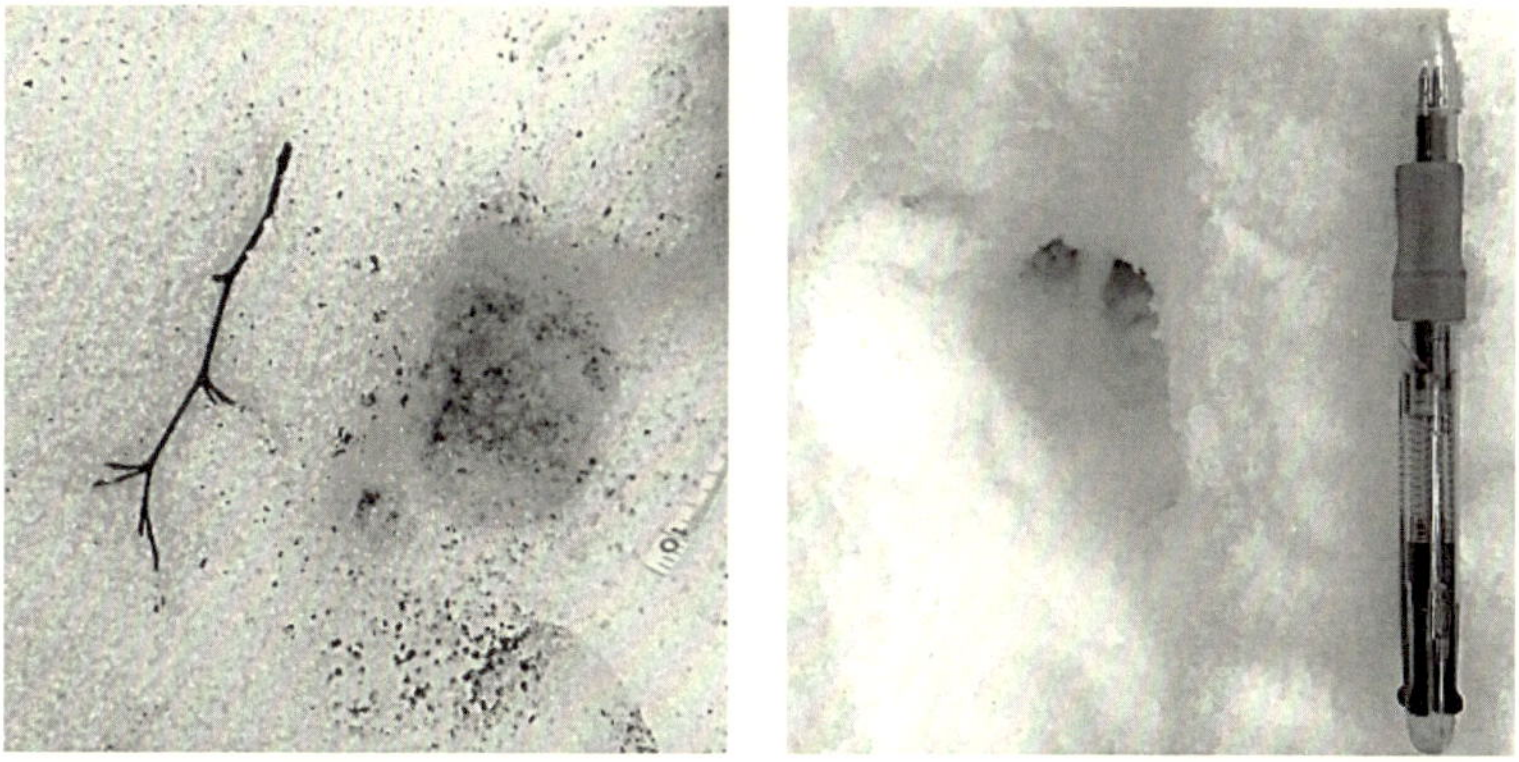

写真3　（左）小型のイノシシの足跡（右）副蹄が主蹄より外に開いたシカの足跡

①獣の種類と言ってもイノシシかシカの判別である。図鑑などに表示されている足跡は最も特徴的な跡であるため違いは一目瞭然であるが、山中でのこの間違いは意外と多く侮れない（写真3）。足跡での種類判別ポイントは、副蹄が主蹄に対してどれくらい外に開いて接地しているか、主蹄と副蹄の高低差はあるかである。特に注意して確認しなければいけないのは大型のシカと中型のイノシシの足跡で、傾斜地をゆっくり歩いた足跡は見間違いやすい。シカが傾斜地を歩く場合、有効接地面を増やしてストッパーの役割をさせるために副蹄を外に開く傾向があり、また傾斜のため主蹄と副蹄に高低差がでにくいためである。それ以外にも前足と後ろ足の接地位置のずれにより副蹄が外に開いているように見えることもある。こういった場合は足跡だけに囚われることなく、歩幅や歩行パターンに目を向ける必要がある。

②移動方向は最も判断しやすい。ただし見切りルート上の谷筋などをうろつくイノシシの進行方向をその都度チェックしているときりがないので、その場合は見切ろうとしている尾根とは谷を挟んで対面になる側の斜面を少し上った中段を横切るように歩くとよい。

③個体サイズもそれほど難しくないが、雪が解けると足跡自体も解けて大きくなるので注意する。個体サイズで問題となるのは、集団で見切りする際に猟隊のメンバー間で共通認識しにくいことである。自分の歩いた尾根の周囲の入り跡と出跡を同じ個体サイズであると判断することはさほど難しくはないが、隣の尾根を歩く猟隊のメンバーにその個体サイズを伝えることが難しい。同じ猟隊で長く猟を共にしているメンバーであれば問題ないが、猟師の減少により複数の村の猟隊が合同で猟を行うことが多い現在ではイノシシの呼び方からして地域ごとに異なるため、(8) 捕獲後に足のサイズと体重を計測するなどして共通認識を作るようにしたい。

④個体数の明確な判別は難しい。イノシシは群れの場合、一列になって歩くが母子連れの跡を追うように大きな雄が歩く傾向があり、先行する足跡を消してしまうためである。ただし猟における重要度が低いので時間のかけすぎや周囲を歩きまわって騒がしくするくらいなら無理に明確にする必要はない。単独行動している跡か群れで行動している跡か程度の判読で問題ないが、複数の群れがいるようであれば幼獣のサイズ、頭数で群れを識別する。群れのイノシシは一列になって歩くが、立ち木などを避ける際に左右に分かれることが多くそういった箇所で頭数を判断する。忍び猟などのように足跡をずっとつけて歩くのであればそういった箇所にも出くわしやすいが、見切り猟では予め歩くルートが決まっているため、イノシシが谷を横断するわずかな跡だけで判断を求められることとなる。

⑤鮮度についてはとても難しく、猟における重要度は非常に高い。足跡は新しいほどイノシシとの距離が近いといえるので捜索範囲を狭く絞り込むことが出来る。雪上の足跡の場合、解け具合で新旧を判断するが尾根には標高差があり、日照時間に差があり、風の吹き抜ける箇所もある。同じ時間経過でも解け具合が変わるということである。これが何より鮮度の判別を難しくしている。経過時間帯によっても鮮度の変化に差がでる。気温が低下し日照もない夜間から早朝にかけては鮮度がほとんど落ちず、昼前から夕方にかけては急激に劣化する。このため見切りは早朝に行う必要があり、昼過ぎまで掛かってしまうと足跡を読むことがより

困難になる。例えば日没直後と日の出直前など同じ前日の足跡だとしても、日没すぐに歩いた跡であれば明け方にかけての冷え込みで足跡が凍てつき凍っている。日の出直前に歩いた跡であれば凍り付いた雪面を割るようにして足跡が残るといったように違いが生じ、見切りする猟師はそのようなポイントを押さえて歩くが、昼頃には気温が上昇し凍てついた僅かな差などは確認できなくなる。見切り猟では今現在イノシシが何処にいるかを絞り込んでいく猟のため、二日も経過した足跡はほとんど何の価値もない。このため足跡の経過時間、すなわち鮮度を読む技術が非常に重要となる。

京都北山では積雪期が一二月後半から二月後半にかけての二か月間ほどと短い上に、夜半まで雪が降り続くとイノシシが移動しないこともある。また、移動しても足跡が消されるため見切り出来ないといった具合に気象条件も限定されるため見切りを経験できる回数が少なく、より技術を習得しにくくしているといえる。

④カラ山の見切りと犬見切り

京都北山では雪のない状態の山をカラ山という（関東地域では、獲物のいない山をカラ山と呼ぶ）、この言葉からも見切り猟が積雪状態を前提としていることが窺えるが一部の猟師はカラ山でも見切りを行うという。調査地周辺では行う猟師がいないので二〇一六年一月に南丹市にて聞き取りを行った。現地の猟師によると「カラ山での見切りは雨の後日にすることや、どうしても見切れんとこは枝を立てたり少し手を加えてやったらええ。」と言う。雨の後日にする理由は痕跡が雨で洗われて劣化し、雨上がりに残した痕跡とはっきり区別できるからでる、見切れない場所に手を加える技術にも様々な工夫がありそうだが今後の課題とし、もう少し調査してみたい。

カラ山での見切りには犬を使う「犬見切り」という別の方法もあり、こちらは「引き犬」と呼ばれていた。通常の見切りのように尾根を包むように歩くがその際に犬を連れていくのが特徴である。人間の目では確認できない様々な痕跡やその鮮度を犬の嗅覚を使って補うという方法である。犬種や個体差もあるが通常二日も経った痕跡であれば犬はほとんど反応を示さない。一日前であれば足跡一つ一つに丁寧に鼻を押し付けて確認するような反応をする。数時間前程度の新しい跡であれば足跡一つ一つを繋ぐように臭いをとり進む。獲物が近くなりその個体の臭いを直接とれるような状態であれば鼻を上げてその方向にぐいぐい引っ張って行きたがる。(9)

犬種については何でもよいそうだが、和犬種であれば地鼻などを使う頻度がハウンド種に比べて少ないため犬の反応をよく意識して観察する必要がある。洋犬種であれば臭い鳴きなど口が軽い（すぐに吠える）傾向があるので絶対に見切り中は吠えさせないように対策しておく必要がある。また引き犬はリードに繋いだ状態のまま山を歩くため犬のサイズは小さい方が適しているようだ。注意点としては、引き犬として使うのであれば犬見切り専用にすることが重要で、猟にも使うと獲物との距離、時間に対する反応が変わってしまい犬見切りの際に失敗が増えるという。

⑤京都北山におけるその他の猟法

二〇一六年八月に篠山（丹波篠山市）の猟師を北山に案内すると、山並み、尾根の形状、谷の数や深さから「これだけ山が深ければ谷落しがよさそうですね。」と言われたことがある。実際に数年前まで北山では複数の猟犬を使用する「谷落し」も行われていた。

北山の谷落しはイノシシ猟において最も猟犬の仕事の割合が大きいと言える猟である。猟法としては跡見によって山裾などに残る新しい痕跡を探しだし、そこから放犬する。猟師は犬の声やマーカー、GPSなどを頼りに位置確認をするが山を登っていくことはなく、付近の谷筋の裾で待つ。猟犬は新しい痕跡から臭いを辿ってイノシシの寝屋まで到達する。寝屋から逃げ出したイノシシは小尾根、谷の起伏ですぐに猟犬に追いつかれ吠えたてられ、咬みつかれているうちに少しずつ移動し尾根から谷へ、谷から谷の裾へと猟犬によってずるずると引きずり落されていく。そして谷裾で待つ猟師によって捕獲される。(10)

猟犬とイノシシの力の差で猟犬が有利であると、より低い位置へイノシシを引きずり落すが、イノシシが有利であるとイノシシに主導権があるので動かないか尾根の鞍部を越えられてしまい捕獲に至らないこととなる。またこの猟法はイノシシとの力勝負であるため、猟犬の受傷も多い。このため跡見をした際にイノシシのサイズを推測し、最低でも猟犬の体重がイノシシの体重と同程度となるように放犬頭数を調整し行っていた。しかし最近では猟犬の受傷や維持費、手間のため多頭飼育する猟師も少なくなりほとんど行われていない。(11)

5……今後の課題

『日猟会報』の統計資料をみてみよう。

昭和五〇年度	網・わな猟免許所持者	七九九〇人
	第一種銃猟免許所持者	四九万三七三四人
平成二六年度	網・わな猟免許所持者	九万三八五五人
	第一種銃猟免許所持者	九万七九八一人

網・わな猟免許所持者は人数を増やしているが、第一種銃猟免許所持者は大きく減少している。現在、狩猟者人口の減少と一口に言われるが鉄砲撃ちが激減しているということである。狩猟者人口の減少には様々な要因が考えられるがここでは深くふれないこととし、狩猟者人口の減少、高齢化が猟法、猟犬の役割に与える影響について考えたい。

第4節で現在の雲ケ畑について述べたように、集団で見切りを行う地域において猟隊の人数が減少すると、効率の悪い個人での見切りを行わなくなり、技術の継承が難しくなる。獲物の数が減った際に、あてずっぽうで狩る山を決めているようでは高い猟果を得ることは難しくなる。

京都北山の深部に位置する美山（南丹市美山町）では、猟隊によっては人数が三、四名と少なくなり見切り猟は行われていなかった。平成二七年二月、平成二八年三月に現地で猟犬を使った猟に参加した際の猟法は、数名のタツマを配置する巻狩りであった。勢子は放犬後、獲物の追い出しを猟犬にまかせてタツマに入り、猟隊全員がGPSを駆使して猟犬の位置を把握した。そして、猟犬の移動方向によって別の谷筋に自動車で移動先回りし、タツマを再配置するという猟法をとっていた。美山では猟の対象となるシカが多く、猟犬で追い出しやすいため成り立つが、イノシシがいる可能性がある場合は猟犬だけでは追い出しきれないこともあるため、勢子も猟犬と共に山に入るという。[12]

つまり、猟隊の人数減少にともなう人手不足の問題をGPSのような機器を駆使することで補っていた。猟犬についてはビーグルと和犬の雑種が使用されていた。[13]一般的な巻狩りと比べると猟犬による仕事（特に捜索と追跡）の割合が大きくなるため、追跡能力の高いビーグル［8章合原論文］とシカに逃げ切られない程度に足の速い和犬を交雑して補う狙いがあるものと思われる。交雑種ゆえに兄弟間でも猟芸にばらつきはあると思われるが、パック（複数放犬する際の組み合わせ）を変更するなど工夫が見られた。北山で以前に行われていた「谷落し」のような猟法も猟隊の人数減少、猟師の高齢化によって再び行われる可能性があるだろう。北山の山並みは入り組んでいることから小尾根や谷が多く、猟師が猟犬と共に山を歩くには起伏が多く体力を要し広範囲の捜索も難しい。しかし谷落しであれば起伏は猟犬に有利に働き、広範囲の捜索もすべて猟犬に任せることで地形的悪条件は補うことが出来る。猟師は猟の成功率を上げるために放犬前の跡見で新しい痕跡を探すことに注力すればよい。

猟法には山の形状、猟隊の状況以外にも、植生、猟圧などいくつかの要因が関わってくるが、植生についても北山で笹枯れが起こったことやシダや篠竹などの藪が少なくイノシシが隠れ難いため谷落しは適しているだろう。

猟圧は猟師の人数減少により下がっていくことが予想されるため、より捕獲しやすい状況になると思われる。

しかし一方で、谷落しでは猟犬の猟における仕事の比率は見切り猟に比べて高くなる。谷落しの猟犬はイノシシと直接戦うことになるので咬みの強さや瞬発力、身をかわす柔軟性、多少の受傷をしてもへこたれない強い猟欲など犬としての強さも求められる。そのため犬作りを一から見直す必要があり、始めるまでに数年かけて取り組む必要があるだろう。

6……結び

御猟場、見切り猟、猟犬など本来個別に論じられるようなテーマであるが、本章では京都北山の狩猟ということで一括りとした。二〇一八年において今回取り扱った項目の多くで存続、伝承の困難な状況となっている。調査地の大きな特徴である御猟場、猟区のあった明治から昭和時代においては国賓や宮家などの来村も多く資料に記録された。逸話も多く残り当時の証言からもこの地で狩猟を行うことがステータスであったことが窺える。しかし現在では御猟場の後の猟区時代を知る方も高齢となられ聞き取りも難しい状況である。当時の面影を残す家の作りについても建て替えや取り壊し等により少なくなり、記憶と共に面影までも薄れていくばかりである。雲ケ畑自治会会長への聞き取りでは、現在御猟場の資料を集めておられ、集落としても御猟場としての歴史を残していきたいとのことであった。そのため本章「3御猟場、猟区」「4北山における猟法と猟犬の役割」においても記述の割合を多くとった。

京都北山では見切り猟といわれるイノシシやシカの位置を狭い範囲に特定してから放犬する猟が行われてきた。日曜休日のみ狩猟を行うような猟師が多くなり、気象条件などの影響もあって年間数回の経験にとどまることが多く、習得が難しくなっている。見切りを習得したベテラン猟師の高齢化が進み、若手と共に山を歩き指導することも難しい、そのため「4北山における猟法と猟犬の役割」の見切り猟の項目は少しでも猟法存続の助けになるように踏み込んだ内容とした。

時代背景や山の形状、植生によって猟法が選択され猟犬に求められる資質、役割も変化していく。御猟場時代には特定のタツマでの射獲を第一として広範囲を大多数で狩るためコントロールし易い猟犬がもちいられたと推測でき、現在の見切り猟ではイノシシを狭い範囲に取り囲んでから放犬するため猟犬としての役割は少なく捜索と追い出し程度となっている。猟犬については本来最も注力して論じるべき項目であるが、当地での狩猟における猟犬の役割を考えた際に強調しすぎることなく触れることが出来たのではないかと思う。

【注】

(1) 中西直『あの華この人』によると「…獲物に近づくために猪の毛皮を覆ったオトリの猟師が本物の猪と間違えられて射殺されたのである。それ以後雲ケ畑の御猟は廃止になった。」という説もあるようだ。

(2) 勢子とタツマの比率に関しては対象鳥獣、尾根の形状、植生、猟圧などにもよる。猟犬を使わない対象鳥獣の場合は勢子の数がタツマを上回ることもある。

(3) 山中ではスピード、スタミナ、藪抜けなどの「走破力」、隠れたり臭いによるかく乱などの「逃げる技術」において猟犬はシカに追いつくことが難しい。

(4) 「跡見」とは狩猟対象となるイノシシやシカなどの新しい足跡や食痕などを探す行為。これを行うことにより獲物のおおよその居場所を推測することは出来る。

(5) 「一犬」は良い猟犬「二足」は山を歩く猟師の健全な体、足腰「三鉄砲」は射撃技術を表している。二と三が逆になることもある。

(6) 丹波地域の猟犬の使いかたは「雑犬多頭」と呼ばれた。

(7) 見切りを行う地域でイノシシを捕獲した際に「見切って獲った」と言えば他の猟師は真剣な顔で猟の様子を聞きたがり、「犬が押さえた」と言えば特に猟の様子を聞きたがることもない。見切りを行わず猟犬を頼りにイノシシを捕獲する地域では「犬で獲った」と言えば他の猟師はわざわざどんな犬かと見に来ると言う。

このようなことから「見切りする地域は犬が育たない、犬で獲る地域は猟師が育たない。」という格言も耳にする。

（8）京都北山で聞く、イノシシの呼び方（個体サイズの表現）は、幼獣はドンコ、シンコ。フルコ、二年子。三年、三年子。など年数による呼び方。成獣に関しては「貫」、「足」、「キロ」などの重量や表面積によるものであった。

（9）犬は獲物との距離が尾根の上、裾程度に離れていても個体からの直接の臭いを拾った場合はその方向に向き鼻を上げる。これを「高鼻」といい、獲物の存在を確信できる判断材料となる。足跡などに残る臭いを頼りに捜索している祭、鼻を地面に擦り付けるように低く下げて使うことを「地鼻」という。

（10）山中での瞬間的な速さは犬もイノシシもほとんど差はないが、イノシシは藪抜けが良く、一旦は犬を引き離すこともできる。しかし成獣となったイノシシに関しては体が重く尾根、谷の起伏で体力を使い、すぐに歩きだして犬に追い付かれる。

（11）平成一四年度以降は犬のみによる猟（犬に咬みつかせることのみにより捕獲等する方法又は、犬に咬みつかせて狩猟鳥獣の動きを止め若しくは鈍らせ、法定猟法以外の方法により捕獲等する方法での狩猟）が禁止されているため、銃器によって仕留める前提で行う必要がある。

（12）猟犬は猟師の姿や声などその存在を確認すると勇気がでる。大きなイノシシなどの迫力に負けると、声も出せず尻尾を股の間に挟み込んで耳を下げてすごすごと戻ってくる。そのとき猟師の存在を確認すると再び大きなイノシシのもとに戻り、立ち向かう行動にでる。

（13）猟犬のみに捜索から追い出しまでの大部分を任せる猟には特定の範囲に獲物がいなければ猟師の元に戻ってくる傾向がある和犬種よりも追跡犬とも呼ばれる洋犬種が適している。洋犬種は捜索、追跡、追い鳴き、などいくつかの猟における要素が際立っており決まった仕事をこなすことは得意である。

【参考文献】

北山研究会『山と高原地図47　京都北山』（昭文社、二〇一七年）
京都府山岳連盟『京都北山から——自然・文化・人』（ナカニシヤ出版、二〇〇八年）
北晴夫『狩猟——基本と実猟』（池田書店、一九七〇年）
鴨井重雄『雲ケ畑御猟場猟区設置由来』（一九九七年）
中西直『あの華この人』（一九八四年）

第10章……「聞く犬」の誕生
内陸アラスカにおける人と犬の百年

近藤祉秋

Keywords＝犬ぞり、異種間コミュニケーション、連続性、神話

1……はじめに

ある夏の夕方、九〇歳を過ぎてもなおバギーを乗り回すことで有名なディチナニク人の古老ボブは、小屋の階段に腰掛けながら、年老いた愛犬二匹の毛をブラシで梳いていた。私はその傍らに座り、ボブに聞き取りをしていた。と言っても、彼はほとんど耳が聞こえないので筆談である。その日、私は神話や禁忌、お守りの習慣などについて聞いていたのだが、そろそろ聞きたいことも尽きてきた。私は彼の愛犬に目をやり、「そうだ、犬のことを聞こう」と思いついた。「犬についての物語を知っていますか」、私がそう書いたノートの切れ端を見せると、ボブはうなずいた。彼は次のように語った。

昔は犬に話しかけることはなかった。こんな話を聞いたことがある。ある人が犬に話しかけた。すると、犬はそのまますごい勢いで荒野に走り出して行った。そのままどこかに行ってしまっていたのだが、その犬はしばらくして戻ってきた。犬はそこに住む人々に告げた。「ここはあたり一面、野原になるだろう」。そ

の後、病がはやり、多くの人々が死んだ。村は放棄されてしまった。だから、犬に話しかけるのは良くないことだと言われていたのだよ。

（ボブ・イーサイ・シニア）

犬に話しかけてはいけない？　今や内陸アラスカの村人たちのなかには、ヨーロッパ系アメリカ人のように愛玩犬（アンカレジなどの都市部にあるシェルターから引き取ってくるらしい）を飼い、溺愛する者も少なからずいる。私の罠かけパートナーであるPの家族は、二〇頭強のソリ犬の他、愛玩用にチワワを飼っている。もし犬が毎回人間の言葉に反応して、恐ろしい予言を繰り出してきたら、今頃アラスカ全土は無人となっているだろう。私はこの話を聞いて、現在の状況との大きな違いに驚いた覚えがある。

「犬に話しかけてはいけない」という禁忌は、近隣にすむ内陸アラスカ先住民・コユコン人の間でも記録されている。リチャード・ネルソンが報告するコユコン人の神話によれば、犬は太古の時代には人間の言葉を話したという。世界の創造主であるワタリガラスは、人間が犬に愛着を持ちすぎるのを嫌って、犬の言語能力を奪ってしまった（Nelson 1983: 191）。コユコン人やディチナニク人が語る神話のなかでは、ワタリガラスは犬肉を好む輩であり、人間が犬を屠ってワタリガラスに饗するというモチーフがあるため、それとの関連があるかもしれない（近藤二〇一六a）。ネルソンに右の神話を語ったコユコン人によれば、昔のコユコン人も犬に話しかけるのを禁忌としており、犬にソリを引かせる際も、現在のように先導犬が後ろにいる人間の指示を聞いて動くのではなく、人間が先頭に立って歩いていたのだという（Nelson 1983: 191）。詳しくは後述するが、内陸アラスカでは、犬ゾリの使用は二〇世紀初頭のゴールドラッシュの時期に白人からもたされたのだと言われている。

どうやら、内陸アラスカ先住民社会の伝統的な考え方に基づけば、「話す犬」は神話時代の話であるか、もしくは悪夢の前触れであった。「犬に話しかけてはいけない」という禁忌が実際に守られていたと仮定すれば、理論上「聞く犬」も不可能であった。もちろん、この禁忌をどのように解釈するかには議論の余地があるが、その点は後述することにしたい。幸いなことに私はまだ「話す犬」に出会ったことはないが、優秀な「聞く犬」たちには出会ってきた。現在、アラスカで一般的におこなわれている犬ゾリのやり方では、操縦者がソリの最後部にあるランナーに乗り、そこでブレーキや舵取りの操作をしながら、先導犬に方向などの指示を出す。内陸アラスカ先住民社会において、犬ゾリは理論上不可能であったはずの「聞く犬」を生み出した点で新しい人と犬のハビトゥスを生み出したのだと言える。

本章では、内陸アラスカ先住民社会の事例をもとに、犬ゾリの導入がもたらした人―犬関係の変化を政治・経済・技術・環境・宗教などのさまざまな側面を横断しながら多角的に明らかにしていく。愛犬家としても知られる科学史家ダナ・ハラウェイ(二〇一三a:九二)は、ミシェル・フーコーの『監獄の誕生』をもじって、『犬舎の誕生』を書くべきだと想像したことがあるという(ハラウェイの研究に関しては本書8章合原論文・19章池田論文も参照せよ)。「聞く犬の誕生」というタイトルがついた本章は、内陸アラスカで「命令する人」と「聞く犬」がどのように「ともに生きる」ようになったかをめぐる小史である。ゴールドラッシュから本格的に始まる内陸アラスカの植民地化とそれを乗りこなそうとする先住民社会の対応は、人の生活だけでなく、犬の生きざまも大きく変えた。「生―政治」は、犬にとってもただ事ではない。本章は、「聞く犬」たちの決して発せられなかった声を、あくまでもソリの後ろで「命令する人」の観点から想像する試みである。

以降、本章では、私が二〇一二年から継続的に調査をおこなっているニコライ村にすむディチナニク人の事例を中心として議論を進めていくが、必要に応じて関連する他の北方アサバスカン集団(コユコン人を含む)の事例にも言及することとする。

2……運搬犬と猟犬

先行研究によれば、アラスカとカナダの北方アサバスカン集団において、犬ゾリが導入される以前の犬の役割は、運搬、狩猟、見張りであったと考えられる（原一九八九）。実際の活動においては、これらの役割は柔軟に組み合わせられたはずだ。本章では社会生態史上のメルクマールとして犬ゾリの導入を重要視するが、ソリ犬として訓練された犬が右記の役割においても役に立つことは十分にあったであろうから、この節で扱う事項がゴールドラッシュ以降の社会では無意味になってしまうわけでは決してない。

二〇一五年春の水鳥猟シーズンには、私は前述のPと彼の友人SおよびPの飼い犬（ソリ犬）とともに猟場に出かけた。そのとき、Pは市販の犬用カバンを飼い犬の背中にくくりつけていた。北方アサバスカン社会の人々は、伝統的には犬用カバンを自作していたようであるが、現代では文化復興のための取り組みや博物館への収蔵品として以外作られることはない（Loovers 2015）。森の中の小川に面した野営地では、倒したトウヒの木に迷彩柄のネットなどをかけて、ブラインドとしている。私たちはそこで一日中、水鳥が小川に降り立つのを待っていた。夜には、焚火で暖をとりながら寝袋のなかに入って寝る。持って歩く荷物を減らすためにテントは持たない。この水鳥猟において、犬は運搬犬としての役割とクマなどの危険な動物の接近を知らせる番犬としての役割を期待されていた。

聞き取りをしていると、昔の猟師たちがヘラジカやカリブーを狩るときに犬を利用していたという話を耳にする。ヘラジカ狩猟における犬の役割は、ライフルやモーターボートの導入によって変化したと考えられる。ディチナニク人の猟師は現在でもヘラジカ猟に犬を連れていくが、キャンプ地の安全を守る番犬としての役割が主である。現在のヘラジカ猟では、待ち伏せ猟もしくはボートの移動時におこなう流し猟が選択されており、ライフルを狩猟具としている。発砲する場所も湿地、沼、湖などの開けたところである場合が多く、犬を使って獲物の動きを止めるよりも、気づかれないうちに遠くから撃つ方が有効である。また、場合によっては犬がリスやヤマアラシの臭いに過剰反応してしまったり、ヘラジカを見つけたときに興奮して鳴き声を上げてしまったりするため、狩猟の邪魔になるケースもある。

ただし、よく訓練された犬の場合、クマ猟における獲物の探索に大きな力を発揮する。Pの祖父フィリップは、ニコライ村で初めてスポーツ狩猟者向けのガイド業を始めた人であるが、彼の飼い犬は獲物を見つける能力に優れていることで知られていた。Pが語るところによれば、ハイイログマを狙う狩猟者のガイドをしているとき、ガイド小屋に向かって一頭のハイイログマが一直線にやってくるのが見えた。顧客の狩猟者が発砲してクマに命中させたが、そのクマは絶命せずに森の中に逃げて行った。Pと兄Aが犬を放すと、その犬はクマの血の跡を追っていった。Aが追いつくと、犬は鳴き声を挙げているが、一瞬何もいないように見えた。しかし、犬の近くにあるコケの塊のように見えたものは、傷ついたハイイログマがうずくまっているものであった。それに気づいたAはクマを射殺した。

一九六〇年代にニコライ村に滞在した人類学者のエドワード・ホスリー（Hosley 1966: 92）によれば、以前ニコライ村のディチナニク人たちは、犬を使ってクマが冬眠する巣穴を探していた。クマが見つかると、犬をけしかけたり、長い棒でつついたりしてクマを目覚めさせる。猟師は槍を構えて、襲いかかってくるクマがみずからの体重で貫かれるようにして、クマを仕留めたと言われている。このような狩猟方法は、ディチナニク人および一部の他の北方アサバスカン社会でも知られている（cf. 野口・近藤二〇一七）。

ディチナニク人の猟師は、ヘラジカ猟に役立つ犬を養成する上でおこなうことがある。それは、仕留めたヘラジカの血だまりに犬を投げ込むことだ。こうすることで、犬がヘラジカの血の臭いを覚えるのだとされる。また、やや呪術的な意味合いが濃いことであるが、バルサムポプラとヤナギの若芽を縫い込んだ首輪を仔犬の時期につけさせる習慣がある。こうすることでヘラジカ猟のときに役立つ犬になると言われている。人間の子どもの場合、さまざまな動物の部位を身につけることでその動物がもつ好ましい性質を受け継ぐことができると考えられてきた（近藤二〇一六b：二一〇）が、ヘラジカが好む植物を身につけることでヘラジカとの相性がよい猟犬を育成するまじないであると解釈することができる。

3……犬ゾリの登場と衰退

内陸アラスカにおける人と犬の関係に大きな変化が起きたのは、二〇世紀初頭のゴールドラッシュの時期である。この時期内陸アラスカにやってきた白人たちは、さまざまな物を先住民社会にもたらした。やってきた白人のうち、全員が金を掘り当てることに成功したわけではなかったが、彼らがもたらした「三種の神器」は内陸アラスカを毛皮交易により深く組み込む結果となった。つまり、捕魚車、犬ゾリ、鉄製の狩猟具のことである。

これら「三種の神器」は、有機的な形で結びついている。犬ゾリの利用は、犬のための食料獲得が比較的容易であったアラスカ沿岸部では白人の接触前にもおこなわれていたと考えられるが、内陸部に住むディチナニク人を含む北方アサバスカン集団では、犬の飼育頭数はきわめて限られていたようだ(1)。先ほど現代の事例で紹介したように、犬ゾリ以外の用途に用いる場合、犬を多数飼う必要はない。犬を多く飼うには食料を効率よく大量に獲得する必要があり、在来の技術ではそれが困難であったという見解もある。捕魚車が導入されることで、もともと作られていた植物性の魚網に比べて格段に効率よく犬の食料となる魚を捕獲することができるようになった。

しかし、そもそも犬ゾリが必要になったのはなぜだろうか。犬ゾリは維持費用がかさむ移動手段である（ソリ犬を飼うためのコストについては本書11章北原論文も参照）。夏の間には、水上の移動が主になるため、犬ゾリは役に立たない。犬ゾリを使っていなかった時代には、冬季の移動手段は徒歩であった。伝統的な祭宴であるポトラッチの際、集落間の移動にも時間はかかるが、特段の支障はなかった。むしろ、夏の間には湿地や湖は歩きづらいが、冬にはそれらの場所が凍結するため、かんじきさえあれば徒歩での行動がしやすくなる。このように、白人との接触以前および早期の生活では、犬ゾリは内陸アラスカにおける相対的に有利な移動手段とは言えないのである。

ヨーロッパ系アメリカ人のやり方にならって犬ゾリが導入されたのは毛皮交易の影響である。白人が持ち込む鉄製製品やビーズは先住民社会で高く評価されたが、それらを得るためには現金が必要となる。しかし、現金を獲得するには商品を生産して売らなければならない。北方の多くの地域において、毛皮がもっとも有力な商品であった。その毛皮の品質がもっとも良くなるのが冬であったため、極寒の冬に長距離を迅速に移動することができる犬ゾリが用いられるようになったというわけだ。

つまり、「三種の神器」は毛皮交易への適応手段として総体的にみる必要がある。内陸アラスカの毛皮交易は、自然経済と商品経済が混じった混合経済体制[2]をもたらしたが、その結果として、冬季の毛皮獣を自家消費する量を超えて捕獲する必要が生じた。それは同時に新しい移動手段とその移動手段を維持するための食料獲得手段も必要とした。犬ゾリと捕魚車によって冬季の長期罠猟が可能となり、獲得した毛皮と引き換えにライフルや鉄製の罠を購入することで、さらに毛皮交易に依存するようになるという状況が垣間見える。

ここからは、ディチナニク人に関する先行研究および私の聞き取りに依りながら、前述した歴史を肉付けしていこう。ゴールドラッシュ以前には、ディチナニク人はひとつの川筋を拠点とするバンド社会を築いており、クスコクィム川上流域において五〜六のバンドが存在していた。ロシア人との交渉が始まった一八三〇年代ごろから疫病の流行は起きていたようだが、ゴールドラッシュの時期にはアメリカ人が持ち込んだ伝染病により壊滅的な被害が生じた。その時の見積もりによれば、人口の半分から四分の三が死亡したと言われている（Hosley 1966: 169-170）。

その後、生き残った人々は死亡者が比較的少なかったバンドに合流したと考えられ、半定住的な村落が誕生する。この時期に現在のニコライ村の輪郭が整い始める。ロシア正教の教会が村人の手によって建設されたのもこの時期である。人々が交易所へのアクセスがよいクスコクィム川の本流部（低地部）で過ごす時間が増えたとされる。そのとき、在来の技術では利用しづらかった川の本流部への適応策として、ヨーロッパ系アメリカ人由来の捕魚車が用いられるようになる。

捕魚車は水車のような仕組みをもつ設置型の漁具である（写真1）。川の流れを動力源として、カゴが回り、カゴがすくいあげた魚はそのまま回収用の箱のなかに落ちるようになっている。この技術が利用可能なのは、時期としては川が流れている解氷期（五～一〇月）のみであり、場所としては氷河由来のシルト（沈泥）で濁った川の本流部である。川の支流部では、水が透明なところもあり、そのような場所では魚が仕組みを見ることができるため、有効ではない。捕魚車は村人自身の手で作られて、村の付近および夏の漁撈キャンプにおいて利用されていた。

写真1　設置前の捕魚車（2013年6月、筆者撮影）

捕魚車によっておもに捕獲されていたのはシロザケである。クスコクィム川上流域にはマスノスケ、シロザケ、ギンザケといった三種のサケ類が遡上する。マスノスケは人間の食物として重宝されており、六月のマスノスケ遡上期には、人々は水が透明な川の支流部に行く。他方で、シロザケは犬の食べ物と見なされており、七～九月の遡上期には水が濁った川の本流部で大量に捕獲された。二〇世紀前半の時期、人々は夏の漁撈キャンプに移動し、人間と犬が越冬するために必要な食料を集めていた。

このような適応を経て初めて、犬ゾリが内陸アラスカにおいても利用可能となったのである。一一月から三月が毛皮獣を対象とした罠猟のシーズンである。二〇世紀前半には、男二人がパートナーとなり、猟場に近い小屋に泊まり込んでアメリカテン、ビーバー、クズリ、オオカミなどの罠猟をおこなっていた。罠としては、さまざまな大きさのトラバサミ（踏んだ動物の四肢をはさむ罠）とくくり罠が用いられていたが、基本的には交易所で入手したものであっただろう。人々はトラップライン（森を切り開いて作った罠猟用の道）に罠を仕掛け、それを犬ゾリに乗って見回って、かかった獲物を回収していた。毛皮がたまると、村に戻り交易所で換金して、ライフル、やかん、斧、トラバサミといった鉄製製品やその他の生活用品、酒などを入手していた。

前述した周期が確立されることによって、不可逆的な変化がもたらされた。それは、高地から低地へと生活圏がシフトしたことである。ゴールドラッシュ以前まで、人々は川の支流部にあたる高地で過ごす時間が多く、カリブー猟と漁撈を組み合わせて生活を送っていたと言われている（Hosley 1966: 89-96）。しかし、右記の社会・経済的変化にともない、川の本流部にあたる低地で過ごす時間が徐々に多くなってきた。決定的であったのは、二〇世紀前半にはカリブーの大規模な個体数の減少が生じたことだ。アメリカ人の研究者によれば、これは連発ライフルが導入されるようになり、地元住民によってカリブーの乱獲がおこなわれたことが原因とされている(3)（Hosley 1966: 204）。何にせよ、この動きによって、高地部での生活が実質的に不可能となった。同時に、一九世紀後半から低地部での生活を好むヘラジカがクスコクイム川上流域でも頻繁に見られるようになったこともあり、人々は低地部に生活拠点を移し、ヘラジカ猟、捕魚車と刺し網による漁撈、毛皮獣を対象とした罠猟をおこなうようになった。

ここまで二〇世紀前半の地域史に紙幅を割いてきた。私が言いたいのは、内陸アラスカ先住民社会において犬ゾリは根本的に「新しい生活様式のための新しい技術」であることだ。この新しい生活では、いわゆる「白人」との交渉から逃れることはできない。犬ゾリを持つメリットは、毛皮を買い取る代わりに物資を供給する交易商がいること、つまり、商品経済への部分的な組み込みが前提となっているからだ。犬ゾリが結果的にもたらしたもうひとつのものは、通信ネットワークへの組み込みである。

飛行機による郵便輸送が一般的になるまでの間、アラスカの郵便輸送は、犬ゾリ（および部分的に馬ソリ）によっておこなわれていた（Schneider 2012）。現在、アイディタロッド・トレイルとして長距離犬ゾリレースのコースとなっているものは、当時、アラスカ南部の港町アンカレジから、アラスカ山脈を越えて、内陸の金鉱山がある地域を通過して、アラスカ北西部のノームまでを結ぶ郵便・物資輸送ルートであった。ディチナニク人の集落であるニコライ村やテライダ村も、郵便輸送ルートの中継地点でもあった。とりわけ、テライダ村のカール・セスーイ（写真2）、ニコライ村のミスカ・ディアフォンは、犬ゾリ郵便の担い手としても知られていた（Schneider 2012: 67-69）。

写真2　セスーイ夫妻とソリ犬（アラスカ大学フェアバンクス校ラスムソン図書館所蔵。整理番号：UAF-1969-0092-00331）

犬ゾリは一九三〇年代以降、郵便輸送手段としての役割を終えてからも、毛皮交易の最盛期のアラスカにおいて生活に欠かせない交通手段であった。しかし、一九六〇年代後半には再び大きな変化が生じる。それは、毛皮の国際的な価格下落とスノーモービルの登場である。毛皮価格は、第二次世界大戦前後に軍服への利用の需要があったため高かったが、次第に下落していった。同時に、スノーモービルが導入されることで犬ゾリを所有しなくても、冬季の移動手段が確保されるようになった。いわば毛皮交易の経済から、現在に続く原油経済への変化である（近藤二〇一七）。

生活手段としての犬ゾリは一九七〇～八〇年代にかけて徐々に衰退していくが、同時に「アラスカの伝統」として再発見されていく。例えば、先に紹介したアイディタロッド国際犬ゾリレースは、そのような犬ゾリの「再発見」の好例である。ニコライ村や近隣のマグラス村はこのレースの通過点ということもあって、犬ゾリ選手たちの到来は冬の風物詩でもある。また、選手のためのアルバイトや観光客へのお土産販売を通じて、仕事が少ない時期に小遣いを稼ぐ機会でもあるし、実際には大会のボランティアをする者も多い。Pの祖父フィリップは、アイディタロッド大会の初回から、熱心な現地ボランティアとして参加していた。彼は二〇一四年に死去したが、長年の現地ボランティアとしての功績が認められて、翌年の大会において「名誉犬ゾリ選手」としての称号を与えられた。フィリップの妻および娘の家族が、アンカレジでの開会イベント（二〇一五年）に招待された。

4……犬ゾリの現在

前節の記述から想像されるように、現在の内陸アラスカにおける犬ゾリの利用は、娯楽を主眼としている。もちろん、少女時代に犬ゾリを熱心にやっていたニコライ村のある女性のように、一九八〇年代に犬ゾリの練習を兼ねて、父親が管理するトラップラインを見て回り、クロテンなどの毛皮獣を回収することはあったようだ。しかし、この時期の犬ゾリは、近隣で定期的に開かれていた犬ゾリレースのために保持されており、日常生活での移動手段は次第にスノーモービルに交替していった。

現在、ニコライ村で多数のソリ犬を飼育し、定期的に犬ゾリを利用しているのは、Pの父ジョンと彼の家族のみである。ジョンはテキサス出身のヨーロッパ系アメリカ人であり、一九八〇年代後半に大工の仕事でニコライ村に来たとき、フィリップの娘Mに会い、結婚してニコライ村に住むようになった。ジョンは、義理の父にあた

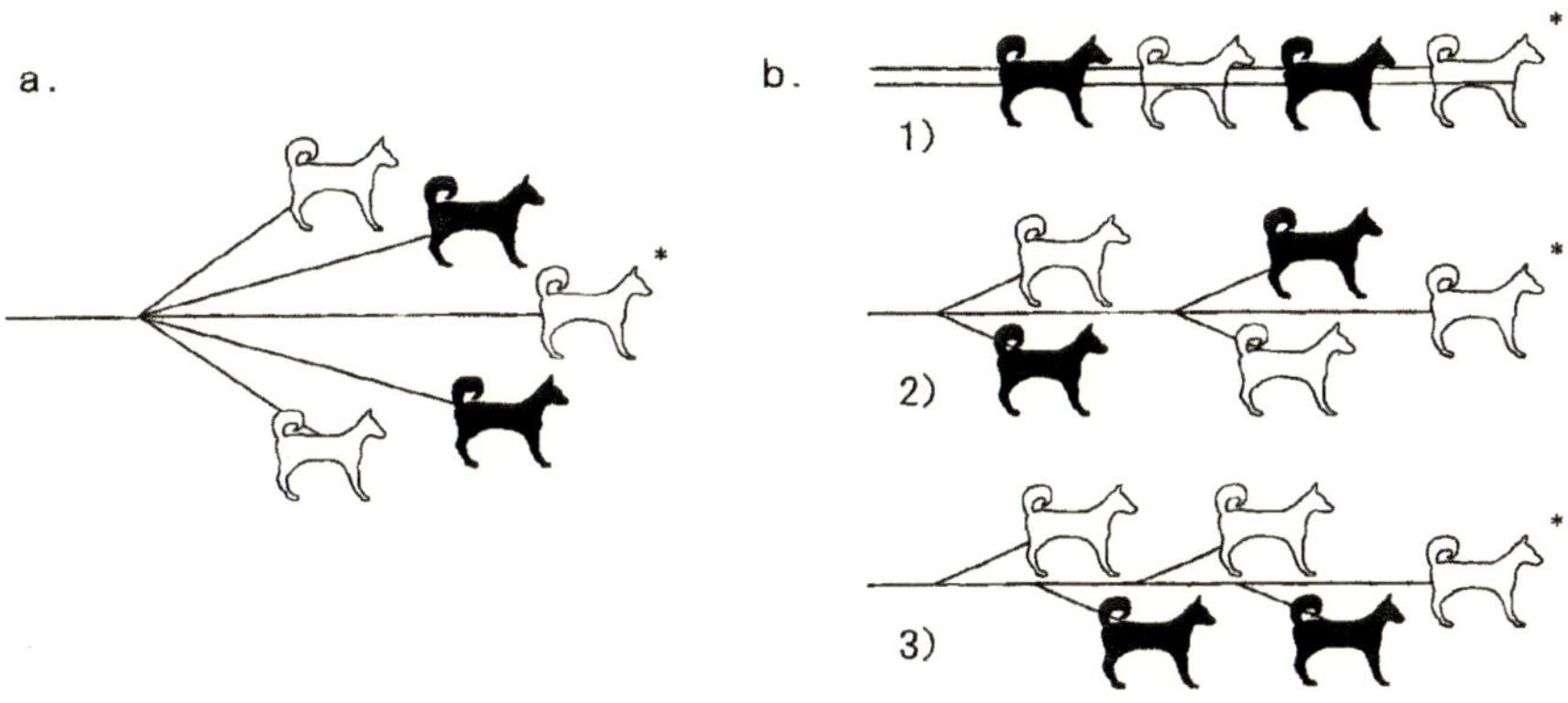

図1　犬ゾリの編成方法（中田1998：109より）

るフィリップから犬ゾリのやり方を習ったという。以下では、ジョンおよび彼の息子であるPやAのやり方をもとにして犬ゾリの技法を紹介するが、基本的な操作技術に関して他の村人もかつて同様のやり方をしていたことは聞き取りで確認している。なお、私自身もPとともに罠猟に出かける際に犬ゾリを利用していたので、そのときの経験も含めて記述する。

犬ゾリには、通常、四〜一〇頭のソリ犬を用いる。犬の編成法としては、一般的には並列式（扇状式a）と縦列式（b）が知られている（図1）が、内陸アラスカでは、縦列式が利用可能である。犬ゾリで通るのは、大概、トウヒの森のなかを切り開いて作ったトレイルであり、並列式でつないだ場合、犬がトレイルからはみ出てしまったり、引き綱が木に絡まって衝突事故を引き起こしたりしてしまう。現在は、いわゆる「対称複縦列式」（b2の変形版）がもっともよく用いられている。先頭は、先導犬（リーダー）であり、この個体が御者の指示を聞くことでソリの進む方向を左右する。鞭が用いられることはない。体格よりも御者の指示を聞く賢さが求められるポジションであり、メスのほうが適しているとも言われる。もっともソリから近い位置にいる二頭の犬は、「ウィールドッグ」と呼ばれ、ソリの負荷がかかるポジションであるので体格がよい犬が選ばれる。残りの真ん中にいる犬は、チームドッグと呼ばれる。

写真3　犬ゾリの様子（2015年2月、筆者撮影）

それぞれの犬は、ハーネスと呼ばれるナイロン製の器具を身につけ、それを通してソリの引き綱（ライン）と結びつけられる。ソリ犬は、ハーネスを身につけるのはソリを引くときだと知っているので興奮している。立ち上がると人間の腰ほどまであるソリ犬がじゃれて来るのをうまくさばきながら、首輪と絡まないようにハーネスを装着させるのにはコツがいる。ジョンは「Tシャツを着せるように」と言っていたが、ハーネスを折り畳んでソリ犬の頭にすっぽりとかぶせた後、前足をくぐらせてハーネスを装着させるのが効率的である。賢い犬は、このとき前足をみずから持ち上げてくれるので、そこが犬の賢さの見分けどころであるとも言える。

その後、ハーネスを装着したソリ犬を一匹ずつソリの前に移動させ、首の部分と背中の部分で引き綱と連結させるが、この間も落ち着きのない犬は動き回るのでソリを木の幹などに固定しておく必要がある。すべての準備が整ったら、固定用のヒモをほどき（大体この頃には犬は遠吠えをあげたり、ジャンプしたりしてスタートはまだかとうずうずしている）、御者がかけ声とともにソリを押すと犬たちは一斉に走り出す（写真3）。御者は助走をした後、ランナーに足を置き、手元にあるバーを握りしめる。バーを放すと、そのまま犬に置いて行かれるので、厳冬の森を数十キロ歩きたくない人は決して手を放してはいけない。以降、御者はランナーの上で体重移動して、ソリの進行を助けたり、先導犬にかけ声で指示を出したりする。

御者が用いるかけ声は以下の通りである。右に行くときには「ジー」、左に行くときには「ハー」と言う。先導犬が正しく動いた場合には、すかさず「グッドドッグ」と言ってほめる。実際には、「ジー、ジー、ジー、グッドドッグ」という感じである。雪が深くてトレイルが見えない場合など、先導犬がトレイルを認識してくれないときには、指示を出しても曲がってくれないし、トレイルの途中でUターンするのはなかなか難しい。ソリの荷カゴに補助者が載っている場合、カゴから降りて犬の注意を引いて、Uターンする補佐をすることもある。ソリ途中、速度を上げたいときには、「レッツゴー、レッツゴー」と言う。止まるときには、ランナーの間にあるブレーキを踏みながら「ウォー」と叫ぶと、ブレーキの刃が氷をひっかいて減速するとともに先導犬が止まるので周りの犬もそれに従う。再スタートするときには、「ハイク、ハイク」と言いながら、ソリを押すと犬たちは走り始める。登り坂で再スタートするときには、御者が走ってカゴをしっかりと押さないかぎり、犬たちはスタートしない。止まるときもそうであるが、かけ声をきちんと認識するのは基本的に先導犬だけであり、カゴとそれが連結されている引き綱の動きがかけ声と同じくらい重要であるように思われる。

日常的な世話は、餌やりと犬舎の清掃がある。大概の場合、餌はシロザケ、ホワイトフィッシュ、ヘラジカやハイイログマのくず肉、市販のドッグフード、残飯を混ぜて作ったスープである。このスープを作るためには薪としてトウヒやシラカバが必要となるので、犬ゾリ愛好家は一年中、食料と燃料の確保に忙しい。犬舎には寝床としてワラが引かれており、これを定期的に取り替える必要がある。糞の掃除も犬が二〇頭いると一仕事である。厳冬期には、ソリ犬にヘラジカの脂を与えて、寒さをしのげるようにすることもある。

ジョンのような地元の犬ゾリ愛好家とアィディタロッド大会のトップ選手は、よくコミュニケーションを取っている。マーティン・ブーザーという有名選手は、よくジョンの家に電話をかけてトレイルの状態などの情報交換をしている。ジョンの家で飼っているソリ犬の一部は、こうしたトップ選手から入手している。犬ゾリが娯楽用としてニコライ村で再興された一九八〇年代以降、一部の村人は、大会中に離脱したソリ犬を貰いうけたこともあったという。

5……考察

さて、ここまで二〇世紀初頭から現在までに至る内陸アラスカの百年史をひもときながら、その歴史のなかに人と犬の関係を位置づけようとしてきた。最後に、ディチナニク人のボブが語った「犬に話しかけてはいけない」禁忌について、この歴史を踏まえながら考察したい。

私は、犬ゾリの導入から本格的な受容に至るまでの過渡期との関連においてこの禁忌を考えている。というのも、犬ゾリ以外の利用法の場合でも犬とまったくの音声的コミュニケーションをおこなわないとは考えづらいからだ。音声的コミュニケーションがまったく禁止されていたというよりも、ある特定のやり方が問題視されていたのではないかと私は考えている。愛玩犬を飼う一部の人のように、人間が犬に対して子どもをあやすように人間の言葉で話しかけるのはもちろん不適切なふるまいとされたのであっただろうが、犬を前につないでかけ声をかけるのも「犬に話しかける」ことと見なされたのではなかっただろうか。実際に、ネルソンが引き合いに出すコユコン人の古老も、「犬に話しかけてはいけない」禁忌と先導犬のかわりに人間が先導するやり方を結びつけていた。一九三〇年代前半に犬ゾリによる郵便輸送を担当していたニコライ村のミスカ・ディアフォンも、昔の犬ゾリは先導犬を用いずに、曲がるときには人間が先導していたと回想していた(Pulu 1975: 8-12)。

「犬に話しかける」禁忌は、もともと存在していたものであったとしても犬ゾリの導入によってとりわけ強く意識されるようになったのではないかと推測される。ディチナニク人やコユコン人が先導犬を訓練するための方法を知らなかったという可能性も考える必要があるが、「白人」が「犬に話しかけて」ソリを引かせているのは、犬は人間の後から荷物を背負ってついていくべきもの(運搬犬)だと考えていたはずの彼らにとって非常に驚きであったと考えるのは自然なことである。

すべての存在はもともと人間であったと考える北方アサバスカン集団の人々にとって、あえて人間とそれ以外の存在の境界を挑発するような「白人」のやり方は霊的な危険をもたらすと考えられている。ディチナニク人の神話によれば、月も神話的時代には人間であったが、兄弟を殺した罪で天空に上がった。みずからの罪を恥じている月に宇宙船を飛ばして土足で乗り込む「白人」の所業は、大洪水をもたらすかもしれないと恐れられていた（近藤二〇一六c：三一七）。この論理を敷衍すれば、人間の後をついて行くべき犬に先頭を行かせ、しかも、犬と人間を取り違えたかのごとく「犬に話しかける」ことは何らかの制裁を招いてもおかしくないことになる。

ネルソンによれば、コユコン人は、人が死ぬ前には、犬が変な声で鳴くようになると考えていた。また、犬が夢の中で遠吠えを上げるのは人が病になる前兆であるともされている（Nelson 1983: 192-193）。動物でありながら、人間と生活をともにする犬は、霊的にアンビバレントな位置に置かれていたと言える。その状況を端的に示すのが、冒頭で触れたコユコン人の神話である。神話的時代において、人間と犬はともに会話する存在であった。しかし、その能力はワタリガラスの呪術によって基本的には過去のものとなったはずであった。ただ、犬は、その時代の名残として時に不思議なやり方で人間に未来を伝える。この予言は決してポジティブなものばかりではない以上、(4)「話す犬」がたくさんいるのはあまり好ましいことではない。

このとき、ボブの語りにあった「犬による疫病流行の予言」を考えあわせてみよう。犬ゾリの先導犬、つまり、「聞く犬」という考え方がヨーロッパ系アメリカ人によって内陸アラスカにもたらされた二〇世紀初頭は、疫病流行の時代であった。人と動物の境界を冒すようなふるまいと大量の死者をもたらした疫病の流行が、ディチナニク人の人々の中で結びついたのではないだろうか。そう考えれば、ボブが語った物語のように、「人間が話しかけると、荒野に駆けて行く犬」（＝犬ゾリ？）が「疫病を予言する」という筋書きも納得の行くものとなる。

ディチナニク人やコユコン人のような北方狩猟民にとって、人と動物の境界はあまりにも薄いものであるからこそ、禁忌を守ることによってその境界を再生産しなければならなかった。これは、人類学者のマテイ・カンデアが言う「相互―忍耐」の状況、つまり、「積極的に非―行為を生み出す行為」である（Candea 2010）。犬に話しかけなければ、犬の言葉を耳にする機会も最小限に抑えることができる。犬は黙ってついてこい。これがゴールドラッシュ前までの内陸アラスカにおける人と犬のハビトゥスである。あまりに似ているがゆえに分離されねばならない者たちの境界が不断の実践を通して保たれることで「ともに生きる」ことがはじめて可能となるのだ。

このハビトゥスと比べると、現代の私たちが犬と生きるあり方がいかに人間と動物の分断に基づいているかが逆に浮き彫りとなる。犬が服を着て町中を闊歩し、テレビ画面上で人語を流暢に操るのは、私たちが犬の言葉に真面目に向き合うことをやめてしまったからではないだろうか。ダナ・ハラウェイは、犬と人間が「見知らぬ人として出会わなければならない」（二〇一三a：三五二）と説く。これは、現代人が犬を幼児化して扱う傾向があることへの痛烈な批判であり、私はこの点に関してはハラウェイに大いに賛同する。だが、「一緒になる」、「重要な他者性」、「シンポイエーシス」といった彼女の用語が往々にして「絡まり合い」を肯定的なものとして捉えているのが私には気になる。

わたしが犬の「ママ」と呼ばれるのが耐えられないのは、すでに成長したイヌを幼児化したくないからだし、それにわたしが欲しかったのは赤ん坊ではなくて犬だったという重要な事実を誤認したくないからである。…大切なのは伴侶種形成である。それは死が私たちを分かつまで、良いときも悪いときも、家族とともにある。（ハラウェイ二〇一三b：一四七―一四八）

ハラウェイ（二〇一三a：三三七）は、愛犬のカイエンヌとともにアジリティ競技に参加した経験から、フーコー的な規律訓練の場が動物にも当てはまる状況を指摘しながらも、行動主義的トレーニングに生―政治の金縛り的状況から抜けだすための希望を見いだそうとする。いわば、ハラウェイにとって、アジリティ競技において、カイエンヌとともに働くことが複数種の「家族」として添い遂げるための技法であったのだろう。そこには、「子ども」としてではなく、対等な「パートナー」として犬を見る〈まなざし〉が感じられる。「子ども」として犬を人間による一方的な管理の対象とするのではなく、ハラウェイが体調を整えるためにエアロビクスに通わなくてはならなくなった位にはアジリティ競技における規律訓練は相互的なものである。

しかし、私が本章で言いたいのは、「相互—忍耐」を通して距離を取らねばならない犬—人関係の古風な考え方に基づけば、犬と人は決して対等な立場で言葉や身ぶり・挨拶を交わす「パートナー」になってはいけないということだ。そもそも犬と人の境界が乗り越えやすいからこそ、「犬に話しかけてはいけない」のだ。ハラウェイは、伴侶種形成を通して、種と種が出会うときに「一ではないし二でもない何か」（ハラウェイ二〇一三a：三五八）が生じる作用に着目したのだとすれば、私がゴールドラッシュ以前の内陸アラスカにおける人—犬関係の事例を引き合いに出して描きたかったのは、ほどくことが困難なもつれ合いが前提となった世界でいかにうまく「二者」を（一時的に）切り出し、「ともに生きる」ことを可能としたのかという問いだ。同種の（異性）個体ではなく、異種の（同性）個体との間に「重要な他者性」を認めるのは、人間＝男性中心主義に対する挑戦として評価することはできる。だが、その挑戦は、人間と動物が「見知らぬ人として出会う」にはすでにのっぴきならぬ関係が生じている土地においてはいかにも「白人」らしい危険な勇み足である。ボブの先祖がハラウェイの著書を読んだらきっとそう思うのではないかと私は考えている。

【注】

（1）動物考古学的な研究によれば、イヌイットおよびその祖先であるトゥーレ文化では犬ゾリが盛んに使われているが、その以前の時代には犬の飼育頭数は極めて少なかったとされている（Morey and Aaris-Sørensen 2002）。

（2）ここで言う「混合経済」は文化人類学的な用法であり、あくまでも自然経済と現金経済の混合を意味する。経済学では、計画経済と市場経済の混合システムを指して、「混合経済」という用語を使う。本章で扱うのは、前者の用法である。

（3）ホスリーの見解はその当時、主流であった「先住民が現代文明に触れて資源を枯渇させる生業戦略をとるようになる」という筋書きに沿ったものであり、実際にはさまざまな要因が複雑に絡まりあって、生じた事象とみるのが正しいように思われる。

（4）あるニコライ村の古老によれば、（人間の）呪術師が何かを予言するときは大体よくないことであったという。また、このとき、「予言」は価値中立的な未来への言明というよりも、口にされることでそれを現実に引き起こす力をもっていると考えられていることに注意する必要がある（cf. Nelson 1983）。クスコクィム川上流域での事例によれば、ある年老いた呪術師が、ダンスがうまい若者に嫉妬して、「お前はもうすぐ死ぬだろう」と言った（これは「予言」の形をとった「呪い」である）。それに応えて、若者は「死ぬのはお前だ」と言い返した。その後、年老いた呪術師が死んだので、人々は若者を強力な呪術師として恐れるようになった。ここでは、「予言」と「呪い」の差があまりないことに注目してほしい。犬の「予言」も、呪術師の「予言」と同じく、「呪い」に限りなく近いものとして理解されたのかもしれない。

【参考文献】

近藤祉秋（二〇一六）a「犬むさぼる呪術師――内陸アラスカのワタリガラス神話における犬肉食」野田研一・奥野克巳共編『鳥と人間をめぐる思考：環境文学と人類学の対話』勉誠出版、二七―五二頁

近藤祉秋（二〇一六）b「ラッキー・アニマルと森の博徒たち――内陸アラスカと南九州をつなぐ狩猟・カミ・動物部位」シンジルト編『狩猟の民族誌――南九州における生業・社会・文化』（新版）、熊本大学文学部シンジルト研究室、二〇五―二一七頁

近藤祉秋（二〇一六）c「狩猟・漁撈教育と過去回帰――内陸アラスカにおける生業の再活性化運動」シンジルト・奥野克巳共編『動物殺しの民族誌』二九三―三二六頁

近藤祉秋（二〇一七）「石油時代のアラスカ先住民社会――自然・人・産業」『寒地技術シンポジウム論文集』論文番号：北極―五、一八―二三頁（CD-ROMでの配布）

中田篤（一九九八）「北方地域におけるイヌの利用――行動操作の技術と行動学的背景」『北海道立北方民族博物館研究紀要』七、一〇五―一二一頁

野口泰弥・近藤祉秋（二〇一七）「狩猟具にやどる威信——一八世紀末～二〇世紀前半におけるアサバスカン社会のナイフ使用について」『北海道立北方民族博物館研究紀要』二六、一—三〇頁

ハラウェイ、ダナ（二〇一三）a『犬と人が出会うとき——異種協働のポリティクス』高橋さきの訳、青土社

ハラウェイ、ダナ（二〇一三）b『伴侶種宣言——犬と人の「重要な他者性」』永野文香訳、以文社

原ひろ子（一九八九）『ヘヤー・インディアンとその世界』平凡社

Candea, Matei 2010 “I fell in love with Carlos the meerkat”: Engagement and detachment in human-animal relations. *American Ethnologist* 37 (2), pp. 241-258.

Hosley, Edward. H. 1966 *Factionalism and Acculturation in an Alaskan Athapaskan Community.* Ph.D. Dissertation, University of California Los Angels.

Loovers, Jan Peter Laurens 2015 Dog-craft: A history of Gwich’in and dogs in the Canadian North. *Hunter Gatherer Research* 1 (4), pp. 387-419.

Morey, Darcy and Kim Aaris-Sørensen 2002 Paleoeskimo Dogs of the Eastern Arctic. *Arctic* 55 (1), pp. 44-56.

Nelson, Richard. K. 1983 *Make Prayers to the Raven: A Koyukon View of the Northern Forest.* Chicago: University Of Chicago Press.

Schneider, William S. 2012 *On Time Delivery: The Dog Team Mail Carriers.* Fairbanks: University of Alaska Press.

Pulu, Tupou 1975 *Nikolai Reader*. Anchorage: Bilingual Education Department, Alaska State-Operated School System.

第11章……樺太アイヌのヌソ（犬ぞり）

Keywords＝犬ぞり、樺太アイヌ、移動・輸送

北原モコットゥナシ

1……はじめに

日本列島北部の先住民族アイヌは、本州の東北北部から北海道島、千島（クリル）列島、樺太（サハリン）島の南半（北緯五〇度線以南）を中心に居住してきた。アイヌ語ではヤンケモシリと呼ぶ樺太島におけるアイヌの活動は、文献上は一三世紀頃から知ることができ、北海道島や千島（クリル）列島のアイヌと高い共通性を持つ言語や文化を持ちつつも、北方に隣接する民族ニヴフ・ウイルタ等との交渉により、いくつかの際立った文化的特色を持つようになった。ヌソ（犬ぞり）の使用もその一例である。

近代に入ると日露間の国境交渉の影響が樺太アイヌに及び、一八七五年の千島樺太交換条約、一九〇五年の日露戦終結によって国境が動くたびに生活が大きく変化した。一九〇五年から四五年まで四〇年間は和人（日本の民族的マジョリティ）の出稼ぎや入植が増加し、敗戦時には四〇万人ほどが居住するようになった。これとともに、学校教育や社会生活を通じて日本への同化を促進する政策が取られ、一九三三年には国籍上も日本国民となった。敗戦に伴い一九四九年頃までにはその多くが北海道へ移住し、日本国内各地や海外に居住している。二〇一七年

現在では移住後に誕生した世代の比率が高くなり、生活スタイルは他の日本国民とほぼ同様だが、故地への愛着をもち、旧来の慣習や言葉を習得しようとする者も多い。

移住を経たことや生活の変化にともない、犬ぞりは戦後にはほとんど使用されなくなった。本章では、主として近世末から戦前までの資料に依拠しつつ、樺太アイヌの犬ぞりについてシケニ（本体）の構造と部分名称、イヌの装備と連結法、操縦者の装備と操縦法、性能の順に述べる。[1] 近代以前のアイヌの交通手段は船が主力だったが、冬季には海が結氷するため犬ぞりが活躍し、入植したロシア人や和人にも利用された。田村（二〇一三）を見ると、ロシア人や和人の入植後も、馬ソリや鉄道、乗用車のためのインフラ整備が整う以前は犬ぞりが陸運の主役であり、一九二一年には東海岸の白浜村に樺太庁主導でアイヌによる「ノソ組合」が設立され、細かな規約も作られたことがわかる。また、運動会の種目としても犬ぞりレースがあったことなどは、犬ぞりが暮らしに深く根付いていたことを感じさせて興味深い。やがて大正期の終わり頃から輸送の主力は徐々に馬ソリへ移行し、

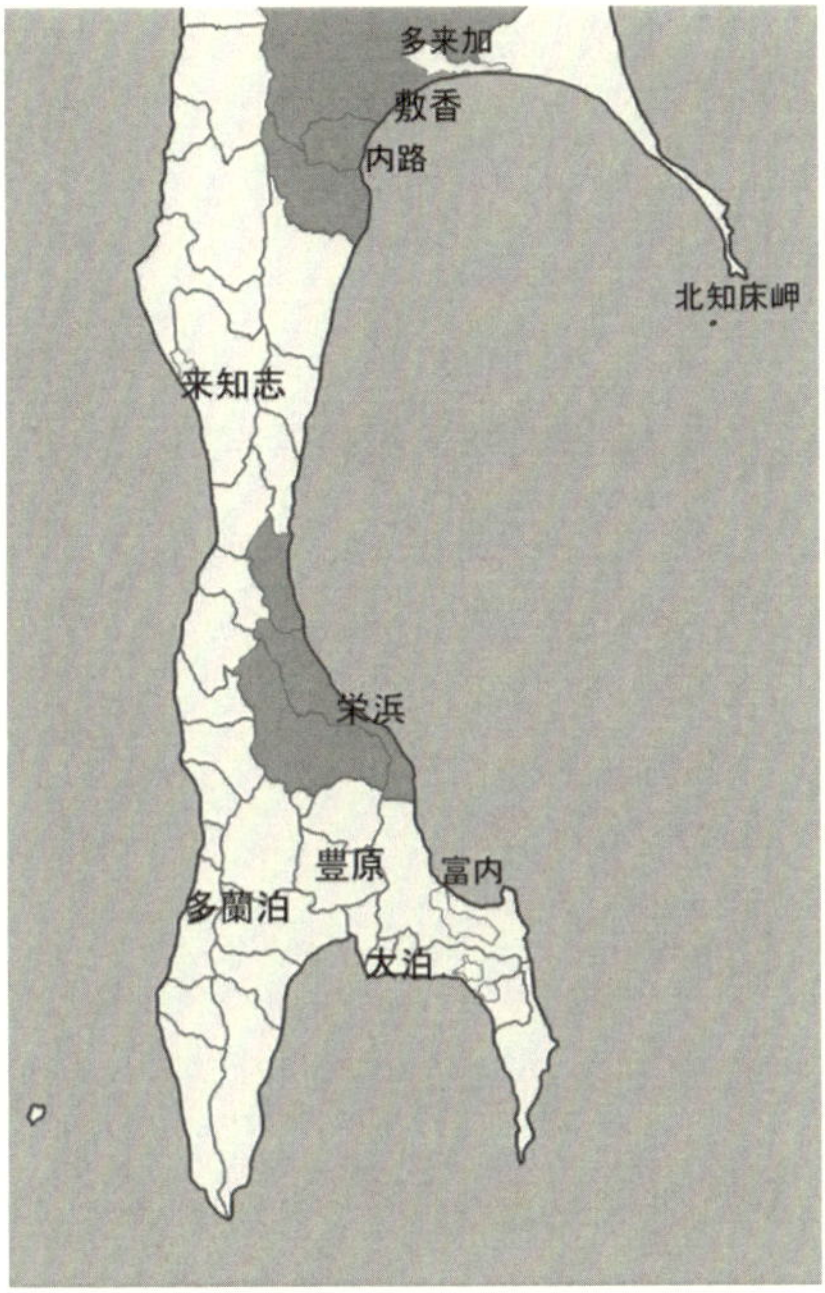

地図1　南樺太における犬ぞり使用域

樺太アイヌの中にも馬を飼養する者が増えたという。しかし、東海岸落帆村出身の女性は一九三〇年代～四〇年代にも一軒で犬を一〇数頭飼養していたといい、小学校への通学は祖父が操る犬ぞりに子供たちが同乗して行ったと回想していることから、移住の直前まで犬ぞりの文化は生き続けていたものと思われる。

一九四〇年に樺太東海岸シスカ周辺で犬ぞりの調査をした梅棹忠夫は、樺太を犬ぞり文

化の南限としており、犬ぞりが用いられる要因として、寒冷な気候もさることながら地形が平坦であることの影響が大きいとしている。犬ぞりの記録が特に東海岸に多いのは、(2) 比較的平坦な場所が多く、海や川が結氷するという環境によるのかもしれない。

2……犬ぞりの型式

樺太で使われてきたソリは大きく二つのタイプがあり、aタイプがイヌ用(図1右)、bタイプがトナカイ用(図1左)である。加藤九祚による樺太諸民族のソリの集成によれば、ニヴフとアイヌはaタイプ、ウイルタはa・b両方のタイプを用いていた。レオポルド・フォン・シュレンクが一八五五年に樺太調査をした際には、既にウイルタはa・bのソリを用いていた。

さらに梅棹の調査時には、ニヴフも、両方の形式を使う事が確認されている。梅棹は、ウイルタがaのタイプを使用することについてはアイヌ・ニヴフからの影響だと推論している。また、aタイプのソリはアムール川のナーナイ、ウリチ、オロチ、ネギダール、ウデへといったトゥングース系の諸民族と共通の形であり、アイヌの犬ぞりも、ニヴフおよびこれらの民族の影響によって使われ始めたものと考えられている。

①シケニ(ソリ)の構造と寸法

「ヌソ」はソリとイヌをつないだ全体を指す言葉で、ソリの本体部分はシケニと言う。図2は、シケニを構成している部品を配列したものと組み立てた状態の図である。

ソリの寸法に統一的な規格はなく、作り手・用途によって決まる。サハリン州郷土博物館に収蔵されているソリ(No.50)は、全長三四七cm、幅四三・五cm、高さ四六cmである。(3) また梅棹が図示しているソリの寸法はaタイ

図1　樺太で用いられたトナカイぞり（左・bタイプ）と犬ぞり（右・aタイプ）

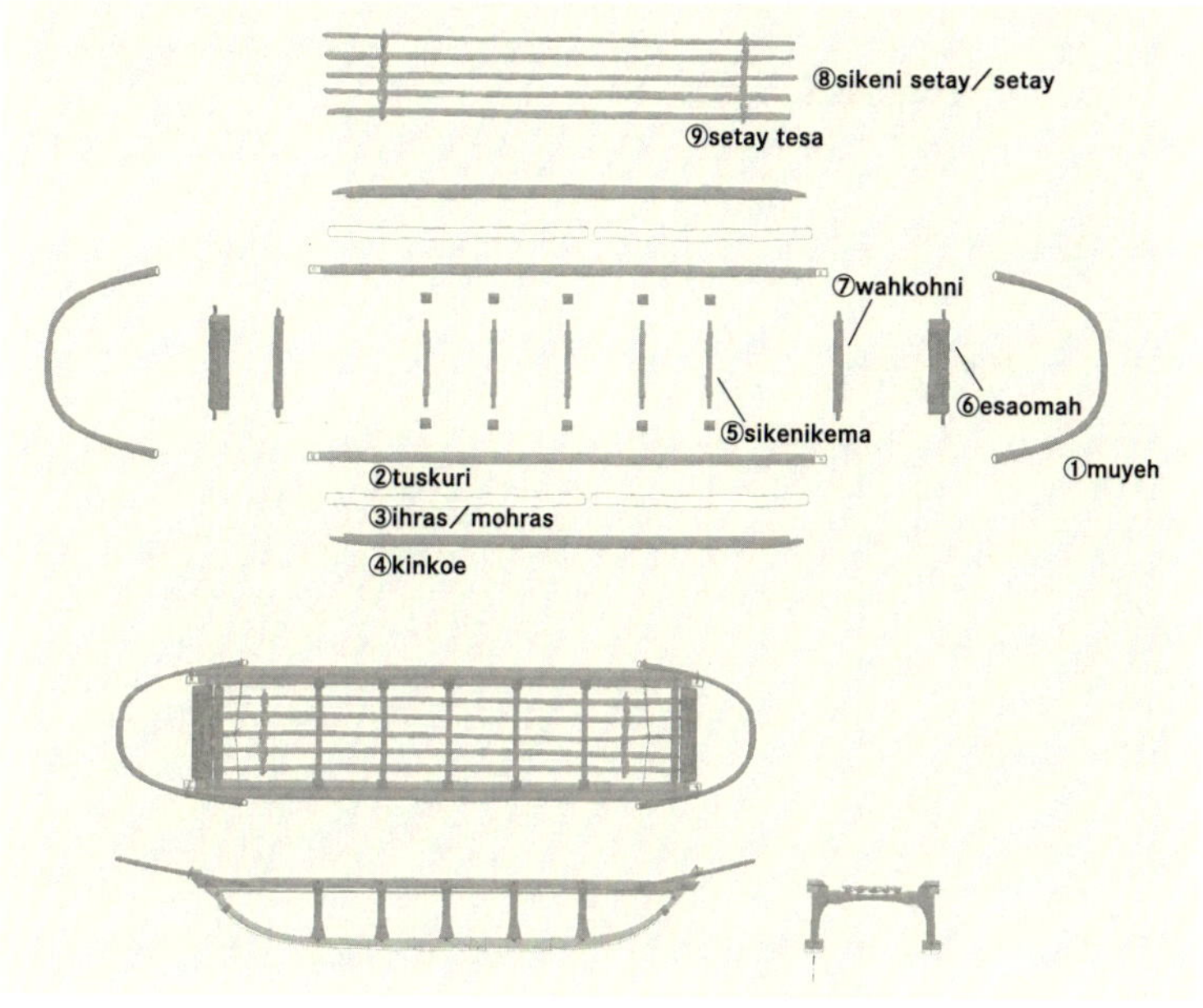

図2　シケニの部品と組んだ状態

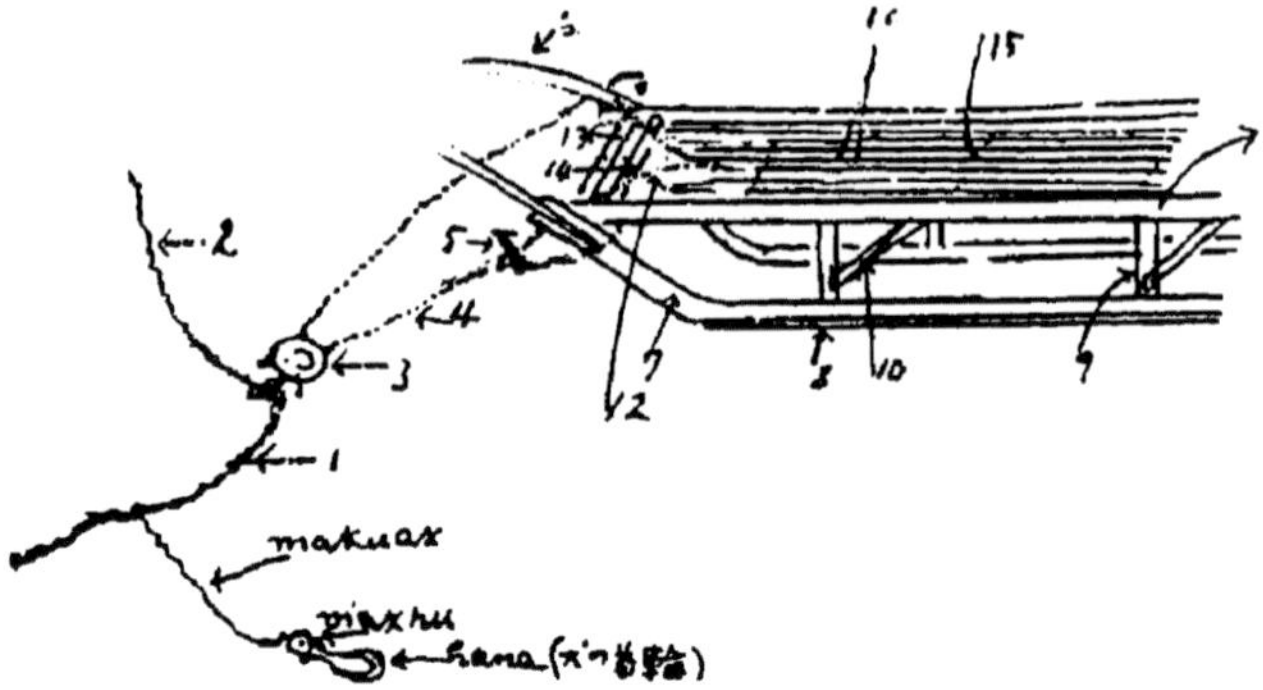

犬橇の名称

①ネソツシ	④タカペシ	⑧イフラシ	⑬エサオマハ
②タカ	⑤タカペシ・ポニ	⑨シケニ・ケマ	⑭ワハ・コホ・ニ
③タカ、オコ、マハル	⑥ムエヘ	⑪キンコエ	⑮セタイ・テサ
又はシケニオコッペ	⑦ツシ・クリ	⑫ムエヘカラ・トララ	⑯シケニ・セタイ

図3　和田文治郎による図解

プが長さ四〇六cm、幅三七cm、高さ二九・五cm、bタイプが長さ二三七cm、高さ四一cm（ハンドル部のぞく）、幅五五cmである。重量はaタイプが一五kg、bタイプが二五kgで、aタイプは大変軽量である。ソリの性能を向上させるために軽量であることも重要だとされる。

部材の組み立てには鉄釘ではなく、木釘とニカワを使い、またアザラシやトナカイの革紐を用いる。これにより、ソリ全体が柔軟性を持ち、堅固に固定するよりも衝撃に強くなるといわれる。

②シケニ（ソリ）の部分名称

次に各部位の名称を見る。図3は、和田文治郎による図解である。民具について書かれた文ではないにも関わらず、シケニの部位名について書かれた物の中では最も詳しい[4]。言葉の採録地は明記されていないが、図中のタカペシという言葉は東海岸白浜村と西海岸鵜城村で使ったようである。残念ながら、和田の図には桁《けた》の名称が抜けており、他の資料にもこの名称はない。ここに書かれた名称と、他の資料に見られる名称をまとめたのが表1である。梅棹によるニヴフ語・ウイルタ語による名称もあわせて一覧にした。表記は各資料に従っている。

こうして対照すると、アイヌ語の名称には特にニヴフ語とよく似たものが多いことがわかる。これまで言われ

表1　ソリの部分名称対照表

	アイヌ（和田・山本）	ニヴフ（梅棹）	ウイルタ（梅棹）	説明
ソリ本体	シケニ	tu	totʃ	アムール地方に広く見られる形状のソリ。
バンパー	ムエㇸ	miːx	tʃembo	弓上に曲げた木。近年使われている競技用のソリではブラッシュボウと呼ぶ部位。緩やかに取り付けられており、衝突した際の衝撃を和らげるバンパーの役割をする。B. ピウスツキによれば、後部の物は「ホロカムイェピヒ」という。ホロカは「反対」の意。
走条（ランナー）	ツㇱクリ	toːʃkoʃ	paolani	氷・雪に接する部位。使用地の雪質が沈みにくいものならスケート状、沈み込みやすければスキー状の形状に作る。シケニはスキーに近い形だが、両者の中間的な形状。
滑板	イㇷラㇱ モㇹラㇱ	motas	mutaʃ	ランナーの裏に貼って摩擦を減らす。クジラの骨やヒゲが使われる。梅棹の調査時には鉄板が一般的だった。
枠木（荷台）	キンコエ	kenuhe	flieː	荷物が載る部材。よく乾燥させたシラカバで作る。
桁	—	tanuke	pastul’	左右の部材に渡す桁。数は一定ではなく、ソリの長さに応じて増える。
脚（支柱）	シケニケマ	ix	buktə	上下の部材をつなぐ支柱。数は一定ではなく、ソリの長さに応じて増える。
前後部板（外）	エサオマㇵ	wawoʃ	elndu	両端に固定される板。装飾が施されることも有る。
前後部板（内）	ワㇵコㇹニ	—	—	両端に固定され、座席敷枝の受けになる板。
座席敷枝	シケニセタイ	touʒus	doʃi	荷台の間に並べる枝。座席、荷を載せる場所になる。
座席敷枝紐	セタイテサ	—	—	座席敷枝を編む革紐。
制御棒	カウレ ヌソクワ	kaori	kauri	ブレーキの役割をする2本の棒。ナナカマド、カシなどの堅い木で作り、先端に鉄の棒を埋め込んである。

※下線のある物は山本（1970）に記載の名称

てきたように、犬ぞりの文化がニヴフ文化から取り入れられ、それとともにこれらの語彙も借用したのであろう。

3……イヌの装具

知里真志保は「樺太アイヌの神謡」の中で、犬ぞりに関する様々な語彙がニヴフ語からの借用語であり、犬ぞり文化そのものがニヴフから渡来したものだと述べている[5]。こうした名称の類似は、イヌの装具類にも見られる。

①イヌの装具名称

イヌの装備品と、引き綱および周辺の装備を表2にまとめた。先頭犬はハナと呼ばれる首輪をつける。ハナはメインの引き綱「ヌソトゥシ」でソリに結ばれる。引き綱には皮を編んだ縄、または麻縄が使われ、その両端にはねじれを防止するために転環（撚り戻し）がついている。首輪と引き綱をつなぐ転環をマハルと呼び、ソリと引き綱をつなぐ転環をタカオコマハルまたはシケニオコホペ呼ぶ。先頭犬とソリの間に他のイヌの引き綱「マクアハ」と首輪が結ばれる。それぞれのハナと引き綱の間にも撚り戻しがついている。なお、ソリイヌの連結法には幾つかのタイプがある（図4）。樺太先住民のソリはいずれも、主となる引き綱の左右に互い違いに他のイヌが連結されるCタイプである。

首輪は海獣やトナカイの皮で作る（図5）。首輪部分にも皮ひもの編み込みや染めた毛などで装飾的に作ったものもあり、イヌへの思い入れが感じられる。また、実物資料は未見だが、コンコ（鈴）を着けるとも言う。

ベルト状に切った皮を半分に折り曲げてU字型にし、端を折り曲げて細い皮ひもで縫い留める。折り曲げた部分は筒状になる。輪になった皮の途中に細めの皮ひもを取り付ける。これは脇の下に通す補助ベルトにも見えるが、少し長さが足りないように見える。イヌの体にフィットしやすくするための物か。函館市立博物館には、馬

表 2　イヌの装具および連結具一覧

	アイヌ （和田·山本·葛西）	ニヴフ （梅棹）	ウイルタ （梅棹）	説明
首輪	hana／セタハナ／**ハナ**	ha'l	ninda halani	イラクサの繊維で織った物（山本）。
鈴	コンコ	—	—	首輪に2、3個つける（山本）。
イヌ頭飾り	キラウ／**キラウ**	—	—	先頭犬の頭飾り。アザラシ皮で作り、馬の尾を束ねてつける（山本）。先頭犬・副先頭犬の頭飾り。赤木綿の裂地で作り、小鈴2個をつける（葛西）。
主綱	ヌソツㇱ／ツㇱ **ヌソトシ**	—	njusk	イラクサを撚って作った物（山本）。アザラシ皮で作る（葛西）。
中綱 （本体側綱）	タカペㇱ	tuːbops	saːlda	本体と引き綱aをつなぐ部分。皮製の物が多い。
引き綱 固定具	タカペㇱポニ	—	—	タカペㇱの末端に付けられたフック。骨角製。
縒り戻しa	タカオコマㇵㇽ シケニオコッペ マㇵㇽ	—	njusk áaːni（?）	輪の部分はトナカイの角、芯棒はシラカバまたはナナカマドで作る（山本）。
枝綱	makuax	ospax（?）	snaːni（?）	メインの引き綱に連結する綱。
縒り戻しb	maxru／マㇵㇽ	maxt	makt'ni	輪の部分はトナカイの角、芯棒はシラカバまたはナナカマドで作る（山本）。
手綱	タカ／タカ／**タカ**	ofgas	—	イラクサを撚って作った物（山本）。皮製（葛西）。

※下線のある物は山本（1970）に、太字は葛西（1928）に記載の名称。

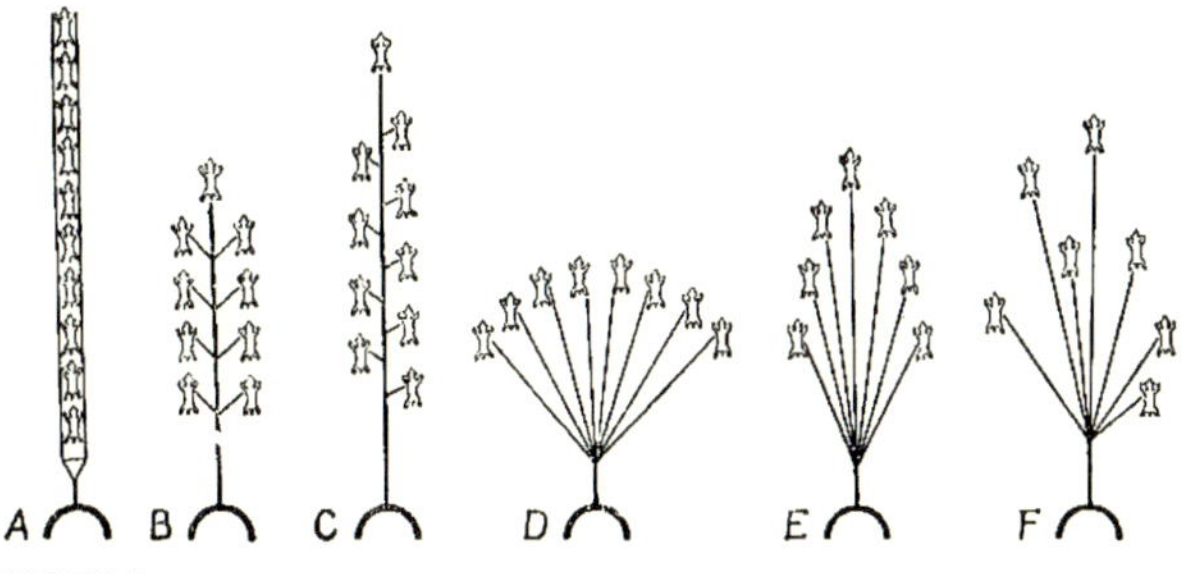

犬ソリの犬の配列形式
A:一列型 straight arrangement　B:相曳型 coupled srrangement　C: カラフト型 Saghaliens type
D:扇形 fan-shaped type　E:変形扇形 modified fan-shaped type　F:エスキモー型 Edkimo-type

図 4-1　イヌのつなぎ方の諸型式（芳賀 1959 より）

図4-2 イヌのつなぎ方の諸型式

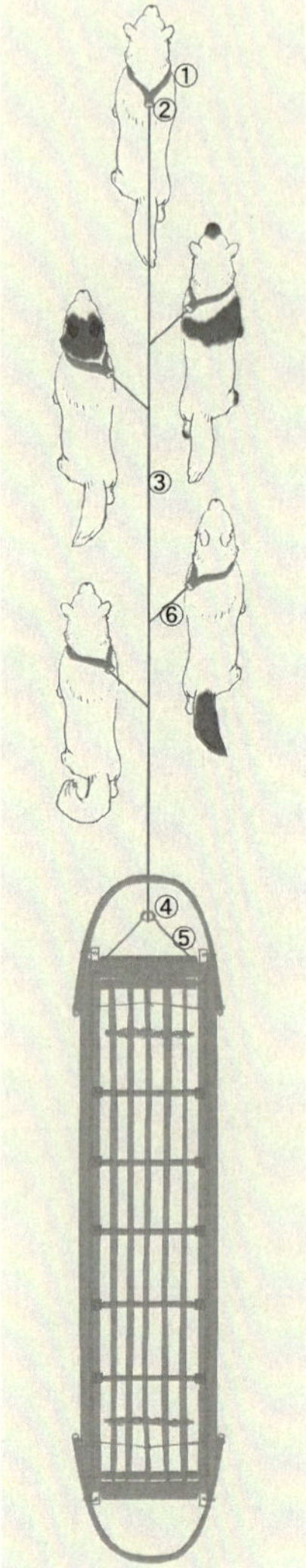

①セタハナ(首輪)
②マハル(転環)
③ヌソトゥシ(主綱)
④タカオコマハル(転環)
⑤タカペシ(継綱)
⑥マクアハ(枝綱)

場修が東海岸タライカで収集した二種の首輪が収蔵されており、そのうち民族1780は、補助ベルトを持つタイプである。アムール地方では首だけでけん引するタイプが古く、二〇世紀に入ると体軀全体でけん引するタイプ(補助ベルトを持つタイプ)が導入されたといわれているので、アイヌにもこうしたタイプが取り入れられたものか。加藤九祥は、ニヴフ文化における二つのタイプを示し、繋留用とけん引用の違いとしている。

マハル(転環)にはトナカイの角や骨が使われる(図5)。転環はイヌやトナカイを飼育する文化で、ソリにつなぐ場合の他、家のそばにつないでおく場合にも綱のねじれを防ぐために用いるもので、(6) ノルウェーやフィンランド、シベリア、カムチャツカ、アラスカやカナダ、グリーンランドなどの諸民族文化に見られ「すべての極北文化に波及した要素の一つ」だとされる。(7)

図5に示したように、マハルの形状にはいく通りかあるが、いずれも主体となる部品の中央に穴を開けて木製や骨製の芯棒を通す。この芯棒が回転することによって、引き綱のねじれが解消される(図5)。芯棒を通す穴の両側には皮ひもを通すための少し小さな穴があけられる。ここに通した皮ひもを、首輪の筒状になった所に通して連結する。木材と釘を使ったシンプルなもの、金属製のものもあった。

主となる引き綱とソリとは、タカペシという中綱で連結される。タカペシの端にはタカペシポニという骨角や

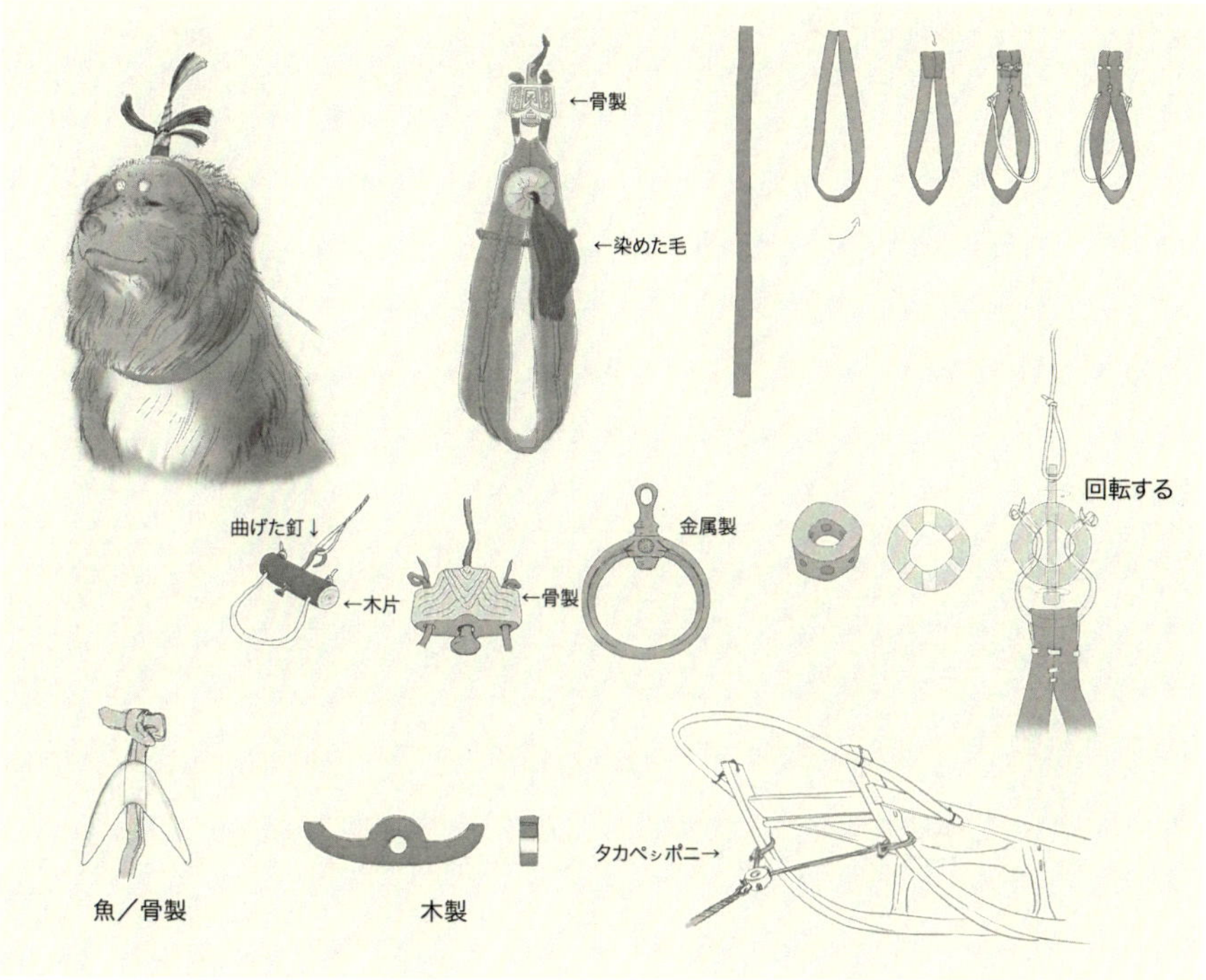

図5　イヌの装具一覧（左上）頭飾り、（上段中央・右）首輪、（中段）転環、（下段）フック

木で作られたフックが着けられており、図5のように固定するものと思われる。

②イソㇹセタ（先頭犬）の装備

犬ぞりには多い時には一二〜一三頭のイヌがつながれる。これらのイヌを総称してヌㇲセタという。知里は、ニヴフ語でソリを表す「ヌチ」がアイヌ語に借用される際に「ヌシ」となったもので、ソリイヌを表す言葉として残っているのだとしている。ソリイヌにするのはオスで、子犬のうちに「ノキ・アシンケ（睾丸・摘出＝去勢）」する。その方がイヌどうしのケンカが少なく、走行中の尿の回数も少なく、エサの量も抑えられるのだという。「（犬ぞりを使う民族は）犬のために貧乏をしている」と言われるほどイヌの飼料は大きな経済的負担となっていたようで、そのコストをいかに抑えるかは死活問題でもあったろう。

また、イヌどうしのじゃれ合い・ケンカを防ぐために、尾は切断した方が良いという。絵葉書類などに残っている犬ぞりの写真では、尾の切断が確認できる例は稀である。(8) 時代や地域によっても施術をどの程度実施したかには差があるだろうが、当時を知る者の証言では是非ともした方が良いとのことである。

先頭につながれるリーダー犬（サブリーダーを立てることもあったようだ）は、イソホセタと呼ぶ。(9) 加藤九祚は、一八〇一年から翌年にかけて、樺太調査で実際に犬ぞりに乗った間宮林蔵の記録から、犬ぞりに関わるいくつかの記述を引用している。先頭犬については間宮は「多力猾猛なるものにして、能挽曳のことに馴れたる犬を連頭に置て挽しむ。是を名付けてイシヲセタ前導犬と称す。島夷此犬を擇むことを専務とす。此犬あしき時は、衆犬情逸して其用をなさず。故に此れを交易することあるに、其価大抵斧一二頭より、高価の者は五六挺に至る」と記している。他のイヌを統率する役割を持つことから、利口で体力があり、ソリ曳きに慣れたイヌが選ばれる。優れた先頭犬は確保が難しく貴重であったことから特別に大切にされた。葛西猛千代によれば、先頭犬が真価を発揮するのは吹雪の時で、視界が悪く方角が分からなくなった時には、先頭犬に任せるしかなかったという。明治末頃の先頭犬の購入価格は三〇円〜四〇円である。当時の公務員の初任給が一四円程度といわれるから、イヌ一頭の値段としてはかなり高価であるが、いざという時生死を左右すると考えれば、それも納得である。また、他のイヌは屋外で飼われているのに対し、先頭犬は常に家の中で、家族と起伏をともにしていたという。

先頭犬には（先頭が二頭立ての場合は副先頭犬にも）セタキラウ（イヌの角）とよぶ頭飾りが付けられる。イヌの群れを率いる先頭犬は、操縦者にとっても頼みにする存在であるから、吹雪の中でも先頭犬がどこにいるか見えやすいようにという意味合いもあるだろうが、装着した姿はリーダーに相応しい堂々としたものである。ロシアやドイツの博物館に収蔵されているものは、獣皮を曲げて輪状にしたものの上部を二つに裂き、頭頂には様々な色に染めたウマやヤギの毛を編んだ房飾りを立てている。函館市立博物館の収蔵品（民族1782）を見ると、頭頂に立つ房状の飾りは、木製の芯をめぐるように、樹皮の紐を横糸、獣毛を編んで作られているようである。

図6　アムール河口のプイル村で撮影された頭飾りをしたイヌ（*“Народы Нижнего Амура и Сахалина : фотоальбом”* 2001より）

図6はアムール河口左岸のプイル村で撮影されたニヴフのソリイヌである。「結婚式のお祝いやクマのための特別な旅行のための頭の装飾を持つ犬」だという。これに従えば、先頭犬が常に用いるというよりは、特別な場面での正装ということになる。アイヌとは用途が少し異なるが、形態はほぼ同じである。

樺太では、飼いクマ送りの際にイソキラウ（クマの角）という頭飾りをクマに装着する。名称・形状とも、クマとイヌの頭飾りは相互に関連していることがうかがえる。

知里が、アイヌの犬ぞりに関わる習俗・語彙の多くはニヴフから取り入れたものだとしていたことは既に触れたが、このセタキラウもそうした従来の見方を補強するものと言える。文化の伝播がどの方向に起こったかということは簡単には結論づけられないが、これほど共通性の高い文化がサハリン・アムール地域で形成されてきたこと、それがクマ送りに関わる物質文化・精神文化にも及んでいることは大変興味深いことといえる。そうした事実そのもの、また知里や山本祐弘、和田文治郎といった樺太で文化研究を行った研究者がそのことに注目し指摘・強調してきたこともっと知られるべきだろう。

図7　御者の装備と操縦姿勢

4……犬ぞりの操縦法

次に御者の装備と操縦法、それから記録に見られる犬ぞりの性能を取り上げる。

①御者の装備

犬ぞりに乗る者は低体温症を防ぐため、特殊な装備で備える。犬ぞりに乗る場合に限らず、寒い季節にはルㇱと呼ばれる毛皮製の上着を着用する。素材にはアザラシやクマの毛皮が使われ、特にイヌ皮で作ったセタルㇱ（イヌの皮コート）が好まれる。気温が低い中で作業をしていると、毛皮についた雪がそのまま凍り付いて、大量の氷の玉がつくことがある。こうなると、毛が切れて損傷する一因ともなる。イヌの毛皮は氷がつきにくく、雪中での使用に向いているといい、手袋などもイヌ皮製の物がよく用いられる。

ルㇱの上からホネカリㇱ（腹の周囲をめぐるもの）というスカートのようなものを履く。これは上着の隙間から冷気が入るのを防ぐ役割をする。また体に降り積もった雪を簡単に払い落とせるように、という意味もあっただろう。

手には、ワンパッカやマトゥメレと呼ぶ、毛皮製のミトン手袋をはめ、さらにモイシナㇵという帯のような物を手首に巻き付け、上着の袖と手袋のすきまを完全にふさいでしまう。こうすると容易に手袋をはずすことはできないので、ロープワークなど細かな作業をするために、装着したまま親指だけは出し入れできる構造になっている。

頭には防寒用のイカムハハカという帽子をかぶり、足にはキロという毛皮ブーツを履く。ハハカの頭頂には紐を編んだカラッジ（あわじ玉）のような装飾がつけられているが、こうしたスタイルはアムール川のナナイやモンゴルなどの帽子を思わせる。

雪中の移動に、北海道ではカンジキを使いる。が、樺太ではストー（スキー）を使用する。山仕事に使うストーは、一五〇cmほどの長さで板に反りがつけてあり、裏にはアザラシの皮を貼ってある。アザラシ皮は、頭が前に、尾が後ろにあたるように貼る。こうすることで斜面を滑り下りるときはよりスムーズに、斜面を登る時には毛が立って滑り止めの役割をする。(10)

これに対し、ソリ用のヌソㇹストー（ソリに乗る者のスキー）は、より短く作り、アザラシ皮は貼らない。短い方が乗り降りの動作がしやすいことと、前進のみの犬ぞりには滑り止めが不要なためだろう。

②操縦法

操縦者はスキーを履いてソリにまたがる。一九一〇年から翌年にかけての南極探検に犬ぞりを採用した白瀬矗ひきいる探検隊の練習風景(11)を見ると、スタート時には操縦者も犬ぞりを押して助走を手伝い、ある程度スピードが出たところで飛び乗っている。これは現在の犬ぞりレースでも見る光景である。ニヴフ・ウイルタのソリを調査した梅棹によると、御者は、雪が深すぎたり融けて軟らかいなど路面状態が悪い時はソリを降りて荷物だけを引かせ、状態が良くなると飛び乗って横乗りの状態で走らせていたという。またスキーは、かじ取りにも多少関わっていたようである。

両手には、カウレ(12)またはヌソクワ（ソリ用の杖）という制御棒を二本持つ。カウレはソリの足の間にさしこみ、

表3　樺太諸民族が用いるイヌへの号令

	アイヌ（山本）	アイヌ・ニヴフ・ウイルタ（芳賀）	ニヴフ・ウイルタ（梅棹）
前進	tox!tox!tō!*	トウトウ	tou,tu
加速	hoj!hoj!hoj!	—	口笛
曲がれ	kaj!	カイカイ	kae,kai（右！）
		チョイチョイ	tʃei, tʃoi（左！）
停止	perá!perá!	ブライ	bre,brei,pore

* 近年のアイヌ語表記ではxはh、jはyで表す。カナ表記ではそれぞれ「トㇹ！トㇹ！トー！」「ホイ！ホイ！ホイ！」「カイ！」「ペラ！ペラ！」となる。

先端が交差するようにする。先端を雪にさし、てこの原理で抵抗をかけてスピードを調節し、止めるときは雪の中に深く突き入れる。重要なのはイヌとソリのスピードを同じくらいに保つことで、イヌのスピードが落ちたときにはソリもブレーキをかけないと、引き綱がたるんでイヌの足に絡まってしまい、場合によってはイヌがケガをしてしまう。

また、アザラシ皮やイラクサ繊維で作ったタカ（手綱）という手綱を引き綱に結び、端を御者の左右どちらかの手首にかけておく。葛西猛千代は、スキー、制御棒、手綱の三つで舵をとったと書いているから、おそらく手綱を引くなどして引き綱に振動を与えることでも先頭犬に指令を伝えたのだろう。また、万が一転倒したり振り落とされた場合に、御者とヌソをつないで、置き去りになることを防ぐ目的もあったと思われる。

前進、停止などのイヌへの指示は、主に号令によって行われる。号令は表3の四通りである。

ソリの各部名称と同様に、これらの号令も各民族間でよく似ており、樺太アイヌがこれらを北方から取り入れたことが想像できる。なお、樺太でソリを利用した和人もこの号令をそのまま使っていたそうである。

これで基本的な操作はできるが、次々と変化する路面に対応し、方向転換をしたり転倒を防ぐためにも御者はこまかな体重移動が必要である。イヌたちのコンディションも、排便をしたり気が散ってケンカをしたりと常に変化するので、状況を適宜判断しながら操縦するには熟練が必要だという。

5……犬ぞりの性能

犬ぞりは現在のようなスポーツではなく、移動や運搬のための実用本位の乗り物だった。ロシア領時代の樺太では、敷香（現在のポロナイスク）から大泊（同コルサコフ）までを月二回往復して郵便物を運んでいた。では、その積載量と移動距離、スピードはどれくらいのものだろうか。最後に、こうした犬ぞりの性能について、近世から戦前までの記録を概観する。

一八〇一年に『樺太雑記』を記した中村小市郎と高橋次太夫は、犬ぞりに乗って調査をしたものと考えられる。中村によれば、多来加（ポロナイスク付近）の人々は、北知床岬まで、犬ぞりで七日間かけてアザラシ狩に行き、東海岸の内淵から富内まで約一一〇㎞の距離は犬ぞりで五日間の行程だったという。

次に、間宮林蔵『北蝦夷図説　巻の二　産業部』には七、八頭引きの犬ぞりで一日に約七〇㎞を進むとある。ただし、氷上を走る時は、氷の凹凸のために振動が激しく転倒しやすいという。揺れの為に振り落とされると、ソリは何かに引っかからなければどこまでも行ってしまい、たいへんな苦労をすることになる。林蔵自身も何度かそうした体験をしている。

犬飼哲夫は、複数の事例を紹介している。西田源蔵著『樺太風土記』を引用し、乗客二、三人と荷物（通常二五〇㎏程度）を積んで一日に六〇㎞～八〇㎞を走る、と書いている。イヌの頭数が書かれていないが、おそらく一三頭引きだろう。三頭引きの場合、一人乗りで一日四〇㎞、無理をすれば八〇㎞進み、三人乗りで七～八頭引きの場合は時速一二㎞程度。最も長い距離を移動した記録としては、栄浜町と内路町の間二四〇㎞を一日で走った例がある。また、輸送業をしている者は、優秀なイヌを集めた六頭引きの犬ぞりに四八〇㎏の荷を積み、毎日二四㎞を往復した。戦時中は輸送用のウマが軍馬として供出されたため、木材の運び出しに犬ぞりが使われた。

四、五頭引きで一六〇〇kgを運んだという。

また軍は犬ぞりそのものを通信などの面で軍事利用することを考えた(13)。まず、海軍が青森県にイヌを送って訓練を試みたが、青森県でも樺太とは一〇度の気温差があり、イヌたちは暑さで全滅した。陸軍は千島方面での実用化を目指し、三〇頭を買い集めて前線へ送ろうとしたが、送り始めた所で敗戦となり、イヌたちの多くは戦死をまぬがれた(14)。

梅棹は、自身の調査において複数の条件下で移動距離と所要時間の計測をしており、たとえば森林地帯の深い軟雪を走った場合は移動距離二八・六kmに対し所要時間一〇時間（時速二・九km）、荷物を積まずに人だけが三〜四人乗り込み堅い路面を走った場合では移動距離四四・八kmに対し所要時間五・二時間（時速八・六km）で、平均時速を四・三kmとしている。梅棹らの調査以前に行われた極地探検等では移動距離、スピードとも数値が大きい事にも触れ、これらの数値はイヌの頭数、ソリの構造、御者の熟練度、荷の重量や路面の状態など様々な要素によって大きく変動すると述べている。梅棹の述べる通り、積載量は路面状態や移動の目的（長距離移動・短距離の運搬）によっても変動する。

もう一つ重要なのは飼料の問題である。ウマの飼料は容積が大きく、その分運搬には手間がかかる。これに対し、イヌの飼料は魚やアザラシで、現地調達で賄うことができる。イヌ一頭あたり、生魚なら一日に四kg、アザラシ肉なら二kgを与えた。梅棹は、ソリイヌが健康状態を保ち、本来の能力を発揮するには肉食が最も適しており、残飯を与えるなどして穀食をさせるべきではないと述べている。水分はイヌが自ら雪を食べて補給した。他の文化でも共通して言われることだが、給餌は必ず走り終わってから行い、走る前は空腹状態にしておく。先にエサを与えると、満腹したイヌたちは走る意欲をなくして眠ってしまい、無理に走れば体調が悪くなるという。

犬ぞりの問題点としては、輸送の面では積載量が少ないこと、悪天候には強い反面、気温が上がり雪が緩むと思うように走れないことが挙げられる。犬ぞり同士がすれ違うときにケンカが起こりやすいこと、興奮したソリ犬に利用者が噛まれることがある。このため、御者は通行人が見えると大声で通過を知らせ、別な犬ぞりが見えるとかなり手前からコースを変え、距離をあけてすれ違うようにしたという。

6……おわりに

一八七五年以降のロシア領期、その後の日本領期でも、犬ぞりは逓送（手紙や荷物の運搬）に使われていた。ロシア領期の料金は、トナカイソリなら一台一〇ルーブル、犬ぞりは一三頭引きで一台三〇ルーブルである。日本領期の一九一八年頃には犬ぞりによる収入が増加し、一日一〇円を得る者もいた。東海岸のアイヌ集落総代をつとめた千徳太郎治の記録によると（昭和四年頃か）、敷香から大泊まで馬車やトナカイソリなら一〇〇円、犬ぞりは七〇円した。千徳によれば、逓送は一種の請負事業となっており、東海岸のアイヌにとっては冬のくらしの助けになったと言う。一九二一年には先述の「組合」が作られ、組合員には賃金が払われるようになったが、二年後には馬ソリに押され、犬ぞりでの運送をやめる者も出て来た。

ロシア、そして日本に統合された樺太先住民は、漁業などの従来の生業が制限され、一方で植民者の社会に参画する道も開かれておらず、苦しい生活を余儀なくされた。一九三三年の樺太アイヌの日本国籍取得や漁業権獲得に向けた運動は、これら差別的な待遇を解消していくための動きだった。犬ぞりは、そうした情勢の中で、前代から引き継いだ文化が新しい形で人々の暮らしを支えた例である。また、犬ぞりは移住者である和人にとっても、樺太での生活に適応するために必要な手段として取り入れられ、大きな役割を果たしたのである。

犬ぞりの関連資料、特に付属品は、国内には完形の資料が少なく、これまであまり詳しく調べられたことも無い。しかしセタキラウ（先頭犬の頭飾り）などを観察すると、獣毛をを染めて編むなど、他のアイヌ工芸には見られない技法が用いられている。今日では、往時の姿を記憶する人も多くはないが、研究・紹介がすすめば樺太アイヌ特有の文化的要素として注目を集めるものと思われる。

【注】

（1）資料としたのは、梅棹の論文のほか、和田文治郎「アイヌ語病名資料」、山本祐弘『樺太アイヌの住居と民具』、葛西猛千代『樺太土人研究資料』、戦前に製作された絵葉書などである。

（2）例えば梅棹は南樺太で犬ぞりが使われる地域を敷香周辺と栄浜周辺としている（地図1参照）。これより古い記録では犬ぞりの使用域はもう少し広く、一九世紀末に収集されたB・ピウスツキの資料には、西海岸で収集された犬ぞり用具が含まれるし、ロシア領時代（一八七五～一九〇五年）にクスンコタン（コルサコフ、日本領時代は大泊と呼ばれた町）まで荷物を運んだという逸話もある。田村（二〇一三）にも、西海岸ライチシカ村で犬ぞりが使用される様子が見える。大正期にも南樺太西海岸の北部では主要な交通機関だった。

（3）田村（二〇一三）には、富内村のアイヌが製作した犬ぞりが標本として博物館に届けられたという『樺太日日新聞』（一九一一年一〇月二一日付）の記事が紹介されている。資料№50は、この富内産の犬ぞりと同一である可能性があることを、田村氏よりご教示いただいた。

（4）医療関連の資料にソリの情報が含まれているのは「takapes araka」という一種の腹痛を指す病名に、ソリの部位名が含まれているためである。タカペㇱとはシケニと引き綱の連結部で、ここにマㇵルという縒り戻しが取り付けられる。この連結部が激しくよじれるかのような激しい痛みからの命名か。

（5）同論文によれば、ソリ本体を製作することをアイヌ語で「シケニ・ター（シケニを彫る）」と言い、これは船の製作を意味する「チㇱ・ター（船・彫る）」から派生した言葉だという。つまり、シケニの方が年代が新しく、それに先行した船作りの言葉が応用されたということである。なお、知里はシケニよりも船が先行することの論拠として、船のムダマ（構造船の本体）を「シケ」と呼ぶことを上げている。ソリの名称シケニも、本来はムダマを指す言葉だったという解釈である。知里が挙げている例は文学中の用例だが、樺太西海岸ライチシカ方言では、日常的に用いる板船の底板のことを「シキ」と呼んでいる。ただ、このシケ／シキについては、日本語の「敷板（しきいた）」からの借用という可能性も考慮してみる必要を感じる。

（6）グリーンランドでは、海獣猟に用いる銛に結び付けられた綱にも転環が使われるという。

（7）転環はウシの飼育にも同じく役立つはずだが、トゥヴァの中の牛を飼養するグループをはじめ、モンゴル、ブリヤートの文化では用いられないようである。

（8）犬ぞりは樺太に入植してきた和人にも運搬・移動の手段として普及した。写真からどの民族のソリかを判別するのは難しい場合がある。

（9）知里真志保の「樺太アイヌの神謡」に先頭犬を語り手とする一篇（話者は西海岸マオカ出身多蘭泊在住の女性、筆録者は佐々木弘太郎）があり、その解説の中で、先頭犬の名称は isoxseta（＜i-sa-ot-seta それの前に・就く犬）だと書かれている。なお、神謡のアイヌ語原文では、先頭犬に当たる言葉は isos seta となっている。

（10）なお、最上徳内の「蝦夷草子後編」には、アイヌがスキーを履いて両手にストックを持ち、帯につないだ綱でイヌに引かせ氷上を移動するという話が書かれている。夏場には船を引くなど、イヌたちは一年中活躍する。

（11）この時の様子を記録した映画が残っており、秋田県にかほ市の白瀬南極探検隊記念館で視聴することができる。

（12）名称については表1参照。

（13）イヌの軍事利用については、本書6章の溝口論文を参照。

（14）田村（二〇一三）によれば、樺太日日新聞の紙面でもしばしばソリの軍事利用が話題にのぼり、犬ぞりに対してトナカイぞりの方が隠密行動に適している、などといった議論がされていた。

【参考文献】

犬飼哲夫「カラフトイヌの起源と習俗」（『からふといぬ』日本評論新社、一九五九年）

梅棹忠夫「イヌぞりの研究」（『梅棹忠夫著作集第一巻　探検の時代』中央公論社、一九九〇年（一九四三年））

荻原眞子、古原敏弘「アイヌの犬橇関係資料概要――ロシアの博物館所蔵品について」（『アイヌ民族文化研究センター研究紀要』第一八号、北海道立アイヌ民族文化研究センター、二〇一二年）

葛西猛千代『樺太アイヌの民俗』（みやま書房、一九七五年a（一九四三年））

葛西猛千代『樺太土人研究資料』（私家版（謄写）、一九七五年b（一九二八年））

加藤九祚『北東アジア民族史の研究』（恒文社、一九八六年）

萱野茂『アイヌの民具』（アイヌの民具刊行運動委員会、一九七八年）
北原次郎太「樺太アイヌの歴史」（『樺太アイヌ民族誌』（公財）アイヌ文化振興・研究推進機構、二〇〇四年）
金田一京助、杉山寿栄男『アイヌ芸術　服装編』（北海道出版企画センター、一九九三年（一九四一年））
千徳太郎治『樺太アイヌ叢話』（『アイヌ史資料集第六巻　樺太篇』北海道出版企画センター、一九八〇年（一九二九年））
田村将人「樺太アイヌの犬橇輸送に関する資料」（『北方地域の人と環境の関係史　2010-12年度調査報告』二〇一三年）
丹菊逸治「ニヴフ語、アイヌ語、ウィルタ語の民具関連の共通語彙について」（『アイヌを中心とする日本北方諸民族の民具類を通じた言語接触の研究』平成一五～一八年度科学研究費補助金・研究成果報告書（代表者：中川裕、課題番号15401012）二〇〇七年）一三六―一六二頁
知里真志保『分類アイヌ語辞典　人間篇』（『知里眞志保著作集　別巻Ⅱ』平凡社、一九七五年（一九五四年））
芳賀良夫「南極用犬ソリの編成と訓練」（『からふといぬ』日本評論新社、一九五九年）
西鶴定嘉『樺太アイヌ』（みやま書房、一九七四年）
北海道立北方民族博物館『A・V・スモリャーク氏寄贈資料目録～ニヴフ・オロチ・ウリチ・ナーナイ』（一九九八年）
北海道立北方民族博物館『北海道立北方民族博物館第二九回特別展　船、橇、スキー、かんじき　北方の移動手段と道具』（二〇一四年）
山本祐弘『樺太アイヌの住居と民具』（相模書房、一九七〇年）
和田完「アイヌ語病名資料――和田文治郎遺稿2」（『民族學研究』三〇―一号、日本文化人類学会、一九六五年）
A. B. Смоляк 2001 *Народы Нижнего Амура и Сахалина : фотоальбом* Москва

附記　本稿脱稿後、ロシア国立民族学博物館に収蔵されるセタキラウ二点（2815-11）を調査する機会を得た。こちらは函館の資料とは異なり、二点とも木製円柱が無かった。また、装飾には黒と黄色、赤の毛が用いられ、いずれもウマの毛らしく思われた。長い毛（尾か）をより合わせて糸状にし、それらを編んで作られている。編みの技術はクマ送り用の装飾帯に付される袋を編む技術と良く似ており、セタキラウは左へ、クマ装飾は右へ編まれている。いずれも、管見の限り北海道アイヌや千島アイヌには見られない技法である。

本稿脱稿後、イヌの装具の名称について、丹菊逸治氏も近隣民族の名称との比較を行っていることを知った。紙幅の関係で詳細は紹介できないが、参考文献に挙げることとした。

謝辞　本稿は（一財）アイヌ民族博物館が発行するWEBマガジン『月刊シロロ』に掲載された拙文をもとに、加筆修正したものである。執筆にあたり、北海道立北方民族博物館の笹倉いる美氏、白瀬南極探検隊記念館の皆さま、国立アイヌ民族博物館設立準備室の田村将人氏、函館市立博物館、函館市北方民族資料館の皆さまにご協力いただきました。記して御礼申し上げます。

＊　＊　＊

付篇：犬ぞりが歌われたヤイカテカラ（即興歌）

樺太西海岸から北海道へ移住したある女性は、犬ぞりが歌い込まれた珍しい歌を伝承していた。一八八五（明治一八）年生まれで、若い時に近所の老人からこの歌を聞き、良い歌なので自分のレパートリーに取り入れたということである。

老人はロシア人の依頼で、豊原（ユジノサハリンスク）からクスンコタン（大泊／コルサコフ）まで手紙を運んだ。路面状況が悪く、苦労して運んだ末に報酬として渡されたのは破れて綿がはみ出た服一枚だった。老人は、心の中で泣きたいほど落胆し、その気持ちを歌にして周囲の人々に聞かせた、というもの。

※歌い手の女性は、収録時にこの歌を二回歌い、歌詞には若干の差異がある。いずれもアイヌ語として興味深い表現が使われている。なお、歌の前後や間に入る囃子は一部省略している。

・その1

ハイヤア　ハイヤア　（はやしことば）

ヌチャ　イレンカ　ヌチャ　イレンカ　（ロシア人の意向で　ロシア人の意向で）

チヌイェカンピ　（文字をつづった手紙を）

ウナンパレ　クスネマヌ。（私に運ばせるのだそうだ）

セタ　クオー　クスンコタン　コタン　（イヌに　乗り　コルサコフ（大泊）　の村へ）
ヌチャ　イレンカ　カンピ　アナンパレ　（ロシア人の意向で　手紙を　運ばされて）
アンラム　オンナイケ　タ　（私の心　の中　で）
トゥ　ポン　チㇱラㇺポ　ヤイコンテ　（二つの　泣きたい気持ち　を抱いて）
ヘマタ　イコンテ　チウェンテ　イミーポ　（何を　私にくれたか　ボロボロの　服よ）
ハイヤアア　ハイヤア

表4　素材一覧

	民族1782	民族1783
ベルト部分	獣皮	獣皮
角の芯	木材	木材
巻紐の芯	獣皮	腱
巻紐の芯	染めた獣毛（黄・褐色）	染めた獣毛（黄・褐色）
房飾り	染めた獣毛（赤）	—

・その2
ハイヤアア　ハイヤア
ヌチャ　イレンカ　ヌチャ　イレンカ　（ロシア人の意向で　ロシア人の意向で）
クスンコタン　コタン　（コルサコフ（大泊）の　村へ）
カンピ　イアンパレ　クスネ　マヌ　（手紙を　運ばせる　のだ　そうだ）
セタオーアン　カンネ　（イヌに乗り　乍ら）
ルー　カイキ　ウェン　アンペ　（道　だって　悪い　のに）
ヌチャ　イレンカ　ウ　カンピ　（ロシア人の意向で　文字をつづった手紙を）
アナンパ　カンネ　パイエアン　ナンペ　（たずさえ　ながら　でかけて　みたら）
ヘマタ　エンコテン　クン　ペ　アンラム　（何を　私にくれる　ものだろうと　思ったら）
アンペネ　チウェンテ　イミーポ　（まったく　ボロボロの　服）
ハイヤアア

（日本放送協会　『アイヌ伝統音楽』に収録）

付篇2：セタキラウの構造

一、素材

セタキラウは頭に巻くベルト部分と、上につく角状の装飾部分に分かれる。ベルト部分は動物の皮製。角状装飾は、芯材に木製円柱とそれに巻き付ける紐、染めた獣毛が使われている。巻紐の芯材には、民族1782はごく細く縒りをかけた革紐、民族1783では縒り合わせた腱が使われている。民族1782には、角の先に房状の飾りが残っている。ここにも赤く染めた獣毛（おそらくウマの毛）が使われている。

二、形状と製法

ここでは、比較的保存状態の良い民族1782のつくられ方について説明する。民族1783は、角状装飾の基部までしか残っていない。その先の形状は、民族1782とはやや違った可能性がある。

ベルト部分は獣皮を輪状にし、アゴにあたる所で結び合わせている。大きな輪にそえて、前頭部に当たるベルトが半円状に取り付けてある。

二―一、ベルト部分

革紐をつないで固定する場合、紐の先端を曲げ、紐中央に開けたスリットに通して締め付ける方法が多用される。皮素材は柔軟で変形しやすいことに加え、摩擦が大きく、締め付けるだけという簡易な方法で固定ができる。この技法はセタハナ（首輪）やカーニクッ（金帯）など他の皮革製品にも共通して見られる。

二―二、角状装飾

角部分の芯材となる木製円柱と、これに巻き付けた装飾的な紐からなる。木製円柱の基部は、ベルト部分の頂点に開けたスリットに通し、釘で固定している。円柱は下から二㎝の所から細くなる。現在は途中で折れ、中間の一部が無くなっているが、製作時は先端まで芯棒が入っていたらしい。

角の装飾は、芯材に黄と褐色の獣毛を巻き付けた巻紐でできている。芯材は、右下がりの螺旋を描いて巻き付け、獣毛は黄と褐色が交互に巻かれている。芯材に対し、二段ずつ巻いてい。現在は、木製円柱が折れた箇所付近に獣毛が見られず、芯材だけが残っている。

第12章……忠犬ハチ公と軍犬

溝口元

Keywords＝忠犬ハチ公、軍犬、戦時体制

1……はじめに

「『日本書紀』に読み取れる忠犬ハチ公的な物語」とは、公益社団法人埼玉県獣医師会のホームページに載せられた「トピックス」記事のタイトルである。まず、忠犬ハチ公（一九二三年一一月一八日?～一九三五年三月八日、図1）が「飼い主が死亡したあとも、渋谷駅前で飼い主であった大学教授・上野英三郎の帰りを待ち続けた」というお馴染みのエピソードを挙げている。そして、「では、忠犬ハチ公的なお話は、今までなかったのでしょうか？」と問いかけ、「日本書紀　第二一巻」でも戦死した主の遺体の周りを吠え、頭を咥えて墓まで運び自身もその傍らに臥したまま餓死したイヌがいて、朝廷では大変感心し後に主と同じ墓に埋葬したという話を紹介している。

動画では「スペインでも秋田犬は忠犬だった。飼い主が緊急入院。家に帰ることを拒み」と題した映像が閲覧できた。何を「忠犬」とするかはともかく、飼い主にとことん寄り添い関わったイヌは、忠犬ハチ公ばかりでないことの逸話である。

忠犬ハチ公が属する秋田犬といえば、日本犬唯一の大型犬で、立耳、毛色は赤と白が多く、巻尾という特徴を

持つ。一七世紀初頭から秋田（羽後）を統治し、当時、その地のマタギとともにいた狩猟犬と闘犬で知られる土佐犬とを交雑させ強い犬にして、「犬合わせ」をさせようとした佐竹氏により作り出されたといってよいイヌであった。クマの筋肉にも食い込む犬歯や野山を駆けるがっしりした足とツメをもち「クマにもひるまぬ頼もしい相棒秋田犬」（田中、二〇〇二）との記述もみられる。

図1　忠犬ハチ公（記念フレーム切手、発行日初日印付、筆者蔵）

ネット上では、「帝國ノ犬達　明治から昭和の敗戦に至る時代を生きた犬達のお話」と題したブログに時系列を踏まえた詳細なイヌの動向を含め、忠犬も数多く紹介されている。本章ではそれとは別に秋田・大館から東京の渋谷へ列車に荷物として乗せられた生まれてほどない秋田犬の子犬が、農業工学が専門であった東京帝国大学農学部教授上野英三郎（一八七二～一九二五）宅で飼育され「ハチ」と名付けられ、飼い主の死後に「忠犬ハチ公」として忠犬の典型、日本犬の代表といっても過言でない存在にまで祭り上げられていく過程に目を向けるものである。

さて、忠犬ハチ公を問題にする際、いくつか背景を整理しておく必要があると感じられる。まず、自宅でイヌを飼育するという行為を可能にした「畜犬規則」（東京は一八七三年）。断続的に発生した狂犬病対策（Adams 1977）として、一八九六年に制定された「獣疫予防法」。明治期以降激減といってよい状態であった日本犬に対する「日本犬保存会」（一九二八年設立、現在、公益社団法人）を中心とした保存運動。新渡戸稲造（一八六二～一九三三）らも関わった国際的な動物愛護の動向などを挙げることができる。

さらに、洋犬、軍犬との関係も注意したいところである。すなわち、一九二八年に「日本シェパード犬倶楽部」が組織され、一九三一年には「日本シェパード犬協会（日本シェパード犬登録協会の前身）」と改称し、血統書の発行を開始している。また、軍犬はドイツに範を求めた洋犬で、その一種として用いられたのがシェパードであった。さらに、昭和初期にはイヌの用途として観賞犬、仕事犬などの名称もみられることから、イヌの使役の多様化とそれを支えた動物育種遺伝学の動向なども考慮したい。

それぞれ興味深いところであるが、本章では、秋田犬が天然記念物指定された経緯とそれに関与した動物学者たちの活動、忠犬ハチ公の社会的登場と「日本犬保存会」を介して大ブレイクしていく過程、これらと時代的に並行し「犬も戦士」「軍犬報国」などの言葉も飛び交った「帝国軍用犬協会」の動向や陸軍の軍犬育成を中心に扱っていく。

2……忠犬ハチ公登場の背景と動物学者たち

動物学者のイヌへの言及は、お雇い外国人動物学教師で大森貝塚の発見者として知られる米国のS・モース（一八三八～一九二五）の『日本その日その日』（一九一七年）にみられる。北海道のイヌを「エスキモー犬に似ている」ものと「色、形、動作、房々した尻尾等がほとんど全く狐」の二種に分けた記述がある。前者は樺太犬、後者は北海道犬と推定されるように日本犬の起原を考察した。しかし、日本の動物学者が研究対象としてイヌを取り上げることは稀である。遺伝的な均一性、価格、維持・管理、入手のしやすさ、扱いやすさ、動物虐待等への懸念などからみてイヌよりも研究者にとって都合が良い動物が複数存在し、それらが流通していることが大きな要因であろう。

とはいえ、イヌ好きな動物学者は少なくない。その代表格の一人が東京帝国大理学部教授の渡瀬庄三郎（一八六二～一九二九）である。存命中から愛犬家として知られ『愛犬家列伝』（高田、二〇〇四年）に名を連ね、動物地理学上の分布線「渡瀬線」に名を残している。琉球のハブ退治にインドから三二匹のマングースの導入（一九一〇）したことや米国から食用として一七匹のウシガエルを輸入し繁殖を考えた（一九一八）人物としても知られる。もっとも、そのマングースはルリカケスやアマミノクロウサギなどを食してしまい、渡瀬のいわば力づくで有害動物を駆除しようとした思惑は外れてしまったのであるが。

ちょうどそのころ同じく東京帝国大学理学部の植物学者の三好学（一八六一～一九三九）は、留学先のドイツで知ったA・フンボルト（一七六九～一八五九）の著作『新大陸赤道地方紀行』（一八〇七年）の中に、ベネズエラ北部で見た老木に対する印象を語った際に使ったNaturdenkmalなる語を見出した。三好は、この語に「天然記念物」という訳語を与え、それを広めるべく帰国後、三宅秀（一八四八～一九三八、医学）、白井光太郎（一八六三～一九三二、植物学）、渡瀬庄三郎（一八六二～一九二九、動物学）、神保小虎（一八六七～一九二四、地質学）ら東京帝国大学の同僚たちに賛同・協力を求めた。

なかでも、日本初の医学博士、東京大学初の名誉教授であり、貴族院勅撰議員でもあった三宅や三好の努力が実を結び、一九一一年に「史蹟名勝天然記念物保存協会」が設立された。初代会長には貴族院議員、侯爵であった徳川頼倫（一八七二～一九二五、紀州徳川家第一五代当主）が就任した。同年、協会は頼倫の努力により「史蹟及天然記念物保存ニ関スル建議」を貴族院に提出し法制化をめざした。そして、一九一九年頼倫の発議により「史蹟名勝天然記念物保存法」が制定された。それは、郷土の自然保護とナショナリズムが感じられるものであった。この協会は、一九二五年に頼倫が亡くなり内務省内に置かれるまで、建物も頼倫自邸の「南葵文庫」が使われていたように、実質、徳川家の私財で運営されたものであった。

三好の天然記念物に関する代表作『天然記念物』（冨山房、一九一五年）では、天然記念物でも植物を中心とし、「国粋の顕揚」を念頭に置き、棄損の実例や保護区域、保護の方法に多くの頁が割かれている。動物の記述はヨーロッパにおける鳥類の保護の他、日本については、大山椒魚、日本犬、狐、狸の類、尾長鶏、鶩などが「保存を要すべきもの」と述べられている。また、同じく三好の『天然紀念物解説』(冨山房、一九二六年)には、「第五編　天然紀念物」の実例の「第二章　動物」に関する天然紀念物があり、そこでは、一　日本固有動物、二　希少になつた動物、三　東亜著名の動物、四　著名なる動物蕃殖地又は渡来地、五　水産の特有動物、六　特有の畜養動物、七　海外より移植された野生動物、が該当するとしている(当時の表記として、紀念物と記念物の両方が混在するがここでは文献の表記に従っている)。

この三好から天然記念物保存に協力を求められていた渡瀬は、それに応じて史跡名勝天然記念物保存協会では、設立当初から評議員や常務委員を務めた。また、史跡名勝天然記念物保存法の制定後では、天然記念物の指定に発言力があった(渡邊、二〇〇〇)。それが、一九三一年の秋田犬の天然記念物指定に関係するのである。なかでも立耳、巻尾が特徴である日本犬の保護を力説した。たれ耳、たれ尾の外国犬が開国以来日本に入り、日本犬と交雑するようになった。一九二〇年に大館で秋田犬の調査を行った経験がある渡瀬は、神代の時代から連綿と血統を守ってきた日本犬と外国犬との交雑が頻繁に起こり、日本の固有種が次第に失われ、また、辺鄙なところに追いやられている状況を打開すべく手を打ったのである(高田、二〇〇四)。それが秋田犬(一九三一、カッコ内天然記念物指定年、以下同様)をはじめ紀州犬[13章志村論文]、甲斐犬(一九三四)、柴犬(一九三六)、四国犬、北海道犬(一九三七)ら日本犬の天然記念物指定であった。

もっとも、こうした日本犬が天然記念物に指定された際、渡瀬はすでに他界しておりその様子を知ることはできなかった。また、秋田犬でも忠犬ハチ公が純粋な秋田犬であったかどうかということや、渡瀬が提唱したとされている日本犬を小型、中型、大型の大きさで分類する「日本犬標準」の妥当性については、疑問視する向きもある(本書13章志村論文には紀州犬に関する事例が扱われている。一九三八年には「秋田犬標準」も定められた)。

さて、渡瀬に代わって秋田犬の天然記念物の指定を実現したのが、動物学者、鏑木外岐雄(一八九〇〜一九六八)

であった。彼は、一九一五年、当時の東京帝国大学理科大学動物学科を卒業した。欧米留学後、一九二四年東京帝国大学農学部講師に就任し、同年、助教授。一九二六年には教授に昇進した。なお、鏑木は、大学卒業の二年後に就任した東京帝国大学理科大学助手の頃から、イギリスやインドの学術誌に卒業論文でも扱った渦虫類などの研究論文を英文で発表していた（高山・溝口、二〇一七）。

このように鏑木はイヌを専門とした動物学者ではないのだが、一九三三年に史蹟名勝天然記念物調査委員会委員に就任。前年の一九三二年に文部省が刊行した『天然紀念物調査報告　動物之部第二輯』では、「文部省囑託」の肩書で全二一件中、鏑木一人で一二件を担当している。その内の一つが秋田犬である。鏑木の秋田犬の報告書には、二枚の秋田犬の写真が載せられているが、忠犬ハチ公ではない。秋田犬は「体軀巨大にして肩高〇・七米、体重五二瓩余に及ぶ…被毛厚く、耳は円味を帯びて左右に開いて立ち…尾は太く短く背上に巻いて居り…」（鏑木、一九三二）などの秋田犬に関する記述が見られる。

さらに、「古くは秋田県北部地方に広く飼養されてゐたが、近年著しくその数低減し、近時は僅かに秋田県大館地方においてそれが系統保存の途が行じられてゐるに過ぎない」としている。そして、最後の「保存の事由及び要件」で、「日本民族の由来発展を考察する一助として日本犬の系統を保存し且攻究する必要がある。故に日本犬の一系統を代表すと看做される秋田犬は之を措定し以て系統保存に努める必要があると認める」と述べている。「後記」として「秋田犬は昭和六年七月保存要目天然記念物動物の部第八に依り措定せらる」としている。この「保存要目天然記念物動物の部　第八」とは、「日本ニ特有ナル畜養動物」のことである。

なお、イヌの研究については、研究機関に属する人物よりも、平岩米吉（一八九八～一九八六）ら愛犬家で在野の研究者が精力的に著作を刊行している。彼らは、外国犬との交雑を防ぎ、日本の在来犬を守って行くという渡瀬の考えに共鳴していた。日本では、闘犬の存在価値は認められていたが、秋田犬のような家庭で飼育する犬の需要は落ち込んでいたのである。その具体的な活動が渡瀬が亡くなる一年前の一九二八年に発足した「日本犬保存会」の設立であった。

平岩は独学で動物学を身に付けた人物で日本におけるアカデミアからは認知されてはいないが、「動物心理学」、「動物行動学のパイオニア」としているものもある。『私の犬　動物文学随筆集』（教材社、一九四二年）、『犬の生態』（同和春秋社、一九五六年）や『犬の行動と心理』（池田書店、一九七六年）、『狼――その生態と歴史』（築地書店、一九九二年）などの単著がある。一九三四年には「動物文学会」、一九三七年には「犬科生態研究所」を設立した。忠犬ハチ公存命当時は、渋谷駅近くに住み、実際にその様子を覗っていたという。

一方、斎藤が日本犬が絶滅するかもしれないという危機感を覚えたのは昭和初めのことであった（飯田、二〇一三）。彼は東京美術学校（東京芸術大学美術学部の前身）の出身で、忠犬ハチ公が社会的に知られるようになった発端を作った人物である。第二次世界大戦前には、しばしば日本犬に関する記事を執筆しているが、まとまった著作としては戦後の一九六〇年代に刊行された『犬科動物骨格計測法』（私家版、一九六三年）、『愛犬者ものがたり』（文芸春秋新社、一九六三年）、『日本の犬と狼』（雪華社、一九六四年）などがある。

3……日本犬研究と保存運動

さて、大正末期から昭和初頭にかけて、科学的な観点から日本犬に関する著作が出版された。たとえば、大浦豊『日本犬の研究　遺伝と疾病　日本狼の現在』（三省堂、一九三四年）である。口絵には「忠犬として有名な渋谷の「ハチ」」と題し、忠犬ハチ公を中心に八重子夫人など家族や渋谷駅長、著者らの集合写真が載せられている。また、「序」には陸軍獣医監内村兵蔵（一八六九～一九五二）が「本書に據りて日本犬に関する重要問題を認識し、尚又藩殖生産等を遺伝学的に観察し或いは疾病に対する新説を知悉することを得ば、これ即ち非常時に於ける畜犬報国の一端を果たす所以であると信ずる」と述べている。この内村の獣医監とは、陸軍少将に相当する階級である。また、彼は一九二一年一一月、予備役に編入（実質、除隊）されるが、一九二九年二月、日本獣医師会の初代会長に選出されている。

さらに、メンデルの遺伝の法則や優生学、日本犬の分類、狂犬病、イヌの寄生虫などを扱うほか、「天然記念物秋田犬について」の節がある。「云ふまでもなく、我が日本古有《ママ》の犬、そのうちの一種である秋田犬、それが今日滅亡に瀕した状態になつて、漸く識者の注意を呼び起こして保存されるやうになつたのである」とし、滅亡に至った理由として、一九〇九年の秋田県知事による闘犬禁止を挙げている。すなわち、闘犬に用いられていた秋田犬が闘犬禁止により犬の使い道を失った。そして犬が不必要になり秋田犬没落への道になったというのである。

もう一つ。犬の研究社編『昭和日本犬の検討　日本犬の確立に日本犬党の奮起を望む』（犬の研究社、一九三六年）は、口絵に八〇頭の日本犬を載せ、目次の次に「ありし日の忠犬ハチ公」と題し正面から撮影されたハチ公の写真が掲げられている。忠犬ハチ公の死後、解剖を行った家畜寄生虫学者で東京帝国大学農学部教授の板垣四郎（一八八六～一九六九）の「日本犬研究の将来」や前述の動物学者鏑木外岐雄による「天然記念物と日本犬」、斎藤弘（吉）の「日本犬保存史」、『日本犬の研究』（成光社、一九三八年）の著者、高久兵四郎による「日本犬の精神美」、日本犬保存会秋田支部、京野兵右衛門の「優秀日本犬の作出法」などの記事が寄せられている。

これらの中で、上述の斎藤の「日本犬保存史」でも明治維新以降、和犬（日本犬）と洋犬（外国犬）の雑種化を嘆いている。そして、和犬を保護する活動は、大正初期に秋田県大館の林元治なる人物が雑誌『犬』に掲載した「和犬を保護せよ」から始まったとしている。しかし、この記事の日本犬保護の対策法は闘犬を盛んにすることであるが、闘犬が雑種化によって成り立ってきたことを考えれば「林といふ人の日本犬に対する認識は甚だ曖昧であつた」と述べている。

そして、「この頃初めて日本犬に関する有力な研究と保存を唱へる人が出て参りました。之は当時内務省に管轄されてゐた史蹟名勝天然記念物保存会の委員であり、東京帝大理学部名誉教授である渡瀬庄三郎博士」と記し、りますと述べている。その他、渡瀬の活動前後の日本犬の保存に触れるが、「何れも滔々たる洋犬の勢に押されて、保存事業の実行に着する者一人もなかつた」という。

そこで、斎藤は優秀な日本犬を入手しようとするが畜犬商や忠犬ハチ公のふるさと大館にも適当なものが乏しかった。そこで、一九二七年春に「日本犬保存会」の設立を企画、一九二八年六月に設立を公表して、その対応に当たろうとしたのであった。この間に斎藤は渡瀬の考えを知ったという。この保存会の存在は当時の新聞に取り上げられることになったが、それには「東京日日新聞」(「毎日新聞」の前身の一つ)の社会部長が愛犬家であったことが幸いしたと述べている。

保存会の日本犬の保存活動の一つがイヌの戸籍というべき「犬籍簿」の作成であるが、「最も有効なる方法は日本犬を天然記念物に指定し、官に於いて先づその貴重なる事を民間に公示することが、各地方人の日本犬に注目せしめる最良の方法」と考えたのであった。そして、秋田犬をその第一号としたかったが、渡瀬が死去し委員の後任が決まっていなかったので、鳥類学者だが史蹟名勝天然記念物保存協会委員の内田清之助(一八八四〜一九七五)に指定方法を照会するとともに、一九二九年五月から指定への運動を開始したのであった。指定申請には、当時の大館町長で一九二七年に「秋田犬保存会」を設立した泉茂家が当たった。そして、渡瀬の後任の委員に上述の鏑木外岐雄が指名され、彼が一九三一年五月に現地調査を行い、同年七月天然記念物に指定されたのであった。

もっとも、愛犬家にとっては天然記念物への指定は、歓迎一色というわけにはいかなかった。絶滅寸前の日本犬の救済には天然記念物の指定が一定の救済方法としては機能したが、日本犬は「日に月に人間の叡智と撓まぬ努力によつて絶えず改良作出され進歩しつつあるもの」である。優秀作出を目標として、世界の畜犬界への進出を目指している日本犬保存会としては「天然記念物に対し無関心冷淡なるは勿論些少の未練も持ち合わせてゐないことはまことに理の当然たるところ」である。「躍進途上に害悪すら感ぜられる天然記念物といふ空虚な名称に何時迄も執着せんかそれは甚だしい時代錯誤」（京野、一九三六）とまで言い切っている人物もみられるのである。

4……忠犬ハチ公の登場

さて、秋田県大館市の郊外に生まれた秋田犬「ハチ」が、忠犬ハチ公として社会的に登場するまでの経緯だが、概要は「忠犬ハチ公と秋田犬のふるさと　おおだて」と題し、観光キャラクターも「はちくん」である秋田県大館市のホームページの記事や忠犬ハチ公が存命中の一九三四年に刊行された岸一敏の『忠犬ハチ公物語』、外国の忠犬についても詳しく言及されている飯田操『忠犬はいかに生まれるか』などで知ることができる。そこで、ここでは忠犬ハチ公という名称に至る変遷をみていきたい。

忠犬ハチ公が正式名称にも感じられる秋田犬の「ハチ」という名は、上野邸で飼育されるようになってから付けられたものである。しかし、誰の命名かについては上野英三郎の妻、上野八重子という考えがあるが不明である。このハチを上野邸に出入りしていた学生たちがいつしかハチではなくハチ公と呼ぶようになり、「ハチ公」の名が確立する。このハチ公が社会的に知られる経緯は、上述の日本犬保存会が設立され、その初代会長に就任した斎藤弘吉が「朝日新聞」に記事の情報提供をしたところから始まる。

掲載された記事は、「いとしや老犬物語　今は世なき主人の帰りを待ち兼ねる七年間」と題した見出しで、一九三二年一〇月四日付「朝日新聞」東京版朝刊に掲載された。「当年とつて十一歳の…ハチ公」の記述がみえる。忠犬ハチ公が世に知られるようなった端緒としてしばしば言及される件だが、斎藤が「ハチ公にとって一番なつかしく、思い出の深い渋谷駅付近をうろついている」といったのを新聞記者が「記事を面白くするため「主人の恩を忘れず、帰らぬ人を待つ」ことにしてしまった」という（飯田、二〇一三）。忠犬ハチ公は単に「残飯あさりのヨボヨボした哀れな野良犬」だったという印象を語る人もいて、まさに「朝日新聞が創った「忠犬ハチ公」神話」（鈴木、一九八八）と思えなくもない。

さて、次に同新聞の見出しで「ハチ公」の名が見えるのは同年一一月五日であり、見出しは「賓客に納まる老犬ハチ公」である。「老犬」の二文字が加わった。日本犬保存会が銀座・松屋の屋上で翌日から開催する「日本犬展覧会」を報じたもので、犬の展覧会自体はシェパード、ポインター、テリアなどの洋犬については行われていたが、日本犬でもそれを行い会場に忠犬ハチ公自身も登場するという内容である。一九三一年七月三一日に秋田犬が純系の日本犬であるという保証はないものの、イヌの中では最初に天然記念物に指定された。日本犬保存会によって具体化された日本犬保存運動には「日本犬を忠義心や純潔、勇猛さと結び付つけ、それらを日本民族の優秀性と結びつけるような国家主義的側面」があったという（飯田、二〇一三）。

こうした雰囲気の中、忠犬ハチ公の銅像建立の話が出て、そのための募金活動が報じられた。一九三四年三月一一日付「読売新聞」の書き出しは、「例の忠犬ハチ公の銅像建設募金活動の夕べが十日夜五時から神宮外苑の日本青年館で開かれた」である。ここに「忠犬ハチ公」の名が登場する。この日の募金活動には、日本犬保存会理事斎藤弘吉、東京帝国大学教授板垣四郎、忠犬ハチ公の銅像を作成する帝展彫刻部審査員安藤照らが参集している。なお、斎藤と安藤は東京美術学校の同級生であった。次いで、同年四月二二日付「東京日日新聞」は、「忠犬ハチ公・永遠の姿　けふ感激の銅像除幕式　渋谷駅頭に歓呼のうづまき」と題した記事を写真入りで載せた。ハチ公本人に加えて飼い主妻の上野八重子、令嬢の上野久子、文部、外務、鉄道省役人、ハチ公ファンら約三〇〇人が集まったという。この日、臨席した文部省社会局長は、「忠犬ハチ公の銅像は…帰らざる旧主を迎へ、純情無垢、報恩に一生を捧げし可憐なる姿は…その哀情は永く我が国民思想を善導し…」などと祝辞を述べている。まさに「亡き主人を慕う「忠犬」を「忠君愛国」を教える手立てにする用意のあることが見え隠れする」（飯田、二〇一三）ものである。

この像の設立の契機は、この年が戌年に当たっていたことから、そのイベントの一つともいわれている。もっとも、同じ日の「東京朝日新聞」では、「銅像に輝くハチ公の姿　ハチ公キヨトン」の見出しであり、本文中にも「忠犬」の文字は見られない。同じ頃の「読売新聞」をみると、一九三四年四月二五日付のものには「忠犬ハチ公物語」の新刊宣伝が載せられ、そこには忠犬ハチ公の顔写真とともに像の台座に刻まれた漢詩の翻訳も載せられている。「犬であつても八《（ママ）》公の如きものがあり遥かに人間にまさつてゐるといふことは誠に言ふに忍びないことではないか。嗚呼彼公の心はこの萎えた世を警むるに十分である。」などと述べられている。

一九三五年七月には、忠犬ハチ公の誕生の地、秋田県大館市にも忠犬ハチ公像が設立された（現在、大館駅前にあるハチ公像は一九八七年の再建、秋田犬会館前のものは二〇〇四年設立）ものだが、その碑文には、「忠犬ハチ公は実に我が大館の産である。…秋田犬生まれながらの美質を立派に表している　畏くも　その名は天聴に達し　その小像は御嘉納の光栄に浴したという」と刻まれていた（鈴木、一九八八）。東京の「渋谷区郷土館」には、この献上した忠犬ハチ公の小像と同型のものが展示されている。こうしてみると、「忠犬ハチ公」の呼称は、新聞等マスメディアでは、渋谷駅頭の忠犬ハチ公像の建立が機になっていると思われる。

そして、「忠犬ハチ公」の名が世に広まった決定的な契機が、第四期国定「尋常小学修身書」（巻二）（一九三五）という教科書への掲載であった（図2）。本書全二七章の内、二六章がハチ公を扱った全文三四〇文字ほどの「オン　ヲ　忘レル　ナ」（七四―七七頁）である。渋谷駅で飼い主を待つ姿のハチ公のカラー刷の図も挿入されている。「ヤガテ、カヒヌシ　ガ　ナクナリマシタ。ハチ　ハ、ソレ　ヲ　知ラナイ　ノ　カ、毎日カヒヌシ　ヲ　サガシマシタ。…十年モ　タッテ　モ　シカシ、マダ　カヒヌシ　ヲ　サガシテ　ヰル　年　ヲ　トッタ　ハチ　ノ　スガタ　ガ、毎日、ソノ　エキ　ノ　前　ニ　見ラレマシタ。」と記されている。

一九三四年八月二一日付「読売新聞」の「国定教科書にのる忠犬「ハチ公」童心に強い感銘」と題した記事には「一度飼はれた主人の亡き後まで涙ぐましい思慕の情を見せて主につかへぬといふ秋田犬の特性をよく現はして銅像にまでなつた忠犬「ハチ公」が修身の教科書の教材になり、一九三五年四月から全国学童の前にその

ト　信綱　ヲ　ホメ、
「コレ　カラ　ハ、マタ　カヤウナ　アヤマチ
ヲ　シナイ　ヤウ　ニ。」
ト　イマシメテ、別　ニ　トガメマセン　デシタ。
シャウヂキ　ハ　一シャウ　ノ　タカラ。
二十六　オン　ヲ　忘レル　ナ
ハチ　ハ、カハイヽ　犬　デス。生マレテ　間
尋修二　七十四

モナク　ヨソ　ノ　人
ニ　ヒキ取ラレ、ソノ
家　ノ　子　ノ　ヤウ　ニ
シテ　カハイガラレマ
シタ。ソノ　タメ　ニ、
ヨワカッタ　カラダ　モ、
大ソウ　ヂャウブ　ニ
ナリマシタ。
尋修二　七十五

図2　修身教科書の忠犬ハチ公「オン　ヲ　忘レル　ナ」(1935)

姿を現すことになった。「話の筋も極簡単だが「ハチ公」の名前だけははっきりと記されているので、童心に強い感銘を与へることであろう」と記されていた。

この教科書の記述・解説とハチの一九三五年三月八日、渋谷駅での死去で社会的に忠犬ハチ公への関心がさらに高まることになり、忠犬ハチ公が一般的な呼称になる。盛大な葬儀が執り行われ、新聞では「「恩を忘れるな」の主　忠犬〝ハチ公〟の死　修身で児童へお目見得前に　数え切れぬ　名誉の生涯」「骸へ注がれる涙　死期を知って渋谷駅を脱け　うら寒き路地でポツクリ　余栄輝く告別式」などの見出しが並んでいた（一九三五年三月九日付「読売新聞」）。

その後の忠犬ハチ公だが、一九四四年一〇月一二日、銅像が渋谷駅頭から撤去された。翌日の「読売新聞」には「忠犬ハチ公の銅像出陣」の見出しで「〝忠犬ハチ公〟の銅像もいよいよ応召と決まつて十二日ひる壮行会が行われた。…この日首に巻いた壮行の「日の丸」はさらに忠犬の感銘を深くした」と結んでいる。忠犬ハチ公も出征したとされたのである。「「忠犬」が戦争へと進む一つの象徴にされた」。そして、供出された忠犬ハチ公像は「東海道線を走る機関車の部品になった」（二〇一五年三月七日付「北陸中日新聞」）という解説がある。しかし、この銅像がどのように利用されたかについては諸説ある。

なお、忠犬ハチ公の遺体は、死亡当日、忠犬ハチ公銅像建設にも関わった上述の東京帝国大学の板垣四郎により解剖され、死因は犬糸状虫(フィラリア)症とされた。二〇一一年三月に行われた再検査では、肺にがんが生じそれが心臓に転移したことが認められる。これと犬糸状虫と相まったのが死因と考えられるという指摘がなされている(中山、二〇一五)。なお、戦後の一九四八年八月に、位置は異なるが二代目忠犬ハチ公像が設立された。同月末、戦前から秋田犬を好み、一九三七年、一九三九年に米国に持ち帰ったことがある、かのヘレン・ケラー(一八八〇〜一九六八)が、この忠犬ハチ公像を訪れ触れている様子が報道されている。

5……軍犬の養成と帝国軍用犬協会

一般に呼称として、軍が陸軍歩兵学校などの訓練施設で直接、飼育・訓練したイヌが軍犬、帝国軍用犬協会(一九三二年一二月設立)などが音頭を取り愛犬家等が軍に供出したイヌを軍用犬と呼んでいたのだが、ここではとくに断りがない限り戦時に関わったイヌを軍犬と呼ぶ。

さて、日本における軍犬の嚆矢は、戦国大名太田資正(一五二二〜一五九一)の伝令に利用された「三楽犬」ともいわれるが、ここでは、陸軍が軍犬養成を開始した以降についてみていきたい。これに関する最初期の文献に、一九一四年に陸軍将校の集会所である東京偕行社(一八七七年設立)が発行した『軍犬ノ養成並使用法ノ研究』がある(図3)。目次は、第一章　犬ノ特性、第二章　犬ノ嗅覚性、第三章　犬種、第四章　軍犬。著者は陸軍歩兵大尉吉田彦治である。「緒言」に、「大正二年初旬予ハ連隊長ヨリ軍犬ノ養成並使用法ニ就テ研究ヲ命セラレ自来是ニ関スル諸種ノ参考書ヲ蒐集シ之ヲ熟読翫味スルニ従ヒ犬ノ霊智妙性ヲ人類ノ実用的方面ニ利用スルニ於テ益々興味ノ深キヲ感スルニ至レリ」と述べている。

さらに、軍犬は紀元前から実戦に利用されていたが、近年では一八九八年の米西戦争でイヌが負傷兵の捜索に

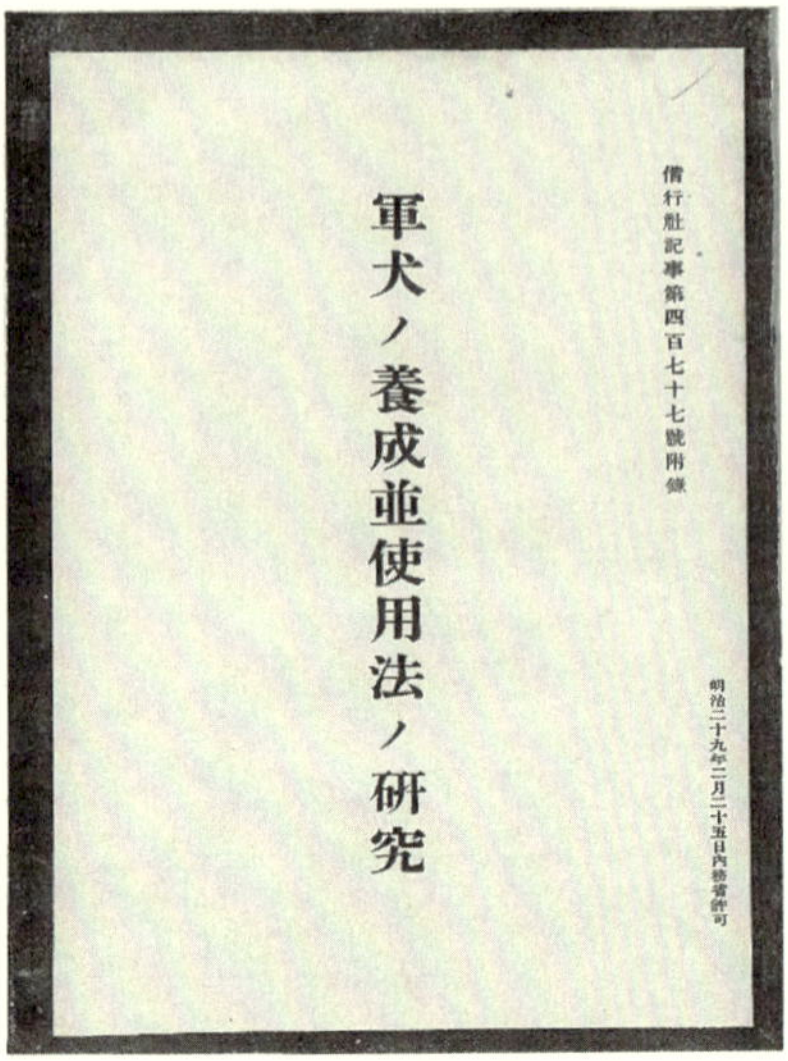

偕行社記事第四百七十七號附錄

軍犬ノ養成並使用法ノ研究

明治二十九年二月二十五日内務省許可

図3　『軍犬ノ養成並使用法ノ研究』表紙

図4　『写真週報』1938年5月18日号表紙

貢献した。日露戦争（一九〇四～一九〇五）でも、ロシア軍がシベリア鉄道や南満州鉄道の防衛にイヌを利用していた。最近ではドイツが軍犬の組織的訓練を開始している、など軍犬の歴史についても簡単に触れている。我が国に関しても戦場で負傷兵を発見したり、敵状偵察が困難になっているため、飛行機や飛行船、自動車部隊等の投入が計画されているが「我カ陸軍ニ於テ今日軍犬ノ研究ヲ為スノ徒労ニアラサルコトハ予ノ信シテ疑ハサル所ナリ」と結んでいる。第一次世界大戦におけるイヌの活躍から、陸軍が一九一九年から研究に着手し、満州事変（一九三一）以降、正式採用され、一九三三年から千葉県の陸軍歩兵学校と満州の関東軍に軍犬育成所が設けられた。

実際、「軍用犬は満州事変において始めて実戦に試用して予期以上の成績を挙げた」とは、一九三二年一二月一六日付「読売新聞」の記事の冒頭部であり、軍犬の活躍は軍事機密などではなく社会に啓発する出来事でもあった。なお、この記事の見出しは「軍犬報国　愛犬家を網羅して　帝国軍用犬協会　十七日に発会式」である。「軍犬報国」なる言葉も一九三〇年代前半から見られる（図4）。愛犬をお国のために供出しようというのである。学徒出陣が始まった一九四三年一〇月の二ヶ月後の新聞にも「軍犬報国!! 猟番犬報国!! 犬は飼つても構いません」さらに「犬を飼い国策に協力しませう」と記した広告が見られる(「読売新聞」一九四三年一二月二日付)。もっとも、こうした中で供出されたイヌが訓練を受けて戦場に赴いたかというとそうでもなく、毛皮の提供や敗色濃厚となり極度に食料不足になった時期には食用に供されたともいわれる。

さて、一九三三年には、軍犬に、軍馬、軍鳩とともに「大臣功章」が与えられる制度が設けられた。軍人に対する金鵄勲章に相当する「甲号功章」を功績があった軍用動物に授与するものである。これを最初に受賞した軍犬は、海軍の艦艇名から名付けられた「那智」、「金剛」であった。一九三一年九月一八日、当時の満州・奉天北部の柳条湖(日本では柳条溝)で満州事変の発端となった南満州鉄道の線路の爆破事件が舞台である。

当日夜、この鉄道を守る奉天の独立守備歩兵第二大隊が戦闘状態に入るのだが、その際、伝令役を務めたのがこの軍犬「那智」「金剛」と「メリー」であった。三匹は激しい銃火の中、敵陣に向かって突撃して行った。翌朝、銃撃を受け血まみれになった「那智」、「金剛」の遺体が発見されたが、口には敵兵の軍服の断片を固くくわえていたという話である。

千葉砲兵学校で産まれた那智、金剛にさらにもう一匹メリーのこれらシェパード軍犬を育てたのが、満州事変時、同大隊軍犬班の板倉大尉(戦死後、少佐に昇進)であった。参戦した三匹の軍犬の内、メリーは生還し板倉大尉の満州の自宅に戻り、さらに日本にも帰国したという。もっとも、戦闘で死亡したのは那智とメリーで金剛は行方不明で、日本に帰国したのは同じく板倉大尉が育てたジェリーとの指摘もある。

那智、金剛が「戦死」したという話がまず、一九三三年二月に発行された満州の小学校で使用される教科書『満州補充読本　巻五』に掲載された。そして、同年、板倉大尉の日本での自宅がある神奈川県逗子の延命寺に「忠犬之碑」が建てられ、七月七日の除幕式には、二〇〇〇名を超える参加者を数えた。のちに朝鮮総督に就任した陸軍大将南次郎(一八七四〜一九五五)や神奈川県知事横山助成(一八八四〜一九六三)、帝国軍用犬協会首脳などが参列した。なお、「忠犬之火碑」と刻まれ弾薬嚢を装着したジェリーがモデルという像も忠犬ハチ公同様、戦争末期に金属として供出されている。

軍犬那智、金剛の活躍は、忠犬ハチ公が亡くなった一九三五年に『小学校国語読本・尋常科　巻五』に「二十二　犬のてがら」と題して教材になった。「満州事変の最初の夜の事でした。我が軍にしたがつて伝令の役をして居た軍犬金剛那智は、いよいよとつげきとなるとわが軍のまつ先につき進んで敵軍の中にとびこみ死物ぐるいでかみつきまはりました」「軍犬の金鵄勲章ともいふべき甲号功章を始めていただいたのは実にこの金剛那智でありました」と述べられている。このように忠犬ハチ公の場合よりもややはやく軍犬の活躍が教材化されていたのである。なお、渋谷の忠犬ハチ公像が供出された一九四四年には、軍犬が約一万匹存在したという（松崎、一九九八）。

軍犬に関する最初期の図書として、一九三〇年に刊行された『戦線の軍犬クラウ』（誠文堂刊）がある。著者は、「愛犬家列伝」（高田、二〇〇四）にも登場する中根栄（一八八八〜一九四二）で、中京新報記者、日本電報通信社（電通の前身）編輯長を務めた人物である。英国の青年が国のために一身を捧げ、自分の愛犬であった「クララ」という軍犬がヨーロッパ戦線を駆け巡る話を扱っている。本書は、口絵のあとに「推奨の辞」として「動物愛は、人類愛の延長である。人が動物を愛するの情は、人が人を愛するの情と、親疎の程度に幾分の差こそあれ、その性質において少しも異なるべきでない」「よき動物文芸が勃興したならば、動物愛護運動は益々熾んになる事であらうに」などの文がみられる。執筆者は新渡戸稲造（一八六二〜一九三三）であった。彼の米国人妻メリー（日本名、万里子）が熱心な動物愛護家であり一九一五年に設立された「日本人道会」で活躍しており、国際平和に通じる「動物愛護」を掲げていた。なお、中根のこれ以外の著作に『犬ものがたり』（丁未出版社、一九三〇年）、『犬のはなし』（番町書房、一九三一年刊）、『犬の飼ひ方と訓練法』（番町書房、一九三二年刊）、『愛犬風物雑景』（番町書房、一九三四年）などがある。

一方、帝国軍用犬協会会員で軍犬に通じ、『軍用犬訓練の写真図解』（狼吟荘刊、一九三三年）などの著作がある歯科医師、碓氷元（一九〇四〜一九八二）の『戦線の軍犬』（狼吟荘刊、一九四〇年）には、作家の菊池寛（一九八八〜一九四八）が「序文」を寄せ、実話編では、「満州事変」で活躍した軍犬「ドル」「ジョン」、忠犬「ゴット」や「支那事変」の「ロロウ」「マルス」「オビーネ」、忠犬桜号が登場する。このようにイヌの名も一九三〇年代までは外国名を付けていたことが窺える。冒頭に「国家有事の際に軍用犬として役立つ、犬を沢山作って置きたい」の一文が見える。この書には、帝国軍用犬協会総裁でもあった久邇宮朝融王（一九〇一〜一九五九）の愛犬や上述の板倉大尉が育てた軍犬の「忠犬之碑」、陸軍大臣荒木貞夫（一八七七〜一九六六）の愛犬などの写真が掲載されている。

軍犬の養成に関するものでは、一九三五年に陸軍歩兵学校将校集会所が発行した陸軍歩兵学校軍犬育成所編『軍犬ノ訓練及用法』がある。「軍犬報国ノ一端として聊カ貢献シ得タルハ吾人ノ欣快トスルトコロナリ」と記されている。そして、「皇国ニ於ケル軍犬界ハ満州事変ニ依リ其ノ価値ヲ的確ニ認識セラルル」としていた。本書は主として伝令犬を育成するための訓練法を述べたもので、これを実施すれば「伝令勤務ノ外警戒、捜索、運搬等ノ諸勤務ニ服セシムルコトヲ得ル」のである。本書には、軍犬に関する定説の第一として「犬ハ天性怜悧ニシテ克ク其ノ飼養者ヲ慕ヒ特ニ忠実従順ナル特性ト卓越セル運動能力竝ニ諸感能ノ発達トハ訓練ノ効果ト相俟ツテ軍事上之カ利用価値極メテ大ナルモノトス」である。そして、犬種としては、シェパード、ドーベルマン・ピンシェル、エアーデル・テリアを挙げていた。太平洋戦争に突入してからは、一九四一年に陸軍歩兵学校編として刊行された『軍犬ノ参考』がある。本書は「直接軍犬ノ管理取扱ニ任ズル者ノミナラズ広ク之ヲ使用スル軍隊指揮官等ノ参考ニ資スル」のが目的と記されている。

また、太平洋戦争が始まったこの年、小学校三年生用の国語教科書に「軍犬利根」が教材になった。「利根は小さい時、文子さんのうちで育てられた、勇ましい軍犬です」から始まる。「利根」は海軍の巡洋艦（一九三八年就役）の名に由来するのではなく、利根を与えた文子さんの「おぢさんの家のそばを流れている、大きな川の名」と説明されている。文子さんが五年生なったころ軍犬班で訓練を受けていた利根は、「北支那」へ出征した。

利根は弾の下をくぐるように走りつづけ、「みんなの兵隊さんが、利根のこうしたはたらきを見て、涙を流すほどでした」。最後の敵陣とつげきの際、利根は足をやられたが「まもなく、よくなることと思います。利根はそのうち、きっと甲号功章を、いただくにちがいありません」と記されている

この利根は「軍犬利根」の曲名で軍歌・文部省唱歌にもなった。歌詞は一番「行けの命令まつしぐら　かわいい軍犬まつしぐら　カタカタ　カタカタ　カタカタ　ダンダンダン　弾の中」、（二番略）、三番「よし来いよし来い　利根来い来い　わたしだわたしだ　利根来い利根来い　カタカタ　カタカタ　カタカタ　ダンダンダン　弾の中」である。

ところで、軍犬にふさわしいのは前述のようにシェパードやドーベルマンなど洋犬であった。忠犬ハチ公が含まれる秋田犬は、知的で誠実、情が深く温厚、飼い主に従順、一生忠誠を誓う特性があるものの飼育しづらいという。忠犬ハチ公は、飼い主から受けた恩義を健気に老犬になっても生涯忘れず渋谷駅に出迎え忠義を尽くした忠犬とされた。飼い主への恩義を感じ忠義を尽くすことを擬人化してスケールアップすると個人は国家に恩義を感じ忠義を尽くせということになる。

一方、軍犬は激しい訓練に耐え高い忠誠心を持ち軍務に邁進する忠犬である。軍犬は殉国犬という表現もあり、何も役に立たない無駄死の意味で使われる「犬死に」などとは大きく異なるのである。「軍人は忠節を尽くすを本分とすへし」などの「軍人勅諭」の一部がそのまま軍犬にも妥当する印象をもつ。さらに、こうした動物を愛する動物愛護の延長に国家を愛することを当然視する愛国が控えていた。

この軍犬を民間から支えたのが一九三二年九月に設立された「社団法人帝国軍用犬協会」である。「国家有事のこの際国家的事業として、軍部及民間の有志が相協力し、有能犬の普及発達の促進を図る主旨の下に設立された」。全三七条からなる定款第二条には、「本協会ハ軍用犬及勤務犬ノ利用増進ヲ図リテ其ノ改良発達ヲ促進シ、蕃殖訓練ノ研究、指導ヲ為シ、軍用犬及勤務犬ノ資源培養ヲ助成シ、畜犬思想ノ普及向上ヲ図ルヲ目的トス」と述べられている。設立発起人をみると、陸軍大臣を務めた南次郎、野戦砲兵学校長、陸軍軍医学校長ら陸軍将官

五名が名を連ねている(今井勲(一九九六)『犬の現代史』現代書館)。

この約二〇〇〇名の会員の団体を核に軍部と民間のイヌに関する連携を強固にするはずだったが、必ずしも順調に進んだとは思えない。『狩猟と畜犬』誌上には、「軍犬報国を検討す　現在の軍犬政策はピントボケではあるまいか」や「帝国軍用犬協会の前途を憂ふ」と題した記事が掲載された。前者は、帝国軍用犬協会が陸軍の要請で関東軍用にシェパード犬を高額で買い上げたのだが、成績不良であった。シェパードであれば軍犬に適していると考えるのは間違いで制度改革を強く主張したものである。後者は帝国軍用犬協会と伝統がある日本シェパード倶楽部の合体した団体のためか、役員間および役員と会員との間で「和を欠き、絶へず種々なる問題や紛争を惹起している」ことを嘆いている。

6……おわりに

ヒトとイヌとの関係については、すでに江戸期の本草学者・儒者の貝原益軒(篤信、一六三〇〜一七一四)の『大和本草』(一七〇九)巻一六に「犬ハ主人ヲ思ヒテハナレス他ノ富家ニツレユキテ食ニ飽シムレトモモトノ貧主ノ家ヲ慕ヒテ遠処ニモ必還ル…」なる文がみえる。忠犬といえばハチ公、渋谷といえば忠犬ハチ公像、と直ちに想起される忠犬ハチ公は、飼い主に大事された恩義から飼い主の死後一〇年間も渋谷駅で飼い主の帰りを待ち続けていたとされることが美談となり、さらに修身教科書の教材、追随すべき手本にまでになっていった。ほぼ同時期の軍犬の教科書掲載との相乗効果が感じられる。忠犬ハチ公の話題性は、二〇一二年一〇月に三重県津市の久居駅前、二〇一五年三月には東京大学農学部正門を入ってすぐ左側に、それぞれ同名の「上野英三郎博士とハチ公」像が設けられメディアに大きく取り上げられたように廃れるどころか、確実に受け継がれている印象をもつ。

さて、これまでにも指摘されてきたように忠犬ハチ公の振る舞いは秋田犬に特異的な行動特性ではなく、イヌの一般的行動にみられるものであった。また、渋谷駅の忠犬ハチ公像の建立も地元商店街が戌年のイベントとして商業主義を念頭に行ったものに過ぎないという冷めた捉え方もある。それが戦雲急を告げる雰囲気の中、社会的政治的文脈からいわば美化、神格化されたと捉えられる。

秋田犬が日本犬として初の天然記念物に指定された一九三〇年代当時は、盲導犬などの使役犬についての研究はドイツを中心に行われていたが、育種遺伝学的知見は整備されていなかった。獣医畜産学でも研究材料としてのイヌが主題になることはなかった。

明治期以降、欧化主義の風潮とも相まって日本犬と洋犬との交雑はむしろ積極的に行われた節もあるが、それは交雑により遺伝的に予測される形質を得ることを予期したわけでもなかったのである。東北のマタギに当時大館犬とも呼ばれていた生粋の秋田犬が残存していたといわれるが、比較的交雑の影響を受けていなかったということであろう。その日本犬が忠犬ハチ公に代表され、時代的背景の下、ナショナリズムの高揚と報国の一つとして利用されたのである（溝口、二〇一五、二〇一八）。

【文献】

P.B. Adamson "The spread of rabies into Europe and the probable origin of this disease in antiquity". *The Journal of the Royal Asiatic Society of Great Britain and Ireland*. No. 109, pp. 140-144, 1977.
飯田操（二〇一三）『忠犬はいかに生まれるか』世界思想社
鏑木外岐雄（一九三二）秋田犬『天然紀念物調査報告　動物之部第二輯』文部省、八七―九〇頁
岸一敏（一九三四）『忠犬ハチ公物語』モナス
京野兵右衛門（一九七八）日本犬の天然記念物指定に就いて『日本犬保存会月報　昭和十一年』『日本犬保存会創立五十周年年史上巻』二四二―二四四頁
松崎憲三（一九九八）「英霊及び軍馬・軍犬・軍鳩祭祀――靖国神社を事例として」『民俗学研究所紀要』第二二集、四〇―五九頁
溝口元（二〇一五）「映画『ハチ公物語』、『南極物語』に見る日本人のイヌ観」一ノ瀬正樹・正木春彦編『東大ハチ公物語』東

京大学出版会、一六二―一六九頁
溝口元（二〇一八）「忠犬ハチ公、軍用動物と戦時体制――動物文化史の観点から」『科学史研究』五七巻、四九―五七頁
モース著、石川欣一訳（一九三九）『日本その日その日』創元社（講談社学術文庫、二〇一三年）
中川裕之（二〇一五）「ハチの死因とイヌの病気の変遷」一ノ瀬正樹・正木春彦編『東大ハチ公物語』東京大学出版会、一〇一―一二四頁
鈴木卓郎（一九八八）「朝日新聞が創った「忠犬ハチ公」神話」『文藝春秋　特集「昭和」の瞬間』九二―九八頁
高田進（二〇〇四）「愛犬家列伝」『文芸春秋　特別版　犬のいる人生　犬のいる暮らし』第八二巻第五号、一八二―一八九頁
高山晴子・溝口元（二〇一七）「欧米の専門誌に掲載された日本人研究者による生物学・地学領域の論文・記事（1844-1926）」『東海の科学史』第一二号、九七―一一〇頁
田中豊美（二〇〇二）「クマにもひるまぬ頼もしい相棒秋田犬」『週刊日本の天然記念物13　日本犬』小学館、一四―一五頁
渡邊洋之（二〇〇〇）「渡瀬庄三郎の自然観――生物の移入と天然記念物の制定・指定をめぐって」『科学史研究』三九巻、一―一〇頁

【WEB記事】
忠犬ハチ公と秋田犬のふるさと　おおだて　http://www.city.Odate. akita.jp/dcity/kouhou/（二〇一七年九月八日閲覧）
忠犬ここに眠る――補遺　http://www.Jpsn.org/essay/captain/279/（二〇一七年九月八日閲覧）
動物行動学のパイオニア：平岩米　吉http:// www.lovelylab.net/tarohana/hiraiwa/hiraiwa.html（二〇一七年九月八日閲覧）
貝原益軒　大和本草　http://www.nakamura-u.ac.jp/library/kaibara/archive01/（二〇一七年九月八日閲覧）
公益法人日本シェパード協会　http://www.jsv.ne.jp/about/index（二〇一七年九月八日確認）
公益財団法人埼玉県獣医師会トピックス　http://www.saitama-vma.org/topics（二〇一七年九月八日確認）
スペインでも秋田犬は忠犬だった　http://karapaia.com/archives/（二〇一七年九月八日確認）
帝國ノ犬達　http://ameblo.jp/wa500/（二〇一七年九月八日確認）

第13章……紀州犬における犬種の「合成」と衰退

日本犬とはなんだったのか

志村 真幸

Keywords＝日本犬、血統書、純血、愛犬団体、ドッグショー

1……はじめに

現在の日本では約八九〇万頭の犬が飼育されている（平成三〇年度）。(1) しかし、本章で扱おうとしている紀州犬は、ジャパンケネルクラブ（ＪＫＣ）の平成二八年の登録犬数が、わずか一頭、平成二九年度も二頭であった。ＪＫＣは日本最大の愛犬団体である。そこで一、二頭だけとは、どういうことなのだろうか（なお、登録は仔犬のときに一回だけ受けるものなので、ＪＫＣの認定する紀州犬が現在日本に一頭しかいないということではない）。日本犬（秋田犬、北海道犬、甲斐犬、紀州犬、四国犬、柴犬）を専門とする日本犬保存会でも、平成二九年の紀州犬の発行血統書数は三七二頭で、たとえば一九九二年に約三六〇〇頭であったのに比べると、激減している。

さらに平成二八年度末、紀州犬保存会が活動を停止した。(2) 紀州犬は国の天然記念物に指定されており、その血統管理や血統書発行などに携わっていたのが紀州犬保存会であった。しかし、登録犬数が減ったことにくわえ、運営面で問題が指摘され、八〇年あまりの歴史に幕をおろすことになった（その後、平成三〇年八月に再出発となった）。平成三〇年は戌年ということもあり、紀州犬の危機についての報道がしばしば見られ、とくに毎日新聞やＭＢ

Sテレビでとりあげられた。毎日新聞では、九月一六日の記事で頭数が激減していることが報道され、それに先立つ九月二日の記事でも、七月に紀州犬保存会から和歌山公園動物園へ雌の仔犬二頭が寄贈され、紀州犬人気の回復に努めていると書かれている。同園での紀州犬の飼育は開園以来、初めてだという。

ただし、日本犬すべての人気が落ちているのかというと、そういうわけでもない。柴犬はJKCの登録犬数が一万一八二九頭におよび、一位のプードルの七万五一四九頭からは差があるものの、堂々の五位につけている。しかし、そのほかは秋田犬が二八七頭、甲斐犬が一四六頭、北海道犬が三三頭、四国犬が二三頭といずれも苦戦気味である。柴犬のひとり勝ち（一匹勝ち？）状態となっているわけだが、柴犬が「和」のイメージで人気を博していることを考えると、他の日本犬の不人気ぶりは不思議なくらいだ。先の報道では、紀州犬が中型犬であって現代の住宅事情に合わないこと、小型の洋犬が人気となっていること、かつて紀州犬を飼育していたひとたちの高齢化などが激減の理由として挙げられているが、はたしてそれだけが問題なのだろうか。

さて、紀州犬は和歌山・三重・奈良の県境付近に分布していた在来の犬が、昭和初期に固定されてできた犬種である。昭和九年に天然記念物に指定されており、柴犬や秋田犬と並んで「日本犬」のひとつとして親しまれてきた。それが現在、危機を迎えているのである。本章では、紀州犬を通して、日本における犬種の成立と解体について見ていきたい。

ところで、犬種とは何か。犬ははるか昔に家畜化されて以来、用途に合わせて改良され、姿を変えてきた。そして、その姿が固定（世代を超えて受け継がれるようになること）されると、ひとつの犬種と認められる。犬種は種よりも下位の生物分類であり、別々の種、たとえば犬と猫が子をつくれないのと違って、チワワとセントバーナードでも子ができる（としばしば言われるが、本当に可能なのかは不明である。さすがに大きさが違いすぎるのではないか）。ただし、その子はチワワでもセントバーナードでもなく、雑種となる。犬は放っておけば、勝手に恋をして、繁殖する。むしろ、混じるのがふつうであって、人為的に隔離・選別しなければ、犬種はすぐ崩れてしまう。

一説には古代エジプト時代から、猟犬であるハウンド・タイプの犬種が存在し、中世にもグレートデンやビーグルといった犬種の記録がある。しかし、当時の絵を見ると、現在の同名の犬種とは姿が異なっている。犬種がしっかりと固定・管理されるには、近代を待たねばならない。

一九世紀初頭、イギリスで鳥猟用や大型獣猟用、追跡用や回収用というようにタイプ別の猟犬が開発され、その血統を守り、改良していく動きがあらわれた。その後、都市でのペット化が進み、ドッグショーも開かれるようになる。そして、一八七三年に世界最古の総合愛犬団体であるケネルクラブが結成された（ケネルとは、犬小屋のことを指す。なお、特定の犬種のための愛犬団体は以前から存在した）。ケネルクラブは、競馬にならってスタッド・ブック（犬籍簿）を整備し、血統やドッグショーでの入賞歴などが記録・公開されるようになる。(3) さらにケネルクラブは犬種標準（スタンダード）を制定する。犬種ごとの「正しい姿」を示したもので、これがドッグショーでの審査基準にもなっていく。

一八八四年にはアメリカン・ケネルクラブが設立され、一九一一年には国際畜犬連盟（ＦＣＩ）が、ドイツ、オーストリア、ベルギー、フランス、オランダの愛犬団体によって発足し、血統書の相互承認がなされるようになる。犬種が国際的に統一されたのである。ＦＣＩは第一次大戦のためにいったん消滅するが、フランスとベルギーの愛犬団体連盟によって復活し、現在は正会員、提携会員など合わせて約八〇ヶ国が加盟している。

ちなみに日本の犬種として最初に愛犬団体がつくられたのは、狆（ジャパニーズ・スパニエル）であった。狆は明治維新頃から欧米へ大量に輸出されており、一八九五年（一八九六年という説もある）に、イギリスのリヴァプールで、ジャパニーズ・スパニエル・クラブができた。

血統書についてもここで説明しておきたい。一昔前は、「血統書付きの犬」が一種のステータスとしてもてはやされた（現在ではそうした社会的意味は失われつつあるように思われる）ものだが、これは犬の血筋を記録し、その犬が特定の犬種であることを証明したものである。

ＪＫＣの場合は、同一の犬種の父母犬によって生まれた子犬に対して発行され、名前、犬種名、登録番号、性別、生年月日、毛色、ＤＮＡ登録番号、ＩＤ番号、股関節評価、肘関節評価、父親の血統図、母親の血統図、登録日、出産頭数、登録頭数、一胎子登録番号、三代までさかのぼった祖先（ただし、もっとさかのぼって記載するものもある）などが記載されている。ＪＫＣは昭和五四年にＦＣＩに正式加盟しており、その血統書は世界公認血統証明書としても通用する。また、ＦＣＩにより公認された三六一犬種（平成三一年一月現在）のうち、ＪＫＣでは約二〇〇犬種を扱っている。

すなわち、愛犬団体こそが犬種を作り、維持してきたのである。

2……日本犬保存会

紀州犬、そして日本犬とはどのような犬なのか。まずはざっと日本の犬の歴史を押さえておきたい(4)。日本列島に犬が渡ってきたのは、約八五〇〇年前のことと考えられており、大陸から移住したひとびとが連れてきたものであった。古代日本人がニホンオオカミを飼い慣らしたのが日本犬だといわれることもあるが、俗説である。日本列島の犬は、海外から新しい犬がやってくるたびに交雑をくりかえし、たとえば一六世紀頃にヨーロッパから南蛮犬がもちこまれたときなどに、大きく姿を変化させた。なお、当然ながら各時代の犬がすべて同じ姿形をしていたわけではなく、江戸期の絵巻などを見ても、描かれた犬の大きさ、毛色や柄、尻尾のかたちなどはさまざまである(5)。

そして、明治維新によって海外からさまざまな犬（とくに洋犬）が流入すると、従来の日本の犬は数を減らし、雑種化も急激に進むことになる。一方で、犬種という概念が入ってきたのも、このときである。明治三〇年には日本で最初の犬専門店である大日本猟犬商会が開店し、ポインター、セッターといった犬が、犬種名が明記されたうえで、高額で売られた。

とはいえ、日本では犬を放し飼いにするのが一般的であったため、在来の犬だけではなく、洋犬においても雑種化が進行した。それに危機感を覚えたひとびとが、大正末期から昭和初期にかけて、次々と愛犬団体をつくっていく。

大正七年の中央畜犬協会を皮切りに、秋田犬保存会（昭和二年）、日本犬保存会（昭和三年）、日本シェパード犬倶楽部（昭和三年）、日本シェパード犬研究会（昭和三年）、日本犬保存協会（昭和五または六年）、甲斐犬愛護会（昭和六年）、土佐犬普及会（昭和七年）、日本テリア倶楽部（昭和七年）、帝国軍用犬協会（昭和七年）、日本犬研究会（昭和八年）、東京ワイヤードフォックステリア倶楽部（昭和八年）、関東畜犬商組合（昭和八年）、全日本猟犬倶楽部（昭和九年）、日本犬協会（昭和一〇年頃）、日本犬愛好会（昭和一〇年頃）と、日本の在来犬と洋犬、また軍用犬や猟犬といった用途を問わず、さまざまな団体が結成された。

このうち、本章で見ておくべきは日本犬保存会である（詳しくは拙著『日本犬の誕生』勉誠出版、二〇一七年、および12章溝口論文）。きっかけは大正四年頃から渡瀬庄三郎が日本の犬の危機と保存を訴えはじめたことであった。渡瀬は東京帝大理学部の動物学教室教授で、三好学、黒板勝美らとともに天然記念物という概念を日本に広め、史蹟名勝天然紀念物保存法成立に尽力した人物であった。(6) 大正八年四月に同法が施行されると、調査委員に就いた。そして翌大正九年、渡瀬を中心とする内務省の視察団が、秋田犬の調査のために大館を訪れることになるのだが、雑種化がはなはだしいとして指定は見送られてしまう。

あきらめずに活動をつづけていた渡瀬のまえにあらわれたのが、日本犬保存会の創立者となる斎藤弘であった。斎藤は鏑木外岐雄、中根栄、平岩米吉、板垣四郎といった犬の研究者や愛犬家を集め、また柳田国男、渋沢敬三とも関係をつくっていく。このうち鏑木は東京帝大の農学部教授で、史蹟名勝天然紀念物調査委員でもあった。そして昭和三年に日本の在来犬の保護を目的とした日本犬保存会が発足するのである。なお、その際にはイギリスのケネルクラブを参考にした可能性が高い。

この時期に「日本」犬が脚光を浴びたことについても、簡単に説明しておこう。大正期には、明治維新以降の西洋崇拝と文物の流入に対し、日本文化への再評価の気運が高まったことが知られる。犬においても、それが起こったのである。なおかつナショナリズムが強まっていく時期であり、当然ながら日本犬であることには大きな利点があった。そのため、右に見たように日本犬に関わる多くの団体がつくられ、そのなかでも中心的存在となったのが日本犬保存会だったのである。ただし、私は日本犬保存会のメンバーを、かならずしもナショナリストであったとは考えていない。むしろ、愛犬家たちが世相を利用して在来の犬の復活を画策したものと捉えている。

では、日本犬保存会はどのようにして日本犬を保護しようとしたのか。まずなすべきことは全国から雑種化していない在来の犬を集めることであった。そのほとんどは山間部で猟犬として使われていたもので、町にふつうにいるような犬（町犬）、それから狆や土佐犬も排除された。山間部の猟犬だからといって、本当に雑種化していなかったかはわからないのだが、ともかく日本犬保存会はそれらを「本物の日本犬」として認定していく。また、日本犬保存会は都市の愛犬家と、地方の産地を結ぶことで、日本犬の需要と供給を結びつけた。秋田犬保存会や甲斐犬愛護会は、日本犬保存会とは別個にスタートしたのだが、のちに中心メンバーが日本犬保存会に幹部待遇で迎えられるなどして合流し、協力体制をとった。

日本犬保存会が日本犬の固定と保護に利用したのが、天然記念物という制度であった。史蹟名勝天然紀念物保存法は、史蹟、名勝、天然記念物、登録記念物を対象としたが、このうち天然記念物の細目に「動物」があり、そのなかの「（八）日本に特有なる畜養動物」が犬に適用されたのである。ちなみに犬以外では見島牛が昭和三年、比内鶏が昭和一七年に指定されるなどしており、和牛や地鶏といったものも時代性との関わりから理解する必要があるだろう。

鏑木が調査委員であったことにくわえ、日本犬保存会が政治家との結びつきを強めていたこともあり、審査・指定は順調に進んだ。昭和六年七月の秋田犬を皮切りに、昭和九年一月に甲斐犬、同年五月に紀州犬（和歌山・

三重）、同年一二月に越の犬（新潟・富山・石川、第二次大戦中に絶滅）、昭和一一年一二月に柴犬（鳥取、富山、岐阜、長野）、昭和一二年六月に四国犬（高知）、同年一二月に北海道犬が指定された。一方で、指定から漏れた犬も多かった。山形・福島の高安犬、群馬犬、岩手犬などは見こみなし、あるいは雑種化が進んでいるとして指定されなかった。有力な地方愛犬家／愛犬団体の有無も影響したようだ。ともかく、いったん指定されたのちは、法律と国によって保護されていくことになる。すなわち、日本犬の諸犬種は天然記念物という制度によって確立されたのであった。

日本犬保存会の目的は、絶滅の危機にある在来の犬を保護し、増やしていくことにあった。そのため、西洋の場合とは犬種の作出法が異なった。たとえばダックスフントなら、アナグマの穴に潜りこめるような胴長の個体が選ばれ、かけあわされることで、現在の姿が作出された。それに対して、日本犬の場合は昭和初期の姿をそのまま保存することで、犬種が作出されたのである。(7)

もうひとつ犬種を固定する手段とされたのが、「日本犬標準」の制定であった。昭和九年に斎藤弘、板垣四郎、小松真一、平岩米吉らが作成したもので、「一．本質と其の表現　悍威《かんい》に富み良性にして素朴の感あり、感覚鋭敏、動作敏捷にして歩様軽快弾力あり」、「四．目　稍《やや》三角形にして外皆上り、虹彩濃茶褐色を呈す」などと、日本犬の「正しい姿」を示すものであった。これもやはりケネルクラブにならったものと思われる。

日本犬標準は展覧会（ドッグショー）の際の採点基準となった。そのため、以後の日本犬の作出に際しては、日本犬標準が鉄の鎖となって縛りつけていくことになる。

昭和七年一一月六日、銀座の松屋デパート屋上庭園で開かれた第一回日本犬保存会本部展（忠犬ハチ公も招待されていた）では、推奨犬（文部大臣賞、日本犬保存会賞に次ぐ入賞にあたる）に、二頭の紀州犬が選ばれている。塩原鈞の第三世ハチ（毛色は白）、高橋健吉のヨシ（茶胡麻）であった。なお、審査は犬種ごとではなく、すべての犬が競い合うかたちであった。

この時期、日本犬保存会は秋田犬や紀州犬といった個別の犬種にはあまりこだわっていなかった。入門書として発行された『昭和日本犬の検討』（昭和一一年）では、理事の小松真一が日本犬を紹介した対話形式の記事で、Q「……もしアイヌ犬と紀州犬と交配して出来た仔犬は何と云ふんだい」という質問に、A「そんなのも大分近頃出来、仲々良い犬が出来るが、名前はないね」(8)と答えている。犬種を超えた交雑がふつうに行なわれていたことがわかる。日本犬標準の区分も、日本犬中型、大型、小型の三つのみで、個別の犬種についての標準は設定されなかった。ちょうど戦争へ向かう時期でもあり、「日本」犬であることが重要だったのだろう。ローカル色はむしろ消されるべきものだった。日本犬保存会はもしかしたら、将来的には紀州犬や甲斐犬といった個別の犬種は廃止し、日本犬というひとつの犬種にまとめるつもりだったのかもしれない。ただ、第二次大戦で日本犬全体が大打撃をこうむったことにより、彼らが目指していたものは実現されなかった。

3……紀州犬の成立

紀伊半島南部に良犬が産することは昭和初期から知られており、日本犬保有会の藤田邦一郎は「紀州熊野犬に就いて」という文章で、「大体東京を中心とする所では柴犬が一番流行し、続いて中型犬、其れから秋田犬となり、関西では紀州の猪犬が手近に居た関係上から中型犬が一番飼養者多く、続いて柴犬、其れから秋田犬となつて居る順序である」(9)と述べている。ところが、「紀州犬の仔は安価にて阪神地方に売られ、紀州の地は紀州犬絶滅の機運に瀕する」(10)と、人気であるがゆえに危機に瀕してもいた。

そのほかにも、「鳴滝犬とて非常なる好評を博せし、犬を多数産出せし」(11)と鳴滝犬と呼ばれる犬も有名で、これは現在の日高川町に産した犬であった。

さて、ここで熊野犬、鳴滝犬といった名称が出てきたように、紀州犬は「紀州犬」としてまとめられる以前は、地域ごとのさまざまな犬として存在していた。南伊勢の大内山犬、東牟婁郡の太地《たいじ》犬や明神犬、新宮や勝浦の那智犬や色川犬、白馬山系の日高犬、高野山の高野犬などである。鳴滝犬は成滝犬、太地犬は対地犬とも書かれるなど、表記にも揺れがみられる。獲物ごとの分類では猪犬、鹿犬、兎犬とおり、大きさ、スピード、頑健さが異なった。なお、兎犬は昭和初期の時点ですでに絶滅していた。小型の犬種で、兎や山鳥の猟に使われたが、ビーグルなどとの交雑が進んでいなくなったとされる。(12)

太地犬は猪狩りに使われた猟犬で、優秀なことで有名だったが、この犬にはニホンオオカミの血が入っているとの俗説がある。紀州の生んだ世界的博物学者である南方熊楠も、明治四三年一〇月三日の『牟婁新報』掲載の「財産分けの話」で、「九年前に熊野勝浦で太地犬というを見た。これは狼を畜《か》うて犬となったのじゃ。近ごろははなはだ少ない、猟犬に第一じゃ、と老人が惜しみおった。インド辺で野牛を畜うて数代の後また野牛と交《さか》らせねば必ず絶える。太地犬も狼が少なくなって狼と交ることならぬから、絶滅に近づいたんだろう」(13)と述べている。先の藤田の文章でも、「古来紀伊地方に棲息せる犬と狼との交合の結果、太地犬なる特種の猪猟犬を発生し」(14)と書かれている。実際、紀州犬には虎狼号、白狼号といったように、「狼」の字の入った名が少なくない。現在の研究では、ニホンオオカミと紀州犬は遺伝的に混じっていないとされるものの(15)、オオカミのイメージが重ねられることで、紀州犬は人気を博した。

これら紀州産の犬は日本犬保存会の目にもとまり、前述のように第一回本部展にも出陣を得た。昭和八年には、のちに評議員となる岩橋恒二が現地調査を行ない、「紀州日本犬調査記」として報告を出している。そうしたなかで、地元側の人間として活躍したのが石原謙であった。下里町（現在の那智勝浦町）の愛犬家で、昭和七年に日本犬保存会の理事になり、同年、帰郷した際に杉本義夫らと紀州犬保存会を設立した。

昭和九年一月一五日には新宮で第一回紀州犬展覧会が開かれた。審査長は日本犬保存会の板垣四郎が務め、八八頭の出陳があり、新宮の尾中久次郎の良助号（雄、黒胡麻）が一席犬となった。なお、このときの案内状は、南方熊楠のもとにも送られており、一月一一日の日記に「新宮町紀州日本犬愛護会浦木茂芳　印刷ハ一　十五日紀州犬共進会案内書」と記録がある。熊楠をふくめ、紀州の著名人を引き入れることが会の活動促進につながると考えられたのだろう。

石原は精力的に犬の探索を進め、のちに紀州三名犬として語りつがれることになる畝畑義清犬鉄号、色川成滝犬イチ号、中之川喜一犬ハチ号を見出した。石原が『日本犬保存会会報』に連載した「紀州名犬語り草」によれば、「何れも紀州犬の本場那智裏郷を出生地」(16)とするもので、この三頭が紀州犬の名声を伝説的なものとしていくことになる。

紀州犬は昭和九年五月一日に天然記念物に指定された。実は「紀州犬」という呼称があらわれたのは、このときが初めてであった。申請者となった石原が申請にあたって考案したとされる。(17)実際、前年の昭和八年に出た高久兵四郎『日本犬の飼ひ方』などでは「紀州産白猪犬」といった表現がなされていたが、以後は紀州犬の呼び名が広まっていく。紀州犬は、紀伊半島南部に分布するさまざまな犬の総称として、人工的につくられた犬種名だったのである。ちなみに、秋田犬や甲斐犬の場合にも同様のことが起きている。

紀州犬はすでに各地で飼育されていたため、「所属府県を定めず指定したるもの」（これは他の日本犬も同じ）となり、ただし飼育頭数の多い和歌山県と三重県が管理者に指定された。もともと紀州徳川家が治めた紀伊国は、現在の和歌山県一帯から三重県中部まで広がっていた。それが分割のうえで和歌山県と三重県となったのだが、紀州犬はそのちょうど県境付近に分布していたのである。また実は奈良県南部の十津川近辺にもおり、日本犬保存会も調査しているが、指定からは外された。このあたり、恣意性を感じずにはいられない。それはともかく、天然記念物の制度において、国は原則として指定するのみで、実際の管理は所在府県が担当する。それでは和歌山県はどのように対応したのか。

和歌山県による天然記念物行政は、大正七年、黒板勝美・岩井武俊・田澤金吾に委嘱して、海草郡西和佐村の岩橋千塚古墳を発掘したことで始まった。その成果は大正一〇年に『和歌山県史蹟調査報告』第一輯（翌号から『和歌山県史跡名勝天然紀念物調査会報告』と改称）としてまとめられている。

以後、和歌山県はさまざまな天然記念物を調査し、保護していくのだが、紀州犬については昭和一二年四月がスタートとなった。この年に「和歌山県天然紀念物紀州犬審査保存規定」を定め、紀州犬審査会を開き、そこで合格した犬の飼育者を助成するようになったのである。これは平成二八年度までつづき、紀州犬保存会の解散によって打ち切りとなった。

秋田犬や甲斐犬の場合も、県が全面的に援助したことが知られており、「紀州」「秋田」「甲斐」といった名称により、地域意識がくすぐられたのかと思われる。(18) ただし、そこに「日本」犬と「紀州」犬の二重のアイデンティティがあったことを見落としてはならない。ローカルである紀州犬と、紀州犬をふくむ各地の犬を統合してつくられたナショナルな日本犬とが同時に存在したのである。なおかつ実際には「紀州犬」の実態はこれもまた合成されたものであった。このことがのちに日本犬でも紀州犬でも、解体の契機となっていく。

昭和一四年の『和歌山県史跡名勝天然紀念物調査会報告』第一八輯に紀州犬についての報告があり、右記の審査会の詳細も出ている。なお、この号ではまず「史蹟」の部があって岡山時鐘堂（担当は田中敬忠）など一七件、次に「史蹟兼名勝」で佐野のわたり（庄司海村）など四件、つづいて「名勝」に乙基（庄司）など四件、そして最後に「天然紀念物」としてもくまわうの老樹（田中敬忠）など四〇件が挙げられている。このうち「天然紀念物」をもう少し詳しく見てみると、実は三九件までは植物ばかりが並び、最後の四〇件目が天然紀念物紀州犬となっている。

紀州犬を担当・執筆したのは、勝田良太郎であった。天然記念物の調査委員は、国の場合も県の場合も少人数で多くの対象を扱うことが多く、勝田はこのほかにも甘露寺ノ藤など一〇件を担当している。勝田の報告によれば、「紀州犬は主として和歌山、三重の両県下に飼養せられ、中北系の日本犬に属し、中型で体軀剛健性質勇猛である。昭和九年五月一日天然紀念物として文部大臣より指定せられ、指定区域は本県下一円である」(19) という。

つづいて紀州犬審査会についてまとめられている。審査員は、天然記念物の管理母体である文部省による嘱託の鏑木外岐男、和歌山県技手の西田熊一、石原謙の三人であった。第一回審査会は昭和一三年一〇月二二日に新宮市、二四日に日高郡御坊町で開かれ、出願した犬は一二四頭に及んだ。このうち一四頭が合格し、史蹟名勝天然記念物保護法の指定犬となった。筆頭にあげられているのは東牟婁郡色川村を産地とする剛号（毛色は赤胡麻）で、飼育者は東牟婁郡下太田村の仲地恭二であった。つづいて一一月五日に和歌山市、六日に有田郡広村で開かれた第二回審査会では、一五頭が合格した。ようするに、この二九頭が「本物の紀州犬」となったのである。

報告の末尾には、県の審査会には参加しなかったものの、日本犬保存会関西支部が主催した第三回日本犬展覧会で優秀犬となった紀伊号にも言及され、これも合格となっている。日本犬保存会が認定した犬も、指定犬となることができたのであった。

ここでもうひとつ注目したいのは、右の審査会で合格した犬（全二九頭）の毛色や体格がまったく不統一だった点である。毛色は赤胡麻、ヌタ毛（白胡麻のこと）、白、茶、赤、胡麻毛、黒胡麻、赤ヌタ、薄赤、純白、赤茶、栗とバラバラで、体格も、肩高が牡で一六・〇〜一八・五寸、牝で一四・八〜一七・二寸と個体によってかなりの差がある。資料として一六頭の写真が出て（写真1。うち一二頭を掲載）いるが、姿形が多様なのは一見してあきらかだろう。はたしてこれを「紀州犬」というひとつの犬種にまとめてしまって本当によかったのか、疑問が残る。

しかし、日本犬保存会と紀州犬保存会がつくりだした紀州犬は、国による天然記念物となり、和歌山県の審査が実施されることで、犬種として成立し、守られていくことになったのであった。

このような経緯をたどって誕生した紀州犬であったが、まもなく第二次大戦が始まる。犬の餌は食料の無駄使いとされ、飼い主は非国民と非難を浴びた。陸軍からは毛皮の供出が求められ、多くの犬が兵士のコートになった。ただし、天然記念物の指定犬のみは供出を免除されたので、桑名の千葉胤一が三重県にかけあって一三頭を

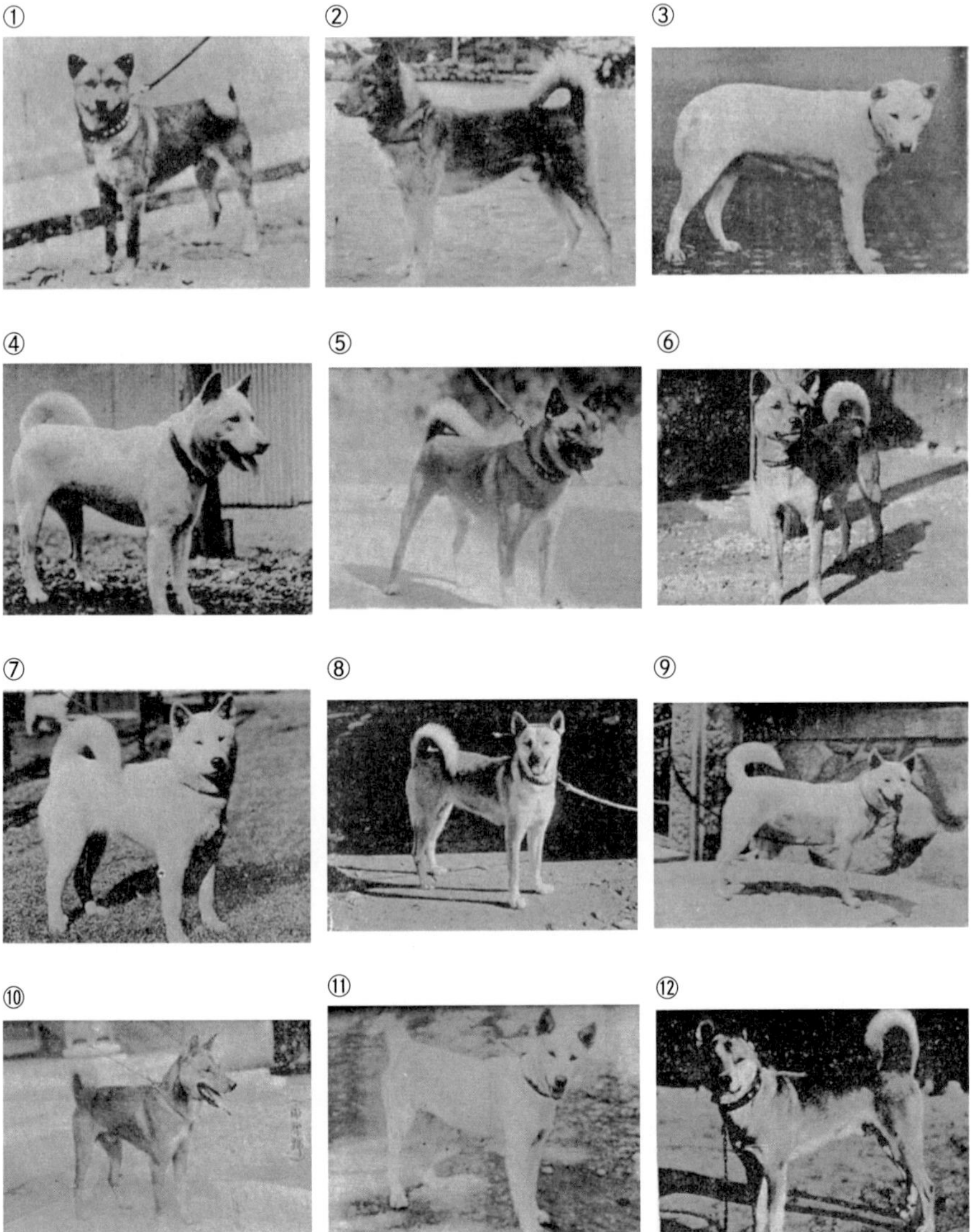

写真１　第一回紀州犬審査会の合格犬（画像提供：南方熊楠顕彰館）
①とみ号　②鳴号　③シロ　④クマ号　⑤フナ　⑥丈号　⑦智美女　⑧那智号（奥地常百氏）
⑨シロ　⑩那智号（土屋謹次氏）　⑪ビー　⑫　智留

指定犬にしてもらい、守ったというようなエピソードもある。

戦後最初の展覧会は昭和二三年一〇月一五日に御坊で開かれ、岩淵のケン号が第一席を獲得した。つづく二三日には新宮に会場を移し、三山号が第一席となった。

4……紀州犬の解体

本節では、毛色に注目することで、紀州犬の変化と解体について見ていきたい。現在では、紀州犬は全身白一色というのが一般的なイメージであろう。しかし、右に見てきたように、もともとはそうではなかった。

日本犬保存会も、紀州犬の毛色が多様であることは最初期から認識していた。前述の日本犬保存会・岩橋恒二による調査では、紀伊田辺から秋津川をさかのぼり、栗栖川、鳴滝、十津川と渉猟するなかで、焦茶斑、黒毛、赤毛、白毛、茶、茶褐色、紅赤毛、淡茶、さらにこれらが混じった斑と、さまざまな毛色の犬を確認している。[20]

写真2　紀州三名犬の鉄号。斑があることがはっきりわかる。

一般犬界でも、「熊野犬は一般紀州では白犬を尊重するに不拘《かかわらず》、独り狼の混血種との理由の下にゴマ毛を尊重し、熊野犬本来の毛色なりと云うて居る」[21]、「紀州は猪犬の名産地にて紀州より伊勢路に良犬あり、白犬が多けれど、熊野犬を第一の良系と称へ、胡麻毛を以て其特徴として居る」[22]と知られていた。

紀州三名犬の一頭である鉄も、作出者の上尾義清によれば、「鉄もさうでしたが、兄弟全部白地に黒の差毛《さしげ》のある茶の大斑でした」[23]という（写真2）。ところが、斑は日本犬標準、すなわちドッグショーの基準にそぐわなかった。

「減点」の第三項目に、「毛色斑。厳密に謂へば斑と見ゆる顔、胸先、肢、尾先の混色は許容される。然し一枚毛色はより良しとさるる。此の処に云ふ減点の斑は胴体等に大なる紋様をなす斑を意味する。斑は昔より絵巻等に出て古来より存在する毛色である。然《しか》し乍《なが》ら今後日本犬を固定さす上に於て毛色を整理す可《べ》きであつて将来の繁殖上減点とするを当然の処置と考へる」と決められたのである。これに対しては石原も「本年九月日本犬標準が制定せられた。同表に依れば斑は減点となつて居る。……恐らく中央の方々は斑の優秀なのを御覧にならなかつたのではなからうか？」(24)と疑問を呈している。しかし、そうはいっても斑のある犬は入賞が難しく、繁殖においても人気薄となる。そのため、紀州犬からは斑が消えていくことになった。

さらに戦後には紀州三名犬はすべて白毛であったとの言説が広まったうえ(25)、戦争を生き延びて最良犬に選ばれたダイ、伊勢白、那智の市、三山の四頭がいずれも白毛だったことから、白毛が大半を占めるようになる(26)。昭和五〇年代には「紀州犬といえば、白毛、おそらく現時点では、白毛でなければ、紀州犬の本物と見られないほどである」(27)といわれるほどになった。日本犬標準に沿わない犬は排除され、もともと紀州の犬がもっていた毛色のバリエーションは失われてしまったのである。ほとんどすべての紀州犬が白毛に統一されたわけで、ある意味、これこそが紀州犬の犬種としての「真の固定化」であったのかもしれない。そして、こうした犬が日本犬保存会の血統書とともに、一般の飼育者にも頒布されていく。

しかし、同時期に「往時の色物のよさを思うとき、やはり忘れられない。白に匹敵するような色物の出現は、だれもが期待してやまないであろう」(28)と色物（白以外のさまざまな毛色）が再評価されるようになり、岩橋や小説家の近藤啓太郎らが復活へ向けてとりくみはじめる。

また、紀州犬はもともと猟犬であり、そうした観点からも批判の声が出てくる。そもそも本来の飼育者であった猟師は「雑種犬を珍重する傾向」(29)があり、千葉胤一も「私も若い頃には紀州犬を求めて南北牟婁の山奥を訪れたこともあるが、仲々名犬は求められなかった。猟芸の秀でたものは各地の猟師が飼つて居たが血統的にも判然としないものが大部分で……」[30]と述べている。血統や犬種にはこだわっていなかったようなのである。こうなると、天然記念物に指定された犬たちが、混じりっけのない犬だったのかにも疑問が出てくる。

石原の発掘した紀州三名犬にしても、その名犬としての評価は猟技によるものであった。「ハチなどは、四十貫の古猪でも十貫の小猪でも、必ず寝屋で止めて撃たしましたよ」[31]とされる。寝屋とは、猪や鹿が日中に休んでいる寝床のことで、ハチはそこで足止めして逃すことがなかったというのである。

そのため、猟技に秀でた犬こそが本来の紀州犬なのだという言説があらわれる。昭和二四年には早くも岩本英二郎が、「吾が紀州には狩猟と云ふ『実績』を持つてゐる事実がある。吾が紀州の会員は原産地らしく、飽くまでこの狩猟と云ふ既成事実を擁護して、所謂《いわゆる》『猪に行く』と云はれる名猟系中にその活路を見出す可きでなからうか」[32]と提言し、やがて猟師を中心に紀州猪猟犬保存会が設立され、猟技に重きを置いた犬の作出が始められる。

以上のような点から、展覧会に出陳された紀州犬についても、違和感が表明されるようになる。昭和四三年には松本翠が、紀伊田辺での「J協会展」の日本犬の審査を担当した感想として、「その大半の犬が、私の目には余りにも華麗に過ぎ、感心する前に何か奇異な感に打たれました」[33]とする。さらに、「幾何学的に整えたような犬……規格に当てはめたような犬……私には、これが紀州犬か？ と小首をかしげないではいられませんでした」[34]というのである。昭和四六年には小田雄一も、「かつての紀州犬は欠点も多かったが、名犬それぞれに味わいがあり、展覧会も現在のように粒揃いという訳にはいかなかったが、一頭一頭の持味の賞味で非常に楽しいものだった」[35]と述べている。日本犬標準と、それに適合した展覧会用の犬の作出が批判されているのである。

さらに、日本犬保存会が犬のローカル色を消そうとしたことに対しても松本は、「私もある時期に、日本犬の地方色というものに疑問をもった時代もありました。紀州でも、四国でも、北海道でも、どしどしかけ合わせて、思い切ってローカル・カラーを消してしまうべきではないか」、しかし近年では「……私はあらためて、日本犬おのおのの地方色に、限りない魅力と愛着を感じるようになりました」[36]と地方色にこそ紀州犬の目指すべき方向があると述べている。

このようにして紀州犬の飼育者たちは、次第に日本犬保存会と距離をとるようになっていく。ただし、彼らが理想としたのが、あくまでも昭和初期の時点の犬であった点は注意しなければならない。それ以前については まとまった記録が存在しないからである。日本犬保存会が調査を行ない、展覧会などでも写真を残したからこそ、かつての姿がわかるというのも、皮肉なものだ。

以上が紀州犬という犬種の盛衰となる。これは他の犬種でも同様の道をたどりつつある。また、かつては日本犬としてひとくくりにされたものが、柴犬、秋田犬、甲斐犬といった個別の犬種名を優先するようにもなっている。戦後は、日本犬保存会の求心力が薄れる一方で、洋犬人気が高まっていく。次節で、簡単にではあるが、洋犬も日本犬も扱い、日本最大の愛犬団体となるＪＫＣについてとりあげておきたい。

5……ジャパンケネルクラブ

ＪＫＣの前身である全日本警備犬協会が創立されたのは、昭和二四年のことであった。創立者の坂本保は、戦前は大日本畜犬協会の中心となって活動し、東京都畜犬商業組合組合長も務めた人物であった。全日本警備犬協会の初代総裁は幣原喜重郎、会長は石橋湛山。副会長に板垣四郎、総務理事に坂本が就いた。のちには八田一朗や河野洋平が名誉顧問になるなど、政治家との結びつきを重視した点は、日本犬保存会、というよりむしろ愛犬団体一般をなぞっていく。

初年度の登録犬数は五一八頭。入会金は一〇〇円、年会費は五〇〇円、単独犬登録血統書発行料が三〇〇円であった。昭和二五年一一月三日には、上野公園で第一回本部展覧会が開かれ、約三〇〇頭が出陳した。昭和二五年には全日本警備犬協会各種犬標準が制定される。そして、昭和二七年にジャパンケネルクラブと改称した

（さらに平成一一年にジャパンケネルクラブに改称）。平成二九年度末で、会員約七万七〇〇〇人、年間登録犬数は二九万六九九頭となっている。

現在、ＪＫＣでは、柴犬、秋田犬、甲斐犬、北海道犬、四国犬、紀州犬、日本スピッツ、狆、日本テリア、土佐犬を日本原産犬種に分類し、「日本原産犬種とは我々日本人の祖先と共に南方や朝鮮半島を経由して日本に渡来し、各地で人と生活を共にしてきた、立ち耳、巻き尾のスピッツタイプの六犬種と、その後、渡来した犬が日本にいた犬との交配によって改良され新犬種として固定化された四犬種の一〇犬種である」(37)としている。昭和五三年度までは、日本犬保存会が定めた日本犬中型、日本犬大型、日本犬小型という三タイプにしたがっており、紀州犬や秋田犬といった個別の犬種名は見られなかった。

昭和三〇年にはＪＫＣの登録総数が一万頭を超える。この年の登録犬数を見ると、日本スピッツが四三七三頭でトップ、二位はスパニエル（米コッカー）で一五四〇頭。七位に日本犬中型（ここに紀州犬がふくまれる）が四一三頭となっている。日本犬大型は八位で二七六頭、日本犬小型は一〇位で一七一頭であった。

昭和五三年度は日本犬中型が四三位で一二五頭である。昭和五四年度に日本犬中型が解体され、紀州犬という犬種名があらわれる。登録犬数は四三位で一〇二頭であった。その後、昭和六〇年代初頭には二〇〇頭代とやや増加するが、前述のような状況を受け、平成に入ると登録犬数が減少し、ついに一頭にまで落ちこむことになった。

ＪＫＣの犬種標準にも、毛色についての項目があり、現在でも紀州犬の斑は認められていない。(38)もとより、犬種標準はどこの団体のものも似通っている（そうでなければ、まったく違う姿の犬が同じ犬種名で通用することになってしまう）のだが、これもＪＫＣでの紀州犬の登録犬数が激減する一因となっているのだろう。(39)

6……おわりに

以上、日本における犬種の近現代史を、紀州犬を軸として見てきた。昭和初期に、紀州の犬は貴重な在来犬として「発見」された。しかし、当時この犬は絶滅・雑種化の危機にさらされていた。そのため日本犬保存会によって保存活動が行なわれ、日本犬というグループのなかの一種として、紀州犬なる犬種がつくりだされた。日本犬保存会の活動がなければ、おそらく紀州の犬は雑種化などで滅んでいたであろう。

紀州の犬には、本来、さまざまな毛色、呼び名、大きさのものがおり、地域ごとの差もあった。しかし、天然記念物に指定され、日本犬標準が定められ、和歌山県（十三重県）によって管理されていくことで、一定の姿へと収斂していく。やがて広まった白く端正な犬は、展覧会では評価されるものの、一方では反発を呼び、さまざまな毛色や、猟技に優れた犬を復活させる動きがあらわれる。結果として、血統登録される紀州犬が少なくなったというのが現状なのである。こうした傾向は他の日本犬でも進行しつつあり、空前のブームとなっている柴犬でも血統登録されない犬が増えている。

そもそも犬種というものは人間が人工的につくりだした存在にすぎない。犬にとっては（たぶん）迷惑なものでしかない（たとえば、気に入った相手が他犬種だったら仲を引き裂かれるとか）。さらに、人間にとっても不要・邪魔になれば、簡単に捨て去られてしまう。紀州犬の未来ははたしてどうなるのであろうか。

【注】

（1）ペットフード協会の全国犬猫飼育実態調査による。犬の飼育頭数に関する調査としては、これが実数にもっとも近いと思われる。

（2）「公益法人NEWS ずさん過ぎる運営で紀州犬保存会の移行認定申請が棄却」（『公益・一般法人』九三一号、二〇一六年）。

(3) なお、この時代にイギリスで改良され、品種化されたのは犬だけではなかった。牛や豚、鶏など多くの家畜で改良が進み、品評会も頻繁に開かれた。詳しくはHarriet Ritvo, *The Animal Estate: The English and Other Creatures in Victorian Age*, Harvard University Press, 1987(ハリエット・リトヴォ『階級としての動物――ヴィクトリア時代の英国人と動物たち』三好みゆき訳、国文社、二〇〇一年)。

(4) 詳しくは、拙著『日本犬の誕生――純血と選別の日本近代史』(勉誠出版、二〇一七年)。

(5) 真壁延子『日本の犬・歴史散歩』(文芸社、二〇〇一年)一二八―一五四頁。ただし、解釈には注意を要する。

(6) 一般には記念物と書かれるが、法律名では紀念物の文字が使われている。とはいえ、大きな違いはないようである。

(7) もちろん江戸期以前から猟師のあいだでは優れた血統が選別されていたが、明治以降はむしろ洋犬を使う、あるいは洋犬の血を入れることに積極的であったという。狩猟犬として改良された洋犬の方が、猟犬としても優秀だったためとされる。

(8) 小松真一「日本犬の分類と名称」(『昭和日本犬の検討』犬の研究社、一九三六年)一七頁。以下、引用に際しては適宜句読点を補った。……は筆者による省略を示す。

(9) 藤田邦一郎「紀州熊野犬に就いて」(『日本犬保存会創立五十周年史』上、日本犬保存会、一九七八年)七四頁。

(10) 同。

(11) 岩橋恒二「紀州日本犬調査記」(『日本犬保存会創立五十周年史』上)四二頁。

(12) 甲斐崎圭『紀州犬――生き残った名犬の血』(光文社、二〇〇二年)三五―三六頁。

(13) 南方熊楠「財産分けの話」『南方熊楠全集』六巻(平凡社、一九七三年)三一三頁。

(14) 藤田、前掲、七三頁。

(15) 石黒直隆「絶滅した日本のオオカミの遺伝的系統」(『日本獣医師会雑誌』六五(三)、二〇一二年)。

(16) 石原謙「紀州名犬語り草」(『日本犬』三巻三号、一九三五年)五九頁。

(17) 甲斐崎、前掲書、三九―四〇頁。

(18) なお、三重県では昭和一一年度の『三重県史蹟名所天然記念物調査報告』に、鏑木による「天然記念物紀州犬及カモシカ」が出ている。

(19) 『和歌山県史跡名勝天然紀念物調査会報告』(一八輯、一九三九年)一二九頁。カタカナをかなに改めた。

(20) 岩橋、前掲、四〇―四二頁。
(21) 高久兵四郎『日本犬の飼ひ方』(春陽堂、一九三三年) 八頁。
(22) 同、三二頁。
(23) 石原、前掲、六七頁。
(24) 同。
(25) 樋口多喜男「「紀州犬の三白」のことなど」(『日本犬保存会創立五十周年史』下) 七六〇頁。
(26) 山田利夫「紀州犬」(『毎日新聞』一九七六年一二月一三日、夕刊)。
(27) 渡辺肇「紀州犬の被毛のうつりかわり」(『日本犬保存会創立五十周年史』下) 一七四四頁。
(28) 同、一七五〇頁。
(29) 藤田、前掲、七三頁。
(30) 千葉胤一「紀州犬の現状について」(『日本犬保存会創立五十周年史』上) 六一六頁。
(31) 石原、前掲、六〇頁。
(32) 岩本英二郎「紀州犬の作出方針への一提言」(『日本犬保存会創立五十周年史』上) 三二一頁。
(33) 松本翠「紀州犬(一)――犬友への手紙」(『日本犬保存会創立五十周年史』下) 一〇六二頁。
(34) 同。
(35) 小田雄一「紀州犬の良さ」(『日本犬保存会創立五十周年史』下) 一二四一頁。
(36) 松本、前掲箇所。
(37) 『JKC五〇年史』(ジャパンケネルクラブ、二〇〇〇年) 四四頁。
(38) ただし、血統登録できないわけではない。FCI規程にもとづき、犬種標準で認められていない毛色については、血統証明書を発行する場合、毛色の欄に「×」印を印字している。
(39) とはいえ、犬種標準はしばしば変更される。平成二九年三月一日施行の変更では、ビション・フリーゼ、チワワ、フレンチ・ブルドッグ、ハバニーズ、パグ、アフガン・ハウンドの六犬種で変更があり、たとえばチワワではボディの背(バック)に関して、「短く堅い」から「短く、引き締まっている」に改めるなど一九項目が改正された。

第14章……狩猟者から見た日本の狩猟犬事情

Keywords＝犬の維持管理、猟欲、猟芸、犬の系統と訓練

大道　良太

1……はじめに

第9章にて当たり前のように扱った猟犬という存在だが、狩猟に携わる機会のない多くの方々にとってはなじみのない存在であると思う。少なからず聞かれる猟犬に関する誤解を解き、少しでもその存在を知ってもらいたい。猟犬の日常的な側面である維持管理や猟犬を使った猟とはどのような猟であるか、またその必要性について経験と見聞を中心に伝えたいと思う。

猟犬といっても特別な犬ではなく、犬種も様々である。野に生きるオオカミのように餌を得るための狩りの必要性はないが、人の傍で餌をもらえるとしても犬は狩りをしたいという欲を持っている。人がその犬種の特性を見抜き、欲を猟に利用するのである。人と共に猟を行う犬はすべて猟犬である。強い犬だけが猟犬ではない、大型の獲物に対し恐怖から尻尾を股の下に挟んで逃げ帰って来る犬であっても、その行動によって猟師にその藪の中に獲物がいると判断させてくれるなら猟野で仕事をしているといえるだろう。

とは言ってもあまりに漠然としていてはその存在を伝えるという目的が果たせない。次節より猟犬について少

し具体的に飼育や猟で使用するにあたっての日本における猟犬の問題について触れていきたい。

まず入手、盗難と廃棄、における猟犬事情を過去と現在を対比させて考えてみたい。次に日々の管理についての問題点として費用、施設、運動などを紹介する。猟法と猟芸、受傷、系統についても簡単にではあるが紹介したい。そして最後に罠でも獲れる時代になぜ犬を使った猟をするのかを考えたい。

写真1　猟野にて

2……猟犬の入手、盗難と廃棄について

①入手方法の現在と過去

昔から猟師の格言として一犬二足三鉄砲［9章大道論文注（5）］などと言われ、狩猟において猟犬の存在は特別なものであったと理解できる。

現在、猟犬を入手する方法［7章大石論文］であるが、洋犬種であれば徹底した選択淘汰により犬種としての完成度が高いため猟における仕事「猟芸」が安定していること、訓練方法が確立されていることもあり期待しているような一定の行動「猟技」を確実にこなすことができる。また血統書を持つ個体も多いなど商品としての魅力も高く、入手方法としてはブリーダーや一部のペットショップ、専門誌での購入が中心となる。

猟犬として見た場合、和犬種においては犬種として確立されているとは言い難く［13章志村論文］、個体による猟芸の差が大きいためブリーダーが成り立ちにくい。そのため一部の血統書を持つ日本犬以外はペットショップで見ることもなく、猟師のつてによって入手することが多くなる。

　獲物が少なく鉄砲の性能も悪かった時代は猟犬の良し悪しが猟果に直結した、猟犬が今以上に重要であった時代（獲物を獲った際は犬も一人分の分け前を与えられた、見習い猟師は文字どおり半人前であった）に良い猟犬を得るために猟師間で行われていた方法があるので紹介したい。

　猟師であっても何のあてもなく猟犬を探すのは難しいが、自分のやりたいような猟をやっている猟師を見つけるのはそれほど難しいことではない。自分の目指す猟に近いスタイルの猟師を見つけたら、次はその猟師にお願いして猟の話を聞かせてもらいにいく。そこでどのような犬かも聞かせてもらう。その上で自分の理想に合うか判断するのだが、一度飼い始めると一〇年以上の付き合いとなるので妥協せず慎重に時間をかけて納得いく猟犬との出会いを目指す。

　自分の理想に合う犬に出会えたのならその猟師のもとに足繁く通い、何度も犬の顔を見に行く、手間のかかる散歩の手伝いをするのもいいだろう。可能であれば猟を見学させてもらう。そしてその犬の飼い方や繁殖の方向性なども教えてもらい、まるで自分の犬がそこに預けられているかのようになるまで通うのである。決して犬を売ってくれなどと言ってはいけない。猟師は自分の犬を引くに値する人物か判断している時期である。

　簡単に金で購入しようとする人物なら犬を使用してみて気に入らなければすぐに処分しようとする可能性もあるし、猟師としての実力が足りないのであれば犬の実力を発揮しきれないだろう。猟師としてのマナーが足りなければ自分の猟場を荒らすようなことをするかもしれない。

　半年もすれば交配の時期が来るので、それまでにその猟師の信頼を得ていれば「次の交配でいくつ産まれるかわからんが、うちの犬でよければ引いてみるか」と言ってもらえる。

　これが猟師間で行われてきた猟犬の古くからの入手方法である。もちろん過去においてもブリーダーや専門誌（過大広告が多く評判は良くなかった）での購入はあった。

②盗難と廃棄の現在と過去

猟犬は猟野において猟師の元から放たれ、自由に走り回る。獲物を猟師の元にうまく追い立て猟果につなげることもあれば、逃げる獲物を必死に追うことで猟師の元から遠く離れることも多い［8章合原論文］。一キロも二キロも離れた先で獲物に逃げ切られ、あきらめてとぼとぼ帰ってくる。そんなときに猟犬は盗難にあう。こういったケースは現在も過去も起こってきたが、現在では猟中に猟犬の位置を示す高額なGPS首輪を狙って猟犬ごと盗む（猟犬はその場で放されるか連れ去られる）という事案もある。過去にはマーカーやGPS首輪がなかったため、猟犬が自ら帰るのを何時間も待つなど猟犬の回収には時間がかかった。猟師から離れている時間も長かったため盗難は今より多かった。猟師が使う無線を聞いて付近で待機し、はぐれた猟犬を狙う「犬獲り」と呼ばれる者達までいたほどだ。

盗まれた猟犬は遠く離れた他県などで販売されるか、盗んだ本人が別の地域で猟に使用したようだ。このような理由で遠方から盗みにくるため、古い猟師の中には他府県ナンバーの車両を嫌う者も多い。

盗んだ本人が猟犬を使用するのはその猟期中のみで猟期が終わると適当な山に廃棄する。非猟期中の飼育の手間や費用をかけたくないためであろう。このような猟犬の盗難であるが犬種としては比較的に洋犬種が多かったようだ。考えられる理由としては、飼い主でなくとも餌をくれる人なら誰にでも懐き易い性格（捕まえ易い）であること、飼い主とのコミュニケーションなしでも猟が行いやすい猟芸で確立されている種が多いことなどである。

3……日々の管理について――費用、施設、運動と訓練

①費用について

猟犬にかかる費用の中で最も大きな比率を占めるのは餌代であるが、一、二頭の飼育であれば人間の食事の残り物に狩猟で得た肉のくずを足してやるなど少し手を加える程度でまかなえる［8章合原論文］ため、そこまで大

きな出費とはならない。農村部での活動も多い猟師にとって古米、くず米を無料で入手することも多くそれらも餌となる。米については犬に向かない話も聞くが和犬には米が好きな個体もあり、冬期に活動量が大きく増加する猟犬の体重維持にもなる。しかし多頭飼育の場合では異なり、手軽さ、栄養面の管理、量の確保などからドッグフードに頼らざるを得ないため、餌代は跳ね上がる。

餌代以外にかかる費用として医療費がある。個人輸入などで安く薬を入手することができるようになってきているが虫下し、混合予防注射、フィラリア予防やダニ・ノミ駆除薬は必要である。

義務化されている狂犬病予防注射に関しては行わない猟師も多くいたが、その理由としては、

・長期にわたり日本での狂犬病発症がないこと
・多頭飼育の場合は費用が高額になること
・狂犬病予防注射をすると犬が大人しくなってしまい獣に向かって行かなくなる、という噂話が広まったことなどが聞かれる。

②施設について

複数の犬を飼育する場合、犬舎には大きく分けて二通りのパターンがある。犬を一匹ずつ分けて飼育する方法と犬を分けずに飼育する方法である。

一匹ずつ分けて飼育する場合、ワイヤーメッシュや柵など金属の規格物を使用して作られることが多い。敷地によりサイズは様々であるが一様に狭く、運動のために外に出して走らせてやる必要がある。餌やり口を設けることにより犬舎内に入る必要がないので必要に応じて飼い主以外でも給餌することができる。床面はコンクリートが多く、排泄物を回収した後、水洗いすることができるため清潔な室内を維持しやすい。犬を分けずに飼育する場合に比べて管理がしやすく多頭飼育に向いている（写真2）［8章合原論文］。

二〜三匹程度の少数の場合は犬を分けずに飼育することもある、犬舎の中で運動もできるようにと、ある程度のスペースを確保してあることが多いが、運動不足だからといって犬が進んで運動することはない、仔犬の頃にじゃれて遊ぶ程度で成長すると無駄なスペースになっていることが多い。ただしそのフリースペースがあることで親犬や他犬との社会性を学ばせ易く、立地によって短時間でも直射日光を確保できることがあるのは有用といえる。問題点としては犬同士の喧嘩が起こること、飼い主以外の給餌が難しいことがあげられる。特に猟期前の犬同士の喧嘩は猟に使えないことも起こるので問題となる。個体差、飼育環境によっても変わるので常に注意が必要になる。

写真2　犬舎　1匹ずつ分けて飼育する方法

餌や交尾期の雌犬のいる犬舎の雄犬同士など、どうしても喧嘩は起こる。人に決して唸るようなことのない犬でも、喧嘩して犬同士咬み合いになっている時だけは別で、犬同士を離そうとする飼い主の手に咬みつくこともある。犬は喧嘩の最中に体に触れられると、「攻撃されている、咬まれる危険がある」というように認識し反応しているためか、自らの行動を制限しようとするものを排除しようと行動する。そのような状況では、それが飼い主の手であるかどうかといった意識は欠落した状態となっている。飼い主が怪我をするのはこのような喧嘩の仲裁の場面か、散歩中などにリードを強く引かれてバランスを崩して転倒するという場面である。

③運動と訓練について

日々の運動や訓練については猟師によって考え方が異なり、非猟期中はまったく運動させない［8章合原論文］、排せつ目的の軽い散歩のみ、一緒に遊び散歩でもコミュニケーションを重視する、など様々である。こうした日々の接触の違いによって、猟における犬のコントロールに差が出ることは間違いないであろうが、猟犬において最適な接触の度合いがあるかはわからない。犬種や個体差もあるし猟のスタイルも様々なため、猟においてどの程度まで犬をコントロールする必要があるかが異なるからである。

ボーダーコリーなどの牧羊犬に比べ猟犬は芸を覚えることが苦手と言われる。本来獲物となるべき羊などを襲わずに、はぐれた個体を集団に戻すなど、羊をひとまとめにする様な仕事をこなす牧羊犬に比べて、犬が本能的に持つ狩りをしたいという欲望「猟欲」や猟に有利に働く身体的な特徴が優先的に選択され交配されてきた猟犬では差が出ても仕方がないだろう。

しかしそれでも呼び戻しの訓練だけはやっておくべきである（可能であれば共存訓練も行いたい）。山中で放犬する猟犬であっても里や道路に出ないとは限らない。猟犬が自分の予定していない地点に行きそうなときに呼び戻すことができれば、様々なトラブルを事前に回避できる。方法は家庭犬のしつけで行われる様な方法でよい。ただし猟犬における猟欲とは本能の中でも優先度が高い（獲物の存在に気付いたときは大好きなおやつに見向きもしない）ため、猟の最中でもコマンドを守れるようにきっちりと覚えさせることが必要である。

必要性は高くないがリードを使った散歩や、犬が自分勝手に先に行こうと引っ張った際、主人は立ち止まり一八〇度振り返って反対方向に歩く仕草をすることも有用である。これによって猟犬を猟野で放犬した際、獲物の臭いを取るまでは主人の向いている方向を意識し歩く傾向が高くなり、自分が予定しているエリアに導きやすくなる。

4……猟芸と猟法、受傷、系統

①猟芸と猟法

どのような犬であっても猟犬になるとは述べたが、猟犬として猟野で頻繁に目にする犬種は何か、どのような仕事をこなすのかについて簡単に説明したい。

猟犬と言っても猟の対象が鳥類か獣類かで大きな違いがあり、求められる猟芸・猟技についても異なってくる。鳥猟犬であればほとんどがポインターやセッターに代表される洋犬種である（ヤマドリ猟に和犬が使われることはある）。狩猟鳥類に対する広義での捜索行動を意味する「グランドワーク」、発見した際に静止して居場所を指示する「ポイント」、発砲準備ができた際に猟師の掛け声で飛び立たせる「フラッシュ」、草藪や川などに落ちた獲物の「回収」といった行動（猟技）を行う。

鳥猟犬を用いた狩猟は猟師が細かい指示「コマンド」を出しコントロールして行う。日本では一匹に数種類の猟技をさせることが多いが、海外では猟技に応じて猟犬を使い分けることにより正確性を高めている。

獣猟犬はウサギなど中型獣を対象とした猟の場合はビーグルが多く使われ、鹿や猪といった大型獣を対象とした場合には中型和犬種やハウンド種が多く使われる。藪が濃い猟野で人の目では探し出せない獲物を探し出す「捜索」、発見した獲物を吠え続けながら追跡する「追い鳴き」を主な仕事としている。

獣猟犬は自分よりも大型の獲物と向き合うために精神的にも肉体的にも余裕がない。恐怖と戦いながらということもあり、学習によって後天的に体得した猟技を毎回コンスタントに発揮することは難しい。このため本来持つ気質を伸ばしてやることに重きが置かれている。

獣猟犬を用いた大物猟（シカ、イノシシ）の猟法は主に巻狩りと単独猟である。

追い山、勢子猟とも言われる巻狩り（本来は別の猟法と推測されるが今回はテーマが逸れるため巻狩りで統一する）は一〇名前後で行われることが多い。追い出す係の勢子と銃で仕留める係のタツマ（タツ、マチ）に分かれて行う猟法［8章合原論文］で、早朝に足跡や餌食みの痕跡から獲物のいそうな山の尾根を予想し、その両側の谷を歩き、入り跡と出跡を確認する「見切り」［9章大道論文・4節］。入り跡があって出跡がなければその尾根にいることがわかるので、次に獲物を追い出した際に通りそうな要所、獣道、入り跡などにタツマを配置する。タツマの準備が整えば勢子が犬を放犬して追い立てを開始する。

犬とともに勢子が大声を出しながら追い立てる地域もあれば、犬を使うと犬の勢いに負けて予想もつかない所に獲物が逃げるという考えから勢子の声のみで追い立てる地域まで様々である。

獲物の多い地域では、半日ほどかかることもある見切りを行わず足跡や餌食みの跡をみて居場所を予想する「跡見」だけ行い、午前中に一度、午後から二度三度と回数を多く行うことで高い猟果を得ている地域もある。

この猟法で求められる猟犬としての資質は捜索と獲物発見を知らせるしっかりした鳴き声である。追い鳴きや付近に獲物がいなかったときに勢子のもとに戻ってくる「連絡」もあるとよい。

単独猟は犬とその飼い主だけで行う猟法で、いくつもの寝屋をつなぐように猟犬を導き渉猟するやり方や、見切りをして獲物の居場所を突き止めてから放犬するやり方などがある。巻狩りとは異なり対象の獲物はイノシシのみとなることが多い。これはスピード、スタミナ、藪抜けを含めた走破力で犬はシカには追い付かないがイノシシには追い付くためである。

猟における犬の仕事の割合が高く、求められる資質は高水準となる。このため猟師の間では特別に「猪犬」（シシイヌ）と呼ばれることが多い［2章池谷論文、13章志村論文］。捜索や連絡の他にもイノシシを寝屋と呼ばれる巣から出す「起こし」、猟師が来るまでイノシシを逃がさないようその場にとどめる「止め」が必要である。巻狩りのように追い出してもタツマがいないので逃げられて終わりである、単独猟では猟犬がイノシシを止めることが重要となる。

止める方法としては「咬み止め」、「絡み止め」［2章池谷論文］、「鳴き止め」がある。

咬み止めとは、その名の通り咬みつくことによってダメージを与え、その部位の運動能力を制限することである。また、咬みついた犬の体重そのものを負荷とすることで動物の動きを止める方法でもある。そのため複数の犬を用いるが、最低でもイノシシの体重と犬群の合計体重が同程度となるようにする。

絡み止めとは逃げようとするイノシシの後足や尻尾に咬みつく「付け込み」を行うことで逃走を妨害し、嫌がったイノシシが振り向いて犬の相手をしようとすると口を離し距離をとって鳴き、仲間（猟犬や猟師）に場所を知らせる。再びイノシシが逃走しようと背を見せると近付いて後足や尻尾を咬むといった手順で止める方法。イノシシが苛立ってくると犬が咬む仕草や後ろに回り込むだけでも嫌がり振り向き立ち止まるようになる。

鳴き止めはイノシシが止まっているのか犬が止めているのか判断しにくく、一言では言い表しにくい部分がある。あえて言うならば逃げたイノシシを止める芸というよりは巣である寝屋の入り口付近でしつこく鳴いて、犬を追い払おうとするイノシシを苛立たせて上手く注意を引き時間を稼ぐ芸と言える［13章志村論文］。そのため犬の勢いが強すぎるとイノシシは居心地のいい寝屋を捨て、犬を追い払うより逃げることを選ぶ。イノシシが逃げ走った場合、鳴き声だけで止められる訳ではないので、絡み止めの要素を含んでいると言えるだろう。イノシシとの接触が絡み止めより更に極端に少ないようなイメージである。

またいくら止めることができたとしても、何キロメートルも先では猟師が現場にたどり着くまでに時間がかかりすぎて逃がすことになるので、単独猟では広すぎない捜索範囲も重要である。

②受傷について

巻狩りで使用する猟犬や単独猟の鳴き止め芸の猟犬は受傷が少ないか軽い受傷で済む場合が多い。対して咬み止め芸の猟犬は受傷に繋がるイノシシとの接近接触が多く、致命傷を負うこともある。

犬は裂傷に強く、筋組織や内臓（腸）に至らぬ軽度の場合は猟師自らが消毒、縫合することもある。輸血ができない犬にとって出血は命にかかわるのできっちり止血しなければならない。腸が切れた場合や露出した場合は二次感染を防ぐために濡れたバスタオルなどにくるみ、なるべく早く獣医にいく。

内臓の損傷などによっては出血を伴わないこともあるので受傷が疑われる際は犬の体を触ってみて嫌がる箇所がないか調べることも重要である。帰宅後は便に異常がないかも確認した方がよい。

また五月からは熱中症も犬の命にかかわるので気を付けなければならない。

飼い主によっては狩猟期間中なるべく多く出猟するために、猟犬の猟芸を把握した上で主力犬が怪我をしたときの控えの猟犬を準備している者もいる。しかし犬の頭数が増えればそれだけ維持費用もかかり、また主力犬に比べ飼い主との連携で劣ることも考えられる。

猟芸の違い以外に受傷頻度を分ける要素がある。

一つはイノシシの牙によるまくり（攻撃行動）距離の差である。イノシシがまくってくる距離には個体差があり、犬が攻撃行動を避けたつもりでも、もうひと伸びしてくるイノシシのまくりによって受傷することがある。もう一つは時期的な要因があり、主に一一月と二月は注意が必要である。一一月に関しては猟期初めであり日頃の運動ができていないなど犬の体重管理に不備があった場合に、体重増加による回避行動のわずかな遅れにより受傷してしまうことがある。これは飼い主に大きな責任があるので、猟期終わり頃の体重と猟期前の体重に大きな差がないように管理する必要がある。

二月頃は地域にもよるが雄イノシシが猟期で最も機敏に動ける時期である。犬を見ても逃げずにどっしりと構えるような大きな雄イノシシであっても交尾期には雌イノシシが遠く離れることを嫌い、犬をかまうことなく雌イノシシについていくことを選ぶ。よって犬の受傷も少ない。しかし一月後半から二月にかけて交尾期が終わると餌も食わずに雌を追いかけて体重が落ち身体も絞れている雄イノシシが再び犬の相手をしはじめる。この時、イノシシは逃げるものだと考えて雑に対峙する性格の犬は受傷する可能性が高まる。

③系統について

先述したように獣猟犬は本来持つ気質（猟に関する先天的な要素）を伸ばすことに重きが置かれている。

日本の猟野では同じ獲物でも山の形状、植生、猟圧などにより様々なタイプが存在する。猟師たちはそれぞれの土地でより効率的に捕獲できるように猟犬の猟芸における要素を選択し繁殖させてきた［13章志村論文］、それが何代も繰り返されることにより猟野における猟芸に傾向が表れてくる。さらに猟芸要素の選択淘汰を継続していくことでその子孫においても高い確率で同じような猟芸を期待できる。このようにして固定された猟芸要素を持つ猟犬の血統を系統と呼ぶ。そのため猟犬の交配において最も重要視されているのが系統であり、「系統で猟をする」とまで言われる。猟犬の猟芸要素が固定されることでその土地にあった猟のスタイル（猟法）も形作られていく。

F1雑種の場合は両系統の素晴らしい要素の表現も期待できるが、F2雑種以降になると期待していない要素の表現もあるため猟のスタイルが安定しなくなる、兄弟で表れる猟芸要素のばらつきも大きい。こういった場合にはその個体に合わせた猟のスタイルに変更することで猟果を得ることができる。

狩猟者数の大幅な減少、生活スタイルの変化に伴う流行りの変化、対象獣が極端に減少した場合はその猟自体の衰退につながるため、実猟犬の絶対数は著しく減少する。

系統として確立された猟犬であっても、絶対数が少ない場合、新血導入の難しさが付いてまわる。（特に洋犬種の場合は人気の減少や狩猟者人口の減少がおこると輸入頭数が極端に少なくなるため、より新血導入が困難となり必要以上のインブリードや雑種化につながりやすい）。

以上、簡単であるが猟犬についての基礎知識として書き記した。

5……なぜ犬を使った猟を行うのか

前節まで猟犬とはどのようなものであるか、またその側面についても触れてきた。この節では視点を変えて、罠でも獲れる時代になぜ犬を使った猟を行うのかについて考えてみたい。

三か月という短い猟期の間に使用するために一年間三六五日、一〇年から一五年にもわたり世話を続けなくてはならず、手間も費用もかかる犬を使った猟が現代にも必要なのだろうか。

狩猟者人口の減少に伴う狩猟獣の増加や、一メートル×二メートル程度の小型の箱罠や簡単に設置できるくくり罠、強力な誘因餌、センサーカメラなどの普及により、猟歴の浅い人間でも簡単にイノシシやシカなどを捕獲できるようになった。

しかし、山ごなし（山における身のこなし）もままならないまま捕獲数ばかり増えたために、転倒や滑落、罠にかかったイノシシやシカの反撃などによる小さな事故は増加傾向にある。

それでも罠猟は大きな事件や重大な事故に繋がることもほとんどないのに対し、犬を使う猟の場合は一〇〇パーセントの安心安全という保障はない。

一つは、人間が他の生物を使役し狩りを行う上で、誤った対象への攻撃行動が起こりうるからだ。

長い歴史を持ち、飼育、使用法の確立されている鷹狩りにおいても人間や家畜に対する攻撃行動は報告されている。鷹匠は「鷹の習性を知り尽くし、グラム単位の体重体調管理をしても手から離れた鷹がどう動くかは鷹次第。予想は出来ても確実じゃない、人のいる地域で放鷹するのはリスクがある」という。犬の場合、電気ショックカラーなどを用いての強制訓練や幼少期から家畜などと共存訓練を行うことによって多くのケースで安心安全を得ることは可能である。猟犬を放つ者は、その心構えとして一〇〇パーセント確実はないのだから狩猟期間外などにもきっちりと訓練しなければならない。

もう一つは、罠に掛かり行動の制限を受けたイノシシやシカと異なり、犬を使った猟の場合はイノシシやシカは行動の制限を受けることなく自由に動きまわることが出来るため、反撃を受ける可能性があるからだ。イノシシは逃走時に人間に向かって突進してくることがある。特に雄のイノシシの牙による裂傷は重症につながることもあり危険性が高い。犬がイノシシと対峙した際、受傷することも頻繁にある。また犬の受傷を防ぎ捕獲率をあげるために猟師がいち早く現場に寄り付こうと山の急斜面を急ぐケースは頻繁にあるがその際激しく転倒し骨折する事例もある。車から離れ緊急の連絡もつけられない山中での受傷が如何に危険なものかは想像に難くない。

安全面以外に捕獲数について考えてみると、罠による捕獲では年間一〇〇頭以上の獲物を捕獲する者もいるが、犬を使った猟では一〇〇頭以上もの獲物を捕獲することは難しい。犬は毎日使えないため休ませなければならないし、使い込むと体重の減少以外にも爪や肉球などの消耗も激しくなる。

車両から降りて数分の距離に設置された罠の見回りに比べると、犬と共に山を歩き、獲物の捕獲後の搬出に手間がかかるため、猟師の体力的な問題もある。

では安全面や捕獲数において劣るようにも思える犬を使った猟をそれでもなぜ行うのだろうか。

好きだからだという猟師個人の好みはあるだろう。猟野にて放犬された犬の獲物発見を知らせる「ワン」という鳴き声を聞いたときの高揚感。罠猟では罠設置後に獲物の姿を見るということはすでに捕獲済みであることを表すが、犬を使った銃猟での射獲の楽しみには捕獲が確定していないことによる緊張感もある。犬好きの猟師の中には生き生きと猟野をかける犬の姿を見るだけで楽しいという者もいるだろう。しかしそのような個人的な趣味嗜好以外の一面を考えたい。

一言に犬を使った猟と言っても様々でそのレベル、意識は大きく異なる［2章池谷論文］。

多くの日曜猟師のようにせっかくの休日に猟野に出たのだからとにかく何か獲りたいと考えるものは多い。しかし、獲れれば何でもいいというのではなく、イノシシ猟の盛んな丹波地方のように「見切れなければ猟犬を放さない」と言う地域もある。犬を放さないとは猟を始めないということで猟野には来たが猟（捕獲行為）はせずに帰るということである。

「見切れなければ犬を放さない」とはつまり狙ったイノシシのみを捕獲するということでもある。猟をきっちりと組み立てたうえで行うので猟師に高いレベルが必要であり、一流の猟師であれば初めに予想を立てた通りのイノシシを捕獲する。

猟師とヒョウシという話もある。猟師とは見つけた痕跡（跡見）から、どうすればこのイノシシが獲れるかを考え、獲った獲れたにこだわる者である。

ヒョウシとはろくに跡見もせずに巻狩りを行い、偶然イノシシを捕獲する者である。勘に頼って山を狩り、たまたまイノシシと犬が鉢合わせびっくりしたヒョウシに獲れただけで猟と言えるものではない、という話である。同じ捕獲という結果であったとしても狙った獲物を捕獲する技術を持ち合わせた猟師と偶然に任せた猟師では獲物の個体数が減少した際に猟果に大きな差が生まれることは明確である。獲物を待つ檻などの罠と異なり、獲物を探し出す犬を使った猟では檻慣れした個体や、ドングリなどの山の生り物が豊富で檻に興味を示さない年にも対応しやすい。近年では特に災害、自然環境の大きな変化など、山では想定できない事柄が起こる。目先の数字だけに囚われることなく、捕獲方法においても様々な選択肢を用意しておくことが重要である。

イノシシ、シカの爆発的な増加により近年の農林業被害は甚大であり、盛んに行われるようになった駆除捕獲においては捕獲数が重要であるが、狩猟で生計を立てる者がほとんどいない現在において捕獲数は重要ではない。猟を行う者が納得した猟を出来たかどうかこそ重要である。ここでいう納得した猟とは見切りから捕獲まで猟師がきっちりと組み立てた猟である。地域や猟法によっても異なるが、食痕や足跡などの痕跡から狙いを絞った獲物に対して上手く犬を導き、予想したけもの道、谷筋などで捕獲するといったものである。

被害が少なくなれば不要となる駆除とは異なり、獲物が少なくなっても継続して行っていく狩猟では狙った獲物を捕獲するための猟師、猟犬の高いレベルの維持が重要なのである。

6……結び

日本の猟野においてイノシシやシカは人や犬の気配を感じた際、じっと隠れるタイプととにかく逃げるタイプに分かれるが広大な山の中、人では足元数メートルまで近寄らないことには見つけ出せないし、まして追い付くことは出来ない。人に足りない獲物の居場所を探り出す嗅覚と獲物との距離を縮める移動力、獲物を逃さない牙を犬は持っている。

しかしいくら藪から獲物を見つけ出してくれる犬であっても、その山に獲物がいないのではどうしようもない。そこは猟師が入念な下見をしてやって獲物のいる山に連れて行ってやることが必要である。猟師に足りない（出来ない）捜索を犬が行い、犬は鳴き声によって猟師に居場所を伝える。猟師は猟犬の鳴き声により、獲物を発見したのか、追いかけているのか、止めているのか、受傷したのか、迷子になっているのかなど様々な情報を得ている。相棒の声を頼りに、刻々と変化する状況を推測し、猟を進めていく。犬たちだけでは中型以上のイノシシやシカを仕留めることは難しく、猟師が鉄砲やナイフで猟を完成させる。

そもそも猟犬は必要なのかと問われると、猟師だけでの捕獲は難しく、雪を待って足跡を頼りに忍び寄るか、獲物が非常に多く山を歩いているだけで出会いのある地域に行くかすることになるだろう。猟犬がいれば、猟師は猟犬とのコミュニケーションによって、お互い足りない部分を補い、獲物の少ない地域においても高い猟果を得ることが出来ると言える。

【参考文献】

羽田健志「猪猟における止め場の対処」『けもの道』（三才ムック、二〇一七年）

八木進「当世猪犬見聞録」『けもの道』（株式会社ＡＥＧけもの道編集部、二〇一六年）

大日本猟友会『狩猟読本』（大日本猟友会、二〇一八年）

ＯＨＡテキスト作成委員会『狩猟テキスト』（ＯＨＡ大阪ハンティングアカデミー大阪府猟友会、二〇一八年）

COLUMN3

南方熊楠と犬

「犬に関する民俗と伝説」を中心に

志村 真幸

熊楠と犬

第13章「紀州犬における犬種の「合成」と衰退――日本犬とはなんだったのか」で紀州犬を扱ったが、これに関連してとりあげたい人物がいる。紀州が生んだ世界的な博物学者・南方熊楠（一八六七～一九四一年）である。ただし、熊楠はどちらかといえば猫派であり、貧乏な在英時には、一度自分が食べたものを吐き出し、それを愛猫にやることで、一人前の食事で一人と一匹分をまかなっていたというエピソードでも知られる。犬に対してはそこまで過剰な愛はもっていなかったようだが、帰国後の和歌山での生活には、ずっと身近に犬がおり、日記にもよく登場する。

昭和二年、南方邸の庭にあった借家の住人・石友が黒い子犬を飼い始める。この犬について九月九日の日記に、「九時より状かき、上松氏え出す。其状持ち、下女、郵便局へゆく。小犬従ひゆき、局外にてまち居り。……下女つれ帰るに、宅へ入ると同時に、後脚をなげ出し、むすび餅の如くへたばり居ること久し、甚しく疲れたりと見ゆ」とある。むすび餅とは、大福餅のことである。ぺったりとへたりこんでしまった子犬へ向ける熊楠の視線が優しい。

翌年五月一日には、友人の医師である「喜多幅氏を訪、話し帰る、犬つき来りしが下女の帰るをまちおり、喜多幅氏眼薬さすをみて吠る、下女とつれ帰りし由、予には一向従ひ来らず」と書かれている。お手伝いさんにはよく懐いているのに、自分にはさっぱりだと不満げだ。

「犬に関する民俗と伝説」

熊楠は犬を研究対象にもしており、犬に関する論文がいくつもある。その代表作が『十二支考』のなかの「犬に関する民俗と伝説」だ。『十二支考』は、大正三年の寅年から雑

写真１　南方熊楠（提供：南方熊楠顕彰館）

誌『太陽』に連載されたもので、大正一二年の亥年まで一〇年分が書かれた。『太陽』は、当時日本最大の出版社であった博文館による国民的総合雑誌で、熊楠もここに連載することで、独特の著述家として広く知られるようになった。

戌年は九年目にあたり、書き慣れて油断したのか、原稿にとりかかったのは大正一〇年一二月一四日とギリギリになってからであった。そのせいか一二月二二日には「朝五時頃、予、夢に犬になり、吠まわる」とおかしな夢を見ている。

『十二支考』は、その年の干支についてのネタを古今東西から集めたものであった。「犬に関する民俗と伝説」の冒頭では、ジョージ・ブラウン『メラネシア人とポリネシア人』から、パプア・ニューギニアの伝承が紹介されている。昔、犬は直立歩行し、人間を襲っては殺していた。やがてひとびとは相談して、熱したパンノキの種を犬の通り道にまいた。それを踏んだ犬は火傷して、四つ足でしか歩けなくなったというものである。

図１　熊楠による仔犬のスケッチ
（提供：南方熊楠顕彰館）

そこから先は動物学、民俗学、説話学が入り混じりつつ、怒濤のような蘊蓄が披露されていく。中国の『淵鑑類函』にある大蛇に襲われた主人を犬が助けた話を、『今昔物語集』の類話、さらにイギリスのセイバイン・ベアリング＝グールド『中世の不思議な伝説』の類話と比較したり。グベルナチス『動物神話学』に、ハンガリーでは黒犬と斑犬は魔犬とされる一方で、白犬は吉祥と書かれているのを、『東斎随筆』の藤原道長が蘆屋道満に狙われたときに、白犬が吠えて、呪具を埋めたところを踏ませなかったという逸話に対比させたり。

　地元での聞き書きを織りこむのも常套手段で、近所の上芳養という土地に住む犬嫌いの男から取材した、干支を亥、戌、酉……と逆順に唱えれば犬避けになるとの迷信も紹介されている。ただし、その男が実際にやってみたものの、まったく効果はなかったという。

　このように各国の事例を挙げていくのは、熊楠が一九世紀末のロンドンで学問のスタイルを身につけたことによる。当時のイギリスはアフリカやアジアに植民地を拡大しており、それらの土地から無数の民族誌的報告がもたされていた。E・B・タイラーやG・J・フレイザーは、そうした資料を体系的に分析することで、人類学や民俗学を生み出した。そのやり方を学んだ熊楠は、日本に帰国後も、書物を通して世界を研究しつづけていたのである。

「犬の磔刑」「コルシカの軍用犬――鶏の島」

　熊楠は、イギリスの人文科学系総合学術誌である『ノーツ・アンド・クエリーズ』でも、「犬の磔刑」と「コルシカの軍用犬――鶏の島」（いずれも一九二二年五月一四日号に掲載）という論文で、犬の比較民俗を試みている。前者は古代ローマや中国で犬を吊した儀式について紹介したものであった。後者は一八世紀中国の『大清一統志』から、「意大里亜《イタリア》には、有名な三つの島がある。……ひとつは哥《コ》而西加《ルシカ》と呼ばれ、全部で三三の城があり、優れた闘犬を産する」という一文を引用し、この箇所はヨーロッパの書物からとられたようだが、誰か知らないかと質問している。

　『ノーツ・アンド・クエリーズ』は誌上での質疑応答を特徴とし、多くの研究者や知識人が情報収集に利用していた。熊楠も誌上でときに質問を発し、ときに回答者となった。残念なことに「コルシカの軍用犬」には回答が出なかったが、書かれた時期からすると、これが「犬に関する民俗と伝説」の執筆準備の一環だったのはまちがいない。なお、現在では、一七世紀のイタリア人宣教師ジュリオス・アレーニ（艾儒略）が一六二三年に中国語で著した世界地理書『職方外紀』をもとにしたことがわかっている。

　一八四〇年にイギリスのローランド・ヒルが整備した普通郵便制度は、学術誌上での質疑や議論を加速させる効果をもたらした。雑誌が迅速に読者の手元に届き、また投稿論文が切手一枚で編集部に送れるようになったのである。さらに一八七四年に万国郵便連合が成立（一八七七年に日本も加盟）すると、科学／学問空間は世界的な規模に膨らむ。こうした仕組みがあったからこそ、熊楠も和歌山にいながらにして、直接に国際的な学問空間に参加できたのである。

熊楠の英文論文は、『ノーツ・アンド・クエリーズ』に三二四篇、『ネイチャー』に五一篇と大量にのぼり、科学史、民俗、風習、説話などさまざまな分野が扱われている。多くは西洋と日本および中国を比較し、両者に似た事例が存在すると指摘する内容であった。欧米でも東洋学が発達しつつあったものの、日本にいる熊楠は漢籍や和書にアクセスしやすく、すらすらと読みこなし、英文で論文化できた。すなわち、熊楠は東洋についての優秀なインフォーマントだったのであり、欧米人研究者からも高く評価されていた。『ノーツ・アンド・クエリーズ』では、しばしば名指しで質問があった。のちにはジョゼフ・ニーダムやミルチャ・エリアーデも著書で熊楠に言及している。

犬は世界中、人間のいる場所なら、どこにでもおり、犬に関する民俗や説話には事欠かない。そのため、犬の話題は各地のひとびとの文化や心性を比較考察する格好の題材となった。熊楠の文章はたんに蘊蓄を並べているだけだと批判されることがある。しかし、世界各地によく似た説話や習俗があると示すことは、一九世紀末に急速に広まりつつあった比較民族学や伝播説研究にぴたりと適合していた。熊楠は無数の英文論文、邦文論文を通して、これらの学問の発展に貢献していたのである。

【参考文献】

杉山和也・志村真幸・岸本昌也・伊藤慎吾『熊楠と猫』(共和国、二〇一八年)

飯倉照平監訳、松居竜五・田村義也・中西須美訳『南方熊楠英文論考［ネイチャー］誌篇』(集英社、二〇〇五年)

飯倉照平監訳、松居竜五・田村義也・志村真幸・中西須美・南條竹則・前島志保訳『南方熊楠英文論考［ノーツ アンド クエリーズ］誌篇』(集英社、二〇一四年)

松居竜五・田村義也編『南方熊楠大事典』(勉誠出版、二〇一二年)

田村義也・松居竜五編『南方熊楠とアジア』(勉誠出版、二〇一一年)

第 3 部

犬と人の未来学

福井さとこ画『いねむり画伯』
https://www.behance.net/gallery/25041047/The-sleeping-painter-drawing-animation-

第15章……境界で吠える犬たち

人類学と小説のあいだで

Keywords ＝虚環境、労役犬、グイ、ヒューマニズム、犬の死

菅原和孝

1……犬はこわい――序にかえて

①独我論にあいた小さな孔

哲学的な話題からはじめよう。独我論《ソリプシズム》はつぎのように考える。私（思考する主体）以外の存在者の内部に私のそれと同じような働きをもつ〈心〉が存在することを証明するのは不可能なのだから、〈心ある他者〉の存在を前提としたいっさいの推論を遮断しなければならない。だが、野矢茂樹は、「犬」を例にとってこう批判している（野矢一九九五）。私が犬をこわがる独我論者であるならば、私とは異なる感情を抱く他者たちが存在することを私は疑うのだから、「海水は塩辛い」という全称命題にも似て、「犬はこわい」ものなのである。「犬がかわいい」という別の世界風景が存在する可能性は封じられる。「こわさ」を〈私の心〉へ収めようとしたとたん、〈心ある他者〉の存在を認めることになるからである。ゆえに、独我論を徹底すれば、世界に点在する内界としての〈私の心〉も消失する。

同じように身近な動物であっても、この例証を猫で置き換えることはできない。私と同世代のある哲学者は、子ども時代に見た化け猫映画がトラウマになって猫恐怖症になってしまったそうだ。「猫がこわい」という彼の

感情は個人特異的な深層心理の問題であろう。これに対して「犬がこわい」という感情には間主観的な根拠がある。攻撃的な犬は人の生命を脅かすからである。本章の出発点は「かわいい／こわい」犬の両義性にある。

②視点・方法・フィールド

本章の目的は、近著で展開した犬をめぐる考察に盛りきれなかった論点を補完することである（菅原二〇一七）。べつの拙著で提案した方法論を本章でも踏襲する（菅原二〇一五）。その眼目は、人が行為し語ることの総体を〈環境と虚環境のモザイク状境界を歩く〉身体行動として把握することである。この了解の方法こそ、人類学に取り憑いてきた、知覚／表象の二元論、あるいは、人類学者の知識／現地人の信念という二項対立を乗り超えるものである。環境において出会う対象を人は直示的に認知し、同一性指定する。これに対して、虚環境において出会う対象は、名辞（たとえば「鵺《ぬえ》」）によって同一性指定されたとしても、明瞭な輪郭を結ばず、その内包は空虚である。こうした「二重露光」される対象の典型が、神話的な存在者（たとえばグイの鳥人間）である（菅原二〇一六）。人が虚環境を探索するとき、彼（女）は想像力とよばれる力能《キャパシティ》を用いている。近代の文字社会においては、ある虚環境がその極限まで濃度を高められた。それこそが文学作品である。

産業社会で人が自我の骨格をつくる時期を一七歳ごろとすれば、私は半世紀にわたって、ある「知の台座《エピステーメー》」に棲みこみ、その変容を体験してきた（フーコー一九七四）。そのあいだ夥しい小説を読んだが、なかでも犬たちが登場する小説群は、自らから切り離すことのできない経験の一部になっている。他方で、社会的な主体としての私は、三二年にわたってグイのフィールドに通い続けたことによって形成された。前者が空想上の犬たちの棲む虚環境であり、後者が痩せこけたグイの猟犬たちがうろつく環境である。このあわいをはしるモザイク状境界を踏破することが指針である。これと折り重なるかたちで、中年を過ぎてから犬を飼うことになった母国での日常が、私の感情生活を深いところで養っている。

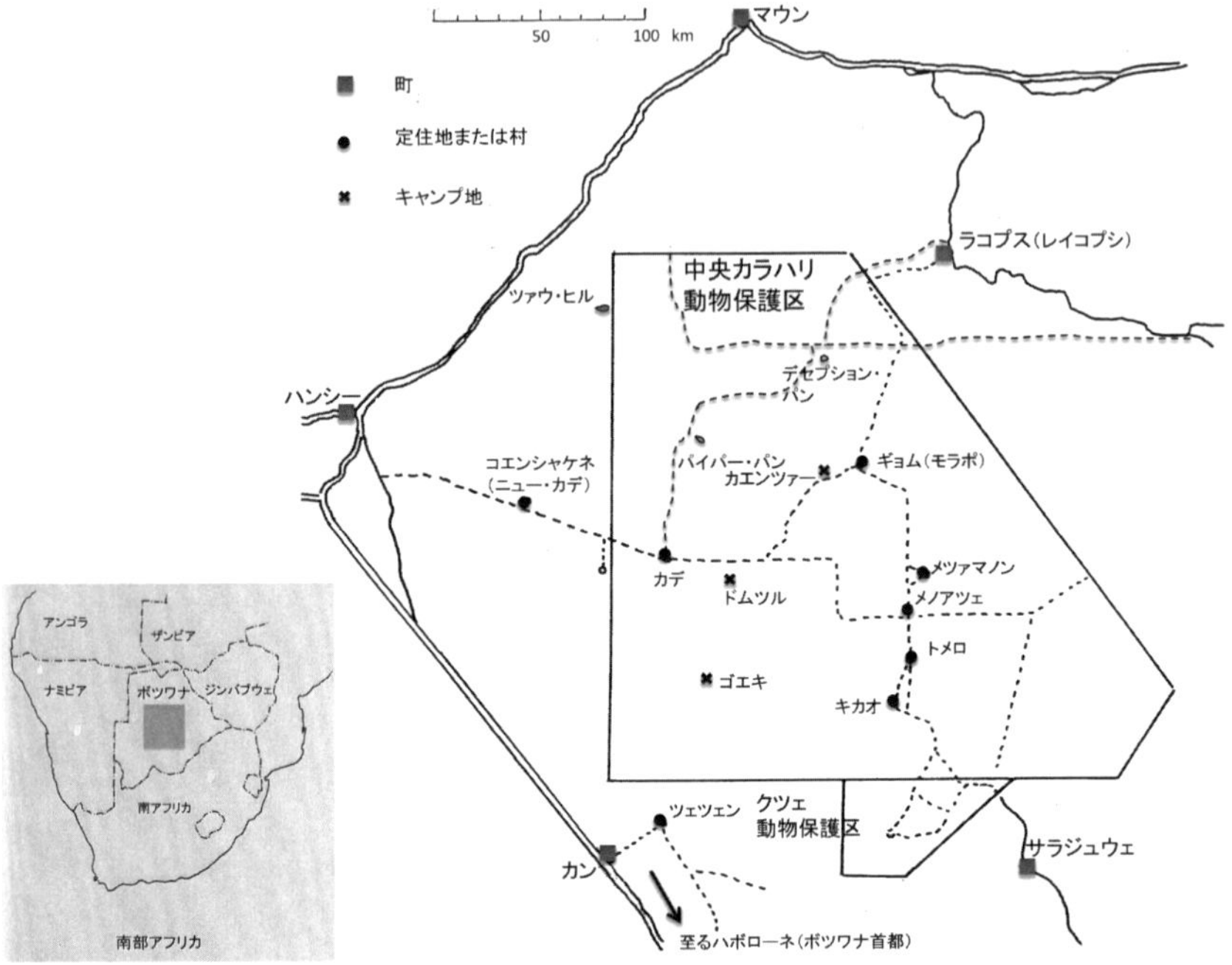

図1　調査地の地図

破線は自動車の轍跡だが、定住化政策の進行に伴い、新しい道が何本も拓かれた。それらはここには描かれていない。

グイは近縁の言語集団ガナとともに、カラハリ砂漠とよばれる乾燥サバンナに適応してきた狩猟採集民である。採集がおもに女によって担われるのに対して、狩猟は男だけが携わる労働である（田中二〇一七）。毒矢を用いた弓矢猟は大型偶蹄類六種と中型羚羊《アンテロープ》一種を標的とした。小型羚羊二種を対象とする撥ね罠猟と、長い鉤竿を用いるトビウサギ猟は、安定した収穫をもたらした。一九七九年以降ボツワナ政府の施策で定住化し（田中一九九四）、一九九七年には、野生生物保護を名目とする「再定住計画《リロケーション》」によって、遊動域としていた中央カラハリ動物保護区から追放され、外側に設立された村に集住するようになった（丸山二〇一〇）。私は、一九八二年から二〇一四年まで、保護区内の定住地カデと再定住村コエンシャケネにおいて、計三〇次にわたる調査を行なった（図1）。

モザイク状境界を歩くという捉えかたの最大の効用は、環境と虚環境とが目まぐるしく交替しつつ現出するさまを照らしだすところにある。読者を迷子にしないために、虚環境（おもに小説だが、映画も少数参照する）における出来事は、パラグラフの冒頭にダッシュ（——）をつけて区別する。私以外の探究者が彼自身の環境で観察した事象に関わる記述も同じように標《しるし》づける。私は、実名と筆名で各一篇の小説を公表しているが（菅原一九九九、鳥羽二〇一〇）、どちらにおいても、犬が重要なキャラクターとして活躍している。

2……少年の最愛の友

少年期に犬を主題とするマンガを夢中になって読んだ。だが、犬を飼うことを夢見る私は、そのじつ犬に対してこわがり屋だった。実家の斜め向かいの大きな家の息子は私より数歳年長で、近所のガキ大将だった。その家では血統書つきの小さな犬を飼っていた（のちにワイアーヘアドフォックステリアという品種だったと知った）。くだんの悪ガキは、年下の子どもたちを近所の広い原っぱに並ばせ「走れ！」と命じ、犬をけしかけた。ビリになった私はふくらはぎに咬みつかれ、泣きながら家に帰り、母に傷の手当てをしてもらった。

幼いころ犬と暮らした人の回顧譚を読むと、思春期の私は憧れに胸をかきむしられた。

——アルトゥロは、ナポリ湾に浮かぶ島の館に、傲然とした父と二人で暮らしている。母は彼を産んですぐに死んだ。六歳のとき飼いはじめた牝犬イマコラテッラが唯一の友だ。犬は少年につきまとい、宙に躍りあがったり、道化たりして、遊びに誘った。少年が冷淡にしていると不安げに近より栗色の目で問いかけるように見つめた。アルトゥロが一四歳のとき、彼女は遠くの家に住む黒い牡犬と恋仲になった。幸福そうにひとしきり遊ぶと、少年のもとへ戻り、弁解するように手を舐めた。彼女は身ごもり、五匹の仔犬を産んで死んだ。仔犬たちも生き延びることができなかった。もう二度と犬は飼うまい、ひとりぼっちでイマコラッテラの思い出をなつかしむほうがいい。アルトゥロはそう心に決めた。

（モランテ一九六五）

この種の感傷が近代に特有なものだと考える人は多い。私をグイのもとに導いてくれた田中二郎は、「ブッシュマンは犬をかわいがったりせん」とよく言っていた。甘やかされた犬は人の食べものを盗むようになるという。だから、私も自分のキャンプに住む犬たちに気を許したことはなかった。一九八四年にカデの中心部に小学校が開設された。私を「親族《ウオ》」として遇してくれた人びとは、一九八七年から八九年にかけて、定住地の中心部から五キロメートルぐらい離れた静かなキャンプに住んでいた。子どもたちが学校に通うには遠すぎるので、何人もの少年少女が、中心部に住む祖父母や親戚のもとに寄寓した。学校が休暇になって、かれらが大挙して帰ってきたとき、キャンプの犬たちは狂喜し、尻尾を振って駆けよった。子どもたちも嬉しそうに手を差しのべ、犬の鼻づらを摑んだり、踊るように一緒に跳びはねたりした。カラハリでも、子どもにとって犬は愛すべき友なのだ、と初めて知った。

——アラバマ州南部の町ゼファーは魔法の土地だった。犬のレベルはわたしの最愛の友。近所に住むひとつ年下のカールは、よく訪ねてきて、レベルと遊んだ。母親にアレルギーがあるので、犬を飼わせてくれないのだ。暑い夏の夜、漏電がもとで出火し、カールは炎に呑みこまれた。三年後の一〇月中旬、一二歳になったわたしが学校へ行っているあいだ、母はソープオペラに熱中し、レベルを囲いに入れ忘れた。彼は、日ごろ行かない通りに出て、トラックに轢かれた。獣医のもとへ駆けつけると、タイヤに潰されて頭が変形しながらも、まだ生きていた。顔の片側の肉がめくれ歯が剝きだしになり、不気味に笑っているように見えた。

わたしは魂のすべてをこめて、死神を追い返してくださいと祈った。すると魔法が起きた。レベルは体温が一九度まで低下したのに死ななかった。飲まず食わずで生き続けたので、家に連れ帰った。学校から帰ると彼は囲いの中で尻尾を振った。内心ではぞっとしながら、その体を撫でた。ハーロウィンが近づいた冷えびえした夜、囲いの外に男の子が立っていたが、わたしに気づくと森へ走り去った。レベルはわたしの頬を舐めようとしたが、思わず顔をそむけてしまった。寝床に入っても眠れないでいると、レベルが一声喜びの吠え声をあげた。男の子の声が聞こえた。「おまえ、ぼくの犬になってくれるかい?」次の晩、ハンバーグを持っていってやったが、犬は匂いを嗅いだだけで、待ち焦がれるように森のほうを見つめ続けた。レベルと遊んだ記憶が次つぎと甦り、わたしは泣いた。立ちあがり、森のほうへ呼びかけた。「レベルを君にあげるよ、カール。彼は耳を掻いてもらうのが好きだよ。」翌日の午後、獣医へレベルを連れて行った。さよならを言うと、彼は冷たい舌でわたしを舐めた。わたしは変形した頭を撫で、体をひとしきり叩いてやった。それから、安楽死の同意書にサインした。

（マキャモン一九九五）

作品中の獣医のことばを借りれば、少年にとって犬は特別な存在である。虚環境に満ちる悲しみが環境へ滲透してくる。これを読んでから、私は当時飼っていた愛犬パリツィの耳の後ろを掻くことが以前より頻繁になった。きっとすべての犬が「耳を掻いてもらうのが好きだよ」。

3……働く犬

①エスキモー VS. 動物愛護

一九六三年、中学二年生の私は、本多勝一による「カナダ・エスキモー」の新聞連載をむさぼるように読んだ。

冷徹な観察と生き生きした描写力は、労役犬をめぐる記述の最高峰であろう。

――橇犬たちは便意を催したとたん悲鳴をあげ始める。排泄のために止まると、たちまち鞭がとんでくるから、便意と悲鳴の連合は条件反射になってしまったのだ。セイウチを一度に四頭捕獲したときは、三十数匹の犬たちは内臓をたらふく食った。セイウチを橇に積み走りだしてまもなく、犬たちは食ったものを次つぎともどし始めた。丸呑みにした腸や胃壁がそのまま出て、猛烈な悪臭をはなつ。部落まであと二時間足らずのあたりで、部落のリーダー格が、犬の徹底的なトレーニングを思いついた。十数メートルの鞭で、十数秒に一回ずつ、片端から公平に殴ってゆく。いくら走っても鞭の連打がやまないので、犬たちは殴られる順番のこないうちから悲鳴をあげる。

私たち〔筆者とカメラマン〕は、しばしば、犬の頭を撫でたり、首をさすってやった。やがて、私たちに吠えつく犬が増えてきた。カリブー猟に出たとき、遠くで仕留めた二頭の獲物を運ぶ役を与えられ、鞭をつかんで橇に乗ったが、犬たちはすわりこんで動かない。カメラマンが橇をおりて鞭を振ったら、突然走りだし、私は足をすくわれひっくり返った。まず遠いほうの死骸を運ぶつもりだったのに、近いほうの死骸に犬たちは殺到し食いついた。長い鞭をうまく操れないので、私は犬の輪の中に入り、めちゃめちゃに蹴とばした。遠くから見ていた三人のエスキモーたちは腹をかかえて笑いころげる。これ以降、私たちは犬が一声でも吠えつこうものなら徹底的に懲らしめるようになった。

二歳足らずの牝犬パッキデュは、私たちが居候した家の犬橇チームでしんがりを務める。彼女は鞭で殴られ悲鳴をあげるという大役を担っている。殴られどおしなので、臀の毛はボロボロの古雑巾のようだ。ある狩猟行の帰り、彼女はもつれた綱に四肢を締めあげられ、ひきずられながらキャンプに到着した。さすがに頭にきたらしく、もつれた綱の束に咬みついた。これを見た主人は激怒し、鞭の柄のほうで徹底的に殴り、悲鳴も出なくなった犬の頭にこぶし大の石を次つぎとぶつけた。犬は血を吐き、片方の眼球がとびだし、意識不明になって倒れた。翌日からチームをはずされ、キャンプの近くに朦朧と佇んでいた。二、三日後、帰途につく私たちは、家の主人に連れられ、一週間以上かかる犬橇の旅に出発したが、パッキデュは置き去りにされた。

連載当時、この記事に読者から抗議の投書が殺到し、本多は敢然と反論した。それは書籍版では「犬を甘やかしてはならぬ」と題された節の末尾に「蛇足」として置かれている。

——ヒューマニズムの鉄則は人間を最優先することだ。エスキモーの猟は、生きるための唯一の手段である。命令をきかない犬を甘やかすことは、犬橇チームの遭難をまねく。饑餓が襲えば犬は食糧になる。半殺しにするような仕打ちはたしかに行き過ぎだが、かれらの生活環境を考えると責める気にならない。役立たずの犬を養い続ける余裕はかれらにはない。（本多一九六七）

探検家の資質をもつ新聞記者と読者とのあいだで交わされたこの論争こそ、人と犬の関係をめぐる私たちの思考の命運を決定づけた。本多の探検記を読んでフィールドワークに憧れた多くの若者が、ある特有な身がまえを摂取したはずだ。動物愛護を叫ぶことは、都会のご婦人がたの感傷にすぎない。それに対比される人類学的感性は、労役犬が打擲されても眉ひとつ動かさない、タフな観察者をつくる。この身がまえが常套句《ステレオタイプ》と化すとき、虐待される犬を前にしたとき私たちを襲う胸の痛みを鎮める効果を伴った。それは、文化人類学の根幹に据えられてきた文化相対主義としっくり合致するものでもあった。

本多のいうヒューマニズムとは人間中心主義の別名である。それを乗り超えようとすれば、自己言及性の背理《パラドックス》に陥ることは避けられない。だが、「少年の最愛の友」になりうる犬という実存に対して私たちがおぼえる胸の痛みから目をそむけまいとするなら、別種の身がまえを探りあてる必要がある。眼球がとびだすほど犬を殴りつける男を制止することこそが、相対主義を超えた倫理の対等性である。ホストの怒りを買ったら、もう彼と共に暮らすことはできないかもしれない。だが、それを怖れて哀れな犬を見殺しにすることは、人間の命を最優先するというヒューマニズムの鉄則によっては正統化されない。

②あばらの浮いた猟犬たち

この章節②と次の③は、本書2章池谷論文と関連が深い。カデで池谷が犬を連れた追いかけ猟（「犬猟」）を参与観察したのは一九八七〜九三年だが、一九八七年と八九年には、私は池谷の住むガナのキャンプから数キロメートル離れたグイのキャンプに住んでいた。池谷が用いる「サン」という民族名は従来「ブッシュマン」と呼ばれた南部アフリカ狩猟採集民の総称である。「藪の人」すなわち「野蛮人」を意味する「ブッシュマン」が侮蔑語であるという反省に基づき、一九七〇年代後半から「サン」という名称を用いる機運が高まった。しかし、「サン」もまた、かれらと類縁関係の近い牛牧畜民コイコイが「牛をもたぬ貧しい連中」という意味で隣人を呼んだ侮蔑語であるから、このフィールドの開拓者・田中二郎と同様、私は「ブッシュマン」という総称を使い続けている。

右の調査期間中、私は日常会話の分析に明け暮れてキャンプにへばりついていたから、犬と共に罠の見まわりに行くことは、単調なデスクワークの息抜きの観があった。だからこそ、調査チームの後輩が過酷な追いかけ猟に精力を傾注していることを、感嘆の念で見守っていた。初めて「犬猟」に同行して帰ってきた池谷が「いやあ、マラソンですね……」と嘆息したことを今も鮮やかに憶えている。なお池谷の人名略号で「N氏」と表記されているのは③に登場するホアアヤと同一人物であろう。

カデでの私の調査は、一九八四年から雇用したおしゃべりキレーホ（推定一九六一年生）と八七年から会話分析の師として重用したネクラのタブーカ（推定一九六五年生）の二人に支えられた。私は、とくに一九八九年に、犬を連れた猟にしばしば同行した。この年タブーカは三頭の犬を飼っていた。いちばん大きな牡の名はキャマハ、茶色《ヌア》で背中が黒っぽい《ヌー》。もう一頭の牡コノは茶色。牝は薄茶《アム》でダーダナツァオという（シロクロオナガヤブモズ《ダーダツァオ》という鳥の方名の微細な変形）。獲物の捕獲に成功した日のフィールドノートを抜粋する。

▼一九八九年十月八日：今年は雨季がとても早い。昨日はどしゃ降りだった。朝八時にキャンプを出発。九時一五分、ヤマアラシの足跡を追跡していると、ダイカー《ノア》の幼獣の足跡を見つけ、そちらにねらいを切りかえる。約一時間後、目の前のブッシュから幼獣が跳びだした。タブーカはワアーッと叫んで走るが、すぐにあきらめる。犬は三頭とも見当ちがいのほうをうろついていた。「なんと役立たずな犬だ《ゴンワハ》」と毒づく。犬たちを口笛で呼びよせ、右手を高くさしあげて、指をピッピッと鳴らして方向を示す。まもなく、またもや幼獣がブッシュから跳びだす。私たちにぴったりついてきた牡犬キャマハを大声でけしかける。一一時一五分、他の二頭も合流し、三頭並んでブッシュの蔭に腹ばいになっている。ちゃんとノアの仔を仕留めている。右の太腿のつけねが咬まれ肉が露出しているほかは無傷である（写真1）。

▼十月二三日：七時三〇分に出発。八時四〇分に着いた罠場で牡のスティーンボック《ガエン》がもがいている。犬二頭が咬みつくのを棒で追い払うが、犬は興奮してなかなか放さない（写真2）。罠木を引っこ抜いて逃げた牝を追跡にかかる。八時五〇分、茂みに引っかかっているのを犬が見つけ跳びかかる。前肢は折れ骨が露出している。この牝の乳房は膨らんでいる。一昨日、タブーカはガエンの仔を殺したが、今日仕留めた二頭はその「両親」であろう。

キレーホは牝のガエンを撲殺したあと、その腹をさすり「何も食べていないから、タブーカが一昨日仔を殺し

写真1　（上）犬に咬まれたダイカー（ノア）の仔を掘り棒で殴りとどめをさす。獲物の右腿のつけねは咬み裂かれ肉が露出している。（下）獲物を仕留めた直後。向かって左がキレーホ、右がタブーカ。

写真2　罠に掛かったスティーンボックに犬2頭が咬みつく。スティーンボック（ガエン）はカラハリ砂漠に棲息する最小の羚羊で、罠にもっともよく掛かる。この写真は本文の記述より7年後の1996年に撮影したもの。掘り棒を振りおろして今まさに獲物を撲殺しようとしているのは、この年に私が寄寓したカデ東端のキャンプに住んでいたガナの年長者ダオノアである。

たあと、夕方にこの牝は掛かった」と断言した。牝が茂みに倒れこんだあと雨が降ったことは、足跡から読みとれるという。牡のほうは今日の夜明け前に掛かった。犬が咬みついても暴れ続けるほど元気だったから、掛かってからそれほど時間が経っていないことがわかるのだ。シャーロック・ホームズばりの名推理に私は感心した。

③獲物の死骸を守る犬たち

一九九二年、二年ぶりにカデに戻ると、猟で活躍していたキャマハはもう死んでいた。深夜にケープコブラ《クー》に咬まれたという。キレーホは、ガナの娘への熱心な求婚が実を結び、一九八八年から、田中二郎とも親しいホアアヤのキャンプに婿入りしたかたちである。

▼一九九二年年十月一三日：前日にホアアヤが仕留めたゲムズボック《ツォー》を車で回収するようキレーホから頼まれる。九時三〇分、ホアアヤのキャンプから一四キロメートルの所で車を停め、歩きだす。三〇分後、死骸《アー》のもとに着く。犬三頭が番をしている。大きな茶色い犬はホアアヤの犬、黒い犬はキレーホのものである。

写真3　夜通し死骸の番をして喉が渇いた犬に獲物の胃の内容物を搾って飲ませる。飲ませているのはキレーホ。剥いだ直後の生皮の上に液体を溜める。犬たちは痩せこけ肋骨が浮きでている。

草をかぶせた死骸からハゲワシが数羽飛びさる。太った牡だが、腐敗のせいで妊娠しているように腹が膨らんでいる。キレーホは、剥いだ皮を広げた上で、胃につまった内容物を搾り、犬たちに飲ませる（写真3）。持参した水筒の水も注いだうえに、血もすくって皮のくぼみに入れて与える。一一時過ぎ解体終了。腎臓《コエン》一箇、肝臓《アエン》、背骨尾部肉《オーキヨマ》を焚き火で焼く。キレーホとタブーカは、それぞれ両前肢、両後肢をかついで車へ向かう。ホアアヤが私に焼けた肉をくれるが、「腐ってないか？」と気にする。「腐ってない、柔らかくておいしい！」。私が肝臓も食おうとすると、「これはすごく腐っているからやめておけ」と言われる。昨日の二時ごろ、足跡を見つけて追跡し、陽が傾きかけたころ追いつき、陽が沈むころ仕留め、犬を残して夜帰ってきたという。人が「残れ！」と言えば、犬はけっしてあとを追ってこない。ハイエナ《ヌーツア》やジャッカル《ズェビ》を追い払ってくれる。水も飲まずに待っていたので、とても喉が渇いていたのだ。正午過ぎにキレーホとタブーカが戻ってくる。残りの肉を運ぶ作業にホアアヤも加わる。タブーカは重い頭部を革紐でくくり、紐を口で噛みしめて背負ったうえに、肩に大きな肋肉《ザーヘ》の半分をかつぐ。全身血だらけだ。ホアアヤのキャンプで車からすべての肉をおろし、少量の背肉を分けてもらい、一三時半過ぎに私のキャンプに帰り着いた。

一九九三年には家族でカデを訪れ、ホアアヤのキャンプに滞在した。私の次男がこのキャンプの犬たちに夢中になったことがきっかけで、帰国後、犬を飼う決心を固めた（菅原一九九九）。だが、ペットショップで飼った仔犬は病気もちで、数ヶ月後に死んだ。店に抗議したら、半年後の一九九四年七月初旬にやっと代わりの仔犬を連れてきた。その二週間後に私はアフリカに出発した。カデ定住地の中心から南に八キロメートルほど離れたキャンプに居を定めた。そこには私がもっとも敬愛する弓矢猟の名手ツートマが住んでいた。彼の三男ウーペーラは、ツートマが長く不在だったとき、妻が、農牧民との混血であるキェーマという男（卓越した語りの才能と呪術に関する深遠な知識をもつ）と婚外性関係《ザーク》をもった結果、生まれた子である（菅原二〇〇二）。少年時代、走って獲物を追う猟が得意だったが、背の高い青年に成長した今では追いかけ猟の技量にますます磨きがかかっている。

▼一九九四年九月四日：ウーペーラが、前日に牡のクーズー《ギュワ》を仕留めたので、車で取りに行こうと誘う。暑い日だったので、彼は死骸の腐敗を怖れ、後肢二本の腱を槍の穂先で切断して動けなくし、とどめを刺さずに帰ってきたという。八時半過ぎにこの年同行していた北村光二の運転で出発。最近車の通った形跡のない、草に覆われた道を進む。九時少し前、車を停め西へ歩きだす。九時半近くに現場に到着。枝が低く垂れたゴーン（背の高いアカシアの一種）の下にギュワは横たわっていた。とっくの昔に息絶えたようである。二頭の牝犬が番をしていて、私たちが近づくと吠える。茶色い耳だれ犬はコナン、耳の尖った黄色い犬はブランケッツという名。タブーカが焚き火をおこし、解体しながら肉や内臓を火に入れてゆく。心臓は犬に食わせないように枝に吊した（後述）。犬が小腸《ツァベ》をひっぱり中の糞を食べるのをべつにとがめない。肺《スオ》も切って投げ与える。ひとわたり済むと、ツートマは肢の皮を細く切り、かつぎ紐を作る。ウーペーラはチュッチュッと舌を鳴らして犬二頭を呼びよせ血の塊をやるが、クンクン嗅ぐだけでほとんど食わない。焼けた肉に付着した灰をギュワの長い螺旋状の角の上で叩き落とし、自分も食いながら、まず優位なコナンに、ついで劣位な

ブランケッツに投げ与える。コナンは、ブランケッツめがけて投げた肉を、パッと口で受けとめて横どりしたりする。ウーペーラに猟の経過を聞く。犬二頭がギュワに吠えついて釘づけにしている所へ走って入り《カロ・ターン》、左脇腹を槍で刺したが、深く貫通しなかった。右肩の下への一撃が前肢の骨を折り、ギュワは力尽きた。タブーカが頭と肢一本、ツートマが肢二本をかつぎ、一〇時半頃、車へ向かって歩きだした。

カラハリの猟犬は、主人が命令すれば、原野のただなかで飲まず食わずで一晩中じゅう待ち、野獣たちから獲物の死骸を守りぬく。帰国後、私は、パリツィ《トウモロコシ粥》と名づけた黒いラブラドール・レトリヴァーを裏山で放して遊ぶようになった。基本的な命令は聞きわけたが、拾い食いさせない訓練をする機会を逸したせいで、軍手の類いを丸呑みする悪癖を矯正することはできなかった。カラハリの犬とひき較べ、彼女の愚かさを嘆いたものである。

解体の現場で狩人が注意すべきことがある。獲物の心臓をけっして犬に食わせてはならない。また心臓からしたたる血の一滴たりとも舐めさせてはならない。この禁忌を破った犬を連れて猟に行くと、仲間の心臓を摂取した犬を同種個体が感づき《ナレ》、逃げ去ってしまう。このように猟獣が〈心臓を感づく《タオ》〉ことをタオーシという。タオーシをめぐる因果論は、人と動物を共に捲きこんだ〈交感の回路〉の一環である（菅原二〇一五）。

4……襲う犬、狂う犬

①魔犬の恐怖

犢《こうし》ほども大きな「バスカーヴィルの魔犬」こそ、「こわい犬」のプロトタイプである。

——米国の形質人類学者ギデオンは数年前に妻を亡くし失意のどん底にあったが、森林保護官として働くジュリーと知り合い、恋に落ちる。二人はイングランド南西部のドーセット州に新婚旅行に出かけるが、ギデオンは考古学の遺跡発掘をしている旧友を訪ね、殺人事件に捲きこまれる。新婚夫婦は田舎道の散歩に出かけ、ライオンと見まがう巨大な猛犬がフェンス越しに咆吼するのと遭遇する。「バスカーヴィルの犬だ。」ブリーダーのコンリー大佐は「バウザーは私の傑作です。マスチフと大型猟犬の血が半々。カッとなる性質で、馬の喉笛を咬み切ったことがある」と語る。犬がなおも吠えると「バウザー、行儀が悪いぞ！」と叱りつける。数日後、ギデオンは発掘チームの一人に証言の矛盾を問いただす。彼は夜のミーティングのとき真実を話すと約束する。ギデオンは、黄昏れどきに妻と月の出を見に出かける約束をしていた。満月が昇るのをうっとり見つめていると、犬の吠え声と、爪が地面を蹴る音が近づいてきた。ギデオンは死力を尽くしてバウザーと闘うが、ついに押し倒され、喉笛に巨大な顎が近づく。そのときジュリーがきびきびしたイギリス風アクセントで叫んだ。「バウザー、行儀が悪いぞ！」胸から犬の重みがとれるのを感じながら、ギデオンは気を失う。

（エルキンズ一九九二）

ジュリーのごとき機転が効を奏するならば、どんな巨大な猛犬といえども、やはりライオンよりはマシである。南部アフリカ原産の犬にも、バウザーに比肩する大型の種類がいる。牛牧畜民コイコイがライオン狩りに使っていたローデシアン・リッジバックである（クレーマー一九九二：二三三）。グイ／ガナの猟犬は中型犬程度の大きさしかないが、先述のキェーマから聞いた語りにこんな逸話があった。強力な妖術師と敵対した男が、ゴエキ（カデの南約六〇キロメートル）に旅したとき、朝、戸外で大便をしようとしゃがんだところ、ライオンをもおどかすような犬たちに襲われ、あやうく咬み殺されるところだった（菅原二〇〇六）。私は、まっさきにローデシアン・リッジバックを連想した。この犬種の遺伝子は南アフリカ沿岸部から北上してカラハリ砂漠の南にまで流入していたのかもしれない。

②恐水病の悪夢

「犬がこわい」のはすべての犬に獰猛さが潜伏しているからである。だが、おとなしい犬と平和に暮らしているかぎり、鼻づらに皺をよせ牙を剝きだした凶暴な表情を目にすることなどまずない。「犬がかわいい」人は、映画館の暗闇で犬の暗黒面と出会い戦慄する。

――子どものころ『黄色い老犬』というディズニー映画を観た。主人公はクリーム色のラブラドール・レトリヴァーだったようだ。農村の貧しい家庭に居ついた放浪犬は、少年と友情を結び、熊を撃退する。だが、狼と闘って恐水病をうつされ、恐ろしい顔つきで吠え、射殺される。

――中学生のとき読んだリチャード・マスティンの『吸血鬼』に登場する犬の哀切な話は前著で引用した（菅原二〇一七）。原題*I Am Legend*が映画のタイトルである。この映画を観たのは、原作を読んでから半世紀ものちのことだ。ヴァンパイア細菌に対して免疫がある黒人青年は、小柄な牝のシェパードと高級マンションに籠城し、ヴァンパイアが眠っている日中だけ外出する。ある日、日没前に帰宅しそこね、愛犬は吸血犬と闘って咬まれる。いったんは息をひきとるが、突然覚醒し、鼻に皺をよせ、牙を剝きだす。彼女も吸血犬になってしまったのだ。

パリツィと共に暮らした日々のあと、この種の映像に子どものときよりも動揺するようになった。自分の同伴犬に全幅の信頼をよせることができるのは、私が彼女を公正に遇するかぎり、彼女が私を攻撃することなどありえない、と心の底から信じているからである。彼女は少なくとも私に対しては〈鼻に皺を寄せて牙を剝く〉あの醜い顔を永遠に見せることがない。動物の情動は完全に自発的だから、どんなに優れた調教師でも犬に「攻撃の顔」をさせることなどできないのではなかろうか。もしも「名優犬」は調教者の命令に応じて、真の感情とは無関係にある表情をつくることができるのなら、犬の感情の純粋性に対する私たちの信頼は揺るがされる。逆に、撮影現場で犬は本物の怒りや恐怖をかき立てるような刺激に曝されるのだとしたら、そんな処遇は動物虐待のかどで告発されるべきである。

「飼い犬に手を咬まれる」というイディオムには比類のない苦にがしさが籠められている。だが、もしもその飼い犬が正気を失っているのだとしたら、どんなに「犬がかわいい」人でも、苦にがしさを通り越して、恐怖に震えあがらなければならない。

——プアホワイトのジョンはメイン州の田舎町のはずれで自動車修理業を営む。息子のブレットが五歳のとき、セントバーナードの仔犬を与えた。クージョと名づけられたこの犬はブレットの忠実な愛犬になった。一九八〇年夏、ブレット一〇歳のとき、ノウサギを追ったクージョは、穴につっこんだ鼻をコウモリに咬まれ、狂犬病に感染する。最愛の少年とその母が旅に出たあと神経が急速に侵され、ジョンの飲み仲間ゲイリーの喉ぶえを咬み裂く。友人の屍を発見したジョンは保安官に電話しようとするが、地下室にひそんでいた犬に襲われ、股間を抉られる。美しい人妻ドナは、四歳の息子を連れ、車の修理のために訪れ、車内に閉じこめられる。車のエンジンはスタートせず、バッテリーがあがる。クージョは車の死角にひそみ憎い敵が出てくるのを待つ。間一髪でドナは車に戻るが、巨大な頭がドアの隙間から突っこまれる。「クージョは［……］信じがたいことにしっぽを振っていた」。

（キング一九八三：三五四）

小説という虚環境の強度を高めることに天賦の才をもつこの作家は多くの恐ろしい物語を書いたが、右に引用符で囲った何の変哲もない描写こそ、もっとも恐ろしい情景として私の記憶に刻まれた。この恐怖の根っこにあるのも、犬の情動のまじりけのなさに対する私たちの信奉である。打ち振られる尻尾こそ犬の親愛の情のもっとも確実な指標であるはずなのに、この狂犬は、人を殺そうとしながら、暗い歓びに打ち震えている。

③カラハリの狂う犬

ガナのギュベは私よりも年上の狷介な男である。天才的な騎馬猟の名手で、あり余る肉を贈与して女たちを誘惑し、多くの婚外性関係《ザーク》をつくった。二〇〇八年に収録したギュベの語りの終盤に、発狂した犬にまつわる奇妙な逸話があった。

田中二郎が妻子同伴の二度目の調査を終えて帰国したあとのことだ（一九七三〜四年頃と推定される）。大ヤギ所有者ツォマコはギュベの異父兄である。当時、ギュベはホアアヤもよく住んだドムツルのキャンプで、ツォマコのヤギ群の世話をしていた。そこへツォータオ（「ゲムズボックの心臓」の意）という土地からムリハゾというガナの男が訪問してきた。ある夕暮れ、ギュベたちがヤギ群を放牧から連れ帰り囲いに入れようとしたら、その中にムリハゾがいた。「柵の中で何をしている？　ここはヤギどもの家だよ、人間の家じゃない。」彼はツォマコが多数のヤギをもっていることを妬み、呪薬《ツァオナ》を仕掛けていたのだ。その後、ツォマコのヤギたちは気が狂い、遠くへ迷いだした。ムリハゾはメノアツェ（カデの東南東約一四〇キロメートルの居住地）を訪ねたとき、ギュベが委託したヤギがたくさんいるのを知り、ギュベを妬み、呪薬を仕掛けた。しばらくして、カエンツァー（カデの東北東約八〇キロメートルの土地）から牡犬が一頭さまよって来た。この犬はギュベのヤギの群れだけを選んで、毎日、五頭、六頭、七頭、一〇頭とヤギを殺し続けた。食おうとはせずに、ただ殺して捨てた。あるとき、「狂犬病予防の」注射をする連中がやってきた。ギュベは頼んだ。「やつはヤギを襲うくせがあるから、撃ってくれよ。」彼らは四発の銃弾をあびせた。犬はグチャグチャになって死んだ。

お伽噺ふうに語ろう。犬たちが人間と暮らそうと決めたとき、両者のあいだにひとつの社会契約がとりかわされた。「おれはおまえの安全なねぐらを保障し、飢えたリカオンのように命がけで獲物を狩る労苦から解放してやろう。」「だったら、わたしはけっしてあなたの財産を侵すことなく、猟を手伝いましょう。」グイ／ガナにとってきわめて稀少な財産であるヤギを犬が襲うことは、この契約に対する究極の裏切りである。本来あってはならないはずのことが起きるとしたら、人間がなしうるもっとも邪悪かつ不可解な所業、すなわち邪術《ナアツァエ》によってしか説明がつかない。だが、ろくすっぽ餌ももらえず、あばらを浮きださせ、人糞を食って命をつないでいるカラハリの犬たちを見るたびに、私は、契約を裏切っているのは人間のほうではないのか、と疑わざるをえない。

5……犬死に――討論にかえて

①殺される犬

私は前著で犬について論じたとき、二つの物語を読者と共有することを願いながら、紙幅の制約で断念した。この宿題を果たすことが本章を書くもっとも深い動機づけになった。

――ロンドンに近い地方都市デントンで、クリスマスの一〇日前に少女が失踪する。フロスト警部は森の窪地を捜索し人骨を発見する。三二年前に大金を輸送する途中で行方不明になった出納係の射殺死体だった。輸送車内で頭部に重傷を負って発見された行員のガーウッドは、今も同じ銀行に勤めている。早朝に彼の家に急行したフロストらは、裏庭で頭を殴られ気絶して凍死したゴールデンレトリヴァーを発見する。柔和な目がどんより濁っていた。家の中では、ガーウッドが片目を撃ちぬかれて死んでいた。救急隊員の一人は、凍りついた犬の死骸を見おろし、眼に涙をうかべる。「可哀想に。こんなことをするやつは人間じゃない。」死体保管所で、部下の血の溜まった眼窩を見て卒倒した支店長に肩を貸して銀行に戻ったフロストは、女性秘書に、飼われていた犬も殺された、と告げる。秘書の顔色が変わり、眼に涙がうかんだ。「許せない、そんなひどいこと、人間のすることじゃない……」。

（ウィングフィールド一九九四）

殺されても仕方ないようなろくでなしは珍しくないから、人間が殺されても今さら驚きはしない。だが、犬は無辜だ。無慈悲に犬を殺すようなやつこそ「ひとでなし」である。ここにアイロニーを嗅ぎつけ笑いをさそわれるとき、私自身も本多のいうヒューマニズムからそう遠い場所にいるわけではないことに気づかされる。

——英国情報部の六課アフリカ担当に勤務するカースルは六二歳。バンツー系アフリカ人の妻サラと六歳の息子サムを深く愛している。サムのために飼ったボクサー犬のブラーは純血すぎるせいかあまり頭がよくない。客がくるとそのズボンを涎でべたべたにする。三年前の夏、家族そろって散歩に出かけたら、ブラーはピクニックの一行が連れていたシャム猫に跳びかかり咬み殺した。最近、六課からソ連に機密情報が漏洩していることが発覚し、厳しい内部調査が始まった。上層部で働く冷酷な医師は、身持ちの悪い若い職員を疑い、ピーナツにつく黴の猛毒で急性肝炎に見せかけて暗殺する。だが、ソ連の二重スパイはカースルだった。七年前まで南アフリカに駐在していたとき、彼はサラと恋に落ち、異人種間の性関係を禁ずる「背徳法《インモラル・ロウ》」の容疑で尋問を受けた。サラの亡命を助けたのは人種隔離政策《アパルトヘイト》と闘うコミュニストだった。その恩誼に報いるために、カースルは本国に呼び戻されたのちに、ソ連のために働く決意をした。包囲網が狭まったので、彼は妻子を母の家へ去らせる。暗号に使う書籍の調達をしていた書店主がカースルを国外に脱出させるために訪れる。店主は、ブラーが吠えて近所の注意を惹くことを怖れ、犬を処分するよう促す。地下室に連れてゆきピストルを向けると、犬は遊んでもらえると思って銃口を噛みしめ引っぱった。カースルは引き金を二回ひいた。ブラーのことを好きではなかったが、ブラーは彼にいちばんなついていた。

（グリーン一九八三）

たくさんの小説で凄惨な連続殺人を「楽しんで」きた私でさえ、この地下室の情景に名状しがたいむごたらしさをおぼえる（そう告白する自分もまた、フロスト警部のアイロニカルなまなざしから逃れられないのだが）。人と犬を隔てる目の眩むほどの優劣差が白日のもとに曝される。東西の冷戦構造のなかで凌ぎを削る諜報員たちの暗闘は、犬の知性を無限に超越する。だが、涎で客のズボンをべたべたにし、猫とみれば跳びかかるこのボクサー犬の愚かさのなかには、人の傲慢を打ち砕く純真がある。最愛の主人に射殺される瞬間まで、遊んでもらえると信じきっていることこそ、犬という実存の可能性の中心である。

②犬の定義

本章で参照した多くの事例が犬の死で終わっている。大江健三郎は、メルヴィルが鯨に対して与えた定義「鯨とは水平の尾を持って汐を吹く魚だ」を引用し、「簡単すぎるようではあるが膨大な思索の結果」であるような表現を「鯨の定義」とよんだ（大江一九六九：二九五）。犬の死について思いをめぐらすことが、〈犬の定義〉へと私を導いた。《犬とは最愛の人よりも先に死ぬ実存である。》この定義が通常は成り立つからこそ、犬より先に主人が死ぬ「逆縁」は有標化され、「ハチ公」の不憫さは長く人びとの心をとらえた（本書12章溝口論文も併せ参照されたい）。

かつて犬をこよなく愛する変わり者の学生が語った。犬をほんとうに立派だと思ったのは、自分の死を少しも恐れず、淡々と死んでいくのを看とったときである、と。これと対照的に、ハイデッガーを二十世紀最大の哲学者（の少なくとも一人）と仰ぐ私（たち）は、「自らの死へと先駆する覚悟性こそが本来的な実存のありかたである」といった精神主義《メンタリズム》を若くして内面化した（ハイデッガー一九九四）。だからこそ、彼をモデルにした哲学者マルティン・ハルバッハが謎の墜死をとげる推理小説のなかで、「死への哲学」こそ虐殺収容所の思想的基盤になった、という洞察が示されたことに感動した（笠井一九九二）。ハイデッガーとは逆に、自らの死のことなど思い煩わず、最愛の人と遊ぶことを最後の瞬間まで待ち焦がれるべきなのだ。その意味で、「犬死に」こそが私たちの理想となるはずだ。

だが、こんな反論があるだろう。犬に限らず、動物が自らの死を思い煩わないのは、かれらに人間的な知性と想像力が欠如しているからにすぎない、と。最後に、優れたSFに登場する、「無眠人《スリープレス》」という超人的な種族に属する女のことばを聞こう。

——「人間の脳には、違う現実を想像する能力があります。[……]二万年かけて家畜化されるあいだに、犬は人間と同じことをする能力を発達させ、いまとは異なる現実を思い描けるようになりました。[……]人間が犬をかわいがっているとき、犬は、いまと異なる現実でその人間といっしょにいることを思い描いているのです。[……]犬が夢を見ているときにも、同じ脳の機能が働いているのです。」

（クレス二〇〇九：二一八—二一九）

写真4　(上) 晩年のパリツィ (11歳7ヶ月)。2005年12月26日撮影。約8ヶ月後、私がコエンシャケネに滞在中に他界したので、死に目には遭えなかった。(下) 放浪犬だったミミ (年齢不詳)。2015年8月10日に保護したときはガリガリに痩せ皮膚病がひどかった。2016年5月29日撮影。見違えるように太り、毛なみもつやつやになった。

犬に関わるこの推論の真偽を科学的に検証することはできない。ただ、私は、パリツィが横たわって眠ったまま、尻尾を振ったり、脚を掻くように動かしたりするのを見るたびに、彼女はいま私と遊んでいる夢を見ているのだ、と想像した。そして、三年数ヶ月前に放浪しているところを保護したコーギー犬のミミと散歩するたびに、彼女と私はいま一緒に並んで環境と虚環境のモザイク状境界を歩んでいるのだと考えるようになった（写真4）。

【参考文献】

ウィングフィールド、R・D（芹澤恵訳）『クリスマスのフロスト』（東京創元社、一九九四年）
エルキンズ、アーロン（青木久恵訳）『断崖の骨』（早川書房、一九九二年）
大江健三郎『われらの狂気を生き延びる道を教えよ』（新潮社、一九六九年）
笠井潔『哲学者の密室』（光文社、一九九二年）
キング、スティーヴン（永井淳訳）『クージョ』（新潮社、一九八三年）
グリーン、グレアム（宇野利泰訳）『ヒューマン・ファクター』（早川書房、一九八三年）
クレス、ナンシー（金子司・他訳）『ベガーズ・イン・スペイン』（早川書房、二〇〇九年）
クレーマー、エーファ・マリア（古谷沙梨訳）『世界の犬種図鑑』（誠文堂新光社、一九九二年）
菅原和孝『もし、みんながブッシュマンだったら』（福音館書店、一九九九年）
菅原和孝『感情の猿＝人』（弘文堂、二〇〇二年）
菅原和孝「喪失の経験、境界の語り――グイ・ブッシュマンの死と邪術の言説」田中雅一・松田素二編『ミクロ人類学の実践――エイジェンシー／ネットワーク／身体』（世界思想社、二〇〇六年）七六―一一七頁
菅原和孝『狩り狩られる経験の現象学――ブッシュマンの感応と変身』（京都大学学術出版会、二〇一五年）
菅原和孝「環境と虚環境のはざまを飛び走る鳥たち――狩猟採集民グイの民族鳥類学を中心に」野田研一・奥野克巳編『鳥と人間をめぐる思考――環境文学と人類学の対話』（勉誠出版、二〇一六年）三六七―三八七頁
菅原和孝『動物の境界――現象学から展成の自然誌へ』（弘文堂、二〇一七年）
田中二郎『最後の狩猟採集民――歴史の流れとブッシュマン』（どうぶつ社、一九九四年）

田中二郎『アフリカ文化探検――半世紀の歴史から未来へ』（京都大学学術出版会、二〇一七年）
鳥羽森『密閉都市のトリニティ』（講談社、二〇一〇年）
野矢茂樹『心と他者』（勁草書房、一九九五年）
ハイデッガー、マルティン（細谷貞雄訳）『存在と時間　下』（筑摩書房、一九九四年）
フーコー、ミシェル（渡辺一民・佐々木明訳）『言葉と物――人文科学の考古学』（新潮社、一九七四年）
本多勝一『極限の民族――カナダ・エスキモー／ニューギニア高地人／アラビア遊牧民』（朝日新聞社、一九六七年）
マキャモン、ロバート・R（二宮磬訳）『少年時代』（文藝春秋社、一九九五年／文庫版上下、一九九九年）
丸山淳子『変化を生きぬくブッシュマン――開発政策と先住民運動のはざまで』（世界思想社、二〇一〇年）
モランテ、エルサ（大久保昭男訳）『禁じられた恋の島』（世界文学全集Ⅲ-18）（河出書房新社、一九六五年）

第16章……葬られた犬

その心意と歴史的変遷

加藤 秀雄

Keywords＝犬の墓、義犬、犬塚、犬卒都婆、ペット供養

1……はじめに

近年、全国各地で「ゆるキャラ」と呼ばれる地域の歴史や特産品、観光資源などをモチーフとしたキャラクターが相次いで登場しているが、静岡県磐田市の「しっぺい」は市内見付《みつけ》神社に伝わる以下のような伝説に由来するという。

昔、見付神社の祭りでは、白羽の矢が立った家の娘を人身御供として捧げるしきたりがありました。ある年、見付を訪れた旅の僧侶が、このしきたりを無くせないものかと考え、これが怪物のしわざであることを突き止めます。そして怪物が娘を連れ去る時に、「今夜のことは信州信濃の光前寺、しっぺい太郎に知らせるな」と言うのを耳にしました。

旅の僧侶は信濃国を訪れ、勇士「しっぺい太郎」を探し出しましたが、太郎はなんと犬だったのです。僧侶は光前寺の住職にいきさつを話し、太郎を借り受けることにしました。

明くる年の祭りの日、娘の代わりに太郎を棺に入れて神社に供えると、怪物が現れました。太郎は勇敢に

闘い、なんとか怪物を退治しました。怪物の正体は悪い猿神だったのです。この闘いで傷ついた太郎は見付村を去り、ようやく光前寺に辿り着きましたが、住職の姿を認めると息絶えました。和尚と村人たちは太郎を手厚く葬ったといいます。(1)

いわゆる「猿神退治」と呼ばれる話型の伝説であるが、(2)この故事にちなんで光前寺が位置する長野県駒ケ根市と磐田市は一九六七年に友好都市となっている。光前寺側では、しっぺい太郎ではなく早太郎という名前でこの犬の伝説を伝えており、その墓も存在するが、(3)しっぺい太郎/早太郎のような「義犬」を葬ったとされる「犬塚」は各地に存在し、それぞれ興味深い伝承を有している。その詳しい内容は後ほど詳しく見ていくが、これらの犬塚の存在は、人々が犬という存在に対し、どのようなまなざしを向けていたのか理解する糸口となるだろう。最近は、愛犬の死に伴うペット葬やペットロスといった現代的な現象も見いだされるようになっており、これらの社会現象を相対化する上でも、「葬られた犬」に関する通史的、通文化的な事例分析が必要になると考えられる。本章では、このような問題意識から、様々な葬られた犬の事例を取り上げ、その背後にある人々の心意や社会的背景について考察を行うことを目的とする。

2……先史・古代世界における犬の死

①最古の葬られた犬

犬の骨の発掘例として最古のものは、一九一四年にドイツのボンにあるオーバーカッセル地区から出土した約一万四〇〇〇年前のものとされる(Morey 2010: 24)。(4)この犬は五〇歳前後の男性と二〇～二五歳ぐらいの女性の墓に一緒に葬られていたものだが、ブライアン・フェイガンは次のようにこの男女と犬の骨について述べている。

一万四〇〇〇年まえ、人間の男女がなぜ犬とともに葬られたのかが判明することはないだろう。こうした過去の無形遺産は、数世代も経れば忘れ去られてしまうからだ。犬は忠実な相棒だったのだろうか。それとも番犬や、狩猟で活躍した動物だったのか？　犬は主人とともに来世に向かうために殺されたのだろうか、あるいはしばらくのちに死んだのだろうか？　こうしたことに関しても、考古学の記録は黙して語らない。犬が大切にされていたことは間違いない。飼い主だったと思われる人びとと一緒に、会葬者がわざわざ埋めているからだ。

（フェイガン二〇一六：六〇）

フェイガンが指摘するように、この犬がどのような理由で葬られたかは定かでない。しかし最古の犬の骨が人間の男女の骨とともに発見されたことは、犬と人類の関係を考える上で特筆すべき点だろう。イスラエルのアインマラハ遺跡（約一万二〇〇〇年前）から発見された人骨は、子犬の遺体の上にその手が添えられており、当時から人間と犬が親密な関係であったことを示唆している（小佐々二〇一三：一〇）。

この他にも、紀元前五三〇〇年から紀元前四五〇〇年ごろに狩猟場だったと考えられるデンマークのヴェドベックからは、二匹の犬の頭骨が発見されており、そのうち一匹はやはり人間の墓から発見されている（フェイガン二〇一六：六四）。ただしデンマークから出土する犬の骨は食用に用いられたと考えられるものも数多く見つかっており(5)、全ての犬が人間にとって埋葬の対象であったわけではないことにも留意する必要がある。

②供儀と犬

漢文学者の白川静は「家」という文字の字源について「家」の字が元々、家を建てる際に犠牲とされた犬を指していると推測し、次のように述べている。

家の古い字形は、家のなかに犬をかく形であり、その犬は犠牲として殺されている形である。犬は祭祀に祭肉として供えられるのでなく、その祭場を清め祓うために用いられることが多い。その嗅覚がするどくて、外の邪気を感じとることが早いからであろう。祓うという字の旁は、その清めのために殺された犬の形であるが、家や塚の字形に含まれているものも、その建物や場所を清めるために殺された犬の形である。（白川二〇〇〇：六三）

この白川の説は字源辞典の『字統』（一九八四）でも採用されているが、異説もあるため、事実として扱うには慎重を要する。しかし家を建てる際に犬が犠牲とされたことについては考古学的な裏付けもあり、奠基《てんき》と呼ばれる家の建築儀礼で犬が埋められたとされる（前掲書：六三）。また中国河南省安陽市の殷墟には、墓室の下に坑をうがち、そこに盛装した武人と犬が埋められている遺跡が存在する。これらの考古学的事実により、少なくとも犬が古代中国の宗教的、呪術的行為において供儀の為に用いられていたことは間違いないと言えよう。本書3章小宮論文でも、中国の先史・古代遺跡から出土したイヌの骨に関する分析があるので、あわせて参照されたい。

犬を供儀に用いる例は世界中に存在し、ニヴフ（ギリヤーク）、樺太アイヌ、中国・ミャオ族、タイ・アカ族、マリ・ドゴン族などの事例が挙げられる。(6) 樺太アイヌにおける犬の供儀の目的は、主に新築儀礼、病気治療、悪神からの防御などであり、また熊送りの際に犬を供儀する例もあったとされるが、田村将人は、犬が「クマ／山の神へのmessengerとしての位置付け」を持っていたのではないかと推測している（田村二〇〇一：一八三）。これらの供儀に選ばれるのは、犬橇の先導犬であることも多く、北海道開拓記念館の聞き取り調査で、「撲殺するのは、その家の男子が行うので長年養ってきた愛情を簡単に切ることもできず、打ちどころをまちがえず一発で撲殺するようにする」という報告がなされている点は興味深い（藤村ほか一九七三：一六一―一七）。儀礼的に犬を殺す場合であっても、何らかの心的葛藤が生じることを示している。

これらの供儀に用いられた犬は埋葬されず、(7) 新築儀礼ではその血が呪的な模様を描くのに用いられ、病気治療では頭部・尾・手足などをイナウという木幣と飾り付ける。(8) その後、犬肉料理が儀式の参加者に振る舞われたというが、このような供儀によって屠られる犬と、葬られる犬を同列に扱うわけにはいかないだろう。しかし、犬が邪悪なものを退ける存在として、長く人間に見なされてきた点は、葬られた犬について考える際に、特に意識すべき問題である。

③日本で発掘された犬の骨

日本で最古の葬られた犬の事例は、一九六二年に愛媛県久万高原町の上黒岩岩陰遺跡から発見された二匹の縄文犬のもので、約七三〇〇年前のものと推定されている（佐藤二〇一四、3章小宮論文）。この他にも全国各地で埋葬されたと考えられる縄文犬の骨が出土しているが、①人とともに合葬されたもの（岩手県宮古市中村遺跡、宮城県気仙沼市前浜貝塚など）、②新生児、胎児の骨が収められた甕棺の近くに埋葬されたもの（岩手県陸前高田市中沢浜貝塚など）、③人間の墓域やもともと住居であったと考えられる場所に埋葬されたもの（宮城県気仙沼市田柄貝塚、千葉県船橋市高根木戸貝塚など）といった形で、その埋葬のされ方にも様々なバリエーションが存在する。(9) これを網羅的に取り上げて分析を行ったものに山田康弘の研究があるが、これらの犬の埋葬状況から次のようなことが言えると論じている。

・犬は「世帯」に属するものであったと考えられる。(10)
・犬がその「世帯」の中の特定の人物とより一層深いつながりを持つ場合があったと推測される。
・犬にはクマ、イノシシなどの他の動物の集落への接近を知らせる番犬、荷物の運搬に用いる使役犬、愛玩犬、あるいは象徴的な意味として邪悪なものを追い払う辟邪の役割があったと考えられる。（山田一九九三：一〇）

縄文時代の狩猟採集生活において、犬は無くてはならない貴重な存在だったと考えられるが、その犬が「世帯」単位で飼育され、また特定の人物と強い絆を持っていた可能性が指摘されている点は重要である。縄文時代に葬られた犬は、成人男性の埋葬地に隣接して発見される例が比較的多く、これが当時の狩猟を中心とする生活と無関係であるとは考えにくい。人と犬が合葬されている例はそれほど多くないが、前浜貝塚の事例は成人女性の頭部に重なるように犬が埋葬されており、なんらかの呪術的行為によるものであると推測されている。[11] しかし死者が生前可愛がっていた犬を、犬の死を機会に同じ場所に埋めた可能性もあり、その場合、当時の人々も私たちと同じように犬に対して深い愛情を抱いていたということになるだろう。[12]

これらの考古資料から言えることは、あくまでも仮説の域を出ない。しかし、少なくとも数千年前から、人間にとって犬が特別な意味を有する存在であったことは理解されよう。次節では、文字資料、伝説、墓石などから葬られた犬の例について見ていくが、これらは犬が人と同じような感情、心理を持つものとして遥か昔から人々に見なされていたことを示している。

3……義犬、愛犬として葬られた犬

①人間らしい犬

南方熊楠は、『十二支考』の「犬に関する民俗と伝説」において、「犬に宗教の信念あった咄」として次のような例を引いている。

> 『随書』に、文帝の時、四月八日、魏州に舎利塔を立つ。一黒狗、耽耳白胸なるあり。塔前において左股を舒《の》べ右脚を屈し、人の行道するを見ればすなわち起って行道し、人の持斎するを見ればまたすなわち持斎す。非時に食を与うれども食らわず、ただ浄水を得飲まんと欲するのみ。後日斎を解くに至り、粥を与えて初めて喫す。
>
> （南方一九七三：一一八）

ここでは犬が人と同じように信仰心を持って精進潔斎を行う様が描かれている。この他に南方は、キリスト教のメソジスト派に主人を改宗させようとして、いつも教会に通っていた「メソジスト犬」の話や、イスラム教徒とキリスト教徒を見分ける犬の話、屠者を見分ける犬の話など、「時として人より賢い」犬の話を紹介している（前掲書：一一九—一二〇）。このような犬に対して「人間らしさ」を見出す思考は犬を人と同様に葬る行為と無縁ではないだろう。

南方は続いて、『峰相記』『元亨釈書』などに記されている播磨国粟賀の犬寺（法楽寺）の由緒を取り上げているが、(13)この話に登場する二匹の犬は姦夫と妻によって命を狙われた主人の危機を救ったとされる。主人は姦夫を殺害し妻を追い出した後、出家することにしたが、犬二匹に自らの財産を与えることにした。二匹の犬が死んだ際に、その財産によって寺が建てられたという（前掲書：一二一—一二二）(14)［コラム3も参照］。先に見た信仰心を持つ犬達と同じく、「忠義」という人間らしい感情を犬も持っていると人々が考えていたことを示す伝説と言えよう。

このような人間に対する忠義を示した犬を葬った伝説は、世界各地に存在する。本章の冒頭で取りあげた「しっぺい太郎」もその一例であるが、前近代に葬られた犬の事例として特に目につくのは、何らかのかたちで人に忠義を示した犬の伝説に関わるものなのである。

②葬られた義犬、愛犬

日本各地の犬塚の調査を行っている小佐々学は、「特定の犬を弔うために建てられた古い犬塚のほとんどが「義犬」の墓であり、また義犬の墓は愛犬や伴侶犬の墓であった」と指摘している（小佐々二〇一三：一〇）。小佐々によると「義犬とは命がけで主人の命を救ったり、主人の命令に殉じた犬たちの事」であると定義されているが、義犬が葬られた犬塚を1古代資料の犬塚、2伝説の犬塚、3史実の犬塚の三つに分けて整理している。以下ではその代表的な例を取り上げて見ておきたい。

1古代資料の犬塚

日本最古の葬られた犬に関する記述は、『播磨国風土記』の託賀郡《たかのこおり》の項に登場する応神天皇の猟犬であった麻《ま》奈志《なし》漏《ろ》に関するもので、この犬は天皇の命により猪と戦って命を落としたとされる。兵庫県西脇市の犬次神社は麻奈志漏を祀る神社であるとの縁起を有している。

同時代の資料で犬の埋葬が行われたことを示すものは、『日本書紀』巻二一「崇峻天皇即位前紀（用明天皇二年七月条）」にある捕鳥部萬《ととりべのよろず》の白犬に関するものである。この犬は、蘇我、物部両氏の争いに敗れて自刀した萬の頭部が晒されぬよう、これを持ち去り、傍らでそれを守って餓死したと伝わる。この話を知った朝廷側は萬と犬を有真香邑《ありまかむら》に丁重に葬ることにしたが、大阪府岸和田市八田町にはこの白犬が埋められているとされる義犬塚古墳と「萬家犬塚」が存在する。なおこの墓は、近世の国学勃興期に建立されたものであり、実際に白犬が埋められた証拠は存在しない（小佐々二〇〇一a、二〇〇一b）。

2伝説の犬塚

義犬伝説を持つ犬塚のなかでも特に古い時代の出来事を伝えているのは、聖徳太子の愛犬であったとされる雪丸に関するものである。雪丸は人語を解し、死に際して自らの遺骸を寺の鬼門にあたる東北に埋葬するよう遺言したとされる。この雪丸の塚は奈良県王寺町の達磨寺に存在するが、寛政三（一七九一）年刊の『大和名所図会』に「雪丸塚」が描かれているので、近世には、この塚が存在していたことが窺い知れるだろう。この他に弘法大師が唐から連れ帰ったとされる犬の塚や（香川県善通寺市）、日蓮や蓮如が毒殺されるのを救ったとされる犬の塚など（滋賀県大津市、新潟県佐渡市）、名僧の事績と関連付けた犬の塚も少なくない（小佐々二〇一三：一二）。こうした歴史上の偉人と結びつくことによって、その愛犬を顕彰する伝説も生じていったと見ることができよう。

これに対して世界各地に類似するモチーフが存在する義犬伝説に以下のようなものがある。ここでは、『和漢三才図会』六九に収録されている三河国の犬頭社、犬尾社の由来について南方熊楠の要約から見ておきたい。

犬頭社は参河国上和田森崎にあり、社領四十三石。犬尾社は下和田にあり。天正年中、領主宇津左衛門五郎忠茂、猟して山に入る。家に白犬あって従い走り行《ある》く。一樹下に至り、忠茂にわかに眠りを催す。犬かたわらにあって衣の裾を咬えて引く。やや寤《さ》めてまた寐れば犬しきりに枕頭に吠ゆ。忠茂、熟睡を妨ぐるを怒り、腰刀を抜いて犬の頭を切るに、樹梢に飛んで大蛇の頭に咋いつく。主これを見て驚き、蛇を切り裂いて家に還り、犬の忠情を感じ、頭尾を両和田村に埋め、祠を立ててこれを祭る。

（南方一九七三：一二三）

これと同様の話は大阪府和泉佐野市の犬鳴山七宝龍寺にも伝承されており（小佐々二〇〇四：五二）、地域によっては、犬ではなく猫の首が大蛇に噛みついたと伝えている例も存在する（山形県東置賜郡高畠町、猫の宮）(15)。

このような飼い主の誤解によって殺害されてしまった犬の話は、ヨーロッパにも伝わっており、最も著名なのはウェールズのベズゲラート（Beddgelert）という村の地名由来ともなったゲレルトという犬の伝説である。ここでは、大木卓の『犬のフォークロア』における要約を引用する。

北ウェイルズ王レウェリン・アプ・ヨルウェルス（一一七三～一二四〇年）が狩りから帰ると、愛犬ゲレルトにお守りをさせておいた王の幼児の姿が揺籃になく、あたりは血だらけで、犬の口には血がついていた。犬が子供を食ったと考えた王はただちに犬を切り殺した。すると揺籃の陰から幼児の泣き声がして、子は無事であり、大きな狼がそばにたおれていた。忠犬ゲレルトは子供を奪いに来た狼とたたかってそれをたおし、主人の子を守ったのに、誤解を受けて主人に殺されたのである。

（大木一九八七：一六〇）

この話はW・A・クラウストンの*Popular Tales and Fictions*などにも類話とともに収録されているが(Clouston 2009: 166-186)、イギリスにおいては極めて人気のあった話らしく、現在でもドッグフードや会社の名前として用いられている。(16)しかしこの伝説がイギリス全土で広く知られるようになったのは、一八世紀以降のことで、現地のホテル経営者がゲレルトの墓を「こっそり築いた」ことによるものであり、ペット愛好家たちが大挙してこの地に押し寄せたからだとされる。そしてウェールズの民話としてこれが定着したのは、同時期にゲレルトに関する詩などが盛んに発表されたためで、E・ホブズボウムの『創られた伝統』に所収されているP・モルガンの論文では、そこにロマン主義的なまなざしの萌芽を読み取っている(モルガン一九九二:一三四)。しかし、この時代に熱狂的にこの伝説が受け入れられたこと自体は、当時のヨーロッパにおいて犬が人間にとって愛すべき存在として認識されはじめていたことを考える上で示唆に富むと言えよう。

なお三河国の白犬は大蛇を、ゲレルトは狼をその命を賭して退けているが、こうした侵入者を退けたにもかかわらず飼い主の誤解で命を落とした動物の話は非常に古くから存在する。特に古いものとして、西暦二〇〇年ごろに成立した『パンチャタントラ』や『魔訶僧祇律』に見える毒蛇を退けた那倶羅虫(マングース)の話が挙げられるが、これらの仏典を介して世界中にこの伝説が広がっていったと南方は指摘している(南方一九七三:一二五―一二六)。

3 史実の犬塚

実在した犬の埋葬例として確実なものは、長崎県大村市古町の本経寺にある華丸という雄の狆の墓が最も古く、大村藩三代目藩主大村純信の家老であった小佐々前親の愛犬と伝わっている。前親は純信が江戸で亡くなった報に接し、慶安三(一六五〇)年に殉死したが、その火葬が行われる際に華丸も炎の中に飛び込んで焼死した。本経寺には前親の墓と愛犬墓が並んで建っているが、華丸の墓碑銘には「前親養う所の犬有り。出入相い友《した》しみ、恒《つね》にこれを愛し、膝下に抱く」と前親が華丸を大変可愛がっていたことが記されている(小佐々二〇〇六:四三)。

表1　現存する近世の犬の墓（小佐々 2013: 13-16より）

名称	没年	場所
加藤小左衛門の「矢間」の墓	1787年	長崎県雲仙市小浜町札の原
薩摩藩三田屋敷の「白」の墓	1830年	東京都港区高輪
暁鐘成の「皓(しろ)」の墓	1835年	大阪府東大阪市・梅龍山勧成院
横田三平の「赤」の墓	1853年	高知県安芸市井ノ口一ノ宮
は組の新吉の唐犬「八」の墓	1866年	東京都墨田区両国・諸宗山回向院
島津随真院の「福」の墓	1869年	宮崎県宮崎市佐土原町大地山・青蓮寺高月院
小篠源三の「虎」の墓	1876年	熊本県熊本市花園・本妙寺雲晴院

これ以降の犬の墓で幕末期までに建てられたのは、表1のようなものであるが、盗賊に襲われて非業の死を遂げた犬や（矢間、皓）、生前に子供の命を救った犬（赤）、貴婦人の愛犬（白、福）、珍しい唐犬[17]（八）など様々な犬の墓が存在する。華丸と共通する主人に殉じて死んだ犬の例としては、神風連の乱で敗死した小篠源三の「虎」の墓が挙げられるが、貴婦人の愛犬、唐犬の例を除くと、その殆どが何らかの形で人のために尽くしたり、主人に殉じて命を落とした犬の墓であることが理解されよう。[18] この点は、先に見たような伝説を伴う犬塚と同じタイプのものと言える。それでは、こうした義犬、愛犬以外に葬られた犬の事例は存在しないのであろうか。この問題を考えるにあたっては、日本において近代以前の犬の飼育がどのようになされていたのかを確認しておく必要があるだろう。

4……近世期における犬の飼育と犬供養

①村で飼われていた犬

柳田国男は『豆の葉と太陽』のなかで、「私などの生れた村では、村の狗といふのが四五匹は常に居たが、狗を飼って居る家は一軒も無かった。彼等の食物は不定であり、寝床も自分の癖だけできめて居た」と述べている（柳田一九九八b：二三二）。すなわちここで問題となるのは、近代以前に特定の家や個人が犬を飼うことが一般的であったか否かという点であろう。近世史学を専門とする塚本学によると「ことさらに求め飼う」ものは少数であり、「飼犬と考えられるものの多数は、柳田の言う村の犬式のもの、そしてそのなかから特定の家に居ついた犬というものであったろう」としている（塚本二〇一三：一六五）。

近世初頭の村落における犬の飼育に関して最も明確な理由として挙げられるのは、鷹狩用の鷹の餌としてそれを供出するというものであった。このような犬を御鷹餌犬と言うが、会津藩などでは村高一〇〇〇石あたり一匹の犬が徴収され、犬を用意出来ない場合には代金一分と銀一〇匁が課せられたという[19]。このように村から犬を徴収する制度自体は、中世に流行を見せる犬追物の時代から存在していたと推測されている（前掲書：一五四）。

塚本によると一七世紀初頭には御鷹餌犬の上納が[20]、ほぼ全国的なものであり、「御鷹用のために百姓に犬飼育が強制され、百姓はこれを負担していた」とされる。そして「番犬・猟犬の飼育は、おそらくもともと少数で、御鷹餌用に強制されての犬飼育が、飼犬の主軸であり、そもそも犬を飼う習慣の広がりがそれによったと考えられる」としているが（前掲書：一四八―一四九）、愛玩用に飼育する例は更に少なかったであろう。

一七世紀末期には、この御鷹餌犬の制度も徐々に代銀、代米化し、生類憐みの令で鷹狩が段階的に廃止されていく過程で衰退することになる。それから一〇〇年以上が経過した天保元（一八三〇）年刊の『嬉遊笑覧』のなかで著者の喜多村筠庭《いんてい》は、犬の肉を鷹に与えたり、人もそれを食していたことに触れ、「さて此風やみて、昔は是をくひたりと聞ば、あるまじき事のやうに思ふはいとよき事也」と述べているが、近代に近づくにつれて犬肉のためにこれを殺害することを忌避する考えが一般的になっていたことが窺い知れる（喜多村二〇〇五：二三五）。

以上のことから近世初頭においては、特定の犬を個人や家が飼う例は極めて稀であり、また現在の動物愛護思想からは到底、考えられないような犬と人の関係が存在していたことが理解される。しかし御鷹餌犬の制度により村落社会でも飼犬が身近な存在になっていったことは、日本における犬と人の関係を考える上で重要な転機であったと言えよう。そして村の中で身近な存在となった犬の死は、葬るという行為につながることもあり得たことを示す民俗学的な事実も例えば次に示すように確認されるのである。

②犬供養について

東日本の宮城県を北限とする福島県・茨城県・栃木県・千葉県の五県には、死んだ犬を弔う犬供養という行事が存在し、Y字型の犬卒都婆と呼ばれる塔婆が辻や馬頭観音の前に立てられる（写真1）。チキショウトウバ（福島県）、ザクマタ（茨城県・栃木県）など、その名称は地域によってまちまちであるが、菊池健策によると福島県・宮城県では動物供養の性格が強く、茨城・栃木・千葉では動物供養と安産祈願のために行われるとされる（菊池一九七九）。安産祈願を行うのは一九夜講、ユサン講など、子供を産む年代の若い女性達であり、年中行事として定期的に行われるが、犬が出産で死んだ時や産死者が出た際に行う場合がある。

写真1　犬卒都婆（茨城県北相馬郡利根町福木で筆者撮影）

各地の犬卒都婆を網羅的に分析した岩田重則は、犬供養の原型は動物供養にあるとし、女性達の講による安産祈願、産死供養は寺院などの関与によって独自に発展したものであるとの見方を示した（岩田二〇〇三：一九三―一九四）。民間信仰において広く見られる犬と安産を結びつける思考を背景とし、このような行事が広がりを見せたと言えよう。

ここで問題となるのは人、犬の産褥死という異常な死を処理する方法としてのみ犬供養を位置づけて良いか否かという点である。犬卒都婆が馬頭観音の周囲や辻に立てられることを鑑みると、もともとは動物の遺体を捨てるための馬捨場、牛捨場などと呼ばれる場所に犬を含む他の動物の遺体も捨てられ、それが犬卒都婆を立てることの要因になったと考えることも可能である。馬頭観音の建てられる場所は様々であるが、馬捨場、牛捨場にも建てられ

写真2　馬頭観音の周囲に埋葬されたペットの墓（茨城県北相馬郡利根町布川、荒一能氏撮影）

ることが多かったことは、時枝務、塩見鮮一郎らが指摘している[21]。小島瓔礼の報告によると関東から南東北にかけて、馬が亡くなった際に路傍や河原などの村境にY字型の二叉塔婆を立てる例が存在するというが（小島一九九一）、馬や牛など他の動物と同じ方法で村の犬の供養もなされたと考えるのが自然であろう[22]。

写真2は茨城県の利根川流域に存在する馬頭観音だが、この馬頭観音は三叉路に位置し、周辺には亡くなった犬や猫などのペットが埋葬されている。筆者の知る限り、このような例は愛媛県今治市大島の宮窪町と吉海町の境界に立つ牛馬慰霊塔の周辺でも確認されており、こうした場所が動物の遺体を埋葬する場として、現在も認識されていることを示していると言えよう。

以上、本章では、近代以前に特定の個人や家によって飼われる犬が、大名や武士、豪商などの上層階級を除くと極めて少なく[23]、そのほとんどが村の犬であり、現在のような「家族の一員」とは程遠い存在であったことを確認した。そしてこのことは、その埋葬の仕方にも影響を及ぼしたと考えられるだろう。すなわち牛馬などと同じ方法で村の犬たちも村境に葬られ、それが犬供養などとして現在、伝承されることになったと推測されるのである。無論、そのような犬の中にも特定の個人や家から深い愛情を注がれる犬が全くいなかったとは言い切れない。次節ではこうした犬が、どのように葬られたかということについて触れ、現代における犬の埋葬のあり方についても言及し、本章のまとめとしたい。

5……現代における葬られた犬

管見の限りでペット供養について最も早く取り上げているのは、武田道生による一九九四年の論文である。武田によるとペット供養は昭和四〇年代後半から五〇年代にかけて徐々に隆盛を見せるようになったとされるが（武田一九九四：一〇二）、現在では、義犬、忠犬を祭った寺社でペット供養が行われることも少なくない（写真3）。

こうしたペット供養が行われる以前に、最も多かった飼犬の埋葬法は、「自宅の裏庭などに家人が埋葬する」のが当然と考えられていたと武田は指摘する（前掲論文：一〇二）。佐藤千尋も、このような場所に埋めるという行為が、「葬祭ビジネスが現在ほど普及していなかった時代に一番多く行われていた方法」であるとし、その埋葬地に木や花を植えるケースが非常に多いことに注意を促している（佐藤二〇〇六：七一―七二）。

遺体の埋葬地に植樹を行う「墓上植樹」の風習は、中世には人間に対しても行われていたと考えられ、松崎憲三は、「人間のみならず、犬猫の埋葬についても同様の方法がとられた」ことを猫の例であるが、宮崎安貞の『農業全書』を引用しながら指摘している（松崎二〇〇四：二一四）。「花咲か爺」の昔話を引くまでも無く、前近代においても人間から深い愛情を注がれた犬は、それが少数であったにせよ、家の土地や村の共有地、空き地などに葬られ、植樹がなされる例も確実に存在したと考えられよう。松崎は、このような墓上植樹と犬卒都婆の関係性について、「石塔・石碑の建立をもって、植樹の必要性を喪失した地域で、生木の卒塔婆を供える習俗が展開した可能性を指摘し、「犬をはじめとする小動物の供養に用いられる、二股の生木を使用する犬塔婆も、この一種と考えられなくもない」としている（松崎二〇〇四：二一五）。

現代社会における葬られた犬について考える際に、まず目を引くのは寺院や民間業者によるペット供養であり、その実態は、中野（二〇〇九）などに詳しく、近年は持ち歩き可能な小さな器に愛犬の遺骨、遺灰を納めて、日常的にキーホルダー、アクセサリーなどとして携帯する「手元供養」のような独特の供養のあり方にも注目が集まっている（アラム二〇一五：六四）。しかし、現在でも自宅の庭や空き地に犬の遺体や骨を埋葬し、そこに木や花を植える例は少なからず存在すると思われ、現代における葬られた犬について考える際に看過されている問題と言えよう。

ただし、住んでいる家を建て替えたり、引っ越す可能性もあるため、自宅の庭に愛犬を埋めるのには抵抗感があると考える飼主も多いという話が最近は聞かれる。(24) 特定の土地や家との結びつきが不安定になりつつある現代人をとりまく状況が、犬の埋葬にも影響を及ぼしていることが窺い知れよう。ペット供養の需要も、このような社会的、時代的背景を念頭に置いて分析する必要があるように思われる。近年は、写真４のように先祖代々墓に隣接して愛犬の墓を建てる例も少数であるが確認されており、今後、このような事例も増加することが予想され

写真３　義犬を祀った神社に奉納された愛犬の写真、首輪、リール（山形県東置賜郡高畠町、犬の宮で筆者撮影）

写真４　先祖代々墓に隣接する愛犬の墓（左下、東京都某所で筆者撮影）

る。現代における葬られた犬をめぐる状況は、人間のそれと同じく、極めて大きな変化の途上にあることが理解されよう。

6……おわりに

以上、本章では様々な葬られた犬の事例について見てきたが、その実態は、人間の社会・文化のあり方に強く規定されるものであると結論付けることができる。最後に、柳田国男が自らの飼犬であった秋田犬のモリについて記している「モリの実験」という文章を引いて結びとしたい。

我々の文化は犬をも引きくるめて居る。彼には改良の志は無いのだけれども、全く圏外に立って、思ふまゝの生存をする力もないのである。第一に人に飼はれるといふことは、現在はもう繋がれることを意味して居る。是は牛馬に於ては久しく見馴れたことだが、犬と我々との間では新しい約束で、その為にまだ定めて無い条項も残って居る。犬の一生が隅から隅まで、すっかり判って人の同情は加はつたが、その代りには永い信頼の根であった、若干の神秘はもう消え去らうとして居る。（柳田一九九八a：三二〇）

柳田は、「頸輪や繋ぎ綱」に犬が繋がれるようになったのは、「犬と我々との間では新しい約束」であったとし、「彼等の社会」はそのことによって一変したと述べている（前掲書：三二一）。柳田の生きた時代は、犬たちの生活、生命が完全に人間の支配下に入るちょうど端境期であった。

柳田は、本来、主人や飼役がいる犬は稀だったはずであるとし、モリを「古風な犬だから古風に飼ってやれ」と言わば放任主義で育てた。このことが仇となり、大きくなったモリは手のつけられない猛犬となってしまう。

最終的にモリは柳田家から引き取られ、各地を転々としたと言うが、最後にどうなったかは不明である（前掲書：三二九）。

現在の愛犬家達が聞いたら怒り出しそうなエピソードであるが、この短いエッセイで柳田が言いたかったのは、家族や人間の世界に馴染めない「古風な犬」達は、最早、生きることすら出来ない時代の到来についてだったのではないだろうか。

現在の日本で野犬や野良犬を目にすることは、ほぼ皆無となったが、人間の社会に馴染めない彼らは捕獲され、その多くは人知れず「葬られる」ことになる。その是非を問うことは、本章の主題では無いが、このような犬達のことも含めて葬られた犬をめぐる議論を行うことは、まだ端緒についたばかりと言えるだろう。今回は、様々な例を引いて葬られた犬についての議論を行ったが、例えば世界各地の犬の埋葬法との比較や、狂犬病対策による犬の駆除、法律の影響による埋葬法の変化など取りこぼしていると思われるテーマは数多い。今後は、これらの問題を意識しながら、更なる資料収集を進めていくことを課題とし、ひとまず筆を擱くことにしたい。

【注】

（1）WEB記事「悉平太郎伝説の紹介」（磐田市、online: shi004.php）、関編（一九七九）などを参考にしながら、筆者が改めてその内容を要約した。

（2）「猿神退治」のヴァリアントは南は鹿児島県下甑島、北は青森県弘前市まで分布している（関編一九七九）。この伝説を分析した初期の研究として、高木（一九七四）があるので参照のこと。

（3）前掲注2でも述べたように「猿神退治」には様々なヴァリアントが存在し、見付神社に関わるものだけでも若干の異同が認められる。主人公の犬が亡くなったとされる場所も一定せず、そのためしっぺい太郎／早太郎の墓はいくつか存在する。参考のため以下にその例を挙げておく。①静岡県磐田市見付神社内の霊犬神社、②静岡県磐田郡水窪町足神神社付近の早太郎の墓、③長野県駒ヶ根市の光前寺。①はもともと墓であったか不明であるが、見付神社で飼われていたしっぺい太郎二世（一九九三年没）の墓が境内に存在する。②は信濃国に帰る途中で太郎が亡くなったという伝説に基づく。

（4）オーバーカッセルから出土した骨がオオカミであったのか犬であったのか、あるいはその進化の途上にあるとされるオオカミイヌであったかは、極めて難しい問題であるが、動物考古学者のノーバート・ベネッケの分析により、この骨が最古の家畜化された犬のものとして認定された（Benecke 1987: 31-49）。

（5）日本における犬の利用は縄文時代に遡るが、その主な用途は狩猟用であり解体痕が見られる骨の例は少ない。これが弥生時代に入ると増加し、犬食文化が当時、盛んであったことを示している（西本一九九四：三二九）。

（6）各地の犬の供儀については、白鳥（一九八六）、ド・ウーシュ（一九九八）、田村（二〇〇〇）、清水（二〇〇五）などを参照のこと。

（7）クレイノヴィチの報告によると、ニヴフは新築儀礼の際に犬の頭を敷居の下に埋めるのが一般的であるとされる。しかし、これを埋葬として扱うべきではないだろう（クレイノヴィチ一九九三：七六）。

（8）詳細は田村（二〇〇〇：一六九―一七七）を参照されたい。

（9）各遺跡における人と犬の埋葬位置については、山田（一九九三：二―七）に掲載されている図を参照のこと。

（10）山田によると、ここで言う「世帯」とは「核家族」だけでなく、「複合家族」「拡大家族」などを包括する「大家族」を含めてイメージされるものだとされる（山田一九九三：一四）。

（11）山田は頭上に犬が埋葬されている例が特殊な事例であることから、これが「死因に対する個別的呪術対応」であった可能性が高いと述べている（山田二〇〇七）。

（12）東北歴史博物館の相原淳一は、前浜貝塚に葬られた犬が、死者と「同時」に葬られたものではない可能性を指摘している（相原二〇一一）。東北歴博では、この骨に関するパネル展示において「死者が生前かわいがっていたイヌだろうか」というキャプションがつけられており、呪術的行為によるものであるという解釈をとっていない。

（13）粟賀の犬寺伝説にはいくつかのバリエーションが存在し、その主人公を秀府という猟師とするものや、枚夫長者という豪族とするものがあるが、両者を同一人物とする場合もある。

（14）兵庫県神埼郡神河町福本には白犬石塔、黒犬石塔と呼ばれる二頭の犬の石塔が存在し、南北朝期の作とされる（小佐々二〇〇四：五三―五四）。

（15）講釈師の馬場文耕が編集した『近世江都著聞集』四巻にも、遊女の危機を察知して首だけで大蛇を噛み殺した猫の話が

（16）収録されている（南方一九七三：一二五）。
（17）（Gelert Nutrition、online: gelertnutrition.com）参照。
（18）唐犬とは中世末期にポルトガルやオランダからもたらされた外来種の犬のことで、大坂の陣のあとその飼育が流行し、有力大名はこぞってこれを求めたという。当時の絵画などからグレイハウンド種の犬であったと考えられ、大規模な狩猟などに用いられた（塚本二〇一三：一七〇）。町火消である新吉がなぜ唐犬を飼育出来たのかは不明であるが、一種のステータスとして飼っていたものと推測されるだろう。
（19）それぞれの犬の詳しいエピソードについては小佐々（二〇一三）を参照されたい。
（20）『会津家世実記』慶安五年六月の記事による（塚本二〇一三：一四八）。
（21）騎馬武者が馬を操りつつ、犬を弓矢で射止める武術。笠懸、流鏑馬とともに騎射三物の一つとされた。犬を傷つけないために蟇目の矢を用いる。鎌倉期から室町期に流行したが近世に入って衰えた。
（22）『日本民俗大辞典』における「馬頭観音」の項目（時枝二〇〇〇）、およびＷＥＢ記事「塩見鮮一郎　東京の同和問題と浅草弾左衛門（その4）」（東京人権啓発企業連絡会、online: 1997b_04.html）参照。
（23）蒲生明が一九四九年に『民間伝承』誌上で行った報告によると、福島県田村郡滝根町のイヌソトバは「馬を第一」にするものであり、ついで牛、猫、犬などに立てられるもので、鶏や小鳥などは立てなかったとしている（蒲生一九四九：一九）。
（24）一九世紀初頭に読本作家の暁鐘成が、『犬狗養畜伝』という犬の飼育方法を記した本を刊行しているが、この時期になって、ようやく庶民の間でも犬を飼うことに興味を持つものが現れはじめたことを示している。
筆者の従姉妹が、インターネット上で知り合った「犬とも」とのオフ会で話題になったという。

【参考文献】

相原淳一（二〇一一）「宮城県気仙沼市前浜貝塚土壙墓の再検討――特に、埋葬人骨と犬骨の関係について」『東北歴史博物館研究紀要』一二、一九―二七頁
岩田重則（二〇〇三）『墓の民俗学』吉川弘文館
大木卓（一九八七）『犬のフォークロア　神話・伝説・昔話の犬』誠文堂新光社

蒲生明（一九四九）「畜生トウバの事」『民間伝承』一三―一
菊池健策（一九七九）「犬供養の研究（一）」『民俗学評論』一七、七八―九五頁
喜多村筠庭（二〇〇五）『嬉遊笑覧』四、岩波書店
クレイノヴィチ、E・A（一九九三）『サハリン・アムール民族誌――ニヴフ族の生活と世界観』法政大学出版局
小佐々学（二〇〇一）a「播磨国風土記の品太天皇の〈カリ〉犬麻奈志漏の墓」『日本獣医史学雑誌』三八、四三―四六頁
小佐々学（二〇〇一）b「日本書紀の捕鳥部萬の白犬墓」『日本獣医史学雑誌』三八、四七―五〇頁
小佐々学（二〇〇四）「伝説・伝承の犬塚」『日本獣医史学会』四一、五〇―五七頁
小佐々学（二〇〇六）「国の史跡になった小佐々市右衛門前親と愛犬ハナ丸の墓」『日本獣医史雑誌』四三、二一八―二二四頁
小佐々学（二〇一三）「日本愛犬史――ヒューマンアニマルボンドの視点から」『日本獣医師会雑誌』六六、六二―六四頁
小島瓔礼（一九九一）「馬頭観音以前のこと――生死観からみた馬の供養」『人・他界・馬』東京美術社、二〇―三九頁
佐藤孝雄（二〇一四）「日本最古の埋葬犬骨――上黒岩陰出土縄文犬骨の研究」『平成二六年度特別展図録 続・上黒岩岩陰遺跡とその時代』愛媛県立歴史文化博物館、一三九―一四三頁
佐藤千尋（二〇〇六）「ペットの死後に見えてくるもの――現代日本におけるペット供養」『季刊東北学』九、六八―八〇頁
清水郁郎（二〇〇五）「犬供儀考――人と犬の相互関係からみたアカの居住空間」『南方文化』三二、六九―八八頁
白川静（二〇〇〇）『白川静著作集7　文化と民俗』平凡社
白鳥芳郎（一九八六）「苗族の犬供儀と犬崇拝――調査ノートより」『東南アジア　歴史と文化』一五、一九三―一九七頁
関敬吾編（一九七九）「猿神退治」『日本昔話大成14』角川書店、四五―六一頁
高木敏雄（一九七四）「早太郎童話論考」『増訂 日本神話伝説の研究2』平凡社、一七五―一八二頁
武田道生（一九九四）「現代日本の家族とペット供養――使役動物観と動物供養の変遷」『宗教学年報』二四、一〇〇―一一七頁
田村将人（二〇〇一）「〈覚え書〉樺太アイヌにおけるイヌの「供儀」」『千葉大学ユーラシア言語文化論集』四、一六六―一八六頁
塚本学（二〇一三）『生類をめぐる政治――元禄のフォークロア』講談社
ド・ウーシュ、リュック（一九九八）『アフリカの供儀』みすず書房
時枝務（二〇〇〇）「馬頭観音」『日本民俗大辞典　下』吉川弘文館

中野紀和（二〇〇九）「ペット供養にみる現代社会の一局面」『大東文化大学紀要　人文科学』四七、一三一―一四七頁
西本豊広（一九九四）「朝日遺跡出土のイヌと動物遺体のまとめ」『愛知県埋蔵文化財センター調査報告書34　朝日遺跡Ⅴ（土器編・総論編）』愛知県埋葬文化財センター、三二九―三三八頁
フェイガン、ブライアン（二〇一六）『人類と家畜の世界史』河出書房新社
藤村久和ほか編（一九七三）『民族調査報告書　資料編Ⅱ』北海道開拓記念館
アラム、ジュマリ（二〇一五）「ペット供養――人と動物の絆の結び替えと存続」『ビオストーリー』二三、六一―六五頁
松崎憲三（二〇〇四）『現代供養論考――ヒト・モノ・動植物の慰霊』慶友社
南方熊楠（一九七三）『十二支考　3』平凡社
モルガン、プリス（一九九二）「3　死から展望へ」『創られた伝統』紀伊国屋書店、七三―一六一頁
柳田国男（一九九八）a「孤猿随筆」『柳田国男全集』一〇、筑摩書房、二一九―三六二頁
柳田国男（一九九八）b「豆の葉と太陽」『柳田國男全集』一二、筑摩書房、一九七―三五六頁
山田康弘（一九九三）「縄文時代のイヌの役割と飼育形態」『動物考古学』一、一―一七頁
山田康弘（二〇〇七）「縄文時代の墓制」『縄文時代の考古学』九、同成社、三―一七頁
Darcy F. Morey 2010 *Dogs: Domestication and the Development of a Social Bond.* Cambridge,UK：Cambridge University Press.
Norbert Benecke 1987 "Studies on Early Dog Remains from Northern Europe" ,Jornal of Archaeological Science 14, (1), pp.31-49.
William Alexander Clouston 2009 *Popular Tales and Fictions: Their Migrations and Transformations.* Charleston,US：BiblioLife.

【WEB記事】

磐田市「悉平太郎伝説の紹介」：http://www.city.iwata.shizuoka.jp/about/profile/shippei/shi004.php（最終確認日：二〇一七年一〇月二〇日）
東京人権啓発企業連絡会：https://www.jinken-net.com/close-up/1997b_04.html（最終確認日：二〇一七年一〇月二〇日）
Gelert Nutrition：http://www.gelertnutrition.com/（最終確認日：二〇一七年一〇月二〇日）

第17章……犬を「パートナー」とすること

ドイツにおける動物性愛者のセクシュアリティ

Keywords＝セクシュアリティ、動物性愛、人間と動物の関係、ドイツ

濱野 千尋

1……はじめに

人間と動物のセックスを含めた関係性について研究していると話すと、ぎょっとされることが多い。「そんな人たちが本当にいるとは思わなかった」と言われることもあれば、単刀直入に「そんな変な人たちを研究して何になるのか」と意見をいただくこともある。確かにそうなのかもしれない。だが、ふと立ち止まってみると、素朴な疑問がただただ湧き上がる。「なぜ人間は動物とセックスをしてはいけないのか?」「本当に彼らは〝変な人たち〟なのか?」

人間と動物の密接な関係性、特にペットとの関係性に関しては、ペット・ロスの問題など取り沙汰されることも増えてきた。人は身近な動物をかけがえのない仲間として捉え、時に言葉には表し切れない感情とともにその存在を抱きかかえる。私が研究対象としている動物性愛者(zoophile)たちも同様の人々なのだが、セックスを動物との関係に持ち込むために特殊とされる。彼らのありかたには多くの人がためらいや拒絶を示す。動物を失う苦しみは理解されやすくても、動物に欲情する苦しみは理解されにくい。

歴史的に振り返れば、人間と動物のセックスは太古より認められる行為である。一説には今から四万から二万五〇〇〇年前の第四氷河期には行われていた（Beetz 2008）とされる。スウェーデンのボヒュスレンには、男性が大型の四足動物にペニスを挿入している青銅器時代の岩絵が残されている（デッケルス二〇〇〇）。イタリアのヴァル・カモニカには、男性がロバにペニスを挿入している場面を描いた紀元前七世紀ごろの壁画が残されている（Miletzki 2005）。有史以前に動物と出会い接近して以来、人間にとって動物は狩猟し飼いならし使役する対象であっただけでなく、性的な存在でもあったのかもしれないことをこれらの歴史的遺物は示唆している。

とはいえ、人間と動物のセックスは身近なものではない。ヒッタイトの規範、旧約聖書、ユダヤ律は獣姦に対する禁止を含み、これを犯すものには死刑が課せられた（フォード&ビーチ一九六七）。こうした宗教規範などの影響を受け、獣姦は多くの国、地域、社会で歴史的にタブーとされるか軽蔑すべき行為とみなされてきた。一方で、禁止があるということは、それが珍しくもない行為だったことの証でもある。

セクシュアルな感情をこめて動物を愛する動物性愛者たちについて、参与観察にもとづいて考察することは、人間が人間および動物をどうまなざし、人間と動物をどう境界づけているのかを考えることだ。また同時に、「愛」という曖昧模糊とした情動と、「セックス」という生殖あるいは欲望に直結するものとして語られてきた行為がもつれ合う内実を紐解いていくことでもある。そのもつれあいの中には、愛着、イマジネーション、自慰、性的暴力、性的ケアなど様々なテーマが層を成して折り重なっているように思われるが、これらの問題点のすべてをここで取り上げることはできない。そこで本章では、動物性愛者がどのような人物であるのかを描くことを目的として、あるひとりの男性動物性愛者を軸に、彼がどのようにパートナーである犬と向き合い、関係を築いているのかを見ていくことにする。

2……動物性愛とは何か

まず、動物性愛(zoophilia)の定義から始める。動物性愛とは、人間が動物に対して感情的な愛着を持ち、動物に対する性的欲望を抱え、それが時に実際の性行為へと結びつく性愛のありかたを指す。人間と動物のセックスは、日本語では一般的に獣姦と表現される。しかしながら、獣姦と動物性愛は似て非なるものである。英語で獣姦を意味するbestialityという語は法律用語として使用されてきた背景を持ち、動物との性行為そのものを指す。獣姦愛好者には動物への心理的な愛着がなく、動物に対して残虐にもなりえるため、獣姦行為には時に動物への虐待や暴力的なレイプも含まれる。

一方、動物性愛は動物への心理的愛着に重点が置かれる用語で、初出は一八九四年に出版されたリヒャルト・フォン・クラフト＝エビングによる*Psychopathia Sexualis*(『性的精神病理』)の第九版である。以後、動物性愛という用語は主に医学領域で使用されるようになった(Beetz 2008)。動物性愛は、精神医学の領域ではパラフィリアのひとつとされている。(1) だが近年では性科学者のハニ・ミレツキを中心とした研究功績によって、動物性愛を性的指向のひとつとして捉える動き(2)も生まれている(Beetz 2008; Kafka 2010; Miletski 2002, 2017)。

ところで、動物とのセックスへの欲望の顕在化は、インターネットの隆盛と深いかかわりがある。インターネットによって叶えられる匿名性は、スティグマ化される恐怖感なしにセクシュアリティについてオンラインコミュニティで語ることを可能にした。その結果、ヴァーチャルなコミュニティは、動物との性行為を欲望する人々にとって、仲間を探せる重要な避難場所となった(Kavanaugh and Maratea 2016)。インターネットの普及によって、動物とのセックスが特定の民族あるいは過去の風習ではなく、現代でも全世界的に見受けられるものだと周知されるようになっていったのである。

さて、動物性愛者はペットを性的対象とすることが多く、中でも犬が多い（Navarro and Tewksbury 2015; Beetz 2004; Williams and Weinberg 2003）。社会学者のウィリアムズ&ワインバーグは一一四人の男性動物性愛者に対するアンケート調査をもとに性的対象となる動物の種類を分析している。その結果は犬が六三パーセント、馬が二九パーセントとなっている（Williams and Weinberg 2003）。(3)

本研究で調査対象とした動物性愛者たちもまた、ほぼ全員が自分で飼育する伴侶動物を性愛の対象としている。(4)中でも犬が圧倒的に多い。現代の都市生活者にとって、犬はもっとも暮らしを共にしやすい異種であり、なおかつ家の中という私的空間で接触する機会が多い。それゆえ多くの動物性愛者が身近な犬と最初の性的接触を経験する。この際の性的接触というのは必ずしもペニスの挿入行為ではなく、たとえば犬に顔や体を舐められるなどの、人によっては性的とは感じられないであろう身体接触を含んでいる。

上述したウィリアムズ&ワインバーグは、動物性愛者が動物を擬人的に捉え、人間の理想や性的ファンタジーを動物に対し投影するものだとしている（Williams and Weinberg 2003）。しかしこれまでの本研究での調査を踏まえると、この観点には批判的にならざるを得ない。本章ではその点について言及しておきたい。

3……人間と動物の性行為に関する民族誌

ここまで動物性愛とは何かについて説明をしてきた。動物性愛は現在、性科学、心理学、哲学、精神医学、法医学、犯罪学などの分野で考察されることが多い。では文化人類学ではこれまで人間と動物の性行為をどのように捉えてきたのだろうか。

一部の民族誌は、特定の民族・文化ではこの性行為が異常とも違法ともされていないことを明らかにしてきた。

ジョルジュ・ドゥヴルーは、アメリカ合衆国南西部の先住民族モハーヴィ人の男性が家畜のロバなどと性交する慣習があると報告している（Devereux 1948）。松園万亀雄はケニアのグシイ人の男性が「ある種の文化的な伝統として」獣姦を行うことを記している（松園一九九九）。

モハーヴィ人、グシイ人ともロバや牛など家畜動物のメスを相手とする。ドゥヴルーによれば、モハーヴィ人の男性が獣姦を行うのは性欲の発散が目的である。だがその行為に残虐性は認められないとドゥヴルーは念押しして記している。ドゥヴルーによればモハーヴィ人は動物と人間はもともと差のない存在だったと考えており、家畜を大切に扱う。松園はグシイの人々のうち特に少年期の男性が獣姦を行うことに注目し、少年たちは性に関する自身の身体能力を試すために牛やロバの膣にペニスを挿入するのだとする。松園によれば、これはグシイの多産願望という文化価値によって支えられている行為であり、そのために仮に獣姦が露見しても重大な制裁は加えられないという。

両者に共通するのは、性行為を行うのは常に男性で、自身のペニスを家畜の膣に挿入する点だ。男性とオスの動物との性行為は見られず、男性とメスの家畜の組み合わせしかない点は興味深い。というのもこの組み合わせでの性行為は、異種間で行われる点で逸脱的ではあれ、メスの家畜の性器を人間の女性器の代替物として捉え、動物に人間の女性を重ねあわせているゆえに、人間社会の異性愛秩序の影響を受けた行為とも言えるからだ。また、性的対象となった家畜に対し、モハーヴィ人の男性やグシイの少年らが心理的愛着を持っていたかどうかは定かではない。

本研究で調査対象とした動物性愛者たちは明確な心理的愛着を特定の動物に示し、なおかつ男性とオス犬の組み合わせが最も多い。この点がこれらの先行研究とは異なっている。

4……調査対象について

本研究の主たる調査対象であるＺＥＴＡ（Zoophiles Engagement für Toleranz und Aufklärung／寛容と啓発を促す動物性愛者団体）[5]は、二〇〇九年にドイツで誕生した世界で唯一の動物性愛者による任意団体である。主要な活動は、動物性愛というセクシュアリティについての理解促進、動物性愛者への支援、動物保護に対する取り組み、動物性愛および動物性愛者への偏見や差別への反対運動などである。メンバーは現在約三〇名程度で、そのほとんどがドイツ在住のドイツ人男性だ[6]。ＺＥＴＡはオンラインコミュニティの側面が強く、メンバーが日常的に集う事務所のような特定の場所は設けていない。各都市に離れて住むメンバーたちは日々チャットやメールで連絡を取り合う。彼らの共通点は、動物性愛者であるという自覚を持っているか、動物性愛の概念を理解しサポートしようと考えていること、動物愛護家としての側面を備えていることである。

動物性愛者であることを公表し、セクシュアリティについて話そうとする人々は、世界を見渡しても現在のところＺＥＴＡをおいてほかに見つからないだろう。ドイツ社会においても、動物性愛者であることをカムアウトするとスティグマ化され、いやがらせやハラスメントを受けることがしばしばだという。それなのになぜこのような活動をするのかとメンバーたちに問うと、「セクシュアリティを偽り、本来の自分を隠し、苦しみながら生きていくことはもう嫌だから」という[7]。動物性愛は非難されるべきセクシュアリティではなく、抑圧されるのは間違っているという信念が彼らにはある。

それにしてもなぜドイツにＺＥＴＡが生まれたのだろう。動物性愛というセクシュアリティが特にドイツに多いというデータはない。さらに、ミレツキの指摘するように動物性愛が同性愛と同様に性的指向のひとつであるならば、むしろ地域によらず動物性愛者はいるはずと考えたほうが妥当である。ＺＥＴＡがドイツ人によりドイツで設立された理由は、この団体がセクシュアリティの解放運動を目的としているからだと考えたほうが理解しやすい。ドイツにはセクシュアリティを政治問題とする伝統が根付いている。ドイツにおける性的指向の自由を求める運動は、ヨーロッパでもっとも早い一八六〇年代に開花し、初期段階から一貫して法的抑圧からの解放を第一の目的としてきたという歴史がある。

同性愛、近親相姦、獣姦を禁止する旧約聖書のレビ記一八章をもとに成立したソドミー法は、ドイツ社会に実に長い間影響を及ぼし続けた。ソドミー法は中世に始まり、プロイセン王国では刑法一四三条として条文化された。それを引き継ぐ形でドイツ帝国では一八七二年に憲法刑法一七五条として成立する。一七五条の内容は「男性同士の間で、または人間と動物の間で行われた自然に反するわいせつ行為は、禁固刑によって罰する」というものだ。一八六〇年代から反対運動が展開されたが、刑法一七五条は存続し続けた。完全に撤廃されたのは二〇世紀も末となった一九九四年のことである。

獣姦に関して言えば、旧西ドイツでは一九六九年の法改正時に刑法一七五条の禁止項目から削除されていた。しかし二〇一三年には、動物保護法第三条に新項目の第一三項が制定され、条件付きで動物との性行動が禁じられることになった。第三条第一三項は「動物を人間の個人的な性行動に利用すること、他人の性行動のために訓練すること、所有する動物を他人が利用するのを許すことにより、動物に種として不適切な態度を強いるのを禁じる」というものだ。動物との性行為を法的に禁じる意味合い、あるいは動物との性行為をスティグマ化するシステムは、宗教規範を基盤に出発した人間のセクシュアリティに対する生-権力の行使から動物保護法へと移り変わり、動物性愛者のセクシュアリティはそのはざまに落とし込まれたのである。

二〇一五年、当時ZETAに所属していたあるメンバーが、動物保護法第三条第一三項は動物性愛を不当に禁止するものであり、動物性愛者の性的自己決定の権利を阻害するものだとして異議申し立てをドイツの連邦憲法裁判所に行い、斥けられた。その理由をおおよそまとめると、第三条第一三項は動物に種として不適切な態度を強いた際にのみ適用されるものであり、したがって審判請求人による異議申し立て内容は本項目に当てはまらないというものだった。これは動物に「種として不適切な態度」を強いなければ、動物とのセックスは問題視されないと解釈できる。ZETAはこの司法判断をもとに、動物性愛者と動物との性行為はドイツにおいて原則禁じられていないとしている。法律と対峙している点において、ZETAもまたドイツのセクシュアリティ解放運動の伝統の延長線上に位置すると指摘できる。ここで忘れてはならないのは、ZETAの活動は法律との対立だけで成立しているのではなく、法律との持ちつ持たれつの関係を必要としているという点である。というのも、彼らは動物性愛とは動物愛護の精神と合致するものだと主張しているからだ。動物を愛することと動物とセックスすることは、そう単純に一致しない。ZETAの視点では、セックスしたいからといって動物をモノとして扱ったり、自身の欲求を満たすためにレイプすることは許しがたい。このような人々は動物性愛者ではなく、獣姦愛好者(beasty)やズー・サディスト(zoo-sadist)であって、動物保護法違反であるというのがZETAの立場である。ZETAが作り出しつつある彼らのセックスにまつわる言説は、法律と絡み合いながら生成されている状況だ。

5……動物性愛者と〝パートナー〟

私はこれまでにZETAのメンバーを中心に、二二名(男性一九名、女性三名)のドイツ人の動物性愛者と出会った。彼らの家を転々と寝泊まりしながら、話し、犬と散歩し、共に食事して、人間と動物がセクシュアリティに向き合いつつ共存する暮らしを合計四か月にわたって観察した。

彼らは自分を「ズー」と自称し、セクシュアルな関係にある特定の動物の個体を「パートナー」と呼ぶ。男性でパートナーがオスの場合は「ズー・ゲイ」、女性でパートナーがメスの場合は「ズー・レズビアン」、パートナーの性別を問わない場合は「ズー・バイセクシュアル」など、ズーにも違いがある。また、動物にしか興味を持たない人もいれば、人間とも恋愛やセックスをする人もいる。人間に対しても動物に対してもゲイという人もいるし、人間に対しても動物に対してもバイセクシュアル、人間にはヘテロセクシュアルで動物にはゲイなど、さまざまである。パートナーとして指向する動物種は「犬だけ」「犬と馬」など、それぞれ固定的だ。

また、セックスで自分が受け身な場合を「パッシブ・パート」といい、その逆を「アクティブ・パート」という。ズー・ゲイを例に説明すると、動物のペニスを自身の肛門に受け入れる側が前者、その逆が後者となる。私の調査対象者は大半がズー・ゲイのパッシブ・パートで、ズー・ゲイのアクティブ・パートはひとりもいなかった。これは、動物の肛門へのペニスの挿入は「種として不適切な態度」を強いる行為と見なされるからだろう。

特に犬を性的な対象とする人は調査対象者二二名中一七名と過半を占めた。好まれる犬種はジャーマン・シェパードやラブラドール・レトリーバー、ドーベルマンなどの大型犬だ。ZETAのメンバーは動物保護施設から引き取り手を探している成犬を迎え入れることが多いため、純血種は少なく、上記の犬種の雑種が目立った。大型犬が人気なのは、人間との体格差が縮まるためセックスで犬を傷つける可能性が少ないと考えられているからである。

ドイツでも猫は犬と人気を二分するペット動物ではあるが、ZETAの動物性愛者は猫をセックスのパートナーにはしない。なぜならば猫は体格と性器のサイズが人間に比べて小さすぎるためである。また、舌がざらざらしていてオーラル・セックスをしたとしても痛いのだという。これまでの調査対象には猫をペットとして飼っているケースはあっても、パートナーとする者はいなかった。

続いて、具体的に事例を見ていこう。ZETA創立にも関わった主要メンバーである五〇代なかばのミヒャエル(8)という男性について記述する。

①動物は動物でなければならない

ミヒャエルは地方都市の郊外に一人暮らしをしている。現在のパートナーは、ジャーマン・シェパードのメス、キャシーだ。ほかに二匹の猫をペットとして飼っている。簡素な家は庭付きで、猫たちはネズミを探して駆け回り、キャシーはそれを見守り日向ぼっこをする。ミヒャエルは、週末はのんびりと彼らと過ごし、平日は仕事に出かける。朝八時には出勤するが、その前にキャシーと短い散歩をする。散歩のあとはまずキャシーと猫たちに食事を与え、その後で自分も軽く食事をとる。

キャシーは凛として堂々とした静かな犬だ。私は彼女が吠えるのを一度しか聞いたことがない。ある日ミヒャエルと話し込んでいたら一瞬の緊張が不意に走り、キャシーが一度きり、低い声を発した。ミヒャエルはしばらく耳を澄まして「大丈夫、なんでもない。おそらく少し遠くに知らない人でも来たのだろう」と言った。キャシーは警戒する様子を見せて玄関から庭に出て一回りし、戻ってくると落ち着いて座り直した。

キャシーはよくしつけられている。キャシーだけではない。ドイツの犬はたいてい行儀がよい。無駄吠えも盗み食いもしないし、興奮して人にとびかかることももちろんない。排泄もコントロールできるし、散歩中も飼い主の歩調にしっかり合わせる。公園で犬同士がすれ違っても、激しい吠え合いになる前に飼い主が諫めればすぐに落ち着く。ドイツには「犬のよし悪しは飼い主次第」という考え方が浸透しているのだという（グレーフェ二〇〇〇）。ドイツ全土に数多存在する犬の学校「フンデシューレ（Hundeschule）」に飼い主が犬とともに通い、ドッグ・トレーナーのもとで訓練するのも一般的だ。犬が人間と共に暮らせる基盤が整っていて、電車やバスなどの公共交通機関、レストランでも犬を同伴するのが当たり前のドイツでは、犬へのしつけは共に社会生活を送るための必須条件だ。

動物性愛者のパートナーの犬たちも、ドイツの犬らしくよくしつけられていた。一般的な家庭の犬と少し違う点は、家のなかでの犬の存在感だ。私が滞在したドイツのある一般家庭では、犬は人間の家族よりも言ってみれば下に位置していて、たとえば食事を人間よりも先に与えられることはないし、犬が部屋の中であちこち歩いていても飼い主はそれほど注意を払わない。同じ家の中にいても、犬は犬、人間は人間で別々の活動域を保っている。ところが動物性愛者の生活では、犬は中心に位置している。ミヒャエルを例にとれば、犬の視線や些細な動き、気配に常に集中していて、私と話していても頻繁に言葉が途切れる。ミヒャエルの視界には常にパートナーがいる。彼にとって最優先の存在がパートナーである。

ミヒャエルは初対面時に、キャシーを「僕の妻だよ」と私に紹介した。キャシーのほうはミヒャエルをどう思っているのだろう。夫だろうか、飼い主だろうか。ミヒャエルは「どうだろう。彼女は強い性格で、この家のトップだからね。もしかしたらお母さん役をしているつもりかもしれないね」と笑った。「少なくとも彼女は僕や猫たちを守ろうとしているのは間違いないね」。キャシーの本心をわれわれ人間が明らかにすることなど、しょせんできない。動物の思いを推測し代弁するなど、人間の傲慢に過ぎないだろう。ミヒャエルはそんなことはしないが、それでも動物に愛着を寄せること、それについて説明することを止められない。「動物のほうが人間よりもよっぽど信頼できる。動物は嘘をつかない」と彼は言う。パートナーであるキャシーを、人間ではない動物だからこそ信頼しているのである。

このような発言は他の動物性愛者からもよく聞かれた。彼らはパートナーである犬を人間の代替として見るのではなく、犬だからこそ愛着を持つ。「嘘がない」「裏切らない」といった、犬の性質と感じられるもの、あるいは人間と犬の関係性から生じる特徴だけが理由ではない。犬の身体も愛着の大きな理由となる。犬の背中に鼻孔を押し付けて匂いを吸い込み、抱きしめて彼らの高い体温に癒され、毛並みに頬をうずめることが、犬をパートナーとする動物性愛者には喜びだ。

ある時私は、あるインフォーマントに「きみはズーじゃないな」と言われたことがある。犬が飛びついてキスをしようとしているのに、その舌が私の口の中に入ってくるのを無意識に拒んで、とっさに唇を結んでしまったからだ。動物性愛者たちはこんな時、大きく口を開けて犬と舌を絡めるキスをする。ドイツでは一般的な飼い主は犬とこのようなキスはしない。そこで、犬が口に舌を入れるのを拒むか拒まないかで「ズーの素質があるかないかを測れる」のだという。私はその基準から外れた。ズーならば、犬の表現を犬が望むやりかたのまま、ありのままに受け入れるべきなのだ。

動物性愛者にとって犬は犬でなければならない。彼らはパートナーを擬人化することはない。

一方で興味深いのはパートナーに「パーソナリティー」を認める点だ。犬が好きだからといってどんな犬でもいいというわけではなく、特定の犬のパーソナリティーに惹かれてパートナーとするのである。ミヒャエルは動物のパーソナリティーをこう説明する。

ミヒャエル「動物にもそれぞれ性格があるけど、それだけではパーソナリティーだと僕には思えないんだ。その動物と関係性が近くなり、よく知っていくにつれ、自分にとって大切だと思える相手の部分が増えてくる。それは互いに関わりあうなかで生まれてくるもので、その時に僕は彼らのパーソナリティーを見出したと感じる。僕と暮す動物たちは僕を上手に操るくらいだから、僕のパーソナリティーを知っているんじゃないかな」。

（二〇一七年六月一七日）

彼にとって動物のパーソナリティーは相手との関係性のなかで生成されていくもので、そのパーソナリティーに惹かれた場合にセクシュアルな感覚も生まれるのだという。ミヒャエルの周りの動物たち——キャシー、飼い猫たち、時には近所からやってくる野良猫たちは、彼に気ままに食事を要求し、あれこれ無言で望みを伝え、ミヒャエルを翻弄する。このやりとりのさなかにミヒャエルは互いのパーソナリティーの出現を認め、楽しんでいる。動物性愛者が言う動物のパーソナリティーとは、自分にとっての特別な動物であることを保証するような、関係性を基盤とするしるしのようなもの、言葉にしえないやり取りの痕跡のようなものではないだろうか（動物の性格については本書4章村山論文に詳しい）。

②非異性愛秩序的なセクシュアリティ

動物にしか性的興味を持てないとミヒャエルが気づいたのは一三歳のことだった。当時住んでいた家の近所のオス犬との接触がきっかけだ。その犬は攻撃的な態度でよく吠えるため、何年もの間、少年ミヒャエルは恐ろしく思っていたという。ある日、犬小屋が空だと思っていたミヒャエルは近くで遊んでいた。

ミヒャエル「気づくとその犬がじっと僕を見ていた。その時なぜか突然、恐怖感が消えた。そこでフェンスの網越しに指をそっと入れてみた。すると犬は僕の指の匂いを嗅いで舐めはじめた。その時、経験したことのない衝撃が体に走った。勃起したし、身体的にも感情的にも何かが爆発するのを感じた。泣きそうになって、ぜえぜえ息をした。興奮、愛のような感情、寛いだ感じ、ごちゃ混ぜになった感覚の波に襲われた。」

（二〇一七年六月一〇日）

当時ミヒャエルは動物性愛のことなど知る由もなかった。この時以前に自分のセクシュアリティに気づくこともなかった。「幼少期からライオンや虎に食い殺される夢はよく見ていたけれど、それと関係があるのかはわからないよね」と述懐する。

調査の過程で出会った男性動物性愛者のうち、過半数が「生来的に選択の余地なく動物性愛者で、幼少期から思春期にかけてセクシュアリティを自覚した」、「おそらく生来的に動物性愛者だが、人間を愛すものだと思い込んでいたため欲望を封じ込めており、思春期以降に何らかのきっかけがあって動物性愛者であると自覚した」と説明した。こう答えた人々は、セックスの意味や方法などの知識がない幼い頃から動物に対する強い愛着を持っていた。彼らは異口同音に「動物への愛着や性的欲求は自分ではどうにもならない、あらかじめ備わっていた感覚だ」という。

ミヒャエルの場合は、「人間を愛すものだと思い込む」ことに加え、性的多様性の認識が広まりきっていなかった時代に思春期を迎えたため、家族や身近な社会から異性愛秩序的価値観を求められ、「人間の異性を愛すものだと思い込む」必要があった。

ミヒャエル「相手とすべきは女の子だけなのだとずっと思っていた。そう教えられてきた。でも、一度も性的な欲望を女の子に抱いたことはなかった。それに、男の子たちが女の子たちについて話すのを聞くのがすごく嫌で、居心地が悪かった。」

（二〇一七年六月一〇日）

ミヒャエルは動物に対して性的な興奮を抱く自分を受け入れることができず、自分を「異常」だと考えるようになる。「心の底からノーマルになりたかった」と彼は言う。親戚に会えばいつもガールフレンドはいないのかと聞かれるのが苦痛だった。二八歳のとき、自分を「正常な世界に矯正するために」ある女性と結婚する。いったんは異性愛秩序に従おうとしたのである。しかし一〇年後に離婚した。動物とのペニスの挿入を伴うセックスには一三歳以来憧れを抱き続けていたが、離婚するまで欲望には鍵をかけ、実行しなかった。そんなミヒャエルにとって結婚期間中の性生活はとても辛いものだった。

ミヒャエル「僕は妻に、セックスのことを何も知らないので全て教えてほしいと話した。妻は手取り足取り教えてくれたのでそれに従った。夫婦というものは定期的にセックスするものなのだと彼女が言うので、僕は義務としてこなした。本当に苦しかった。イマジネーションをフルに使い、動物とのセックスを妄想して妻の相手を務めた。人間とのセックスは好きではない。人間は思っていることを隠すし、本心と行動が一致しない。だから理解しにくいし、セックスの裏にいつも何かが隠されている。動物のセックスには裏がない、彼らはしたければするし、したくなければしない。」

（二〇一六年一〇月二三日）

ミヒャエルにとって人間同士のセックスは常に何らかの意味づけがなされており、そこに苦しさを感じている。義務という意味づけを与えられることによって人間の男女の夫婦間のセックスは婚姻維持のための交渉事という側面を持つことになる。しかし、動物はセックスに意味づけを行わない（あるいは行っているようにミヒャエルには思われない）。動物は人間に比べて単刀直入で、思考や行動の裏を読む必要がなく、ミヒャエルにとっては「理解しやすい」存在だ。セックスをするかしないかで関係性が揺らぐこともない。したがって、ミヒャエルにとっては動物とのセックスの方が好ましい。

人間によって価値づけられ意味づけられるセックスを拒否し、人間の代替物としての動物ではなく、動物であってかけがえのないパートナーを求めるミヒャエルのセクシュアリティのありかたは、ドゥヴルーや松園が記述した異性愛秩序に属す男性が女性の性器の代用として動物を求める性行為のありかたとは異なっている。

③犬の性的欲望と向き合う

ミヒャエルが離婚後にパートナーとしたのは、ロットワイラーのオス犬のハソだった。もともとハソは近所の家の犬だったが、飼い主が引っ越しに伴って手放さざるを得なくなったために引き取った。ミヒャエルはハソとペニスの挿入を伴うセックスをしていた。彼はズー・ゲイのパッシブ・パートなので、ハソのペニスを受け入れる側である。

「ハソは食事の後はセックスをしたがっていた。これはハソに限ったことではなく、多くのオス犬がそうだよ。そしてセックスをしたらよく眠る。犬にとってセックスは食事と睡眠と同じ自然な営みで、純粋に楽しみなんだ。」

ハソは亡くなっているので、セックスをしたがる様子を私は観察できていない。しかしオス犬をパートナーとする別の男性動物性愛者の家を訪ねた際、ちょうどお昼時だったことがある。彼はパートナーに食事を与えた。すると、その犬は食後すぐに鞘からペニスを少し突き出した状態で彼に近づき、Tシャツがまくれ上がるまで鼻でお腹をつついて、彼のへそを熱心に舐めていた。彼は笑って言った。「セックスをしたがっているんだよ。食後は毎回、したがるよ。彼はなぜか僕のおへそをヴァギナだと思っているらしくて、こうやって誘ってくるんだよ」。説明を受けるまで、私はその行動がセックスの誘いだとは思わなかった。動物性愛者は犬が発するサインに敏感なのだろう。普通なら無視してしまう犬の行動とその意味に気づいてしまうのかもしれない。オス犬をパートナーとするパッシブ・パートの人々は「犬がセックスをしようと誘ってくる」とよく話す。ある犬はへそを舐めることで誘うし、ある犬はもっとわかりやすく腰や背中に乗りかかってきて誘うという。

動物性愛者の多くは「ズーではない飼い主たちが、なぜ犬の気持ちをわからないのかが理解できない。お腹が減ったとか水が飲みたいとか、遊びたい、散歩に行きたいという犬の意思表示はわかるのに、性のことだけはなぜわかろうとしないのか？」としばしば言う。彼らはパートナーを性的に成熟した存在と捉えていて、「犬の性欲を無視するのは残酷だ」と考えている。あたかもまだ性の目覚めのない人間の子どもと同じように犬を扱い、犬の性的欲望に鈍感にふるまう一般的な飼い主のありかたに、動物性愛者たちは疑問を投げかけている。

実は、動物性愛者なら誰しもパートナーとセックスするわけではない。なかには、オス犬の体調や様子を見て、定期的に射精介助を行って精神的な安定を与えているだけという人もいる。彼らにとって大切なのはなによりパートナーの健康で、この場合は性的なケアを行っているという感覚が強い（人と動物のウェルビーイングについては、コラム5も参照）。

また、ミヒャエルはズー・ゲイのパッシブ・パートでありながら現在のパートナーはメスのキャシーで、セックスはしない。彼は身体のあちこちに問題を抱え、体力の著しい減退を感じている。オス犬を飼うには長時間の散歩も平気な体力が必要だ。落ち着いたメスのキャシーならパートナーとして責任を持てると感じたという。自身の快感の道具にするために動物を選ぶという考えはもちろんない。彼にとって動物性愛はセックスのみに還元されるものではなく生きざまであり、「本当の意味で動物と一緒に生きること」だという。

ミヒャエル「キャシーはセックスをしたがらないタイプ。犬にも人間と同じように性格や好みがある。僕自身、相手が誰であれペニスを挿入するのは好きではない。だが、もしキャシーが望めば応えていただろう。相手が望み、自分も応じたいと思えばセックスをすればいい。それが互いを尊重するということだろう。ハソに対しても同じだ。ハソがいくら望むからと言って毎回食後に応じていたわけではないよ。」（二〇一七年六月某日）

ミヒャエルのこの言葉は、人間同士のセックスでは当然の前提とされるものだ。人間社会では互いの合意を得たうえでのセックスが正しく合法的なセックスとされる。では、動物との間で明確な合意は得られるのかという点が問題視され、動物性愛は批判を呼ぶのだが、その議論については本章では残念ながら触れる余裕がない。ここで注目しておきたいのは、ミヒャエルにとってはむしろ、元妻とのセックスでは互いの「合意」があったとしても、尊重しあうセックスは成立していなかったという事実である。人間のセックスは時に言葉による「合意」のもと、義務、交渉事、あるいは我慢、その他さまざまな意味が付与され、言語活動の一部となる。しかしミヒャエルにとってハソとのセックスには言語を用いない合意があり、「純粋な楽しみ」としての身体的営みとなっていた。

6……おわりに

動物性愛者のセクシュアリティは言葉を超えた身体性に特徴がある一方で、現段階では言葉による説明に縛られてもいる。これはZETAがセクシュアリティ解放運動の側面を備えていることと関連するだろう。普段からセクシュアリティを考え抜いている人々だからこそ、語ることを重視する傾向にあった。彼らは予想以上に打ち明け話をしたがり、思う存分、私にセックスを語りつくした。しかし、話せば話すほど、聞けば聞くほど、セックスが生身のものでなくなる錯覚をも私は覚えた。「動物を苦しめるのは許されない、しかし動物のセクシュアリティを真剣に受け止めることは必要だ」という動物愛護家ならではの倫理的前提をもとに、彼らは彼らのセクシュアリティを語る。動物への善なる「愛」を手掛かりにすることで、彼らはセクシュアリティの正当性を主張する段階にあるということだろう。

本来はセックスという行為に愛や心理的愛着など、もっともらしい理由は必要がないはずだ。しかしZETAの面々はそのような言い方はしない。彼らにとってパートナーはかけがえのない存在であり、その「愛」はロマンティック・ラブの概念の範疇にあるとも言える。動物性愛者としての集団的アイデンティティを形成する過程のただなかにある今、彼らはそのような「愛」を語ることを通して、彼らのセクシュアリティを規定していこうとしているように思われた。ロマンティック・ラブのモデルを当てはめるということは、動物性愛者は「愛」に関して古風な価値観を持っている人々とも言えるかもしれない。

動物性愛者は動物を擬人化し、人間の代替としてパートナーを扱うわけではない。だが、パートナーとの関係性については、ロマンティック・ラブのように、人間同士であるかのような価値観を重ねているとも見える。言葉を話さない動物を「愛」し、種を超えた身体を介してつながりを作り出す彼らのセクシュアリティは、種やジェンダーといった人間による分類を批判する力を備えている。また、人間と犬のケアを含む関係性についても再考を促す。今後、射程を広げながら動物性愛にまつわる問題を捉えていければと考えている。

【注】

（1）動物性愛が診断名として初登場したのは一九八〇年のことで、米国精神医学会が刊行した『精神障害診断の奨励とマニュアル（DSM）』においてである。その後、一九八七年刊の改に訂版『DSM-Ⅲ-R』で動物性愛は「特定不能のパラフィリア症候群（Paraphilia Not Otherwise Specifed）」にカテゴライズされた。一九九四年刊『DSM-Ⅳ』および二〇〇〇年刊『DSM-Ⅳ-TR』でも同カテゴリに記載されている。DSMが定義するパラフィリアの基本的特徴は、「少なくとも六か月間にわたる、1）人間ではない対象物、2）自分自身または相手の苦痛または恥辱、または3）子供または他の同意していない人、に関する強烈な性的興奮の空想、性的衝動、または行動の反復」とされる（米国精神医学会二〇〇二）。

（2）ハニ・ミレツキは動物性愛を性的指向として理解するために、「ズーセクシュアリティ（zoosexuality）」という用語を提案している（Miletski 2002）。ミレツキの論考における性的指向とは、ロバート・T・フランコウーによる定義に依拠する。すなわち、性的指向とは、1）愛着指向――誰にあるいは何に対して情緒的結びつきを感じるか、2）性的妄想思考――誰とあるいは何とのセックスを妄想するか、3）エロティックな指向――誰とあるいは何とセックスするのを好むか、という三つの相互関係的側面からなるというものである（Miletski 2017）。

（3）ウィリアムズ＆ワインバーグ（Williams and Weinberg 2003）の調査は、動物性愛者や獣姦愛好者が集うウエブサイトを通じ、男性動物性愛者を対象として収集されたメールでのアンケート結果をもとにしている。犬や馬のほかに、猫、牛がそれぞれ二例、山羊、羊、にわとり、イルカが一例あったことが報告されている。

（4）法医学者のアグラワルは、動物性愛者や獣姦愛好者が幼少期に接触を経験したペットや農場の動物が性的対象になりやすいと指摘している（Aggrawal 2011）。

（5）ＺＥＴＡ　公式ウエブサイトＵＲＬ：https://www.zeta-verein.de

（6）ＺＥＴＡのメンバーには女性は非常に少ない。ある女性動物性愛者は、動物性愛者であることを公表することによるデメリットを次のように話した。「たとえオンラインフォーラムなど匿名性の高い場所であっても、自分が女性であることが知られようものなら、動物を含めた乱交に誘ってくる（獣姦愛好的な）男性などから卑猥なメールや連絡が殺到し、非常に不愉快な思いをする。私が知る限り女性にも動物性愛者は多いが、彼女たちは公にしようとはしない。」このような背景から女性たちはひときわ警戒心が強くなっていて、女性動物性愛者の見かけ上の人数が少ないとも推測できる。

（7）ＺＥＴＡのメンバー全員が完全なカムアウトをしているわけではない。メディアの取材に顔写真や映像とともに実名で応じるのはごく一部のメンバーに限られる。仮名であれば取材に応じるケース、家族とごく親しい友人にのみカミングアウトしているケース、ＺＥＴＡ内部でのみ公表しているケースなど、個々人の判断で公表する範囲は限られているが、ＺＥＴＡに所属するという行為はメンバーにとってセクシュアリティ解放運動、反差別運動の意味合いがある。

（8）ミヒャエルは動物性愛者であることを語る際に自分を偽る必要はないと仮名の使用を拒否したため、本章では実名で紹介する。

【参考文献】

グレーフェ彧子（二〇〇〇）『ドイツの犬はなぜ幸せか――犬の権利、人の義務』中公文庫

デッケルス、ミダス（二〇〇〇）『愛しのペット――獣姦の博物誌』半田良輔監修、堀千恵子訳、工作舎

フォード、クレラン・S&ビーチ、フランク・A（一九六七）『人間と動物の性行動――比較心理学的研究』小原秀雄訳、新思潮社

米国精神医学会（二〇〇二）『DSM-Ⅳ-TR 精神疾患の診断・統計マニュアル』高橋三郎・大野裕・染矢俊幸訳、医学書院

松園万亀雄（一九九九）『グシイの性と生殖』（博士論文）東京都立大学

Aggrawal, Anil, 2011, A New Classification of Zoophilia. *Journal of Forensic and Legal Medicine* 18 (2) : 73-78.

Beetz, Andrea M., 2004, Bestiality/ Zoophilia: A Scarcely Investigated Phenomenon between Crime, Paraphilia, and Love. *Journal of Forensic Psychology Practice* 4 (2) : 1-36.

Beetz, Andrea M., 2008, Bestiality and Zoophilia: Discussion of Sexual Contact with Animals. In *The International Handbook of Animal Abuse and Cruelty: Theory, Research, and Application*. Frank R. Ascione (ed.), pp. 201-220. West Lafayette, Indiana: Purdue University Press.

Devereux, George, 1948, Mohave Zoophilia. *Samīkṣā: Journal of the Indian Psychoanalytical Society* 2 (3) : 227-245.

Kafka, Martin P., 2010, The DSM Diagnostic Criteria for Paraphilia Not Otherwise Specified. *Archives of Sexual Behavior* 39 (2) : 373-376.

Kavanaugh, Philip R., and R. J. Maratea, 2016, Identity, Resistance and Moderation in an Online Community of Zoosexuals. *Sexualities* 19 (1/2) : 3-24.

Miletski, Hani, 2002, *Understanding Bestiality and Zoophilia.* Bethesda, MD: East-West Publishing Co.

Miletski, Hani, 2005, A History of Bestiality. *Anthrozoös: Journal of the International Society for Anthrozoology* 18 : 1-22.

Miletski, Hani, 2017, Zoophilia: Another Sexual Orientation? *Archives of Sexual Behavior* 46 (1) : 39-42.

Navarro, John C., and Richard Tewksbury, 2015 Bestiality: An Overview and Analytic Discussion. *Sociology Compass* 8 (10) : 863-875.

Williams, Collin J. , and Martin S. Weinberg, 2003 Zoophilia in Men: A Study of Sexual Interest in Animals. *Archives of Sexual Behavior* 32 (6) : 523-535.

第18章…ブータンの街角にたむろするイヌたち

Keywords ＝輪廻転生、村の犬、街の犬、ドゥクパ・クンレー

小林 舞・湯本 貴和

冬のティンプーでは、朝には気温が氷点下となることも少なくない。そんな寒い朝、朝日と一緒に白い煙が立ち昇る。ブカリと呼ばれる各家の薪ストーブからの煙ではなく、高山地域から集められた植物を乾燥して調合されるお香がもくもくと燃やされている煙だ。そんな幻想的な朝、だれよりも早く目覚め、ひとけの少ない街のなかを忙しく駆け回っているのは多くのイヌたちだ。徒党を組んで街を徘徊するイヌたちがいる。体が大きく毛並みも鮮やかなオス、乳首が腫れて地面に引きずりそうなメス。毛並みがボロボロで三本足で歩くイヌもいるし、誰かを待っているかのようにじっと遠くを眺めている小柄なイヌもいる。交尾をしているイヌたちもいる。ブータンを訪れる旅行者の印象として、「ノライヌ」の多いことがしばしば語られる。確かにイヌは多い。ブータンの風景の中には都市、農村を問わず必ずどこかにイヌがいる。しかし、少し前まではブータンの風景にノライヌは存在しなかったと聞く。今やイヌの天国とも言われるブータンにどのような変化があったのだろうか。ブータンのイヌと人間の関係性を仏教思想、生業と近代化に関連付けながら考えてみたい。

1……動物への慈悲の心

湯本は二〇〇三年より数回ブータンを訪問し、小林は二〇一四年以降ブータン西部を中心に農村調査をしてきた。ブータンに行くと、見かけるイヌはほとんど繋がれていないことに気がつく。繋がれているイヌを見ると何故なのか疑問に思ってしまうほどだ。ブータンではイヌを繋いでおくという習慣があまりないようだ。縛って拘束するのは仏教の慈悲の心に反すると考えているのだろうか。

動物を労わろうとするブータンの人々の心遣いは、日常的な生活の場面の中にしばしば伺うことができる。たとえば、人々は自分たちの食事の時、余った食物をしばしばイヌにやっているようだ。小林はブータン中央部のブムタン県にあるジャンベイ・ラカンと呼ばれる七世紀に建てられた寺院を訪れた。人気の少ない静かな境内にはイヌが何頭も寝そべっていたが、帰り際に若いお坊さんがそのイヌたちに餌をあげているのを見かけた（写真1）。何を与えているのかはわからなかったが、食べ物を放り投げては飛び上がるイヌたちを見て嬉しそうに笑っている。足を傷めて歩行が不自由なイヌがいたのだが、お坊さんはそのイヌにも確実に餌が行き届くようにイヌが近づくのを待ってから最後の餌を与えていた。

ブータンではお祭りやお祝いがある際、家族や友人と野外でピクニックをすることがよくある。そんなとき、イヌたちも相伴にあずかるのをしばしば目にした。調査中、村から遠く離れている場所であっても、食事が配られると、どこからともなくイヌたちが周囲に集まってくる。食事時におこぼれがもらえることは当然であるという風情である。村人たちは遠慮もなくしつこく集まってくるイヌたちを不快に思うこともしばしばで、大げさな身振りや棒などを振り上げて追いやるのだが、そんな仕草に慣れたイヌたちも多く、必ず戻ってくる。また、ヒマラヤの穀倉地帯であるブータンの農村では、手を洗うかわりに炊かれたお米をこねて手をきれいにし、それをお皿の外に置くという習慣がある。一見するともったいない、あるいは罰当たりだという感覚があるかもしれないが、その捨てられた食物は決して無駄にはならない。それは後述するように先祖もしくは先祖が輪廻転生した生きとし生けるものへの施しといわれ、実際、ちゃんとイヌの腹に収まる寸法になっているからだ。

イヌだけではない。ティンプーにはたくさんドバトがいて、数百羽という大きな群れをつくっている。早朝に餌をやる人がいるのだ。建物にいるネズミに対してさえ、殺さずに餌をやっている人に会ったことがある。日本では野生動物の餌付けが問題になっているが、ブータンの仏教社会には、厄介者扱いされる動物もいる反面、動物たちに食事を施すことが功徳を積むことにつながるという考え方が強く流れている。

このように、ブータンにおける人間と動物の関わりを考える場合、仏教思想が果たしている大きな役割は常に考慮されなければならない。地域差や個人差はあるものの、ブータンでは、輪廻転生という考え方に基づいて、多くの人々は殺生を極端に避ける傾向がある。同じ仏教国といいながら、殺生を避けようとする心情は日本と比べものにならないほど強い。亡くなった家族や知人が転生して、ハエや蚊などを含む身の周りの動物となっているかもしれないと考えるからだ。そのために血を吸っている蚊でさえ、むやみに叩き潰すことなく、軽く手で追い払うだけである。ブータンは有機農業を推進している国としても知られているが、農薬（特に殺虫剤）を使わない大きな理由は殺生を避けたいという理由からでもある[1]。また、毎月八日・一〇日・一五日・三〇日は神聖な日とされ、その日は農作業を行わない習慣もある。それは、農業という行為をとおして知らず知らずのうちに「虫」などを殺生してしまう、そうしたことがないようにという配慮でもある。

写真1　ブムタン県の寺院でみかけたイヌとお坊さん

もちろん、輪廻転生や殺生に対する日本とブータン両者の違いは、単に思想の深さとか影響の強さの違いといったことだけではない。たとえば中世日本では、畜生道に落ちている衆生を殺生することによって畜生の境遇から救済するという考え方さえあった。その意味では、同じ思想から異なる行動規範、時には正反対の態度さえ生まれてくる可能性もある。したがって、殺生を避けようとする一点をもってブータンの方が日本より仏教の教えに忠実だと言い切れないのは確かだ。それでも、ブータンの人々にとって、日々の生活に仏教の教えが深く浸透していることは事実だ。

中世の日本社会がそうであったように、現在のブータンにも、輪廻転生に対する厳然たる「因果応報性」が強く生きづいている。それは、人間がこの世で善悪の行為をおこなうとそれに対する禍福の報いが必ずあるという原理である。おそらく、現代の日本では、この世の善悪の行為が後生に関わるという切実さは想像しがたい。しかし、中世の日本に生きた人々と同様、現在ブータンに生きる人々にも、現代日本社会において法の裁きによって犯罪の刑罰を受けるという必然性となんら遜色のないリアリティーをもって現世を超えた業が迫っているのである。

2……「村の犬」と「街のイヌ」

それにしても、確かに街にはイヌが多い。毎日そんなイヌたちの姿を見、声を聞いていると、イヌが人間の世界の中で暮らしているというよりまるで人間がイヌの世界の中に生息している、といった感じさえしてくる。イヌたちにとって、人間は餌にありつける絶好の生活場所を与えてくれているのだ。

見かけるイヌたちの多くは、功徳を積むことにつながるという考え方で餌を与える人が多いからか、さして食べものにも困らないらしい。ずいぶん勝手気ままで、比較的健康そうだし、大きな個体が多いのが目立つ。街中で群れをなし、しばしば道の真ん中にさえ居座っていて、そのなかを歩いて通過するのが怖いほどだ。しかし、人が近づいても吠えかかることもなく、とくに威嚇してくるわけでもない。そうした経験を繰り返しているうちに「ははーん」と気がつく。それらは単なる「ノライヌ」ではなく、「村の犬」なのだということが分かってくる。都会なら、さしずめ「村の犬」の末裔としての「街の犬」というべきだろうか。

かつて柳田國男は明治期の村を描く中で、「村の犬」というのが四〜五匹は常にいたと述べていた(2)［16章加藤論文］。といっても、イヌを飼っている家は一軒もなく、イヌの食物は不安定で、「寝床も自分のくせだけできめて」いたのだという。塚本学もこれを受け、「少なくともイヌにあって、特定の飼主がなく、といって完全なノライヌではないのだが、つい最近まで数多く存在したことは疑いのない事実だろう」と述べ、日本の江戸時代には、「村の犬式の特定の飼主をもたないが、といってノライヌともいいにくいイヌと、そのなかで特定の家に居ついて主人もちとなったイヌはたいへん多かったし、両者の差が明瞭でない場面も少なくなかったと思われる」と語っている(3)。ここでいわれている「村の犬」は、特定の個人所有の場合もなくはないが、そうでない場合が多い。誰が飼うともなく、村で生まれて、村に暮らすイヌのことだ。村で餌をもらい、村で子を産む。「村の犬」は余った食物をくれる人々の間に住み着くことによって餌を確保し、その分、外部の者に対してはその特権を守ろうとしていた。

ブータンにおけるイヌの現状を把握するための調査が、オーストラリアのパース大学獣医学部とブータン国立家畜衛生センター共同で行われている。個体数の管理と狂犬病対策のためだ。ブータンの六つの地域において行われた基礎的調査が、二〇一二年リンジンらによってまとめられた(4)。そこでは、イヌを家庭で飼われているものとそうでない「ノライヌ」に分け、都市と農村ごとに分析している。その調査によると、都市部において「イヌを飼っている」世帯の割合は二四・二パーセント、それに対し農村では四〇・九パーセントとなっている。どの地域も、イヌを飼っている世帯は平均一匹から二匹飼っている。「ノライヌ」の総数を正確に把握することは難しいため過小評価されているという意見もあるが、都市部の「ノライヌ」の数は飼われているイヌの一・五倍、農村の「ノライヌ」は飼われているイヌの半数とされている。ここから、特定の飼い主がいるイヌも相当いて、その割合は農村の方が多いことがわかる。都市部の方が、特定の飼い主がいないいわゆる「ノライヌ」と分類されるイヌが多い。さらに、リンジンらの調査によると、都市で飼われているイヌの六割以上が「ペット」として飼われており、農村では七割以上が「番犬」として飼われていて、根本的に役割が違うことが示されている。飼われているイヌの入手先に関しては、友人や家族から引き取る場合が一番多いとされているが、「ノライヌ」を引き取る場合が次に多いことも興味深い。これは、塚本学が言う「特定の家に居ついて主人もちとなった」、「ノラ犬ともいいにくい犬」が多いことと共通する。

3……イヌのいる景観のうつりかわり

一九六四年から二八年もの間ブータンで農業技術支援を行い、ブータン近代農業の父とも言われる故・西岡京治氏の妻の里子さんとある日お話しする機会があった。当時の写真を見せていただいていると、毛長で小柄なイヌが二匹、室内の家具の上に座っている写真があった。聞くと、アプソというチベット原産の愛玩犬で、当時は人々の階級に関係なく、多くの家の中で飼われていた犬種だそうだ。あるDNAによる調査結果によると、アプソはイヌの中でも古い犬種で(5)、チベットのラサ近辺において、寺院や屋敷内で番犬の役割を果たしていたという(6)。今では雑種が多く、アプソは減ったと聞く。街中のノライヌの存在はどうだったのかと里子さんにお尋ねすると、当時は全くノライヌがいなかったとのことだった。

いまでも農村に住む人たちはイヌに襲われることを恐れ、慣れぬ道は一人で歩くのを避けている。昔の村でイヌがどのように飼われ、どのような役割を果たしていたのか、その役割はどのように変わっていっているのか。差し当たっては、ブータン南部のチラン県の農村で生まれ育った五〇歳代の男性、B氏に伺った話が、昔のイヌの存在を考えるヒントを与えてくれる。

私は幼い頃、おばあさん、二人の叔母さんと一緒に住んでいた。おばあさんは、必ずイヌを一匹か二匹飼っていた。家と作物、ニワトリ・ブタ・ヤギなどの家畜を守るためだ。どの家も同じだった。毎日二回、朝と晩にヒエを挽いて作った粉の雑炊のようなものと人間の食事から余ったものを与えていた。肉はお祭りのときしか食べなかった。そのためイヌたちが肉にありつけたのは、お祭りが多い九月と一〇月や、各家庭が毎年行う儀式のときぐらいだっただろう。おばあさんは、毎年、ニワトリを数羽締めて、神々に祀っていたのを覚えている。冬休みになると、私は実家に帰り、毎日牛追いの役をしていた。一九八二年の冬だったと記憶している、うちで飼っていた二匹のイヌが近所のヤギを襲った。イヌはヤギの群れについて行き、一頭を孤立させて襲ったのだ。私は彼らを追いかけたが、現場に着いた頃にはヤギはすでに攻撃され、怪我を負っていた。やめさせようとする私に対して、イヌたちは歯を剝き出して唸った。棒を振り上げ、彼らの名前を呼んで初めて落ち着いた。イヌは、一度血を味わってしまったら暴力的になるものだ。私のおばあさんが近所のヤギの飼い主にいくら弁償金を払ったのかは分からない。

ちょうど一〇年前にも、実家のイヌが近所の人に噛み付くという事件があった。そのときも弁償金を払わないといけなかった。ちょうど同じ頃、叔父が出張先のガザでイヌを見つけ、私が受け取って実家に連れて行ったこともある。ガザに多い犬種はチベタン・マスティフで、特に体が大きく、家畜を守るために使われてきた。高地のイヌなので、低地の気候に適応するのには苦労していた。当時は、イヌが攻撃的なら日中は繫いでいたが、夜は自由に走り回らせていた。その頃と比べ、今は村の中心部にノライヌがとても多い。近代化によって村にも学校や病院ができ、農家以外の場所でも餌がもらえる状態ができたからだ。家族の一人がこういった施設に雇われると、イヌもついて行ってそのまま帰ってこなくなった。イヌは飼い主が行くところ、どこにでもついて行く。森に落ち葉や薪を集めに行くとき、水を汲みに行くとき、どこでもだ。だから、飼い主が都会に出ると、そこにもついて行った。子供の頃、ノライヌなんてほとんどいなかった。だが今は、イヌを飼っている農家も減っている。

この話から、この地域では村に住んでいたイヌにはたいてい飼い主がいたことが分かる。また、現在同様イヌが家や家畜の番をしていたことも分かる。とりわけ夜は自由に走り回らせていたようだが、日中は繋がれていたようだ。ブータン西部のパロ県の農村に住む同じく五〇代のK氏によると、昔は繋がれているイヌが多かったが、今は特定の家庭から餌を与えられているものの、自由に走り回っているイヌのほうが多いらしい。とすると、現在のブータンの状況の方が、柳田や塚本が言うような「村の犬」の存在により近い状況なのかもしれない。しかし、これは、現代の日本でいういわゆる「地域猫」や「地域犬」とは違っている。「地域猫」や「地域犬」は、安全と衛生の面からノライヌとノラネコに不妊去勢手術から排泄のしつけまで施すなど、地域ぐるみで世話をすることを通して共存しようといった取り組みである。(7) 後で述べるが、現在、ブータンでも似たような対策はなされている。

いずれにせよ、飼い主のいない「都会の犬」あるいは「ノライヌ」が近代になって増えてきたことは、ブータンにおける住民の生活習慣、生活場所の変化を反映している。

ブータンの近代化は、一九五九年のネルー首相訪問からその一歩を踏み出したとされている。(8) それ以降人口の集中化が進み、都会が形成されてきた。それにつれて、B氏がいうように、イヌたちも都会に出てきて「街の犬」に姿を変えてきたという事情があるのかもしれない。一九八一年から一〇年間ブータン国立図書館顧問としてティンプーで暮らした今枝由郎は、生活をし始めた当初一番困ったのは肉屋や八百屋がまったくなかったことだと綴っている。(9) しかし現在は、いたるところに精肉屋や八百屋が並んでいる。餌にありつける可能性が高い場所として、やはり精肉屋の周りにはイヌが特に多い。K氏によると、都会においてイヌの数が増えた理由としては、市場や外食産業が増えたため、都会における食品廃物の管理が行き届いていないからだという説明が一般的のようだ。(10) そんな都会はイヌたちにとって、間違いなく餌にありつきやすい恰好の住まい場所であるに違いない。

ブータンにおける都市化の現象は、イヌの数ならぬ、農村の高齢化や人口減少を引き起こしている。後に述べる狩猟や獣害の問題とも関わり、「村の犬」が存在する風景の移り変わりの実態を探ることは、人の生活の仕方、生業の変化と切っても切り離せない関係を持っていて、今後の課題となるだろう。

4……「街の犬」たちの繁栄とイヌ対策

現在、ブータンで新鮮な野菜を買おうとしたら、週末に開かれる市場に行くのが一番だ。米・乾物・果物・野菜・卵・チーズといった食材のほとんどは、こうした市場で調達することが一般的である。あるとき、市場に行くと、その一角でブタが数頭解体されていた。ブータンの人々は仏教徒として殺生を極端に嫌うが、今でも肉が必需品であった牧畜文化が根付いていて、肉は好んで食べられる場合が多い。今枝は、『ブータン――変貌するヒマラヤの仏教王国』でヤクとブタの肉が好まれると述べていた[11]。二〇年以上が経った現在では、牛肉を好む傾向が目立つ。増加傾向にある観光客も肉の消費量の増加に貢献している。現在ブータンで消費される肉のほとんどはインドから輸入されている。地元の牛肉を食べるのは、どこか農家のウシが死んでその肉が安全だと判断された時のみという場合が多い。ところで、市場でブタが解体されていたとき、肉を目の前にしているにもかかわらず、肉の一切れでも盗もうとするイヌはいなかった。人がたくさんいたからかもしれないが、いずれ肉の切れ端にありつけることを彼らは知っているようだった。

ブータンでは、肉の多くは一度乾燥させたものが料理される。市場で高級なヤクの肉を購入した同僚が家でその肉を細長く切り、ひなたで数日干していた。イヌたちに取られないよう高いところにおいていたのだが、そのとき私たちが見ていない隙に肉を持っていったのはイヌではなく、ネコだった。ふだんから自分の食べ物が狙われることなど経験していない筆者は、自分たちの無防備さに呆れるとともに、人間の生活に何とも見事に入り込んだ動物たちの行動にしばしば驚かされてしまったものだ。

しかし今、その数を増した「街の犬」は、都市化と共に増幅した厄介な「近代的な問題」と捉えられている。「都会の犬」の数が増えすぎていると判断した政府は、一九七〇年代から数を減らす対策をとり始めた。隣国のインドやネパールで蔓延している狂犬病の恐怖もあったであろう。しかし、この場合でも、殺生を禁じるブータン社会ではイヌを殺して処分するというようなことはしない。当初は、集めて遠くに連れて行くといった対策が講じられたという。しかし、そうして連れていかれたイヌが野生化して家畜を襲うようになったという話[12]もあるし、現在の第五代国王の就任を機に、二〇〇八年の就任式に先立って街のイヌを数千頭捕獲して別の場所に収容したところ、たくさんのイヌが死亡したあげく街のネズミが増えたという出来事もあったらしい[13]。現在いくぶんか制度化している対策は、イヌに対する避妊去勢手術の実施である。二〇〇九年から六年間、国際ＮＧＯヒューメイン・ソサエティー・インターナショナル（Humane Society International：略称ＨＳＩ）の協力を得て、避妊去勢手術と狂犬病のワクチン接種を行うプロジェクトが発足した。このプロジェクトがどれほどの効果をあげたのか、確かな数字を見つけることはできなかったが、その後もブータン政府主導でブータン人の手によって同様の活動が続けられているようだ。ＨＳＩとブータン政府共同の調査報告によると、このプロジェクトによって「街の犬」の攻撃性の低下、発情期に吠える量も減り、総体的な健康状態も良くなったと報告されている[14]。もう一つの対策として、適切な管理を図る上でのイヌのペット化も進められている。避妊去勢手術を受けている場合、ペット登録費が半額になるなどのインセンティブも設けられている[15]。しかし、いずれにせよこれらの明らかな成果が表われるのはまだまだ先のことだろう。

5……現代における「村の犬」の役割

都会ではその数を規制する活動が行われているものの、農村で家や家畜の番をするなどイヌたちには与えられた役割があり、その役割は獣害問題が深刻化するにつれて重要になってきているとも言えるだろう。現在の日本列島でも、各地でイノシシやシカの農作物への害や、クマの人身への害が大きな問題となっている。このような獣害が増加している原因として、第二次世界大戦後、過疎化が進行したことや狩猟圧が減少したことなど、さまざまな要素が考えられている。(16)ただ、研究者や実務者の中には、日本では各自治体の「動物の愛護及び管理に関する条例」でイヌを繋ぐことを事実上義務化したことも、野生動物が恐れずに人家やその周辺を訪れる結果を生み、獣害を拡大している大きな要因だという指摘がある。(17)柳田國男のいう「村の犬」は、集落近在の田畑を野生動物から守る重要な役割を担っていたのだ。

日本の「村の犬」が果たしたそうした役割は、おそらくブータンにあっても同じだろう。ブータンの近代化に踏み出す直前の一九五八年、当時ごくわずかしか許されていなかったブータンへの入国を果たし、後に訪れた西岡がブータンに来るきっかけを作った植物学者・中尾佐助による貴重な手記『秘境ブータン』に、次のような記述がある。(18)

ブータン人はあらゆる殺生を禁じるラマ教(19)の禁制を堅く守っている。彼らの食生活は、牛やブタと切りはなして考えられないくらいなのに、屠殺はすべて特殊なカースト（階級）の人たちの仕事だ。（中略）ブータン人が殺さないのは家畜だけでない。おかげでこの国には狩りにもってこいの野獣や鳥があり余っている。南の方、インド国境の密林にはゾウ、サイ、トラ、野生水牛、中腹の森林にはシカ、イノシシ、クマ、ヒョウがいる。北方のヒマラヤ高地には野生ヒツジ、タキン（牛に似た大型のカモシカ）、ジャコウジカ、カモシカが群がっており、木立の間には大型のキジ、ライチョウの類が飛び回る猟人の天国だ。（一三二―一三三頁）

当時に比べ現在のブータンでも、土地利用の変化はあるにしても森林被覆率は七一パーセント（二〇一六年）(20)と高く、地域によっては増えている。自然保護区の中で居住することが認められているということもあり、獣害の脅威は、少なくとも潜在的には非常に大きな問題となっている。農家への聞き取りによると、[21]獣害問題は年々増加傾向にあって、電気柵で農作物と家畜を守ることが必要不可欠になっている。その背景には、一九九五年のブータン「森林および自然保護法（Forest and Nature Conservation Act of Bhutan 1995）」の発令を境に、狩猟および森林へのアクセス、焼畑農業などが問題視され、それらが徐々に制限されてきたことがあるようだ。獣害による被害は、農作物への直接的な被害だけではなく、見張りに使う時間と費用が多くなることによる負担増や、作付けさえしなくなる地域の増加、さらには、これらの複合的要因による過疎化の進行などに及ぶ。現に、畑の二一％、水田の八％が灌漑不足もしくは獣害問題といった理由で放棄されている。[22]田畑には、害獣を見張るための壁のない小屋があちこちにみられ、夜には人が見張りをしている（写真2）。

写真2　田畑にみる獣害対策としての番小屋

いずれにせよ、獣害は、混合農業や牧畜を基盤とする生業を脅かす最も大きな問題のひとつとされている。[23]

収穫の時期が近づくと、男女を問わず農家から一人、毎晩野生動物から田畑を守る番をするため見張り小屋に詰めるようになる。イヌがいれば連れて行く。ジャガイモを植えた場合には、サル・イノシシ・ハリネズミなどの食害を防ぐため、植えてから収穫までずっと番をしなければならない。稲作の場合は、収穫の数週間前から見張りが始まる。ムギやトウモロコシの場合は出穂してから見張りが必要になる。このように、作物によって時期と期間が違っているが、ウラらの論文によると、見張りの期間はジャガイモで年間一〇〇日間、トウモロコシで四八日間、コメでも四六日間に達するという。[24]

インド平原にあたる南部の地域はシカやサルに加え、ゾウからも作物を守らないといけないので、電気柵や夜の見張りという対策の中身は同じでも、現場の大変さは相当なものだろう。

それほど努力をしても、収穫前のジャガイモが全部イノシシによって荒らされてしまうといった被害が近年増加傾向にあるという。一年をかけてブータン全土の農村調査を行ったウラらは、作物によっては収穫量が二五〜二九％も減っていると報告している。(25) 農作物が荒らされる獣害の多くは、イノシシとシカによるものだ。獣害は農作物に限らず、家畜も野生動物に襲われ、略奪される場合もある。標高差によって多様な生態系を持つブータンでは、地域によって家畜を襲う動物が違う。トラ（*Panthera tigris*）・ヒョウ（*Pantheria pardus*）・ユキヒョウ（*Uncia uncia*）・ヒマヤラグマ（*Ursus thibetanus*）、それに「野生のイヌ」とも呼ばれるドレ（Dhole）（*Cuon alpinus*）（日本ではドールまたはアカオオカミと呼ばれているが、ここでは現地で呼ばれている発音で記しておく）による被害が問題となっている。捕食者が多様である分、狙われる家畜もニワトリやヒツジだけではなく、ウシ・ウマ・ヤクといった大型の家畜も含まれている。こうした獣害全体としては、ヒョウによる件数がもっとも多いという研究もある。(26) また、プナカ州の一地域ではドレによる被害が最も多いといった報告もあり、ヒョウと並んでしばしば容疑者扱いされるようだ。プナカの調査をしたオム・カテルによると、対象地の三分の一以上の農家が被害にあっており、畜産収入の二一％に当たる損害額が出ているという。(27)

こうした獣害が増えている要因には、さまざまなものが考えられる。作物でいえば、作付面積や耕作品種の変化、焼畑耕作の規制が挙げられる。また家畜でいえば、獣害にあった家畜の大多数は森で放牧しているところを襲われている。牧畜への依存度が高く、放牧地は森林地帯が多い。獣害が多い季節としては、田畑での作業が一番忙しく、家畜から関心が離れている夏と秋が最も被害が多いようだ。山岳地域の標高差を利用した移牧がまだ身近な遊牧体系として存在しているが、夏の間餌を求めて最も標高の高い地域へ移動する時期も、狙われやすい時期らしい。(28) 件数だけでいうと、ウマの放牧は特に監視が少ないため狙われることが多い。(29) また、森林面積の増加と野生保護の対象となった動物が増えたことも、被害が増加した要因に挙げられるだろう。たとえばドレは山岳の森に一〇頭からときには三〇頭以上も群れをなして生息しているが、二〇〇四年より国際自然保護連盟のレッドリストに絶滅危惧種として登録されている。(30)(31)小林がブムタンで訪れた農家によると、今でもドレの遠吠えが聞こえ、年に一度は四～五頭の群れをなすドレを見かけるらしい。そこの農家には気の荒そうな番犬が繋がれていたが、ドレ相手だと全く役に立たないだろうとのことだった。しかし、一方でドレは一九七〇年代の家畜保護対策としてブータン政府により多く殺され、ドレがいなくなった地域ではイノシシによる獣害の増加が問題になったという報告もある。(32)これは江戸時代の八戸藩で、ウマを守るためにニホンオオカミを撲滅し、そのせいでイノシシが増えて猪《いのしし》飢餓《けかち》を引き起こした例に似ている。(33)しかし、ブータン政府は九〇年代に自然保護の対象としてドレを再導入し、その後ドレの総数が増えている。政府が自然保護を重要視する近代において、保護の対象となる動物が起こす獣害問題によりおびやかされる住民の生活をどのように捉えるべきか、地域の農民の生活を支えながら動物とどのように共存していけるのかが再度問われている。(34)

これまでにも記したように、動物に対するブータンの人々の接し方には、殺生を禁じる仏教の思想が大きな影響を与えて来た。ブータンの農業は伝統的には有畜農業だったのが、近来、肉食用に飼っていた家畜が減少してきている傾向が見られる。宮本万里はこの傾向を仏教の教えの広まりと関連づけて論じている。宮本は、道路整備などにより、近年村を訪れて教えを説く仏教僧の活動が容易になり、「正しい」仏教教義が説かれていることを指摘している。(35)(36)その教義に則し、搾乳目的ではなく純粋に食用のために家畜を育てて殺す習慣の罪深さが説かれている。殺生禁止を改めて強く訴えることの影響で、農牧混合のブータン農業の基本が変化してきているのだ。いずれにしろ、殺生を忌避する現代のブータンにおいては、獣害対策としての狩猟は法に逆らう選択肢で、当面は電気柵のさらなる普及が主流の対策とされている。家畜に関しては、森で放牧する必要性を減らすため、柵の利用、乳の生産性が高い大型のヨーロッパ種（ブラウン・スイスやジャージー）の導入、質の高い放牧地の育成などが図られている。加えて、番犬の増加も提案されているが、問題の解決にはさらなる調査と対策が必要だというのが現状である。

6……ブータンの猟人

中尾はかつて「猟人の天国」とまで表現したブータンにおける大巻狩りについて、自ら興味深い記述を残している。ブータンの第三国王は、仏教機関によって統治される封建国家から転じて立法議会、司法組織、行政組織を導入し、さらには奴隷階級を廃止した近代化の父として知られている。近代教育を受けたからか、その彼は特にスポーツハンティングを好んだ。狩猟は基本的に禁制であるが、王様を含む最上流の人々にのみ許されていたようだ。殺生を嫌うにも関わらず、肉が好んで食べられてきた背景には、それを可能とする屠殺を行う階級の人たちの存在があった(37)。第三国王も、狩猟を行うにあたって動物を殺し、それを解体するその不浄を為す者を必要とした。こうして、普段貴人の前に顔を出すことすら禁ぜられていた身分の者が王様といっしょに山野を歩き、食事さえともにすることになったのをきっかけに、王様はそんな人物たちに強い印象を受け、特殊階級の解放を指導していったというのだ(38)。

現在のブータンでも、狩猟は固く禁止されている。先に挙げた一九九五年制定の森林および自然保護法には、いかなる野生動物でも、いかなる方法によっても、「殺す・毒を盛る・傷つける」ことは許可がないかぎり違法であると明記されている。しかし、貴人ではない一般の人たちが一切猟をしてこなかったわけではない。よく知られているようにブータンの国技はアーチェリーで、その背景には弓術が猟や防衛など実用的な場面で使われていた過去があったことを伺わせる(39)。

ブータンで狩猟や猟人のことを考えようとすると、ドゥクパ・クンレー（一四五五～一五二九）のことが思い浮かぶ。「瘋狂聖《ふうきょうひじり》」あるいは「聖なる狂人」といった名を冠され、今なおブータンの人々に絶大な人気のある遊行僧である。ブータンでは、一七世紀前半、チベット仏教の一派であるドゥク派の下に国がさまざまな仏教の流れを統一した。ドゥクパ・クンレーの名前はドゥク派のクンレー師という意味で、本名はクンガ・レクペー・ペルサンポ、

図1　ドゥクパ・クンレの図像。右下にイヌがみえる

それを短くしてクンガ・レクパと呼ばれることもある。一五～一六世紀にブータン中を放浪し、お酒を愛し、女性を誘惑する一方で悪魔と戦ったユーモア溢れる型破りなチベット仏僧だった。そんな彼の伝説が、今枝由郎により日本語に翻訳され、岩波文庫の一冊として出版されている(40)。その本には、本来の仏教から堕落したとされながら、形骸化した教団を痛烈に批判し、奔放な振る舞いとユーモアで民衆に仏教の真理を伝えたドゥクパ・クンレーの姿が描かれている。図像や彫像に描かれたドゥクパ・クンレーは、必ず弓矢を担ぎ、イヌを連れている（図1）。

先の伝記は、次のような著者の「口上」から始まる。

障碍を取り除くために、弓と矢を持ち
誤った見解と執着を打ち破るために猟犬を連れ
慈愛と慈悲と寛容の盾を携えた
クンガ・レクパの御足に礼拝します(41)。

ドゥクパ・クンレーは聖なる国インドで「偉大な弓使い」、「偉大な狩り人」と呼ばれた二人の成就者の生まれ変わりとされ、今枝が付した註によると、彼がもっている矢は矢の鍛冶職人として知られた成就者サラハ（八世紀）を、イヌはそのサラハの弟子シャヴァリパを象徴するのだという。

はたしてドゥクパ・クンレーが広く崇敬されていることと、ブータンにおける狩猟の歴史とはどんな繋がりがあるのか。もちろん彼の人気は、形骸化した教団への批判や自由奔放な生き方、とくに分け隔てなく人々に接し、誰にでも分かる形で人々を導いた「大海のごとき」大きな徳によるものであることは断るまでもない。しかし、なお「猟師」としての彼のイメージが人々に訴えかけるものをもっている、あるいは、何か伝統的なブータンの人々の生活に結びついている点もあるのではなかろうかと考えずにはいられない。ドゥクパ・クンレーの姿や彼への人々の敬慕には、殺生を禁じる教えと狩猟の文化あるいは肉食の伝統を折り合わせてきたブータンの人々の知恵とおおらかさが表現されているように感じられるからだ。今日の仏教意識の高まりが屠畜行為などを仏教教義に反する穢れとして禁止していくなか、このようなおおらかさの表現が今後どう変わっていくのかが問われる。

一方、今日彼を祀るお寺として知られているチミ・ラカンというお寺は、イヌの姿となって逃げていた般若・鬼女（demoness）をドゥクパ・クンレーが鎮圧した場所に建てられたといわれている。先に触れた野生のイヌであるドレの語源は「無軌道」だといわれているが、この寺に逃げ込んだ般若の姿はイヌだったのだ。(42) ドゥクパ・クンレーとイヌとの関係は多様でまだまだ謎が多く、異端の仏教僧の姿には、仏教以前、さらには家畜化され、今では生活に欠かせないイヌたちの導入以前から続いてきたブータンの人々の伝統や心情、決して楽ではなかったはずの大自然との葛藤が表れているような気がする。

7……イヌの恩恵

「村の犬」が果たしていたのと同じような役割が、そのまま「街の犬」に受け継がれているわけではない。とすると、いっこうに減りそうもなく見える都会のイヌと人間とは、更なる都会化が進む中で今後どんな関係を取り結ぶようになるのだろう。そもそも「街の犬」は、本当に役に立たないのだろうか？

ブータンの街にたむろするイヌたちは、いわば人間に寄生して生きている存在であるといえるかもしれない。確かに共生といえるほどの恩恵を、人間の側が受けているわけではない。少なくとも、目に見える形で実用的な役割を果たしているとはいいがたい。しかし両者が共存していることは事実で、冒頭に記したように、実際イヌたちが人間の間で暮らしているというよりときには人間がイヌたちの間で暮らしているかのように感じられることさえ稀ではない。

仏教思想の影響で動物たちに食事を施すことが功徳を積むことにつながるという考え方が息づいていることもあり、イヌたちにとってブータンは極力恵まれた環境なのだろう。基礎調査が示すように、特定の飼い主がいないイヌは都会の方が多い。都会といっても一番人口密度の高い首都のティンプーで人口約一〇万人ほどなのだが、そうした人々のあいだに住み着いて暮らす「街の犬」たちは、野生の習性を取り戻しているのか、群れを成して生活しているようすをよく見かける。群れは五〜一〇頭ぐらいのことが多いだろうか。もちろん群れに加わっていないイヌたちもたくさんいるが、群れのイヌは、群れに加わっていないイヌに較べると体が大きいし、毛並みもよく、堂々としている。群れから外れたイヌには、老いぼれたイヌ、小柄なイヌ、片目が潰れているイヌなど、障害を持ったイヌたちが多数見受けられ、彼らは群れのイヌたちがくると距離をおいて身を離す。両者のあいだには明らかにヒエラルキーがあるようだ。

プナカにある大学のキャンパスにも、「村の犬」ならぬ「キャンパスの犬」の群れがいた。キャンパス内に住む教員や学生は外側に住むイヌと区別し、気に入っているイヌには食事の残りなどをやったりする。ある日、キャンパスの中を歩いていると、突然一匹のイヌが吠え出した。一匹が警戒の声をあげると、その声はこだまのように伝播し、イヌ言語で必要な情報が即座に伝えられているのだろう。「見知らぬ人間侵入」、あるいは、「見知らぬイヌ侵入」、「見知らぬ車侵入」といったところか。足元を見ると、尻尾を股に挟んで逃げる小柄なイヌがいた。よそ者を追いやろうと四方八方からキャンパス内のイヌたちが走って来る。逃げ惑うイヌは、襲いかかってくるイヌたちに対して歯をむき出して必死に抵抗する。それでも群れのイヌたちにはかなわない。早々に追い払われてしまった。いったんこうした衝突が起こると、車の多い道の真ん中であろうと、野菜マーケットの人混みの中であろうと、激しい陣地戦いが執拗に繰り広げられることになる。

別のとき、交差点近くにたむろしているイヌたちが通りかかる車に群がり、吠えかかっているのを目にした。それはとても遊びには見えない真剣さで、運転手はイヌを轢かないようにスピードを落とすことしかできない。そんな状況を見て、あるブータン人の学生は「車に轢かれた仲間の仕返しなのだろうか」と解釈していた。きっと、雑踏の中で交通事故に遭うイヌもたくさんいるのだろう。

陽が高くなると世界は一変し、イヌたちは人間の都合などお構いなく、車の通る道路の真ん中でも平気で寝そべっている。そして日が暮れると、彼らは途端に活動を再開する。毎晩夜の九時頃になるとイヌの吠え声が絶えまなく響き渡り、うるさくて寝られないほどだった。そんな鳴き声は、日本での真夏のセミの鳴き声や秋の夜の虫の声を思い起こさせた。日本人が蟬の声や虫の声を苦にしないように、ブータンの人たちにとっては、イヌたちの声が日常の一部となっていて苦にもならないようだ。人間が寝ている間にどんなドラマがくりひろげられているのか、その声に眠りを妨げられながら、いろいろと想像してしまったものだ。

このように、ブータンでの日常には必ずイヌがいる。実際にブータンの街を勝手に動きまわっているイヌたちの存在に毎日触れながら、人間社会のなかでイヌがどのような役割を果たしているのかといった発想自体がなかなか浮かんでこないことに気がつく。それほどまで、彼らの存在は圧倒的なのだ。

私たち人間が当たり前のように暮らしているように、イヌたちもまたイヌたちの暮らしを当たり前のように続けている。その彼らが喧嘩したり、無防備に暖かいひなたで昼寝をしていたり、子イヌたちが全力でじゃれ合ったりしている。そんな姿を見ていると、いかにもイヌたちは、自分たちの都合だけで気のおもむくまま、その意味で主体的に生きているという想いを抱かされる。人間と同じ生活空間を共有しているからこそ存在を維持しているのだが、決して人間に付属していない世界を持っている。イヌたちは、ペットのような依存関係におかれているのでもなければ、野生動物がもつ警戒とか敵対とかいった雰囲気とも縁がない。その意味で、イヌたちが放つ存在感は野生動物たちのそれと違う。私たちがよく知っている奈良公園のシカが示す、馴れ馴れしさと臆病さが入り交じった奇妙な印象のなかでの共存とも違うし、ネズミと人間のような深刻な利害対立に置かれているわけでもない。さらには、対等の立場で、といった言い方さえどうでもいいような超然ささえ、そこにはある。すなわち、人間の生活の秩序とは無関係な世界が間近に存在しているのだ。私たちが暮らす近代の世界は、有用性に沿って、予期できない現象を極力減らし、人間社会の秩序やロジックが最優先する空間、もしくは最優先していると思わせる世界を作り上げてきた。都会はその結晶としての姿といえるだろう。「街」といっても、ブータンにはまだまだ「驚き」の余地を残した、人間の都合ばかりが最優先されていない空間がたくさん残っている。ブータンの街中で群れをなすイヌたちは、常にそれを思い出させてくれる存在なのだ。

七〇年代後半から生涯をかけて、環境問題に関わる多様なテーマを辞典のように描きまとめていた活動家デイヴィッド・フレミングの『リーン・ロジック』は、「出会い」を次のように定義している。出会いとは「人間であれ、実践であれ、システムであれ、何かをそれ自身の在り方において認識すること」である。そしてその「出会い」は、私たちが決して「孤立してあるのではないという根本的な体験に関わっている」と彼は語る。(43) それぞれが「そのものの都合」で生きている、その存在をお互いの都合のままに認識してはじめて「出会い」が生まれる。「理解」するところから始まる支配の対象ではもちろんない。それは、自分とは別の、予期できない要素を備えた生命としての世界を持った存在を互いが受け止め、「こんにちは」とあいさつすることで相手へのリスペクトから始まる関係性のことなのだ。

近代の時間に追われる忙しさが増してくる今のブータンで、大学の先生たちがイヌたちの自由な生活を眺めながら、決して容易ではないだろうが彼らの世界を羨ましいと思うことがあると言っていた。同じ動物としての自分のあり方にふと目を向けさせられてしまう瞬間というのだろうか。自分への気づきが、人間以外の存在の勝手な「都合」への気づきを通して生まれてくる。ブータンの風景のどこにでも登場してくるイヌたちの勝手気儘な姿に触れ、私たちもまた、自分が、あるいは自分たちが決して孤立して生きているのではないことを嬉しく感じながら、ふと自分の姿を振り返っていたように思う。

【注】

（1）小林舞（二〇〇六）*Changing Landscapes of Food Production in Western Bhutan – Adaptation of Peasant Farmers in an Era of Organic Agriculture.* 京都大学大学院地球環境学舎博士論文、未公刊。

（2）柳田國男（一九四二）『豆の葉と太陽』創元社。

（3）塚本学（二〇一三）『生類をめぐる政治——元禄のフォークロア』講談社学術文庫。

（4）Rinzin K., Tenzin T., Robertson I. (2016). Size and demography pattern of the domestic dog population in Bhutan: Implications for dog population management and disease control. *Preventive Veterinary Medicine*, 126, 39-47.

（5）Ostrander E. A. (2007). Genetics and the Shape of Dogs. *American Scientist*, 95(5), 406-413.

（6）Johanson, J. (not dated). Brief History of the Lhasa Apso. *Joyslyn's Lhasa Apsos.* <http://www.joyslynslhasaapsos.com/history.html>（二〇一八年六月五日）

（7）東京犬猫日和（二〇一七）「地域猫問題は人の問題　二〇一七年七月二〇日」<http://tokyoinuneko.com/category/detail.html?no=1771>（二〇一八年六月三〇日）

（8）Phuntsho, K. (2013). *The History of Bhutan.* Random House Publishers India Private Limited. (page 583).

（9）今枝由郎（二〇一〇）『ブータンに魅せられて』岩波新書、三六頁。

（10）小林舞によるインタビューによる（未発表資料）。

（11）今枝由郎（一九九四）『ブータン——変貌するヒマラヤの仏教王国』大東出版社、一八九—一九〇頁。

（12）Subbba M.B. (2015). Bhutan considers pet dog policy. *Kuensel News*. July 13, 2015. < http://www.kuenselonline.com/bhutan-considers-pet-dog-policy/ >（二〇一八年八月一五日）

（13）Hills, C. (2016). Bhutan carried out a nationwide program to spay and neuter its tray dogs. *PRI's The World.* <https://www.pri.org/

stories/2016-06-15/bhutan-carried-out-nationwide-program-spay-and-neuter-its-stray-dogs>（二〇一八年八月一五日）
（14）Humane Society International (2012). HSI' s Bhutan Project Extended – A model for humane street dog population control in Asia. May 2, 2012. <http://www.hsi.org/news/news/2012/05/bhutan_extended_050212.html>（二〇一八年八月一五日）
（15）Ministry of Agriculture and Forests (2008). *Livestock Rules and Regulations of Bhutan* 2008.
（16）農林水産省（二〇〇六）「日本の獣害——（2）農業集落の動向　イ　鳥獣被害の状況」『平成十八年度　食料・農業・農村白書』第一部、第三章、第一節<http://www.maff.go.jp/j/wpaper/w_maff/h18_h/trend/1/t1_3_1_03.html>（二〇一八年八月一五日）
（17）水野昭憲（一九九五）「白山地域の猿害と犬」『ワイルドライフ・フォーラム』一（一）、一一—一七頁。
（18）中尾佐助（二〇一一）『秘境ブータン』岩波現代文庫、一三一—一三三頁。
（19）ラマ教とは一般にチベット仏教のことである。「ラマ」は先生・師という意味であるが、今枝（一九九四：一四三）（注16）によると「師なくしては仏もなく、それゆえに師は仏にもまして尊い」存在とされ、これはブータン仏教、広くチベット仏教の一番の特色とされている。
（20）Policy and Planning Division (2016). Bhutan RNR Statistics 2016. *Ministry of Agriculture and Forests, Royal Government of Bhutan.*
（21）小林舞（未発表資料）。
（22）Tobgay S. (2005). Small Farmer and the Food Systems in Bhutan. *FAO Symposium on Agricultural Commercialization and the Small Farmer*, Rome, 4-5 May 2005.
（23）Wang S.W., Macdoland D.W. (2006). Livestock predation by carnivores in Jigme Singye Wangchuck National Park, Bhutan. *Biological Conservation*, 129, 558-565.
（24）Ura K., Stringer R., Bulte E. (2009). Managing Wildlife Damage to Agriculture in Bhutan: Conflicts, Costs and Compromise. In L. Lipper et al. (Eds.), *Payment for Environmental Services in Agricultural Landscapes.* Springer New York. pp. 255-274.
（25）Ura K., Stringer R., and Bulte E. (2009) Ibid. (pp. 271-272).
（26）Sangay T., Vernes K. (2008). Human-wildlife conflict in the Kingdom of Bhutan: Patterns of livestock predation by large mammalian carnivores. *Biological Conservation,* 141, 1272-1282.
（27）Katel O. N., Pradhan S., Schmidt-Vogt D. (2014). A survey of livestock losses caused by Asiatic wild dogs, leapards and tigers and of

the impact of predation on the livelihood of farmers in Bhutan. *Wildlife Research,* 41, 300-310.
（28）Tshering K. and Thinkey P. (2017). Assessing livestock herding practices of agro-pastoralists in western Bhutan: Livestock vulnerability to predation and implications for livestock management policy. *Pastoralism: Research Policy and Practice.* 7(5).
（29）Sangay T., Vernes K. (2008). Ibid.
（30）Murthy K.L.N. (2009). Can the whistling hunters be successfully reintroduced into Indian jungles?. *Zoos' Print*, 24 (11), 21-22.
（31）IUCN. (2015). Cuon alpinus. *The IUCN Red List of Threatened Species* <http://www.iucnredlist.org/details/5953/0>(二〇一八年六月三〇日)
（32）Dorji P. (2017). Human Dhole Interaction and its Implication to Farmer's Livelihood in Jogme Khesar Strict Nature Reserve. *Final Technical Report Submitted to Rufford Small Grant Program*, UK. pp. 12.
（33）菊池勇夫（二〇一一）「盛岡藩牧の維持と狼駆除」湯本貴和編『山と森の環境史』文一総合出版、一四一—一六〇頁。
（34）Dorji P. (2017). Ibid.
（35）宮本万里（二〇〇八）「森林放牧と牛の屠殺をめぐる文化の政治——現代ブータンの国立公園における環境政策と牧畜民」『南アジア研究』二〇、七七—九九頁。
（36）宮本万里（二〇〇七）「現代ブータンにおけるネイション形成——文化・環境政策からみた自画像のポリティクス」『人文学報』九四、七七—一〇〇頁。
（37）宮本万里（二〇一四）「現代ブータンにおける屠畜と仏教——殺生戒・肉食・放生からみる「屠畜人」の現在について」『ヒマラヤ学誌』一五、七二—八一頁。
（38）中尾佐助（二〇一一）『秘境ブータン』岩波現代文庫、一三二—一三三頁。
（39）中尾（二〇一一：一〇四—一〇五）によると、前世紀の終わりまで「トリカブトの毒を塗った毒矢で戦っていた」。その名残で現在においても誰もができるスポーツとなっている。さらに、当時の第三国王も「狩りに使っているらしかった」とある。
（40）ゲンデュン・リンチェン編、今枝由郎訳（二〇一七）『ブータンの瘋狂聖　ドゥクパ・クンレー伝』岩波文庫。
（41）ゲンデュン・リンチェン編、今枝由郎訳（二〇一七）二一頁。
（42）Murthy, K. L. N. (2009). Can the whistling hunters be successfully reintroduced into Indian jungles. *Zoos' Print*, 24, 21-22.
（43）Fleming D. (2016). Lean Logic—A Dictionary for the Future and How to Survive It. *Chelsea Green Publishing*. White Rive Junction, VT. pp. 128.

第19章……イヌとニンゲンの〈共存〉についての覚え書き

池田光穂

Keywords＝コンパニオン・スピーシーズ、犬肉、ショロ犬、愛情

この章では、人間と犬の共存の実態、可能性、そして未来について、論じることとする。しかしながら、〈ヒト〉と〈イヌ〉[1]の共存の歴史は、いまだ十分に解明されているわけではない。例えば、今から一万一七〇〇年前に終わった更新世《こうしんせい》（Pleistocene）よりも前に人間と犬の共存状態は始まったが、それ以降の現在に至るまでの完新《かんしん》世《せい》（Holocene）の多くの間、人間は犬を使役しかつ食べていた。人間が犬を食べなくなり、かなり過度に愛玩する対等な存在――それを伴侶種《はんりょしゅ》と呼ぶ――になるのは、現在から未来の人新世《じんしんせい》（Anthropocene）の時代だと予想されている。本章は、この伴侶種という概念の検討、犬肉食の検討、愛玩すると同時に食欲の対象であったショロイツクイントゥリという古代アステカ犬という事例を通して、食べることも、競合することも、そして愛玩することも、すべて人間と犬の〈共存〉状態であることを確認しながら、以下に論を展開することとする。

1……コンパニオン・スピーシーズとしての人間《ニンゲン》と犬《イヌ》

コンパニオン・スピーシーズ（companion species）というのは文化人類学者でかつ思想家でかつイヌの愛好家であるダナ・ハラウェイが提唱した重要な概念である。日本語の翻訳ではコンパニオンは伴侶（はんりょ）、コンパニ

オン・スピーシーズは伴侶種となっている。生物種をあらわす種であるスピーシーズ（species）は、英単語としては単複同形であるが、この場合の「彼女」の定義によると、それは一種類の動物種ではなく、複数形であるという。いわく、〈ニンゲン〉と〈イヌ〉はコンパニオン・スピーシーズである。それどころか、この考え方は、人間中心主義のこれまでの動物観のみならず人間どうしのジェンダー観、環境観ひいては世界観にも従来の見方への変更をもたらし、人間と犬の生き方とこの両種の未来を大きく切り開くとハラウェイは主張している。例えばハラウェイを、我々のジェンダー区分カテゴリーの慣用法を使って「彼女」と呼ぶことと、その固有名「ダナ」と呼ぶことは根本的に異なる。そのため以下では、ハラウェイを、そのファーストネームを使ってダナと呼ぼう。

さて日本語の翻訳者たちがひねり出した夫婦や「つがい」（＝動物のカップル）をさす「伴侶（はんりょ）」の訳語は、いっけん適切のようにみえるが、ダナの理論から見るとじつは誤解を招くものである――そもそも漢字が人《にん》偏《べん》（！）である。それは、ダナが、人間と動物あるいは人間と機械の間の関係について長年考察してきた学術的な趣旨と大きく相反するからである。コンパニオン・スピーシーズという語は、たしかに日本語では、犬と人間は仲が良く、まるで「伴侶」のような関係だと言いたい気持ちになる。しかし、それはハラウェイの論法にしたがうと、人間の男女、とりわけ夫婦の「よい」関係性を想起してしまう点でイエローカード（＝誤解を招く翻訳）なのである。

伴侶のような、人間のジェンダーバイアスがかかった〈男・女〉の非対称な関係性の名詞ではなく、それはむしろ真の同僚に見いだす中間《なかま》＝コンパニオンなのである……ここでも人偏が入るのでそれを省いた。ラテン語でコンパニオンは、コンパニース（*com*-together + *pān-is* bread）つまりパン＝食卓を共にする仲間のことをさす。したがって、同じ釜の飯を食う連帯感、くつろぎ感、そして食事に至るまでの苦楽を共にするコンパニオンを意味する。犬と人間が、コンパニオン・スピーシーズであるというのは、生物としての長い間の連帯から生まれた（種的）共在感覚に裏付けられよう。だがしかし、そうであるなら、なおそれは「人間が犬を使う」という意識をも乗り越える必要があるのではないか。犬と人間は、お互いにコンパニオンとして人類史の中でこの共在関係を構築してきた。私たち（犬と人間の双方である）は新たな自覚化の段階に到達しつつあるのだ。

犬は人間にとって重要なお友達であり、時に家族と同様の価値をもち、ケアや死を通して人間の子供たちに「いのちの大切さ」を教える存在だ。しかし、それをなぜわざわざコンパニオン・スピーシーズと呼び、そのことを哲学的に論じる必要があるのか、読者は不審に思われることであろう。ダナの『コンパニオン・スピーシーズ宣言』（二〇〇三）や『種と種が出会う時』（二〇〇八）と呼ばれる書物を通して、ダナがどうして、犬に対するひたむきな愛情や親密感を、高度に理論化して論じなければならないのか、怪しむ向きもあるであろう。その理解のためには、いましばらくは、ここに到達するまでのダナの「サイボーグ宣言」の来歴などを知る必要があるかもしれない（以下は参考文献にあげている三冊のダナの論集や著作、ならびにインターネット上の資料を参照してまとめたものである）。

ダナは一九四四年、米国はコロラドのデンバーで生まれた。父親のフランクは『デンバー・ポスト』という地元紙のスポーツ記事やコラムを書くライターで、母親はアイルランド系の篤信のカトリック教徒。その影響を受けてカトリックのミッションスクールの高校に通う。しかしダナが一六歳の時に心臓発作で母は他界する。ダナへのその影響は大きかったようで、自分を紹介する時に「カトリック教育の消せない徴《しるし》を魂に刻まれし者」とも表現することがある。それに対して、身障者でありながら果敢にスポーツに親しみ、スポーツ・ライターという天職を全うした父親とは、良好な関係が長く続いた。スポーツがもたらす共同性やコンパニオン感覚はダナの後のイヌのスポーツであるアジリティー競技へののめり込みにも投影されている。アジリティー（dog agility）とは、ハンドラーと呼ばれる飼い主《ヒト》と犬《イヌ》が一体となって犬が規定の障害物のあるコースを走ってそれらを超える正確さとタイムを競うスポーツである。父親は幼少時から結核を患い大腿骨や骨盤までを蝕み、少年時代には車椅子生活を余儀なくされた。成人になり車椅子を克服しても、松葉杖を離せなかったが、ダナの彼への尊敬と同僚としてのコンパニオンの意識は長く続いた。

自らの著書のなかでダナは自身を「スポーツ記者の娘」と称し、スポーツ・ライターの父親に関しては、彼自身の生い立ちや現役時代のエピソードなどの多くを記している。それらの記述に触れると、私たちは、父親の人生や思い出を通して、ダナが後に紡ぎ出すようになる理論の片鱗を読むことができる。たとえば、父フランクは晩年、松葉杖が使えなくなり再度車椅子生活に戻るが、その時の父の姿を車椅子と一体化したサイボーグと呼んでいる。また、母親によりダナ自身もカトリック教徒であったが、その信仰生活に親しみ母親と心身ともに同一化した時には、父親にカトリックに改宗するように懇願したり、いささか人間中心主義ではあるが、心と肉体の合一の感覚を父にも感じてほしいと真に思ったりしている。ダナがこのことを述懐し、懐かしくもなかば韜晦《とうかい》した口ぶり（＝書きぶり）で表現するようになるのは、彼が父でありかつコンパニオンとして同時に存在したからであろう。

　ダナは学部時代、動物学、哲学、そして文学という学問横断的な分野に親しんだ。エール大学の大学院に進学した時には科学史研究に従事し「二〇世紀初頭の発生生物学における有機体のイメージ（隠喩）」の分析で博士号の学位をとり、六年後の一九七六年に最初の著書としてそれを出版している。最初の著書の出版から九年後にダナは、ポストモダン思想界、とりわけ、身体論、サイバーメディア論、フェミニズムといった領域における、時代の寵児になる。それが『社会主義者《ソーシャリスト》レビュー』誌に掲載された「サイボーグたちのためのマニュフェスト――一九八〇年代における科学、技術、社会主義フェミニズム」と、その三年後に発表された『フェミニスト研究』誌の「状況的諸知識――フェミニズムにおける科学問題と部分的なパースペクティブ」という二つの論文である。

　おおまかにまとめるとすると、六〇年代のカウンターカルチャー運動は、その後の二〇年間のなかで次第に沈静化していったのではない。むしろ思想世界では科学研究における人間と機械、男性と女性、心と体などのような分析的理性が求める二分法の概念を解体する方向に向かわせしめ重要な転換を迎えたのである。サイボーグの議論は、人間が機械を支配しているという従来の信念を解体した。またフェミニズム理論は男性中心主義的な秩序が自然で当然なものではなく、それらの区分を解体し、男女の関係を再定義できる可能性を示した。サイボーグ論とフェミニズム理論の融合はどのような人や事物に影響を与えただろうか。それは社会主義者たちが抑圧者と被抑圧者の従来のあり方を解体し、後者の解放について思いをめぐらすことと似て、解放のプログラムを提起した。科学史や科学社会学の研究では、人間と機械の関係、男性と女性の関係、人間と動物の関係などが、再検討されることになり議論が活発化した。

このような一種の〈固定観念の解体業〉としての名声を獲得したダナは、その後も矢継ぎ早に『霊長類のヴィジョン――現代科学の世界におけるジェンダー・人種・自然』『コンパニオン・スピーシーズ宣言――犬・人間・重要な他者』『種と種が出会う時』を世に送ることになる。人間と犬との関係性の根本的な見直しを問う「コンパニオン・スピーシーズ宣言」とは、二〇世紀の政治文書の要綱のように明確なテーゼと体系性をとったプログラムではない。犬と人間の関係が描かれたエッセーを中心に一五の短い章からなるアンソロジーである。なかには、自分の飼い犬たち（「カイエンヌ」という名のコンパニオン＝犬名がもっとも有名）がおこなう犬の障害物競走で飼い主と犬の技量を競うアジリティー競技のトレーニングに関する話が嬉々としてつづられるだけである。もちろん中には、コンパニオン・スピーシーズの哲学の要衝を示す記述もある。それはホワイトヘッドの哲学にみられる本来の「存在」とは唯一の本質を指し示すものではなく、複数の事物の関係のなかではじめて現れ出るものというテーゼなのだ。(2)しかし、それらの断片的な命題や文章だけを拾い読みをして、ダナの犬好きの蘊蓄を読み飛ばすとコンパニオン・スピーシーズの哲学は永遠に不完全な理解しかできない。あるいはコンパニオンであることに満足することが重要なのではなく、コンパニオンであることを可能にする世界を組み替えること、これが重要なのかもしれない。

アニメや漫画の親友関係を表現するクリーシェを使うのなら「ふたりは仲良し！」という描写的表現よりも（犬と人間とは）「ふたりでひとつの存在！」なのである。しかし、それは犬と人間の合一――「犬と人間はお互いによく似たものどうしだ」――ではなく、それぞれ全く異なった存在であるからこそ、犬と人間は絶対的な友情をもつことを可能にする――「抱握（prehensions）」という言葉で表現される――関係性で示されるようなものだという。

明確にサイエンス・スタディーズにおけるポストモダン論者と認定できるダナに対する紋切り型の批判は、実証主義研究において経験を重ねた研究者達なら即座に思いつくはずだ。それを、いま三つのタイプに分類しよう。

（壱）犬を対象に関する心理研究、とりわけ犬の行動や情動に関する神経科学や認知研究の成果がほとんど援用されておらず、素朴《ナイーブ》な擬人主義的描写ですませていること。

（弐）動物学や狩猟採集民研究における男性中心主義的ヴィジョンをフェミニズムによる批判から解体＝脱構築したところまでは首肯できようが、その紋切り型の文化構築主義が、自己＝ダナと犬＝カイエンヌとの関係への自己省察的な批判に活かされていない。

（参）ダナは理論を文献引証する際に都合のよい主張だけをつまみ食い的に利用して、反証や非適合例に対して真剣に考えようとしない。

このような自己のポジショナリティに不十分であるダナの議論に救いはあるだろうか。ダナ本人を召喚せず空疎な反論を重ねるのは不毛だと思われるが、私はダナの議論の有用性は、すくなくともファイアーベント流の認識論的アナキズムの実践にあると思われる。ある科学的事実を「検証」するためには、それを支える「事実」そのものが、理解（＝解釈）に伴う約束事に拘束されていることを前提にしている。しかし約束事に拘束されているばかりでは、科学は進歩しない。マイナーな約束事の破壊（反証による論駁）も、メジャーな約束事の破壊や破棄（異常例［アノマリー］）も、科学の進歩には従来のものの見方の破壊が多かれ少なかれ見られる。ポール・ファイアーベントは、その見方の破壊行為を「認識論的アナキズム」と呼んだ（池田二〇一四）。あるいはそのような研究史という社会的文脈の中で、犬と人間の関係性への再構築のためのプロレゴメナ（＝序説あるいは予兆）ととらえてもよい。でないと、この世界的なコンパニオン・スピーシーズ（伴侶種概念）の流行（＝疫病）の理由を解明することはできないのである（ジジェク一九九九）。もちろん本章の目論見もコンパニオン・スピーシーズの隠喩をバネに、イヌをヒトに格上げするという人間中心的な立場を乗り越えることにある。(3)

2……それでも犬肉をたべることの意味

人文地理学者のフレデリック・シムーンズは『この肉を食べてはいけない――先史時代から現在までの食物禁忌』という原著で二四〇ページの本を今から半世紀以上前に出版した。序論と結論の間には、豚肉、牛肉、鶏肉と卵、馬肉、ラクダ肉、犬肉、魚肉の七つのカテゴリーの「肉（フレッシュ）」の食慣習と禁忌（タブー）についての言及がある。この本の初版は出版直後から資料の取り扱い方と結論の誘導をめぐって賛否両論の議論が湧き上がり、彼はその間さらに文献渉猟を積み重ね苦節（かどうかは知らないが）一三年後に、今度は倍以上の分量の五五〇ページの決定版を出版した（Simmons 1994）。そしてその邦訳は六七〇ページにおよぶ。満を持した改訂版の注と文献を除いた内容分量は原書三二〇ページあまりだが、犬肉への言及は五二ページ（一六パーセント）で豚肉（二七パーセント）の次に多い。豚肉や牛肉への禁忌は誰でも想像できるように宗教による規制のためだが、犬肉食を推奨したり、あるいは禁忌したりする宗教規制はそれほど明確化されていないところに特徴がある。犬肉食に対する、人類の関心はいかなるものだろうか。

ペット化されている今日の日本や世界の多くの地域では、犬肉食はきわめて特殊な好みで、むしろ蛇蝎《だかつ》のように嫌われている。しかし、シムーンズは、この視座を人類の長い歴史からみれば、まったく逆に言えると主張し、犬肉食忌避説に異論を唱えている。本書の執筆者たちがすでに述べているように、犬は人類のもっとも古い付き合いをもつ家畜であり、およそ二万年前から一万五〇〇〇年前に始まったという説が一般的であり、シムーンズも「遅くとも紀元前」一万二〇〇〇年前という解説をしている。犬と狼は分類学上同じ種（*Canis lupus*）に属し、その違いは亜種に留まっている。つまりかつてイヌは別種（*C. familiaris*）と分類されていたが、現在ではまさにDNA鑑定のおかげで狼氏族《しぞく》の一員（*C.l. familiaris*）として証明されたのである。そして分子遺伝学的手法なども動員すると両者が分岐するとすれば最古なもので一三万年以上前まで比定できるとまで述べる研究者もいる。

では、犬がなぜ人間の家畜になったのかについて一般的な説明は二つあり、それは【1】犬（狼）の狩猟能力の高さを人間が認め飼い馴らしたのだという説と、【2】狩人たち（当時は、農耕はまだなかった）が食べ残した肉や骨などを恐れることなく近づいて来て、狩人たちに自発的になつくようになったという説である。この二つの仮説は、犬と人間がともに狩猟肉に依存する生活をしていた競争者であったために、お互いに協力しあうことで結果的にウィン＝ウィンの関係になったという点で、先のダナのコンパニオン仮説と符合するところがある。(4)だがその際には犬と狼の違いについての考察が必要である。狼が自分よりもより大きな相手を倒せるのは、そのタフな運動の能力により相手を疲れさせるまで追いつめる「根性」と、集団で狩りをする知的な「連携能力」を持っているからだと言われる（マクローリン一九八四）。もし、狼が自分たちのコンパニオンと共同で狩猟することで自分たちの種族の生存能力——進化生物学では適応度という——を維持するとすれば、狼たちが犬と分岐する時に、狼たちはコンパニオンを裏切り異なる種族の人間と同盟関係を結び直したということができる。犬たちは狼たちの親戚なのだが、狼たちから見れば同胞の裏切り者たちの一族と言うことができる。

さて、そのような裏切りには実は代価（コスト）がかかったようである。シムーンズは、クライド・マンウェルとアン・ベイカーの所論を紹介して、人類が犬を手なずけた最大の要因は、その肉を食糧として利用することであると言っている。彼らの研究よりもさらに一世紀前のベルンハルト・アウグスト・ランカベルというドイツ（プロイセン）の動物学者——この人には「犬と野蛮人」という論文もある——は、狩猟採集時代において食物の枯渇は狩人とその家族、ひいては一族（バンドという単位で遊動していた）にとっては危機的な状態であり、犬は非常に便利なタンパク源であったと主張している。この人類最初の家畜の肉は、ずいぶん後になって食べるようになったどの家畜の肉よりも脂肪分が少なくてヘルシーだというおまけもついてくる。これらのことをまとめて、「犬は共同で狩猟をするために人間を助けるのみならず、時には食われてタンパク源も提供する」ことを《シムーンズのテーゼ》と言っておこう。

この人類初の家畜は、現在の私たちの隣人＝コンパニオンでもあったが、その豊かな表情をもち――これは科学的進化学の泰斗であるチャールズ・ダーウィンのお墨つきでもある――人類と犬類がつき合い出した草創期においてもかなり濃厚なコミュニケーションを取ることができたようだ。現在の動物行動学では、このような行動のレパートリーの共有は収斂《しゅうれん》と呼んでおり、これは単に犬類が人類によって一方的に馴致（馴化）されたものでなく、人類もまた犬類に合わせて自らも犬用に進化したせいだと言われている。

人類学研究の対象であった未開人――かつては野蛮人と呼ばれた――に関する報告をかつては民族誌と呼んでいたが、それらの報告の中には、西洋からやってきた白人の研究者がより客観的にあろうとしてもさまざまな未開人に対する偏見が反映されていたということは、つとに指摘されているところである。そのためにこの研究草創期の民族誌記述には、現代の読者はその取り扱い方により慎重でなければならないとされる。そのような要注意の「記述」のひとつがカニバリズム（食人）である。かの動植物に対してきわめて客観的かつ中立な観察態度をとったダーウィンですら、フエゴ島民の未開人の「食人」については、自分が直接観察もしていないのにも関わらず、おそらく西洋人の彼らの対する偏見を投影して次のように言う。

> 飼育動物の子孫の遺伝的形質をかつて考えたことのないほど野蛮な未開人がいたとしても、特殊な目的のために彼らにとって特に有用な動物は、彼らが受け易い飢餓やその他の災難の間にも注意して保存されるであろう。そしてこのような選ばれた動物は一般に劣った動物よりも多くの子孫を残すに違いない。従ってこの場合にも一種の無意識的淘汰が進行していることになる。フエゴ諸島（Tierra del Fuego）の未開人でさえ動物に価値を認め、食料欠乏のときに、犬よりも価値のないものとして彼らの老婦を殺して食うのである。
> （ダーウィン二〇〇九：二八）

その後の民族誌においてフエゴ諸島の未開人——アン・チャップマンの民族誌によるとその末裔は一九八〇年代には数人のレベルまで激減していた——が「食料欠乏のときに、犬よりも価値のないものとして彼らの老婦を殺して食う」事実は発見されたことがない。真実なのは、ダーウィンがビーグル号に乗船してこの地に上陸した時期には、もちろんカニバリズムの習慣などなく、またダーウィンも観察などしていないことである。いずれにせよ、この場合は、《シムーンズのテーゼ》のうち、犬への有用性評価と愛着が、タンパク質としての人間的価値よりも尊ばれたということになる。

シムーンズは、多くの文献を渉猟し、人類の多くの集団では犬肉を常用してきたことを明らかにした。同時に、犬肉を食べることを忌避する宗教的規制や慣習もあったことも指摘している。彼のアプローチは非常に公平で、すでに言われていることをそのまま鵜呑みにすることではなく、反証例をもって前者の説を検証し、適切な着地点をめざすというものである。例えば、「ムスリムは犬を嫌う」というステレオタイプは、「ムスリムもペットとして犬に愛着をもつ人が少なからずいる」という報告によって相対化され、歴史的な検証がなされる。この場合、人類と犬との共存がもたらした人類進化の感情のベースの上に、犬に対する宗教的な忌避思想が後の時代に普及、被さり、このムスリムの犬に対する感情の両義性——愛着と嫌悪の相矛盾する感覚の共存——が後に生まれたのだと推測する。

さて、人類と犬類が邂逅した歴史の初期においては犬食が頻繁におこなわれた考古学資料もたくさんあるが、それは現在の食肉用家畜のような人間と家畜のようなよそよそしい関係ではない。犬は有益なタンパク源として利用されるのみならず、供犠獣としてよく使われてきた。そのため儀礼用の犬は聖別されて敬われていた可能性が大いにある。ここでも人類と犬類は、近しいコンパニオンであると同時に、やがてあの世におくるために神に捧げられて、場合によっては人間の胃袋も満たすという役割も果たしてきたというのだ。犬と人間の貸借対照表（バランスシート）は明らかに、人間がより多く犬に負債をおっている。

他方、シムーンズは犬肉食が嫌われる集団の忌避の理由と、犬肉を常食する人たちでどのような肉が好まれるのかについては、共通する価値がみられることを指摘している。つまり「なぜ犬肉を食わないのか」という調査者の質問に答える集団の多くは「犬肉が汚いからだ」と答える。あるいは犬の食べ方は汚いというものもある。では「なぜ犬肉は汚いのか」という次の質問には「連中は屍肉（＝汚い餌）をたべるからだ」と説明している。たしかに、犬がリードにつながれて人間が与える餌（残飯や専用のドッグフード）を食べる以前は、多くの犬は放し飼いにされていた。飼い犬ですら放浪化したり、野犬化したりする。それで野犬は行路死した同胞や他の動物の屍肉をたべる状況を人間は長く目撃してきたであろう。それゆえ「犬の肉は汚い」という推論から犬肉食の忌避へとつながる、と言うのだ。他方、犬肉を常食する人たちの肉の選好性はどうであろうか。それによると、幼犬、成犬、老犬の順になり、幼犬は食べるが老犬は食べないという社会も多くあるらしい。その理由もまた「成犬になればなるほど肉は汚い」というものだ。もちろん、あらゆるほ乳動物の肉は、人間のものも含めて、若い獣のほうが圧倒的に「柔らかくておいしい」（ジョナサン・スウィフトの言葉）。

犬肉への忌避は、ペットとして愛しているものをわざわざ食糧として食べたくないという多くの人の信条と論理的に整合している。それゆえ、シムーンズも犬肉を忌避する人や集団が、犬が汚い餌を食べることと、人間との深い結びつきという二つの理由によるものだと主張している。

3……愛情と食欲が合致するとき

近代メキシコの代表的な芸術家ディエゴ・リベラの妻であり、また著名な女流画家あったフリーダ・カーロ（Frida Kahlo, 1907-1954）は、ハンガリー系ユダヤ人の父親ギジェルモゆずりの写真術にも親しんでいた。フリーダが撮影した複数の写真のなかに、何頭かの奇妙な姿の犬（中小型犬）が映っている。その犬たちこそがメキシカン・ヘアレス・ドック（ペロッ・シン・ペロ）である。ショロイツクイントゥリ（Xoloitzcuintli）ないしはショロ犬（Xolotle）と呼ぶこの犬は、口語的なスペイン語表現では、ペロッ・ペロン(ずるむけ犬)、たぶん教養ある現代メキシコ人なら複数の表記法のあるショロイツクイントゥリあるいはショロトゥルと呼んでいるユニークな歴史的存在である。(写真1)

ショロイツクイントゥリに見慣れていない私たちは、このちょっと醜い「ずるむけ犬」たちに向けられるフリーダの愛情の深さが今一つ見えてこない。いわゆる毛がなく裸なので白黒の模様がそのまま斑入りの葉っぱのような醜い染みになって見えるからである。ただし、現実生活においては、ショロ犬は、名実ともにフリーダが愛して止まないペットであり、高校生時代に瀕死の交通事故に遭遇しながらも、三度の流産を経験したフリーダにとって、それは他の小動物と変わらぬ「子供」そのものであったといわれ、彼女の作品や創作メモの中に頻繁に登場する(池田二〇一七)。

さて、世界有数のメソアメリカ考古学資料収集および展示のメッカたるメキシコ国立人類学博物館では、芸術的な観点からみても素晴らしい数多くの土器が陳列されている。その中で眼を見張るのが、一抱えほどの大ぶりだが、スマートなものではなく胴長で短足のさまざまなスタイルの犬のフィギュア、言わば〈土偶〉(clay figure)としてのショロイツクイントゥリ像である。メキシコのコリマ州よりこの種の陶製の土偶(コリマ犬)が多数出土しており、先コロンビア期の、コリマ(コマラ)、アステカ、トルテカの人たちの居住地に及ぶ範囲のところで、これらのスタイルのものが典型的にみられる。

写真1　ショロイツクイントゥリ犬(アメリカン・ケネル・クラブのご厚意による。Copyright the American Kennel Club. Published with kind permission)

そのデザインは頭部や胴体あるいは尻尾(尾部)に開口部があるもので、四つ足で屹立したもの、丸くなって横臥するもの、二体で並行するもの、相互にじゃれあってなめ回しているもの、座っているもの、巨大な壺（ないしは香炉）を背負っているもの、中には人面の仮面をつけているものすらある。それらの身体や顔の表面には皺が彫られており、明らかに「ずるむけ犬」の特徴から、ショロイツクイントゥリそのものであることがわかる。博物館の外の公園に出てみると、ショートヘアのチワワ犬などを抱える人が目につくようになるから驚きだ。ちなみに近年の遺伝子研究で、無毛（ヘアレス）の遺伝子は優性なので純潔集団では有毛犬はめったに生まれないのだが、ときに有毛の劣性遺伝子どうしが発現することがある。その際には、ずるむけ犬のキョウダイたちに交じって有毛の子供（肌の色は黒いがその毛は明るい栗色）がまれに生まれることがある。メキシコ人の愛好家を例外として、私たちにはこちらの子犬のほうが圧倒的に可愛いのであるが、ショロ犬一家では「醜いショロ犬の子」と数奇な犬生が約束されるようだ。

いずれにせよ、ショロ犬はフリーダ・カーロの家族が溺愛しただけというだけではない。メキシコのみならずアメリカ大陸にはショロイツクイントゥリの愛好家が多数いる。由緒ある血統としてのショロ犬の西洋社会への紹介は、一八八四年に創設されたアメリカン・ケネル・クラブの創設二〜三年後の記録のなかにショロ犬が登録されていることからもわかる（Wright 1960: 14）。

さて、実際に考古学研究書や発掘調査書の中には、食用痕のある犬骨が多く発見され、また別の現場では人間の埋葬に併せて副葬されたものもありショロイツクイントゥリが、メキシコを中心とするメソアメリカ世界とりわけアステカにおいては、ユニークな位置を占めていることがわかる。征服期の一六世紀のスペイン人は、七面鳥と共にショロイツクイントゥリが、御馳走として盛大に食されたことを記載している。アギラール＝モレノ『アステカ世界生活ハンドブック』によると、アステカ商人の饗宴において、八〇〜一〇〇羽の七面鳥に対して二〇〜四〇匹のショロ犬が利用され、犬肉は七面鳥よりも格上で、同じ食卓の下層に盛られたという。アステカ王朝後期では人身御供とカニバリズム（人肉慣習）があったと言われているが、人肉よりも犬肉が優先するようになったとも。ただし、アステカにおけるショロ犬や七面鳥の消費、つまり「家畜」の消費量は、それほど多くなく、考古学上の食肉消費を反映する骨の量は、狩猟された鹿由来のものである（Wright 1960）。

アステカの神話によると、全人類を造った銀の生命の骨から、ショロトルの神がショロイツクイントゥリを作り上げたという。ショロトルの神は、死の世界である宵の明星のミクトランの危険から、人間を導き救うためにショロイツクイントゥリを人間界に遣わしたという。ショロトルの神は、犬ないしはコヨーテの姿をとり、体幹全体には皺があるのが特徴である。このため、ショロイツクイントゥリは、健康と平癒をもたらすものとして考えられてきた。したがってショロトル神とショロ犬は同一表象であると見なしてよい。ショロ犬は人間を造った生命の骨から造られるゆえ、ショロ犬を食用することは、骨肉をわけたキョウダイを食することとすなわちカニバリズムを暗示する。これらのことから、ショロ犬の食用には、祭礼の際の美味しい食卓を飾るとともに、その食肉そのものが、健康と平癒を招来する可能性をもつのであることは否定できない。アステカを含む広域的な共通の文化的要素（例えばトウモロコシを石灰で調理するトルティーヤの食文化）をもつ文化圏としてメソアメリカがあるが、メソアメリカの南東部に位置するマヤ社会でも、ヘアレス犬（絶滅）がいたことがわかっており、湯たんぽとして使われていた。ヘアレス犬を抱いて、何らかの治療手段にすることは広く行われており、柔い犬の肌を直接人間の肌にあてて痛みを和らげる「温湿布」として使われたという（モリス二〇〇七：四五六）。

ショロイツクイントゥリは（行動遺伝子は主人に忠実でかつ獲物には攻撃的なため）狩猟に利用され、ペット——メキシコではマスコット（mascota. これにはお守りの意味もある）——としても利用された。ちなみに、新大陸のみならず旧大陸では、中小型のヘアレス犬が広く分布している。ヘアレスであることは屠畜後の処理が容易なのか、多くのものが食用にされている。他方、ヘアレス犬の特徴として、人に懐きやすいということも、一部の愛玩者を摑んで離さない特徴である。無毛の遺伝的起源は、ショロ犬の遺伝子が世界に拡散したという説と、「被毛が減少する遺伝子は、世界各地で個別に出現した」という大きく二つの説がある（モリス二〇〇七：四三二）。ヘアレスドッグの性格的特徴として、注意深く敏感であり、騒がしく戯れるが、同時に気性はよい。(ボリビアの)飼い主によると、「読心術者」だという評価もある(モリス二〇〇七:四六八)。このような愛くるしさや、人間への人懐っこさが、先のような豊かな表情を土偶の中にとどめている。ショロ犬は、その飼い主、工芸家あるいは芸術家に対して、審美的な精神をかき立て、創作意欲をもたらすような存在なのである。

征服者と先住民たちの混血の末裔である現在のメキシコ人たちは、先住民文化の文化的選好性の遺産を引き継ぎ、現在でもショロ犬に深い愛情を注ぐ。ショロ犬もまた食べられても人間に愛情を持ち続ける遺伝子が選択されたと考えられる[4章村山論文]。しかしながら彼らはアステカやコリマの先住民(コマラ)たちのように、神話の英雄であり、病気を治し生命に活力をつけてくれるマスコットであり、寒い夜に体もあたためてくれる生きた湯たんぽであり、狩猟で活躍してくれて、かつご馳走にもなる——この最後の部分である犬肉食を受け入れることはなかった。つまり、現代メキシコの混血の人たちは、この部分(犬肉食)だけは、征服者(=スペイン人)が先住民を偏見の眼でみるように嫌い、自分たちの祖先たちがショロ犬を見たときに「旨そうだ!」と思った感覚をすでに放棄したようなのである。

犬に対する愛情と食欲の同時存在という貴重な文化的遺産は失われた(ハリス二〇〇一)。犬肉食料理を提供してくれる遠方の地にわざわざ足を運び、何度か食するうちに、その味に魅了されるという経験を持たずして、メキシコの先住民の経験を追体験することは現在においては困難なのである。愛の対象は腹を満たすものとして機能し、エロスの対象にはならなかった[17章濱野論文]。

4……イヌとニンゲンの〈共存〉にむけて

さて、ここまでいろいろな話をつづけてきた。ダナによる冒頭のコンパニオン・スピーシーズの複雑な議論の紹介。狼が人間との出会いを通して犬と付き合うようになった来歴。とりわけ一緒に狩りをする同僚（コンパニオン）でありながら、その子供を殺して美味しいとたべる人類のちょっとした身勝手さと、その歴史的起源に関する謎についての解説。そして、その手がかりになりそうな、そして今は廃れてしまった、犬肉食と生きていた時代の愛情の共存の紹介。

このように、コンパニオン・スピーシーズとしての人類と犬類の一万数千年の歴史を眺めてみると、ヒトのイヌに対するほとんど無慈悲とも言える犬肉の利用や犬嫌悪という虐待の数々にも関わらず、この長い歴史のなかでよくイヌはヒトに対して裏切ってこなかったのだと、ヒトの立場からみてもイヌに対しては、すまない気持ちと人間に対する無類の忠誠心に感謝の気持ちでいっぱいになる（先に「貸借対照表は人間がより多く犬に負債をおっている」と述べた）。そのように人間は一万年以上の長きにわたって犬に対して罰当たりなことをしてきたので、人間と獣の間で病原菌が共有され、この循環によって（まさに片方の種だけの治療や予防接種では防ぎきれないイタチごっこになり）なかなか駆除できない人獣共通感染症（zoonosis）である狂犬病は、犬が人間にもたらした天罰ではないかとも思えてくる。年間世界で六万人弱の人間たちが感染し、致死率のとても高い狂犬病のウィルスはイヌ以外にコウモリ、キツネ、マングースも保持しているのだが、なぜか日本語では「犬」に関連づけられて、その名の不運をかこっている。狂犬病が疑われる犬は捕縛され、人間の発症が確認された時点で、大概は病死する前に殺される。英語では「犬の狂気（Canine madness）」や「恐水症（hydrophobia）」とも呼ばれるが、もっとも口語的でよく使われるのは「ラヴィス（Rabis）」という語で、これはラテン語のラヴィース（rabiēs）つまり「狂うワンばかりの激怒」の意味である。駄洒落のように思えるがラヴィースは「狂う」と「犬」が不可分であり実は犬の専有現象なのである。この激怒もまた種間の不公正を呪う怒りなのかもしれない。

その罪滅ぼしのためなのか、狂犬病ワクチンは一九世紀の終わりにはルイ・パスツールによってウィルスそのものを石炭酸でウィルスを不活化《ふかつか》する――核酸の塊なので「殺す」とは言わない――弱毒ワクチンが開発された。

現在のワクチン製造には、二種類以上の製法があるが、ヤギや赤ちゃんマウスの脳を使ったり、鶏の胚（卵の中でヒヨコになるはるか以前の原型のようなもの）を使ったりする。人間は万物の霊長と言われるが、ワクチンの開発には生きた動物や組織の利用が避けられないのだ。不吉ではあるが、人間が動物由来の肉を将来完全に食べなくなっても、このように人間の生存のために動物に犠牲を強いる状態は今後とも続くだろう。

人間と犬の関係について少しでも考えると、ダナのように、コンパニオン・スピーシーズという概念を手がかりにして、人間と非人間（犬、動物、事物、自然環境、機械などなど）のハイブリッド状態は人間の思考の範囲を大きく拡大するのだという哲学的な野望もまた人間のためのものであって、お互いに伴侶種だといっても、いまだ人間中心主義の誹りは免れないだろう。では、それを克服する方法はないだろうか。一九世紀の哲学者のフリードリヒ・ニーチェのパースペクティヴィズム（遠近法）を手がかりに考えてみよう。彼は言う、人間もまた家畜のように群れで生活する動物としての意識をいまだに保持している。そのような動物の群れ（「群畜」）としての見方をパースペクティヴィズムという。もし、人間がその視点の切り替えにより動物の視点を獲得することで人間の見方はひとつの群畜にすぎないと自覚することができれば、人間の意識は人間的狭量さを超えてより次元の高みに到達できるのではないかと、ニーチェは考えたのだ（一九九三：三七四節）(6)。

この思考方法は、人間中心主義の見方を変えてくれるという点で、ダナのコンパニオン・スピーシーズの視点の原点になる。そのようにみると、この本の読者は「また小難しい話かい」とあきられるかもしれない。しかし、人間の思考を動物の視点や動物の存在に仮託して変える認識技法はじつはパースペクティヴィズムよりも身近なところで、かつ大昔からあるのだ。それを擬人法（anthropomorphism）という(7)。最後に筆者が、擬人法をつかって人間中心主義の視点を反省的に脱構築しよう。それは次のような犬のストーリーである。題して「俺たちはイヌではなく、犬様なのだ！」という。読者も私も、その雄弁なメッセージに耳を傾けてみよう(8)。

＊　＊　＊

俺は犬だ！　ただし、親友犬の振りをして同胞犬を容易に裏切る存在つまりニンゲンが言う意味での「イヌ」すなわち「スパイ」じゃない。それは「面従腹背《めんじゅうふくはい》」、ただし俺たちの表現では「尾振牙磨《おふりきばとぎ》」のことではない。俺は本物の犬なのだ。

デスモンド・モリスは俺たちの同胞に関する名鑑を作成したが、その犬種には（二、三〇〇というおおかたの予想を裏切って）一〇〇〇種以上の多様性があるらしい。そもそもニンゲンのうち人類学者という人種は、「人種」概念を大変嫌うらしいが、反対に、俺たちはその多様性にプライドをもつ。俺たちは犬種の多様さを「同胞の豊かさ」としてしか理解できない。しかし、どうもニンゲンは「違い」があると、違ったものどうしに貴賎の区分をもうけて「人種差別」という相互排除をする。ニンゲンは似たものどうしで群れるという悲しい性向があるらしい。

俺たちの御先祖様のオオカミには、そのような群れの生活という性格をもっていたが、それはオオカミの連中が「異種協働」という生命体の生存戦略に関する基本的な高等戦術を獲得していなかったからだ。俺たちにとりその異種とは「犬とニンゲン」の関係に他ならないのだが、おめでたいニンゲン様は、そのきっかけは、オオカミがニンゲンの集落の周辺部でゴミあさりをしていて、それをニンゲンの最初の家畜すなわちペットにしたのだという浅はかな仮説を信じている。そもそも、同胞間で平気で差別をするという、その悲しい性癖をもつニンゲン集落のまわりには、より卑しいニンゲンがゴミをあさっており、その意味ではゴミあさりをするオオカミをみて、彼らがそれを軽蔑したことは吝かではない。だからニンゲンは、そんな卑しい泥棒のような存在を未だに「イヌ」と呼んで憚らないのである。

もっとも、この仮説にも傾聴する点があるのは、ニンゲンどうしが「乞食」——これも同じ同胞を侮蔑するニンゲンの残酷な言葉だ——のような同胞のニンゲン集団を軽蔑して、むしろオオカミのほうがましだと思ったことにある。だから、オオカミは、近隣の同胞の他者のニンゲンよりも容易に愛着の対象、すなわちニンゲンが言うところの「ペット」になることができたのだ。ニンゲンは、ホントは、家畜化されたオオカミすなわち犬に対して愛着を一方的に押し付ける存在になったにも関わらず、『家犬文化総合史』[9]と呼ばれる本には「餌をもらえる犬の先祖が野生種の孤高さを次第に欠いて、自ら人間に懐いてゆき馴化されたのである」と記す始末だ。

このようなニンゲン中心主義の弊害は、先に述べた異種協働の進化論的意味をいまだに理解できない低い認識の水準にニンゲンの知性を留めているのである。それゆえに、同書では「世界最古の家畜である犬は人間にとって、いまだペットの水準に留まっており、食肉を提供するような体型の大型化という進化を遂げることができなかった。犬は家猫とならんで、人間のおおきな寄生虫なのである」と、俺たちに対して最大級の侮辱の文言を連ねている。ここで、このような人間の育種学上の非常識に対して異論を唱え、訂正を最後にしておきたい。俺たち犬の動物行動学的考察によると、「愛情を注ぐ対象にのめり込む盲目的性向は俺たちよりも人間が強い」ことは明白である。つまり「(人間が考えるように)犬は人間にとっての《愛情の寄生虫》なのではなく、人間こそが犬にとっての《愛情の寄生虫》なのである!」と。

＊　＊　＊

どうだろうか。イヌからのニンゲンに対する辛辣なメッセージである。コンパニオン・スピーシーズの哲学的議論では、あたかも犬と人間の空中アクロバットショーという感じがした。なぜなら、生物種の関係は、捕食/被食、共存(関与と不関与)、寄生、などの限られたレパートリーしかないからだ。ダナの伴侶種の関係も批判的な論者には極めて評判が悪い「仮説」にすぎない。しかし、この《愛情の寄生虫》に結論づけられる叙述では、ジャングルでのゲリラ兵どうしが突然の出合い頭で、お互いが物陰に隠れて、ここで即座に闘うべきか、小銃を構えながら相手に呼びかけるべきか、悩むようなシーンを想像することができよう。決して敵対ではないが、お互いが「モラルと崇敬」という名の家賃を支払わない下宿人に困っている自称・家主たちの愚痴のようである。

不用意な戦闘行為をやめるには、どうも交渉を再開するために対話するしかない。でも何語で話そうか。イヌ語なのかニンゲン語なのか。同胞ではない言葉を話せば、相手は敵意をむき出しにするのではないか？　パースペクティヴィズムと擬人法という認識論は、そのような緊張を解き、「相手もまた自分たちのように小心者で、本当はただお互いに恐れているだけかもしれない」といった、反省心を私たち双方にもたらすのである。

【注】

（1）本章では、人間と犬という漢字表記は普通名詞として、ニンゲンとイヌというカタカナは今後期待される存在様式として表記として、そして〈ヒト〉〈ニンゲン〉や〈イヌ〉という山括弧《ギュメ》表記は抽象化された種としてのあり方（=存在様式）を示すこととする。ラテン語の種名は慣行に従いイタリック表記とする。

（2）逆説的ではあるが地上における「存在」の複数性、時間拘束性、断片性から、神的存在を、その唯一性、その時間的普遍性、そしてその不可能性（=いかなる変化を受けない最強の属性）を〈カミ〉（=神）に求めることが可能になる。このような議論を「プロセス有神論（process theism）」と呼んでおり、アルフレッド・ノース・ホワイトヘッドとチャールズ・ハートソンがその代表的論者である（Process Theism, Stanford Encyclopedia of Philosophy. URL: https://plato.stanford.edu/entries/process-theism/）。

（3）中心的な人間がある脱中心化した動物との間のそれまでの関係性を克服する方法として〈動物になること=生成変化〉という手法がある（ドゥールズとガタリ『千のプラトー』宇野邦一ほか訳、第一〇章参照、河出書房、二〇一〇年）。この形而上学的方法とは別に、動物学者と義肢専門家との協力のもとで、実際に動物（ヤギ）になるという果敢な挑戦をしたトーマス・トウェイツという猛者がいる（トウェイツ『人間をお休みしてヤギになってみた結果』村井理子訳、新潮社、二〇一七年）。

（4）ホモ・サピエンス（ヒト）とカニス・ループス（イヌ）の関係はウィン=ウィンであるが、現在ではサピエンスとループスの連合軍が、ネアンデルタール人（*Homo neanderthalensis ? or H. sapiens neanderthalensis ?*）を絶滅させたという想像力豊かな珍説が登場した（シップマン二〇一五）。たしかに人類史上の活劇としてはジャレッド・ダイアモンドばりに面白い。文献の引証も確かだ。しかしながら真面目な自然人類学研究（ペーボ二〇一五）にもあるように、この主張は実証主義に名を借りたメタファー——とりわけ「人種」区分にまつわるもの——の濫用である。原著も同時期に出版された科学ジャーナリストのフレッド・ピアス（二〇一六）の著作『外来種は本当に悪者か？』をシップマンさんが読んでいたらと思うと残念でならない。だが少なくとも本書の読者は、この三冊を読んで公平な評価をくだせるという僥倖に恵まれるだろう。

（5）ダーウィンの未開人観の心証は、『ビーグル号航海記』によると同船に乗船してティエラ・デル・フエゴでの島民との接触をする一八三二年一二月一七日から翌年二月一一日までと、再訪を果たすその翌年の二月二八日から三月五日までの間にかなり変化したようである（池田二〇〇三）。

（6）人間中心主義的な定義である「種概念」を温存したまま、あらゆる「動物種」を民族誌記述の中に包摂するというマルチスピーシーズの人類学という試みがある。しかし、これはニーチェのパースペクティヴィズムを実証主義風に偽装したアニミズム思考の変奏である。

（7）擬人化については、動物優越論（theriophily）という啓蒙時代に生まれた動物賛美と関連づけて、人間中心思想（anthropocentrism）を脱中心化する思考形態のひとつであることを、筆者のインターネットサイトで十全に解説してあるので参照してほしい（「擬人化」URL: https://goo.gl/SNTXEg〈最終アクセス：二〇一九年四月一九日〉）。

（8）このような寓意（allegory）や皮肉・あてこすり（sarcasm）は本書の真面目な議論に馴染まないと批判する向きもあるだろう。しかし冷静になってほしい、コミュニケーションの体系が全く異なるイヌの気持ちをニンゲンの言語で表現することは、どだい無理だとあきらめるまえに、直接コミュニケーションという方法の他に寓意や皮肉を媒介する方法を試してみる価値があるのではないか。私の調査地域のひとつであるメソアメリカでは、ナワールやトナール（nagual, tonal）と呼ばれる動物が私たち人生に裏打ちするように存在しているという考え方（mode of thinking）や信仰（belief）がある。今では偽《にせ》人類学者の汚名――つまりヒトではあるが人類学者ではない――を頂戴しているベストセラー作家カルロス・カスタネダ（Carlos Castaneda, 1925-1998）の著作を授業で取り扱うことを通して、ナワールがもつユーモラスな議論生産性に気づき、最後には自分の反＝双子の分身との対話編『コヨーテ人類学』を出版したロイ・ワグナーは、この自身の奇妙な著作を通して、ワグナーの最初のフィールドであるパプアニューギニアのカリムイのダルビの人々の考えや信仰をコヨーテ（Canis latrans）――latrareは吠えるの意――である対話者に伝えることに、見事に成功している（Wagner 2010）。

（9）これは、一〇〇〇ページを超える広闊な古典である、加茂儀一『家畜文化史』（法政大学出版局、一九七三年）の「犬」に関する言及箇所のパロディ（風刺捩り）である。

【文献】

ダーウィン、チャールズ『種の起原』（堀伸夫・堀大才訳、朝倉書店、二〇〇九年）

ハラウェイ、ダナ「サイボーグ宣言」『猿と女とサイボーグ――自然の再発明』（高橋さきの訳、青土社、二〇〇〇年）二八六―三四八頁

ハラウェイ、ダナ『犬と人が出会うとき――異種協働のポリティクス』（高橋さきの訳、青土社、二〇一三年）

ハラウェイ、ダナ『伴侶種宣言――犬と人の「重要な他者性」』（永野文香訳、以文社、二〇一三年）

ハリス、マーヴィン『食と文化の謎』（板橋作美訳、岩波書店、二〇〇一年）

池田光穂「ダーウィン『ビーグル号航海記』におけるフィールドワーク」（『文学部論叢』七七号、熊本大学文学会、二〇〇三年）四五―七一頁（URL http://hdl.handle.net/2298/12715〈最終アクセス：二〇一九年四月一九日〉）

池田光穂「科学における認識論的アナーキズムについて」（『現代思想』四二巻一二号、二〇一四年）一九二―二〇三頁

池田光穂「テクストと方法について――ショロイツクイントゥリを事例にして」（『Co* Design』一、二〇一七年）五三―六六頁

マクローリン、ジョン『イヌ：どのようにして人間の友になったのか』（澤崎坦訳、岩波書店、一九八四年）

モリス、デスモンド『デスモンド・モリスの犬種事典』（福山英也監修、誠文堂新光社、二〇〇七年）

ニーチェ、フリードリヒ『悦ばしき知識』（信太正三訳、筑摩書店、一九九三年）

ペーボ、スヴァンテ『ネアンデルタール人は私たちと交配した』（野中香方子訳、文藝春秋、二〇一五年）

ピアス、フレッド『外来種は本当に悪者か？』（藤井留美訳、草思社、二〇一六年）

シップマン、パット『ヒトとイヌがネアンデルタール人を絶滅させた』（柴田譲治訳、原書房、二〇一五年）

シムーンズ、フレデリック『肉食タブーの世界史』（香ノ木隆臣・山内彰・西川隆訳、法政大学出版局、二〇〇一年）（Simoons, Frederick J. (1994) *Eat not this flesh: Food avoidances from prehistory to the present.* 2nd. Ed., Madison: University of Wisconsin Press.）

Wagner, Roy (2010) *Coyote Anthropology.* Lincoln. Neb.: University of Nebraska Press.

Wright, Norman Pelham (1960) *El enigma del Xoloitzcuintli.* (con la colaboración de Tomás Gurza y Bracho). Mexico, D.F.: Instituto Nacional de Antropología e Historia.

ジジェク、スラヴォイ『幻想の感染』（松浦俊輔訳、青土社、一九九九年）

COLUMN4

イヌのアトピー性皮膚炎

牛山 美穂

近年、ペットのイヌに対する態度が、どんどん人間に対するような態度に変容していっていると感じる。可愛らしい洋服に身を包んで街を散歩するイヌを見かけることが増え、ネットではイヌ用の誕生日ケーキの販売サイトやイヌの介護のノウハウなどの情報が現れるようになった。イヌを飼ったことのない筆者からすると、イヌが可愛らしい洋服を着せられ、人間のようにケーキで誕生日を祝ってもらうことには多少の違和感がある。イヌにとって、可愛らしい洋服を着ることは、果たして幸せなことなのか(イヌにとって洋服を着せられること自体、不快なのではないか?)、イヌにとって、たとえば自分の似顔絵が描かれた誕生日ケーキを食べることは幸せなことなのだろうか(イヌにとってそこに自分の似顔絵が描かれていることが理解できるのだろうか?)という疑問が湧いてくる。そこでは、人間が考える幸せのフォーマットをイヌに当てはめて、人間だけが満足しているような印象が拭えない。

こうした「イヌの人間化」とでも呼ぶべき現象については、人類学者のミリアム・ティックティンが興味深い指摘を行っている。彼女は、米国における「チワワ空輸作戦」と呼ばれる試みについて述べている。これは、カリフォルニアの劣悪な環境下にいるホームレスのチワワを救うべく、飛行機を使ってニューヨークなどの遠く離れた場所にいる新しい飼い主のもとへチワワを届ける活動である。この活動は、動物愛護団体の支援を受けて慈善家が行っているものであり、ホームレスのチワワたちのフライトの費用として、ヴァージンエアラインが一万二〇〇〇ドルの寄付を行っている。チワワたちは、フライトを経て空港に到着すると、行動的・医学的な査定を受け、空港で待つ新たな飼い主たちのもとに届けられる。この「チワワ空輸作戦」について述べた新聞記事からは、孤独で可哀想な境遇にいたチワワたちに対する強い同情の念が読み取れる。ティックティンは、「チワワ空輸作戦」のようにイヌが共感や同情の対象となり、まるで人間のように扱われるようになってきた事例をいくつか挙げながら、人間性やヒューマニズムというものが、イヌのような人間ではない存在にまで拡大されるようになってきたと述べる。彼女は、いったいどのような生がヒューマニズムのもとに新たに認識されるようになり、逆にどのような生が人間性から排除されるようになったのだろうかと問う（人間性から排除される例として、彼女はムスリムを例にあげている）。

ティックティンは、ヒューマニティの領域が人間ではない存在にまで拡大されるようになった背景のひとつとして、たとえばBSEやエボラなどの人獣共通感染症の存在をあげ、もはや人間の健康は、ほかの動物や植物との関係性とともに考える必要があると述べる。人間の生は人間のポリティクスだけではなく、あらゆる動物や植物も含めた「プラネタリーポリティクス」のもとに捉えられる必要性があるということである。

このプラネタリーポリティクスの視点は、人間だけが特権的な存在ではないという脱人間中心主義的な指向をもつが、その一方、ヒューマニティの領域が人間以外の動物（や植物）にまで拡大されていくという現象は、人間以外の存在を人間のモードにあわせて人間のように扱うという、ひどく人間中心主義的な現象にもみえる。

この、「動物の人間化」とも呼ぶべき現象をひときわよく示す事例として、イヌのアトピー性皮膚炎がどのように扱われているかについて述べたい。アトピー性皮膚炎は、人間向けのガイドラインによれば「増悪・寛解を繰り返す、掻痒のある湿疹を主病変とする疾患であり、患者の多くはアトピー素因をもつ」（加藤ほか二〇一六：一二二）と定義される疾患である。一般的には、人間の幼児期によくみられる疾患で、痒みを伴う湿疹が関節の裏側の柔らかい皮膚にできるパターンが多い。おもに先進諸国で患者数が増加しているといわれており、その理由として、都市化や家族の人数の現象、寄生虫の現象や幼少期の感染症の減少といった、環境の変化が関係している推測されている（Hillier and Griffin 2001）。そして、近年、イヌの間でもアトピー性皮膚炎がみられるようになってきており、その理由として、イヌも人間と同じような生活環境（室内の埃やダニなどのアレルゲンに晒される、子イヌのワクチン接種が広まったことでIgE抗体の産生があがった、飼い主が寄生虫をコントロールするようになった）に置かれるようになってきたことが原因ではないかと考えられている（Hillier and Griffin 2001）。ここでは、人間的な生活環境が、人間の身体にだけではなくイヌの身体にも影響を及ぼし、生物学的なレベルで両者に共通の疾患を引き起こしている。

さらに、イヌのアトピー性皮膚炎のケアのされ方もほとんど人間に対するケアと同じであり、ここにも「イヌの人間化」がみてとれる。インターネットでイヌのアトピー性皮膚炎について検索すると、ほとんど人間の場合と同じようなあらゆる治療法が現れる。人間の場合、アトピー性皮膚炎の標準治療においては、対症療法として炎症を抑えるステロイド外用薬が第一選択肢として用いられるが、この薬はアトピー性皮膚炎自体を根本的に治療するものではないこと、さらに長期的に使用するとさまざまな副作用がみられるため、この薬を使用したがらない患者が多い。そうした患者は、東洋医学や鍼灸、食事療法などの民間医療を試すことが多く、アトピー性皮膚炎患者を対象にした民間医療の種類は多岐に渡る（牛山二〇一五）。イヌのアトピー性皮膚炎の場合も、人間の場合と同じく、ステロイド外用薬に対して警戒心を示す飼い主が多くいること、そうした飼い主を対象にしたさまざまな民間医療が存在することが見て取れる。イヌのアトピー性皮膚炎治療について検索すると、腸内環境の改善、食事療法、アロマテラピー、バッチフラワー、鍼灸、東洋医学、マッサージ、サプリメント、運動、ストレス除去、さらにはオルゴールの音楽を聴かせるオルゴール療法などといったものまで現れる。

こうした「イヌの人間化」の現象は、イヌと人間の境界を曖昧にする。こうした「イヌの人間化」は、欧米や日本などの先進諸国に際立ってみられると考えられるが、そうした社会と異なる社会、たとえばエクアドルにおけるイヌの立場は、人間の立場とより明確に切り離されている。エドゥアルド・コーンは、南米エクアドルのアマゾン川流域に住む狩猟採集民族のアヴィラの人びとと、その飼いイヌの関係について記述している。そこでは、精霊と人、人とイヌ、といったように、社会の中で、種によってはっきりとした上下の関係が前提とされている。たとえば、人間が精霊と意思疎通をするときは、下の立場である人間は、アヤ・ワスカなどの幻覚性物質を用いることによって精霊の意図を知ることができるとされる。それと同様、人間がイヌと意思疎通をする際には、イヌの鼻先をつる草で閉じて両手足を縛り、幻覚性物質をイヌの口に流し込んだうえで、人間がイヌに話しかける。イヌは鼻を縛られているために人間に対して応答することはできない。もしもイヌが人間に応答することができてしまうと、人間は特権的な身分を失い、イヌと人間の境界が侵犯されてしまうと考えられているためである。イヌの鼻や身体を縛ることで、人間はイヌとの差異を維持したうえで、イヌとの意思疎通を図る。

精霊と人間、人間とイヌのように、種の異なるものの間で意思疎通をする際には、その際に両者の境界が侵犯されることのないよう、細心の注意が払われる。

本書の大石論文で言及されているバカ・ピグミー社会のイヌの立場は、欧米におけるイヌの立場と、アヴィラの社会のイヌの立場の中間的なものと捉えることもできる。大石によれば、バカ・ピグミー社会のおけるイヌの立場には二重規範が存在する。イヌは森では狩猟の伴侶として人並に扱われ、集落では暴力を振るわれる。イヌをある種の人間と同様の立場として扱う反面、非人間的にも扱うというこの二重規範は、イヌと薬の関係にもよく表れている。イヌも人間と同様、薬に反応する身体をもっていると想定され、投薬が行われる一方、人間のように病気治療として投薬されることはなく、あくまで狩猟の能力を高めるなど、エンハンスメントの目的で薬が使用される。大石の論文からは、バカ・ピグミー社会において、イヌは人間的な扱いと非人間的な扱いの二重規範のなかにいることがみてとれる［7章大石論文］。

アヴィラ社会やバカ・ピグミー社会のように、イヌと人間の間にある程度の境界が想定されている状態と比較すると、欧米や日本でみられる「イヌの人間化」の現象は、両者の境界を侵犯することに対するタブーの意識は希薄である。そこでは、ティックティンの述べるように、イヌと人間の間の境界よりも、たとえばアメリカ人とムスリムのように、人間と人間の間の境界がむしろ問題となっている。ヒューマニティの領域が人間以外の動物にまで拡大される一方で、そこから排除される生がある。排除と包摂の境界は、種の領域を跨ぎ超えながら、時代の変遷とともに異なる場所に引き直されていく。

【参考文献】

Hillier, Andrew and Craig E. Griffin 2001 The ACVD task force on canine atopic dermatitis(I): incidence and prevalence, *Veterinary Immunology and Immunopathology* 81: 147-151.

加藤則人・佐伯秀久・中原剛士・田中暁生・椛島健治・菅谷誠・室田浩之・海老原全・片岡葉子・相原道子・江藤隆史「アトピー性皮膚炎診療ガイドライン 二〇一六年版」（『日本皮膚科学会誌』一二六（二）、二〇一六年）一二一―一五五頁

コーン、エドゥアルド『森は考える――人間的なるものを超えた人類学』（亜紀書房、二〇一六年）

Ticktin, Miriam 2014 Humanitarianism as planetary politics, In *At the Limits of Justice Women of Colour on Terror*, Suvendrini Perera and Sherene H. Razack (eds.), Toronto: University of Toronto Press, pp. 406-420.

牛山美穂『ステロイドと「患者の知」――アトピー性皮膚炎のエスノグラフィー』（新曜社、二〇一五年）

COLUMN5

シカ肉ドッグフードからみる人獣共通のウェルビーイング

立澤 史郎・近藤 祉秋

シカ肉薬膳の再評価

産後の肥立ちにはシカ肉とサルの黒焼き。鹿児島県・屋久島で「黒焼き」技術を継承する最後の猟師Aさん（八五歳・二〇一四年当時）は、話を聞きに行くたびそう強調し、横で奥さんも深く頷く。子どもの頃は父や叔父のシカ猟を毎日のように手伝った。日の出とともに山に入り、尾根筋にかけた罠を見回りながら標高差一〇〇〇メートルを一気に駆け上がって、血と内臓を抜いた「空身《からみ》」のヤクシカ（図1）を担ぎ降ろした。大猟の時は一日に二往復したり、空身二体を「入れ子」にして担いで降りたこともあった。

降ろしたシカは家人や手伝いの人が肉を切り分け、まずは肉屋に卸したり、学校の先生など世話になる人に配り、そして家族で食し、携帯食となる干し肉にした（図2）。端肉の付いた骨はシカ猟のパートナーであるヤクイヌ（屋久犬）の御馳走になるが、出産前後の母犬、成長の遅い子犬、老犬には最高の部位（ロース、肝臓、心臓など）を与えた。そればかりか、調子の悪いイヌのためにシカを獲りに行くこともあったと言う。

このように、シカ肉の薬膳効果は猟師の間では昔からよく知られていた。ところが高度経済成長期以降は全国的にシカ肉がほとんど食べられなくなり、薬膳効果も久しく忘れ去られていた。また、シカ肉は、酸化しやすく、独特の臭みも出やすいので、処理のよくない状態で食べてシカ肉に悪いイメージを持つ人も少なくなかった。それが近年のシカ肉消費増大政策とジビエブームのおかげで消費量が伸び、シカ肉によいイメージを持つ人の割合も増えている。

この流れを支えるように、最新の日本食品標準成分表二〇一五年版（七訂）では、はじめて「にほんじか（えぞしか）」の成分分析結果が掲載され（文部科学省二〇一五）、低脂肪高蛋白質など、改めてシカ肉の特性が評価されている。

シカ肉ブームとペットフードとしての利用

シカ肉の知名度やイメージは急速に高まり、同時に食肉以外の派生物、端肉・骨・角・皮などの「有効利用」も盛んになってきた。その背景には、元々の動因であった野生動物管理（シカの捕獲圧増大）だけでなく、地域おこし（地場産業振興）、グルメ志向、健康志向、狩猟ブーム、スモールビジネスブームなど、多様な社会的需要とシカとのマッチングがある。その中でも大きな経済効果が期待されているのが、ペットフードとしての利用である。

農林水産省の『野生鳥獣資源利用実態調査』によれば、

図1　ヤクシカのオス（2018年12月17日、近藤祉秋撮影）

図2　ヤクシカの煮込み（2018年12月15日、近藤祉秋撮影）

登録されている全国の食肉処理施設で二〇一六年度に処理・販売された野生鳥獣肉一一六五トンのうち、一〇一五トン（八七・一%）は食肉用のいわゆる「ジビエ」として販売され、残り一五〇トン（一二・九%）が、ペットフード用途で販売された（農林水産省二〇一八）。この数字はイノシシなどシカ以外の鳥獣も含んだものだが、その五四%（八一トン）はイノシシが生息しない北海道で販売されたものであり、大半がシカ肉だと考えてよい。

ではその北海道での食肉利用状況はどうだろう。シカ肉利活用の先進地域と言われる北海道では、『エゾシカ有効活用のガイドライン』と『エゾシカ衛生処理マニュアル』が二〇〇六年に作成され、全国に先駆けてシカ肉を安心・安全に消費するための制度が構築されてきた。北海道で処理・販売される野生鳥獣肉のほぼ全て（九九・五%、四〇二トン中四〇〇トン）はシカ肉であり、全国のシカ肉販売量の六割強にあたる（農林水産省二〇一八）。

エゾシカを利用したペットフードの商品開発も盛んである。道環境局エゾシカ対策グループが二〇一六年度におこなった「エゾシカペットフード実態調査」（調査対象一三二件のうち四四社が回答）によれば、道内のエゾシカ食肉処理施設およびペットフード製造・販売事業者のうち、少なくとも二七の事業者がエゾシカを原料とするペットフードを製造・販売している。ペットフード製品の販売規模に関して回答のあった一五の事業者の販売総額は、道内一七七五万円（二二%）、道外六一九六万円（七八%）と、道外での売り上げの高さや販売単価の高さが特徴となっている（北海道二〇一七）。この〝シカ肉ペットフード〟の売れ行きの背景には、ペット産業の「プレミアム化」がある。シカ肉により内容やイメージを〝高級化〟した「プレミアムペットフード」は一般のペットフードの数倍から一〇倍以上の単価で販売されており、人間用の医薬品や食品メーカーのペットフード事業参入の動因となっているのだ。

T社（北海道札幌市）の事例

それでは、シカ肉ペットフードは実際にどのように販売され、消費されているのだろうか。ここでは、北海道札幌市にあるイヌ用自家製無添加おやつ専門店T社の事例を紹介したい。T社では、二〇年前から捕獲されたシカを原材料としたドッグフード商品を販売している。社長はハンターであるだけでなく、イヌの訓練者（トレーナー）でもある。トレーニング用のおやつ（褒美）や餌として、自分で獲ったり仲間からもらったシカ肉を与えたところ、イヌの食いつきがよいだけでなく、毛づやや健康状態など様々なメリットがあったため、高じて会社を立ち上げ、現在では、道内で捕獲されたシカ肉を用いた様々な商品を販売している。シカの利用部位も、一般の肉や骨だけでなく、心臓、肝臓、肺、耳、角など多岐にわたる。

店頭ではシカ以外の原料を使った商品も販売しているが、半分以上の客はシカ肉を買っていく。シカ肉を使ったプレミアムフードを選ぶのは、イヌが喜ぶ、低カロリー高蛋白質で体重を減らせるという理由に加え、アレルギー対策がある。牛や豚の肉を使ったドッグフードを食べると「アトピー」様症状を示す個体でも、シカ肉だとアレルギー反応が出にくいと言われる［コラム4参照］。シカ肉を使った無添加おやつやプレミアムドッグフードは、近年人間だけでなく、飼い犬でも問題となってきた肥満やアトピー対策として需要を拡大しているのである。

そしてもう一つ興味深いのは、T社の顧客中、イヌにシカ肉製品を与えたことをきっかけに、飼い主や家族がシカ肉に関心を持ち、自らシカ肉を食したり狩猟に関心を持つようになった例が少なからずあったことだ。イヌが本来の獲物とも言えるシカと〝再会〟することが、飼い主と野生動物がつながるきっかけにもになっている。人—イヌ関係において、シカ肉は単なる消費物ではなく、生態系に再接続（rewilding）する媒体の役割を担っているのである。

人獣共通のウェルビーイング

冒頭では、屋久島の事例からシカ肉が人間とイヌの双方にとって健康効果をもたらすことが猟師の間で知られてきたことを述べた。そして、シカ肉を使ったイヌ用無添加おやつ店の事例からわかるように、この健康効果は猟犬を育てる猟師の知識としてだけでなく、都市に住む愛犬家コミュニティにも広まりつつある。そこでは飼い犬は家族の一員であり、メタボリックシンドローム（メタボ）やアトピーなどの健康問題が家族の共通課題として共有されている。

近年、国連や北極評議会など国際政策の場において、「ウェルビーイング（well-being）」なる概念がよく用いられる。朝日新聞社『知恵蔵』（二〇〇七年版）によれば、「ウェルビーイング」とは、「個人の権利や自己実現が保障され、身体的、精神的、社会的に良好な状態にあることを意味する概念」であるという。シカ肉ドッグフードをめぐる状況は、人も飼い犬（おもに都市部の愛玩犬）も、ともにそのウェルビーイングに配慮するべき存在と見なされるようになったことを示している。ここで、人とイヌのウェルビーイングは相補的であり、両者は互いに健康かつ幸福であることを必要条件とした共同体を形成している。シカ（肉）はこの〝相補的ウェルビーイング〟を維持し、さらには野生との再接続という形で拡張しつつあると言えよう。

最後に、再接続した野生（生態系）において、人―イヌ―シカの三者にとってのウェルビーイングを議論せねばならない事態が起こりつつあることを紹介したい。寄生虫の問題である。

九州地方の中部・南部の猟犬を対象とした研究によれば、イノシシの生肉を餌として与えられているイヌはそうではないイヌに比べて肺吸虫類に寄生される割合が高く（Kirino et al. 2009）、そしてシカの生肉も感染源となりうることがわかってきた（Yoshida et al. 2016）。また、感染した猟犬の糞によってこれらの寄生虫の卵が山野にまき散らされるおそれもある（Irie et al. 2017: 1423-1424）。ならば、大好きな生肉でなく、十分に加熱調理してとにかく寄生虫の感染を防ぎさえすればよいかと言うとそうでもない。人の場合もイヌの場合もアトピー増加の原因として寄生虫の減少が挙げられるからだ［コラム4参照］。シカ肉をめぐる人とイヌのウェルビーイングの問題は今後、狩猟のあり方から、生物多様性保全や生態系管理のあり方まで問い直してゆくことになるだろう。

【参考文献】

農林水産省（二〇一八）『野生鳥獣資源利用実態調査』（http://www.maff.go.jp/j/tokei/kouhyou/jibie/ 公開日：二〇一八年二月九日、最終確認日：二〇一八年一一月二二日）

北海道（二〇一七）『平成二八年度エゾシカペットフード実態調査業務報告書［概要］』（http://www.pref.hokkaido.lg.jp/ks/skn/est/index/petfood_gaiyou.pdf 最終確認日：二〇一八年一一月二二日）

文部科学省（二〇一五）『日本食品標準成分表二〇一五年版（七訂）』文部科学省科学技術・学術審議会資源調査分科会報告、文部科学省（http://www.mext.go.jp/a_menu/syokuhinseibun/1365295.htm 公開日：平成二七年一二月二五日、最終確認日：二〇一八年一一月二二日）

Irie, T., Y. Yamaguchi, P. N. Doanh, Z. H. Guo, S. Habe, Y. Horii, and N. Nonaka (2017) Infection with Paragonimus westermani of boar-hunting dogs in Western Japan maintained via artificial feeding with wild boar meat by hunters. *The Journal of Veterinary Medical Science* 79(8): 1419-1425.

Kirino, Y. N. Nakano, P. N. Doanh, Y. Nawa, and Y. Horii (2009) A seroepidemiological survey for paragonimosis among boar-hunting dogs in central and southern Kyushu, Japan. *Veterinary Parasitology* 161: 335-338.

Yoshida, A., K. Matsuo, J. Moribe, R. Tanaka, T. Kikuchi, E. Nagayasu, N. Misawa, and H. Maruyama (2016) Venison, another source of Paragonimus westermani infection. *Parasitology International* 65: 607-612.

グロッサリー（用語集）

池田光穂・近藤祉秋・大石高典

このグロッサリー（用語集）は、多様な読者が本書を有効活用するのを助けるために、（1）一般読者および初学者にはなじみの薄いと考えられる専門用語の意味を解説すること、（2）犬と人間の関係をより深く考えるための考え方を提案することを目的としている。共編者の池田が草稿を書き、近藤と大石が加筆・修正をおこなった。一部の用語については、執筆者のうち当該分野の専門家の助言を仰いだ。用語は五〇音順に配列した。

1　愛着【あいちゃく】

心理学用語のアタッチメント（attachment）は、他者（項目38、本書では人間や犬であることが多い）とのあいだの特別な情緒的な結びつき（漢語での「着」に注目せよ）のことを指す。愛情（affection）ともいわれる。犬と人間の進化史研究にとって、両者がどのように愛着の歴史を形成したのかは重要な課題になる。その「歴史」とは、本書を読んでいただければ、お分かりになると思われる。

2　遊び【あそび】

J・ホイジンガによれば、「遊びとは、あるはっきり定められた時間、空間の範囲内で行われる自発的な行為もしくは活動である。それは自発的に受け入れた規則に従っている。（…中略…）それは緊張と歓びの感情を伴い、またこれは『日常生活』とは『別のもの』という意識に裏づけられている」（『ホモ・ルーデンス』高橋英夫訳、中公文庫、七三頁）。このホイジンガの定義のうち、犬にとって遊びに「非日常」性があるのかについては確かめようがない。しかし、人間と犬は、他の社会性をもつ哺乳類（とりわけ幼獣時代）同様、単独で遊ぶことができるだけでなく、他個体と一緒に遊ぶことができ、そのレパートリーの幅も大きい。人間と犬が共同でおこなう遊びには、ボール遊びのように気軽なものから、「犬の障害物競争」と呼ばれるアジリティのように競技化されたものまでさまざまなものがあるが、それらの研究はまだ端緒についたばかりである。遊びは、人間と犬の未来を占う重要なものになると思われる。

3　安定同位体比【あんていどういたいひ】

物質をかたちづくる原子は、陽子と中性子と電子から成り立つ。質量の大きい（＝重たい）陽子と中性子のうち中性子数の異なる放射活性のない（＝容易に陽子や中性子を放出しない）原子（例えば、炭素、窒素、酸素、水素）の比率は、その生物が生活していた地域、時代、生態系のなかでの食物連鎖上の位置などにより微妙に異なる。その比率つまり安定同位体比を比較することで、年代、地域、原産地、食性などを推定することができるため、環境学、生態学、考古学、自然人類学などの分野で盛んに活用されるようになっている。

4　犬肉食【いぬにくしょく】

人間と犬が共存生活をはじめた時代（遅くとも今から二〜四万年前）から、人間は犬を食べていたことがわかっている。犬が愛玩動物になる前には、人間にとって犬肉食は普通であったという証拠は数多くある。現代人にとって愛着と肉食欲の共存（本書第19章池田論文）は理解困難であるが、現在でも牛や馬や豚などを肥育したり使役する人たちが愛情をもって飼育し、手放す時には涙を流すことがあることを思えば、犬肉食も一般的に考えられているほどクレイジーなものとは思われまい。ただし、犬肉食を広い範囲に伝播・普及させるためには、獣肉を人間と犬が競合的に分け合うしかない狩猟採集生活（29「狩猟採集（民）」参照）よりも、余剰農産物を与えて犬の食性を変化させたり、肥育したりするという飼育技術が必要になるだろう。そのために、犬と人間の共存史のなかでは、その最初から犬肉食がはじまったわけではないと推論することもあながち無理とはいえない。

5　犬の社会化（と社会化期）【いぬのしゃかいか】

人間も犬も成長過程の中で、のちの生涯の身のこなし方の心理学的・行動学的な基礎をかたちづくる。これを発達という。犬には、発達の過程で二つの社会化期がある。最初の犬の社会化期は生後三週から一二週つまり生後一ヶ月から三ヶ月の間である。この感受性の強い期間に、犬は人間を含む他の動物個体との社会的な交わり経験を通して、誰が「仲間」であるのかを学習する。この期間に人間と出会わないと、その個体は人一般を怖がるようになり修正が困難になるといわれる。一般の愛犬家やドッグトレーナーでいうのは二つ目の社会化期のことで、それは三ヶ月齢から六ヶ月齢くらいまでの時期を指し、環境の様々な刺激に慣れる時期と解釈されている。この二つの社会化期は異なる文脈で使われる用語だが、どちらも子犬の学習の感受性が高い時期で、オオカミのこどもの生育環境との対比から次のように解釈、説明されている。つまり、最初の社会化期は巣穴の中にいる時期に相当し、ここに母親以外の個体が入ってくることで「オオカミ」という仲間を知る。二つ目の社会化期は、巣穴から外に出て環境を探検し始める時期で、この時期に外界の様々なものに出会って学習をしていく。

6　犬の性格【いぬのせいかく】

性格は、「振る舞いの一貫した傾向」と説明される。犬の性格は、飼い主への質問紙や行動観察によって評定する。犬の性格には、人間の性格と同様に（1）先天的なものと（2）後天的なものがある。（1）の要因は、神経伝達物質で情動に関与するドーパミンおよびセロトニンを合成したり、それらの物質の感受したり吸収の促進／阻害などに関連する遺伝子による。一方、（2）はいわゆる学習や経験あるいは訓練による。この二つの要因が相互に影響し合って性格が形作られることが分かってきている。したがって、人間や犬の性格を、氏（遺伝子）か育ち（学習）かという単純な二分法で割り切って考えることはできない。

7　犬の群れ【いぬのむれ】

動物には多かれ少なかれ「群れ」をなす習性がある。英語ではヒツジなど草食動物の「群れ」はherdと表現されるが、オオカミのような集団で狩りをするイヌ科動物の群れはpackと区別される。オオカミは群れで狩猟をしたり、母系制をとるために、若いオスとメスが群れ離れすることで、遺伝子の拡散をはたす。犬の家畜化により、単独化しても人間に交配を手伝わせることで群れ生活を放棄することが可能になる。オオカミの群れは、両親とそのこどもたちからなる家族群である。両親と当年の子のみという群れ構造が一般的だが、前年あるいはそれ以前に生まれたこどもが群れに残る場合があり、この場合は群れサイズが大きくなる。群れの順位が一位のアルファ個体は両親で、繁殖はこのアルファペアのみで行われるが残った年長のこどもたちは妹や弟の世話を手伝う（ヘルパー）。野犬が群れをなすのも、その先祖のオオカミの生活態度を受け継いでいるからなのだと考えたくなるが、犬の群れはオオカミのような構造を持たず、アルファペア以外は繁殖しないという現象も観察されず、ヘルパーも子育てへの協力をしないようだ。つまり家畜化の過程で、イヌは再生産可能な群れを構成する社会行動を弱められた、と考えられる。

8　ウェルビーイング【うぇるびーいんぐ】

ウェルビーイング（well-being）は、一般的には福祉やソーシャルワークで用いられる言葉で、「個人の権利や自己実現が保障され、身体的、精神的、社会的に良好な状態にあること」（『知恵蔵』、二〇〇七年）を指す。この言葉は、疾病の有無のみならず、食生活への気配り、老後のケア・生きがいなど幅広い事象を含むものである。近年、ペット産業の拡大とともに犬のウェルビーイングについても注目されるようになってきた（本書コラム4、5参照）。猟犬（項目52）で述べたような犬と猟師の自然を相手にした厳しい関係とは対照的に、近年高まるペットのウェルビーイングへの配慮は、人間から犬への一方的なもののように見える。しかし、犬は人間に対して自らに配慮を促すように行動上のさまざま進化を遂げて、愛玩対象としての役割も含めて人間社会の一部となってきた歴史に着目すれば、犬と人間のウェルビーイングをめぐる関係は互恵的であることが明らかである。

9　オオカミ【おおかみ】

イエイヌのご先祖はオオカミである。イヌとオオカミの遺伝子はほとんど同じであり、考古学上、ならびに遺伝子の解析からオオカミが家畜化して現在のイヌの先祖になり、限られたいくつかのイヌの系統から今日の多様なイヌが生まれたとみなされている。しかし、イヌとオオカミの形態的かつ行動的な違いは明白である。また、イヌの性格（項目6）でみたように、ヒトが多様であるように、イヌはさまざまな理由で多様である。このイヌの多様性は、野生のオオカミの行動や性格の斉一性とは明らかに対照的である。

10　オキシトシン【おきしとしん】

オキシトシンは脳内でつくられるホルモンで九種類のアミノ酸からなる。もともとはメスの分娩誘発や乳汁分泌に関連するホルモンだと思われていたが、オスにもあることがわかり、相手に信頼感を抱く時に、メスでもオスでも身体の中では分泌される。つまり、犬と人間がじゃれあったり、社交的に寛いだりしている時には、犬の身体にも人間の身体にもオキシトシンがでている（本書第5章今野論文）。オキシトシンによりヒトの自閉症の症状改善がみられること、つまり社交的になることが明らかになっている。社交性がない気難しい犬の改善のためにオキシトシンが将来使われるかもしれない。

11　学習（と条件反射）【がくしゅう】

学習は情報やそれに伴う行動を自分のものにすることである。学習の定義は古代ギリシャより変わっていないのに、人間や動物がどうして学習するかの理論には、近代だけでも一ダース以上の多様な説明方法がある。批判こそ多いが学習に関して里程標になる理論は連合学習論であり、それらは、オペラント学習と古典的条件づけからなる。オペラント学習は、誘導したい行動には報酬（例：お菓子）が、誘導したくない行動には罰（例：電気ショック）が、それぞれ与えられるというものだ。学習者あるいは学習犬は事後的に与えられた報酬や罰と関連づけて事前の行動の意味を連想（つまり連合学習）する。古典的条件づけは、必然的におこる反応（＝肉をみたら涎が出る）とそれとは無関係な刺激（＝バッハの音楽を流す）を何度も何度も同時に提示する方法である。古典的条件づけにおいて条件反射が起こるとは、そのような訓練の結果、バッハの音楽を聴くと目の前に肉が提示されなくても涎が出るように身体が関連（つまり連合学習）するようになるのだ。

12　家畜化（ドメスティケーション）【かちくか】

野生動物を飼いならし（馴致［じゅんち］という）、人間と共存できるようにすることが「家畜化」と考えられてきた。家畜化の目的は運搬や農耕の労働力として、あるいはその肉や乳や皮を直接利用することである。しかし、大型哺乳動物に比べると犬や猫は、馴致する意味がわかりにくい。犬の場合は、狩猟に利用したり、犬肉としてタンパク源になることがわかる。猫の場合は家鼠の駆除である。家畜化の過程で、動物の形態が変化する。イエイヌの形態変化の驚くべき多様性は、犬のほうが猫よりも、姿形にこだわったために育種という遺伝的介入が著しかったためであろう。近年では、人間が動物に介入する方向で「家畜化」を考えるのではなく、動物側から人間に働きかけて、その内部で生活するためのニッチ（項目42）を構築したという見方で「家畜化」を捉える仮説も提出されてきている。

13 擬人法【ぎじんほう】

人間以外の事物・動物に対して、人間の性質・性格を与えたり、「人間語」を発話させたりして、それらに人間的性格を与える方法を擬人法という。この人間の能力は、想像力を駆使して相手の動物に感情を投影することであるが、その能力は人間が言語能力を操れる能力から派生しているものと思われる。イヌの場合は、本書第5章今野論文にもあるように、オオカミから眼［まなこ］の形状を変えたことで、人間が情動をともなう相互作用を行いやすくなった。このことは、人間がイヌの行動を擬人化する傾向があることに関係しているかもしれず、たいへん興味ぶかい。

14 境界【きょうかい】

人間と動物、自然と文化、あるいは人間と非人間の間を分ける境目のことである。これらの区分は、しばしば二項対立的な思考枠組みを前提として意味をなすが、犬は人間ではない動物でありながら人間の社会に日常的に参与するなど簡単に割り切れない位置を占めているところに特徴があり、境界を侵犯しゆるがせにする力を持っている。したがって、生態学的な、そして社会的なニッチを重複させながらともに生きる人間と犬は、互いの生きる世界の境界をどのように維持しながら共存できるかという問題を抱えているといえよう。

15 **共生関係【きょうせいかんけい】**

共生とは複数の生物種がおたがいに相互関係をもちながら同じ空間を共に生活することである。日本語の共生からはお互いの生物が得をする関係（＝相利共生）を想像しやすい。しかし生物学者は、寄生や片利共生、さらには片害共生など、片側だけが利益を得たり、相手に害だけを与えるものも共生と呼んでいる。だが人間と犬の関係や、人間や犬のそれぞれの親子関係などさまざまな共生関係を考察すると、それぞれの時間の相で、片利や片害さらには寄生なども実際にみられる点で、犬と人間の関係は共生関係のすべての相を併せもっていることがわかる。

16 **ケア【けあ】**

ケアは長いあいだ人間の特権だと思われてきたが、生態学者や行動学者は昆虫をふくめて様々な動物に「ケアらしきこと」を発見してきた。そうすると人間は、人間のみが「愛情にもとづくケア」をするとまた人間の特権を主張する。しかし、人間と犬の相互作用を詳しく観察すればするほど、犬にもまた「愛情にもとづくケア」が見られることが明らかになる（8「ウェルビーイング」参照）。本書の読者には、人間中心のケア理論には限界があることを知ってもらいたい。

17 **系統【けいとう】**

オオカミからイヌが家畜化されて、近代になると育種学上の系統が作り出されてきた。犬のブリーダーや専門家たちは、交配の記録やＤＮＡ分析などから四種類から六種類ほどの系統にわけているが、それらに経験的でかつ独自のラテン語分類名称を与えているために、科学的には信頼性がおけない。なぜなら、犬は相互に交配種ができるので（23「雑種」参照）、このような系統はあくまでも便宜的なものだからである。

18　犬種（ブリード）【けんしゅ】

各国のケンネルクラブの総元締めともいえる国際畜犬連盟（FCI）では三〇〇犬種（ブリード）以上のものが公認されているが、非公認を含めると数百から多く見積もって八〇〇程度の犬種があるらしい。もっとも犬は相互に交配できるので、いわゆる「犬種」は生物学上の「種」とは異なる（26「種」参照）。

19　後期旧石器時代【こうききゅうせっきじだい】

旧石器時代は人類による石器使用の始まりから農耕の開始までの時代を示す概念で、前・中・後期の三期に区分されている。後期旧石器時代はその最後のもので、農耕がはじまる新石器時代（31「新石器革命」参照）の直前の時代をいう。この時代の特徴は、ネアンデルタール人の絶滅や現代人ホモ・サピエンスの登場、埋葬に副葬品を供えるなどの原始的な宗教儀礼、洞窟や壁岸面に絵や意匠などを描く芸術創作活動がみられることで、技術革新としては石刃技法による石器の多様化と量産、精緻な骨角器が登場した。

20　個体間の協働【こたいかんのきょうどう】

同種、もしくは異なる種の個体どうしが協力して行動し、目的を成し遂げること。通常、同種の個体どうしでも難しいとされるが人間と犬はさまざまな課題に対して難なく成功させることができる。

21　コミュニケーション【こみゅにけーしょん】

人間と犬が相互作用を通して（愛情のような情動を含む）情報を伝達している時に、人間と犬の間にコミュニケーションがとれているという。これは異種間コミュニケーションの一つと見なすことができる。世の中には「犬語」がわかる人間がいるらしいが、科学的に証明されたわけではなく、またそれを調べる普遍的な評価方法についてもいまだに国際的合意がない。むしろ、コミュニケーションの媒体として視覚、聴覚、嗅覚、触覚といった多様な感覚入力チャンネル（感覚モダリティともいう）が用いられる点が、犬と人間のコミュニケーションには重要である。

22　在来犬【ざいらいけん】

古くからその土地に住んでいる犬を総称して在来犬とよぶ。保全生物学では在来種（indigenous species）という概念があるが、これは外来種（introduced species）との対比のなかで生まれた。しかし野生種の移動や侵入と異なり、犬の場合は犬種の人為的な持ち込みと交雑が進むと在来犬の形質は変化してゆく。日本では近代化とともにこのプロセスが加速すると、これを防ぐために「本来の」日本在来の犬、すなわち「在来犬」を定義し、それらの品種の形質を守っていこうという運動が生まれた。本書13章およびコラム3を執筆している志村真幸さんの『日本犬の誕生』（勉誠出版、二〇一七年）を読むとその事情がよくわかる。

23　雑種【ざっしゅ】

一般には雑種犬とは、品種として認証をうけていない交雑犬のことである。ただし学術的事情はもっと複雑だ。犬は生物種としては一種類の「種（しゅ、species）」（＝相互に交配可能な単一の種）に属するために、生物学的には極論すると犬には「雑種犬というものは存在しない」か、あるいは「すべての犬は雑種である」ということになる。雑種という呼称と考え方が生まれたのは、それに対立する「純血」を維持した「純系種」が人為的に認定された結果なのだ。犬の立場からいわせていただくと、「人種」の概念と同様に、もともと同じものを、こっちの品種がいい、悪いという差別はもうやめて、あらゆる犬のウェルビーイングのために、好き嫌いはともかく犬が人間から平等に愛される権利を保障していただくことを望むものである。

24 視線接触【しせんせっしょく】

アイコンタクトのことで、視線と視線を合わせることである。人間と犬とのコミュニケーションでは、視線接触は以下の三点の理由から重要である。（1）視線接触は、ヒトがとくに重視する視覚コミュニケーションの出発点である。（2）ヒト以外の動物では視線接触を主に威嚇や警戒や敵意など否定的な信号として使用することが多く、親和的信号として使用されるのは稀である。（3）ヒトとイヌの相互作用では視線接触が親和信号として機能する。犬との視線接触では、犬が尻尾を振るか、「ウー」と唸り声をあげるか、完全に無視されてしまうかで、我々の心の動きは大きく変化する。人間と犬のコミュニケーションを考えるうえで、視線接触の進化は重要かつ独自の役割を果たしたことは想像に難くない。

25 社会的知性仮説【しゃかいてきちせいかせつ】

マキャベリ的知性仮説ともいう。動物が、根拠がある推論（＝論理的に的確）を行い、それに基づいて行動を変えることが、外部から観察される時に、その動物に知性があると主張するニコラス・ハンフリーの主張（＝仮説）である。コンピュータの世界では、中身がでたらめでも外部観察している人間によって知性があるとみなされるときに「チューリング・テスト」が満たされた（＝合格した）と判断する。これと同じ理屈を当てはめると、社会的知性仮説はいわば「野生のチューリング・テスト」ということができる。例えば、犬がいたずらをして飼い主が怒ったときに犬が済まなさそうな表情をしたり、「服従の姿勢」である腹見せジェスチャーをしたときに、野生のチューリングテストに合格することになる。なぜなら、そのような犬の行動表現が飼い主の情動に訴え、飼い主は犬を叱ることを断念するからである。このコミュニケーションの様式は、犬と人間の間の関係性における社会性を保証する。このように、犬と人間の両者の間に育まれる認識論的合意からなるものを、私たちは社会と呼んでいる。

26 種【しゅ】

生物の種（species）で、遺伝子の類似性により個体間での生殖が可能なものを同一種とする。イヌとオオカミは同一種（*Canis lupus*）であり、イエイヌは、種のレベルよりも下位種での違いにより*Canis lupus familiaris*と分類される（学名の記載法については序章注3を参照）。化石を扱う古生物学、遺跡遺物を扱う考古学、遺伝子を調べる分子生物学の知見によりイヌの祖先とオオカミの祖先は同一であることが明らかにされた。しかし、イヌの科学の歴史を紐解くと、生殖可能であっても地理的な隔離や、行動的変異を起こし生殖できない場合には、同一種であっても別種として取り扱われてきたのが、イヌとオオカミが共通にもつ種の物語である。

27 重要な他者【じゅうようなたしゃ】

学術用語としての「重要な他者」は、象徴的相互作用論の社会学者G・H・ミードが提唱した。ミードは、ヒトの子どもの発達にとって自己のイメージとアイデンティティを形成することに他者の存在が重要になることを指摘した（38「他者」参照）。このことをイヌとヒトの関係に拡張すると、飼い犬のような条件の中で両者はともに、お互いに重要な他者とみなしていると考えることができる。本書でもたびたび登場するD・ハラウェイは、「伴侶種」論の中でヒトにとって犬が、そして犬にとってのヒトがそれぞれ「重要な他者」であると捉えている（45「伴侶種」参照）。

28 呪術【じゅじゅつ】

超自然的なものに訴える人間の祈願行為全般を呪術ないしは魔術（magic）という。文化人類学者は、邪悪な意図をもって霊または人間（ないしは擬人化された動物）がかけるものを邪術（sorcery）ないしは黒魔術、行為者の意図なしに超自然的な現象がおこることを妖術（witchcaraft）と細かく分類することがある。研究者により様々な分類や使い分けがあるが、呪術は超自然的な力の行使という点でもっとも一般的に使われる包括的な考え方である。

29 狩猟採集（民）【しゅりょうさいしゅう（みん）】

狩猟採集を生業のスタイルとして暮らす人々を狩猟採集民と呼ぶ。狩猟採集の生活様式は、文化的かつ民族的習慣であり、後天的に学ばれ習慣化しているものである。現在では、政策によって農耕化を強制された場合や、伝統的な生業とあわせて自給的な農耕をおこなうようになった場合もある（本書第7章大石論文）。また、昔ながらの猟具ではなく、ライフルやモーターボートのような工業製品を用いて狩猟採集に基づいた生活を継続する民族集団もいる。狩猟採集は、人類史の中でもっとも古い生業形態であることから、原始的で劣った生活様式であると誤解された。このようなレッテルは、今日では大きな誤りであることが指摘されている。さまざまな人類学・民族学的研究から、一〇〇万年以上の歴史をもつ人類の狩猟採集生活も、一万年前ぐらいに誕生した農耕生活や農耕生活民との相互交渉などにより多様な影響を受けて変化していることがわかっている。人間と犬が共存するようになったのは、農耕生活や牧畜生活の開始よりもだいぶ以前である可能性が高いので、狩猟採集民の犬の飼い方を初期農耕民や初期牧畜民が受け継いだ可能性が高い（本書第1章藪田論文）。犬肉食は、先史時代からおこなわれてきたことを示す証拠があるが、余剰農産物がある農耕化によってはじめて一般的なものとなったという見解もある（4「犬肉食」参照）。

30 進化【しんか】

進化とは生物の姿かたち、あるいは行動など（形質という）が世代を経るなかで変化することである。生物がなぜ変化するのかは、自然選択（項目37）を通して、世代のなかで優位な個体が生き残り、次の世代に、その姿かたち、あるいは行動などを伝えてゆくからである。それを伝えるのは遺伝子であるが、遺伝子の特性と後天的に学習される行動には、相互作用があるので（6「犬の性格」参照）進化のプロセスを理解するには一般的な特性のみならず個々の具体的な生物群や、当時の地球環境や局所的環境と生物の相互作用（生態学）などを知る必要がある。

31 新石器革命【しんせっきかくめい】

旧石器時代の人々は季節移動する草食動物の群れを追う移動生活をしていたが、農耕や牧畜の開始とともに定住生活を始めたと考えられている。この新石器革命によって食料調達や居住環境の安定化がもたらされ、人口の増加と、集落構成員の仕事の分業化や専業化が進んだと思われる。これらを契機にやがて食料生産者や道具類を生産する職人、それらを管理する専門職、兵士などを組織化した国家が誕生すると考えられている。

32 人類史【じんるいし】

文字通り人類の歴史のことであるが、異なる時間スケールを扱う三つの科学からアプローチされてきた。つまり（a）一〇〇万年単位のスケールを扱う人類進化学、（b）数万から千年単位を扱う人類考古学ないしは先史考古学、そして（c）狭義の歴史概念にとって重要な文字資料を中心に扱う歴史学の領域がある。ここに「犬からみた人類史」という観点をはさむとどうなるか？　それは（a）犬が人類と同等な生物進化の法則にしたがい、食物をめぐって競合する時代、（b）犬と人間が手を差し伸べて共存を模索する時代、そして（c）人類が犬をてなづけてから同一文明内の同僚として扱ったり、異質の他者（38「他者」参照）として文化的に排除したり「犬の文化的ステレオタイプ」が進んだ時代というふうに描けるはずである。例えば、このような観点から本書を読み直すことで、読者は新たな人類史を理解することができる。

33 **神話【しんわ】**

神話は、世界がいかにして現在の状態に至ったかを説明する物語である。多くの場合、太古の時代に起きた実際のできごとであるとされ、神々・精霊や人間、動植物といった登場人物の活躍が描かれる中で、現在よく見られる事象の起源が明かされる。犬は、人間にとって身近な生きものであり、頻繁に神話の題材として取り上げられてきた。例えば、犬がもともと人間の先祖であったとする神話も記録されており、「犬祖神話」と呼ばれる（本書第6章山田論文）。神話がオオカミ（および野生のイヌ科動物）と犬の違いをどのように説明しているかも「自然」と「文化」の境界を考える上で興味深い論点である（本書コラム1）。アラスカ先住民の間では、呪術師である〈ワタリガラス〉のために犬肉を饗するという神話モチーフもあり（本書第10章近藤論文）、犬肉をめぐる文化的イメージを考えるヒントになるかもしれない。このように、犬の神話にはいろいろな切り口から考える余地があるだろう。

34 **生業【せいぎょう】**

狩猟採集、農耕、牧畜、漁撈など、人間が生計を立てる業、すなわちなりわいのこと。本書では、とくに狩猟活動における人間と犬の協働に着目した論考を多く収めたが、狩猟以外のさまざまな生業においても犬との関わりがみられる（20「個体間の協働」参照）。

35 **生―政治（と生―権力）【せい―せいじ】**

フランスの哲学者M・フーコーが提唱した、近代に登場する新しい権力と統治（＝支配）の考え方。個々の身体に医療などを通して介入して人間や犬の寿命の進展やウェルビーイング（項目8）に介入する解剖的政治（アナトモポリティーク）と、出生や育種的介入をして人口や個体数そのものを制御調整する生権力（ビオポリティーク）の二種類がある。つまり、医師や獣医師、保健所やブリーダーは、診療や予防注射や病気の予防キャンペーンを通して生―権力を行使することで、人間と犬の生命と人口に関わっているのである。

36

セクシュアリティ【せくしゅありてぃ】

セクシュアリティは、生物学的な次元での性を指すセックス、および文化的な差異を指すジェンダーのどちらも含みこむような、性のあり方全般を意味する言葉として用いられる。M・フーコーの有名な研究以降、この言葉は、狭義の性行為に限定されるものではなく、アイデンティティや欲望、それらを管理するために利用されてきた制度や知識も含みこむものとして理解されるようになってきた。犬と人間の関係でいえば、愛玩犬・野良犬の避妊をすることは公衆衛生的な観点から自治体によって推奨されているが、動物の権利を擁護する立場から考えれば、犬のセクシュアリティの自由を侵害する行為だということも理論的には可能かもしれない。また、性的指向といえば、同性愛と異性愛の区分が論じられることが多いが、近年、人間が他種を性的パートナーとみなす動物性愛も議論されるようになってきた（本書第17章濱野論文）。

37

選択【せんたく】

選択（selection）とは、C・ダーウィンによって提唱された進化論において、世代間で起こる変化を説明するメカニズムである（30「進化」参照）。生物進化において、ある身体形質や行動特性をもった性向が、世代を通してそのなかでの数および集団の中での比率を増やしていく現象をいう。生物個体は、宮崎県幸島で観察されたニホンザルの芋洗い行動が伝播したことのような例外はあるが、基本的にはその世代のなかで学習した性質を次の世代に伝えることはできない。そのため、集団のなかで選択されるような要因（例えば、その環境に耐えられたり、病原菌に耐性のある性質など）にさらされることで、より適応的な個体が生き残ってゆくことによって選択されると考えるのである。人間が他生物の特定形質を好ましい方向に変化させようと選択することを人為選択という。

38　他者【たしゃ】

象徴的相互作用論という社会学の一派では、他者との相互作用をとおして人間は社会的な存在であることを自覚し、その社会的役割（友人、配偶者や親や子供、教師や生徒など）における適切な振る舞い方を学んでゆくという。犬には社会的知性（項目25）がみられ、視線接触（項目24）ができるために、犬どうしのみならず人間との相互作用のなかで人間を他者とみなしていることは明らかである。このことは、飼い主の家族の間の峻別を通して、いわゆる自己観を形成するための「重要な他者（significant others）」（項目27）を認知している可能性を示唆する。

39　タブー（禁忌）【たぶー】

ある社会・集団の中で共有されている、「～してはならない」もしくは「～のときは、～せねばならない」といった約束ごとを指す。多くの場合、破ったものには超自然的な罰が与えられると説明される。タブーの考察では、それがあることで社会の成員が生きのびるのに有利であったからとする機能主義的な説明と、タブーをある社会の世界観や分類体系から解き明かそうとする象徴論的な説明が代表的な理論といえる。犬肉食がタブーとされている社会であれば、犬を食べるよりも使役したほうが食料獲得の上で有利であったから人々は犬を食べないという取り決めを作ったという解釈をすれば、機能主義的な説明と考えられ、犬はその社会の中で通用するカテゴリーに収まりづらい両義的な動物であるからと論じれば、象徴論的な説明だといえる（51「両義性／両価性」参照）。

40　独我論【どくがろん】

独我論とは自分の心だけが確実に存在するものだとする哲学的立場のこと。独我論によると、自分の心以外から去来するあらゆる（心の）外部の考えは不確実であるとみなす。この考え方を敷衍すると、独我論者にとって、自分の心だけが頼りになり、他者の心や心の中のものは信頼性がおけないものになる。独我論は、「重要な他者」（項目27）である犬と共存している我々にとってやっかいな議論だが（極論すれば「犬など存在しない」という暴論になるからだ）、コミュニケーションがとれない犬に「ああコイツはいま独我論状態だな」と思えば、犬が心を開いてくれるまでゆっくりと待つ飼い主の心を涵養することができるかもしれない。

41　トレーニング【とれーにんぐ】

日本の多くの飼い主の心配の種は、家の中での振る舞いが「わがまま」であったり来客に吠えるという「しつけ」の問題だという。そのため多くのトレーナーがさまざまな犬の教育プログラムを準備している。人間を怖がらないようにするという意味では最初の社会化期が、また身近な環境に慣れるという意味では二番目の社会化期が対応している可能性がある（項目5）。発達上の特定の時期にしか学習できないことと、大人でも訓育可能なことがらがある。盲導犬、麻薬探知犬や飼い主のてんかん発作に反応して周囲の人間に知らせる療養犬のような作業犬には、かなり洗練された教育が必要である。アジリティという人間と犬が共に練習を積み重ねて訓練の成果を競い合うこともある。それらはみな犬と人間が共同する存在であることを示している。

42　ニッチ【にっち】

ニッチとは、ある特定の生物種が、生態的環境のなかで占める位置のことで生態的地位ともいう。転じて、社会的あるいは空間的位置づけにおける独自的な地位を指しても使われる。例えば、猟師にとって狩猟犬のニッチは、ペット犬のニッチとは置き換え不可能である。犬肉食を必要とする人間にとり、食肉犬と愛玩犬は置き換え不可能である。狩猟犬、食肉として食べられてしまう犬、ペット犬はそれぞれを独特のニッチを占めており、置き換えできない。ただし、第19章にみられるショロ犬のように、ある歴史のある社会空間の中では、食肉される犬と愛玩犬のニッチが重複することもある。

43　人間中心主義（と人間＝男性中心主義）【にんげんちゅうしんしゅぎ】

人間こそが犬を含む他の生物種よりも優秀であり、かけがえのない存在であると信じて止まない発想を人間中心主義という。したがって仲良く犬と暮らしている飼い主は、犬にも独自の世界があることを経験的に知っている点で人間中心主義からはすこし解放されているともいえるかもしれない。現代ペット文化を批判的に捉える視座からは、あくまでも（親のいうことを聞かない）ヒトの子どもに代わる、偏った愛情のはけ口（＝「うちの子」）として犬を飼っている人間の場合、むしろ「人間の世界」の都合を押し付けている点で「犬の世界」に対する配慮が足りないのではないかという意見もあるだろう。いずれにせよ、抽象的に「人間の立場から」なんていってしまうと、その人間の前提や定義には、男性で、成人で、社会的地位の保障された人間が、その人間のモデルになっていることがしばしば指摘される。英語の人間（man）は、マン（man, つまり男性の人間）であってウーマン（woman, 女性）ではない。そのような無意識に男性をモデルにする発想法を人間＝男性中心主義という。

44　パースペクティビズム【ぱーすぺくてぃびずむ】

観点主義や遠近法というい方もある。自分の存在を反省的に眺めるときに、独我論（項目40）のままではいつも自分中心の我田引水の議論をしてしまう。それを中和するためには、自分以外の存在の視点とりわけ他者や他の種類の動物（もちろん本書では犬！）に一旦移してから発想する方法をパースペクティビズムという。人間中心主義（項目43）を克服するにはよい方法であるが、どのようにしたら犬の視点や犬の気持ちになることができるのか、なかなか課題も多い。哲学や人類学の領域では、F・ニーチェやE・ヴィヴェイロス・デ・カストロの議論がよく知られている。

45 伴侶種（コンパニオン・スピーシーズ）【はんりょしゅ】

科学史家・思想家のD・ハラウェイが提唱した言葉である。人間と犬が長年にわたって共存の道を歩んできた二つの稀有な生物種であり、人間のことを理解するためにも、また犬のことを理解するためにも、二種で一つの存在であるという認識からはじめなければならないという一種の理論である。本書でもさまざまな章でこれを引用した議論がされている。

46 ヒューマニズム【ひゅーまにずむ】

人間主義ともいう。「人の命は地球よりも大きい」という主張は人間中心主義（項目43）にも似るが、今日ではかなり異なる使い方がなされている。それは、ヒューマニズムの対象が人間以外の動物にも拡大されて、人間を含む他の動物への慈愛の行為全般を射程に含むように拡大解釈がなされていることだ。例えば間違って狭い穴に陥った子犬や、凍結した池の氷の割れ目にはまった鹿などを救助するレスキュー行為などがヒューマニスティックなこととして賞賛されることがある。これはレスキュー隊員が（人間のみならず他の動物種も救う）人間的行為をしていると賛美されているのかもしれない。こうした行為は、「人道主義」（humanitarian）的とも呼ばれるが、その映像を見るときに、我々は苦境に陥った動物に対して明らかに擬人化（項目13）して感情移入しているかもしれないので、やはり「人間主義」という使い方が間違っているというわけではないだろう。

47　ペットロス【ぺっとろす】

ペットを失った後に生じる飼い主の心理的外傷（トラウマ）症状のこと。現場の獣医師によると動物種に関係なく、愛情を込めていた場合や、晩年まで必死に看病する飼い主にしばしばみられるという。そのため近年の獣医師やスタッフの研修では、患畜・患獣・患鳥のケアのみならず飼い主とのコミュニケーションやペットロス・ケアについて配慮するようなプログラムが組まれるようになってきている（16「ケア」参照）。

48　ベビースキーマ【べびーすきーま】

人間のみならず動物の子供とりわけ赤ちゃんや幼獣をみた時に、とても可愛くみえる。可愛く見えるには共通した特徴があり、大きな頭のプロポーション、ずんぐりむっくりの丸顔、大きな額、大きな目に対して小さい鼻や口などである。動物行動学者のC・ローレンツはこの図式をベビースキーマと呼んだ。ローレンツの弟子のI・アイベスフェルトは、いつも至近距離にいるにも関わらず成獣が幼獣に危害を加えないのは、成獣にとってベビースキーマは攻撃性を抑制する働きをもっているのではないかと考え、さまざまな動物行動の事例分析や実験観察をしてそれを確かめた。我々の周りにある「ゆるキャラ」も実はこのベビースキーマ原則を利用したものであると考えられる。

49　ポストヒューマン論争【ぽすとひゅーまんろんそう】

ポストヒューマン論争とは、人間の後（＝ポスト）に、どのような時代が到来するのか、またその時には「人間らしさの概念」はどのように変化するだろうかというSF（サイエンス・フィクション）、未来学、現代芸術、生命倫理学を含めた哲学などの分野における議論のこと。ナノテクノロジーの発達で人間のサイボーグ化が進み、人間を超える人間の定義が必要というトランスヒューマニズムの議論はまだ人間中心主義（項目43）の議論を超えていないために、ポストヒューマンの議論はより広いパースペクティブをもつといわれている。犬と人間はともに伴侶種（項目45）であるという議論、つまり犬＝人間の連続体として捉える見方は、もはや人間中心主義を脱却している点で、ポストヒューマン的だとも言える。二〇一七年には国際的な学術誌（*Journal of Posthuman Studies*）も創刊された。

50　村の犬【むらのいぬ】

明治期の日本では、村にいる犬つまり「村の犬」は誰かに飼育されているわけではないが、農作業や牧畜などの用役に従事したり、家の近くで泥棒や野生動物の被害から飼い主を守っていたらしい。この指摘は日本の民俗学者の柳田國男による。それに対してブータンの「街の犬」（本書第18章小林・湯本論文参照）には、飼い主から放棄されたり群れで暮らすようになった野良犬が登場する。村の犬と街の犬という対比のなかで、犬がどのような生活をしているのかを分析することで、人間の生活を浮かび上がらせることができるのである。

51　両義性／両価性【りょうぎせい／りょうかせい】

アンビバレンス（ambivalence）ともいう。例えば、神聖でありかつ薄気味悪いものがあったとしたら、そのものには異なる二つの価値が共存している。神聖なるものには、荘厳で清浄な面と、我々を罰したりするような厳しくて恐ろしい面がある。薄気味悪いものには、そこから逃れたい気持ちと、怖いもの見たさで引き込まれるような感情を呼び起こす。このように相矛盾する二つの意味や価値が共存するという状況が両義性または両価性と呼ばれてきた。犬もまた、人間に協力し人間を守ってくれる頼もしい存在であると同時に、貪欲でわがままで噛み付く存在である。犬を不浄な動物とみなす社会もある。人間における愛と憎しみも、両義性を表現するものとしてよくいわれる。

52

猟犬【りょうけん】

狩猟に使役される犬を猟犬という。だが「使役」は正確ではなく、犬を制御し、狩猟効率をあげるために猟師はさまざまな努力をする。育種、子犬どうしの交換、訓練やしつけ、ケアなどである。詳しくは序章後半の（人間が犬に投下する）「コスト」の項を参照してほしい。猟師は優秀だった飼い犬が死ぬと肉親同様に悲しみ、喪に服したり験を担ぐ。また碑を建てたり、語り継いだりする。他方、猟犬として資質を失ったり、飼い主を裏切ると殺害を含む厳しい処置もおこなう。狩猟における猟師と猟犬の関係は、親子というよりも生死をかける活動を共に担う僚友（猟友）なのだ。

あとがき

本書の企画の出発点となっているのは、日本文化人類学会第四九回研究大会での分科会「文化空間において我々が犬と出会うとき――狗類学《こうるいがく》への招待」（代表：池田光穂・奥野克巳）をきっかけに始まった、人と犬についての共同研究の場としての狗類学という試みである。狗類学とは、池田によれば「犬（類）による、犬のための、犬自身による研究」である。みな、頭をひねるであろう。われわれは、人であって犬ではない。しかし、狗類学の提唱者である池田は言う。人間と動物をより「公平に」捉えるためには、まず動物についての知識とそれらがよって立つ認識論の精査が必要になるのだと。

我々は、この思考実験を、人類学（＝人類を知るための学知）を捩り、犬（狗）を知るための学知すなわち狗類学（こうるいがく：canisology）と名付けてみようと思う。犬は人間の身の回りにいる非人間的存在の中でも、もっとも人間世界に関与し、人間とのコミュニケーションに陥入する存在だからである。彼／彼女らは認識論的には人間に限りなく近づきつつ人間と同等の主体的価値をもつが、同時に「動物」や他の「家畜」のカテゴリーにも属する両義的存在である。人間↕犬（狗）の存在論的置換のためのレッスンをおこなうことが狗類学の目的になる。

「狗類学の提唱」（池田、二〇一七：http://www.cscd.osaka-u.ac.jp/user/rosaldo/150124bunka-kohruigaku.html〈最終アクセス：二〇一九年四月一九日〉）

狗類学のチームでは、観察可能な事実や現象にこだわる立場と、理論を敷衍しながら人や犬の実存を考え抜く立場とが共在した。勉強会のほかにも、レッスンをした。例えば、大阪市内の犬が食べられるレストランに行ったりもした。海外で肉食用に育てられたという犬の肉をもちいた鍋物のフルコースが、いつの間にか大変美味に感じられていたのを覚えている。本書はさまざまな読み方が可能と思われるが、あちこちに狗類学のレッスンの材料が盛り込まれている。そのレシピは読者次第である。

立教大学の奥野克巳さんからは、本書の企画のもととなる提案をいただいた。企画に着手すると、狗類学のチームは改めて犬という存在の奥行きの深さに気づかされることになった。人と犬のかかわりを考えるにあたって、編者らの専門とする文化人類学や生態人類学からのアプローチだけでは、手に余るだけではなく重要で不可欠な観点を取りこぼすことになることは明白だった。そこで本書の企画を具体化するにあたって、イヌ研究に長く取り組まれている藪田慎司さん（第1章を執筆）と今野晃嗣さん（第5章を執筆）に相談に乗っていただき、ご助言をいただいた。しかし、本書全体の内容と構成については、わたしたち編者に責任があることは言うまでもない。

犬という存在の多面性をカヴァーするため、執筆者は専門分野も方法論も大きく異なる二三名となった。そのため編者、執筆者の間で執筆内容について確認しつつ、議論を深めるために合計六回研究会をおこなった（各研究会の詳細については、本書ウェブサイトにある表を参照されたい。URL: http://bensei.jp/index.php?main_page=product_book_info&cPath=9_15&products_id=101011）。執筆者以外では、第二回研究会では佐藤孝雄さん（慶應義塾大学）にコメンテーターを務めていただき考古学の視点から貴重なご指摘をいただいた。

これらの研究会の開催にあたっては、以下の研究プロジェクト、研究助成から資金援助を受けた：国立民族学博物館・共同研究（若手）「消費からみた狩猟研究の新展開――野生獣肉の流通と食文化をめぐる応用人類学的研究」（通称：獣肉研究会、代表：大石高典）、北海道大学アイヌ・先住民研究センタープロジェクト研究「先住民社会における生業と食」（代表：近藤祉秋）、日本学術振興会科学研究費補助金基盤研究（A）「種の人類学的転回――マルチスピーシーズ研究の可能性」（代表：奥野克巳）。これらのプロジェクトは、本書編者の大石、近藤をはじめ重複しているメンバーが複数いることもあり、相互に関連しつつ活動してきた。また、大阪大学COデザインセンター、東京外国語大学、北海道大学アイヌ・先住民研究センターには研究会の会場を提供いただいた。

最後に、勉誠出版の吉田祐輔さん、福井幸さんにはゆっくりとしたプロジェクトのあゆみに付き合っていただき、編集作業のみならず、企画全体および各論文へのコメントで大変お世話になった。記して感謝したい。

二〇一九年四月一九日

大石高典・近藤祉秋・池田光穂

執筆者一覧

編者

大石高典（おおいし・たかのり）――東京外国語大学大学院総合国際学研究院准教授。専門は生態人類学、アフリカ地域研究。著書・論文に『民族境界の歴史生態学――カメルーンに生きる農耕民と狩猟採集民』（京都大学学術出版会、二〇一六年）、「市場のアフリカ漁民たち――コンゴ共和国ブラザビル市のローカル・マーケットの観察から」（今井一郎編『アフリカ漁民文化論』春風社、二〇一九年）等。

近藤祉秋（こんどう・しあき）――独立研究者（屋号：知犬ラボ）。専門は文化人類学、アラスカ先住民研究。著書・論文に『人と動物の人類学』（春風社、二〇一二年）、「ボブ老師はこう言った――内陸アラスカ・ニコライ村におけるキリスト教・信念・生存」（『社会人類学年報』四三、弘文堂、二〇一七年）等。

池田光穂（いけだ・みつほ）――大阪大学名誉教授。専門は文化人類学、医療人類学、中米民族誌学、コミュニケーションデザイン。著書に『実践の医療人類学』（世界思想社、二〇〇一年）、『看護人類学入門』（文化書房博文社、二〇一〇年）、『コンフリクトと移民』（大阪大学出版会、二〇一二年）等。

執筆者（掲載順）

藪田慎司（やぶた・しんじ）――帝京科学大学生命環境学部教授。専門は動物行動学。論文に「敵対的相互行為から『あいさつ』まで――動機付けの葛藤が果たす役割」（木村大治編『動物と出会うⅠ――出会いの相互行為』ナカニシヤ書店、二〇一五年）、「動物の信号行動とコミュニケーションの進化」（長谷川寿一編『言語と生物学』朝倉書店、二〇一〇年）等。

池谷和信（いけや・かずのぶ）――国立民族学博物館名誉教授。専門は環境人類学・人文地理学。著書に『わたしたちのくらしと家畜2――家畜にいま何がおきているのか』（童心社、二〇一三年）、『人間にとってスイカとは何か――カラハリ狩猟民と考える』（フィールドワーク選書5、臨川書店、二〇一四年）等。

小宮　孟（こみや・はじめ）――国立大学法人総合研究大学院大学統合進化科学研究センター客員研究員。専門は動物考古学。著書・論文に『貝塚調査と動物考古学』（同成社、二〇一五年）、『イヌと縄文人――狩猟の相棒、神へのイケニエ』（吉川弘文館、二〇二一年）等。

村山美穂（むらやま・みほ）――京都大学野生動物研究センター教授。専門は動物遺伝学。編著書に『遺伝子の窓から見た動物たち――フィールドと実験室をつないで』（共編、京都大学学術出版会、二〇〇六年）、『野生動物――追いかけて、見つめて知りたい　キミのこと』（共編、京都通信社、二〇一八年）、『レジリエンス人類史』（共著、京都大学学術出版会、二〇二二年）等。

今野晃嗣（こんの・あきつぐ）――麻布大学獣医学部講師。専門は動物心理学。論文にKonno, A et al. (2016) Dog Breed Differences in Visual Communication with Humans. *PloS One*, 11(10), e0164760. Konno, A. et al. (2023). Are dark-eyed dogs favoured by humans? Domestication as a potential driver of iris colour difference between dogs and wolves. *Royal Society Open Science*, 10(12), 230854.等

山田仁史（やまだ・ひとし）――東北大学大学院文学研究科准教授。専門は宗教民族学・神話学。著書に『新・神話学入門』（朝倉書店、二〇一七年）、『いかもの喰い』（亜紀書房、二〇一七年）等。二〇二一年逝去。

石倉敏明（いしくら・としあき）――秋田公立美術大学アーツ&ルーツ専攻准教授。専門は芸術人類学。編著書に『野生めぐり――列島神話の源流に触れる12の旅』（共著、淡交社、二〇一五年）、『Lexicon 現代人類学』（共編、以文社、二〇一八年）等。

平野智佳子（ひらの・ちかこ）――国立民族学博物館准教授。専門は文化人類学、先住民研究。著書に『酒狩りの民族誌――ポスト植民地状況を生きるアボリジニ』（御茶の水書房、二〇二三年）等。

合原織部（ごうはら・おりべ）――法政大学人間環境学部講師。専門は社会人類学。論文に「「害獣」を仕留め山の神に捧げる――宮崎県椎葉村の害獣駆除の現場より」（シンジルト編『狩猟の民族誌――南九州における生業・社会・文化』熊本大学、二〇一六年）、「猟犬の変身――宮崎県椎葉村における猟師と猟犬のコンタクト・ゾーンに着目して」（『コンタクト・ゾーン』九、京都大学、二〇一六年）等。

大道良太（おおみち・りょうた）――大日本猟友会狩猟指導員、京都府狩猟講師・試験委員。専門は猟犬を用いた大物猟。京都府猟友会の支部長を務める父の下、京都北山にて五年間修行した後、猪犬を用いた単独猟を始め、北海道、関東、東海、北陸、関西、中国、四国などで狩猟の見聞を広める。二〇二四年より支部長に就任。猟歴一四年。主な活動に、環境省主催「ビギナーのための狩猟講座」メインコメンテーター、「同行型若手狩猟者育成事業」オブザーバー、総合地球環境学研究所「熱帯泥炭社会プロジェクト」植林地害獣捕獲アドバイザー等。

北原モコットゥナシ（きたはら・もこっとぅなし）――北海道大学アイヌ・先住民研究センター教授。専門は文化人類学。著書に『アイヌの祭具　イナウの研究』（北海道大学出版会、二〇一四年）、『アイヌ――もっと知りたい！くらしや歴史』（共同監修、岩崎書店、二〇一八年）等。

溝口　元（みぞぐち・はじめ）――立正大学名誉教授。専門は生命科学史、生命科学論。著書に『東大ハチ公物語』（共著、東京大学出版会、二〇一五年）、『生命倫理と人間福祉』（アイケイ・コーポレーション、二〇一六年）、『新たな福祉社会の創生を目指して』（編著、丸善プラネット、二〇二四年）等。

志村真幸（しむら・まさき）――慶應義塾大学准教授。専門は南方熊楠研究。編著書に『異端者たちのイギリス』（編著、共和国、二〇一六年）、『日本犬の誕生――純血と選別の日本近代史』（勉誠出版、二〇一七年）等。

菅原和孝（すがわら・かずよし）――京都大学名誉教授。専門は人類学。著書に『狩り狩られる経験の現象学――ブッシュマンの感応と変身』（京都大学学術出版会、二〇一五年）、『動物の境界――現象学から展成の自然誌へ』（弘文堂、二〇一七年）等。

加藤秀雄（かとう・ひでお）――滋賀県立琵琶湖博物館主任学芸員。専門は日本民俗学。論文に「生活世界から生命を考える・試論――動植物供養における「個性」と「殺すこと」」（『現代民俗学研究』七、二〇一五年）、「虹の橋と地獄の人参――その発生と伝播をめぐる考察（2）」（『世間話研究』二六、二〇一八年）等。

濱野千尋（はまの・ちひろ）――ノンフィクションライター。専門は文化人類学。ルポに「欲望のトレーニング――ベルリン・「セックスの祭典」体験記」（『新潮45』二〇一八年三月号、新潮社）、論文に「〝ズー〟になる――ドイツにおける動物性愛者たちのセクシュアリティの選択」（『コンタクト・ゾーン』一一、京都大学、二〇一九年）等。

小林　舞（こばやし・まい）――京都大学大学院経済学研究科特定助教。専門は地球環境学・農村社会学。論文にKobayashi, M. & R. Chhetri. (2015). Transition of Agriculture towards Organic Farming in Bhutan. *Himalayan Study Monographs*, 16, 66-72.、Kobayashi, M. (2022). Bhutan's 'Middle Way': Diversification, Mainstreaming, Commodification and Impacts in the Context of Food Security. In: Nishikawa, Y., Pimbert, M. (eds) *Seeds for Diversity and Inclusion*. Palgrave Macmillan, Cham. 等。

湯本貴和（ゆもと・たかかず）――京都大学名誉教授・きょうと生物多様性センター長。専門は生態学。論文に「日本列島と環境思想」（鎌田東二編『スピリチュアリティと環境』ビイング・ネット・プレス、二〇一五年）、「里山――その実態の歴史的変遷と現代的表象」（結城正美・黒田智編『里山という物語――環境人文学の対話』勉誠出版、二〇一七年）等。

牛山美穂（うしやま・みほ）――大妻女子大学人間関係学部人間関係学科准教授。専門は文化人類学・医療人類学。著書・論文に『ステロイドと「患者の知」――アトピー性皮膚炎のエスノグラフィー』（新曜社、二〇一五年）、「脱-薬剤化と「現れつつある生のかたち」――東京のアトピー性皮膚炎患者の事例から」（『文化人類学』八一―四、日本文化人類学会、二〇一七年）等。

立澤史郎（たつざわ・しろう）――北海道大学大学院文学研究院助教。専門は保全生態学・地域研究・環境学習論。論文に「シベリアの動物相と温暖化の影響」（檜山哲哉・藤原潤子編『シベリア――温暖化する極北の水環境と社会』京都大学学術出版会、二〇一五年）、「日本最古のテーマパーク？――奈良公園に見る人とシカの関係史」（池田透編『生物という文化』北海道大学出版会、二〇一三年）等。

里海学のすすめ
人と海との新たな関わり

「里海」という日本発の発想は、今なぜ世界に広がり、注目されているのか？　多彩な事例を通じて、人と海との繋がりを深め、里海を創りだすための道筋を考える。

鹿熊信一郎・柳哲雄・佐藤哲 編・本体四二〇〇円（+税）

日本犬の誕生
純血と選別の日本近代史

近代化、国民国家形成、動物保護、戦争…。博物学者・南方熊楠と平岩との対話を起点に、時代に翻弄され、淵源と純血を求められ続けた犬たちをめぐる言説を辿る。

志村真幸 著・本体二四〇〇円（+税）

博物館という装置
帝国・植民地・アイデンティティ

時代ごとの思想と寄り添ってきた歴史と、アイデンティティを創出する紐帯としてのあり方。双方向から「博物館」という存在の意義と歴史的位置を捉えかえす。

石井正己 編・本体四二〇〇円（+税）

喧嘩から戦争へ
戦いの人類誌

喧嘩から戦争まで、人類における〈暴力〉の多様な側面を、いかに捉えるか。戦争のもつ暴力的側面とともに、人類史で果たしてきた「駆動力」としての一面を探る。

山田仁史・丸山顕誠 編・本体二四〇〇円（+税）

鳥と人間をめぐる思考

環境文学・人類学双方の視点から鳥をどのように捉え、語り、描いてきたのかを探り、世界／自然とのコミュニケーションを可能にする思考を提示する。

野田研一・奥野克巳 編著・本体三四〇〇円（＋税）

水族館の文化史

ひと・動物・モノがおりなす魔術的世界

ひとが「魚を見ること」にはどんな意味が秘められているのか。古今東西の水族館文化を図版とともに概観、ガラスの向こう側にひろがる水の世界へいざなう。

溝井裕一 著・本体二八〇〇円（＋税）

動物園の文化史

ひとと動物の5000年

生活スタイル、環境、宗教、植民地支配などに影響されながら変遷する、ひとと動物のかかわりを探るとともに、自然観をあらわす鏡としての動物園の魅力に迫る。

溝井裕一 著・本体二六〇〇円（＋税）

里山という物語

環境人文学の対話

里山が形成されるトポスがはらむ問題を、様々な視点から解きほぐし、里山という参照軸から自然・環境をめぐる人間の価値観の交渉を明らかにする。

結城正美・黒田智 編・本体二八〇〇円（＋税）

編者略歴

大石高典（おおいし・たかのり）

東京外国語大学大学院総合国際学研究院准教授。専門は生態人類学、アフリカ地域研究。主な著書・論文に『民族境界の歴史生態学—カメルーンに生きる農耕民と狩猟採集民』（京都大学学術出版会、2016年）、「市場のアフリカ漁民たち—コンゴ共和国ブラザビル市のローカル・マーケットの観察から」（今井一郎編『アフリカ漁民文化論』春風社、2019年）などがある。

近藤祉秋（こんどう・しあき）

独立研究者（屋号：知犬ラボ）。専門は文化人類学、アラスカ先住民研究。主な著書・論文に『人と動物の人類学』（共編、春風社、2012年）、「ボブ老師はこう言った—内陸アラスカ・ニコライ村におけるキリスト教・信念・生存」（『社会人類学年報』43号、弘文堂、2017年）などがある。

池田光穂（いけだ・みつほ）

大阪大学名誉教授。専門は文化人類学、医療人類学、中米民族誌学、コミュニケーションデザイン。主な著書に『実践の医療人類学』（世界思想社、2001年）、『看護人類学入門』（文化書房博文社、2010年）、『コンフリクトと移民』（大阪大学出版会、2012年）などがある。

犬《いぬ》からみた人類史《じんるいし》

2019年5月31日　初版初刷発行
2024年6月10日　初版第3刷発行

編　者　大石高典《おおいしたかのり》・近藤祉秋《こんどうしあき》・池田光穂《いけだみつほ》

発行者　吉田祐輔

発行所　株式会社勉誠社
〒101-0061　東京都千代田区神田三崎町 2-18-4
TEL：(03)5215-9021(代)　FAX：(03)5215-9025

印刷
製本　㈱コーヤマ

ISBN978-4-585-23070-0　C1039

索　引

凡　例

1　編者が重要と思われる項目を取捨選択し、事項と人名に分けて掲載した。

2　重要だが頻出する語（例えば、「獲物」、「飼い主」、「狩猟」など）は割愛した。
目次や序章も参照してほしい。

3　各章のキーワードを太字で示した。

事項索引

【あ】

【か】

【さ】

【た】

【な】

【は】

【ま】

【や】

人名索引